Bilingual edition

WAR | ВОЙНА
AND | И
PEACE | МИР

BOOK TWO | ТОМ ВТОРОЙ

LEO TOLSTOY

War and Peace
was published in 1869 by
Leo Tolstoy

It was translated from Russian in 1922–1923 by
Louise and Aylmer Maude

This bilingual edition was produced in 2021 for
Smart Books
by
Raul Kask

Cover and interior design by
Raul Kask

SMART BOOKS
Learn languages by reading
your favourite books

Preface

Count Lev Nikolayevich Tolstoy (9 September 1828 – 20 November 1910), usually referred to in English as Leo Tolstoy, was a Russian writer who is regarded as one of the greatest authors of all time. He received nominations for the Nobel Prize in Literature every year from 1902 to 1906 and for the Nobel Peace Prize in 1901, 1902, and 1909.

Born to an aristocratic Russian family in 1828, Tolstoy is best known for the novels War and Peace (1869) and Anna Karenina (1878), often cited as pinnacles of realist fiction

Tolstoy on May 1908 at Yasnaya Polyana.

War and Peace is generally thought to be one of the greatest novels ever written, remarkable for its dramatic breadth and unity. Its vast canvas includes 580 characters, many historical with others fictional. The story moves from family life to the headquarters of Napoleon, from the court of Alexander I of Russia to the battlefields of Austerlitz and Borodino. The novel explores Tolstoy's theory of history, and in particular the insignificance of individuals such as Napoleon and Alexander.

Tolstoy wrote War and Peace over the course of six years. The novel was originally serialized by the Russian periodical Russkiy Vestnik under the title 1805 starting in 1865, but he decided to stop the serialization and instead focus on publishing the novel in volumes. By 1868 three volumes had been released and were selling rapidly. Tolstoy finished three more volumes between 1868 and 1869. All told, War and Peace filled more than 1,200 pages when first published.

War and Peace is known for its realism, something Tolstoy achieved through intensive research. He visited battlefields, read history books on the Napoleonic Wars, and drew on real historical events to create a novel of living history. Tolstoy had originally planned to write a novel centring on the Decembrists, whose revolution in 1825 against the tsar attempted to end autocratic rule in Russia. The Decembrists failed, however, and those who were spared execution were sent to Siberia. Tolstoy wanted to depict a Decembrist, now old, returning from exile. As Tolstoy wrote and revised, however, the novel evolved into the War and Peace known today—a novel that takes place more than a decade before the Decembrist movement. The novel's primary historical setting is the French invasion of Russia in 1812, which was a turning point in the Napoleonic Wars and a period of patriotic significance to Russia. Some historians argue that this invasion was the event that metamorphosed into the Decembrist movement years later.

CONTENTS

ОГЛАВЛЕНИЕ

Fourth Chapter

Часть четвертая

Fifth chapter

Часть пятая

FIRST CHAPTER

I

Early in the year 1806 Nicholas Rostóv returned home on leave. Denísov was going home to Vorónezh and Rostóv persuaded him to travel with him as far as Moscow and to stay with him there. Meeting a comrade at the last post station but one before Moscow, Denísov had drunk three bottles of wine with him and, despite the jolting ruts across the snow-covered road, did not once wake up on the way to Moscow, but lay at the bottom of the sleigh beside Rostóv, who grew more and more impatient the nearer they got to Moscow.

"How much longer? How much longer? Oh, these insufferable streets, shops, bakers' signboards, street lamps, and sleighs!" thought Rostóv, when their leave permits had been passed at the town gate and they had entered Moscow.

"Denísov! We're here! He's asleep," he added, leaning forward with his whole body as if in that position he hoped to hasten the speed of the sleigh.

Denísov gave no answer.

"There's the corner at the crossroads, where the cabman, Zakhár, has his stand, and there's Zakhár himself and still the same horse! And here's the little shop where we used to buy gingerbread! Can't you hurry up? Now then!"

"Which house is it?" asked the driver.

"Why, that one, right at the end, the big one. Don't you see? That's our house," said Rostóv.

"Of course, it's our house! Denísov, Denísov! We're almost there!"

Denísov raised his head, coughed, and made no answer.

"Dmítri," said Rostóv to his valet on the box, "those lights are in our house, aren't they?"

"Yes, sir, and there's a light in your father's study."

"Then they've not gone to bed yet? What do you think? Mind now, don't forget to put out my new coat," added Rostóv, fingering his

ЧАСТЬ ПЕРВАЯ

I

Вначале 1806-го года Николай Ростов вернулся в отпуск. Денисов ехал тоже домой в Воронеж, и Ростов уговорил его ехать с собой до Москвы и остановиться у них в доме. На предпоследней станции, встретив товарища, Денисов выпил с ним три бутылки вина и, подъезжая к Москве, несмотря на ухабы дороги, не просыпался, лежа на дне перекладных саней, подле Ростова, который по мере приближения к Москве приходил все более и более в нетерпение.

«Скоро ли? Скоро ли? О, эти несносные улицы, лавки, калачи, фонари, извозчики!» — думал Ростов, когда уже они записали свои отпуски на заставе и въехали в Москву.

— Денисов, приехали! — спит, — говорил он, всем телом подаваясь вперед, как будто он этим положением надеялся ускорить движение саней.

Денисов не откликался.

— Вот он угол-перекресток, где Захар-извозчик стоит; вот он и Захар, все та же лошадь! Вот и лавочка, где пряники покупали. Скоро ли? Ну!

— К какому дому-то? — спросил ямщик.

— Да вон на конце, к большому, как ты не видишь! Это наш дом, — говорил Ростов, — ведь это наш дом!

— Денисов! Денисов! Сейчас приедем.

Денисов поднял голову, откашлялся и ничего не ответил.

— Дмитрий, — обратился Ростов к лакею на облучке. — Ведь это у нас огонь!

— Так точно-с, и у папеньки в кабинете светится.

— Еще не ложились? А? как ты думаешь? Смотри же не забудь, тотчас достань мне новую венгерку, — прибавил Ростов, ощупы-

new mustache. "Now then, get on," he shouted to the driver. "Do wake up, Váska!" he went on, turning to Denísov, whose head was again nodding. "Come, get on! You shall have three rubles for vodka—get on!" Rostóv shouted, when the sleigh was only three houses from his door. It seemed to him the horses were not moving at all. At last the sleigh bore to the right, drew up at an entrance, and Rostóv saw overhead the old familiar cornice with a bit of plaster broken off, the porch, and the post by the side of the pavement. He sprang out before the sleigh stopped, and ran into the hall. The house stood cold and silent, as if quite regardless of who had come to it. There was no one in the hall. "Oh God! Is everyone all right?" he thought, stopping for a moment with a sinking heart, and then immediately starting to run along the hall and up the warped steps of the familiar staircase. The well-known old door handle, which always angered the countess when it was not properly cleaned, turned as loosely as ever. A solitary tallow candle burned in the anteroom.

Old Michael was asleep on the chest. Prokófy, the footman, who was so strong that he could lift the back of the carriage from behind, sat plaiting slippers out of cloth selvedges. He looked up at the opening door and his expression of sleepy indifference suddenly changed to one of delighted amazement.

"Gracious heavens! The young count!" he cried, recognizing his young master. "Can it be? My treasure!" and Prokófy, trembling with excitement, rushed toward the drawing room door, probably in order to announce him, but, changing his mind, came back and stooped to kiss the young man's shoulder.

"All well?" asked Rostóv, drawing away his arm.

"Yes, God be thanked! Yes! They've just finished supper. Let me have a look at you, your excellency."

"Is everything quite all right?"

"The Lord be thanked, yes!"

Rostóv, who had completely forgotten Denísov, not wishing anyone to forestall him, threw off his fur coat and ran on tiptoe through the large dark ballroom. All was the same: there

вая новые усы. — Ну же, пошел, — кричал он ямщику. — Да проснись же, Вася, — обращался он к Денисову, который опять опустил голову. — Да ну же, пошел, три целковых на водку, пошел! — закричал Ростов, когда уже сани были за три дома от подъезда. Ему казалось, что лошади не двигаются. Наконец сани взяли вправо к подъезду; над головой своей Ростов увидал знакомый карниз с отбитой штукатуркой, крыльцо, тротуарный столб. Он на ходу выскочил из саней и побежал в сени. Дом так же стоял неподвижно, нерадушно, как будто ему дела не было до того, кто приехал в него. В сенях никого не было. «Боже мой! все ли благополучно?» — подумал Ростов, с замиранием сердца останавливаясь на минуту и тотчас пускаясь бежать дальше по сеням и знакомым покривившимся ступеням. Все та же дверная ручка замка, за нечистоту которой сердилась графиня, так же слабо отворялась. В передней горела одна сальная свеча.

Старик Михайло спал на ларе. Прокофий, выездной лакей, тот, который был так силен, что за задок поднимал карету, сидел и вязал из покромок лапти. Он взглянул на отворившуюся дверь, и равнодушное, сонное выражение его вдруг преобразилось в восторженно-испуганное.

— Батюшки-светы! Граф молодой! — вскрикнул он, узнав молодого барина. — Что ж это? Голубчик мой! — И Прокофий, трясясь от волненья, бросился к двери в гостиную, вероятно для того, чтобы объявить, но, видно, опять раздумал, вернулся назад и припал к плечу молодого барина.

— Здоровы? — спросил Ростов, выдергивая у него свою руку.

— Слава Богу! Все слава Богу! сейчас только покушали! Дай на себя посмотреть, ваше сиятельство!

— Все совсем благополучно?

— Слава Богу, слава Богу!

Ростов, забыв совершенно о Денисове, не желая никому дать предупредить себя, скинул шубу и на цыпочках побежал в темную большую залу. Все то же — те же ломберные

were the same old card tables and the same chandelier with a cover over it; but someone had already seen the young master, and, before he had reached the drawing room, something flew out from a side door like a tornado and began hugging and kissing him. Another and yet another creature of the same kind sprang from a second door and a third; more hugging, more kissing, more outcries, and tears of joy. He could not distinguish which was Papa, which Natásha, and which Pétya. Everyone shouted, talked, and kissed him at the same time. Only his mother was not there, he noticed that.

"And I did not know... Nicholas... My darling!..."

"Here he is... our own... Kólya (Nicholas), dear fellow... How he has changed!... Where are the candles?... Tea!..."

"And me, kiss me!"

"Dearest... and me!"

Sónya, Natásha, Pétya, Anna Mikháylovna, Véra, and the old count were all hugging him, and the serfs, men and maids, flocked into the room, exclaiming and oh-ing and ah-ing.

Pétya, clinging to his legs, kept shouting, "And me too!"

Natásha, after she had pulled him down toward her and covered his face with kisses, holding him tight by the skirt of his coat, sprang away and pranced up and down in one place like a goat and shrieked piercingly.

All around were loving eyes glistening with tears of joy, and all around were lips seeking a kiss.

Sónya too, all rosy red, clung to his arm and, radiant with bliss, looked eagerly toward his eyes, waiting for the look for which she longed. Sónya now was sixteen and she was very pretty, especially at this moment of happy, rapturous excitement. She gazed at him, not taking her eyes off him, and smiling and holding her breath. He gave her a grateful look, but was still expectant and looking for someone. The old countess had not yet come. But now steps were heard at the door, steps so rapid that they could hardly be his mother's.

Yet it was she, dressed in a new gown which he did not know, made since he had left. All the

столы, та же люстра в чехле; но кто-то уж видел молодого барина, и не успел он добежать до гостиной, как что-то стремительно, как буря, вылетело из боковой двери и обняло и стало целовать его. Еще другое, третье такое же существо выскочило из другой, третьей двери; еще объятия, еще поцелуи, еще крики, слезы радости. Он не мог разобрать, где и кто папа, кто Наташа, кто Петя. Все кричали, говорили и целовали его в одно и то же время. Только матери не было в числе их — это он помнил.

— А я-то, не знал... Николушка... друг мой, Коля!

— Вот он... наш-то... Переменился! Нет! Свечи! Чаю!

— Да меня-то поцелуй!

— Душенька... а меня-то.

Соня, Наташа, Петя, Анна Михайловна, Вера, старый граф обнимали его; люди и горничные, наполнив комнаты, приговаривали и ахали.

Петя повис на его ногах.

— А меня-то! — кричал он.

Наташа, после того как она, пригнув его к себе, расцеловала все его лицо, отскочила от него и, держась за полу его венгерки, прыгала, как коза, все на одном месте и пронзительно визжала.

Со всех сторон были блестящие слезами радости любящие глаза, со всех сторон были губы, искавшие поцелуя.

Соня, красная, как кумач, тоже держалась за его руку и вся сияла в блаженном взгляде, устремленном в его глаза, которых она ждала. Соне минуло уже шестнадцать лет, и она была очень красива, особенно в эту минуту счастливого, восторженного оживления. Она смотрела на него, не спуская глаз, улыбаясь и задерживая дыхание. Он благодарно взглянул на нее; но все еще ждал и искал кого-то. Старая графиня еще не выходила. И вот послышались шаги в дверях. Шаги такие быстрые, что это не могли быть шаги его матери.

Но это была она, в новом, незнакомом еще ему, сшитом, верно, без него платье. Все

others let him go, and he ran to her. When they met, she fell on his breast, sobbing. She could not lift her face, but only pressed it to the cold braiding of his hussar's jacket. Denísov, who had come into the room unnoticed by anyone, stood there and wiped his eyes at the sight.

"Vasíli Denísov, your son's friend," he said, introducing himself to the count, who was looking inquiringly at him.

"You are most welcome! I know, I know," said the count, kissing and embracing Denísov. "Nicholas wrote us... Natásha, Véra, look! Here is Denísov!"

The same happy, rapturous faces turned to the shaggy figure of Denísov.

"Darling Denísov!" screamed Natásha, beside herself with rapture, springing to him, putting her arms round him, and kissing him. This escapade made everybody feel confused. Denísov blushed too, but smiled and, taking Natásha's hand, kissed it.

Denísov was shown to the room prepared for him, and the Rostóvs all gathered round Nicholas in the sitting room.

The old countess, not letting go of his hand and kissing it every moment, sat beside him: the rest, crowding round him, watched every movement, word, or look of his, never taking their blissfully adoring eyes off him. His brother and sisters struggled for the places nearest to him and disputed with one another who should bring him his tea, handkerchief, and pipe.

Rostóv was very happy in the love they showed him; but the first moment of meeting had been so beatific that his present joy seemed insufficient, and he kept expecting something more, more and yet more.

Next morning, after the fatigues of their journey, the travelers slept till ten o'clock.

In the room next to their bedroom there was a confusion of sabers, satchels, sabretaches, open portmanteaus, and dirty boots. Two freshly cleaned pairs with spurs had just been placed by the wall. The servants were bringing in jugs and basins, hot water for shaving, and their well-brushed clothes. There was a masculine odor

оставили его, и он побежал к ней. Когда они сошлись, она упала на его грудь, рыдая. Она не могла поднять лица и только прижимала его к холодным снуркам его венгерки. Денисов, никем не замеченный, войдя в комнату, стоял тут же и, глядя на них, тер себе глаза.

— Василий Денисов, дг'уг вашего сына, — сказал он, рекомендуясь графу, вопросительно смотревшему на него.

— Милости прошу. Знаю, знаю, — сказал граф, целуя и обнимая Денисова. — Николушка писал... Наташа, Вера, вот он, Денисов.

Те же счастливые, восторженные лица обратились на мохнатую черноусую фигурку Денисова и окружили его.

— Голубчик, Денисов! — взвизгнула Наташа, не помнившая себя от восторга, подскочила к нему, обняла и поцеловала его. Все смутились поступком Наташи. Денисов тоже покраснел, но улыбнулся и, взяв руку Наташи, поцеловал ее.

Денисова отвели в приготовленную для него комнату, а Ростовы все собрались в диванную около Николушки.

Старая графиня, не выпуская его руки, которую она всякую минуту целовала, сидела с ним рядом; остальные, столпившись вокруг них, ловили каждое его движенье, слово, взгляд и не спускали с него восторженно-влюбленных глаз. Брат и сестры спорили, и перехватывали места друг у друга поближе к нему, и дрались за то, кому принести ему чай, платок, трубку.

Ростов был очень счастлив любовью, которую ему выказывали; но первая минута его встречи была так блаженна, что теперешнего его счастия ему казалось мало, и он все ждал чего-то еще, и еще, и еще.

На другое утро приезжие с дороги спали до десятого часа.

В предшествующей комнате валялись сабли, сумки, ташки, раскрытые чемоданы, грязные сапоги. Вычищенные две пары со шпорами были только что поставлены у стенки. Слуги приносили умывальники, горячую воду для бритья и вычищенные платья. Пахло табаком и мужчинами.

and a smell of tobacco.

"Hallo, Gwíska—my pipe!" came Vasíli Denísov's husky voice. "Wostóv, get up!"

Rostóv, rubbing his eyes that seemed glued together, raised his disheveled head from the hot pillow.

"Why, is it late?"

"Late! It's nearly ten o'clock," answered Natásha's voice. A rustle of starched petticoats and the whispering and laughter of girls' voices came from the adjoining room. The door was opened a crack and there was a glimpse of something blue, of ribbons, black hair, and merry faces. It was Natásha, Sónya, and Pétya, who had come to see whether they were getting up.

"Nicholas! Get up!" Natásha's voice was again heard at the door.

"Directly!"

Meanwhile, Pétya, having found and seized the sabers in the outer room, with the delight boys feel at the sight of a military elder brother, and forgetting that it was unbecoming for the girls to see men undressed, opened the bedroom door.

"Is this your saber?" he shouted.

The girls sprang aside. Denísov hid his hairy legs under the blanket, looking with a scared face at his comrade for help. The door, having let Pétya in, closed again. A sound of laughter came from behind it.

"Nicholas! Come out in your dressing gown!" said Natásha's voice.

"Is this your saber?" asked Pétya. "Or is it yours?" he said, addressing the black-mustached Denísov with servile deference.

Rostóv hurriedly put something on his feet, drew on his dressing gown, and went out. Natásha had put on one spurred boot and was just getting her foot into the other. Sónya, when he came in, was twirling round and was about to expand her dresses into a balloon and sit down. They were dressed alike, in new pale-blue frocks, and were both fresh, rosy, and bright. Sónya ran away, but Natásha, taking her brother's arm, led him into the sitting room, where they began talking. They hardly gave one another time to ask questions and give replies concerning a

— Гей, Г'ишка, тг'убку! — крикнул хриплый голос Васьки Денисова. — Г'остов, вставай!

Ростов, протирая слипавшиеся глаза, поднял спутанную голову с жаркой подушки.

— А что, поздно?

— Поздно, десятый час, — отвечал Наташин голос, и в соседней комнате послышалось шуршанье крахмаленных платьев, шепот и смех девичьих голосов, и в чуть растворенную дверь мелькнуло что-то голубое, ленты, черные волосы и веселые лица. Это были Наташа с Соней и Петей, которые пришли наведаться, не встал ли.

— Николенька, вставай! — опять послышался голос Наташи у двери.

— Сейчас!

В это время Петя в первой комнате, увидав и схватив сабли и испытывая тот восторг, который испытывают мальчики при виде воинственного старшего брата, забыв, что сестрам неприлично видеть раздетых мужчин, отворил дверь.

— Это твоя сабля? — закричал он.

Девочки отскочили. Денисов с испуганными глазами спрятал свои мохнатые ноги в одеяло, оглядываясь за помощью на товарища. Дверь пропустила Петю и опять затворилась. За дверью послышался смех.

— Николенька, выходи в халате, — проговорил голос Наташи.

— Это твоя сабля? — спросил Петя. — Или это ваша? — с подобострастным уважением обратился он к усатому черному Денисову.

Ростов поспешно обулся, надел халат и вышел. Наташа надела один сапог со шпорой и влезала в другой. Соня кружилась и только что хотела раздуть платье и присесть, когда он вышел. Обе были в одинаковых, новеньких, голубых платьях — свежие, румяные, веселые. Соня убежала, а Наташа, взяв брата под руку, повела его в диванную, и у них начался разговор. Они не успевали спрашивать друг друга и отвечать на вопросы о тысячах мелочей, которые могли интересовать только их одних. Наташа смеялась при всяком

thousand little matters which could not interest anyone but themselves. Natásha laughed at every word he said or that she said herself, not because what they were saying was amusing, but because she felt happy and was unable to control her joy which expressed itself by laughter.

"Oh, how nice, how splendid!" she said to everything.

Rostóv felt that, under the influence of the warm rays of love, that childlike smile which had not once appeared on his face since he left home now for the first time after eighteen months again brightened his soul and his face.

"No, but listen," she said, "now you are quite a man, aren't you? I'm awfully glad you're my brother." She touched his mustache. "I want to know what you men are like. Are you the same as we? No?"

"Why did Sónya run away?" asked Rostóv.

"Ah, yes! That's a whole long story! How are you going to speak to her—thou or you?"

"As may happen," said Rostóv.

"No, call her you, please! I'll tell you all about it some other time. No, I'll tell you now. You know Sónya's my dearest friend. Such a friend that I burned my arm for her sake. Look here!"

She pulled up her muslin sleeve and showed him a red scar on her long, slender, delicate arm, high above the elbow on that part that is covered even by a ball dress.

"I burned this to prove my love for her. I just heated a ruler in the fire and pressed it there!"

Sitting on the sofa with the little cushions on its arms, in what used to be his old schoolroom, and looking into Natásha's wildly bright eyes, Rostóv re-entered that world of home and childhood which had no meaning for anyone else, but gave him some of the best joys of his life; and the burning of an arm with a ruler as a proof of love did not seem to him senseless, he understood and was not surprised at it.

слове, которое он говорил и которое она говорила, не потому, что было смешно то, что они говорили, но потому, что ей было весело и она не в силах была удерживать своей радости, выражавшейся смехом.

— Ах, как хорошо, отлично! — приговаривала она ко всему.

Ростов почувствовал, как под влиянием этих жарких лучей любви Наташи, в первый раз через полтора года, на душе его и на лице распускалась та детская и чистая улыбка, которою он ни разу не улыбался с тех пор, как выехал из дома.

— Нет, послушай, — сказала она, — ты теперь совсем мужчина? Я ужасно рада, что ты мой брат. — Она тронула его усы. — Мне хочется знать, какие вы, мужчины? Такие ли, как мы?

— Нет. Отчего Соня убежала? — спрашивал Ростов.

— Да. Это еще целая история! Как ты будешь говорить с Соней — ты или вы?

— Как случится, — сказал Ростов.

— Говори ей вы, пожалуйста, я тебе после скажу.

— Да что же?

— Ну, я теперь скажу. Ты знаешь, что Соня мой друг, такой друг, что я руку сожгу за нее. Вот посмотри.

Она засучила свой кисейный рукав и показала на своей длинной, худой и нежной ручке под плечом, гораздо выше локтя (в том месте, которое закрыто бывает и бальными платьями), красную метину.

— Это я сожгла, чтобы показать ей любовь. Просто линейку разожгла на огне, да и прижала.

Сидя в своей прежней классной комнате, на диване с подушечками на ручках, и глядя в эти отчаянно-оживленные глаза Наташи, Ростов опять вошел в тот свой семейный, детский мир, который не имел ни для кого никакого смысла, кроме как для него, но который доставлял ему одни из лучших наслаждений в жизни; и сожжение руки линейкой, для показания любви, показалось ему не бессмыслицей: он понимал и не удивлялся этому.

"Well, and is that all?" he asked.

"We are such friends, such friends! All that ruler business was just nonsense, but we are friends forever. She, if she loves anyone, does it for life, but I don't understand that, I forget quickly."

"Well, what then?"

"Well, she loves me and you like that."

Natásha suddenly flushed.

"Why, you remember before you went away?... Well, she says you are to forget all that.... She says: 'I shall love him always, but let him be free.' Isn't that lovely and noble! Yes, very noble? Isn't it?" asked Natásha, so seriously and excitedly that it was evident that what she was now saying she had talked of before, with tears.

Rostóv became thoughtful.

"I never go back on my word," he said. "Besides, Sónya is so charming that only a fool would renounce such happiness."

"No, no!" cried Natásha, "she and I have already talked it over. We knew you'd say so. But it won't do, because you see, if you say that—if you consider yourself bound by your promise—it will seem as if she had not meant it seriously. It makes it as if you were marrying her because you must, and that wouldn't do at all."

Rostóv saw that it had been well considered by them. Sónya had already struck him by her beauty on the preceding day. Today, when he had caught a glimpse of her, she seemed still more lovely. She was a charming girl of sixteen, evidently passionately in love with him (he did not doubt that for an instant). Why should he not love her now, and even marry her, Rostóv thought, but just now there were so many other pleasures and interests before him! "Yes, they have taken a wise decision," he thought, "I must remain free."

"Well then, that's excellent," said he. "We'll talk it over later on. Oh, how glad I am to have you!"

"Well, and are you still true to Borís?" he continued.

— Так что же? — только спросил он.

— Ну, так дружны, так дружны! Это что, глупости — линейкой; но мы навсегда друзья. Она кого любит, так навсегда. Я этого не понимаю. Я забуду сейчас.

— Ну так что же?

— Да, так она любит меня и тебя.

Наташа вдруг покраснела.

— Ну, ты помнишь, перед отъездом... Так она говорит, что ты это все забудь... Она сказала: я буду любить его всегда, а он пускай будет свободен. Ведь правда, что это отлично, отлично и благородно! Да, да? очень благородно? да? — спрашивала Наташа так серьезно и взволнованно, что видно было, что то, что она говорила теперь, она прежде говорила со слезами.

Ростов задумался.

— Я ни в чем не беру назад своего слова, — сказал он. — И потом, Соня такая прелесть, что какой же дурак станет отказываться от своего счастия?

— Нет, нет, — закричала Наташа. — Мы про это уже с нею говорили. Мы знали, что ты это скажешь. Но это нельзя, потому что, понимаешь, ежели ты так говоришь — считаешь себя связанным словом, то выходит, что она как будто нарочно это сказала. Выходит, что ты все-таки насильно на ней женишься, и выходит совсем не то.

Ростов видел, что все это было хорошо придумано ими. Соня и вчера поразила его своей красотой. Нынче, увидав ее мельком, она ему показалась еще лучше. Она была прелестная шестнадцатилетняя девочка, очевидно, страстно его любящая (в этом он не сомневался ни на минуту). Отчего же ему было не любить ее и не жениться даже, думал Ростов, но не теперь. Теперь столько еще других радостей и занятий! «Да, они это прекрасно придумали, — подумал он, — надо оставаться свободным».

— Ну и прекрасно, — сказал он, — после поговорим. Ах, как я тебе рад! — прибавил он.

— Ну, а что же ты, Борису не изменила? — спросил брат.

"Oh, what nonsense!" cried Natásha, laughing. "I don't think about him or anyone else, and I don't want anything of the kind."

"Dear me! Then what are you up to now?"

"Now?" repeated Natásha, and a happy smile lit up her face. "Have you seen Duport?"

"No."

"Not seen Duport—the famous dancer? Well then, you won't understand. That's what I'm up to."

Curving her arms, Natásha held out her skirts as dancers do, ran back a few steps, turned, cut a caper, brought her little feet sharply together, and made some steps on the very tips of her toes.

"See, I'm standing! See!" she said, but could not maintain herself on her toes any longer. "So that's what I'm up to! I'll never marry anyone, but will be a dancer. Only don't tell anyone."

Rostóv laughed so loud and merrily that Denísov, in his bedroom, felt envious and Natásha could not help joining in.

"No, but don't you think it's nice?" she kept repeating.

"Nice! And so you no longer wish to marry Borís?"

Natásha flared up.

"I don't want to marry anyone. And I'll tell him so when I see him!"

"Dear me!" said Rostóv.

"But that's all rubbish," Natásha chattered on. "And is Denísov nice?" she asked.

"Yes, indeed!"

"Oh, well then, good-by: go and dress. Is he very terrible, Denísov?"

"Why terrible?" asked Nicholas. "No, Váska is a splendid fellow."

"You call him Váska? That's funny! And is he very nice?"

"Very."

"Well then, be quick. We'll all have breakfast together."

And Natásha rose and went out of the room on tiptoe, like a ballet dancer, but smiling as only happy girls of fifteen can smile. When Rostóv

— Вот глупости! — смеясь, крикнула Наташа. — Ни о нем и ни о ком я не думаю и знать не хочу.

— Вот как! Так ты что же?

— Я? — переспросила Наташа, и счастливая улыбка осветила ее лицо. — Ты видел Duport'a?

— Нет.

— Знаменитого Дюпора, танцовщика, не видал? Ну так ты не поймешь. Я вот что такое.

Наташа взяла, округлив руки, свою юбку, как танцуют, отбежала несколько шагов, перевернулась, сделала антраша, побила ножкой об ножку и, став на самые кончики носков, прошла несколько шагов.

— Ведь стою? ведь вот! — говорила она; но не удержалась на цыпочках. — Так вот я что такое! Никогда ни за кого не пойду замуж, а пойду в танцовщицы. Только никому не говори.

Ростов так громко и весело захохотал, что Денисову из своей комнаты стало завидно, и Наташа не могла удержаться, засмеялась с ним вместе. Нет, ведь хорошо? — все говорила она.

— Хорошо. За Бориса уже не хочешь выходить замуж?

Наташа вспыхнула.

— Я не хочу ни за кого замуж идти. Я ему то же самое скажу, когда увижу.

— Вот как! — сказал Ростов.

— Ну да, это все пустяки, — продолжала болтать Наташа. — А что, Денисов хороший? — спросила она.

— Хороший.

— Ну и прощай, одевайся. Он страшный, Денисов?

— Отчего страшный? — спросил Nicolas. — Нет, Васька славный.

— Ты его Васькой зовешь?.. Странно. А что, он очень хорош?

— Очень хорош.

— Ну, приходи поскорее чай пить. Все вместе.

И Наташа встала на цыпочках и прошлась из комнаты так, как делают танцовщицы, но улыбаясь так, как только улыбаются счаст-

met Sónya in the drawing room, he reddened. He did not know how to behave with her. The evening before, in the first happy moment of meeting, they had kissed each other, but today they felt it could not be done; he felt that everybody, including his mother and sisters, was looking inquiringly at him and watching to see how he would behave with her. He kissed her hand and addressed her not as thou but as you—Sónya. But their eyes met and said thou, and exchanged tender kisses. Her looks asked him to forgive her for having dared, by Natásha's intermediacy, to remind him of his promise, and then thanked him for his love. His looks thanked her for offering him his freedom and told her that one way or another he would never cease to love her, for that would be impossible.

"How strange it is," said Véra, selecting a moment when all were silent, "that Sónya and Nicholas now say you to one another and meet like strangers."

Véra's remark was correct, as her remarks always were, but, like most of her observations, it made everyone feel uncomfortable, not only Sónya, Nicholas, and Natásha, but even the old countess, who—dreading this love affair which might hinder Nicholas from making a brilliant match—blushed like a girl.

Denísov, to Rostóv's surprise, appeared in the drawing room with pomaded hair, perfumed, and in a new uniform, looking just as smart as he made himself when going into battle, and he was more amiable to the ladies and gentlemen than Rostóv had ever expected to see him.

ливые пятнадцатилетние девочки. Встретившись в гостиной с Соней, Ростов покраснел. Он не знал, как обойтись с ней. Вчера они поцеловались в первую минуту радости свидания, но нынче он чувствовал, что нельзя было этого сделать; он чувствовал, что все, и мать и сестры, смотрели на него вопросительно и от него ожидали, как он поведет себя с нею. Он поцеловал ее руку и назвал ее *вы — Соня*. Но глаза их, встретившись, сказали друг другу «ты» и нежно поцеловались. Она просила своим взглядом у него прощенья за то, что в посольстве Наташи она смела напомнить ему о его обещании, и благодарила его за его любовь. Он своим взглядом благодарил ее за предложение свободы и говорил, что, так ли, иначе ли, он никогда не перестанет любить ее, потому что нельзя не любить ее.

— Как, однако, странно, — сказала Вера, выбрав общую минуту молчания, — что Соня с Николенькой теперь встретились на «вы» и как чужие.

Замечание Веры было справедливо, как и все ее замечания; но, как и от большей части ее замечаний, всем сделалось неловко, и не только Соня, Николай и Наташа, но и старая графиня, которая боялась этой любви сына к Соне, могущей лишить его блестящей партии, тоже покраснела, как девочка.

Денисов, к удивлению Ростова, в новом мундире, напомаженный и надушенный, явился в гостиную таким же щеголем, каким он бывал в сражениях, и таким любезным с дамами кавалером, каким Ростов никак не ожидал его видеть.

II

On his return to Moscow from the army, Nicholas Rostóv was welcomed by his home circle as the best of sons, a hero, and their darling Nikólenka; by his relations as a charming, attractive, and polite young man; by his acquaintances as a handsome lieutenant of hussars, a good dancer, and one of the best matches in the city.

The Rostóvs knew everybody in Moscow. The old count had money enough that year, as all his estates had been remortgaged, and so Nicholas, acquiring a trotter of his own, very stylish riding breeches of the latest cut, such as no one else yet had in Moscow, and boots of the latest fashion, with extremely pointed toes and small silver spurs, passed his time very gaily. After a short period of adapting himself to the old conditions of life, Nicholas found it very pleasant to be at home again. He felt that he had grown up and matured very much. His despair at failing in a Scripture examination, his borrowing money from Gavríl to pay a sleigh driver, his kissing Sónya on the sly—he now recalled all this as childishness he had left immeasurably behind. Now he was a lieutenant of hussars, in a jacket laced with silver, and wearing the Cross of St. George, awarded to soldiers for bravery in action, and in the company of well-known, elderly, and respected racing men was training a trotter of his own for a race. He knew a lady on one of the boulevards whom he visited of an evening. He led the mazurka at the Arkhárovs' ball, talked about the war with Field Marshal Kámenski, visited the English Club, and was on intimate terms with a colonel of forty to whom Denísov had introduced him.

His passion for the Emperor had cooled somewhat in Moscow. But still, as he did not see him and had no opportunity of seeing him, he often spoke about him and about his love for him, letting it be understood that he had not told all and that there was something in his feelings for the Emperor not everyone could understand,

II

Вернувшись в Москву из армии, Николай Ростов был принят домашними как лучший сын, герой и ненаглядный Николушка; родными — как милый, приятный и почтительный молодой человек; знакомыми — как красивый гусарский поручик, ловкий танцор и один из лучших женихов Москвы.

Знакомство у Ростовых была вся Москва; денег в нынешний год у старого графа было достаточно, потому что были перезаложены все имения, и потому Николушка, заведя своего собственного рысака и самые модные рейтузы, особенные, каких ни у кого еще в Москве не было, и сапоги самые модные, с самыми острыми носками и маленькими серебряными шпорами, проводил время очень весело. Ростов, вернувшись домой, испытал приятное чувство после некоторого промежутка времени примеривая себя к старым условиям жизни. Ему казалось, что он очень возмужал и вырос. Отчаяние за невыдержанный из Закона Божия экзамен, занимание денег у Гаврилы на извозчика, тайные поцелуи с Соней — он про все это вспоминал, как про ребячество, от которого он неизмеримо был далек теперь. Теперь он — гусарский поручик в серебряном ментике, с солдатским Георгием, готовит своего рысака на бег, вместе с известными охотниками, пожилыми, почтенными. У него знакомая дама на бульваре, к которой он ездит вечером. Он дирижировал мазурку на бале у Архаровых, разговаривал о войне с фельдмаршалом Каменским, бывал в Английском клубе и был на *ты* с одним сорокалетним полковником, с которым познакомил его Денисов.

Страсть его к государю несколько ослабела в Москве, так как он за это время не видал его. Но он все-таки часто рассказывал о государе, о своей любви к нему, давая чувствовать, что он еще не все рассказывает, что что-то еще есть в его чувстве к государю, что не может быть всем понятно; и от всей души

and with his whole soul he shared the adoration then common in Moscow for the Emperor, who was spoken of as the "angel incarnate."

During Rostóv's short stay in Moscow, before rejoining the army, he did not draw closer to Sónya, but rather drifted away from her. She was very pretty and sweet, and evidently deeply in love with him, but he was at the period of youth when there seems so much to do that there is no time for that sort of thing and a young man fears to bind himself and prizes his freedom which he needs for so many other things. When he thought of Sónya, during this stay in Moscow, he said to himself, "Ah, there will be, and there are, many more such girls somewhere whom I do not yet know. There will be time enough to think about love when I want to, but now I have no time." Besides, it seemed to him that the society of women was rather derogatory to his manhood. He went to balls and into ladies' society with an affectation of doing so against his will. The races, the English Club, sprees with Denísov, and visits to a certain house—that was another matter and quite the thing for a dashing young hussar!

At the beginning of March, old Count Ilyá Rostóv was very busy arranging a dinner in honor of Prince Bagratión at the English Club.

The count walked up and down the hall in his dressing gown, giving orders to the club steward and to the famous Feoktíst, the club's head cook, about asparagus, fresh cucumbers, strawberries, veal, and fish for this dinner. The count had been a member and on the committee of the club from the day it was founded. To him the club entrusted the arrangement of the festival in honor of Bagratión, for few men knew so well how to arrange a feast on an open-handed, hospitable scale, and still fewer men would be so well able and willing to make up out of their own resources what might be needed for the success of the fete. The club cook and the steward listened to the count's orders with pleased faces, for they knew that under no other management could they so easily extract a good profit for themselves from a dinner costing several thou-

разделял общее в то время в Москве чувство обожания к императору Александру Павловичу, которому в Москве в то время было дано наименование «ангела во плоти».

В это короткое пребывание Ростова в Москве, до отъезда в армию, он не сблизился, а, напротив, разошелся с Соней. Она была очень хороша, мила и, очевидно, страстно влюблена в него; но он был в той поре молодости, когда кажется так много дела, что *некогда* этим заниматься, и молодой человек боится связываться — дорожит своей свободой, которая ему нужна на многое другое. Когда он думал о Соне в это свое пребывание в Москве, он говорил себе: «Э! еще много, много таких будет и есть там, где-то, мне еще неизвестных. Еще успею, когда захочу, заняться и любовью, а теперь некогда». Кроме того, ему казалось что-то унизительное для своего мужества в женском обществе. Он ездил на балы и в женское общество, притворяясь, что делал это против воли. Бега, Английский клуб, кутеж с Денисовым, поездка *туда* — это было другое дело: это было прилично молодцу-гусару.

В начале марта старый граф Илья Андреевич Ростов был озабочен устройством обеда в Английском клубе для приема князя Багратиона.

Граф в халате ходил по зале, отдавая приказания клубному эконому и знаменитому Феоктисту, старшему повару Английского клуба, о спарже, свежих огурцах, землянике, теленке и рыбе для обеда князя Багратиона. Граф со дня основания клуба был его членом и старшиною. Ему было поручено от клуба устройство торжества для Багратиона, потому что редко кто умел так на широкую руку, хлебосольно устроить пир, особенно потому, что редко кто умел и хотел приложить свои деньги, если они понадобятся на устройство пира. Повар и эконом клуба с веселыми лицами слушали приказания графа, потому что они знали, что ни при ком, как при нем, нельзя было лучше поживиться на обеде, который стоил несколько тысяч.

sand rubles.

"Well then, mind and have cocks' comb in the turtle soup, you know!"

"Shall we have three cold dishes then?" asked the cook.

The count considered.

"We can't have less—yes, three... the mayonnaise, that's one," said he, bending down a finger.

"Then am I to order those large sterlets?" asked the steward.

"Yes, it can't be helped if they won't take less. Ah, dear me! I was forgetting. We must have another entrée. Ah, goodness gracious!" he clutched at his head. "Who is going to get me the flowers? Dmítri! Eh, Dmítri! Gallop off to our Moscow estate," he said to the factotum who appeared at his call. "Hurry off and tell Maksím, the gardener, to set the serfs to work. Say that everything out of the hothouses must be brought here well wrapped up in felt. I must have two hundred pots here on Friday."

Having given several more orders, he was about to go to his "little countess" to have a rest, but remembering something else of importance, he returned again, called back the cook and the club steward, and again began giving orders. A light footstep and the clinking of spurs were heard at the door, and the young count, handsome, rosy, with a dark little mustache, evidently rested and made sleeker by his easy life in Moscow, entered the room.

"Ah, my boy, my head's in a whirl!" said the old man with a smile, as if he felt a little confused before his son. "Now, if you would only help a bit! I must have singers too. I shall have my own orchestra, but shouldn't we get the gypsy singers as well? You military men like that sort of thing."

"Really, Papa, I believe Prince Bagratión worried himself less before the battle of Schön Grabern than you do now," said his son with a smile.

The old count pretended to be angry.

"Yes, you talk, but try it yourself!"

And the count turned to the cook, who, with a shrewd and respectful expression, looked observantly and sympathetically at the father and son.

— Так смотри же, гребешков, гребешков в тортю положи, знаешь!

— Холодных, стало быть, три?.. — спрашивал повар.

Граф задумался.

— Нельзя меньше, три... майонез раз, — сказал он, загибая палец...

— Так прикажете стерлядей больших взять? — спросил эконом.

— Что ж делать, возьми, коли не уступают. Да, батюшка ты мой, я было и забыл. Ведь надо еще другую антре на стол. Ах, отцы мои! — Он схватился за голову. — Да кто же мне цветы привезет? Митенька! А Митенька! Скачи ты, Митенька, в подмосковную, — обратился он к вошедшему на его зов управляющему, — скачи ты в подмосковную и вели ты сейчас нарядить барщину Максимке-садовнику. Скажи, чтобы все оранжерей сюда волок, укутывал бы войлоками. Но чтобы мне двести горшков тут к пятнице были.

Отдав еще и еще разные приказания, он вышел было отдохнуть к графинюшке, но вспомнил еще нужное, вернулся сам, вернул повара и эконома и опять стал приказывать. В дверях послышалась легкая мужская походка, бряцанье шпор, и красивый, румяный с чернеющими усиками, видимо отдохнувший и выхолившийся на спокойном житье в Москве, вошел молодой граф.

— Ах, братец мой! Голова кругом идет, — сказал старик, как бы стыдясь, улыбаясь перед сыном. — Хоть вот ты бы помог! Надо ведь еще песенников. Музыка у меня есть, да цыган, что ли, позвать? Ваша братия военные это любят.

— Право, папенька, я думаю, князь Багратион, когда готовился к Шенграбенскому сражению, меньше хлопотал, чем вы теперь, — сказал сын, улыбаясь.

Старый граф притворился рассерженным.

— Да, ты толкуй, ты попробуй!

И граф обратился к повару, который с умным и почтенным лицом наблюдательно и ласково поглядывал на отца и сына.

"What have the young people come to nowadays, eh, Feoktíst?" said he. "Laughing at us old fellows!"

"That's so, your excellency, all they have to do is to eat a good dinner, but providing it and serving it all up, that's not their business!"

"That's it, that's it!" exclaimed the count, and gaily seizing his son by both hands, he cried, "Now I've got you, so take the sleigh and pair at once, and go to Bezúkhov's, and tell him 'Count Ilyá has sent you to ask for strawberries and fresh pineapples.' We can't get them from anyone else. He's not there himself, so you'll have to go in and ask the princesses; and from there go on to the Rasgulyáy—the coachman Ipátka knows—and look up the gypsy Ilyúshka, the one who danced at Count Orlóv's, you remember, in a white Cossack coat, and bring him along to me."

"And am I to bring the gypsy girls along with him?" asked Nicholas, laughing.

Dear, dear!..."

At that moment, with noiseless footsteps and with the businesslike, preoccupied, yet meekly Christian look which never left her face, Anna Mikháylovna entered the hall. Though she came upon the count in his dressing gown every day, he invariably became confused and begged her to excuse his costume.

"No matter at all, my dear count," she said, meekly closing her eyes. "But I'll go to Bezúkhov's myself. Pierre has arrived, and now we shall get anything we want from his hothouses. I have to see him in any case. He has forwarded me a letter from Borís. Thank God, Borís is now on the staff."

The count was delighted at Anna Mikháylovna's taking upon herself one of his commissions and ordered the small closed carriage for her.

"Tell Bezúkhov to come. I'll put his name down. Is his wife with him?" he asked.

Anna Mikháylovna turned up her eyes, and profound sadness was depicted on her face.

"Ah, my dear friend, he is very unfortunate," she said. "If what we hear is true, it is dreadful. How little we dreamed of such a thing when we

— Какова молодежь-то, а, Феоктист? — сказал он. — Смеются над нашим братом — стариками.

— Что ж, ваше сиятельство, им бы только покушать хорошо, а как все собрать да сервировать, это не их дело.

— Так, так! — закричал граф и, весело схватив сына за обе руки, закричал: — Так вот же что, попался ты мне! Возьми ты сейчас сани парные и ступай ты к Безухову и скажи, что граф, мол, Илья Андреич прислали просить у вас земляники и ананасов свежих. Больше ни у кого не достанешь. Самого-то нет, так ты зайди княжнам скажи, а оттуда, вот что, поезжай ты на Разгуляй — Ипатка-кучер знает, — найди ты там Илюшку-цыгана, вот что у графа Орлова тогда плясал, помнишь, в белом казакине, и притащи ты его сюда, ко мне.

— И с цыганками его сюда привести? — спросил Николай смеясь.

— Ну, ну!..

В это время неслышными шагами, с деловым, озабоченным и вместе христиански-кротким видом, никогда не покидавшим ее, вошла в комнату Анна Михайловна. Несмотря на то, что каждый день Анна Михайловна заставала графа в халате, всякий раз он конфузился при ней и просил извинения за свой костюм. Так сделал он и теперь.

— Ничего, граф, голубчик, — сказала она, кротко закрывая глаза. — А к Безухову я съезжу, — сказала она. — Молодой Безухов приехал, и теперь мы все достанем, граф, из его оранжерей. Мне и нужно было видеть его. Он мне прислал письмо от Бориса. Слава Богу, Боря теперь при штабе.

Граф обрадовался, что Анна Михайловна брала одну часть его поручений, и велел ей заложить маленькую карету.

— Вы Безухову скажите, чтоб он приезжал. Я его запишу. Что́, он с женою? — спросил он.

Анна Михайловна завела глаза, и на лице ее выразилась глубокая скорбь...

— Ах, мой друг, он очень несчастлив, — сказала она. — Ежели правда, что мы слышали, это ужасно. И думали ли мы, когда так

were rejoicing at his happiness! And such a lofty angelic soul as young Bezúkhov! Yes, I pity him from my heart, and shall try to give him what consolation I can."

"Wh-what is the matter?" asked both the young and old Rostóv.

Anna Mikháylovna sighed deeply.

"Dólokhov, Mary Ivánovna's son," she said in a mysterious whisper, "has compromised her completely, they say. Pierre took him up, invited him to his house in Petersburg, and now... she has come here and that daredevil after her!" said Anna Mikháylovna, wishing to show her sympathy for Pierre, but by involuntary intonations and a half smile betraying her sympathy for the "daredevil," as she called Dólokhov. "They say Pierre is quite broken by his misfortune."

"Dear, dear! But still tell him to come to the club—it will all blow over. It will be a tremendous banquet."

Next day, the third of March, soon after one o'clock, two hundred and fifty members of the English Club and fifty guests were awaiting the guest of honor and hero of the Austrian campaign, Prince Bagratión, to dinner.

On the first arrival of the news of the battle of Austerlitz, Moscow had been bewildered. At that time, the Russians were so used to victories that on receiving news of the defeat some would simply not believe it, while others sought some extraordinary explanation of so strange an event. In the English Club, where all who were distinguished, important, and well informed foregathered when the news began to arrive in December, nothing was said about the war and the last battle, as though all were in a conspiracy of silence. The men who set the tone in conversation—Count Rostopchín, Prince Yúri Dolgorúkov, Valúev, Count Markóv, and Prince Vyázemski—did not show themselves at the club, but met in private houses in intimate circles, and the Moscovites who took their opinions from others—Ilyá Rostóv among them—remained for a while without any definite opinion on the subject of the war and without leaders. The Moscovites felt that something was wrong and that to discuss the bad news was difficult, and so it was

радовались его счастию! И такая высокая, небесная душа, этот молодой Безухов! Да, я от души жалею его и постараюсь дать ему утешение, которое от меня будет зависеть.

— Да что ж такое? — спросили оба Ростова, старший и младший.

Анна Михайловна глубоко вздохнула.

— Долохов, Марьи Ивановны сын, — сказала она таинственным шепотом, — говорят, совсем компрометировал ее. Он его вывел, пригласил к себе в дом в Петербурге, и вот... Она сюда приехала, и этот сорвиголова за ней, — сказала Анна Михайловна, желая выразить свое сочувствие Пьеру, но в невольных интонациях и полуулыбкою выказывая сочувствие сорвиголове, как она назвала Долохова. — Говорят, сам Пьер совсем убит своим горем.

— Ну, все-таки скажите ему, чтоб он приезжал в клуб, — все рассеется. Пир горой будет.

На другой день, 3-го марта, во втором часу пополудни, двести пятьдесят человек членов Английского клуба и пятьдесят человек гостей ожидали к обеду дорогого гостя и героя австрийского похода, князя Багратиона.

В первое время по получении известия об Аустерлицком сражении Москва пришла в недоумение. В то время русские так привыкли к победам, что, получив известие о поражении, одни просто не верили, другие искали объяснений такому странному событию в каких-нибудь необыкновенных причинах. В Английском клубе, где собиралось всё, что было знатного, имеющего верные сведения и вес, в декабре месяце, когда стали приходить известия, ничего не говорили про войну и про последнее сражение, как будто все сговорились молчать о нем. Люди, дававшие направление разговорам, как то: граф Растопчин, князь Юрий Владимирович Долгорукий, Валуев, граф Марков, князь Вяземский, не показывались в клубе, а собирались по домам, в своих интимных кружках, и москвичи, говорившие с чужих голосов (к которым принадлежал и граф Илья Андреич Ростов), оставались на короткое время без определенного суждения о деле войны и без

best to be silent. But after a while, just as a jury comes out of its room, the bigwigs who guided the club's opinion reappeared, and everybody began speaking clearly and definitely. Reasons were found for the incredible, unheard-of, and impossible event of a Russian defeat, everything became clear, and in all corners of Moscow the same things began to be said. These reasons were the treachery of the Austrians, a defective commissariat, the treachery of the Pole Przebyszéwski and of the Frenchman Langeron, Kutúzov's incapacity, and (it was whispered) the youth and inexperience of the sovereign, who had trusted worthless and insignificant people. But the army, the Russian army, everyone declared, was extraordinary and had achieved miracles of valor. The soldiers, officers, and generals were heroes. But the hero of heroes was Prince Bagratión, distinguished by his Schön Grabern affair and by the retreat from Austerlitz, where he alone had withdrawn his column unbroken and had all day beaten back an enemy force twice as numerous as his own. What also conduced to Bagratión's being selected as Moscow's hero was the fact that he had no connections in the city and was a stranger there. In his person, honor was shown to a simple fighting Russian soldier without connections and intrigues, and to one who was associated by memories of the Italian campaign with the name of Suvórov. Moreover, paying such honor to Bagratión was the best way of expressing disapproval and dislike of Kutúzov.

"Had there been no Bagratión, it would have been necessary to invent him," said the wit Shinshín, parodying the words of Voltaire. Kutúzov no one spoke of, except some who abused him in whispers, calling him a court weathercock and an old satyr.

All Moscow repeated Prince Dolgorúkov's saying. "If you go on modeling and modeling you must get smeared with clay," suggesting consolation for our defeat by the memory of former victories; and the words of Rostopchín, that

руководителей. Москвичи чувствовали, что что-то нехорошо и что обсуждать эти дурные вести трудно, и потому лучше молчать. Но через несколько времени, как присяжные выходят из совещательной комнаты, появились опять тузы, дававшие мнение в клубе, и всё заговорило ясно и определенно. Были найдены причины тому неимоверному, неслыханному и невозможному событию, что русские были побиты, и все стало ясно, и во всех углах Москвы заговорили одно и то же. Причины эти были: измена австрийцев, дурное продовольствие войска, измена поляка Пржебышевского и француза Ланжерона, неспособность Кутузова и (потихоньку говорили) молодость и неопытность государя, вверившегося дурным и ничтожным людям. Но войска, русские войска, говорили все, были необыкновенны и делали чудеса храбрости. Солдаты, офицеры и генералы были герои. Но героем из героев был князь Багратион, прославившийся своим Шенграбенским делом и отступлением от Аустерлица, где он один провел свою колонну нерасстроенною и целый день отбивал вдвое сильнейшего неприятеля. Тому, что Багратион был выбран героем в Москве, содействовало и то, что он не имел связей в Москве и был чужой. В лице его отдавалась честь боевому, простому, без связей и интриг, русскому солдату, еще связанному воспоминаниями Итальянского похода с именем Суворова. Кроме того, в воздаянии ему таких почестей лучше всего показывалось нерасположение и неодобрение Кутузова.

— Ежели бы не было Багратиона, il faudrait l'inventer [1], — сказал шутник Шиншин, пародируя слова Вольтера. Про Кутузова никто не говорил, и некоторые шепотом бранили его, называя придворною вертушкой и старым сатиром.

По всей Москве повторялись слова князя Долгорукова: «лепя, лепя, и облепишься», утешавшегося в нашем поражении воспоминанием прежних побед, и повторялись слова Растопчина про то, что французских солдат

---

[1] надо бы выдумать его.

French soldiers have to be incited to battle by highfalutin words, and Germans by logical arguments to show them that it is more dangerous to run away than to advance, but that Russian soldiers only need to be restrained and held back! On all sides, new and fresh anecdotes were heard of individual examples of heroism shown by our officers and men at Austerlitz. One had saved a standard, another had killed five Frenchmen, a third had loaded five cannon singlehanded. Berg was mentioned, by those who did not know him, as having, when wounded in the right hand, taken his sword in the left, and gone forward. Of Bolkónski, nothing was said, and only those who knew him intimately regretted that he had died so young, leaving a pregnant wife with his eccentric father.

надо возбуждать к сражению высокопарными фразами, что с немцами надо логически рассуждать, убеждая их, что опаснее бежать, чем идти вперед; но что русских солдат надо только удерживать и просить: потише! Со всех сторон слышны были новые и новые рассказы об отдельных примерах мужества, оказанных нашими солдатами и офицерами при Аустерлице. Тот спас знамя, тот убил пять французов, тот один заряжал пять пушек. Говорили и про Берга, те, которые не знали его, что он, раненный в правую руку, взял шпагу в левую и пошел вперед. Про Болконского ничего не говорили, и только близко знавшие его жалели, что он рано умер, оставив беременную жену у чудака-отца.

III

On that third of March, all the rooms in the English Club were filled with a hum of conversation, like the hum of bees swarming in springtime. The members and guests of the club wandered hither and thither, sat, stood, met, and separated, some in uniform and some in evening dress, and a few here and there with powdered hair and in Russian kaftáns. Powdered footmen, in livery with buckled shoes and smart stockings, stood at every door anxiously noting visitors' every movement in order to offer their services. Most of those present were elderly, respected men with broad, self-confident faces, fat fingers, and resolute gestures and voices. This class of guests and members sat in certain habitual places and met in certain habitual groups. A minority of those present were casual guests—chiefly young men, among whom were Denísov, Rostóv, and Dólokhov—who was now again an officer in the Seménov regiment. The faces of these young people, especially those who were military men, bore that expression of condescending respect for their elders which seems to say to the older generation, "We are prepared to respect and honor you, but all the same remember that the future belongs to us."

Nesvítski was there as an old member of the club. Pierre, who at his wife's command had let his hair grow and abandoned his spectacles, went about the rooms fashionably dressed but looking sad and dull. Here, as elsewhere, he was surrounded by an atmosphere of subservience to his wealth, and being in the habit of lording it over these people, he treated them with absent-minded contempt.

By his age he should have belonged to the younger men, but by his wealth and connections he belonged to the groups of old and honored guests, and so he went from one group to another. Some of the most important old men were the center of groups which even strangers approached respectfully to hear the voices of well-

III

3-го марта во всех комнатах Английского клуба стоял стон разговаривавших голосов, и, как пчелы на весеннем пролете, сновали взад и вперед, сидели, стояли, сходились и расходились, в мундирах, фраках и еще кое-кто в пудре и кафтанах члены и гости клуба. Пудреные, в чулках и башмаках, ливрейные лакеи стояли у каждой двери и напряженно старались уловить каждое движение гостей и членов клуба, чтобы предложить свои услуги. Большинство присутствовавших были старые, почтенные люди с широкими самоуверенными лицами, толстыми пальцами, твердыми движениями и голосами. Этого рода гости и члены сидели по известным, привычным местам и сходились в известных, привычных кружках. Малая часть присутствовавших состояла из случайных гостей — преимущественно молодежи, в числе которой были Денисов, Ростов и Долохов, который был опять семеновским офицером. На лицах молодежи, особенно военной, было выражение того чувства презрительной почтительности к старикам, которое как будто говорит старому поколению: «Уважать и почитать вас мы готовы, но помните, что все-таки за нами будущность».

Несвицкий был тут же, как старый член клуба. Пьер, отпустивший по приказанию жены волоса, снявший очки, одетый по-модному, но с грустным и унылым видом, ходил по залам. Его, как и везде, окружала атмосфера людей, преклонявшихся перед его богатством, и он с привычкой царствования и рассеянной презрительностью обращался с ними.

По годам он бы должен был быть с молодыми, но по богатству и связям он был членом кружков старых, почтенных гостей, и потому он переходил от одного кружка к другому. Старики из самых значительных составляли центр кружков, к которым почтительно приближались даже незнакомые,

known men. The largest circles formed round Count Rostopchín, Valúev, and Narýshkin. Rostopchín was describing how the Russians had been overwhelmed by flying Austrians and had had to force their way through them with bayonets.

Valúev was confidentially telling that Uvárov had been sent from Petersburg to ascertain what Moscow was thinking about Austerlitz.

In the third circle, Narýshkin was speaking of the meeting of the Austrian Council of War at which Suvórov crowed like a cock in reply to the nonsense talked by the Austrian generals. Shinshín, standing close by, tried to make a joke, saying that Kutúzov had evidently failed to learn from Suvórov even so simple a thing as the art of crowing like a cock, but the elder members glanced severely at the wit, making him feel that in that place and on that day, it was improper to speak so of Kutúzov.

Count Ilyá Rostóv, hurried and preoccupied, went about in his soft boots between the dining and drawing rooms, hastily greeting the important and unimportant, all of whom he knew, as if they were all equals, while his eyes occasionally sought out his fine well-set-up young son, resting on him and winking joyfully at him. Young Rostóv stood at a window with Dólokhov, whose acquaintance he had lately made and highly valued. The old count came up to them and pressed Dólokhov's hand.

"Please come and visit us... you know my brave boy... been together out there... both playing the hero... Ah, Vasíli Ignátovich... How d'ye do, old fellow?" he said, turning to an old man who was passing, but before he had finished his greeting there was a general stir, and a footman who had run in announced, with a frightened face: "He's arrived!"

Bells rang, the stewards rushed forward, and—like rye shaken together in a shovel—the guests who had been scattered about in different rooms came together and crowded in the large drawing room by the door of the ballroom.

чтобы послушать известных людей. Бóльшие кружки составились около графа Растопчина, Валуева и Нарышкина. Растопчин рассказывал про то, как русские были смяты бежавшими австрийцами и должны были штыком прокладывать себе дорогу сквозь беглецов.

Валуев конфиденциально рассказывал, что Уваров был прислан из Петербурга, для того чтобы узнать мнение москвичей об Аустерлице.

В третьем кружке Нарышкин говорил о заседании австрийского военного совета, в котором Суворов закричал петухом в ответ на глупость австрийских генералов. Шиншин, стоявший тут же, хотел пошутить, сказав, что Кутузов, видно, и этому нетрудному искусству — кричать по-петушиному — не мог выучиться у Суворова; но старички строго поглядели на шутника, давая ему тем чувствовать, что здесь и в нынешний день так неприлично было говорить про Кутузова.

Граф Илья Андреич Ростов иноходью, озабоченно, торопливо похаживал в своих мягких сапогах из столовой в гостиную, поспешно и совершенно одинаково здороваясь с важными и неважными лицами, которых он всех знал, и, изредка отыскивая глазами своего стройного молодца-сына, радостно останавливал на нем свой взгляд и подмигивал ему. Молодой Ростов стоял у окна с Долоховым, с которым он недавно познакомился и знакомством которого он дорожил. Старый граф подошел к ним и пожал руку Долохову.

— Ко мне милости прошу, вот ты с моим молодцом знаком... вместе там, вместе геройствовали... А! Василий Игнатьич... здорово, старый, — обратился он к проходившему старичку, но не успел еще договорить приветствия, как все зашевелилось, и прибежавший лакей, с испуганным лицом, доложил: «Пожаловали!»

Раздались звонки; старшины бросились вперед; разбросанные в разных комнатах гости, как встряхнутая рожь на лопате, столпились в одну кучу и остановились в большой гостиной у дверей залы.

Bagratión appeared in the doorway of the anteroom without hat or sword, which, in accord with the club custom, he had given up to the hall porter. He had no lambskin cap on his head, nor had he a loaded whip over his shoulder, as when Rostóv had seen him on the eve of the battle of Austerlitz, but wore a tight new uniform with Russian and foreign Orders, and the Star of St. George on his left breast. Evidently just before coming to the dinner he had had his hair and whiskers trimmed, which changed his appearance for the worse. There was something naïvely festive in his air, which, in conjunction with his firm and virile features, gave him a rather comical expression. Bekleshëv and Theodore Uvárov, who had arrived with him, paused at the doorway to allow him, as the guest of honor, to enter first. Bagratión was embarrassed, not wishing to avail himself of their courtesy, and this caused some delay at the doors, but after all he did at last enter first. He walked shyly and awkwardly over the parquet floor of the reception room, not knowing what to do with his hands; he was more accustomed to walk over a plowed field under fire, as he had done at the head of the Kursk regiment at Schön Grabern—and he would have found that easier. The committeemen met him at the first door and, expressing their delight at seeing such a highly honored guest, took possession of him as it were, without waiting for his reply, surrounded him, and led him to the drawing room. It was at first impossible to enter the drawing room door for the crowd of members and guests jostling one another and trying to get a good look at Bagratión over each other's shoulders, as if he were some rare animal. Count Ilyá Rostóv, laughing and repeating the words, "Make way, dear boy! Make way, make way!" pushed through the crowd more energetically than anyone, led the guests into the drawing room, and seated them on the center sofa. The bigwigs, the most respected members of the club, beset the new arrivals. Count Ilyá, again thrusting his way through the crowd, went out of the drawing room and reappeared a minute later with another committeeman, carrying a large silver salver which he presented to Prince Bagratión. On the salver lay some verses com-

В дверях передней показался Багратион, без шляпы и шпаги, которые он, по клубному обычаю, оставил у швейцара. Он был не в смушковом картузе, с нагайкой через плечо, как видел его Ростов в ночь накануне Аустерлицкого сражения, а в новом узком мундире с русскими и иностранными орденами и с георгиевской звездой на левой стороне груди. Он, видимо, сейчас, перед обедом, подстриг волосы и бакенбарды, чтó невыгодно изменяло его физиономию. На лице его было что-то наивно-праздничное, дававшее, в соединении с его твердыми, мужественными чертами, даже несколько комическое выражение его лицу. Беклешов и Федор Петрович Уваров, приехавшие с ним вместе, остановились в дверях, желая, чтобы он, как главный гость, прошел вперед их. Багратион смешался, не желая воспользоваться их учтивостью; произошла остановка в дверях, и, наконец, Багратион все-таки прошел вперед. Он шел, не зная, куда девать руки, застенчиво и неловко, по паркету приемной: ему привычнее и легче было ходить под пулями по вспаханному полю, как он шел перед Курским полком в Шенграбене. Старшины встретили его у первой двери, сказав ему несколько слов о радости видеть столь дорогого гостя, и, не дождавшись его ответа, как бы завладев им, окружили его и повели в гостиную. В дверях гостиной не было возможности пройти от столпившихся членов и гостей, давивших друг друга и через плечи друг друга старавшихся, как редкого зверя, рассмотреть Багратиона. Граф Илья Андреич, энергичнее всех, смеясь и приговаривая: «Пусти, mon cher, пусти, пусти!», протолкал толпу, провел гостей в гостиную и посадил на средний диван. Тузы, почетнейшие члены клуба, обступили вновь прибывших. Граф Илья Андреич, проталкиваясь опять через толпу, вышел из гостиной и с другим старшиной через минуту явился, неся большое серебряное блюдо, которое он поднес князю Багратиону. На блюде лежали сочиненные и напечатанные в честь героя стихи. Багратион, увидав блюдо, испуганно оглянулся, как бы отыскивая помощи. Но во всех глазах

posed and printed in the hero's honor. Bagratión, on seeing the salver, glanced around in dismay, as though seeking help. But all eyes demanded that he should submit. Feeling himself in their power, he resolutely took the salver with both hands and looked sternly and reproachfully at the count who had presented it to him. Someone obligingly took the dish from Bagratión (or he would, it seemed, have held it till evening and have gone in to dinner with it) and drew his attention to the verses.

"Well, I will read them, then!" Bagratión seemed to say, and, fixing his weary eyes on the paper, began to read them with a fixed and serious expression. But the author himself took the verses and began reading them aloud. Bagratión bowed his head and listened:

Bring glory then to Alexander's reign
And on the throne our Titus shield.
A dreaded foe be thou, kindhearted as a man,
A Rhipheus at home, a Caesar in the field!
E'en fortunate Napoleon
Knows by experience, now, Bagratión,
And dare not Herculean Russians trouble...

But before he had finished reading, a stentorian major-domo announced that dinner was ready! The door opened, and from the dining room came the resounding strains of the polonaise:

Conquest's joyful thunder waken,
Triumph, valiant Russians, now!...

and Count Rostóv, glancing angrily at the author who went on reading his verses, bowed to Bagratión. Everyone rose, feeling that dinner was more important than verses, and Bagratión, again preceding all the rest, went in to dinner. He was seated in the place of honor between two Alexanders—Bekleshëv and Narýshkin—which was a significant allusion to the name of the sovereign. Three hundred persons took their seats in the dining room, according to their rank and importance: the more important nearer to the honored guest, as naturally as water flows deepest where the land lies lowest.

Just before dinner, Count Ilyá Rostóv presented his son to Bagratión, who recognized

было требование того, чтобы он покорился. Чувствуя себя в их власти, Багратион решительно, обеими руками, взял блюдо и сердито, укоризненно посмотрел на графа, подносившего его. Кто-то услужливо вынул из рук Багратиона блюдо (а то он, казалось, намерен был держать его так до вечера и так идти к столу) и обратил его внимание на стихи.

«Ну и прочту», — как будто сказал Багратион и, устремив усталые глаза на бумагу, стал читать с сосредоточенным и серьезным видом. Сам сочинитель взял стихи и стал читать. Князь Багратион склонил голову и слушал.

Славь тако Александра век
И охраняй нам Тита на престоле,
Будь купно страшный вождь и добрый человек,
Рифей в отечестве, а Цесарь в бранном поле.
Да счáстливый Наполеон,
Познав чрез опыты, каков Багратион,
Не смеет утруждать Алкидов русских боле...

Но еще он не докончил стихов, как громогласный дворецкий провозгласил: «Кушанье готово!» Дверь отворилась, загремел из столовой польский:

«Гром победы раздавайся, веселися, храбрый росс»,

— и граф Илья Андреич, сердито посмотрев на автора, продолжавшего читать стихи, раскланялся перед Багратионом. Все встали, чувствуя, что обед был важнее стихов, и опять Багратион впереди всех пошел к столу. На первом месте, между двух Александров — Беклешова и Нарышкина, что тоже имело значение по отношению к имени государя, посадили Багратиона: триста человек разместились в столовой по чинам и важности, кто поважнее — поближе к чествуемому гостю: так же естественно, как вода разливается туда глубже, где местность ниже.

Перед самым обедом граф Илья Андреич представил князю своего сына. Баграти-

him and said a few words to him, disjointed and awkward, as were all the words he spoke that day, and Count Ilyá looked joyfully and proudly around while Bagratión spoke to his son.

Nicholas Rostóv, with Denísov and his new acquaintance, Dólokhov, sat almost at the middle of the table. Facing them sat Pierre, beside Prince Nesvítski. Count Ilyá Rostóv with the other members of the committee sat facing Bagratión and, as the very personification of Moscow hospitality, did the honors to the prince.

His efforts had not been in vain. The dinner, both the Lenten and the other fare, was splendid, yet he could not feel quite at ease till the end of the meal. He winked at the butler, whispered directions to the footmen, and awaited each expected dish with some anxiety. Everything was excellent. With the second course, a gigantic sterlet (at sight of which Ilyá Rostóv blushed with self-conscious pleasure), the footmen began popping corks and filling the champagne glasses. After the fish, which made a certain sensation, the count exchanged glances with the other committeemen. "There will be many toasts, it's time to begin," he whispered, and taking up his glass, he rose. All were silent, waiting for what he would say.

"To the health of our Sovereign, the Emperor!" he cried, and at the same moment his kindly eyes grew moist with tears of joy and enthusiasm. The band immediately struck up "Conquest's joyful thunder waken…" All rose and cried "Hurrah!" Bagratión also rose and shouted "Hurrah!" in exactly the same voice in which he had shouted it on the field at Schön Grabern. Young Rostóv's ecstatic voice could be heard above the three hundred others. He nearly wept.

"To the health of our Sovereign, the Emperor!" he roared, "Hurrah!" and emptying his glass at one gulp he dashed it to the floor. Many followed his example, and the loud shouting continued for a long time. When the voices subsided, the footmen cleared away the broken glass and everybody sat down again, smiling at the noise they had made and exchanging remarks.

он, узнав его, сказал несколько нескладных, неловких слов, как и все слова, которые он говорил в этот день. Граф Илья Андреич радостно и гордо оглядывал всех в то время, как Багратион говорил с его сыном.

Николай Ростов с Денисовым и новым знакомцем Долоховым сели вместе почти на середине стола. Напротив них сел Пьер рядом с князем Несвицким. Граф Илья Андреич сидел напротив Багратиона с другими старшинами и угащивал князя Багратиона, олицетворяя в себе московское радушие.

Труды его не пропали даром. Обеды, постный и скоромный, были великолепны, но совершенно спокоен он все-таки не мог быть до конца обеда. Он подмигивал буфетчику, шепотом приказывал лакеям и не без волнения ожидал каждого знакомого ему блюда. Все было прекрасно. На втором блюде, вместе с исполинской стерлядью (увидав которую, Илья Андреич покраснел от радости и застенчивости), уже лакеи стали хлопать пробками и наливать шампанское. После рыбы, которая произвела некоторое впечатление, граф Илья Андреич переглянулся с другими старшинами. «Много тостов будет, пора начинать!» — шепнул он и, взяв бокал в руки, встал. Все замолкли и ожидали, что он скажет.

— Здоровье государя императора! — крикнул он, и в ту же минуту добрые глаза его увлажились слезами радости и восторга. В ту же минуту заиграли «Гром победы раздавайся». Все встали с своих мест и закричали ура! И Багратион закричал ура! тем же голосом, каким он кричал на Шенграбенском поле. Восторженный голос молодого Ростова был слышен из-за всех трехсот голосов. Он чуть не плакал.

— Здоровье государя императора, — кричал он, — ура! — Выпив залпом свой бокал, он бросил его на пол. Многие последовали его примеру. И долго продолжались громкие крики. Когда замолкли голоса, лакеи подобрали разбитую посуду, и все стали усаживаться и, улыбаясь своему крику, переговариваться. Граф Илья Андреич поднял-

The old count rose once more, glanced at a note lying beside his plate, and proposed a toast, "To the health of the hero of our last campaign, Prince Peter Ivánovich Bagratión!" and again his blue eyes grew moist. "Hurrah!" cried the three hundred voices again, but instead of the band a choir began singing a cantata composed by Paul Ivánovich Kutúzov:

Russians! O'er all barriers on!
Courage conquest guarantees;
Have we not Bagratión?
He brings foemen to their knees,... etc.

As soon as the singing was over, another and another toast was proposed and Count Ilyá Rostóv became more and more moved, more glass was smashed, and the shouting grew louder. They drank to Beklesḧëv, Narýshkin, Uvárov, Dolgorúkov, Apráksin, Valúev, to the committee, to all the club members and to all the club guests, and finally to Count Ilyá Rostóv separately, as the organizer of the banquet. At that toast, the count took out his handkerchief and, covering his face, wept outright.

ся опять, взглянул на записочку, лежавшую подле его тарелки, и провозгласил тост за здоровье нашего последней кампании героя князя Петра Ивановича Багратиона, и опять голубые глаза графа увлажились слезами. Ура! — опять закричали голоса трехсот гостей, и вместо музыки послышались певчие, певшие кантату сочинения Павла Ивановича Кутузова:

Тщетны россам все препоны,
Храбрость есть побед залог,
Есть у нас Багратионы,
Будут все враги у ног...

Только что кончили певчие, как последовали новые и новые тосты, при которых все больше и больше расчувствовался граф Илья Андреич, и еще больше билось посуды, и еще больше кричалось. Пили за здоровье Беклешова, Нарышкина, Уварова, Долгорукова, Апраксина, Валуева, за здоровье старшин, за здоровье распорядителя, за здоровье всех членов клуба, за здоровье всех гостей клуба и, наконец, отдельно за здоровье учредителя обеда графа Ильи Андреевича. При этом тосте граф вынул платок и, закрыв им лицо, совершенно расплакался.

IV

Pierre sat opposite Dólokhov and Nicholas Rostóv. As usual, he ate and drank much, and eagerly. But those who knew him intimately noticed that some great change had come over him that day. He was silent all through dinner and looked about, blinking and scowling, or, with fixed eyes and a look of complete absent-mindedness, kept rubbing the bridge of his nose. His face was depressed and gloomy. He seemed to see and hear nothing of what was going on around him and to be absorbed by some depressing and unsolved problem.

The unsolved problem that tormented him was caused by hints given by the princess, his cousin, at Moscow, concerning Dólokhov's intimacy with his wife, and by an anonymous letter he had received that morning, which in the mean jocular way common to anonymous letters said that he saw badly through his spectacles, but that his wife's connection with Dólokhov was a secret to no one but himself. Pierre absolutely disbelieved both the princess' hints and the letter, but he feared now to look at Dólokhov, who was sitting opposite him. Every time he chanced to meet Dólokhov's handsome insolent eyes, Pierre felt something terrible and monstrous rising in his soul and turned quickly away. Involuntarily recalling his wife's past and her relations with Dólokhov, Pierre saw clearly that what was said in the letter might be true, or might at least seem to be true had it not referred to his wife. He involuntarily remembered how Dólokhov, who had fully recovered his former position after the campaign, had returned to Petersburg and come to him. Availing himself of his friendly relations with Pierre as a boon companion, Dólokhov had come straight to his house, and Pierre had put him up and lent him money. Pierre recalled how Hélène had smilingly expressed disapproval of Dólokhov's living at their house, and how cynically Dólokhov had praised his wife's beauty to him and from that time till they came to Moscow had not left them for a day.

IV

Пьер сидел против Долохова и Николая Ростова. Он много и жадно ел и много пил, как и всегда. Но те, которые его знали коротко, видели, что в нем произошла в нынешний день какая-то большая перемена. Он молчал все время обеда и, щурясь и морщась, глядел кругом себя или, остановив глаза, с видом совершенной рассеянности, потирал пальцем переносицу. Лицо его было уныло и мрачно. Он, казалось, не видел и не слышал ничего, происходящего вокруг него, и думал о чем-то одном, тяжелом и неразрешенном.

Этот неразрешенный, мучивший его вопрос были намеки княжны в Москве на близость Долохова к его жене и в нынешнее утро полученное им анонимное письмо, в котором было сказано с той подлой шутливостью, которая свойственна всем анонимным письмам, что он плохо видит сквозь свои очки и что связь его жены с Долоховым есть тайна только для одного него. Пьер решительно не поверил ни намекам княжны, ни письму, но ему страшно было теперь смотреть на Долохова, сидевшего перед ним. Всякий раз, как нечаянно взгляд его встречался с прекрасными наглыми глазами Долохова, Пьер чувствовал, как что-то ужасное, безобразное поднималось в его душе, и он скорее отворачивался. Невольно вспоминая все прошедшее своей жены и ее отношения с Долоховым, Пьер видел ясно, что то, что сказано было в письме, могло быть правда, могло по крайней мере казаться правдой, ежели бы это касалось не *его жены*. Пьер вспоминал невольно, как Долохов, которому было возвращено все после кампании, вернулся в Петербург и приехал к нему. Пользуясь своими кутежными отношениями дружбы с Пьером, Долохов прямо приехал к нему в дом, и Пьер поместил его и дал ему взаймы денег. Пьер вспоминал, как Элен, улыбаясь, выражала свое неудовольствие за то, что Долохов живет в их доме, и как Долохов цинически

"Yes, he is very handsome," thought Pierre, "and I know him. It would be particularly pleasant to him to dishonor my name and ridicule me, just because I have exerted myself on his behalf, befriended him, and helped him. I know and understand what a spice that would add to the pleasure of deceiving me, if it really were true. Yes, if it were true, but I do not believe it. I have no right to, and can't, believe it." He remembered the expression Dólokhov's face assumed in his moments of cruelty, as when tying the policeman to the bear and dropping them into the water, or when he challenged a man to a duel without any reason, or shot a post-boy's horse with a pistol. That expression was often on Dólokhov's face when looking at him. "Yes, he is a bully," thought Pierre, "to kill a man means nothing to him. It must seem to him that everyone is afraid of him, and that must please him. He must think that I, too, am afraid of him—and in fact I am afraid of him," he thought, and again he felt something terrible and monstrous rising in his soul. Dólokhov, Denísov, and Rostóv were now sitting opposite Pierre and seemed very gay. Rostóv was talking merrily to his two friends, one of whom was a dashing hussar and the other a notorious duelist and rake, and every now and then he glanced ironically at Pierre, whose preoccupied, absent-minded, and massive figure was a very noticeable one at the dinner. Rostóv looked inimically at Pierre, first because Pierre appeared to his hussar eyes as a rich civilian, the husband of a beauty, and in a word—an old woman; and secondly because Pierre in his preoccupation and absent-mindedness had not recognized Rostóv and had not responded to his greeting. When the Emperor's health was drunk, Pierre, lost in thought, did not rise or lift his glass.

"What are you about?" shouted Rostóv, looking at him in an ecstasy of exasperation. "Don't you hear it's His Majesty the Emperor's health?"

Pierre sighed, rose submissively, emptied

хвалил ему красоту его жены, и как он с того времени до приезда в Москву ни на минуту не разлучался с ними.

«Да, он очень красив, — думал Пьер, — я знаю его. Для него была бы особенная прелесть в том, чтоб осрамить мое имя и посмеяться надо мной, именно потому, что я хлопотал за него и призрел его, помог ему. Я знаю, я понимаю, какую соль это в его глазах должно бы придавать его обману, ежели бы это была правда. Да, ежели бы это была правда; но я не верю, не имею права и не могу верить». Он вспоминал то выражение, которое принимало лицо Долохова, когда на него находили минуты жестокости, как те, в которые он связывал квартального с медведем и пускал его на воду, или когда он вызывал без всякой причины на дуэль человека, или убивал из пистолета лошадь ямщика. Это выражение часто было на лице Долохова, когда он смотрел на него. «Да, он бретёр, — думал Пьер, — ему ничего не значит убить человека, ему должно казаться, что все боятся его, ему должно быть приятно это. Он должен думать, что и я боюсь его. И действительно, я боюсь его», — думал Пьер, и опять при этих мыслях он чувствовал, как что-то страшное и безобразное поднималось в его душе. Долохов, Денисов и Ростов сидели теперь против Пьера и казались очень веселы. Ростов весело переговаривался с своими двумя приятелями, из которых один был лихой гусар, другой известный бретёр и повеса, и изредка насмешливо поглядывал на Пьера, который на этом обеде поражал своей сосредоточенной, рассеянной, массивной фигурой. Ростов недоброжелательно смотрел на Пьера, во-первых, потому, что Пьер, в его гусарских глазах, был штатский богач, муж красавицы, вообще баба; во-вторых, потому, что Пьер в сосредоточенности и рассеянности своего настроения не узнал Ростова и не ответил на его поклон. Когда стали пить здоровье государя, Пьер, задумавшись, не встал и не взял бокала.

— Что ж вы? — закричал ему Ростов, восторженно-озлобленными глазами глядя на него. — Разве вы не слышите: здоровье государя императора! — Пьер, вздохнув, покор-

his glass, and, waiting till all were seated again, turned with his kindly smile to Rostóv.

"Why, I didn't recognize you!" he said. But Rostóv was otherwise engaged; he was shouting "Hurrah!"

"Why don't you renew the acquaintance?" said Dólokhov to Rostóv.

"Confound him, he's a fool!" said Rostóv.

"One should make up to the husbands of pretty women," said Denísov.

Pierre did not catch what they were saying, but knew they were talking about him. He reddened and turned away.

"Well, now to the health of handsome women!" said Dólokhov, and with a serious expression, but with a smile lurking at the corners of his mouth, he turned with his glass to Pierre.

"Here's to the health of lovely women, Peterkin—and their lovers!" he added.

Pierre, with downcast eyes, drank out of his glass without looking at Dólokhov or answering him. The footman, who was distributing leaflets with Kutúzov's cantata, laid one before Pierre as one of the principal guests. He was just going to take it when Dólokhov, leaning across, snatched it from his hand and began reading it. Pierre looked at Dólokhov and his eyes dropped, the something terrible and monstrous that had tormented him all dinnertime rose and took possession of him. He leaned his whole massive body across the table.

"How dare you take it?" he shouted.

Hearing that cry and seeing to whom it was addressed, Nesvítski and the neighbor on his right quickly turned in alarm to Bezúkhov.

"Don't! Don't! What are you about?" whispered their frightened voices.

Dólokhov looked at Pierre with clear, mirthful, cruel eyes, and that smile of his which seemed to say, "Ah! This is what I like!"

"You shan't have it!" he said distinctly.

Pale, with quivering lips, Pierre snatched the copy.

"You...! you... scoundrel! I challenge you!" he ejaculated, and, pushing back his chair, he rose

но встал, выпил свой бокал и дождавшись, когда все сели, с своей доброй улыбкой обратился к Ростову.

— А я вас и не узнал, — сказал он. Но Ростову было не до этого, он кричал: ура!

— Что же ты не возобновишь знакомства, — сказал Долохов Ростову.

— Бог с ним, дурак, — сказал Ростов.

— Надо лелеять мужей хорошеньких женщин, — сказал Денисов.

Пьер не слышал, что они говорили, но знал, что говорят про него. Он покраснел и отвернулся.

— Ну, теперь за здоровье красивых женщин, — сказал Долохов и с серьезным выражением, но с улыбающимся в углах ртом, с бокалом обратился к Пьеру. — За здоровье красивых женщин, Петруша, и их любовников, — сказал он.

Пьер, опустив глаза, пил из своего бокала, не глядя на Долохова и не отвечая ему. Лакей, раздававший кантату Кутузова, положил листок Пьеру, как более почетному гостю. Он хотел взять его, но Долохов перегнулся, выхватил листок из его руки и стал читать. Пьер взглянул на Долохова, зрачки его опустились: что-то страшное и безобразное, мутившее его во все время обеда, поднялось и овладело им. Он нагнулся всем тучным телом через стол.

— Не смейте брать! — крикнул он.

Услыхав этот крик и увидав, к кому он относился, Несвицкий и сосед с правой стороны испуганно и поспешно обратились к Безухову.

— Полноте, полноте, что вы? — шептали испуганные голоса.

Долохов посмотрел на Пьера светлыми, веселыми, жестокими глазами, с той же улыбкой, как будто он говорил: «А, вот это я люблю».

— Не дам, — проговорил он отчетливо.

Бледный, с трясущеюся губой, Пьер рванул лист.

— Вы... вы... негодяй!.. я вас вызываю, — проговорил он и, двинув стул, встал из-за

from the table.

At the very instant he did this and uttered those words, Pierre felt that the question of his wife's guilt which had been tormenting him the whole day was finally and indubitably answered in the affirmative. He hated her and was forever sundered from her. Despite Denísov's request that he would take no part in the matter, Rostóv agreed to be Dólokhov's second, and after dinner he discussed the arrangements for the duel with Nesvítski, Bezúkhov's second. Pierre went home, but Rostóv with Dólokhov and Denísov stayed on at the club till late, listening to the gypsies and other singers.

"Well then, till tomorrow at Sokólniki," said Dólokhov, as he took leave of Rostóv in the club porch.

"And do you feel quite calm?" Rostóv asked.

Dólokhov paused.

"Well, you see, I'll tell you the whole secret of dueling in two words. If you are going to fight a duel, and you make a will and write affectionate letters to your parents, and if you think you may be killed, you are a fool and are lost for certain. But go with the firm intention of killing your man as quickly and surely as possible, and then all will be right, as our bear huntsman at Kostromá used to tell me. 'Everyone fears a bear,' he says, 'but when you see one your fear's all gone, and your only thought is not to let him get away!' And that's how it is with me. À demain, mon cher (till tomorrow, my dear fellow)."

Next day, at eight in the morning, Pierre and Nesvítski drove to the Sokólniki forest and found Dólokhov, Denísov, and Rostóv already there. Pierre had the air of a man preoccupied with considerations which had no connection with the matter in hand. His haggard face was yellow. He had evidently not slept that night. He looked about distractedly and screwed up his eyes as if dazzled by the sun. He was entirely absorbed by two considerations: his wife's guilt, of which after his sleepless night he had not the slightest doubt, and the guiltlessness of Dólok-

стола.

В ту самую секунду, как Пьер сделал это и произнес эти слова, он почувствовал, что вопрос о виновности его жены, мучивший его эти последние сутки, был окончательно и несомненно решен утвердительно. Он ненавидел ее и навсегда был разорван с нею. Несмотря на просьбы Денисова, чтобы Ростов не вмешивался в это дело, Ростов согласился быть секундантом Долохова и после стола переговорил с Несвицким, секундантом Безухова, об условиях дуэли. Пьер уехал домой, а Ростов с Долоховым и Денисовым до позднего вечера просидели в клубе, слушая цыган и песенников.

— Так до завтра, в Сокольниках, — сказал Долохов, прощаясь с Ростовым на крыльце клуба.

— И ты спокоен? — спросил Ростов.

Долохов остановился.

— Вот видишь ли, я тебе в двух словах открою всю тайну дуэли. Ежели ты идешь на дуэль и пишешь завещания да нежные письма родителям, ежели ты думаешь о том, что тебя могут убить, ты — дурак и наверно пропал; а ты иди с твердым намерением его убить, как можно поскорее и повернее, тогда все исправно, как мне говаривал наш костромской медвежатник. Медведя-то, говорит, как не бояться? да как увидишь его, и страх прошел, как бы только не ушел! Ну, так-то и я. A demain, mon cher! [1]

На другой день, в восемь часов утра, Пьер с Несвицким приехали в Сокольницкий лес и нашли там уже Долохова, Денисова и Ростова. Пьер имел вид человека, занятого какими-то соображениями, вовсе не касающимися до предстоящего дела. Осунувшееся лицо его было желто. Он, видимо, не спал эту ночь. Он рассеянно оглядывался вокруг себя и морщился, как будто от яркого солнца. Два соображения исключительно занимали его: виновность его жены, в которой после бессонной ночи уже не оставалось ни ма-

---

[1] До завтра, милый!

hov, who had no reason to preserve the honor of a man who was nothing to him.... "I should perhaps have done the same thing in his place," thought Pierre. "It's even certain that I should have done the same, then why this duel, this murder? Either I shall kill him, or he will hit me in the head, or elbow, or knee. Can't I go away from here, run away, bury myself somewhere?" passed through his mind. But just at moments when such thoughts occurred to him, he would ask in a particularly calm and absent-minded way, which inspired the respect of the onlookers, "Will it be long? Are things ready?"

When all was ready, the sabers stuck in the snow to mark the barriers, and the pistols loaded, Nesvítski went up to Pierre.

"I should not be doing my duty, Count," he said in timid tones, "and should not justify your confidence and the honor you have done me in choosing me for your second, if at this grave, this very grave, moment I did not tell you the whole truth. I think there is no sufficient ground for this affair, or for blood to be shed over it.... You were not right, not quite in the right, you were impetuous..."

"Oh yes, it is horribly stupid," said Pierre.
"Then allow me to express your regrets, and I am sure your opponent will accept them," said Nesvítski (who like the others concerned in the affair, and like everyone in similar cases, did not yet believe that the affair had come to an actual duel). "You know, Count, it is much more honorable to admit one's mistake than to let matters become irreparable. There was no insult on either side. Allow me to convey...."

"No! What is there to talk about?" said Pierre. "It's all the same.... Is everything ready?" he added. "Only tell me where to go and where to shoot," he said with an unnaturally gentle smile.
He took the pistol in his hand and began asking about the working of the trigger, as he had not before held a pistol in his hand—a fact that he did not wish to confess.

лейшего сомнения, и невинность Долохова, не имевшего никакой причины беречь честь чужого для него человека. «Может быть, я бы то же самое сделал бы на его месте, — думал Пьер. — Даже наверное я бы сделал то же самое. К чему же эта дуэль, это убийство? Или я убью его, или он попадет мне в голову, в локоть, в коленку. Уйти отсюда, бежать, зарыться куда-нибудь», — приходило ему в голову. Но именно в те минуты, когда ему приходили такие мысли, он с особенно спокойным и рассеянным видом, внушавшим уважение смотревшим на него, спрашивал: «Скоро ли и готово ли?»

Когда все было готово, сабли воткнуты в снег, означая барьер, до которого следовало сходиться, и пистолеты заряжены, Несвицкий подошел к Пьеру.

— Я бы не исполнил своей обязанности, граф, — сказал он робким голосом, — и не оправдал бы того доверия и чести, которые вы мне сделали, выбрав меня своим секундантом, ежели бы я в эту важную, очень важную минуту не сказал вам всей правды. Я полагаю, что дело это не имеет достаточно причин и что не стоит того, чтобы за него проливать кровь... Вы были неправы, вы погорячились...

— Ах, да, ужасно глупо... — сказал Пьер.
— Так позвольте мне передать ваше сожаление, и я уверен, что наши противники согласятся принять ваше извинение, — сказал Несвицкий (так же как и другие участники дела и как все в подобных делах, не веря еще, чтобы дело дошло до действительной дуэли). Вы знаете, граф, гораздо благороднее сознать свою ошибку, чем довести дело до непоправимого. Обиды ни с одной стороны не было. Позвольте мне переговорить...

— Нет, об чем же говорить! — сказал Пьер, — все равно... Так готово? — прибавил он. — Вы мне скажите только, как куда ходить и стрелять куда? — сказал он, неестественно кротко улыбаясь.
Он взял в руки пистолет, стал расспрашивать о способе спуска, так как он до сих пор не держал в руках пистолета, в чем он не хотел сознаться.

"Oh yes, like that, I know, I only forgot," said he.

"No apologies, none whatever," said Dólokhov to Denísov (who on his side had been attempting a reconciliation), and he also went up to the appointed place.

The spot chosen for the duel was some eighty paces from the road, where the sleighs had been left, in a small clearing in the pine forest covered with melting snow, the frost having begun to break up during the last few days. The antagonists stood forty paces apart at the farther edge of the clearing. The seconds, measuring the paces, left tracks in the deep wet snow between the place where they had been standing and Nesvítski's and Dólokhov's sabers, which were stuck into the ground ten paces apart to mark the barrier. It was thawing and misty; at forty paces' distance nothing could be seen. For three minutes all had been ready, but they still delayed and all were silent.

— Ах, да, вот как, я знаю, я забыл только, — говорил он.

— Никаких извинений, ничего решительно, — отвечал Долохов Денисову, который с своей стороны тоже сделал попытку примирения и тоже подошел к назначенному месту.

Место для поединка было выбрано шагах в восьмидесяти от дороги, на которой остались сани, на небольшой полянке соснового леса, покрытой истаявшим от стоявших последние дни оттепелей снегом. Противники стояли шагах в сорока друг от друга, у краев поляны. Секунданты, размеряя шаги, проложили отпечатавшиеся по мокрому глубокому снегу следы от того места, где они стояли, до сабель Несвицкого и Денисова, означавших барьер и воткнутых в десяти шагах друг от друга. Оттепель и туман продолжались; за сорок шагов неясно было видно друг друга. Минуты три все было уже готово, и все-таки медлили начинать. Все молчали.

V

"Well, begin!" said Dólokhov.

"All right," said Pierre, still smiling in the same way. A feeling of dread was in the air. It was evident that the affair so lightly begun could no longer be averted but was taking its course independently of men's will.

Denísov first went to the barrier and announced: "As the adve'sawies have wefused a weconciliation, please pwoceed. Take your pistols, and at the word thwee begin to advance.

"O-ne! T-wo! Thwee!" he shouted angrily and stepped aside.

The combatants advanced along the trodden tracks, nearer and nearer to one another, beginning to see one another through the mist. They had the right to fire when they liked as they approached the barrier. Dólokhov walked slowly without raising his pistol, looking intently with his bright, sparkling blue eyes into his antagonist's face. His mouth wore its usual semblance of a smile.

"So I can fire when I like!" said Pierre, and at the word "three," he went quickly forward, missing the trodden path and stepping into the deep snow. He held the pistol in his right hand at arm's length, apparently afraid of shooting himself with it. His left hand he held carefully back, because he wished to support his right hand with it and knew he must not do so. Having advanced six paces and strayed off the track into the snow, Pierre looked down at his feet, then quickly glanced at Dólokhov and, bending his finger as he had been shown, fired. Not at all expecting so loud a report, Pierre shuddered at the sound and then, smiling at his own sensations, stood still. The smoke, rendered denser by the mist, prevented him from seeing anything for an instant, but there was no second report as he had expected. He only heard Dólokhov's hurried steps, and his figure came in view through the smoke. He was pressing one hand to his left side,

V

— Ну, начинайте, — сказал Долохов.

— Что ж, — сказал Пьер, все так же улыбаясь. Становилось страшно. Очевидно было, что дело, начавшееся так легко, уже ничем не могло быть предотвращено, что оно шло само собою, уже независимо от воли людей, и должно было совершиться. Денисов первый вышел вперед до барьера и провозгласил:

— Так как пг'отивники отказались от пг'имиг'ения, то не угодно ли начинать: взять пистолеты и по слову тг'и начинать сходиться.

— Г...аз! Два! Т'ги!.. — сердито прокричал Денисов и отошел в сторону. Оба пошли по протоптанным дорожкам все ближе и ближе, в тумане узнавая друг друга. Противники имели право, сходясь до барьера, стрелять, когда кто захочет. Долохов шел медленно, не поднимая пистолета, вглядываясь своими светлыми, блестящими, голубыми глазами в лицо своего противника. Рот его, как всегда, имел на себе подобие улыбки.

При слове *три* Пьер быстрыми шагами пошел вперед, сбиваясь с протоптанной дорожки и шагая по цельному снегу. Пьер держал пистолет, вытянув вперед правую руку, видимо, боясь, как бы из этого пистолета не убить самого себя. Левую руку он старательно отставлял назад, потому что ему хотелось поддержать ею правую руку, а он знал, что этого нельзя было. Пройдя шагов шесть и сбившись с дорожки в снег, Пьер оглянулся под ноги, опять быстро взглянул на Долохова и, потянув пальцем, как его учили, выстрелил. Никак не ожидая такого сильного звука, Пьер вздрогнул от своего выстрела, потом улыбнулся сам своему впечатлению и остановился. Дым, особенно густой от тумана, помешал ему видеть в первое мгновение; но другого выстрела, которого он ждал, не последовало. Только слышны были торопливые шаги Долохова, и из-за дыма показалась

while the other clutched his drooping pistol. His face was pale. Rostóv ran toward him and said something.

"No-o-o!" muttered Dólokhov through his teeth, "no, it's not over." And after stumbling a few staggering steps right up to the saber, he sank on the snow beside it. His left hand was bloody; he wiped it on his coat and supported himself with it. His frowning face was pallid and quivered.

"Plea..." began Dólokhov, but could not at first pronounce the word.

"Please," he uttered with an effort.

Pierre, hardly restraining his sobs, began running toward Dólokhov and was about to cross the space between the barriers, when Dólokhov cried:

"To your barrier!" and Pierre, grasping what was meant, stopped by his saber. Only ten paces divided them. Dólokhov lowered his head to the snow, greedily bit at it, again raised his head, adjusted himself, drew in his legs and sat up, seeking a firm center of gravity. He sucked and swallowed the cold snow, his lips quivered but his eyes, still smiling, glittered with effort and exasperation as he mustered his remaining strength. He raised his pistol and aimed.

"Sideways! Cover yourself with your pistol!" ejaculated Nesvítski.

"Cover yourself!" even Denísov cried to his adversary.

Pierre, with a gentle smile of pity and remorse, his arms and legs helplessly spread out, stood with his broad chest directly facing Dólokhov and looked sorrowfully at him. Denísov, Rostóv, and Nesvítski closed their eyes. At the same instant they heard a report and Dólokhov's angry cry.

"Missed!" shouted Dólokhov, and he lay helplessly, face downwards on the snow.

Pierre clutched his temples, and turning round went into the forest, trampling through the deep snow, and muttering incoherent words:

"Folly... folly! Death... lies..." he repeated, puckering his face. Nesvítski stopped him and took him home.

Rostóv and Denísov drove away with the

его фигура. Одною рукою он держался за левый бок, другой сжимал опущенный пистолет. Лицо его было бледно. Ростов подбежал и что-то сказал ему.

— Не... нет, — проговорил сквозь зубы Долохов, — нет, не кончено, — и, сделав еще несколько падающих, ковыляющих шагов до самой сабли, упал на снег подле нее. Левая рука его была в крови, он обтер ее о сюртук и оперся ею. Лицо его было бледно, нахмурено и дрожало.

— Пожалу... — начал Долохов, но не мог сразу выговорить...

— пожалуйте, — договорил он с усилием.

Пьер, едва удерживая рыдания, побежал к Долохову и хотел уже перейти пространство, отделяющее барьеры, как Долохов крикнул:

— К барьеру! — И Пьер, поняв, в чем дело, остановился у своей сабли. Только десять шагов разделяло их. Долохов опустился головой к снегу, жадно укусил снег, опять поднял голову, поправился, подобрал ноги и сел, отыскивая прочный центр тяжести. Он глотал холодный снег и сосал его; губы его дрожали, но все улыбались; глаза блестели усилием и злобой последних собранных сил. Он поднял пистолет и стал целиться.

— Боком, закройтесь пистолетом, — проговорил Несвицкий.

— Закг'ойтесь! — не выдержав, крикнул даже Денисов своему противнику.

Пьер с кроткой улыбкой сожаления и раскаяния, беспомощно расставив ноги и руки, прямо своей широкой грудью стоял перед Долоховым и грустно смотрел на него. Денисов, Ростов и Несвицкий зажмурились. В одно и то же время они услыхали выстрел и злой крик Долохова.

— Мимо! — крикнул Долохов и бессильно лег на снег лицом книзу.

Пьер схватился за голову и, повернувшись назад, пошел в лес, шагая целиком по снегу и вслух приговаривая непонятные слова.

— Глупо... глупо! Смерть... ложь... — твердил он морщась. Несвицкий остановил его и повез домой.

Ростов с Денисовым повезли раненого

wounded Dólokhov.

The latter lay silent in the sleigh with closed eyes and did not answer a word to the questions addressed to him. But on entering Moscow he suddenly came to and, lifting his head with an effort, took Rostóv, who was sitting beside him, by the hand. Rostóv was struck by the totally altered and unexpectedly rapturous and tender expression on Dólokhov's face.

"Well? How do you feel?" he asked.

"Bad! But it's not that, my friend—" said Dólokhov with a gasping voice. "Where are we? In Moscow, I know. I don't matter, but I have killed her, killed… She won't get over it! She won't survive…."

"Who?" asked Rostóv.

"My mother! My mother, my angel, my adored angel mother," and Dólokhov pressed Rostóv's hand and burst into tears. When he had become a little quieter, he explained to Rostóv that he was living with his mother, who, if she saw him dying, would not survive it. He implored Rostóv to go on and prepare her.

Rostóv went on ahead to do what was asked, and to his great surprise learned that Dólokhov the brawler, Dólokhov the bully, lived in Moscow with an old mother and a hunchback sister, and was the most affectionate of sons and brothers.

Долохова.

Долохов, молча, с закрытыми глазами, лежал в санях и ни слова не отвечал на вопросы, которые ему делали; но, въехав в Москву, он вдруг очнулся и, с трудом приподняв голову, взял за руку сидевшего подле себя Ростова. Ростова поразило совершенно изменившееся и неожиданно восторженно-нежное выражение лица Долохова.

— Ну, что? как ты чувствуешь себя? — спросил Ростов.

— Скверно! но не в том дело. Друг мой, — сказал Долохов прерывающимся голосом, — где мы? Мы в Москве, я знаю. Я ничего, но я убил ее, убил… Она не перенесет этого. Она не перенесет…

— Кто? — спросил Ростов.

— Мать моя. Моя мать, мой ангел, мой обожаемый ангел, мать. — И Долохов заплакал, сжимая руку Ростова. Когда он несколько успокоился, он объяснил Ростову, что живет с матерью, что ежели мать увидит его умирающим, она не перенесет этого. Он умолял Ростова ехать к ней и приготовить ее.

Ростов поехал вперед исполнять поручение и, к великому удивлению своему, узнал, что Долохов, этот буян, бретёр-Долохов, жил в Москве с старушкой матерью и горбатой сестрой и был самый нежный сын и брат.

VI

Pierre had of late rarely seen his wife alone. Both in Petersburg and in Moscow their house was always full of visitors. The night after the duel he did not go to his bedroom but, as he often did, remained in his father's room, that huge room in which Count Bezúkhov had died.

He lay down on the sofa meaning to fall asleep and forget all that had happened to him, but could not do so. Such a storm of feelings, thoughts, and memories suddenly arose within him that he could not fall asleep, nor even remain in one place, but had to jump up and pace the room with rapid steps. Now he seemed to see her in the early days of their marriage, with bare shoulders and a languid, passionate look on her face, and then immediately he saw beside her Dólokhov's handsome, insolent, hard, and mocking face as he had seen it at the banquet, and then that same face pale, quivering, and suffering, as it had been when he reeled and sank on the snow.

"What has happened?" he asked himself. "I have killed her lover, yes, killed my wife's lover. Yes, that was it! And why? How did I come to do it?"—"Because you married her," answered an inner voice.

"But in what was I to blame?" he asked. "In marrying her without loving her; in deceiving yourself and her." And he vividly recalled that moment after supper at Prince Vasíli's, when he spoke those words he had found so difficult to utter: "I love you." "It all comes from that! Even then I felt it," he thought. "I felt then that it was not so, that I had no right to do it. And so it turns out."

VI

Пьер в последнее время редко виделся с женой с глазу на глаз. И в Петербурге и в Москве дом их постоянно бывал полон гостями. В следующую ночь после дуэли он, как и часто делал, не пошел в спальню, а остался в своем огромном отцовском кабинете, том самом, в котором умер старый граф Безухов. Как ни мучительна была вся внутренняя работа прошедшей бессонной ночи, теперь началась еще мучительнейшая.

Он прилег на диван и хотел заснуть, для того чтобы забыть все, что было с ним, но он не мог этого сделать. Такая буря чувств, мыслей, воспоминаний вдруг поднялась в его душе, что он не только не мог спать, но не мог сидеть на месте и должен был вскочить с дивана и быстрыми шагами ходить по комнате. То ему представлялась она в первое время после женитьбы, с открытыми плечами и усталым, страстным взглядом, и тотчас же рядом с нею представлялось красивое, наглое и твердо-насмешливое лицо Долохова, каким оно было на обеде, и то же лицо Долохова, бледное, дрожащее и страдающее, каким оно было, когда он повернулся и упал на снег.

«Что ж было? — спрашивал он сам себя. — Я убил *любовника*, да, убил любовника своей жены. Да, это было. Отчего? Как я дошел до этого? — Оттого, что ты женился на ней», — отвечал внутренний голос.

«Но в чем же я виноват? — спрашивал он. — В том, что ты женился, не любя ее, в том, что ты обманул и себя и ее, — и ему живо представилась та минута после ужина у князя Василья, когда он сказал эти не выходившие из него слова: „Je vous aime"[1]. Всё от этого? Я и тогда чувствовал, — думал он, — я чувствовал тогда, что это было не то, что я не имел на это права. Так и вышло».

---

[1] Я вас люблю.

He remembered his honeymoon and blushed at the recollection. Particularly vivid, humiliating, and shameful was the recollection of how one day soon after his marriage he came out of the bedroom into his study a little before noon in his silk dressing gown and found his head steward there, who, bowing respectfully, looked into his face and at his dressing gown and smiled slightly, as if expressing respectful understanding of his employer's happiness.

"But how often I have felt proud of her, proud of her majestic beauty and social tact," thought he; "been proud of my house, in which she received all Petersburg, proud of her unapproachability and beauty. So this is what I was proud of! I then thought that I did not understand her. How often when considering her character I have told myself that I was to blame for not understanding her, for not understanding that constant composure and complacency and lack of all interests or desires, and the whole secret lies in the terrible truth that she is a depraved woman. Now I have spoken that terrible word to myself all has become clear.

"Anatole used to come to borrow money from her and used to kiss her naked shoulders. She did not give him the money, but let herself be kissed. Her father in jest tried to rouse her jealousy, and she replied with a calm smile that she was not so stupid as to be jealous: 'Let him do what he pleases,' she used to say of me. One day I asked her if she felt any symptoms of pregnancy. She laughed contemptuously and said she was not a fool to want to have children, and that she was not going to have any children by me."

Then he recalled the coarseness and bluntness of her thoughts and the vulgarity of the expressions that were natural to her, though she had been brought up in the most aristocratic circles.

"I'm not such a fool.... Just you try it on.... Allez-vous promener, (you clear out of this)"

Он вспомнил медовый месяц и покраснел при этом воспоминании. Особенно живо, оскорбительно и постыдно было для него воспоминание о том, как однажды, вскоре после своей женитьбы, он в двенадцатом часу дня, в шелковом халате, пришел из спальни в кабинет и в кабинете застал главного управляющего, который почтительно поклонился, поглядел на лицо Пьера, на его халат и слегка улыбнулся, как бы выражая этой улыбкой почтительное сочувствие счастию своего принципала.

«А сколько раз я гордился ею, думал он, гордился ее величавой красотой, ее светским тактом; гордился тем своим домом, в котором она принимала весь Петербург, гордился ее неприступностью и красотой. Так вот чем я гордился?! Я тогда думал, что не понимаю ее. Как часто, вдумываясь в ее характер, я говорил себе, что я виноват, что не понимаю ее, не понимаю этого всегдашнего спокойствия, удовлетворенности и отсутствия всяких пристрастий и желаний, а вся разгадка была в том страшном слове, что она развратная женщина: сказал себе это страшное слово, и все стало ясно!

Анатоль ездил к ней занимать у нее денег и целовал ее в голые плечи. Она не давала ему денег, но позволяла целовать себя. Отец, шутя, возбуждал ее ревность: она с спокойной улыбкой говорила, что она не так глупа, чтобы быть ревнивой: пусть делает, что хочет, говорила она про меня. Я спросил у нее однажды, не чувствует ли она признаков беременности. Она засмеялась презрительно и сказала, что не дура, чтобы желать иметь детей, и что от меня детей у нее не будет».

Потом он вспомнил ясность и грубость мыслей и вульгарность выражений, свойственных ей, несмотря на ее воспитание в высшем аристократическом кругу.

«Я не какая-нибудь дура... поди сам попробуй... allez vous promener» [2], — говорила

---

[2] убирайся.

she used to say. Often seeing the success she had with young and old men and women Pierre could not understand why he did not love her.

"Yes, I never loved her," said he to himself; "I knew she was a depraved woman," he repeated, "but dared not admit it to myself.

And now there's Dólokhov sitting in the snow with a forced smile and perhaps dying, while meeting my remorse with some forced bravado!"

Pierre was one of those people who, in spite of an appearance of what is called weak character, do not seek a confidant in their troubles. He digested his sufferings alone.

"It is all, all her fault," he said to himself; "but what of that? Why did I bind myself to her? Why did I say 'Je vous aime' (I love you) to her, which was a lie, and worse than a lie? I am guilty and must endure... what? A slur on my name? A misfortune for life? Oh, that's nonsense," he thought. "The slur on my name and honor—that's all apart from myself."

"Louis XVI was executed because they said he was dishonorable and a criminal," came into Pierre's head, "and from their point of view they were right, as were those too who canonized him and died a martyr's death for his sake. Then Robespierre was beheaded for being a despot. Who is right and who is wrong? No one! But if you are alive—live: tomorrow you'll die as I might have died an hour ago. And is it worth tormenting oneself, when one has only a moment of life in comparison with eternity?"

But at the moment when he imagined himself calmed by such reflections, she suddenly came into his mind as she was at the moments when he had most strongly expressed his insincere love for her, and he felt the blood rush to his heart and had again to get up and move about and break and tear whatever came to his hand. "Why did I tell her that 'Je vous aime'?" he kept repeating to himself. And when he had said it for the tenth time, Molière's words: "Mais que diable allait-il faire dans cette galère? (but what the

она. Часто, глядя на ее успех в глазах старых и молодых мужчин и женщин, Пьер не мог понять, отчего он не *любил* ее.

«Да я никогда не любил ее, — говорил себе Пьер. — Я знал, что она развратная женщина, — повторял он сам себе, — но не смел признаться в этом.

И теперь Долохов, — вот он сидит на снегу и насильно улыбается и умирает, может быть, притворным каким-то молодечеством отвечая на мое раскаяние!»

Пьер был один из тех людей, которые, несмотря на свою внешнюю так называемую слабость характера, не ищут поверенного для своего горя. Он перерабатывал один в себе свое горе.

«Она во всем, во всем она одна виновата, — говорил он сам себе. — Но что ж из этого? Зачем я себя связал с нею, зачем я ей сказал это: „Je vous aime", которое было ложь, и еще хуже, чем ложь, — говорил он сам себе. — Я виноват и должен нести... Но что? Позор имени, несчастие жизни? Э, все вздор, — подумал он, — и позор имени и честь — все условно, все независимо от меня.

Людовика XVI казнили за то, что *они* говорили, что он был бесчестен и преступник (пришло Пьеру в голову), и они были правы с своей точки зрения, так же как правы и те, которые за него умирали мученической смертью и причисляли его к лику святых. Потом Робеспьера казнили за то, что он был деспот. Кто прав, кто виноват? Никто. А жив — и живи: завтра умрешь, как мог я умереть час тому назад. И сто́ит ли того мучиться, когда жить остается одну секунду в сравнении с вечностью?»

Но в ту минуту, как он считал себя успокоенным такого рода рассуждениями, ему вдруг представлялась *она* и в те минуты, когда он сильнее всего выказывал ей свою неискреннюю любовь, и он чувствовал прилив крови к сердцу, и должен был опять вставать, двигаться, и ломать, и рвать попадающиеся ему под руки вещи. «Зачем я сказал ей „Je vous aime"?» — все повторял он сам себе. И повторив десятый раз этот вопрос, ему пришло в голову Мольерово mais que diable

devil was he doing in that galley?)" occurred to him, and he began to laugh at himself.

In the night he called his valet and told him to pack up to go to Petersburg. He could not imagine how he could speak to her now. He resolved to go away next day and leave a letter informing her of his intention to part from her forever.

Next morning when the valet came into the room with his coffee, Pierre was lying asleep on the ottoman with an open book in his hand.

He woke up and looked round for a while with a startled expression, unable to realize where he was.

"The countess told me to inquire whether your excellency was at home," said the valet.

But before Pierre could decide what answer he would send, the countess herself in a white satin dressing gown embroidered with silver and with simply dressed hair (two immense plaits twice round her lovely head like a coronet) entered the room, calm and majestic, except that there was a wrathful wrinkle on her rather prominent marble brow. With her imperturbable calm she did not begin to speak in front of the valet. She knew of the duel and had come to speak about it. She waited till the valet had set down the coffee things and left the room. Pierre looked at her timidly over his spectacles, and like a hare surrounded by hounds who lays back her ears and continues to crouch motionless before her enemies, he tried to continue reading. But feeling this to be senseless and impossible, he again glanced timidly at her. She did not sit down but looked at him with a contemptuous smile, waiting for the valet to go.

"Well, what's this now? What have you been up to now, I should like to know?" she asked sternly.

"I? What have I...?" stammered Pierre.

"So it seems you're a hero, eh? Come now,

allait il faire dans cette galère? [3], и он засмеялся сам над собою.

Ночью он позвал камердинера и велел укладываться, чтоб ехать в Петербург. Он не мог оставаться с ней под одной кровлей. Он не мог представить себе, как бы он стал теперь говорить с ней. Он решил, что завтра он уедет и оставит ей письмо, в котором объявит ей свое намерение навсегда разлучиться с нею.

Утром, когда камердинер, внося кофей, вошел в кабинет, Пьер лежал на оттоманке и с раскрытой книгой в руке спал.

Он очнулся и долго испуганно оглядывался, не в силах понять, где он находится.

— Графиня приказали спросить, дома ли ваше сиятельство, — спросил камердинер.

Но не успел еще Пьер решиться на ответ, который он сделает, как сама графиня, в белом атласном халате, шитом серебром, и в простых волосах (две огромные косы en diadème [4] огибали два раза ее прелестную голову) вошла в комнату спокойно и величественно; только на мраморном, несколько выпуклом лбе ее была морщинка гнева. Она с своим все выдерживающим спокойствием не стала говорить при камердинере. Она знала о дуэли и пришла говорить о ней. Она дождалась, пока камердинер уставил кофей и вышел. Пьер робко через очки посмотрел на нее, и, как заяц, окруженный собаками, прижимая уши, продолжает лежать в виду своих врагов, так и он попробовал продолжать читать; но чувствовал, что это бессмысленно и невозможно, и опять робко взглянул на нее. Она не села и с презрительной улыбкой смотрела на него, ожидая, пока выйдет камердинер.

— Это еще что? Что вы наделали, я вас спрашиваю? — сказала она строго.

— Я?.. что? я... — сказал Пьер.

— Вот храбрец отыскался. Ну, отвечайте,

---

[3] и зачем черт дернул меня ввязаться в это дело?

[4] диадемою.

what was this duel about? What is it meant to prove? What? I ask you."

Pierre turned over heavily on the ottoman and opened his mouth, but could not reply.

"If you won't answer, I'll tell you..." Hélène went on. "You believe everything you're told. You were told..." Hélène laughed, "that Dólokhov was my lover," she said in French with her coarse plainness of speech, uttering the word amant as casually as any other word, "and you believed it! Well, what have you proved? What does this duel prove? That you're a fool, que vous êtes un sot, but everybody knew that. What will be the result? That I shall be the laughingstock of all Moscow, that everyone will say that you, drunk and not knowing what you were about, challenged a man you are jealous of without cause." Hélène raised her voice and became more and more excited, "A man who's a better man than you in every way..."

"Hm... Hm...!" growled Pierre, frowning without looking at her, and not moving a muscle.

"And how could you believe he was my lover? Why? Because I like his company? If you were cleverer and more agreeable, I should prefer yours."

"Don't speak to me... I beg you," muttered Pierre hoarsely.

"Why shouldn't I speak? I can speak as I like, and I tell you plainly that there are not many wives with husbands such as you who would not have taken lovers (des amants), but I have not done so," said she.

Pierre wished to say something, looked at her with eyes whose strange expression she did not understand, and lay down again. He was suffering physically at that moment, there was a weight on his chest and he could not breathe. He knew that he must do something to put an end to this suffering, but what he wanted to do was too terrible.

"We had better separate," he muttered in a broken voice.

"Separate? Very well, but only if you give me a fortune," said Hélène. "Separate! That's a thing to frighten me with!"

Pierre leaped up from the sofa and rushed

что это за дуэль? Что вы хотели этим доказать? Что? Я вас спрашиваю.

Пьер тяжело повернулся на диване, открыл рот, но не мог ответить.

— Коли вы не отвечаете, то я вам скажу... — продолжала Элен. — Вы верите всему, что вам скажут. Вам сказали... — Элен засмеялась, — что Долохов мой любовник, — сказала она по-французски, с своей грубой точностью речи, выговаривая слово «любовник», как и всякое другое слово, — и вы поверили! Но что же вы этим доказали? Что вы доказали этой дуэлью? То, что вы дурак, que vous êtes un sot; так это все знали. К чему это поведет? К тому, чтобы я сделалась посмешищем всей Москвы; к тому, чтобы всякий сказал, что вы в пьяном виде, не помня себя, вызвали на дуэль человека, которого вы без основания ревнуете, — Элен все более и более возвышала голос и одушевлялась, — который лучше вас во всех отношениях...

— Гм... гм, — мычал Пьер, морщась, не глядя на нее и не шевелясь ни одним членом.

— И почему вы могли поверить, что он мой любовник?.. Почему? Потому что я люблю его общество? Ежели бы вы были умнее и приятнее, то я бы предпочитала ваше.

— Не говорите со мной... умоляю, — хрипло прошептал Пьер.

— Отчего мне не говорить! Я могу говорить и смело скажу, что редкая та жена, которая с таким мужем, как вы, не взяла бы себе любовника (des amants), а я этого не сделала, — сказала она.

Пьер хотел что-то сказать, взглянул на нее странными глазами, которых выражение она не поняла, и опять лег. Он физически страдал в эту минуту: грудь его стесняло, и он не мог дышать. Он знал, что ему надо что-то сделать, чтобы прекратить это страдание, но то, что он хотел сделать, было слишком страшно.

— Нам лучше расстаться, — проговорил он прерывисто.

— Расстаться, извольте, только ежели вы дадите мне состояние, — сказала Элен... — Расстаться, вот чем испугали!

Пьер вскочил с дивана и, шатаясь, бро-

staggering toward her.

"I'll kill you!" he shouted, and seizing the marble top of a table with a strength he had never before felt, he made a step toward her brandishing the slab.

Hélène's face became terrible, she shrieked and sprang aside. His father's nature showed itself in Pierre. He felt the fascination and delight of frenzy. He flung down the slab, broke it, and swooping down on her with outstretched hands shouted, "Get out!" in such a terrible voice that the whole house heard it with horror. God knows what he would have done at that moment had Hélène not fled from the room.

A week later Pierre gave his wife full power to control all his estates in Great Russia, which formed the larger part of his property, and left for Petersburg alone.

сился к ней.

— Я тебя убью! — закричал он и, схватив со стола мраморную доску с неизвестной еще ему силой, сделал шаг к ней и замахнулся на нее.

Лицо Элен сделалось страшно; она взвизгнула и отскочила от него. Порода отца сказалась в ней. Пьер почувствовал увлечение и прелесть бешенства. Он бросил доску, разбил ее и, с раскрытыми руками подступая к Элен, закричал: «Вон!» — таким страшным голосом, что во всем доме с ужасом услыхали этот крик. Бог знает, что бы сделал Пьер в эту минуту, ежели бы Элен не выбежала из комнаты.

Через неделю Пьер выдал жене доверенность на управление всеми великорусскими имениями, что составляло бо́льшую половину его состояния, и один уехал в Петербург.

VII

Two months had elapsed since the news of the battle of Austerlitz and the loss of Prince Andrew had reached Bald Hills, and in spite of the letters sent through the embassy and all the searches made, his body had not been found nor was he on the list of prisoners. What was worst of all for his relations was the fact that there was still a possibility of his having been picked up on the battlefield by the people of the place and that he might now be lying, recovering or dying, alone among strangers and unable to send news of himself. The gazettes from which the old prince first heard of the defeat at Austerlitz stated, as usual very briefly and vaguely, that after brilliant engagements the Russians had had to retreat and had made their withdrawal in perfect order. The old prince understood from this official report that our army had been defeated. A week after the gazette report of the battle of Austerlitz came a letter from Kutúzov informing the prince of the fate that had befallen his son.

"Your son," wrote Kutúzov, "fell before my eyes, a standard in his hand and at the head of a regiment—he fell as a hero, worthy of his father and his fatherland. To the great regret of myself and of the whole army it is still uncertain whether he is alive or not. I comfort myself and you with the hope that your son is alive, for otherwise he would have been mentioned among the officers found on the field of battle, a list of whom has been sent me under flag of truce."

After receiving this news late in the evening, when he was alone in his study, the old prince went for his walk as usual next morning, but he was silent with his steward, the gardener, and the architect, and though he looked very grim he said nothing to anyone.

When Princess Mary went to him at the usu-

VII

Прошло два месяца после получения известий в Лысых Горах об Аустерлицком сражении и о погибели князя Андрея. И несмотря на все письма через посольство и несмотря на все розыски, тело его не было найдено, и его не было в числе пленных. Хуже всего для его родных было то, что оставалась все-таки надежда на то, что он был поднят жителями на поле сражения и, может быть, лежал выздоравливающий или умирающий где-нибудь один, среди чужих, и не в силах дать о себе нести. В газетах, из которых впервые узнал старый князь об Аустерлицком поражении, было написано, как и всегда, весьма кратко и неопределенно, о том, что русские после блестящих баталий должны были отретироваться и ретираду произвели в совершенном порядке. Старый князь понял из этого официального известия, что наши были разбиты. Через неделю после газеты, принесшей известие об Аустерлицкой битве, пришло письмо Кутузова, который извещал князя об участи, постигшей его сына.

«Ваш сын, в моих глазах, — писал Кутузов, — с знаменем в руках, впереди полка пал героем, достойным своего отца и своего отечества. К общему сожалению моему и всей армии, до сих пор неизвестно — жив ли он или нет. Себя и вас надеждой льщу, что сын ваш жив, ибо в противном случае в числе найденных на поле сражения офицеров, о коих список мне подан через парламентеров, и он бы поименован был».

Получив это известие поздно вечером, когда он был один в своем кабинете, старый князь никому ничего не сказал. Как и обыкновенно, на другой день он пошел на свою утреннюю прогулку; но был молчалив с приказчиком, садовником и архитектором и, хотя и был гневен на вид, ничего никому не сказал.

Когда в обычное время княжна Марья во-

al hour he was working at his lathe and, as usual, did not look round at her.

"Ah, Princess Mary!" he said suddenly in an unnatural voice, throwing down his chisel. (The wheel continued to revolve by its own impetus, and Princess Mary long remembered the dying creak of that wheel, which merged in her memory with what followed.)

She approached him, saw his face, and something gave way within her. Her eyes grew dim. By the expression of her father's face, not sad, not crushed, but angry and working unnaturally, she saw that hanging over her and about to crush her was some terrible misfortune, the worst in life, one she had not yet experienced, irreparable and incomprehensible—the death of one she loved.

"Father! Andrew!"—said the ungraceful, awkward princess with such an indescribable charm of sorrow and self-forgetfulness that her father could not bear her look but turned away with a sob.

"Bad news! He's not among the prisoners nor among the killed! Kutúzov writes..." and he screamed as piercingly as if he wished to drive the princess away by that scream... "Killed!"

The princess did not fall down or faint. She was already pale, but on hearing these words her face changed and something brightened in her beautiful, radiant eyes. It was as if joy—a supreme joy apart from the joys and sorrows of this world—overflowed the great grief within her. She forgot all fear of her father, went up to him, took his hand, and drawing him down put her arm round his thin, scraggy neck.

"Father," she said, "do not turn away from me, let us weep together."

"Scoundrels! Blackguards!" shrieked the old man, turning his face away from her. "Destroying the army, destroying the men! And why? Go, go and tell Lise."

The princess sank helplessly into an armchair beside her father and wept. She saw her

шла к нему, он стоял за станком и точил, но, как обыкновенно, не оглянулся на нее.

— А! Княжна Марья! — вдруг сказал он неестественно и бросил стамеску. (Колесо еще вертелось от размаха. Княжна Марья долго помнила этот замирающий скрип колеса, который слился для нее с тем, что последовало.)

Княжна Марья подвинулась к нему, увидала его лицо, и что-то вдруг опустилось в ней. Глаза ее перестали видеть ясно. Она по лицу отца, не грустному, не убитому, но злому и неестественно над собой работающему лицу, увидала, что вот, вот над ней повисло и задавит ее страшное несчастие, худшее в жизни несчастие, еще не испытанное ею, несчастие непоправимое, непостижимое, смерть того, кого любишь.

— Mon père, — André? [1] — сказала неграциозная, неловкая княжна с такой невыразимой прелестью печали и самозабвения, что отец не выдержал ее взгляда и, всхлипнув, отвернулся.

— Получил известие. В числе пленных нет, в числе убитых нет. Кутузов пишет, — крикнул он пронзительно, как будто желая прогнать княжну этим криком — убит!

Княжна не упала, с ней не сделалось дурноты. Она была уже бледна, но когда она услыхала эти слова, лицо ее изменилось и что-то просияло в ее лучистых прекрасных глазах. Как будто радость, высшая радость, независимая от печалей и радостей этого мира, разлилась сверх той сильной печали, которая была в ней. Она забыла весь страх к отцу, подошла к нему, взяла его за руку, потянула к себе и обняла за сухую жилистую шею.

— Mon père, — сказала она. — Не отворачивайтесь от меня, будемте плакать вместе.

— Мерзавцы! Подлецы! — закричал старик, отстраняя от нее лицо. — Губить армию, губить людей! За что? Поди, поди, скажи Лизе.

Княжна бессильно опустилась в кресло подле отца и заплакала. Она видела теперь

---

[1] Батюшка, — Андрей?

brother now as he had been at the moment when he took leave of her and of Lise, his look tender yet proud. She saw him tender and amused as he was when he put on the little icon. "Did he believe? Had he repented of his unbelief? Was he now there? There in the realms of eternal peace and blessedness?" she thought.

"Father, tell me how it happened," she asked through her tears.

"Go! Go! Killed in battle, where the best of Russian men and Russia's glory were led to destruction. Go, Princess Mary. Go and tell Lise. I will follow."

When Princess Mary returned from her father, the little princess sat working and looked up with that curious expression of inner, happy calm peculiar to pregnant women. It was evident that her eyes did not see Princess Mary but were looking within... into herself... at something joyful and mysterious taking place within her.

"Mary," she said, moving away from the embroidery frame and lying back, "give me your hand." She took her sister-in-law's hand and held it below her waist.

Her eyes were smiling expectantly, her downy lip rose and remained lifted in childlike happiness.

Princess Mary knelt down before her and hid her face in the folds of her sister-in-law's dress.

"There, there! Do you feel it? I feel so strange. And do you know, Mary, I am going to love him very much," said Lise, looking with bright and happy eyes at her sister-in-law.

Princess Mary could not lift her head, she was weeping.

"What is the matter, Mary?"

"Nothing... only I feel sad... sad about Andrew," she said, wiping away her tears on her sister-in-law's knee.

Several times in the course of the morning Princess Mary began trying to prepare her sister-in-law, and every time began to cry. Unobservant as was the little princess, these tears, the cause of which she did not understand, agitated her. She said nothing but looked about uneasily

брата в ту минуту, как он прощался с ней и с Лизой, с своим нежным и вместе высокомерным видом, она видела его в ту минуту, как он нежно и насмешливо надевал образок на себя. «Верил ли он? Раскаялся ли он в своем неверии? Там ли он теперь? Там ли, в обители вечного спокойствия и блаженства?» — думала она.

— Mon père, скажите мне, как это было? — спросила она сквозь слезы.

— Иди, иди; убит в сражении, в котором повели убивать русских лучших людей и русскую славу. Идите, княжна Марья. Иди и скажи Лизе. Я приду.

Когда княжна Марья вернулась от отца, маленькая княгиня сидела за работой и с тем особенным выражением внутреннего и счастливо-спокойного взгляда, свойственного только беременным женщинам, посмотрела на княжну Марью. Видно было, что глаза ее не видали княжны Марьи, а смотрели вглубь, в себя — во что-то счастливое и таинственное, совершающееся в ней.

— Marie, — сказала она, отстраняясь от пялец и переваливаясь назад, — дай сюда твою руку. — Она взяла руку княжны и наложила ее себе на живот.

Глаза ее улыбались, ожидая, губка с усиками поднялась и детски счастливо осталась поднятой.

Княжна Марья стала на колени перед ней и спрятала лицо в складках платья невестки.

— Вот, вот — слышишь? Мне так странно. И знаешь, Мари, я очень буду любить его, — сказала Лиза, блестящими счастливыми глазами глядя на золовку.

Княжна Марья не могла поднять головы: она плакала.

— Что с тобой, Маша?

— Ничего... так мне грустно стало... грустно об Андрее, — сказала она, отирая слезы о колени невестки.

Несколько раз в продолжение утра княжна Марья начинала приготавливать невестку и всякий раз начинала плакать. Слезы эти, которых причины не понимала маленькая княгиня, встревожили ее, как ни мало она была наблюдательна. Она ничего не говори-

First Chapter — VII

as if in search of something. Before dinner the old prince, of whom she was always afraid, came into her room with a peculiarly restless and malign expression and went out again without saying a word. She looked at Princess Mary, then sat thinking for a while with that expression of attention to something within her that is only seen in pregnant women, and suddenly began to cry.

"Has anything come from Andrew?" she asked.

"No, you know it's too soon for news. But my father is anxious and I feel afraid."

"So there's nothing?"

"Nothing," answered Princess Mary, looking firmly with her radiant eyes at her sister-in-law.

She had determined not to tell her and persuaded her father to hide the terrible news from her till after her confinement, which was expected within a few days. Princess Mary and the old prince each bore and hid their grief in their own way. The old prince would not cherish any hope: he made up his mind that Prince Andrew had been killed, and though he sent an official to Austria to seek for traces of his son, he ordered a monument from Moscow which he intended to erect in his own garden to his memory, and he told everybody that his son had been killed. He tried not to change his former way of life, but his strength failed him. He walked less, ate less, slept less, and became weaker every day. Princess Mary hoped. She prayed for her brother as living and was always awaiting news of his return.

ла, но беспокойно оглядывалась, отыскивая чего-то. Перед обедом в ее комнату вошел старый князь, которого она всегда боялась, теперь с особенно неспокойным, злым лицом и, ни слова не сказав, вышел. Она посмотрела на княжну Марью, потом задумалась с тем выражением глаз устремленного внутрь себя внимания, которое бывает у беременных женщин, и вдруг заплакала.

— Получили от Андрея что-нибудь? — сказала она.

— Нет, ты знаешь, что еще не могло прийти известие, но mon père беспокоится, и мне страшно.

— Так ничего?

— Ничего, — сказала княжна Марья, лучистыми глазами твердо глядя на невестку.

Она решилась не говорить ей и уговорила отца скрыть получение страшного известия от невестки до ее разрешения, которое должно было быть на днях. Княжна Марья и старый князь, каждый по-своему, носили и скрывали свое горе. Старый князь не хотел надеяться: он решил, что князь Андрей убит, и, несмотря на то что он послал чиновника в Австрию разыскивать след сына, он заказал ему в Москве памятник, который намерен был поставить в своем саду, и всем говорил, что сын его убит. Он старался, не изменяя, вести прежний образ жизни, но силы изменяли ему: он меньше ходил, меньше ел, меньше спал и с каждым днем делался слабее. Княжна Марья надеялась. Она молилась за брата, как за живого, и каждую минуту ждала известия о его возвращении.

VIII

"Dearest," said the little princess after breakfast on the morning of the nineteenth March, and her downy little lip rose from old habit, but as sorrow was manifest in every smile, the sound of every word, and even every footstep in that house since the terrible news had come, so now the smile of the little princess—influenced by the general mood though without knowing its cause—was such as to remind one still more of the general sorrow.

"Dearest, I'm afraid this morning's fruschtique (frühstück: breakfast)—as Fóka the cook calls it—has disagreed with me."

"What is the matter with you, my darling? You look pale. Oh, you are very pale!" said Princess Mary in alarm, running with her soft, ponderous steps up to her sister-in-law.

"Your excellency, should not Mary Bogdánovna be sent for?" said one of the maids who was present. (Mary Bogdánovna was a midwife from the neighboring town, who had been at Bald Hills for the last fortnight.)

"Oh yes," assented Princess Mary, "perhaps that's it. I'll go. Courage, my angel." She kissed Lise and was about to leave the room.

"Oh, no, no!" And besides the pallor and the physical suffering on the little princess' face, an expression of childish fear of inevitable pain showed itself.

"No, it's only indigestion?... Say it's only indigestion, say so, Mary! Say..." And the little princess began to cry capriciously like a suffering child and to wring her little hands even with some affectation. Princess Mary ran out of the

VIII

— Ma bonne amie [1], — сказала маленькая княгиня утром 19 марта после завтрака, и губка ее с усиками поднялась по старой привычке, но как и во всех не только улыбках, но звуках речей, даже походках в этом доме со дня получения страшного известия была печаль, то и теперь улыбка маленькой княгини, поддавшейся общему настроению, — хотя и не знавшей его причины, — была такая, что она еще более напоминала об общей печали.

— Ma bonne amie, je crains que le fruschtique (comme dit Фока — повар) de ce matin ne m'aie pas fait du ma [2].

— А что с тобой, моя душа? Ты бледна. Ах, ты очень бледна, — испуганно сказала княжна Марья, своими тяжелыми мягкими шагами подбегая к невестке.

— Ваше сиятельство, не послать ли за Марьей Богдановной? — сказала одна из бывших тут горничных. (Марья Богдановна была акушерка из уездного города, жившая в Лысых Горах уже другую неделю.)

— И в самом деле, — подхватила княжна Марья, — может быть, точно. Я пойду. Courage, mon ange! [3] — Она поцеловала Лизу и хотела выйти из комнаты.

— Ах, нет, нет! — и, кроме бледности, на лице маленькой княгини выразился детский страх неотвратимого физического страдания.

— Non, c'est l'estomac... dites que s'est l'estomac, dites, Marie, dites... [4] — И княгиня заплакала, детски-страдальчески, капризно и даже несколько притворно, ломая свои маленькие ручки. Княжна выбежала из комна-

---

[1] Милый друг.

[2] Дружочек, боюсь, чтоб от нынешнего фриштика (как называет его повар Фока) мне бы не было дурно.

[3] Не бойся, мой ангел!

[4] Нет, это желудок... скажи, Маша, что желудок...

[5] Боже мой! Боже мой! Ах!

room to fetch Mary Bogdánovna.

"Mon Dieu! Mon Dieu! Oh!" she heard as she left the room.

The midwife was already on her way to meet her, rubbing her small, plump white hands with an air of calm importance.

"Mary Bogdánovna, I think it's beginning!" said Princess Mary looking at the midwife with wide-open eyes of alarm.

"Well, the Lord be thanked, Princess," said Mary Bogdánovna, not hastening her steps. "You young ladies should not know anything about it."

"But how is it the doctor from Moscow is not here yet?" said the princess. (In accordance with Lise's and Prince Andrew's wishes they had sent in good time to Moscow for a doctor and were expecting him at any moment.)

"No matter, Princess, don't be alarmed," said Mary Bogdánovna. "We'll manage very well without a doctor."

Five minutes later Princess Mary from her room heard something heavy being carried by. She looked out. The men servants were carrying the large leather sofa from Prince Andrew's study into the bedroom. On their faces was a quiet and solemn look.

Princess Mary sat alone in her room listening to the sounds in the house, now and then opening her door when someone passed and watching what was going on in the passage. Some women passing with quiet steps in and out of the bedroom glanced at the princess and turned away. She did not venture to ask any questions, and shut the door again, now sitting down in her easy chair, now taking her prayer book, now kneeling before the icon stand. To her surprise and distress she found that her prayers did not calm her excitement. Suddenly her door opened softly and her old nurse, Praskóvya Sávishna, who hardly ever came to that room as the old prince had forbidden it, appeared on the threshold with a shawl round her head.

"I've come to sit with you a bit, Másha," said the nurse, "and here I've brought the prince's wedding candles to light before his saint, my an-

ты за Марьей Богдановной.

— Oh! Mon Dieu! Mon Dieu! [5] — слышала она сзади себя.

Потирая полные небольшие белые руки, ей навстречу, с значительно-спокойным лицом, уже шла акушерка.

— Марья Богдановна! Кажется, началось, — сказала княжна Марья, испуганно раскрытыми глазами глядя на бабушку.

— Ну, и слава Богу, княжна, — не прибавляя шага, сказала Марья Богдановна. — Вам, девицам, про это знать не следует.

— Но как же из Москвы доктор еще не приехал? — сказала княжна. (По желанию Лизы и князя Андрея к сроку было послано в Москву за акушером, и его ждали каждую минуту.)

— Ничего, княжна, не беспокойтесь, — сказала Марья Богдановна, — и без доктора все хорошо будет.

Через пять минут княжна из своей комнаты услыхала, что несут что-то тяжелое. Она высунулась — официанты несли для чего-то в спальню кожаный диван, стоявший в кабинете князя Андрея. На лицах несших людей было что-то торжественное и тихое.

Княжна Марья сидела одна в своей комнате, прислушиваясь к звукам дома, изредка отворяя дверь, когда проходили мимо, и приглядываясь к тому, что происходило в коридоре. Несколько женщин тихими шагами проходили туда и оттуда, оглядывались на княжну и отворачивались от нее. Она не смела спрашивать, затворяла дверь, возвращалась к себе, и то садилась в свое кресло, то бралась за молитвенник, то становилась на колена пред киотом. К несчастию и удивлению своему, она чувствовала, что молитва не утишала ее волнения. Вдруг дверь ее комнаты тихо отворилась, и на пороге ее показалась повязанная платком ее старая няня Прасковья Савишна, почти никогда, вследствие запрещения князя, не входившая к ней в комнату.

— С тобой, Машенька, пришла посидеть, — сказала няня, — да вот княжовы свечи венчальные перед угодником зажечь при-

gel," she said with a sigh.

"Oh, nurse, I'm so glad!"

"God is merciful, birdie."

The nurse lit the gilt candles before the icons and sat down by the door with her knitting. Princess Mary took a book and began reading. Only when footsteps or voices were heard did they look at one another, the princess anxious and inquiring, the nurse encouraging. Everyone in the house was dominated by the same feeling that Princess Mary experienced as she sat in her room. But owing to the superstition that the fewer the people who know of it the less a woman in travail suffers, everyone tried to pretend not to know; no one spoke of it, but apart from the ordinary staid and respectful good manners habitual in the prince's household, a common anxiety, a softening of the heart, and a consciousness that something great and mysterious was being accomplished at that moment made itself felt.

There was no laughter in the maids' large hall. In the men servants' hall all sat waiting, silently and alert. In the outlying serfs' quarters torches and candles were burning and no one slept. The old prince, stepping on his heels, paced up and down his study and sent Tíkhon to ask Mary Bogdánovna what news.

"Say only that 'the prince told me to ask,' and come and tell me her answer."

"Inform the prince that labor has begun," said Mary Bogdánovna, giving the messenger a significant look.

Tíkhon went and told the prince.

"Very good!" said the prince closing the door behind him, and Tíkhon did not hear the slightest sound from the study after that.

After a while he re-entered it as if to snuff the candles, and, seeing the prince was lying on the sofa, looked at him, noticed his perturbed face, shook his head, and going up to him silently kissed him on the shoulder and left the room without snuffing the candles or saying why he had entered. The most solemn mystery in the world continued its course. Evening passed, night came, and the feeling of suspense and softening of heart in the presence of the unfathomable did not lessen but increased. No one slept.

несла, мой ангел, — сказала она, вздохнув.

— Ах, как я рада, няня.

— Бог милостив, голубка. — Няня зажгла перед киотом обвитые золотом свечи и с чулком села у двери. Княжна Марья взяла книгу и стала читать. Только когда слышались шаги или голоса, княжна испуганно, вопросительно, а няня успокоительно смотрели друг на друга. Во всех концах дома было разлито и владело всем то же чувство, которое испытывала княжна Марья, сидя в своей комнате. По поверию, что чем меньше людей знают о страданиях родильницы, тем меньше она страдает, все старались притворяться незнающими; никто не говорил об этом, но во всех людях, кроме обычной степенности и почтительности хороших манер, царствовавших в доме князя, видна была одна какая-то общая забота, смягченность сердца и сознание чего-то великого, непостижимого, совершающегося в эту минуту.

В большой девичьей не слышно было смеха. В официантской все люди сидели и молчали, наготове чего-то. На дворне жгли лучины и свечи и не спали. Старый князь, ступая на пятку, ходил по кабинету и послал Тихона к Марье Богдановне, спросить: что?

— Только скажи: князь приказал спросить: что? и приди скажи, что она скажет.

— Доложи князю, что роды начались, — сказала Марья Богдановна, значительно посмотрев на посланного.

Тихон пошел и доложил.

— Хорошо, — сказал князь, затворяя за собой дверь, и Тихон не слыхал более ни малейшего звука в кабинете.

Немного погодя Тихон вошел в кабинет, как будто для того, чтобы поправить свечи. Увидав, что князь лежит на диване, Тихон посмотрел на князя, на его расстроенное лицо, покачал головой, молча приблизился к нему и, поцеловав его в плечо, вышел, не поправив свечи и не сказав, зачем он приходил. Таинство, торжественнейшее в мире, продолжало совершаться. Прошел вечер, наступила ночь. И чувство ожидания и смягчения сердечного перед непостижимым не падало,

It was one of those March nights when winter seems to wish to resume its sway and scatters its last snows and storms with desperate fury. A relay of horses had been sent up the highroad to meet the German doctor from Moscow who was expected every moment, and men on horseback with lanterns were sent to the crossroads to guide him over the country road with its hollows and snow-covered pools of water.

Princess Mary had long since put aside her book: she sat silent, her luminous eyes fixed on her nurse's wrinkled face (every line of which she knew so well), on the lock of gray hair that escaped from under the kerchief, and the loose skin that hung under her chin.

Nurse Sávishna, knitting in hand, was telling in low tones, scarcely hearing or understanding her own words, what she had told hundreds of times before: how the late princess had given birth to Princess Mary in Kishenëv with only a Moldavian peasant woman to help instead of a midwife.

"God is merciful, doctors are never needed," she said.

Suddenly a gust of wind beat violently against the casement of the window, from which the double frame had been removed (by order of the prince, one window frame was removed in each room as soon as the larks returned), and, forcing open a loosely closed latch, set the damask curtain flapping and blew out the candle with its chill, snowy draft. Princess Mary shuddered; her nurse, putting down the stocking she was knitting, went to the window and leaning out tried to catch the open casement. The cold wind flapped the ends of her kerchief and her loose locks of gray hair.

"Princess, my dear, there's someone driving up the avenue!" she said, holding the casement and not closing it. "With lanterns. Most likely the doctor."

"Oh, my God! thank God!" said Princess Mary. "I must go and meet him, he does not know Russian."

Princess Mary threw a shawl over her head and ran to meet the newcomer. As she was crossing the anteroom she saw through the window a

а возвышалось. Никто не спал.

Была одна из тех мартовских ночей, когда зима как будто хочет взять свое и высыпает с отчаянной злобой свои последние снега и бураны. Навстречу немца-доктора из Москвы, которого ждали каждую минуту и за которым была выслана подстава на большую дорогу, к повороту на проселок, были высланы верховые с фонарями, чтобы проводить его по ухабам и зажорам.

Княжна Марья уже давно оставила книгу: она сидела молча, устремив лучистые глаза на сморщенное, до малейших подробностей знакомое, лицо няни: на прядку седых волос, выбившуюся из-под платка, на висящий мешочек кожи под подбородком.

Няня Савишна, с чулком в руках, тихим голосом рассказывала, сама не слыша и не понимая своих слов, сотни раз рассказанное о том, как покойница княгиня в Кишеневе рожала княжну Марью, с крестьянской бабой-молдаванкой вместо бабушки.

— Бог помилует, никакие дохтура не нужны, — говорила она.

Вдруг порыв ветра налег на одну из выставленных рам комнаты (по воле князя всегда с жаворонками выставлялось по одной раме в каждой комнате) и, отбив плохо задвинутую задвижку, затрепал штофной гардиной и, пахнув холодом, снегом, задул свечу. Княжна Марья вздрогнула; няня, положив чулок, подошла к окну и, высунувшись, стала ловить откинутую раму. Холодный ветер трепал концами ее платка и седыми, выбивавшимися прядями волос.

— Княжна, матушка, едут по прешпекту кто-то! — сказала она, держа раму и не затворяя ее. — С фонарями; должно, дохтур...

— Ах, Боже мой! Слава Богу! — сказала княжна Марья. — Надо пойти встретить его; он не знает по-русски.

Княжна Марья накинула шаль и побежала навстречу ехавшим. Когда она проходила переднюю, она в окно видела, что какой-то

carriage with lanterns, standing at the entrance. She went out on the stairs. On a banister post stood a tallow candle which guttered in the draft. On the landing below, Philip, the footman, stood looking scared and holding another candle. Still lower, beyond the turn of the staircase, one could hear the footstep of someone in thick felt boots, and a voice that seemed familiar to Princess Mary was saying something.

"Thank God!" said the voice. "And Father?"

"Gone to bed," replied the voice of Demyán the house steward, who was downstairs.

Then the voice said something more, Demyán replied, and the steps in the felt boots approached the unseen bend of the staircase more rapidly.

"It's Andrew!" thought Princess Mary. "No it can't be, that would be too extraordinary," and at the very moment she thought this, the face and figure of Prince Andrew, in a fur cloak the deep collar of which covered with snow, appeared on the landing where the footman stood with the candle. Yes, it was he, pale, thin, with a changed and strangely softened but agitated expression on his face. He came up the stairs and embraced his sister.

"You did not get my letter?" he asked, and not waiting for a reply—which he would not have received, for the princess was unable to speak—he turned back, rapidly mounted the stairs again with the doctor who had entered the hall after him (they had met at the last post station), and again embraced his sister.

"What a strange fate, Másha darling!" And having taken off his cloak and felt boots, he went to the little princess' apartment.

экипаж и фонари стояли у подъезда. Она вышла на лестницу. На столбике перил стояла сальная свеча и текла от ветра. Официант Филипп, с испуганным лицом и с другой свечой в руке, стоял ниже, на первой площадке лестницы. Еще пониже, за поворотом, по лестнице, слышны были подвигавшиеся шаги в теплых сапогах. И какой-то знакомый, как показалось княжне Марье, голос говорил что-то.

— Слава Богу! — сказал голос. — А батюшка?

— Почивать легли, — отвечал голос дворецкого Демьяна, бывшего уже внизу.

Потом еще что-то сказал голос, что-то ответил Демьян, и шаги в теплых сапогах стали быстрее приближаться по невидному повороту лестницы.

«Это Андрей! — подумала княжна Марья. — Нет, это не может быть, это было бы слишком необыкновенно», — подумала она, и в ту же минуту, как она думала это, на площадке, на которой стоял официант со свечой, показались лицо и фигура князя Андрея в шубе с воротником, обсыпанным снегом. Да, это был он, но бледный и худой и с измененным, странно смягченным, но тревожным выражением лица. Он вошел на лестницу и обнял сестру.

— Вы не получали моего письма? — спросил он, и, не дожидаясь ответа, которого бы он и не получил, потому что княжна не могла говорить, он вернулся и с акушером, который вошел вслед за ним (он съехался с ним на последней станции), быстрыми шагами опять вошел на лестницу и опять обнял сестру.

— Какая судьба! — проговорил он. — Маша, милая! — И, скинув шубу и сапоги, пошел на половину княгини.

IX

IX

The little princess lay supported by pillows, with a white cap on her head (the pains had just left her). Strands of her black hair lay round her inflamed and perspiring cheeks, her charming rosy mouth with its downy lip was open and she was smiling joyfully. Prince Andrew entered and paused facing her at the foot of the sofa on which she was lying. Her glittering eyes, filled with childlike fear and excitement, rested on him without changing their expression. "I love you all and have done no harm to anyone; why must I suffer so? Help me!" her look seemed to say. She saw her husband, but did not realize the significance of his appearance before her now. Prince Andrew went round the sofa and kissed her forehead.

"My darling!" he said—a word he had never used to her before. "God is merciful...."

She looked at him inquiringly and with childlike reproach.

"I expected help from you and I get none, none from you either!" said her eyes. She was not surprised at his having come; she did not realize that he had come. His coming had nothing to do with her sufferings or with their relief. The pangs began again and Mary Bogdánovna advised Prince Andrew to leave the room.

The doctor entered. Prince Andrew went out and, meeting Princess Mary, again joined her. They began talking in whispers, but their talk broke off at every moment. They waited and listened.

"Go, dear," said Princess Mary.

Prince Andrew went again to his wife and sat waiting in the room next to hers. A woman came from the bedroom with a frightened face and became confused when she saw Prince Andrew. He covered his face with his hands and remained

Маленькая княгиня лежала на подушках, в белом чепчике (страданье только что отпустило ее), черные волосы прядями вились у ее воспаленных, вспотевших щек; румяный, прелестный ротик, с губкой, покрытой черными волосиками, был раскрыт, и она радостно улыбалась. Князь Андрей вошел в комнату и остановился перед ней, у изножья дивана, на котором она лежала. Блестящие глаза, смотревшие детски испуганно и взволнованно, остановились на нем, не изменяя выражения. «Я вас всех люблю, я никому зла не делала, за что я страдаю? Помогите мне», — говорило ее выражение. Она видела мужа, но не понимала значения его появления теперь перед нею. Князь Андрей обошел диван и в лоб поцеловал ее.

— Душенька моя! — сказал он слово, которое никогда не говорил ей. — Бог милостив... Она вопросительно, детски укоризненно посмотрела на него.

«Я от тебя ждала помощи, и ничего, ничего, и ты тоже!» — сказали ее глаза. Она не удивилась, что он приехал; она не поняла того, что он приехал. Его приезд не имел никакого отношения до ее страданий и облегчения их. Муки вновь начались, и Марья Богдановна посоветовала князю Андрею выйти из комнаты.

Акушер вошел в комнату. Князь Андрей вышел и, встретив княжну Марью, опять подошел к ней. Они шепотом заговорили, но всякую минуту разговор замолкал. Они ждали и прислушивались.

— Allez, mon ami [1], — сказала княжна Марья. Князь Андрей опять пошел к жене и в соседней комнате сел, дожидаясь. Какая-то женщина вышла из ее комнаты с испуганным лицом и смутилась, увидав князя Андрея. Он закрыл лицо руками и просидел так

---

[1] Иди, мой друг — *Ред.*

so for some minutes. Piteous, helpless, animal moans came through the door. Prince Andrew got up, went to the door, and tried to open it. Someone was holding it shut.

"You can't come in! You can't!" said a terrified voice from within.

He began pacing the room. The screaming ceased, and a few more seconds went by. Then suddenly a terrible shriek—it could not be hers, she could not scream like that—came from the bedroom. Prince Andrew ran to the door; the scream ceased and he heard the wail of an infant.

"What have they taken a baby in there for?" thought Prince Andrew in the first second. "A baby? What baby...? Why is there a baby there? Or is the baby born?"

Then suddenly he realized the joyful significance of that wail; tears choked him, and leaning his elbows on the window sill he began to cry, sobbing like a child. The door opened. The doctor with his shirt sleeves tucked up, without a coat, pale and with a trembling jaw, came out of the room. Prince Andrew turned to him, but the doctor gave him a bewildered look and passed by without a word. A woman rushed out and seeing Prince Andrew stopped, hesitating on the threshold. He went into his wife's room. She was lying dead, in the same position he had seen her in five minutes before and, despite the fixed eyes and the pallor of the cheeks, the same expression was on her charming childlike face with its upper lip covered with tiny black hair.

"I love you all, and have done no harm to anyone; and what have you done to me?"—said her charming, pathetic, dead face.

In a corner of the room something red and tiny gave a grunt and squealed in Mary Bogdánovna's trembling white hands.

Two hours later Prince Andrew, stepping softly, went into his father's room. The old man already knew everything. He was standing close to the door and as soon as it opened his rough old arms closed like a vise round his son's neck, and without a word he began to sob like a child.

несколько минут. Жалкие, беспомощно-животные стоны слышались из-за двери. Князь Андрей встал, подошел к двери и хотел отворить ее. Дверь держал кто-то.

— Нельзя, нельзя! — проговорил оттуда испуганный голос.

Он стал ходить по комнате. Крики замолкли, еще прошло несколько секунд. Вдруг страшный крик — не ее крик — она не могла так кричать — раздался в соседней комнате. Князь Андрей подбежал к ее двери; крик замолк, но послышался другой крик, крик ребенка.

«Зачем принесли туда ребенка? — подумал в первую секунду князь Андрей. — Ребенок? Какой?.. Зачем там ребенок? Или это родился ребенок?»

Когда он вдруг понял все радостное значение этого крика, слезы задушили его, и он, облокотившись обеими руками на подоконник, всхлипывая, заплакал, как плачут дети. Дверь отворилась. Доктор, с засученными рукавами рубашки, без сюртука, бледный и с трясущейся челюстью, вышел из комнаты. Князь Андрей обратился к нему, но доктор растерянно взглянул на него и, ни слова не сказав, прошел мимо. Женщина выбежала и, увидав князя Андрея, замялась на пороге. Он вошел в комнату жены. Она мертвая лежала в том же положении, в котором он видел ее пять минут тому назад, и то же выражение, несмотря на остановившиеся глаза и на бледность щек, было на этом прелестном детском робком личике с губкой, покрытой черными волосиками.

«Я вас всех любила и никому дурного не делала, и что вы со мной сделали? Ах, что вы со мной сделали?» — говорило ее прелестное, жалкое мертвое лицо.

В углу комнаты хрюкнуло и пискнуло что-то маленькое, красное в белых трясущихся руках Марьи Богдановны.

Через два часа после этого князь Андрей тихими шагами вошел в кабинет к отцу. Старик все уже знал. Он стоял у самой двери, и, как только она отворилась, старик молча старческими, жесткими руками, как тисками, обхватил шею сына и зарыдал, как ребенок.

53

Three days later the little princess was buried, and Prince Andrew went up the steps to where the coffin stood, to give her the farewell kiss. And there in the coffin was the same face, though with closed eyes. "Ah, what have you done to me?" it still seemed to say, and Prince Andrew felt that something gave way in his soul and that he was guilty of a sin he could neither remedy nor forget. He could not weep. The old man too came up and kissed the waxen little hands that lay quietly crossed one on the other on her breast, and to him, too, her face seemed to say: "Ah, what have you done to me, and why?" And at the sight the old man turned angrily away.

Another five days passed, and then the young Prince Nicholas Andréevich was baptized. The wet nurse supported the coverlet with her chin, while the priest with a goose feather anointed the boy's little red and wrinkled soles and palms.

His grandfather, who was his godfather, trembling and afraid of dropping him, carried the infant round the battered tin font and handed him over to the godmother, Princess Mary. Prince Andrew sat in another room, faint with fear lest the baby should be drowned in the font, and awaited the termination of the ceremony. He looked up joyfully at the baby when the nurse brought it to him and nodded approval when she told him that the wax with the baby's hair had not sunk in the font but had floated.

Через три дня отпевали маленькую княгиню, и, прощаясь с нею, князь Андрей взошел на ступени гроба. И в гробу было то же лицо, хотя и с закрытыми глазами. «Ах, что вы со мной сделали?» — все говорило оно, и князь Андрей почувствовал, что в душе его оторвалось что-то, что он виноват в вине, которую ему не поправить и не забыть. Он не мог плакать. Старик тоже вошел и поцеловал ее восковую ручку, спокойно и высоко лежавшую на другой, и ему ее лицо сказало: «Ах, что и за что вы это со мной сделали?» И старик сердито отвернулся, увидав это лицо.

Еще через пять дней крестили молодого князя Николая Андреича. Мамушка подбородком придерживала пеленки, в то время как гусиным перышком священник мазал сморщенные красные ладо́нки и ступеньки мальчика.

Крестный отец — дед, боясь уронить, вздрагивая, носил младенца вокруг жестяной помятой купели и передавал его крестной матери, княжне Марье. Князь Андрей, замирая от страха, чтоб не утопили ребенка, сидел в другой комнате, ожидая окончания таинства. Он радостно взглянул на ребенка, когда ему вынесла его нянюшка, и одобрительно кивнул головой, когда нянюшка сообщила ему, что брошенный в купель вощечок с волосками не потонул, а поплыл по купели.

X

Rostóv's share in Dólokhov's duel with Bezúkhov was hushed up by the efforts of the old count, and instead of being degraded to the ranks as he expected he was appointed an adjutant to the governor general of Moscow. As a result he could not go to the country with the rest of the family, but was kept all summer in Moscow by his new duties. Dólokhov recovered, and Rostóv became very friendly with him during his convalescence. Dólokhov lay ill at his mother's who loved him passionately and tenderly, and old Mary Ivánovna, who had grown fond of Rostóv for his friendship to her Fédya, often talked to him about her son.

"Yes, Count," she would say, "he is too noble and pure-souled for our present, depraved world. No one now loves virtue; it seems like a reproach to everyone. Now tell me, Count, was it right, was it honorable, of Bezúkhov? And Fédya, with his noble spirit, loved him and even now never says a word against him. Those pranks in Petersburg when they played some tricks on a policeman, didn't they do it together? And there! Bezúkhov got off scotfree, while Fédya had to bear the whole burden on his shoulders. Fancy what he had to go through! It's true he has been reinstated, but how could they fail to do that? I think there were not many such gallant sons of the fatherland out there as he. And now—this duel! Have these people no feeling, or honor? Knowing him to be an only son, to challenge him and shoot so straight! It's well God had mercy on us. And what was it for? Who doesn't have intrigues nowadays? Why, if he was so jealous, as I see things he should have shown it sooner, but he lets it go on for months. And then to call him out, reckoning on Fédya not fighting because he owed him money! What baseness! What meanness! I know you understand Fédya, my dear count; that, believe me, is why I am so fond of you. Few people do understand him. He is such a lofty, heavenly soul!"

X

Участие Ростова в дуэли Долохова с Безуховым было замято стараниями старого графа, и Ростов, вместо того, чтобы быть разжалованным, как он ожидал, был определен адъютантом к московскому генерал-губернатору. Вследствие этого он не мог ехать в деревню со всем семейством, а оставался при своей новой должности все лето в Москве. Долохов выздоровел, и Ростов особенно сдружился с ним в это время его выздоровления. Долохов больной лежал у матери, страстно и нежно любившей его. Старушка Марья Ивановна, полюбившая Ростова за его дружбу к Феде, часто говорила ему про своего сына.

— Да, граф, он слишком благороден и чист душою, — говаривала она, — для нашего нынешнего, развращенного света. Добродетели никто не любит, она всем глаза колет. Ну, скажите, граф, справедливо это, честно это со стороны Безухова? А Федя по своему благородству любил его, и теперь никогда ничего дурного про него не говорит. В Петербурге эти шалости с квартальным, там что-то шутили, ведь они вместе делали? Что ж, Безухову ничего, а Федя все на своих плечах перенес! Ведь что он перенес! Положим, возвратили, да ведь как же и не возвратить? Я думаю, таких, как он, храбрецов и сынов отечества не много там было. Что ж, теперь — эта дуэль. Есть ли чувства, честь у этих людей! Зная, что он единственный сын, вызвать на дуэль и стрелять так прямо! Хорошо, что Бог помиловал нас. И за что же? Ну, кто же в наше время не имеет интриги? Что ж, коли он так ревнив, — я понимаю, — ведь он прежде мог дать почувствовать, а то ведь год продолжалось. И что же, вызвал на дуэль, полагая, что Федя не будет драться, потому что он ему должен. Какая низость! Какая гадость! Я знаю, вы Федю поняли, мой милый граф, оттого-то я вас душой люблю, верьте мне. Его редкие понимают. Это такая

Dólokhov himself during his convalescence spoke to Rostóv in a way no one would have expected of him.

"I know people consider me a bad man!" he said. "Let them! I don't care a straw about anyone but those I love; but those I love, I love so that I would give my life for them, and the others I'd throttle if they stood in my way. I have an adored, a priceless mother, and two or three friends—you among them—and as for the rest I only care about them in so far as they are harmful or useful. And most of them are harmful, especially the women. Yes, dear boy," he continued, "I have met loving, noble, high-minded men, but I have not yet met any women—countesses or cooks—who were not venal. I have not yet met that divine purity and devotion I look for in women. If I found such a one I'd give my life for her! But those!..." and he made a gesture of contempt. "And believe me, if I still value my life it is only because I still hope to meet such a divine creature, who will regenerate, purify, and elevate me. But you don't understand it."

"Oh, yes, I quite understand," answered Rostóv, who was under his new friend's influence.

In the autumn the Rostóvs returned to Moscow. Early in the winter Denísov also came back and stayed with them. The first half of the winter of 1806, which Nicholas Rostóv spent in Moscow, was one of the happiest, merriest times for him and the whole family. Nicholas brought many young men to his parents' house. Véra was a handsome girl of twenty; Sónya a girl of sixteen with all the charm of an opening flower; Natásha, half grown up and half child, was now childishly amusing, now girlishly enchanting.

At that time in the Rostóvs' house there prevailed an amorous atmosphere characteristic of homes where there are very young and very charming girls. Every young man who came to

высокая, небесная душа...

Сам Долохов часто во время своего выздоровления говорил Ростову такие слова, которых никак нельзя было ожидать от него.

— Меня считают злым человеком, я знаю, — говаривал он, — и пускай. Я никого знать не хочу, кроме тех, кого люблю; но кого я люблю, того люблю так, что жизнь отдам, а остальных передавлю всех, коли станут на дороге. У меня есть обожаемая, неоцененная мать, два-три друга, ты в том числе, а на остальных я обращаю внимание только настолько, насколько они полезны или вредны. И все почти вредны, в особенности женщины. Да, душа моя, — продолжал он, — мужчин я встречал любящих, благородных, возвышенных; но женщин, кроме продажных тварей — графинь или кухарок, все равно, — я не встречал еще. Я не встречал еще той небесной чистоты, преданности, которых я ищу в женщине. Ежели бы я нашел такую женщину, я бы жизнь отдал за нее. А эти!.. — Он сделал презрительный жест. — И веришь ли мне, ежели я еще дорожу жизнью, то дорожу только потому, что надеюсь еще встретить такое небесное существо, которое бы возродило, очистило и возвысило меня. Но ты не понимаешь этого.

— Нет, я очень понимаю, — отвечал Ростов, находившийся под влиянием своего нового друга.

Осенью семейство Ростовых вернулось в Москву. В начале зимы вернулся и Денисов и остановился у Ростовых. Это первое время зимы 1806 года, проведенное Николаем Ростовым в Москве, было одно из самых счастливых и веселых для него и для всего его семейства. Николай привлек с собой в дом родителей много молодых людей. Вера была двадцатилетняя красивая девица; Соня шестнадцатилетняя девушка во всей прелести только распустившегося цветка; Наташа полубарышня, полудевочка, то детски смешная, то девически обворожительная.

В доме Ростовых завелась в это время какая-то особенная атмосфера любовности, как это бывает в доме, где очень милые и очень молодые девушки. Всякий молодой

the house—seeing those impressionable, smiling young faces (smiling probably at their own happiness), feeling the eager bustle around him, and hearing the fitful bursts of song and music and the inconsequent but friendly prattle of young girls ready for anything and full of hope—experienced the same feeling; sharing with the young folk of the Rostóvs' household a readiness to fall in love and an expectation of happiness.

Among the young men introduced by Rostóv one of the first was Dólokhov, whom everyone in the house liked except Natásha. She almost quarreled with her brother about him. She insisted that he was a bad man, and that in the duel with Bezúkhov, Pierre was right and Dólokhov wrong, and further that he was disagreeable and unnatural.

"There's nothing for me to understand," she cried out with resolute self-will, "he is wicked and heartless. There now, I like your Denísov though he is a rake and all that, still I like him; so you see I do understand. I don't know how to put it... with this one everything is calculated, and I don't like that. But Denísov..."

"Oh, Denísov is quite different," replied Nicholas, implying that even Denísov was nothing compared to Dólokhov—"you must understand what a soul there is in Dólokhov, you should see him with his mother. What a heart!"

"Well, I don't know about that, but I am uncomfortable with him. And do you know he has fallen in love with Sónya?"

"What nonsense..."

"I'm certain of it; you'll see."

Natásha's prediction proved true. Dólokhov, who did not usually care for the society of ladies, began to come often to the house, and the question for whose sake he came (though no one spoke of it) was soon settled. He came because of Sónya. And Sónya, though she would never have dared to say so, knew it and blushed scarlet every time Dólokhov appeared.

Dólokhov often dined at the Rostóvs', never missed a performance at which they were pres-

человек, приезжавший в дом Ростовых, глядя на эти молодые, восприимчивые, чему-то (вероятно, своему счастию) улыбающиеся девические лица, на эту оживленную беготню, слушая этот непоследовательный, но ласковый ко всем, на все готовый, исполненный надежды лепет женской молодежи, слушая эти непоследовательные звуки, то пенья, то музыки, испытывал одно и то же чувство готовности к любви и ожидания счастья, которое испытывала и сама молодежь дома Ростовых.

В числе молодых людей, введенных Ростовым, был одним из первых — Долохов, который понравился всем в доме, исключая Наташи. За Долохова она чуть не поссорилась с братом. Она настаивала на том, что он злой человек, что в дуэли с Безуховым Пьер был прав, а Долохов виноват, что он неприятен и неестествен.

— Нечего мне понимать! — с упорным своевольством кричала Наташа, — он злой и без чувств. Вот ведь я же люблю твоего Денисова, он кутила, и всё, а я все-таки его люблю, стало быть, я понимаю. Не умею, как тебе сказать; у него все назначено, а я этого не люблю. Денисова...

— Ну, Денисов другое дело, — отвечал Николай, давая чувствовать, что в сравнении с Долоховым даже и Денисов был ничто, — надо понимать, какая душа у этого Долохова, надо видеть его с матерью, это такое сердце!

— Уж этого я не знаю, но с ним мне неловко. И ты знаешь ли, что он влюбился в Соню?

— Какие глупости...

— Я уверена, вот увидишь.

Предсказание Наташи сбывалось. Долохов, не любивший дамского общества, стал часто бывать в доме, и вопрос о том, для кого он ездит, скоро (хотя никто и не говорил про это) был решен так, что он ездит для Сони. И Соня, хотя никогда не посмела бы сказать этого, знала это и всякий раз, как кумач, краснела при появлении Долохова.

Долохов часто обедал у Ростовых, никогда не пропускал спектакля, где они были, и

ent, and went to Iogel's balls for young people which the Rostóvs always attended. He was pointedly attentive to Sónya and looked at her in such a way that not only could she not bear his glances without coloring, but even the old countess and Natásha blushed when they saw his looks.

It was evident that this strange, strong man was under the irresistible influence of the dark, graceful girl who loved another.

Rostóv noticed something new in Dólokhov's relations with Sónya, but he did not explain to himself what these new relations were. "They're always in love with someone," he thought of Sónya and Natásha. But he was not as much at ease with Sónya and Dólokhov as before and was less frequently at home.

In the autumn of 1806 everybody had again begun talking of the war with Napoleon with even greater warmth than the year before. Orders were given to raise recruits, ten men in every thousand for the regular army, and besides this, nine men in every thousand for the militia. Everywhere Bonaparte was anathematized and in Moscow nothing but the coming war was talked of. For the Rostóv family the whole interest of these preparations for war lay in the fact that Nicholas would not hear of remaining in Moscow, and only awaited the termination of Denísov's furlough after Christmas to return with him to their regiment. His approaching departure did not prevent his amusing himself, but rather gave zest to his pleasures. He spent the greater part of his time away from home, at dinners, parties, and balls.

бывал на балах adolescentes [1] у Иогеля, где всегда бывали Ростовы. Он оказывал преимущественное внимание Соне и смотрел на нее такими глазами, что не только она без краски не могла выдержать этого взгляда, но и старая графиня и Наташа краснели, заметив этот взгляд.

Видно было, что этот сильный, странный мужчина находился под неотразимым влиянием, производимым на него этой черненькой, грациозной, любящей другого девочкой.

Ростов замечал что-то новое между Долоховым и Соней; но он не определял себе, какие это были новые отношения. «Они там все влюблены в кого-то», — думал он про Соню и Наташу. Но ему было не так, как прежде, ловко с Соней и Долоховым, и он реже стал бывать дома.

С осени 1806 года опять все заговорили о войне с Наполеоном, еще с большим жаром, чем в прошлом году. Назначен был не только набор десяти рекрут, но и еще девяти ратников с тысячи. Повсюду проклинали анафемой Бонапартия, и в Москве только и толков было, что о предстоящей войне. Для семейства Ростовых весь интерес этих приготовлений к войне заключался только в том, что Николушка ни за что не соглашался оставаться в Москве и выжидал только конца отпуска Денисова, с тем чтобы с ним вместе ехать в полк после праздников. Предстоящий отъезд не только не мешал ему веселиться, но еще поощрял его к этому. Большую часть времени он проводил вне дома, на обедах, вечерах и балах.

---

[1] «подрастающих».

XI

On the third day after Christmas Nicholas dined at home, a thing he had rarely done of late. It was a grand farewell dinner, as he and Denísov were leaving to join their regiment after Epiphany. About twenty people were present, including Dólokhov and Denísov.

Never had love been so much in the air, and never had the amorous atmosphere made itself so strongly felt in the Rostóvs' house as at this holiday time. "Seize the moments of happiness, love and be loved! That is the only reality in the world, all else is folly. It is the one thing we are interested in here," said the spirit of the place.

Nicholas, having as usual exhausted two pairs of horses, without visiting all the places he meant to go to and where he had been invited, returned home just before dinner. As soon as he entered he noticed and felt the tension of the amorous air in the house, and also noticed a curious embarrassment among some of those present. Sónya, Dólokhov, and the old countess were especially disturbed, and to a lesser degree Natásha. Nicholas understood that something must have happened between Sónya and Dólokhov before dinner, and with the kindly sensitiveness natural to him was very gentle and wary with them both at dinner. On that same evening there was to be one of the balls that Iogel (the dancing master) gave for his pupils during the holidays.

"Nicholas, will you come to Iogel's? Please do!" said Natásha. "He asked you, and Vasíli Dmítrich (Denísov) is also going."

"Where would I not go at the countess' command!" said Denísov, who at the Rostóvs' had jocularly assumed the role of Natásha's knight. "I'm even weady to dance the pas de châle."

"If I have time," answered Nicholas. "But I

XI

На третий день рождества Николай обедал дома, что в последнее время редко случалось с ним. Это был официально прощальный обед, так как он с Денисовым уезжал в полк после Крещенья. Обедало человек двадцать, в том числе Долохов и Денисов.

Никогда в доме Ростовых любовный воздух, атмосфера влюбленности не давали себя чувствовать с такой силой, как в эти дни праздников. «Лови минуты счастия, заставляй себя любить, влюбляйся сам! Только это одно есть настоящее на свете — остальное все вздор. И этим одним мы здесь только и заняты», — говорила эта атмосфера.

Николай, как и всегда, замучив две пары лошадей и то не успев побывать во всех местах, где ему надо было быть и куда его звали, приехал домой перед самым обедом. Как только он вошел, он заметил и почувствовал напряженность любовной атмосферы в доме, но, кроме того, он заметил странное замешательство, царствующее между некоторыми из членов общества. Особенно взволнованы были Соня, Долохов, старая графиня и немного Наташа. Николай понял, что что-то должно было случиться до обеда между Соней и Долоховым, и, с свойственною ему чуткостью сердца, был очень нежен и осторожен во время обеда в обращении с ними обоими. В этот же вечер третьего дня праздников должен был быть один из тех балов у Иогеля (танцевального учителя), которые он давал по праздникам для всех своих учеников и учениц.

— Николенька, ты поедешь к Иогелю? Пожалуйста, поезжай, — сказала ему Наташа, — он тебя особенно просил, и Василий Дмитрич (это был Денисов) едет.

— Куда я не поеду по пг'иказанию г'афини! — сказал Денисов, шутливо поставивший себя в доме Ростовых на ногу рыцаря Наташи, — pas de châle готов танцевать.

— Коли успею! Я обещал Архаровым, у

promised the Arkhárovs; they have a party."

"And you?" he asked Dólokhov, but as soon as he had asked the question he noticed that it should not have been put.

"Perhaps," coldly and angrily replied Dólokhov, glancing at Sónya, and, scowling, he gave Nicholas just such a look as he had given Pierre at the club dinner.

"There is something up," thought Nicholas, and he was further confirmed in this conclusion by the fact that Dólokhov left immediately after dinner. He called Natásha and asked her what was the matter.

"And I was looking for you," said Natásha running out to him. "I told you, but you would not believe it," she said triumphantly. "He has proposed to Sónya!"

Little as Nicholas had occupied himself with Sónya of late, something seemed to give way within him at this news. Dólokhov was a suitable and in some respects a brilliant match for the dowerless, orphan girl. From the point of view of the old countess and of society it was out of the question for her to refuse him. And therefore Nicholas' first feeling on hearing the news was one of anger with Sónya.... He tried to say, "That's capital; of course she'll forget her childish promises and accept the offer," but before he had time to say it Natásha began again.

"And fancy! she refused him quite definitely!" adding, after a pause, "she told him she loved another."

"Yes, my Sónya could not have done otherwise!" thought Nicholas.

"Much as Mamma pressed her, she refused, and I know she won't change once she has said..."

"And Mamma pressed her!" said Nicholas reproachfully.

"Yes," said Natásha. "Do you know, Nicholas—don't be angry—but I know you will not marry her. I know, heaven knows how, but I know for certain that you won't marry her."

"Now you don't know that at all!" said Nicholas. "But I must talk to her. What a darling Són-

них вечер, — сказал Николай.

— А ты?.. — обратился он к Долохову. И только что спросил это, заметил, что этого не надо было спрашивать.

— Да, может быть... — холодно и сердито отвечал Долохов, взглянув на Соню и нахмурившись, точно таким взглядом, каким он на клубном обеде смотрел на Пьера, опять взглянул на Николая.

«Что-нибудь есть», — подумал Николай, и, еще более утвердившись в этом предположении тем, что Долохов тотчас же после обеда уехал, он вызвал Наташу и спросил, что такое?

— А я тебя искала, — сказала Наташа, выбежав к нему. — Я говорила, ты все не хотел верить, — торжествующе сказала она, — он сделал предложение Соне.

Как ни мало занимался Николай Соней за это время, но что-то как бы оторвалось в нем, когда он услыхал это. Долохов был приличная и в некоторых отношениях блестящая партия для бесприданной сироты Сони. С точки зрения старой графини и света, нельзя было отказать ему. И потому первое чувство Николая, когда он услыхал это, было озлобление против Сони. Он приготавливался к тому, чтобы сказать: «И прекрасно, разумеется, надо забыть детские обещания и принять предложение»; но не успел он еще сказать этого...

— Можешь себе представить! она отказала, совсем отказала! — заговорила Наташа. — Она сказала, что любит другого, — прибавила она, помолчав немного.

«Да иначе и не могла поступить моя Соня!» — подумал Николай.

— Сколько ее ни просила мама, она отказала, и я знаю, она не переменит, если что сказала...

— А мама просила ее! — с упреком сказал Николай

— Да, — сказала Наташа. — Знаешь, Николенька, не сердись: но я знаю, что ты на ней не женишься. Я знаю, Бог знает отчего, я знаю верно, ты не женишься.

— Ну, этого ты никак не знаешь, — сказал Николай, — но мне надо поговорить с ней.

ya is!" he added with a smile.

"Ah, she is indeed a darling! I'll send her to you." And Natásha kissed her brother and ran away.

A minute later Sónya came in with a frightened, guilty, and scared look. Nicholas went up to her and kissed her hand. This was the first time since his return that they had talked alone and about their love.

"Sophie," he began, timidly at first and then more and more boldly, "if you wish to refuse one who is not only a brilliant and advantageous match but a splendid, noble fellow... he is my friend..."

Sónya interrupted him.

"I have already refused," she said hurriedly.

"If you are refusing for my sake, I am afraid that I..."

Sónya again interrupted. She gave him an imploring, frightened look.

"Nicholas, don't tell me that!" she said.

"No, but I must. It may be arrogant of me, but still it is best to say it. If you refuse him on my account, I must tell you the whole truth. I love you, and I think I love you more than anyone else...."

"That is enough for me," said Sónya, blushing.

"No, but I have been in love a thousand times and shall fall in love again, though for no one have I such a feeling of friendship, confidence, and love as I have for you. Then I am young. Mamma does not wish it. In a word, I make no promise. And I beg you to consider Dólokhov's offer," he said, articulating his friend's name with difficulty.

"Don't say that to me! I want nothing. I love you as a brother and always shall, and I want nothing more."

"You are an angel: I am not worthy of you, but I am afraid of misleading you." And Nicholas again kissed her hand.

Что за прелесть эта Соня! — прибавил он улыбаясь.

— Это такая прелесть! Я тебе пришлю ее. — И Наташа, поцеловав брата, убежала.

Через минуту вошла Соня, испуганная, растерянная и виноватая. Николай подошел к ней и поцеловал ее руку. Это был первый раз, что они в этот приезд говорили с глазу на глаз и о своей любви.

— Sophie, — сказал он сначала робко и потом смелее и смелее, — ежели вы хотите отказаться не только от блестящей, от выгодной партии; но он прекрасный, благородный человек... он мой друг...

Соня перебила его.

— Я уж отказалась, — сказала она поспешно.

— Ежели вы отказываетесь для меня, то я боюсь, что на мне...

Соня опять перебила его. Она умоляющим, испуганным взглядом посмотрела на него.

— Nicolas, не говорите мне этого, — сказала она.

— Нет, я должен. Может быть, это suffisance [1] с моей стороны, но все лучше сказать. Ежели вы откажетесь для меня, то я должен вам сказать всю правду. Я вас люблю, я думаю, больше всех.

— Мне и довольно, — вспыхнув, сказала Соня.

— Нет, но я тысячу раз влюблялся и буду влюбляться, хотя такого чувства дружбы, доверия, любви я ни к кому не имею, как к вам. Потом, я молод. Maman не хочет этого. Ну, просто, я ничего не обещаю. И я прошу вас подумать о предложении Долохова, — сказал он, с трудом выговаривая фамилию своего друга.

— Не говорите мне этого. Я ничего не хочу. Я люблю вас как брата и всегда буду любить, и больше мне ничего не надо.

— Вы ангел, я вас не сто́ю, но я только боюсь обмануть вас. — Николай еще раз поцеловал ее руку.

---

[1] самонадеянность..

XII

Iogel's were the most enjoyable balls in Moscow. So said the mothers as they watched their young people executing their newly learned steps, and so said the youths and maidens themselves as they danced till they were ready to drop, and so said the grown-up young men and women who came to these balls with an air of condescension and found them most enjoyable. That year two marriages had come of these balls. The two pretty young Princesses Gorchakóv met suitors there and were married and so further increased the fame of these dances. What distinguished them from others was the absence of host or hostess and the presence of the good-natured Iogel, flying about like a feather and bowing according to the rules of his art, as he collected the tickets from all his visitors. There was the fact that only those came who wished to dance and amuse themselves as girls of thirteen and fourteen do who are wearing long dresses for the first time. With scarcely any exceptions they all were, or seemed to be, pretty—so rapturous were their smiles and so sparkling their eyes. Sometimes the best of the pupils, of whom Natásha, who was exceptionally graceful, was first, even danced the pas de châle, but at this last ball only the écossaise, the anglaise, and the mazurka, which was just coming into fashion, were danced. Iogel had taken a ballroom in Bezúkhov's house, and the ball, as everyone said, was a great success. There were many pretty girls and the Rostóv girls were among the prettiest. They were both particularly happy and gay. That evening, proud of Dólokhov's proposal, her refusal, and her explanation with Nicholas, Sónya twirled about before she left home so that the maid could hardly get her hair plaited, and she was transparently radiant with impulsive joy.

XII

У Иогеля были самые веселые балы в Москве. Это говорили матушки, глядя на своих adolescentes [1], выделывающих свои только что выученные па; это говорили и сами adolescentes и adolescents [2], танцевавшие до упаду; это говорили взрослые девицы и молодые люди, приезжавшие на эти балы с мыслию снизойти до них и находя в них самое лучшее веселье. В этот же год на этих балах сделалось два брака. Две хорошенькие княжны Горчаковы нашли женихов и вышли замуж, и тем еще более пустили в славу эти балы. Особенного на этих балах было то, что не было хозяина и хозяйки: был, как пух летающий, по правилам искусства расшаркивающийся добродушный Иогель, который принимал билетики за уроки от всех своих гостей; было то, что на эти балы еще езжали только те, кто хотел танцевать и веселиться, как хотят этого тринадцати- и четырнадцатилетние девочки, в первый раз надевающие длинные платья. Все, за редкими исключениями, были или казались хорошенькими: так восторженно они все улыбались и так разгорались их глазки. Иногда танцовывали даже pas de châle лучшие ученицы, из которых лучшая была Наташа, отличавшаяся своею грациозностью; но на этом, последнем бале танцевали только экосезы, англезы и только что входящую в моду мазурку. Зала была взята Иогелем в доме Безухова, и бал очень удался, как говорили все. Много было хорошеньких девочек, Ростовы барышни были из лучших. Они обе были особенно счастливы и веселы в этот вечер. Соня, гордая предложением Долохова, своим отказом и объяснением с Николаем, кружилась еще дома, не давал де вушке дочесать свои косы, и теперь насквозь светилась порывистой радостью.

---

[1] подросточков.

[2] подростки.

Natásha no less proud of her first long dress and of being at a real ball was even happier. They were both dressed in white muslin with pink ribbons.

Natásha fell in love the very moment she entered the ballroom. She was not in love with anyone in particular, but with everyone. Whatever person she happened to look at she was in love with for that moment.

"Oh, how delightful it is!" she kept saying, running up to Sónya.

Nicholas and Denísov were walking up and down, looking with kindly patronage at the dancers.

"How sweet she is—she will be a weal beauty!" said Denísov.

"Who?"

"Countess Natásha," answered Denísov.

"And how she dances! What gwace!" he said again after a pause.

"Who are you talking about?"

"About your sister," ejaculated Denísov testily.

Rostóv smiled.

"My dear count, you were one of my best pupils—you must dance," said little Iogel coming up to Nicholas. "Look how many charming young ladies—" He turned with the same request to Denísov who was also a former pupil of his.

"No, my dear fellow, I'll be a wallflower," said Denísov. "Don't you wecollect what bad use I made of your lessons?"

"Oh no!" said Iogel, hastening to reassure him. "You were only inattentive, but you had talent—oh yes, you had talent!"

The band struck up the newly introduced mazurka. Nicholas could not refuse Iogel and asked Sónya to dance. Denísov sat down by the old ladies and, leaning on his saber and beating time with his foot, told them something funny

Наташа, не менее гордая тем, что она в первый раз была в длинном платье, на настоящем бале, была еще счастливее. Они были в белых кисейных платьях с розовыми лентами.

Наташа сделалась влюблена с самой той минуты, как она вошла на бал. Она не был влюблена ни в кого в особенности, но влюблена была во всех. В того, на кого она смотрела в ту минуту, как она смотрела, в того она и была влюблена.

— Ах, как хорошо! — все говорила она, подбегая к Соне.

Николай с Денисовым ходили по залам, ласково и покровительственно оглядывая танцующих.

— Как она мила, кг'асавица будет, — сказал Денисов.

— Кто?

— Г'афиня Наташа, — отвечал Денисов.

— И как она танцует, какая г'ация! — помолчав немного, опять сказал он.

— Да про кого ты говоришь?

— Пг'о сестг'у пг'о твою, — сердито крикнул Денисов.

Ростов усмехнулся.

— Mon cher comte; vous êtes l'un de mes meilleurs écoliers, il faut que vous dansiez, — сказал маленький Иогель, подходя к Николаю. — Voyez combien de jolies demoiselles [3].

— Он с тою же просьбой обратился и к Денисову, тоже своему бывшему ученику.

— Non, mon cher, je ferai tapisserie [4], — сказал Денисов. — Разве вы не помните, как дурно я пользовался вашими уроками?..

— О нет! — поспешно утешая его, сказал Иогель. — Вы только невнимательны были, а вы имели способности, да, вы имели способности.

Заиграли вновь вводившуюся мазурку. Николай не мог отказать Иогелю и пригласил Соню. Денисов подсел к старушкам и, облокотившись на саблю, притопывая такт, что-то весело рассказывал и смешил старых

---

[3] Любезный граф, вы один из лучших моих учеников. Вы должны танцевать. Посмотрите, сколько хорошеньких девушек.

[4] Нет, мой милый, я лучше посижу для вида.

and kept them amused, while he watched the young people dancing, Iogel with Natásha, his pride and his best pupil, were the first couple. Noiselessly, skillfully stepping with his little feet in low shoes, Iogel flew first across the hall with Natásha, who, though shy, went on carefully executing her steps. Denísov did not take his eyes off her and beat time with his saber in a way that clearly indicated that if he was not dancing it was because he would not and not because he could not. In the middle of a figure he beckoned to Rostóv who was passing:

"This is not at all the thing," he said. "What sort of Polish mazuwka is this? But she does dance splendidly."

Knowing that Denísov had a reputation even in Poland for the masterly way in which he danced the mazurka, Nicholas ran up to Natásha:

"Go and choose Denísov. He is a real dancer, a wonder!" he said.

When it came to Natásha's turn to choose a partner, she rose and, tripping rapidly across in her little shoes trimmed with bows, ran timidly to the corner where Denísov sat. She saw that everybody was looking at her and waiting. Nicholas saw that Denísov was refusing though he smiled delightedly. He ran up to them.

"Please, Vasíli Dmítrich," Natásha was saying, "do come!"

"Oh no, let me off, Countess," Denísov replied.

"Now then, Váska," said Nicholas.

"They coax me as if I were Váska the cat!" said Denísov jokingly.

"I'll sing for you a whole evening," said Natásha.

"Oh, the faiwy! She can do anything with me!" said Denísov, and he unhooked his saber. He came out from behind the chairs, clasped his partner's hand firmly, threw back his head, and advanced his foot, waiting for the beat. Only on horse back and in the mazurka was Denísov's short stature not noticeable and he looked the fine fellow he felt himself to be. At the right beat of the music he looked sideways at his partner with a merry and triumphant air, suddenly stamped with one foot, bounded from the floor like a ball,

дам, поглядывая на танцующую молодежь. Иогель в первой паре танцевал с Наташей, своею гордостью и лучшей ученицей. Мягко, нежно перебирая своими ножками в башмачках, Иогель первым полетел по зале с робевшей, но старательно выделывающей па Наташей. Денисов не спускал с нее глаз и пристукивал саблей такт с таким видом, который ясно говорил, что он сам не танцует только оттого, что не хочет, а не оттого, что не может. В середине фигуры он подозвал к себе проходившего мимо Ростова.

— Это совсем не то, — сказал он. — Разве это польская мазуг'ка? А отлично танцует.

Зная, что Денисов и в Польше даже славился своим мастерством плясать польскую мазурку, Николай подбежал к Наташе.

— Поди выбери Денисова. Вот танцует! Чудо! — сказал он.

Когда пришел опять черед Наташи, она встала и быстро перебирая своими с бантиками башмачками, робея, одна пробежала через залу к углу, где сидел Денисов. Она видела, что все смотрят на нее и ждут. Николай видел, что Денисов и Наташа, улыбаясь, спорили и что Денисов отказывался, но радостно улыбался. Он подбежал.

— Пожалуйста, Василий Дмитрич, — говорила Наташа, — пойдемте, пожалуйста.

— Да что. Увольте, г'афиня, — говорил Денисов.

— Ну полно, Вася, — сказал Николай.

— Точно кота Ваську угова́г'ивает, — шутя сказал Денисов.

— Целый вечер вам буду петь, — сказала Наташа.

— Волшебница, все со мной сделает! — сказал Денисов и отстегнул саблю. Он вышел из-за стульев, крепко взял за руку свою даму, приподнял голову и отставил ногу, ожидая такта. Только на коне и в мазурке не видно было маленького роста Денисова, и он представлялся тем самым молодцом, каким он сам себя чувствовал. Выждав такт, он сбоку, победоносно и шутливо, взглянул на свою даму, неожиданно пристукнул одною ногой и, как мячик, упруго отскочил от пола и по-

and flew round the room taking his partner with him. He glided silently on one foot half across the room, and seeming not to notice the chairs was dashing straight at them, when suddenly, clinking his spurs and spreading out his legs, he stopped short on his heels, stood so a second, stamped on the spot clanking his spurs, whirled rapidly round, and, striking his left heel against his right, flew round again in a circle. Natásha guessed what he meant to do, and abandoning herself to him followed his lead hardly knowing how. First he spun her round, holding her now with his left, now with his right hand, then falling on one knee he twirled her round him, and again jumping up, dashed so impetuously forward that it seemed as if he would rush through the whole suite of rooms without drawing breath, and then he suddenly stopped and performed some new and unexpected steps. When at last, smartly whirling his partner round in front of her chair, he drew up with a click of his spurs and bowed to her, Natásha did not even make him a curtsy. She fixed her eyes on him in amazement, smiling as if she did not recognize him.

"What does this mean?" she brought out.

Although Iogel did not acknowledge this to be the real mazurka, everyone was delighted with Denísov's skill, he was asked again and again as a partner, and the old men began smilingly to talk about Poland and the good old days. Denísov, flushed after the mazurka and mopping himself with his handkerchief, sat down by Natásha and did not leave her for the rest of the evening.

летел вдоль по кругу, увлекая за собой свою даму. Он неслышно летел половину залы на одной ноге и, казалось, не видел стоявших перед ним стульев и прямо несся на них; но вдруг, прищелкнув шпорами и расставив ноги, останавливался на каблуках, стоял так секунду, с грохотом шпор стучал на одном месте ногами, быстро вертелся и, левою ногой подщелкивая правую, опять летел по кругу. Наташа чутьем угадывала то, что он намерен был сделать, и, сама не зная как, следила за ним — отдаваясь ему. То он кружил ее на правой, то на левой руке, то, падая на колена, обводил ее вокруг себя и опять вскакивал и пускался вперед с такой стремительностью, как будто он намерен был, не переводя духа, перебежать через все комнаты; то вдруг опять останавливался и делал опять новое и неожиданное колено. Когда он, бойко закружив даму перед ее местом, щелкал шпорой, кланяясь перед ней, Наташа даже не присела ему. Она с недоумением уставила на него глаза, улыбаясь, как будто не узнавая его.

— Что ж это такое? — проговорила она.

Несмотря на то, что Иогель не признавал эту мазурку настоящей, все были восхищены мастерством Денисова, беспрестанно стали выбирать его, и старики, улыбаясь, стали разговаривать про Польшу и про доброе старое время. Денисов, раскрасневшись от мазурки и отираясь платком, подсел к Наташе и весь бал не отходил от нее.

XIII

For two days after that Rostóv did not see Dólokhov at his own or at Dólokhov's home: on the third day he received a note from him:

As I do not intend to be at your house again for reasons you know of, and am going to rejoin my regiment, I am giving a farewell supper tonight to my friends—come to the English Hotel.

About ten o'clock Rostóv went to the English Hotel straight from the theater, where he had been with his family and Denísov. He was at once shown to the best room, which Dólokhov had taken for that evening. Some twenty men were gathered round a table at which Dólokhov sat between two candles.

On the table was a pile of gold and paper money, and he was keeping the bank. Rostóv had not seen him since his proposal and Sónya's refusal and felt uncomfortable at the thought of how they would meet.

Dólokhov's clear, cold glance met Rostóv as soon as he entered the door, as though he had long expected him.

"It's a long time since we met," he said. "Thanks for coming. I'll just finish dealing, and then Ilyúshka will come with his chorus."

"I called once or twice at your house," said Rostóv, reddening.

Dólokhov made no reply.

"You may punt," he said.

Rostóv recalled at that moment a strange conversation he had once had with Dólokhov. "None but fools trust to luck in play," Dólokhov had then said.

"Or are you afraid to play with me?" Dólokhov now asked as if guessing Rostóv's thought.

Beneath his smile Rostóv saw in him the mood he had shown at the club dinner and at other times, when as if tired of everyday life he had felt a need to escape from it by some strange, and usually cruel, action.

XIII

Два дня после этого Ростов не видал Долохова у своих и не заставал его дома; на третий день он получил от него записку.

«Так как я в доме у вас бывать более не намерен по известным тебе причинам и еду в армию, то нынче вечером я даю моим приятелям прощальную пирушку — приезжай в Английскую гостиницу». Ростов в десятом часу, из театра, где он был вместе со своими и Денисовым, приехал в назначенный день в Английскую гостиницу. Его тотчас же провели в лучшее помещение гостиницы, занятое на эту ночь Долоховым. Человек двадцать толпилось около стола, перед которым между двумя свечами сидел Долохов.

На столе лежало золото и ассигнации, и Долохов метал банк. После предложения и отказа Сони Николай еще не видался с ним и испытывал замешательство при мысли о том, как они свидятся.

Светлый холодный взгляд Долохова встретил Ростова еще у двери, как будто он давно ждал его.

— Давно не видались, — сказал он, — спасибо, что приехал. Вот только домечу, и явится Илюшка с хором.

— Я к тебе заезжал, — сказал Ростов, краснея.

Долохов не отвечал ему.

— Можешь поставить, — сказал он.

Ростов вспомнил в эту минуту странный разговор, который он имел раз с Долоховым. «Играть на счастие могут только дураки», — сказал тогда Долохов.

— Или ты боишься со мной играть? — сказал теперь Долохов, как будто угадав мысль Ростова, и улыбнулся.

Из-за улыбки его Ростов увидел в нем то настроение духа, которое было у него во время обеда в клубе и вообще в те времена, когда, как бы соскучившись ежедневною жизнью, Долохов чувствовал необходимость каким-нибудь странным, большею частью

Rostóv felt ill at ease. He tried, but failed, to find some joke with which to reply to Dólokhov's words. But before he had thought of anything, Dólokhov, looking straight in his face, said slowly and deliberately so that everyone could hear:

"Do you remember we had a talk about cards... 'He's a fool who trusts to luck, one should make certain,' and I want to try."

"To try his luck or the certainty?" Rostóv asked himself.

"Well, you'd better not play," Dólokhov added, and springing a new pack of cards said: "Bank, gentlemen!"

Moving the money forward he prepared to deal. Rostóv sat down by his side and at first did not play. Dólokhov kept glancing at him.

"Why don't you play?" he asked.

And strange to say Nicholas felt that he could not help taking up a card, putting a small stake on it, and beginning to play.

"I have no money with me," he said.

"I'll trust you."

Rostóv staked five rubles on a card and lost, staked again, and again lost. Dólokhov "killed," that is, beat, ten cards of Rostóv's running.

"Gentlemen," said Dólokhov after he had dealt for some time. "Please place your money on the cards or I may get muddled in the reckoning."

One of the players said he hoped he might be trusted.

"Yes, you might, but I am afraid of getting the accounts mixed. So I ask you to put the money on your cards," replied Dólokhov. "Don't stint yourself, we'll settle afterwards," he added, turning to Rostóv.

The game continued; a waiter kept handing round champagne.

All Rostóv's cards were beaten and he had eight hundred rubles scored up against him. He wrote "800 rubles" on a card, but while the waiter filled his glass he changed his mind and altered it to his usual stake of twenty rubles.

"Leave it," said Dólokhov, though he did not seem to be even looking at Rostóv, "you'll win it

жестоким, поступком выходить из нее.

Ростову стало неловко; он искал и не находил в уме своем шутки, которая ответила бы на слова Долохова. Но, прежде чем он успел это сделать, Долохов, глядя прямо в лицо Ростову, медленно и с расстановкой, так, что все могли слышать, сказал ему:

— А помнишь, мы говорили с тобой про игру... дурак, кто на счастье хочет играть; играть надо наверное, а я хочу попробовать.

«Попробовать на счастье играть или наверное?» — подумал Ростов.

— Да и лучше не играй, — прибавил он и, треснув разорванной колодой, сказал: — Банк, господа!

Подвинув вперед деньги, Долохов приготовился метать. Ростов сел подле него и сначала не играл. Долохов взглядывал на него.

— Что ж не играешь? — сказал Долохов.

И странно, Николай почувствовал необходимость взять карту, поставить на нее незначительный куш и начать игру.

— Со мною денег нет, — сказал Ростов.

— Поверю!

Ростов поставил пять рублей на карту и проиграл, поставил еще и опять проиграл. Долохов убил, то есть выиграл десять карт сряду у Ростова.

— Господа, — сказал он, прометав несколько времени, — прошу класть деньги на карты, а то я могу спутаться в счетах.

Один из игроков сказал, что, он надеется, ему можно поверить.

— Поверить можно, но боюсь спутаться; прошу класть деньги на карты, — отвечал Долохов. — Ты не стесняйся, мы с тобой сочтемся, — прибавил он Ростову.

Игра продолжалась; лакей не переставая разносил шампанское.

Все карты Ростова бились, и на него было написано до восьмисот рублей. Он надписал было над одной картой восемьсот рублей, но в то время, как ему подавали шампанское, он раздумал и написал опять обыкновенный куш, двадцать рублей.

— Оставь, — сказал Долохов, хотя он, казалось, и не смотрел на Ростова, — скорее

back all the sooner. I lose to the others but win from you. Or are you afraid of me?" he asked again.

Rostóv submitted. He let the eight hundred remain and laid down a seven of hearts with a torn corner, which he had picked up from the floor. He well remembered that seven afterwards. He laid down the seven of hearts, on which with a broken bit of chalk he had written "800 rubles" in clear upright figures; he emptied the glass of warm champagne that was handed him, smiled at Dólokhov's words, and with a sinking heart, waiting for a seven to turn up, gazed at Dólokhov's hands which held the pack. Much depended on Rostóv's winning or losing on that seven of hearts. On the previous Sunday the old count had given his son two thousand rubles, and though he always disliked speaking of money difficulties had told Nicholas that this was all he could let him have till May, and asked him to be more economical this time. Nicholas had replied that it would be more than enough for him and that he gave his word of honor not to take anything more till the spring. Now only twelve hundred rubles was left of that money, so that this seven of hearts meant for him not only the loss of sixteen hundred rubles, but the necessity of going back on his word. With a sinking heart he watched Dólokhov's hands and thought, "Now then, make haste and let me have this card and I'll take my cap and drive home to supper with Denísov, Natásha, and Sónya, and will certainly never touch a card again." At that moment his home life, jokes with Pétya, talks with Sónya, duets with Natásha, piquet with his father, and even his comfortable bed in the house on the Povarskáya rose before him with such vividness, clearness, and charm that it seemed as if it were all a lost and unappreciated bliss, long past. He could not conceive that a stupid chance, letting the seven be dealt to the right rather than to the left, might deprive him of all this happiness, newly appreciated and newly illumined, and plunge him into the depths of unknown and undefined misery. That could not be, yet he awaited with a sinking heart the movement of Dólokhov's hands. Those broad, reddish hands, with hairy wrists visible from under the shirt

отыграешься. Другим даю, а тебе бью. Иль ты меня боишься? — повторил он.

Ростов повиновался, оставил написанные восемьсот и поставил семерку червей с оторванным уголком, которую он поднял с земли. Он хорошо ее после помнил. Он поставил семерку червей, надписав над ней отломанным мелком восемьсот, круглыми, прямыми цифрами; выпил поданный стакан согревшегося шампанского, улыбнулся на слова Долохова и, с замиранием сердца ожидая семерки, стал смотреть на руки Долохова, державшие колоду. Выигрыш или проигрыш этой семерки червей означал многое для Ростова. В воскресенье на прошлой неделе граф Илья Андреич дал своему сыну две тысячи рублей, и он, никогда не любивший говорить о денежных затруднениях, сказал ему, что деньги эти были последние до мая и что потому он просил сына быть на этот раз поэкономнее. Николай сказал, что ему и это слишком много и что он дает честное слово не брать больше денег до весны. Теперь из этих денег оставалось тысяча двести рублей. Стало быть, семерка червей означала не только проигрыш тысячи шестисот рублей, но и необходимость изменения данному слову. Он с замиранием сердца смотрел на руки Долохова и думал: «Ну, скорей, дай мне эту карту, и я беру фуражку, уезжаю домой ужинать с Денисовым, Наташей и Соней, и уж верно никогда в руках моих не будет карты». В эту минуту домашняя жизнь его — шуточки с Петей, разговоры с Соней, дуэты с Наташей, пикет с отцом и даже спокойная постель в Поварском доме — с такой силою, ясностью и прелестью представилась ему, как будто все это было давно прошедшее, потерянное и неоцененное счастье. Он не мог допустить, чтобы глупая случайность, заставив семерку лечь прежде направо, чем налево, могла бы лишить его всего этого вновь понятого, вновь освещенного счастья и повергнуть его в пучину еще не испытанного и неопределенного несчастия. Это не могло быть, но он все-таки ожидал с замиранием движения рук Долохова. Ширококостные, красноватые

cuffs, laid down the pack and took up a glass and a pipe that were handed him.

"So you are not afraid to play with me?" repeated Dólokhov, and as if about to tell a good story he put down the cards, leaned back in his chair, and began deliberately with a smile:

"Yes, gentlemen, I've been told there's a rumor going about Moscow that I'm a sharper, so I advise you to be careful."

"Come now, deal!" exclaimed Rostóv.

"Oh, those Moscow gossips!" said Dólokhov, and he took up the cards with a smile.

"Aah!" Rostóv almost screamed lifting both hands to his head. The seven he needed was lying uppermost, the first card in the pack. He had lost more than he could pay.

"Still, don't ruin yourself!" said Dólokhov with a side glance at Rostóv as he continued to deal.

руки эти с волосами, видневшимися из-под рубашки, положили колоду карт и взялись за подаваемый стакан и трубку.

— Так ты не боишься со мной играть? — повторил Долохов, и, как будто для того, чтобы рассказать веселую историю, он положил карты, опрокинулся на спинку стула и медлительно с улыбкой стал рассказывать:

— Да, господа, мне говорили, что в Москве распущен слух, будто я шулер, поэтому советую вам быть со мной осторожнее.

— Ну, мечи же! — сказал Ростов.

— Ох, московские тетушки! — сказал Долохов и с улыбкой взялся за карты.

— Аааx! — чуть не крикнул Ростов, поднимая обе руки к волосам. Семерка, которая была нужна ему, уже лежала вверху, первою картой в колоде. Он проиграл больше того, что мог заплатить.

— Однако ты не зарывайся, — сказал Долохов, мельком взглянув на Ростова и продолжая метать.

XIV

An hour and a half later most of the players were but little interested in their own play.

The whole interest was concentrated on Rostóv. Instead of sixteen hundred rubles he had a long column of figures scored against him, which he had reckoned up to ten thousand, but that now, as he vaguely supposed, must have risen to fifteen thousand. In reality it already exceeded twenty thousand rubles. Dólokhov was no longer listening to stories or telling them, but followed every movement of Rostóv's hands and occasionally ran his eyes over the score against him. He had decided to play until that score reached forty-three thousand. He had fixed on that number because forty-three was the sum of his and Sónya's joint ages. Rostóv, leaning his head on both hands, sat at the table which was scrawled over with figures, wet with spilled wine, and littered with cards. One tormenting impression did not leave him: that those broad-boned reddish hands with hairy wrists visible from under the shirt sleeves, those hands which he loved and hated, held him in their power.

"Six hundred rubles, ace, a corner, a nine... winning it back's impossible... Oh, how pleasant it was at home!... The knave, double or quits... it can't be!... And why is he doing this to me?" Rostóv pondered. Sometimes he staked a large sum, but Dólokhov refused to accept it and fixed the stake himself. Nicholas submitted to him, and at one moment prayed to God as he had done on the battlefield at the bridge over the Enns, and then guessed that the card that came first to hand from the crumpled heap under the table would save him, now counted the cords on his coat and took a card with that number and tried staking the total of his losses on it, then he looked round for aid from the other players, or peered at the now cold face of Dólokhov and tried to read what was passing in his mind.

XIV

Через полтора часа времени большинство игроков уже шутя смотрели на свою собственную игру.

Вся игра сосредоточилась на одном Ростове. Вместо тысячи шестисот рублей за ним была записана длинная колонна цифр, которую он считал до десятой тысячи, но которая теперь, как он смутно предполагал, возвысилась уже до пятнадцати тысяч. В сущности, запись уже превышала двадцать тысяч рублей. Долохов уже не слушал и не рассказывал историй; он следил за каждым движением рук Ростова и бегло оглядывал изредка свою запись за ним. Он решил продолжать игру до тех пор, пока запись эта не возрастет до сорока трех тысяч. Число это было им выбрано потому, что сорок три составляло сумму сложенных его годов с годами Сони. Ростов, опершись головою на обе руки, сидел перед исписанным, залитым вином, заваленным картами столом. Одно мучительное впечатление не оставляло его: эти широкококостые, красноватые руки с волосами, видневшимися из-под рубашки, эти руки, которые он любил и ненавидел, держали его в своей власти.

«Шестьсот рублей, туз, угол, девятка... отыграться невозможно! И как бы весело было дома... Валет на пе... это не может быть!.. И зачем же это он делает со мной?..» — думал и вспоминал Ростов. Иногда он ставил большую карту; но Долохов отказывался бить ее и сам назначал куш. Николай покорялся ему, и то молился Богу, как он молился на поле сражения на Амштетенском мосту; то загадывал, что та карта, которая первая попадется ему в руку из кучи изогнутых карт под столом, та спасет его; то рассчитывал, сколько было шнурков на его куртке, и с столькими же очками карту пытался ставить на весь проигрыш; то за помощью оглядывался на других играющих; то вглядывался в холодное теперь лицо Долохова и старался

"He knows of course what this loss means to me. He can't want my ruin. Wasn't he my friend? Wasn't I fond of him? But it's not his fault. What's he to do if he has such luck?... And it's not my fault either," he thought to himself, "I have done nothing wrong. Have I killed anyone, or insulted or wished harm to anyone? Why such a terrible misfortune? And when did it begin? Such a little while ago I came to this table with the thought of winning a hundred rubles to buy that casket for Mamma's name day and then going home. I was so happy, so free, so lighthearted! And I did not realize how happy I was! When did that end and when did this new, terrible state of things begin? What marked the change? I sat all the time in this same place at this table, chose and placed cards, and watched those broad-boned agile hands in the same way. When did it happen and what has happened? I am well and strong and still the same and in the same place. No, it can't be! Surely it will all end in nothing!"

He was flushed and bathed in perspiration, though the room was not hot. His face was terrible and piteous to see, especially from its helpless efforts to seem calm.

The score against him reached the fateful sum of forty-three thousand. Rostóv had just prepared a card, by bending the corner of which he meant to double the three thousand just put down to his score, when Dólokhov, slamming down the pack of cards, put it aside and began rapidly adding up the total of Rostóv's debt, breaking the chalk as he marked the figures in his clear, bold hand.

"Supper, it's time for supper! And here are the gypsies!"

Some swarthy men and women were really entering from the cold outside and saying something in their gypsy accents. Nicholas understood that it was all over; but he said in an indifferent tone:

"Well, won't you go on? I had a splendid card all ready," as if it were the fun of the game which interested him most.

проникнуть, что в нем делалось.

«Ведь он знает, — говорил он сам себе, — что значит для меня этот проигрыш. Не может же он желать моей погибели? Ведь он друг был мне. Ведь я его любил... Но и он не виноват; что ж ему делать, когда ему везет счастие? И я не виноват, — говорил он сам себе. — Я ничего не сделал дурного. Разве я убил кого-нибудь, оскорбил, пожелал зла? За что же такое ужасное несчастие? И когда оно началось? Еще так недавно, когда я подходил к этому столу с мыслью выиграть сто рублей, купить мама к именинам эту шкатулку и ехать домой, я так был счастлив, так свободен, весел! И я не понимал тогда, как я был счастлив! Когда же это кончилось и когда началось это новое, ужасное состояние? Чем ознаменовалась эта перемена? Я все так же сидел на этом месте, у этого стола, и так же выбирал и выдвигал карты и смотрел на эти ширококостые, ловкие руки. Когда же это совершилось и что такое совершилось? Я здоров, силен и все тот же, и все на том же месте. Нет, это не может быть! Верно, все это ничем не кончится».

Он был красен, весь в поту, несмотря на то, что в комнате не было жарко. И лицо его было страшно и жалко, особенно по бессильному желанию казаться спокойным.

Запись дошла до рокового числа сорока трех тысяч. Ростов приготовил карту, которая должна была идти углом от трех тысяч рублей, только что данных ему, когда Долохов стукнул колодой, отложил ее и, взяв мел, начал быстро своим четким, крепким почерком, ломая мелок, подводить итог записи Ростова.

— Ужинать, ужинать пора! Вон и цыгане!

Действительно, с своим цыганским акцентом уже входили с холода и говорили что-то какие-то черные мужчины и женщины. Николай понимал, что все было кончено; но он равнодушным голосом сказал:

— Что же, не будешь еще? А у меня славная карточка приготовлена. — Как будто более всего его интересовало веселье самой

"It's all up! I'm lost!" thought he. "Now a bullet through my brain—that's all that's left me!" And at the same time he said in a cheerful voice:

"Come now, just this one more little card!"

"All right!" said Dólokhov, having finished the addition. "All right! Twenty-one rubles," he said, pointing to the figure twenty-one by which the total exceeded the round sum of forty-three thousand; and taking up a pack he prepared to deal. Rostóv submissively unbent the corner of his card and, instead of the six thousand he had intended, carefully wrote twenty-one.

"It's all the same to me," he said. "I only want to see whether you will let me win this ten, or beat it."

Dólokhov began to deal seriously. Oh, how Rostóv detested at that moment those hands with their short reddish fingers and hairy wrists, which held him in their power.... The ten fell to him.

"You owe forty-three thousand, Count," said Dólokhov, and stretching himself he rose from the table. "One does get tired sitting so long," he added.

"Yes, I'm tired too," said Rostóv.

Dólokhov cut him short, as if to remind him that it was not for him to jest.

"When am I to receive the money, Count?"

Rostóv, flushing, drew Dólokhov into the next room.

"I cannot pay it all immediately. Will you take an I.O.U.?" he said.

"I say, Rostóv," said Dólokhov clearly, smiling and looking Nicholas straight in the eyes, "you know the saying, 'Lucky in love, unlucky at cards.' Your cousin is in love with you, I know."

"Oh, it's terrible to feel oneself so in this man's power," thought Rostóv. He knew what a shock he would inflict on his father and mother by the news of this loss, he knew what a relief it would be to escape it all, and felt that Dólokhov knew that he could save him from all this shame and sorrow, but wanted now to play with him as a cat does with a mouse.

игры.

«Все кончено, я пропал! — думал он. — Теперь пуля в лоб — одно остается», — и вместе с тем он сказал веселым голосом:

— Ну, еще одну карточку.

— Хорошо, — отвечал Долохов, окончив итог, — хорошо! двадцать один рубль идет, — сказал он, указывая на цифру двадцать один, розъившую ровный счет сорока трех тысяч, и, взяв колоду, приготовился метать. Ростов покорно отогнул угол и вместо приготовленных шести тысяч старательно написал двадцать один.

— Это мне все равно, — сказал он, — мне только интересно знать, убьешь ты или дашь мне эту десятку.

Долохов серьезно стал метать. О, как ненавидел Ростов в эту минуту эти руки, красноватые, с короткими пальцами и с волосами, видневшимися из-под рубашки, имевшие его в своей власти... Десятка была дана.

— За вами сорок три тысячи, граф, — сказал Долохов и, потягиваясь, встал из-за стола. — А устаешь, однако, так долго сидеть, — сказал он.

— Да, и я тоже устал, — сказал Ростов.

Долохов, как будто напоминая ему, что ему неприлично было шутить, перебил его:

— Когда прикажете получить деньги, граф?

Ростов, вспыхнув, вызвал Долохова в другую комнату.

— Я не могу вдруг заплатить все, ты возьмешь вексель, — сказал он.

— Послушай, Ростов, — сказал Долохов, ясно улыбаясь и глядя в глаза Николаю, — ты знаешь поговорку. «Счастлив в любви, несчастлив в картах». Кузина твоя влюблена в тебя. Я знаю.

«О! это ужасно — чувствовать себя так во власти этого человека», — думал Ростов. Ростов понимал, какой удар он нанесет отцу, матери объявлением этого проигрыша; он понимал, какое бы было счастье избавиться от всего этого, и понимал, что Долохов знает, что может избавить его от этого стыда и горя, и теперь хочет еще играть с ним, как кошка с мышью.

"Your cousin..." Dólokhov started to say, but Nicholas interrupted him.

"My cousin has nothing to do with this and it's not necessary to mention her!" he exclaimed fiercely.

"Then when am I to have it?"

"Tomorrow," replied Rostóv and left the room.

— Твоя кузина... — хотел сказать Долохов; но Николай перебил его.

— Моя кузина тут ни при чем, и о ней говорить нечего! — крикнул он с бешенством.

— Так когда получить? — спросил Долохов.

— Завтра, — сказал Ростов и вышел из комнаты.

XV

To say "tomorrow" and keep up a dignified tone was not difficult, but to go home alone, see his sisters, brother, mother, and father, confess and ask for money he had no right to after giving his word of honor, was terrible.

At home, they had not yet gone to bed. The young people, after returning from the theater, had had supper and were grouped round the clavichord. As soon as Nicholas entered, he was enfolded in that poetic atmosphere of love which pervaded the Rostóv household that winter and, now after Dólokhov's proposal and Iogel's ball, seemed to have grown thicker round Sónya and Natásha as the air does before a thunderstorm. Sónya and Natásha, in the light-blue dresses they had worn at the theater, looking pretty and conscious of it, were standing by the clavichord, happy and smiling. Véra was playing chess with Shinshín in the drawing room. The old countess, waiting for the return of her husband and son, sat playing patience with the old gentlewoman who lived in their house. Denísov, with sparkling eyes and ruffled hair, sat at the clavichord striking chords with his short fingers, his legs thrown back and his eyes rolling as he sang, with his small, husky, but true voice, some verses called "Enchantress," which he had composed, and to which he was trying to fit music:

Enchantress, say, to my forsaken lyre
What magic power is this recalls me still?
What spark has set my inmost soul on fire,
What is this bliss that makes my fingers thrill?

He was singing in passionate tones, gazing with his sparkling black-agate eyes at the frightened and happy Natásha.

"Splendid! Excellent!" exclaimed Natásha. "Another verse," she said, without noticing Nicholas.

"Everything's still the same with them," thought Nicholas, glancing into the drawing room, where he saw Véra and his mother with

XV

Сказать «завтра» и выдержать тон приличия было нетрудно, но приехать одному домой, увидать сестер, брата, мать, отца, признаваться и просить денег, на которые не имеешь права после данного честного слова, было ужасно.

Дома еще не спали. Молодежь дома Ростовых, воротившись из театра, поужинав, сидела у клавикорд. Как только Николай вошел в залу, его охватила та любовная поэтическая атмосфера, которая царствовала в эту зиму в их доме и которая теперь, после предложения Долохова и бала Иогеля, казалось, еще более сгустилась, как воздух перед грозой, над Соней и Наташей. Соня и Наташа, в голубых платьях, в которых они были в театре, хорошенькие и знающие это, счастливые, улыбаясь, стояли у клавикорд. Вера с Шиншиным играла в шахматы в гостиной. Старая графиня, ожидая сына и мужа, раскладывала пасьянс с старушкой дворянкой, жившей у них в доме. Денисов, с блестящими глазами и взъерошенными волосами, сидел, откинув ножку назад, у клавикорд и, хлопая по ним своими коротенькими пальчиками, брал аккорды и, закатывая глаза, своим маленьким, хриплым, но верным голосом пел сочиненное им стихотворение «Волшебница», к которому он пытался найти музыку.

Волшебница, скажи, какая сила
Влечет меня к покинутым струнам;
Какой огонь ты в сердце заронила, Какой восторг разлился по перстам! —

пел он страстным голосом, блестя на испуганную и счастливую Наташу своими агатовыми черными глазами.

— Прекрасно! отлично! — кричала Наташа. — Еще другой куплет, — говорила она, не замечая Николая.

«У них все то же», — подумал Николай, заглядывая в гостиную, где он увидал Веру и мать со старушкой.

the old lady.

"Ah, and here's Nicholas!" cried Natásha, running up to him.

"Is Papa at home?" he asked.

"I am so glad you've come!" said Natásha, without answering him. "We are enjoying ourselves! Vasíli Dmítrich is staying a day longer for my sake! Did you know?"

"No, Papa is not back yet," said Sónya.

"Nicholas, have you come? Come here, dear!" called the old countess from the drawing room.

Nicholas went to her, kissed her hand, and sitting down silently at her table began to watch her hands arranging the cards. From the dancing room, they still heard the laughter and merry voices trying to persuade Natásha to sing.

"All wight! All wight!" shouted Denísov. "It's no good making excuses now! It's your turn to sing the baٰcawolla—I entweat you!"

The countess glanced at her silent son.

"What is the matter?" she asked.

"Oh, nothing," said he, as if weary of being continually asked the same question. "Will Papa be back soon?"

"I expect so."

"Everything's the same with them. They know nothing about it! Where am I to go?" thought Nicholas, and went again into the dancing room where the clavichord stood.

Sónya was sitting at the clavichord, playing the prelude to Denísov's favorite barcarolle. Natásha was preparing to sing. Denísov was looking at her with enraptured eyes.

Nicholas began pacing up and down the room.

"Why do they want to make her sing? How can she sing? There's nothing to be happy about!" thought he.

Sónya struck the first chord of the prelude.

"My God, I'm a ruined and dishonored man! A bullet through my brain is the only thing left me—not singing!" his thoughts ran on. "Go away? But where to? It's one—let them sing!"

— А! вот и Николенька! — Наташа подбежала к нему.

— Папенька дома? — спросил он.

— Как я рада, что ты приехал! — не отвечая, сказала Наташа. — Нам так весело! Василий Дмитрич остался для меня еще день, ты знаешь?

— Нет, еще не приезжал папа, — сказала Соня.

— Коко, ты приехал, поди ко мне, дружок, — сказал голос графини из гостиной.

Николай подошел к матери, поцеловал ее руку и, молча подсев к ее столу, стал смотреть на ее руки, раскладывавшие карты. Из залы все слышались смех и веселые голоса, уговаривавшие Наташу.

— Ну, хорошо, хорошо, — закричал Денисов, — теперь нечего отговариваться, за вами barcarolla, умоляю вас.

Графиня оглянулась на молчаливого сына.

— Что с тобой? — спросила мать у Николая.

— Ах, ничего, — сказал он, как будто ему уже надоел этот все один и тот же вопрос. — Папенька скоро приедет?

— Я думаю.

«У них все то же. Они ничего не знают! Куда мне деваться?» — подумал Николай и пошел опять в залу, где стояли клавикорды.

Соня сидела за клавикордами и играла прелюдию той баркароллы, которую особенно любил Денисов. Наташа собиралась петь. Денисов восторженными глазами смотрел на нее.

Николай стал ходить взад и вперед по комнате.

«И вот охота заставлять ее петь! Что она может петь? И ничего тут нет веселого», — думал Николай.

Соня взяла первый аккорд прелюдии.

«Боже мой, я бесчестный, я погибший человек. Пулю в лоб — одно, что остается, а не петь, — подумал он. — Уйти? но куда же? Все равно, пускай поют!»

He continued to pace the room, looking gloomily at Denísov and the girls and avoiding their eyes.

"Nikólenka, what is the matter?" Sónya's eyes fixed on him seemed to ask. She noticed at once that something had happened to him.

Nicholas turned away from her. Natásha too, with her quick instinct, had instantly noticed her brother's condition. But, though she noticed it, she was herself in such high spirits at that moment, so far from sorrow, sadness, or self-reproach, that she purposely deceived herself as young people often do. "No, I am too happy now to spoil my enjoyment by sympathy with anyone's sorrow," she felt, and she said to herself: "No, I must be mistaken, he must be feeling happy, just as I am."

"Now, Sónya!" she said, going to the very middle of the room, where she considered the resonance was best.

Having lifted her head and let her arms droop lifelessly, as ballet dancers do, Natásha, rising energetically from her heels to her toes, stepped to the middle of the room and stood still.

"Yes, that's me!" she seemed to say, answering the rapt gaze with which Denísov followed her.

"And what is she so pleased about?" thought Nicholas, looking at his sister. "Why isn't she dull and ashamed?"

Natásha took the first note, her throat swelled, her chest rose, her eyes became serious. At that moment she was oblivious of her surroundings, and from her smiling lips flowed sounds which anyone may produce at the same intervals and hold for the same time, but which leave you cold a thousand times and the thousand and first time thrill you and make you weep.

Natásha, that winter, had for the first time begun to sing seriously, mainly because Denísov so delighted in her singing. She no longer sang as a child, there was no longer in her singing that comical, childish, painstaking effect that had been in it before; but she did not yet sing well, as all the connoisseurs who heard her said:

Николай мрачно, продолжая ходить по комнате, взглядывал на Денисова и девочек, избегая их взглядов.

«Николенька, что с вами?» — спросил взгляд Сони, устремленный на него. Она тотчас увидала, что что-нибудь случилось с ним.

Николай отвернулся от нее. Наташа с своею чуткостью тоже мгновенно заметила состояние своего брата. Она заметила его, но ей самой было так весело в ту минуту, так далека она была от горя, грусти, упреков, что она (как это часто бывает с молодыми людьми) нарочно обманула себя. «Нет, мне слишком весело теперь, чтобы портить свое веселье сочувствием чужому горю», — почувствовала она и сказала себе: «Нет, я, верно, ошибаюсь, он должен быть весел так же, как и я».

— Ну, Соня, — сказала она и вышла на самую середину зала, где, по ее мнению, лучше всего был резонанс.

Приподняв голову, опустив безжизненно-повисшие руки, как это делают танцовщицы, Наташа, энергическим движением переступая с каблучка на цыпочку, прошлась посередине комнаты и остановилась.

«Вот она я!» — как будто говорила она, отвечая на восторженный взгляд Денисова, следившего за ней.

«И чему она радуется! — подумал Николай, глядя на сестру. — И как ей не скучно и не совестно!»

Наташа взяла первую ноту, горло ее расширилось, грудь выпрямилась, глаза приняли серьезное выражение. Она не думала ни о ком, ни о чем в эту минуту, и из в улыбку сложенного рта полились звуки, те звуки, которые может производить в те же промежутки времени и в те же интервалы всякий, но которые тысячу раз оставляют вас холодным, в тысячу первый раз заставляют вас содрогаться и плакать.

Наташа в эту зиму в первый раз начала серьезно петь и в особенности оттого, что Денисов восторгался ее пением. Она пела теперь не по-детски, уж не было в ее пении этой комической, ребяческой старательности, которая была в ней прежде, но она пела еще не хорошо, как говорили все знатоки-су-

"It is not trained, but it is a beautiful voice that must be trained." Only they generally said this some time after she had finished singing. While that untrained voice, with its incorrect breathing and labored transitions, was sounding, even the connoisseurs said nothing, but only delighted in it and wished to hear it again. In her voice there was a virginal freshness, an unconsciousness of her own powers, and an as yet untrained velvety softness, which so mingled with her lack of art in singing that it seemed as if nothing in that voice could be altered without spoiling it.

"What is this?" thought Nicholas, listening to her with widely opened eyes. "What has happened to her? How she is singing today!" And suddenly the whole world centered for him on anticipation of the next note, the next phrase, and everything in the world was divided into three beats: "Oh mio crudele affetto."... One, two, three... one, two, three... One... "Oh mio crudele affetto."... One, two, three... One. "Oh, this senseless life of ours!" thought Nicholas. "All this misery, and money, and Dólokhov, and anger, and honor—it's all nonsense... but this is real.... Now then, Natásha, now then, dearest! Now then, darling! How will she take that si? She's taken it! Thank God!" And without noticing that he was singing, to strengthen the si he sung a second, a third below the high note. "Ah, God! How fine! Did I really take it? How fortunate!" he thought.

Oh, how that chord vibrated, and how moved was something that was finest in Rostóv's soul! And this something was apart from everything else in the world and above everything in the world. "What were losses, and Dólokhov, and words of honor?... All nonsense! One might kill and rob and yet be happy...."

дьи, которые ее слушали. «Не обработан, но прекрасный голос, надо обработать», — говорили все. Но говорили это обыкновенно уже гораздо после того, как замолкал ее голос. В то же время, когда звучал этот необработанный голос с неправильными придыханиями и с усилиями переходов, даже знатоки-судьи ничего не говорили и только наслаждались этим необработанным голосом, и только желали еще раз услыхать его. В голосе ее была та девственность, нетронутость, то незнание своих сил и та необработанная еще бархатность, которые так соединялись с недостатками искусства пения, что, казалось, нельзя было ничего изменить в этом голосе, не испортив его.

«Что ж это такое? — подумал Николай, услыхав ее голос и широко раскрывая глаза. — Что с ней сделалось? Как она поет нынче?» — подумал он. И вдруг весь мир для него сосредоточился в ожидании следующей ноты, следующей фразы, и все в мире сделалось разделенным на три темпа: «Oh mio crudele affetto...[1] Раз, два, три... раз, два... три... раз... Oh mio crudele affetto... Раз, два три... раз. Эх, жизнь наша дурацкая! — думал Николай. — Все это, и несчастье, и деньги, и Долохов, и злоба, и честь, — все это вздор... а вот оно — настоящее... Ну, Наташа, ну, голубчик! ну, матушка!.. Как она этот si возьмет... Взяла? Слава Богу. — И он, сам не замечая того, что он поет, чтобы усилить этот si, взял втору в терцию высокой ноты. — Боже мой! как хорошо! Неужели это я взял? как счастливо!» — подумал он.

О, как задрожала эта терция и как тронулось что-то лучшее, что было в душе Ростова. И это что-то было независимо от всего в мире и выше всего в мире. Какие тут проигрыши, и Долоховы, и честное слово!.. Все вздор! Можно зарезать, украсть и все-таки быть счастливым...

---

[1] О моя жестокая любовь... (*итал.*) — *Ред.*

XVI

It was long since Rostóv had felt such enjoyment from music as he did that day. But no sooner had Natásha finished her barcarolle than reality again presented itself. He got up without saying a word and went downstairs to his own room. A quarter of an hour later the old count came in from his club, cheerful and contented. Nicholas, hearing him drive up, went to meet him.

"Well—had a good time?" said the old count, smiling gaily and proudly at his son.

Nicholas tried to say "Yes," but could not: and he nearly burst into sobs. The count was lighting his pipe and did not notice his son's condition.

"Ah, it can't be avoided!" thought Nicholas, for the first and last time. And suddenly, in the most casual tone, which made him feel ashamed of himself, he said, as if merely asking his father to let him have the carriage to drive to town:

"Papa, I have come on a matter of business. I was nearly forgetting. I need some money."

"Dear me!" said his father, who was in a specially good humor. "I told you it would not be enough. How much?"

"Very much," said Nicholas flushing, and with a stupid careless smile, for which he was long unable to forgive himself, "I have lost a little, I mean a good deal, a great deal—forty three thousand."

"What! To whom?... Nonsense!" cried the count, suddenly reddening with an apoplectic flush over neck and nape as old people do.

"I promised to pay tomorrow," said Nicholas.

"Well!..." said the old count, spreading out his arms and sinking helplessly on the sofa.

"It can't be helped! It happens to everyone!" said the son, with a bold, free, and easy tone, while in his soul he regarded himself as a worthless scoundrel whose whole life could not atone for his crime. He longed to kiss his father's hands and kneel to beg his forgiveness, but said, in a careless and even rude voice, that it happens to

XVI

Давно уже Ростов не испытывал такого наслаждения от музыки, как в этот день. Но как только Наташа кончила свою баркароллу, действительность опять вспомнилась ему. Он, ничего не сказав, вышел и пошел вниз в свою комнату. Через четверть часа старый граф, веселый и довольный, приехал из клуба. Николай, услыхав его приезд, пошел к нему.

— Ну что, повеселился? — сказал Илья Андреич, радостно и гордо улыбаясь на своего сына.

Николай хотел сказать, что «да», но не мог: он чуть было не зарыдал. Граф раскуривал трубку и не заметил состояния сына.

«Эх, неизбежно!» — подумал Николай в первый и последний раз. И вдруг самым небрежным тоном, таким, что он сам себе гадок казался, как будто он просил экипажа съездить в город, он сказал отцу:

— Папа, я к вам за делом пришел. Я было и забыл. Мне денег нужно.

— Вот как, — сказал отец, находившийся в особенно веселом духе. — Я тебе говорил, что недостанет. Много ли?

— Очень много, — краснея и с глупой, небрежной улыбкой, которую он долго потом не мог себе простить, сказал Николай. — Я немного проиграл, то есть много, даже очень много, сорок три тысячи.

— Что? Кому?.. Шутишь! — крикнул граф, вдруг апоплексически краснея шеей и затылком, как краснеют старые люди.

— Я обещал заплатить завтра, — сказал Николай.

— Ну!.. — сказал старый граф, разводя руками, и бессильно опустился на диван.

— Что же делать! С кем это не случалось, сказал сын развязным, смелым тоном, тогда как в душе своей он считал себя негодяем, подлецом, который целою жизнью не мог искупить своего преступления. Ему хотелось бы целовать руки своего отца, на коленях просить его прощения, а он небрежным и

everyone!

The old count cast down his eyes on hearing his son's words and began bustlingly searching for something.

"Yes, yes," he muttered, "it will be difficult, I fear, difficult to raise... happens to everybody! Yes, who has not done it?"

And with a furtive glance at his son's face, the count went out of the room.... Nicholas had been prepared for resistance, but had not at all expected this.

"Papa! Pa-pa!" he called after him, sobbing, "forgive me!" And seizing his father's hand, he pressed it to his lips and burst into tears.

While father and son were having their explanation, the mother and daughter were having one not less important. Natásha came running to her mother, quite excited.

"Mamma!... Mamma!... He has made me..."

"Made what?"

"Made, made me an offer, Mamma! Mamma!" she exclaimed.

The countess did not believe her ears. Denísov had proposed. To whom? To this chit of a girl, Natásha, who not so long ago was playing with dolls and who was still having lessons.

"Don't, Natásha! What nonsense!" she said, hoping it was a joke.

"Nonsense, indeed! I am telling you the fact," said Natásha indignantly. "I come to ask you what to do, and you call it 'nonsense!'"

The countess shrugged her shoulders.

"If it is true that Monsieur Denísov has made you a proposal, tell him he is a fool, that's all!"

"No, he's not a fool!" replied Natásha indignantly and seriously.

"Well then, what do you want? You're all in love nowadays. Well, if you are in love, marry him!" said the countess, with a laugh of annoyance. "Good luck to you!"

"No, Mamma, I'm not in love with him, I suppose I'm not in love with him."

"Well then, tell him so."

"Mamma, are you cross? Don't be cross, dear! Is it my fault?"

даже грубым тоном говорил, что это со всяким случается.

Граф Илья Андреич опустил глаза, услыхав эти слова сына, и заторопился, отыскивая что-то.

— Да, да, — проговорил он, — трудно, я боюсь, трудно достать... с кем не бывало! да, с кем не бывало...

И граф мельком взглянул в лицо сыну и пошел вон из комнаты... Николай готовился на отпор, но никак не ожидал этого.

— Папенька! па...пенька! — закричал он ему вслед, рыдая, — простите меня! — И, схватив руку отца, он прижался к ней губами и заплакал.

В то время как отец объяснялся с сыном, у матери с дочерью происходило не менее важное объяснение. Наташа, взволнованная, прибежала к матери.

— Мама!.. Мама!.. он мне сделал...

— Что сделал?

— Сделал, сделал предложение. Мама! Мама! — кричала она.

Графиня не верила своим ушам. Денисов сделал предложение. Кому? Этой крошечной девочке Наташе, которая еще недавно играла в куклы и теперь еще брала уроки.

— Наташа, полно, глупости! — сказала она, еще надеясь, что это была шутка.

— Ну вот, глупости! Я вам дело говорю, — сердито сказала Наташа. — Я пришла спросить, что делать, а вы говорите: «глупости»...

Графиня пожала плечами.

— Ежели правда, что мосье Денисов сделал тебе предложение, хотя это смешно, то скажи ему, что он дурак, вот и все.

— Нет, он не дурак, — обиженно и серьезно сказала Наташа.

— Ну, так что ж ты хочешь? Вы нынче ведь все влюблены. Ну, влюблена, так выходи замуж, — сердито смеясь, проговорила графиня, — с Богом!

— Нет, мама, я не влюблена в него, должно быть, не влюблена в него.

— Ну так так и скажи ему.

— Мама, вы сердитесь? Вы не сердитесь, голубушка, ну в чем же я виновата?

"No, but what is it, my dear? Do you want me to go and tell him?" said the countess smiling.

"No, I will do it myself, only tell me what to say. It's all very well for you," said Natásha, with a responsive smile. "You should have seen how he said it! I know he did not mean to say it, but it came out accidently."

"Well, all the same, you must refuse him."

"No, I mustn't. I am so sorry for him! He's so nice."

"Well then, accept his offer. It's high time for you to be married," answered the countess sharply and sarcastically.

"No, Mamma, but I'm so sorry for him. I don't know how I'm to say it."

"And there's nothing for you to say. I shall speak to him myself," said the countess, indignant that they should have dared to treat this little Natásha as grown up.

"No, not on any account! I will tell him myself, and you'll listen at the door," and Natásha ran across the drawing room to the dancing hall, where Denísov was sitting on the same chair by the clavichord with his face in his hands.

He jumped up at the sound of her light step.

"Nataly," he said, moving with rapid steps toward her, "decide my fate. It is in your hands."

"Vasíli Dmítrich, I'm so sorry for you!... No, but you are so nice... but it won't do...not that... but as a friend, I shall always love you."

Denísov bent over her hand and she heard strange sounds she did not understand. She kissed his rough curly black head. At this instant, they heard the quick rustle of the countess' dress. She came up to them.

"Vasíli Dmítrich, I thank you for the honor," she said, with an embarrassed voice, though it sounded severe to Denísov—"but my daughter is so young, and I thought that, as my son's friend, you would have addressed yourself first to me. In that case you would not have obliged me to give this refusal."

"Countess..." said Denísov, with downcast eyes and a guilty face. He tried to say more, but faltered.

Natásha could not remain calm, seeing him in such a plight. She began to sob aloud.

— Нет, да что же, мой друг? Хочешь, я пойду скажу ему, — сказала графиня улыбаясь.

— Нет, я сама, только вы научите. Вам все легко, — прибавила она, отвечая на ее улыбку. — А коли бы вы видели, как он мне это сказал! Ведь я знаю, что он не хотел сказать, да уж нечаянно сказал.

— Ну, все-таки надо отказать.

— Нет, не надо. Мне так его жалко! Он такой милый.

— Ну, так прими предложение. И то, пора замуж идти, — сердито и насмешливо сказала мать.

— Нет, мама, мне так жалко его. Я не знаю, как я скажу.

— Да тебе и нечего говорить, я сама скажу, — сказала графиня, возмущенная тем, что осмелились смотреть, как на большую, на ее маленькую Наташу.

— Нет, ни за что, я сама, а вы идите слушайте у двери. — И Наташа побежала через гостиную в залу, где на том же стуле, у клавикорд, закрыв лицо руками, сидел Денисов.

Он вскочил на звук ее легких шагов.

— Натали, — сказал он, быстрыми шагами подходя к ней, — решайте мою судьбу. Она в ваших руках!

— Василий Дмитрич, мне вас так жалко!.. Нет, но вы такой славный... но не надо... это... а так я вас всегда буду любить.

Денисов нагнулся над ее рукою, и она услыхала странные, непонятные звуки. Она поцеловала его в черную спутанную курчавую голову. В это время послышался поспешный шум платья графини. Она подошла к ним.

— Василий Дмитрич, я благодарю вас за честь, — сказала графиня смущенным голосом, но который казался строгим Денисову, — но моя дочь так молода, и я думала, что вы, как друг моего сына, обратитесь прежде ко мне. В таком случае вы не поставили бы меня в необходимость отказа.

— Г'афиня... — сказал Денисов с опущенными глазами и виноватым видом, хотел сказать что-то еще и запнулся.

Наташа не могла спокойно видеть его таким жалким. Она начала громко всхлипы-

"Countess, I have done w'ong," Denísov went on in an unsteady voice, "but believe me, I so adore your daughter and all your family that I would give my life twice over…" He looked at the countess, and seeing her severe face said: "Well, good-by, Countess," and kissing her hand, he left the room with quick resolute strides, without looking at Natásha.

Next day Rostóv saw Denísov off. He did not wish to stay another day in Moscow. All Denísov's Moscow friends gave him a farewell entertainment at the gypsies', with the result that he had no recollection of how he was put in the sleigh or of the first three stages of his journey.

After Denísov's departure, Rostóv spent another fortnight in Moscow, without going out of the house, waiting for the money his father could not at once raise, and he spent most of his time in the girls' room.

Sónya was more tender and devoted to him than ever. It was as if she wanted to show him that his losses were an achievement that made her love him all the more, but Nicholas now considered himself unworthy of her.

He filled the girls' albums with verses and music, and having at last sent Dólokhov the whole forty-three thousand rubles and received his receipt, he left at the end of November, without taking leave of any of his acquaintances, to overtake his regiment which was already in Poland.

вать.

— Г'афиня, я виноват пег'ед вами, — продолжал Денисов прерывающимся голосом, — но знайте, что я так боготвог'ю вашу дочь и все ваше семейство, что две жизни отдам… — Он посмотрел на графиню и, заметив ее строгое лицо… — Ну, пг'ощайте, г'афиня, — сказал он, поцеловав ее руку, и, не взглянув на Наташу, быстрыми, решительными шагами вышел из комнаты.

На другой день Ростов проводил Денисова, который не хотел более ни одного дня оставаться в Москве. Денисова провожали у цыган все его московские приятели, и он не помнил, как его уложили в сани и как везли первые три станции.

После отъезда Денисова Ростов, дожидаясь денег, которые не вдруг мог собрать старый граф, провел еще две недели в Москве, не выезжая из дома, и преимущественно в комнате барышень.

Соня была к нему преданнее и нежнее, чем прежде. Она, казалось, хотела показать ему, что его проигрыш был подвиг, за который она теперь еще больше любит его; но Николай теперь считал себя недостойным ее.

Он исписал альбомы девочек стихами и нотами и, не простившись ни с кем из своих знакомых, отослав, наконец, все сорок три тысячи и получив расписку Долохова, уехал в конце ноября догонять полк, который уже был в Польше.

SECOND CHAPTER

I

After his interview with his wife Pierre left for Petersburg. At the Torzhók post station, either there were no horses or the postmaster would not supply them. Pierre was obliged to wait. Without undressing, he lay down on the leather sofa in front of a round table, put his big feet in their overboots on the table, and began to reflect.

"Will you have the portmanteaus brought in? And a bed got ready, and tea?" asked his valet.

Pierre gave no answer, for he neither heard nor saw anything. He had begun to think of the last station and was still pondering on the same question—one so important that he took no notice of what went on around him. Not only was he indifferent as to whether he got to Petersburg earlier or later, or whether he secured accommodation at this station, but compared to the thoughts that now occupied him it was a matter of indifference whether he remained there for a few hours or for the rest of his life.

The postmaster, his wife, the valet, and a peasant woman selling Torzhók embroidery came into the room offering their services. Without changing his careless attitude, Pierre looked at them over his spectacles unable to understand what they wanted or how they could go on living without having solved the problems that so absorbed him. He had been engrossed by the same thoughts ever since the day he returned from Sokólniki after the duel and had spent that first agonizing, sleepless night. But now, in the solitude of the journey, they seized him with special force. No matter what he thought about, he always returned to these same questions which he could not solve and yet could not cease to ask himself. It was as if the thread of the chief screw which held his life together were stripped, so that the screw could not get in or out, but went on turning uselessly in the same place.

ЧАСТЬ ВТОРАЯ

I

После своего объяснения с женой Пьер поехал в Петербург. В Торжке на станции не было лошадей, или не хотел их дать смотритель. Пьер должен был ждать. Он, не раздеваясь, лег на кожаный диван перед круглым столом, положил на этот стол свои большие ноги в теплых сапогах и задумался.

— Прикажете чемоданы внести? Постель постелить, чаю прикажете? — спрашивал камердинер.

Пьер не отвечал, потому что ничего не слыхал и не видел. Он задумался еще на прошлой станции и все продолжал думать о том же — о столь важном, что он не обращал никакого внимания на то, что происходило вокруг него. Его не только не интересовало то, что он позже или раньше приедет в Петербург, или то, что будет или не будет ему места отдохнуть на этой станции, но ему все равно было в сравнении с теми мыслями, которые его занимали теперь, пробудет ли он несколько часов или всю жизнь на этой станции.

Смотритель, смотрительша, камердинер, баба с торжковским шитьем заходили в комнату, предлагая свои услуги. Пьер, не переменяя своего положения задранных ног, смотрел на них через очки и не понимал, что им может быть нужно и каким образом все они могли жить, не разрешив тех вопросов, которые занимали его. А его занимали все одни и те же вопросы с самого того дня, как он после дуэли вернулся из Сокольников и провел первую мучительную бессонную ночь; только теперь, в уединении путешествия, они с особенною силой овладели им. О чем бы он ни начинал думать, он возвращался к одним и тем же вопросам, которых он не мог разрешить и не мог переставать задавать себе. Как будто в голове его свернулся тот главный винт, на котором держалась вся его жизнь. Винт не входил дальше, не выхо-

The postmaster came in and began obsequiously to beg his excellency to wait only two hours, when, come what might, he would let his excellency have the courier horses. It was plain that he was lying and only wanted to get more money from the traveler.

"Is this good or bad?" Pierre asked himself. "It is good for me, bad for another traveler, and for himself it's unavoidable, because he needs money for food; the man said an officer had once given him a thrashing for letting a private traveler have the courier horses. But the officer thrashed him because he had to get on as quickly as possible. And I," continued Pierre, "shot Dólokhov because I considered myself injured, and Louis XVI was executed because they considered him a criminal, and a year later they executed those who executed him—also for some reason. What is bad? What is good? What should one love and what hate? What does one live for? And what am I? What is life, and what is death? What power governs all?"

There was no answer to any of these questions, except one, and that not a logical answer and not at all a reply to them. The answer was: "You'll die and all will end. You'll die and know all, or cease asking." But dying was also dreadful.

The Torzhók peddler woman, in a whining voice, went on offering her wares, especially a pair of goatskin slippers. "I have hundreds of rubles I don't know what to do with, and she stands in her tattered cloak looking timidly at me," he thought. "And what does she want the money for? As if that money could add a hair's breadth to happiness or peace of mind. Can anything in the world make her or me less a prey to evil and death?—death which ends all and must come today or tomorrow—at any rate, in an instant as compared with eternity." And again he twisted the screw with the stripped thread, and again it turned uselessly in the same place.

His servant handed him a half-cut novel, in

дил вон, а вертелся, ничего не захватывая, все на том же нарезе, и нельзя было перестать вертеть его.

Вошел смотритель и униженно стал просить его сиятельство подождать только два часика, после которых он для его сиятельства (что будет, то будет) даст курьерских. Смотритель, очевидно, врал и хотел только получить с проезжего лишние деньги.

«Дурно ли это было, или хорошо? — спрашивал себя Пьер. — Для меня хорошо, для другого проезжающего дурно, а для него самого неизбежно, потому что ему есть нечего: он говорил, что его прибил за это офицер. А офицер прибил за то, что ему ехать надо было скорее. А я стрелял в Долохова за то, что я счел себя оскорбленным. А Людовика XVI казнили за то, что его считали преступником, а через год убили тех, кто его казнил, тоже за что-то. Что дурно? Что хорошо? Что надо любить, что ненавидеть? Для чего жить, и что такое я? Что такое жизнь, что смерть? Какая сила управляет всем?» — спрашивал он себя. И не было ответа ни на один из этих вопросов, кроме одного, не логического ответа, вовсе не на эти вопросы.

Ответ этот был: «Умрешь — все кончится. Умрешь, и все узнаешь — или перестанешь спрашивать». Но и умереть было страшно.

Торжковская торговка визгливым голосом предлагала свой товар и в особенности козловые туфли. «У меня сотни рублей, которых мне некуда деть, а она в прорванной шубе стоит и робко смотрит на меня, — думал Пьер. — И зачем нужны ей эти деньги? Точно на один волос могут прибавить ей счастья, спокойствия души эти деньги? Разве может что-нибудь в мире сделать ее и меня менее подверженными злу и смерти? Смерть, которая все кончит и которая должна прийти нынче или завтра, — все равно через мгновение, в сравнении с вечностью». И он опять нажимал на ничего не захватывающий винт, и винт все так же вертелся на одном и том же месте.

Слуга его подал ему разрезанную до по-

the form of letters, by Madame de Souza. He began reading about the sufferings and virtuous struggles of a certain Emilie de Mansfeld. "And why did she resist her seducer when she loved him?" he thought. "God could not have put into her heart an impulse that was against His will. My wife—as she once was—did not struggle, and perhaps she was right. Nothing has been found out, nothing discovered," Pierre again said to himself. "All we can know is that we know nothing. And that's the height of human wisdom."

Everything within and around him seemed confused, senseless, and repellent. Yet in this very repugnance to all his circumstances Pierre found a kind of tantalizing satisfaction.

"I make bold to ask your excellency to move a little for this gentleman," said the postmaster, entering the room followed by another traveler, also detained for lack of horses.

The newcomer was a short, large-boned, yellow-faced, wrinkled old man, with gray bushy eyebrows overhanging bright eyes of an indefinite grayish color.

Pierre took his feet off the table, stood up, and lay down on a bed that had been got ready for him, glancing now and then at the newcomer, who, with a gloomy and tired face, was wearily taking off his wraps with the aid of his servant, and not looking at Pierre. With a pair of felt boots on his thin bony legs, and keeping on a worn, nankeen-covered, sheepskin coat, the traveler sat down on the sofa, leaned back his big head with its broad temples and close-cropped hair, and looked at Bezúkhov. The stern, shrewd, and penetrating expression of that look struck Pierre. He felt a wish to speak to the stranger, but by the time he had made up his mind to ask him a question about the roads, the traveler had closed his eyes. His shriveled old hands were folded and on the finger of one of them Pierre noticed a large cast iron ring with a seal representing a death's head. The stranger sat without stirring, either resting or, as it seemed to Pierre, sunk in profound and calm meditation. His serv-

ловины книгу романа в письмах M-me Suza. Он стал читать о страданиях и добродетельной борьбе какой-то Amélie de Mansfeld. «И зачем она боролась против своего соблазнителя, — думал он, — когда она любила его? Не мог Бог вложить в ее душу стремления, противного его воле. Моя бывшая жена не боролась, и, может быть, она была права. Ничего не найдено, — опять говорил себе Пьер, — ничего не придумано. Знать мы можем только то, что ничего не знаем. И это высшая степень человеческой премудрости».

Все в нем самом и вокруг него представлялось ему запутанным, бессмысленным и отвратительным. Но в этом самом отвращении ко всему окружающему Пьер находил своего рода раздражающее наслаждение.

— Осмелюсь просить ваше сиятельство потесниться крошечку, вот для них, — сказал смотритель, входя в комнату и вводя за собой другого, остановленного за недостатком лошадей проезжающего.

Проезжающий был приземистый, ширококостый, желтый, морщинистый старик с седыми нависшими бровями над блестящими, неопределенного сероватого цвета глазами.

Пьер снял ноги со стола, встал и перелег на приготовленную для него кровать, изредка поглядывая на вошедшего, который с угрюмо-усталым видом, не глядя на Пьера, тяжело раздевался с помощью слуги. Оставшись в заношенном крытом нанкой тулупчике и в валяных сапогах на худых, костлявых ногах, проезжий сел на диван, прислонив к спинке свою очень большую и широкую в висках, коротко обстриженную голову, и взглянул на Безухова. Строгое, умное и проницательное выражение этого взгляда поразило Пьера. Ему захотелось заговорить с проезжающим, но, когда он собрался обратиться к нему с вопросом о дороге, проезжающий уже закрыл глаза и, сложив сморщенные старые руки, на пальце одной из которых был большой чугунный перстень с изображением адамовой головы, неподвижно сидел, или отдыхая, или о чем-то глубокомысленно и спокойно размышляя, как показалось Пье-

ant was also a yellow, wrinkled old man, without beard or mustache, evidently not because he was shaven but because they had never grown. This active old servant was unpacking the traveler's canteen and preparing tea. He brought in a boiling samovar. When everything was ready, the stranger opened his eyes, moved to the table, filled a tumbler with tea for himself and one for the beardless old man to whom he passed it. Pierre began to feel a sense of uneasiness, and the need, even the inevitability, of entering into conversation with this stranger.

The servant brought back his tumbler turned upside down, (to indicate he did not want more tea) with an unfinished bit of nibbled sugar, and asked if anything more would be wanted.

"No. Give me the book," said the stranger.

The servant handed him a book which Pierre took to be a devotional work, and the traveler became absorbed in it. Pierre looked at him. All at once the stranger closed the book, putting in a marker, and again, leaning with his arms on the back of the sofa, sat in his former position with his eyes shut. Pierre looked at him and had not time to turn away when the old man, opening his eyes, fixed his steady and severe gaze straight on Pierre's face.

Pierre felt confused and wished to avoid that look, but the bright old eyes attracted him irresistibly.

ру. Слуга проезжающего был весь покрытый морщинами, тоже желтый старичок, без усов и бороды, которые, видимо, не были сбриты, а никогда и не росли у него. Поворотливый старичок слуга разбирал погребец, приготавливал чайный стол и принес кипящий самовар. Когда все было готово, проезжающий открыл глаза, придвинулся к столу и, налив себе один стакан чаю, налил другой безбородому старичку и подал ему. Пьер начинал чувствовать беспокойство и необходимость, и даже неизбежность вступления в разговор с этим проезжающим.

Слуга принес назад свой пустой, перевернутый стакан с недокусанным кусочком сахара и спросил, не нужно ли чего.

— Ничего. Подай книгу, — сказал проезжающий.

Слуга подал книгу, которая показалась Пьеру духовною, и проезжающий углубился в чтение. Пьер смотрел на него. Вдруг проезжающий отложил книгу, заложив, закрыл ее и, опять закрыв глаза и облокотившись на спинку, сел в свое прежнее положение. Пьер смотрел на него и не успел отвернуться, как старик открыл глаза и уставил свой твердый и строгий взгляд прямо в лицо Пьеру.

Пьер чувствовал себя смущенным и хотел отклониться от этого взгляда, но блестящие старческие глаза неотразимо притягивали его к себе.

II

"I have the pleasure of addressing Count Bezúkhov, if I am not mistaken," said the stranger in a deliberate and loud voice.

Pierre looked silently and inquiringly at him over his spectacles.

"I have heard of you, my dear sir," continued the stranger, "and of your misfortune." He seemed to emphasize the last word, as if to say—"Yes, misfortune! Call it what you please, I know that what happened to you in Moscow was a misfortune."—"I regret it very much, my dear sir."

Pierre flushed and, hurriedly putting his legs down from the bed, bent forward toward the old man with a forced and timid smile.

"I have not referred to this out of curiosity, my dear sir, but for greater reasons."

He paused, his gaze still on Pierre, and moved aside on the sofa by way of inviting the other to take a seat beside him. Pierre felt reluctant to enter into conversation with this old man, but, submitting to him involuntarily, came up and sat down beside him.

"You are unhappy, my dear sir," the stranger continued. "You are young and I am old. I should like to help you as far as lies in my power."

"Oh, yes!" said Pierre, with a forced smile. "I am very grateful to you. Where are you traveling from?"

The stranger's face was not genial, it was even cold and severe, but in spite of this, both the face and words of his new acquaintance were irresistibly attractive to Pierre.

"But if for any reason you don't feel inclined to talk to me," said the old man, "say so, my dear sir." And he suddenly smiled, in an unexpected and tenderly paternal way.

"Oh no, not at all! On the contrary, I am very glad to make your acquaintance," said Pierre.

II

— Имею удовольствие говорить с графом Безуховым, ежели я не ошибаюсь, — сказал проезжающий неторопливо и громко.

Пьер молча, вопросительно смотрел через очки на своего собеседника.

— Я слышал про вас, — продолжал проезжающий, — и про постигшее вас, государь мой, несчастье. — Он как бы подчеркнул последнее слово, как будто он сказал: «Да, несчастье, как вы ни называйте, я знаю, что то, что случилось с вами в Москве, было несчастье». — Весьма сожалею о том, государь мой.

Пьер покраснел и, поспешно спустив ноги с постели, нагнулся к старику, неестественно и робко улыбаясь.

— Я не из любопытства упомянул вам об этом, государь мой, но по более важным причинам.

Он помолчал, не выпуская Пьера из своего взгляда, и подвинулся на диване, приглашая этим жестом Пьера сесть подле себя. Пьеру неприятно было вступать в разговор с этим стариком, но он, невольно покоряясь ему, подошел и сел подле него.

— Вы несчастливы, государь мой, — продолжал он. — Вы молоды, я стар. Я бы желал по мере моих сил помочь вам.

— Ах, да, — с неестественной улыбкой сказал Пьер. — Очень вам благодарен... Вы откуда изволите проезжать?

Лицо проезжающего было не ласково, даже холодно и строго, но, несмотря на то, и речь и лицо нового знакомца неотразимо привлекательно действовали на Пьера.

— Но если по каким-либо причинам вам неприятен разговор со мною, — сказал старик, — то вы так и скажите, государь мой. — И он вдруг улыбнулся неожиданной отечески нежной улыбкой.

— Ах нет, совсем нет, напротив, я очень рад познакомиться с вами, — сказал Пьер и,

And again, glancing at the stranger's hands, he looked more closely at the ring, with its skull—a Masonic sign.

"Allow me to ask," he said, "are you a Mason?"

"Yes, I belong to the Brotherhood of the Freemasons," said the stranger, looking deeper and deeper into Pierre's eyes. "And in their name and my own I hold out a brotherly hand to you."

"I am afraid," said Pierre, smiling, and wavering between the confidence the personality of the Freemason inspired in him and his own habit of ridiculing the Masonic beliefs—"I am afraid I am very far from understanding—how am I to put it?—I am afraid my way of looking at the world is so opposed to yours that we shall not understand one another."

"I know your outlook," said the Mason, "and the view of life you mention, and which you think is the result of your own mental efforts, is the one held by the majority of people, and is the invariable fruit of pride, indolence, and ignorance. Forgive me, my dear sir, but if I had not known it I should not have addressed you. Your view of life is a regrettable delusion."

"Just as I may suppose you to be deluded," said Pierre, with a faint smile.

"I should never dare to say that I know the truth," said the Mason, whose words struck Pierre more and more by their precision and firmness. "No one can attain to truth by himself. Only by laying stone on stone with the cooperation of all, by the millions of generations from our forefather Adam to our own times, is that temple reared which is to be a worthy dwelling place of the Great God," he added, and closed his eyes.

"I ought to tell you that I do not believe... do not believe in God," said Pierre, regretfully and with an effort, feeling it essential to speak the whole truth.

The Mason looked intently at Pierre and smiled as a rich man with millions in hand might smile at a poor fellow who told him that

взглянув еще раз на руки нового знакомца, ближе рассмотрел перстень. Он увидал на нем адамову голову, знак масонства.

— Позвольте мне спросить, — сказал он, — вы масон?

— Да, я принадлежу к братству свободных каменщиков, — сказал проезжий, все глубже и глубже вглядываясь в глаза Пьеру. — И от себя и от их имени протягиваю вам братскую руку.

— Я боюсь, — сказал Пьер, улыбаясь и колеблясь между доверием, внушаемым ему личностью масона, и привычкой насмешки над верованиями масонов, — я боюсь, что я очень далек от пониманья, как это сказать, я боюсь, что мой образ мыслей насчет всего мироздания так противоположен вашему, что мы не поймем друг друга.

— Мне известен ваш образ мыслей, — сказал масон, — и тот ваш образ мыслей, о котором вы говорите и который вам кажется произведением вашего мысленного труда, есть образ мыслей большинства людей, есть однообразный плод гордости, лени и невежества. Извините меня, государь мой, ежели бы я не знал его, я бы не заговорил с вами. Ваш образ мыслей есть печальное заблужденье.

— Точно так же, как я могу предполагать, что и вы находитесь в заблуждении, — сказал Пьер, слабо улыбаясь.

— Я никогда не посмею сказать, что я знаю истину, — сказал масон, все более и более поражая Пьера своею определенностью и твердостью речи. — Никто один не может достигнуть до истины; только камень за камнем, с участием всех, миллионами поколений, от праотца Адама и до нашего времени, воздвигается тот храм, который должен быть достойным жилищем великого Бога, — сказал масон и закрыл глаза.

— Я должен вам сказать, я не верю, не... верю в Бога, — с сожалением и усилием сказал Пьер, чувствуя необходимость высказать всю правду.

Масон внимательно посмотрел на Пьера и улыбнулся, как улыбнулся бы богач, державший в руках миллионы, бедняку, кото-

he, poor man, had not the five rubles that would make him happy.

"Yes, you do not know Him, my dear sir," said the Mason. "You cannot know Him. You do not know Him and that is why you are unhappy."

"Yes, yes, I am unhappy," assented Pierre. "But what am I to do?"

"You know Him not, my dear sir, and so you are very unhappy. You do not know Him, but He is here, He is in me, He is in my words, He is in thee, and even in those blasphemous words thou hast just uttered!" pronounced the Mason in a stern and tremulous voice.

He paused and sighed, evidently trying to calm himself.

"If He were not," he said quietly, "you and I would not be speaking of Him, my dear sir. Of what, of whom, are we speaking? Whom hast thou denied?" he suddenly asked with exulting austerity and authority in his voice. "Who invented Him, if He did not exist? Whence came thy conception of the existence of such an incomprehensible Being? didst thou, and why did the whole world, conceive the idea of the existence of such an incomprehensible Being, a Being all-powerful, eternal, and infinite in all His attributes?…"

He stopped and remained silent for a long time.

Pierre could not and did not wish to break this silence.

"He exists, but to understand Him is hard," the Mason began again, looking not at Pierre but straight before him, and turning the leaves of his book with his old hands which from excitement he could not keep still. "If it were a man whose existence thou didst doubt I could bring him to thee, could take him by the hand and show him to thee. But how can I, an insignificant mortal, show His omnipotence, His infinity, and all His mercy to one who is blind, or who shuts his eyes that he may not see or understand Him and may not see or understand his own vileness and sinfulness?" He paused again. "Who art thou? Thou dreamest that thou art wise because thou couldst utter those blasphemous words," he went on, with a somber and scornful smile. "And thou art more foolish and unreasonable than a little

рый бы сказал ему, что нет у него, у бедняка, пяти рублей, могущих сделать его счастие.

— Да вы не знаете его, государь мой, — сказал масон. — Вы не можете знать его. Вы не знаете его, оттого вы и несчастны.

— Да, да, я несчастен, — подтвердил Пьер, — но что ж мне делать?

— Вы не знаете его, государь мой, и оттого вы очень несчастны. Вы не знаете его, а он здесь, он во мне, он в моих словах, он в тебе и даже в тех кощунствующих речах, которые ты произнес сейчас, — строгим дрожащим голосом сказал масон.

Он помолчал и вздохнул, видимо, стараясь успокоиться.

— Ежели бы его не было, — сказал он тихо, — мы бы с вами не говорили о нем, государь мои. О чем, о ком мы говорили? Кого ты отрицал? — вдруг сказал он с восторженной строгостью и властью в голосе. — Кто его выдумал, ежели его нет? Почему явилось в тебе предположение, что есть такое непонятное существо? Почему ты и весь мир предположили существование такого непостижимого существа, существа всемогущего, вечного и бесконечного во всех своих свойствах?..

Он остановился и долго молчал.

Пьер не мог и не хотел прерывать этого молчания.

— Он есть, но понять его трудно, — заговорил опять масон, глядя не на лицо Пьера, а перед собою, своими старческими руками, которые от внутреннего волнения не могли оставаться спокойными, перебирая листы книги. — Ежели бы это был человек, в существовании которого ты бы сомневался, я бы привел к тебе этого человека, взял бы его за руку и показал тебе. Но как я, ничтожный смертный, покажу все всемогущество, всю вечность, всю благость его тому, кто слеп, или тому, кто закрывает глаза, чтобы не видать, не понимать его, и не увидать, и не понять всю свою мерзость и порочность? — Он помолчал. — Кто ты? Что ты? Ты мечтаешь о себе, что ты мудрец, потому что ты мог произнести эти кощунственные слова, — сказал

child, who, playing with the parts of a skillfully made watch, dares to say that, as he does not understand its use, he does not believe in the master who made it. To know Him is hard.... For ages, from our forefather Adam to our own day, we labor to attain that knowledge and are still infinitely far from our aim; but in our lack of understanding we see only our weakness and His greatness...."

Pierre listened with swelling heart, gazing into the Mason's face with shining eyes, not interrupting or questioning him, but believing with his whole soul what the stranger said. Whether he accepted the wise reasoning contained in the Mason's words, or believed as a child believes, in the speaker's tone of conviction and earnestness, or the tremor of the speaker's voice—which sometimes almost broke—or those brilliant aged eyes grown old in this conviction, or the calm firmness and certainty of his vocation, which radiated from his whole being (and which struck Pierre especially by contrast with his own dejection and hopelessness)—at any rate, Pierre longed with his whole soul to believe and he did believe, and felt a joyful sense of comfort, regeneration, and return to life.

"He is not to be apprehended by reason, but by life," said the Mason.

"I do not understand," said Pierre, feeling with dismay doubts reawakening. He was afraid of any want of clearness, any weakness, in the Mason's arguments; he dreaded not to be able to believe in him. "I don't understand," he said, "how it is that the mind of man cannot attain the knowledge of which you speak."

The Mason smiled with his gentle fatherly smile.

"The highest wisdom and truth are like the purest liquid we may wish to imbibe," he said. "Can I receive that pure liquid into an impure vessel and judge of its purity? Only by the inner purification of myself can I retain in some degree of purity the liquid I receive."

он с мрачной и презрительной усмешкой, — а ты глупее и безумнее малого ребенка, который бы, играя частями искусно сделанных часов, осмелился бы говорить, что, потому что он не понимает назначения этих часов, он и не верит в мастера, который их сделал. Познать его трудно. Мы веками, от праотца Адама и до наших дней, работаем для этого познания и на бесконечность далеки от достижения нашей цели; но в непонимании его мы видим только нашу слабость и его величие...

Пьер с замиранием сердца, блестящими глазами Глядя в лицо масона, слушал его, не перебивал, не спрашивал его, а всей душой верил тому, что говорил ему этот чужой человек. Верил ли он тем разумным доводам, которые были в речи масона, или верил, как верят дети, интонациям, убежденности и сердечности, которые были в речи масона, дрожанию голоса, которое иногда почти прерывало масона, или этим блестящим старческим глазам, состарившимся на том же убеждении, или тому спокойствию, твердости и знанию своего назначения, которые светились из всего существа масона и которые особенно сильно поражали его в сравнении с своей опущенностью и безнадежностью, — но он всей душой желал верить, и верил, и испытывал радостное чувство успокоения, обновления и возвращения к жизни.

— Он не постигается умом, а постигается жизнью, — сказал масон.

— Я не понимаю, — сказал Пьер, со страхом чувствуя поднимающееся в себе сомнение. Он боялся неясности и слабости доводов своего собеседника, он боялся не верить ему. — Я не понимаю, — сказал он, — каким образом ум человеческий не может постигнуть того знания, о котором вы говорите.

Масон улыбнулся своей кроткой отеческой улыбкой.

— Высшая мудрость и истина есть как бы чистейшая влага, которую мы хотим воспринять в себя, — сказал он. — Могу ли я в нечистый сосуд воспринять эту чистую влагу и судить о чистоте ее? Только внутренним очищением самого себя я могу до известной чистоты довести воспринимаемую влагу.

"Yes, yes, that is so," said Pierre joyfully.

"The highest wisdom is not founded on reason alone, not on those worldly sciences of physics, history, chemistry, and the like, into which intellectual knowledge is divided. The highest wisdom is one. The highest wisdom has but one science—the science of the whole—the science explaining the whole creation and man's place in it. To receive that science it is necessary to purify and renew one's inner self, and so before one can know, it is necessary to believe and to perfect one's self. And to attain this end, we have the light called conscience that God has implanted in our souls."

"Yes, yes," assented Pierre.

"Look then at thy inner self with the eyes of the spirit, and ask thyself whether thou art content with thyself. What hast thou attained relying on reason only? What art thou? You are young, you are rich, you are clever, you are well educated. And what have you done with all these good gifts? Are you content with yourself and with your life?"

"No, I hate my life," Pierre muttered, wincing.

"Thou hatest it. Then change it, purify thyself; and as thou art purified, thou wilt gain wisdom. Look at your life, my dear sir. How have you spent it? In riotous orgies and debauchery, receiving everything from society and giving nothing in return. You have become the possessor of wealth. How have you used it? What have you done for your neighbor? Have you ever thought of your tens of thousands of slaves? Have you helped them physically and morally? No! You have profited by their toil to lead a profligate life. That is what you have done. Have you chosen a post in which you might be of service to your neighbor? No! You have spent your life in idleness. Then you married, my dear sir— took on yourself responsibility for the guidance of a young woman; and what have you done? You have not helped her to find the way of truth, my dear sir, but have thrust her into an abyss of deceit and misery. A man offended you and you shot him, and you say you do not know God and hate your life. There is nothing strange in that,

— Да, да, это так! — радостно сказал Пьер.

— Высшая мудрость основана не на одном разуме, не на тех светских науках физики, истории, химии и т. д., на которые распадается знание умственное. Высшая мудрость одна. Высшая мудрость имеет одну науку — науку всего, науку, объясняющую все мироздание и занимаемое в нем место человека. Для того чтобы вместить в себя эту науку, необходимо очистить и обновить своего внутреннего человека, и потому прежде, чем знать, нужно верить и совершенствоваться. И для достижения этих целей в душе нашей вложен свет Божий, называемый совестью.

— Да, да, — подтверждал Пьер.

— Погляди духовными глазами на своего внутреннего человека и спроси у самого себя, доволен ли ты собой. Чего ты достиг, руководясь одним умом? Что ты такое? Вы молоды, вы богаты, вы умны, образованны, государь мой. Что вы сделали из всех этих благ, данных вам? Довольны ли вы собой и своей жизнью?

— Нет, я ненавижу свою жизнь, — сморщась, проговорил Пьер.

— Ты ненавидишь, так измени ее, очисти себя, и по мере очищения ты будешь познавать мудрость. Посмотрите на свою жизнь, государь мой. Как вы проводили ее? В буйных оргиях и разврате, все получая от общества и ничего не отдавая ему. Вы получили богатство. Как вы употребили его? Что вы сделали для ближнего своего? Подумали ли вы о десятках тысяч ваших рабов, помогли ли вы им физически и нравственно? Нет. Вы пользовались их трудами, чтобы вести распутную жизнь. Вот что вы сделали. Избрали ли вы место служения, где бы вы приносили пользу своему ближнему? Нет. Вы в праздности проводили свою жизнь. Потом вы женились, государь мой, взяли на себя ответственность в руководстве молодой женщины, и что же вы сделали? Вы не помогли ей, государь мой, найти путь истины, а ввергли ее в пучину лжи и несчастья. Человек оскорбил вас, и вы убили его, и вы говорите, что вы не знаете Бога и что вы ненавидите

my dear sir!"

After these words, the Mason, as if tired by his long discourse, again leaned his arms on the back of the sofa and closed his eyes. Pierre looked at that aged, stern, motionless, almost lifeless face and moved his lips without uttering a sound. He wished to say, "Yes, a vile, idle, vicious life!" but dared not break the silence.

The Mason cleared his throat huskily, as old men do, and called his servant.

"How about the horses?" he asked, without looking at Pierre.

"The exchange horses have just come," answered the servant. "Will you not rest here?"

"No, tell them to harness."

"Can he really be going away leaving me alone without having told me all, and without promising to help me?" thought Pierre, rising with downcast head; and he began to pace the room, glancing occasionally at the Mason. "Yes, I never thought of it, but I have led a contemptible and profligate life, though I did not like it and did not want to," thought Pierre. "But this man knows the truth and, if he wished to, could disclose it to me."

Pierre wished to say this to the Mason, but did not dare to. The traveler, having packed his things with his practiced hands, began fastening his coat. When he had finished, he turned to Bezúkhov, and said in a tone of indifferent politeness:

"Where are you going to now, my dear sir?"

"I?... I'm going to Petersburg," answered Pierre, in a childlike, hesitating voice. "I thank you. I agree with all you have said. But do not suppose me to be so bad. With my whole soul I wish to be what you would have me be, but I have never had help from anyone.... But it is I, above all, who am to blame for everything. Help me, teach me, and perhaps I may..."

Pierre could not go on. He gulped and turned away.

The Mason remained silent for a long time, evidently considering.

Свою жизнь. Тут нет ничего мудреного, государь мой!

После этих слов масон, как бы устав от продолжительного разговора, опять облокотился на спинку дивана и закрыл глаза. Пьер смотрел на это строгое, неподвижное, старческое, почти мертвое лицо и беззвучно шевелил губами. Он хотел сказать: да, мерзкая, праздная, развратная жизнь, и не смел прерывать молчание.

Масон хрипло, старчески прокашлялся и крикнул слугу.

— Что лошади? — спросил он, не глядя на Пьера.

— Привели сдаточных, — отвечал слуга.

— Отдыхать не будете?

— Нет, вели закладывать.

«Неужели же он уедет и оставит меня одного, не договорив всего и не обещав мне помощи? — думал Пьер, вставая и опустив голову, изредка взглядывая на масона и начиная ходить по комнате. — Да, я не думал этого, но я вел презренную, развратную жизнь, но я не любил ее и не хотел этого, — думал Пьер, — а этот человек знает истину, и ежели бы он захотел, он мог бы открыть мне ее».

Пьер хотел и не смел сказать этого масону. Проезжающий, привычными старческими руками уложив свои вещи, застегивал свой тулупчик. Окончив эти дела, он обратился к Безухову и равнодушно, учтивым тоном, сказал ему:

— Вы куда теперь изволите ехать, государь мой?

— Я?.. Я в Петербург, — отвечал Пьер детским, нерешительным голосом. — Я благодарю вас. Я во всем согласен с вами. Но вы не думайте, чтоб я был так дурен. Я всей душой желал быть тем, чем вы хотели бы, чтоб я был; но я ни в ком никогда не находил помощи... Впрочем, я сам прежде всего виноват во всем. Помогите мне, научите меня, и, может быть, я буду...

Пьер не мог говорить дальше; он засопел носом и отвернулся.

Масон долго молчал, видимо, что-то обдумывая.

"Help comes from God alone," he said, "but such measure of help as our Order can bestow it will render you, my dear sir. You are going to Petersburg. Hand this to Count Willarski" (he took out his notebook and wrote a few words on a large sheet of paper folded in four). "Allow me to give you a piece of advice. When you reach the capital, first of all devote some time to solitude and self-examination and do not resume your former way of life. And now I wish you a good journey, my dear sir," he added, seeing that his servant had entered… "and success."

The traveler was Joseph Alexéevich Bazdéev, as Pierre saw from the postmaster's book. Bazdéev had been one of the best-known Freemasons and Martinists, even in Novíkov's time. For a long while after he had gone, Pierre did not go to bed or order horses but paced up and down the room, pondering over his vicious past, and with a rapturous sense of beginning anew pictured to himself the blissful, irreproachable, virtuous future that seemed to him so easy. It seemed to him that he had been vicious only because he had somehow forgotten how good it is to be virtuous. Not a trace of his former doubts remained in his soul. He firmly believed in the possibility of the brotherhood of men united in the aim of supporting one another in the path of virtue, and that is how Freemasonry presented itself to him.

— Помощь дается токмо от Бога, — сказал он, — но ту меру помощи, которую во власти подать наш орден, он подаст вам, государь мой. Вы едете в Петербург, передайте это графу Вилларскому (он достал бумажник и на сложенном вчетверо большом листе бумаги написал несколько слов). Один совет позвольте подать вам. Приехав в столицу, посвятите первое время уединению, обсуждению самого себя и не вступайте на прежние пути жизни. Затем желаю вам счастливого пути, государь мой, — сказал он, заметив, что слуга его вошел в комнату, — и успеха…

Проезжающий был Осип Алексеевич Баздеев, как узнал Пьер по книге смотрителя. Баздеев был одним из известнейших масонов и мартинистов еще новиковского времени. Долго после его отъезда Пьер, не ложась спать и не спрашивая лошадей, ходил по станционной комнате, обдумывая свое порочное прошедшее и с восторгом обновления представляя себе свое блаженное, безупречное и добродетельное будущее, которое казалось ему так легко. Он был, как ему казалось, порочным только потому, что он как-то случайно запамятовал, как хорошо быть добродетельным. В душе его не оставалось ни следа прежних сомнений. Он твердо верил в возможность братства людей, соединенных с целью поддерживать друг друга на пути добродетели, и таким представлялось ему масонство.

III

On reaching Petersburg Pierre did not let anyone know of his arrival, he went nowhere and spent whole days in reading Thomas à Kempis, whose book had been sent him by someone unknown. One thing he continually realized as he read that book: the joy, hitherto unknown to him, of believing in the possibility of attaining perfection, and in the possibility of active brotherly love among men, which Joseph Alexéevich had revealed to him. A week after his arrival, the young Polish count, Willarski, whom Pierre had known slightly in Petersburg society, came into his room one evening in the official and ceremonious manner in which Dólokhov's second had called on him, and, having closed the door behind him and satisfied himself that there was nobody else in the room, addressed Pierre.

"I have come to you with a message and an offer, Count," he said without sitting down. "A person of very high standing in our Brotherhood has made application for you to be received into our Order before the usual term and has proposed to me to be your sponsor. I consider it a sacred duty to fulfill that person's wishes. Do you wish to enter the Brotherhood of Freemasons under my sponsorship?"

The cold, austere tone of this man, whom he had almost always before met at balls, amiably smiling in the society of the most brilliant women, surprised Pierre.

"Yes, I do wish it," said he.

Willarski bowed his head.

"One more question, Count," he said, "which I beg you to answer in all sincerity—not as a future Mason but as an honest man: have you renounced your former convictions—do you believe in God?"

Pierre considered.

"Yes... yes, I believe in God," he said.

III

Приехав в Петербург, Пьер никого не известил о своем приезде, никуда не выезжал и стал целые дни проводить за чтением Фомы Кемпийского, книги, которая неизвестно кем была доставлена ему. Одно и все одно понимал Пьер, читая эту книгу: он понимал неизведанное еще им наслаждение верить в возможность достижения совершенства и в возможность братской и деятельной любви между людьми, открытую ему Осипом Алексеевичем. Через неделю после его приезда молодой польский граф Вилларский, которого Пьер поверхностно знал по петербургскому свету, вошел вечером в его комнату с тем официальным и торжественным видом, с которым входил к нему секундант Долохова, и, затворив за собой дверь и убедившись, что в комнате никого, кроме Пьера, не было, обратился к нему.

— Я приехал к вам с предложением и поручением, граф, — сказал он ему, не садясь. — Особа, очень высоко поставленная в нашем братстве, ходатайствовала о том, чтобы вы были приняты в братство ранее срока, и предложила мне быть вашим поручителем. Я за священный долг почитаю исполнение воли этого лица. Желаете ли вы вступить за моим поручительством в братство свободных каменщиков?

Холодный и строгий тон человека, которого Пьер видел почти всегда на балах с любезной улыбкою, в обществе самых блестящих женщин, поразил Пьера.

— Да, я желаю, — сказал Пьер.

Вилларский наклонил голову.

— Еще один вопрос, граф, — сказал он, — на который я вас не как будущего масона, но как честного человека (galant homme) прошу со всею искренностью отвечать мне: отреклись ли вы от своих прежних убеждений, верите ли вы в Бога?

Пьер задумался.

— Да... да, я верю в Бога, — сказал он.

"In that case..." began Willarski, but Pierre interrupted him.

"Yes, I do believe in God," he repeated.

"In that case we can go," said Willarski. "My carriage is at your service."

Willarski was silent throughout the drive. To Pierre's inquiries as to what he must do and how he should answer, Willarski only replied that brothers more worthy than he would test him and that Pierre had only to tell the truth.

Having entered the courtyard of a large house where the Lodge had its headquarters, and having ascended a dark staircase, they entered a small well-lit anteroom where they took off their cloaks without the aid of a servant. From there they passed into another room. A man in strange attire appeared at the door. Willarski, stepping toward him, said something to him in French in an undertone and then went up to a small wardrobe in which Pierre noticed garments such as he had never seen before. Having taken a kerchief from the cupboard, Willarski bound Pierre's eyes with it and tied it in a knot behind, catching some hairs painfully in the knot. Then he drew his face down, kissed him, and taking him by the hand led him forward. The hairs tied in the knot hurt Pierre and there were lines of pain on his face and a shamefaced smile. His huge figure, with arms hanging down and with a puckered, though smiling face, moved after Willarski with uncertain, timid steps.

Having led him about ten paces, Willarski stopped.

"Whatever happens to you," he said, "you must bear it all manfully if you have firmly resolved to join our Brotherhood." (Pierre nodded affirmatively.) "When you hear a knock at the door, you will uncover your eyes," added Willarski. "I wish you courage and success," and, pressing Pierre's hand, he went out.

Left alone, Pierre went on smiling in the same way. Once or twice he shrugged his shoulders and raised his hand to the kerchief, as if wishing to take it off, but let it drop again.

— В таком случае... — начал Вилларский, но Пьер перебил его.

— Да, я верю в Бога, — сказал он еще раз.

— В таком случае мы можем ехать, — сказал Вилларский. — Карета моя к вашим услугам.

Всю дорогу Вилларский молчал. На вопросы Пьера, что ему нужно делать и как отвечать, Вилларский сказал только, что братья, более его достойные, испытают его и что Пьеру больше ничего не нужно, как говорить правду.

Въехав в ворота большого дома, где было помещение ложи, и пройдя по темной лестнице, они вошли в освещенную небольшую прихожую, где без помощи прислуги сняли шубы. Из передней они прошли в другую комнату. Какой-то человек в странном одеянии показался у двери. Вилларский, выйдя к нему навстречу, что-то тихо сказал ему по-французски и подошел к небольшому шкафу, в котором Пьер заметил различные не виданные им одеяния. Взяв из шкафа платок, Вилларский наложил его на глаза Пьеру и завязал узлом сзади, больно захватив в узел его волоса. Потом он пригнул его к себе, поцеловал и, взяв за руку, повел куда-то. Пьеру было больно от притянутых узлом волос, он морщился от боли и улыбался от стыда чего-то. Огромная фигура его с опущенными руками, с сморщенной и улыбающейся физиономией неверными, робкими шагами подвигалась за Вилларским.

Проведя его шагов десять за руку, Вилларский остановился.

— Что бы ни случилось с вами, — сказал он, — вы должны с мужеством переносить все, ежели вы твердо решились вступить в наше братство. (Пьер утвердительно отвечал наклонением головы.) Когда вы услышите стук в двери, вы развяжете себе глаза, — прибавил Вилларский, — желаю вам мужества и успеха. И, пожав руку Пьеру, Вилларский вышел.

Оставшись один, Пьер продолжал все так же улыбаться. Раза два он пожимал плечами, подносил руку к платку, как бы желая снять его, и опять опускал ее. Пять минут, которые

The five minutes spent with his eyes bandaged seemed to him an hour. His arms felt numb, his legs almost gave way, it seemed to him that he was tired out. He experienced a variety of most complex sensations. He felt afraid of what would happen to him and still more afraid of showing his fear. He felt curious to know what was going to happen and what would be revealed to him; but most of all, he felt joyful that the moment had come when he would at last start on that path of regeneration and on the actively virtuous life of which he had been dreaming since he met Joseph Alexéevich. Loud knocks were heard at the door. Pierre took the bandage off his eyes and glanced around him. The room was in black darkness, only a small lamp was burning inside something white. Pierre went nearer and saw that the lamp stood on a black table on which lay an open book. The book was the Gospel, and the white thing with the lamp inside was a human skull with its cavities and teeth. After reading the first words of the Gospel: "In the beginning was the Word and the Word was with God," Pierre went round the table and saw a large open box filled with something. It was a coffin with bones inside. He was not at all surprised by what he saw. Hoping to enter on an entirely new life quite unlike the old one, he expected everything to be unusual, even more unusual than what he was seeing. A skull, a coffin, the Gospel—it seemed to him that he had expected all this and even more. Trying to stimulate his emotions he looked around. "God, death, love, the brotherhood of man," he kept saying to himself, associating these words with vague yet joyful ideas. The door opened and someone came in.

By the dim light, to which Pierre had already become accustomed, he saw a rather short man. Having evidently come from the light into the darkness, the man paused, then moved with cautious steps toward the table and placed on it his small leather-gloved hands.

This short man had on a white leather apron which covered his chest and part of his legs; he

он пробыл с завязанными глазами, показались ему часом. Руки его отекли, ноги подкашивались; ему казалось, что он устал. Он испытывал самые сложные и разнообразные чувства. Ему было и страшно того, что с ним случится, и еще более страшно того, как бы ему не выказать страха. Ему было любопытно узнать, что будет с ним, что откроется ему; но более всего ему было радостно, что наступила минута, когда он, наконец, вступит на тот путь обновления и деятельно-добродетельной жизни, о котором он мечтал со времени своей встречи с Осипом Алексеевичем. В дверь послышались сильные удары, Пьер снял повязку и оглянулся вокруг себя. В комнате было черно-темно: только в одном месте горела лампада в чем-то белом. Пьер подошел ближе и увидал, что лампада стояла на черном столе, на котором лежала одна раскрытая книга. Книга была Евангелие; то белое, в чем горела лампада, был человеческий череп с своими дырами и зубами. Прочтя первые слова Евангелия: «В начале бе слово и слово бе к Богу», Пьер обошел стол и увидал большой, наполненный чем-то и открытый ящик. Это был гроб с костями. Его нисколько не удивило то, что он увидал. Надеясь вступить в совершенно новую жизнь, совершенно отличную от прежней, он ожидал всего необыкновенного, еще более необыкновенного, чем то, что он видел. Череп, гроб, Евангелие — ему казалось, что он ожидал всего этого, ожидал еще бо́льшего. Стараясь вызвать в себе чувство умиленья, он смотрел вокруг себя. «Бог, смерть, любовь, братство людей», — говорил он себе, связывая с этими словами смутные, но радостные представления чего-то. Дверь отворилась, и кто-то вошел.

При слабом свете, к которому, однако, уже успел Пьер приглядеться, вошел невысокий человек. Видимо, с света войдя в темноту, человек этот остановился; потом осторожными шагами он подвинулся к столу и положил на него небольшие, закрытые кожаными перчатками руки.

Невысокий человек этот был одет в белый кожаный фартук, прикрывавший его

had on a kind of necklace above which rose a high white ruffle, outlining his rather long face which was lit up from below.

"For what have you come hither?" asked the newcomer, turning in Pierre's direction at a slight rustle made by the latter. "Why have you, who do not believe in the truth of the light and who have not seen the light, come here? What do you seek from us? Wisdom, virtue, enlightenment?"

At the moment the door opened and the stranger came in, Pierre felt a sense of awe and veneration such as he had experienced in his boyhood at confession; he felt himself in the presence of one socially a complete stranger, yet nearer to him through the brotherhood of man. With bated breath and beating heart he moved toward the Rhetor (by which name the brother who prepared a seeker for entrance into the Brotherhood was known). Drawing nearer, he recognized in the Rhetor a man he knew, Smolyanínov, and it mortified him to think that the newcomer was an acquaintance—he wished him simply a brother and a virtuous instructor. For a long time he could not utter a word, so that the Rhetor had to repeat his question.

"Yes... I... I... desire regeneration," Pierre uttered with difficulty.

"Very well," said Smolyanínov, and went on at once: "Have you any idea of the means by which our holy Order will help you to reach your aim?" said he quietly and quickly.

"I... hope... for guidance... help... in regeneration," said Pierre, with a trembling voice and some difficulty in utterance due to his excitement and to being unaccustomed to speak of abstract matters in Russian.

"What is your conception of Freemasonry?"

"I imagine that Freemasonry is the fraternity and equality of men who have virtuous aims,"

грудь и часть ног, на шее было надето что-то вроде ожерелья, и из-за ожерелья выступал высокий белый жабо, окаймлявший его продолговатое лицо, освещенное снизу.

— Для чего вы пришли сюда? — спросил вошедший, по шороху, сделанному Пьером, обращаясь в его сторону. — Для чего вы, не верующий в истины света и не видящий света, для чего вы пришли сюда, чего хотите вы от нас? Премудрости, добродетели, просвещения?

В ту минуту, как дверь отворилась и вошел неизвестный человек, Пьер испытал чувство страха и благоговения, подобное тому, которое он в детстве испытывал на исповеди: он почувствовал себя с глазу на глаз с совершенно чужим по условиям жизни и с близким по братству людей человеком. Пьер с захватывающим дыханье биением сердца подвинулся к ритору (так назывался в масонстве брат, приготовляющий *ищущего* к вступлению в братство). Пьер, подойдя ближе, узнал в риторе знакомого человека, Смольянинова, но ему оскорбительно было думать, что вошедший был знакомый человек: вошедший был только брат и добродетельный наставник. Пьер долго не мог выговорить слова, так что ритор должен был повторить свой вопрос.

— Да, я... я... хочу обновления, — с трудом выговорил Пьер.

— Хорошо, — сказал Смольянинов и тотчас же продолжал: — Имеете ли вы понятие о средствах, которыми наш святой орден поможет вам в достижении вашей цели?.. — сказал ритор спокойно и быстро.

— Я... надеюсь... руководства... помощи... в обновлении, — сказал Пьер с дрожанием голоса и с затруднением в речи, происходящим и от волнения и от непривычки говорить по-русски об отвлеченных предметах.

— Какое понятие вы имеете о франкмасонстве?

— Я подразумеваю, что франкмасонство есть fraternité [1] и равенство людей с доброде-

---

[1] дурни.

said Pierre, feeling ashamed of the inadequacy of his words for the solemnity of the moment, as he spoke. "I imagine..."

"Good!" said the Rhetor quickly, apparently satisfied with this answer. "Have you sought for means of attaining your aim in religion?"

"No, I considered it erroneous and did not follow it," said Pierre, so softly that the Rhetor did not hear him and asked him what he was saying. "I have been an atheist," answered Pierre.

"You are seeking for truth in order to follow its laws in your life, therefore you seek wisdom and virtue. Is that not so?" said the Rhetor, after a moment's pause.

"Yes, yes," assented Pierre.

The Rhetor cleared his throat, crossed his gloved hands on his breast, and began to speak.

"Now I must disclose to you the chief aim of our Order," he said, "and if this aim coincides with yours, you may enter our Brotherhood with profit. The first and chief object of our Order, the foundation on which it rests and which no human power can destroy, is the preservation and handing on to posterity of a certain important mystery... which has come down to us from the remotest ages, even from the first man—a mystery on which perhaps the fate of mankind depends. But since this mystery is of such a nature that nobody can know or use it unless he be prepared by long and diligent self-purification, not everyone can hope to attain it quickly. Hence we have a secondary aim, that of preparing our members as much as possible to reform their hearts, to purify and enlighten their minds, by means handed on to us by tradition from those who have striven to attain this mystery, and thereby to render them capable of receiving it.

"By purifying and regenerating our members we try, thirdly, to improve the whole human race, offering it in our members an example of piety and virtue, and thereby try with all our

тельными целями, — сказал Пьер, стыдясь, по мере того как он говорил, несоответственности своих слов с торжественностью минуты. — Я подразумеваю...

— Хорошо, — сказал ритор поспешно, видимо, вполне удовлетворенный этим ответом. — Искали ли вы средств к достижению своей цели в религии?

— Нет, я считал ее несправедливою и не следовал ей, — сказал Пьер так тихо, что ритор не расслышал его и спросил, что он говорит. — Я был атеистом, — отвечал Пьер.

— Вы ищете истины для того, чтобы следовать в жизни ее законам; следовательно, вы ищете премудрости и добродетели, не так ли? — сказал ритор после минутного молчания.

— Да, да, — подтвердил Пьер.

Ритор прокашлялся, сложил на груди руки в перчатках и начал говорить.

— Теперь я должен открыть вам главную цель нашего ордена, — сказал он, — и ежели цель эта совпадает с вашею, то вы с пользою вступите в наше братство. Первая главнейшая цель и купно основание нашего ордена, на котором он утвержден и которого никакая человеческая сила не может низвергнуть, есть сохранение и предание потомству некоего важного таинства... от самых древнейших веков и даже от первого человека, до нас дошедшего, от которого таинства, может быть, судьба человеческого рода зависит. Но как сие таинство такого свойства, что никто не может его знать и им пользоваться, если долговременным и прилежным очищением самого себя не приуготовлен, то не всяк может надеяться скоро обрести его. Поэтому мы имеем вторую цель, которая состоит в том, чтобы приуготовлять наших членов, сколько возможно, исправлять их сердце, очищать и просвещать их разум теми средствами, которые нам преданием открыты от мужей, потрудившихся в искании сего таинства, и тем учинять их способными к восприятию оного.

Очищая и исправляя наших членов, мы стараемся, в-третьих, исправлять и весь человеческий род, предлагая ему в членах наших пример благочестия и добродетели,

might to combat the evil which sways the world. Think this over and I will come to you again."

"To combat the evil which sways the world..." Pierre repeated, and a mental image of his future activity in this direction rose in his mind. He imagined men such as he had himself been a fortnight ago, and he addressed an edifying exhortation to them. He imagined to himself vicious and unfortunate people whom he would assist by word and deed, imagined oppressors whose victims he would rescue. Of the three objects mentioned by the Rhetor, this last, that of improving mankind, especially appealed to Pierre. The important mystery mentioned by the Rhetor, though it aroused his curiosity, did not seem to him essential, and the second aim, that of purifying and regenerating himself, did not much interest him because at that moment he felt with delight that he was already perfectly cured of his former faults and was ready for all that was good.

Half an hour later, the Rhetor returned to inform the seeker of the seven virtues, corresponding to the seven steps of Solomon's temple, which every Freemason should cultivate in himself. These virtues were: 1. Discretion, the keeping of the secrets of the Order. 2. Obedience to those of higher ranks in the Order. 3. Morality. 4. Love of mankind. 5. Courage. 6. Generosity. 7. The love of death.

"In the seventh place, try, by the frequent thought of death," the Rhetor said, "to bring yourself to regard it not as a dreaded foe, but as a friend that frees the soul grown weary in the labors of virtue from this distressful life, and leads it to its place of recompense and peace."

"Yes, that must be so," thought Pierre, when after these words the Rhetor went away, leaving him to solitary meditation. "It must be so, but I am still so weak that I love my life, the meaning of which is only now gradually opening before me." But five of the other virtues which Pierre recalled, counting them on his fingers, he felt

и тем стараемся всеми силами противоборствовать злу, царствующему в мире. Подумайте об этом, и я опять приду к вам, — сказал он и вышел из комнаты.

— Противоборствовать злу, царствующему в мире... — повторил Пьер, и ему представилась его будущая деятельность на этом поприще. Ему представлялись такие же люди, каким он был сам две недели тому назад, и он мысленно обращал к ним поучительно-наставническую речь. Он представлял себе порочных и несчастных людей, которым он помогал словом и делом; представлял себе угнетателей, от которых он спасал их жертвы. Из трех поименованных ритором целей эта последняя — исправление рода человеческого, особенно близка была Пьеру. Некое важное таинство, о котором упомянул ритор, хотя и подстрекало его любопытство, не представлялось ему существенным; а вторая цель, очищение и исправление себя, мало занимала его, потому что он в эту минуту с наслаждением чувствовал себя уже вполне исправленным от прежних пороков и готовым только на одно доброе.

Через полчаса вернулся ритор передать ищущему те семь добродетелей, соответствующие семи ступеням храма Соломона, которые должен был воспитывать в себе каждый масон. Добродетели эти были: 1) скромность, соблюдение тайны ордена, 2) *повиновение* высшим чинам ордена, 3) добронравие, 4) любовь к человечеству, 5) мужество, 6) щедрость и 7) любовь к смерти.

— *В-седьмых*, старайтесь, — сказал ритор, — частым помышлением о смерти довести себя до того, чтобы она не казалась вам более страшным врагом, но другом... который освобождает от бедственной сей жизни в трудах добродетели томившуюся душу, для введения ее в место награды и успокоения.

«Да, это должно быть так, — думал Пьер, когда после этих слов ритор снова ушел от него, оставляя его уединенному размышлению. — Это должно быть так, но я еще так слаб, что люблю свою жизнь, которой смысл только теперь понемногу открывается мне». Но остальные пять добродетелей, которые,

already in his soul: courage, generosity, morality, love of mankind, and especially obedience—which did not even seem to him a virtue, but a joy. (He now felt so glad to be free from his own lawlessness and to submit his will to those who knew the indubitable truth.) He forgot what the seventh virtue was and could not recall it.

The third time the Rhetor came back more quickly and asked Pierre whether he was still firm in his intention and determined to submit to all that would be required of him.

"I am ready for everything," said Pierre.

"I must also inform you," said the Rhetor, "that our Order delivers its teaching not in words only but also by other means, which may perhaps have a stronger effect on the sincere seeker after wisdom and virtue than mere words. This chamber with what you see therein should already have suggested to your heart, if it is sincere, more than words could do. You will perhaps also see in your further initiation a like method of enlightenment. Our Order imitates the ancient societies that explained their teaching by hieroglyphics. A hieroglyph," said the Rhetor, "is an emblem of something not cognizable by the senses but which possesses qualities resembling those of the symbol."

Pierre knew very well what a hieroglyph was, but dared not speak. He listened to the Rhetor in silence, feeling from all he said that his ordeal was about to begin.

"If you are resolved, I must begin your initiation," said the Rhetor coming closer to Pierre. "In token of generosity I ask you to give me all your valuables."

"But I have nothing here," replied Pierre, supposing that he was asked to give up all he possessed.

"What you have with you: watch, money, rings...."

Pierre quickly took out his purse and watch, but could not manage for some time to get the wedding ring off his fat finger. When that had

перебирая по пальцам, вспомнил Пьер, он чувствовал в душе своей: и *мужество*, и *щедрость*, и *добронравие*, и *любовь к человечеству*, и в особенности *повиновение*, которое даже не представлялось ему добродетелью, а счастьем. (Ему так радостно было теперь избавиться от своего произвола и подчинить свою волю тому и тем, которые знали несомненную истину.) Седьмую добродетель Пьер забыл и никак не мог вспомнить ее.

В третий раз ритор вернулся скорее и спросил Пьера, все ли он тверд в своем намерении и решается ли подвергнуть себя всему, что от него потребуется.

— Я готов на все, — сказал Пьер.

— Еще должен вам сообщить, — сказал ритор, — что орден наш учение свое преподает не словами токмо, но иными средствами, которые на истинного искателя мудрости и добродетели действуют, может быть, сильнее, нежели словесные токмо объяснения. Сия храмина убранством своим, которое вы видите, уже должна была изъяснить вашему сердцу, ежели оно искренно, более, нежели слова; вы увидите, может быть, и при дальнейшем вашем принятии подобный образ изъяснения. Орден наш подражает древним обществам, которые открывали свое учение иероглифами. Иероглифы, — говорил ритор, — есть наименование какой-нибудь не подверженной чувствам вещи, которая содержит в себе качества, подобные изобразуемой.

Пьер знал очень хорошо, что такое иероглиф, но не смел говорить. Он молча слушал ритора, по всему чувствуя, что тотчас начнутся испытанья.

— Ежели вы тверды, то я должен приступить к введению вас, — сказал ритор, ближе подходя к Пьеру. — В знак щедрости прошу вас отдать мне все драгоценные вещи.

— Но я с собою ничего не имею, — сказал Пьер, полагавший, что от него требуют выдачи всего, что он имеет.

— То, что на вас есть: часы, деньги, кольца...

Пьер поспешно достал кошелек, часы и долго не мог снять с жирного пальца обручальное кольцо. Когда это было сделано, ма-

been done, the Rhetor said:

"In token of obedience, I ask you to undress."

Pierre took off his coat, waistcoat, and left boot according to the Rhetor's instructions. The Mason drew the shirt back from Pierre's left breast, and stooping down pulled up the left leg of his trousers to above the knee. Pierre hurriedly began taking off his right boot also and was going to tuck up the other trouser leg to save this stranger the trouble, but the Mason told him that was not necessary and gave him a slipper for his left foot. With a childlike smile of embarrassment, doubt, and self-derision, which appeared on his face against his will, Pierre stood with his arms hanging down and legs apart, before his brother Rhetor, and awaited his further commands.

"And now, in token of candor, I ask you to reveal to me your chief passion," said the latter.

"My passion! I have had so many," replied Pierre.

"That passion which more than all others caused you to waver on the path of virtue," said the Mason.

Pierre paused, seeking a reply.

"Wine? Gluttony? Idleness? Laziness? Irritability? Anger? Women?" He went over his vices in his mind, not knowing to which of them to give the pre-eminence.

"Women," he said in a low, scarcely audible voice.

The Mason did not move and for a long time said nothing after this answer. At last he moved up to Pierre and, taking the kerchief that lay on the table, again bound his eyes.

"For the last time I say to you—turn all your attention upon yourself, put a bridle on your senses, and seek blessedness, not in passion but in your own heart. The source of blessedness is not without us but within...."

Pierre had already long been feeling in himself that refreshing source of blessedness which now flooded his heart with glad emotion.

сон сказал:

— В знак повиновенья прошу вас раздеться.

Пьер снял фрак, жилет и левый сапог по указанию ритора. Масон открыл рубашку на его левой груди и, нагнувшись, поднял его штанину на левой ноге выше колена. Пьер поспешно хотел снять и правый сапог и засучить панталоны, чтоб избавить от этого труда незнакомого ему человека, но масон сказал ему, что этого не нужно, — и подал ему туфлю на левую ногу. С детской улыбкой стыдливости, сомнения и насмешки над самим собою, которая против его воли выступала на лицо, Пьер стоял, опустив руки и расставив ноги, перед братом-ритором, ожидая его новых приказаний.

— И наконец, в знак чистосердечия, я прошу вас открыть мне главное ваше пристрастие, — сказал он.

— Мое пристрастие! У меня их *было* так много, — сказал Пьер.

— То пристрастие, которое более всех других заставляло вас колебаться на пути добродетели, — сказал масон.

Пьер помолчал, отыскивая.

«Вино? Объедение? Праздность? Леность? Горячность? Злоба? Женщины?» — перебирал он свои пороки, мысленно взвешивая их и не зная, которому отдать преимущество.

— Женщины, — сказал тихим, чуть слышным голосом Пьер.

Масон не шевелился и не говорил долго после этого ответа. Наконец он подвинулся к Пьеру, взял лежавший на столе платок и опять завязал ему глаза.

— Последний раз говорю вам: обратите все ваше внимание на самого себя, наложите цепи на свои чувства и ищите блаженства не в страстях, а в своем сердце... Источник блаженства не вне, а внутри нас...

Пьер уже чувствовал в себе этот освежающий источник блаженства, теперь радостию и умилением переполнявший его душу.

IV

Soon after this there came into the dark chamber to fetch Pierre, not the Rhetor but Pierre's sponsor, Willarski, whom he recognized by his voice. To fresh questions as to the firmness of his resolution Pierre replied:

"Yes, yes, I agree," and with a beaming, childlike smile, his fat chest uncovered, stepping unevenly and timidly in one slippered and one booted foot, he advanced, while Willarski held a sword to his bare chest. He was conducted from that room along passages that turned backwards and forwards and was at last brought to the doors of the Lodge. Willarski coughed, he was answered by the Masonic knock with mallets, the doors opened before them. A bass voice (Pierre was still blindfolded) questioned him as to who he was, when and where he was born, and so on. Then he was again led somewhere still blindfolded, and as they went along he was told allegories of the toils of his pilgrimage, of holy friendship, of the Eternal Architect of the universe, and of the courage with which he should endure toils and dangers. During these wanderings, Pierre noticed that he was spoken of now as the "Seeker," now as the "Sufferer," and now as the "Postulant," to the accompaniment of various knockings with mallets and swords. As he was being led up to some object he noticed a hesitation and uncertainty among his conductors. He heard those around him disputing in whispers and one of them insisting that he should be led along a certain carpet. After that they took his right hand, placed it on something, and told him to hold a pair of compasses to his left breast with the other hand and to repeat after someone who read aloud an oath of fidelity to the laws of the Order. The candles were then extinguished and some spirit lighted, as Pierre knew by the smell, and he was told that he would now see the lesser light. The bandage was taken off his eyes and, by the faint light of the burning spirit, Pierre, as in a dream, saw several men standing before him, wearing aprons like

IV

Скоро после этого в темную храмину пришел за Пьером уже не прежний ритор, а поручитель Вилларский, которого он узнал по голосу. На новые вопросы о твердости его намерения Пьер отвечал:

— Да, да, согласен, — и с сияющей детской улыбкой, с открытой жирной грудью, неровно и робко шагая одной разутой и одной обутой ногой, пошел вперед с приставленной Вилларским к его обнаженной груди шпагой. Из комнаты его повели по коридорам, поворачивая взад и вперед, и, наконец, привели к дверям ложи. Вилларский кашлянул, ему ответили масонскими стуками молотков, дверь отворилась перед ними. Чей-то басистый голос (глаза Пьера все были завязаны) сделал ему вопросы о том, кто он, где, когда родился и т. п. Потом его опять повели куда-то, не развязывая ему глаз, и во время ходьбы его говорили ему аллегории о трудах его путешествия, о священной дружбе, о предвечном строителе мира, о мужестве, с которым он должен переносить труды и опасности. Во время этого путешествия Пьер заметил, что его называли то *ищущим*, то *страждущим*, то *требующим* и различно стучали при этом молотками и шпагами. В то время как его подводили к какому-то предмету, он заметил, что произошло замешательство и смятение между его руководителями. Он слышал, как шепотом заспорили между собой окружающие люди и как один настаивал на том, чтоб он был проведен по какому-то ковру. После этого взяли его правую руку, положили на что-то, а левою велели ему приставить циркуль к левой груди, и заставили его, повторяя слова, которые читал другой, прочесть клятву верности законам ордена. Потом потушили свечи, зажгли спирт, как это слышал по запаху Пьер, и сказали, что он увидит малый свет. С него сняли повязку, и Пьер, как во сне, увидал в слабом свете спиртового огня несколько людей, которые, в та-

the Rhetor's and holding swords in their hands pointed at his breast. Among them stood a man whose white shirt was stained with blood. On seeing this, Pierre moved forward with his breast toward the swords, meaning them to pierce it. But the swords were drawn back from him and he was at once blindfolded again.

"Now thou hast seen the lesser light," uttered a voice. Then the candles were relit and he was told that he would see the full light; the bandage was again removed and more than ten voices said together: "*Sic transit gloria mundi.*"

Pierre gradually began to recover himself and looked about at the room and at the people in it. Round a long table covered with black sat some twelve men in garments like those he had already seen. Some of them Pierre had met in Petersburg society. In the President's chair sat a young man he did not know, with a peculiar cross hanging from his neck. On his right sat the Italian abbé whom Pierre had met at Anna Pávlovna's two years before. There were also present a very distinguished dignitary and a Swiss who had formerly been tutor at the Kurágins'. All maintained a solemn silence, listening to the words of the President, who held a mallet in his hand. Let into the wall was a star-shaped light. At one side of the table was a small carpet with various figures worked upon it, at the other was something resembling an altar on which lay a Testament and a skull. Round it stood seven large candlesticks like those used in churches. Two of the brothers led Pierre up to the altar, placed his feet at right angles, and bade him lie down, saying that he must prostrate himself at the Gates of the Temple.

"He must first receive the trowel," whispered one of the brothers.

"Oh, hush, please!" said another.

Pierre, perplexed, looked round with his shortsighted eyes without obeying, and suddenly doubts arose in his mind. "Where am I? What

ких же фартуках, как и ритор, стояли против него и держали шпаги, направленные в его грудь. Между ними стоял человек в белой окровавленной рубашке. Увидав это, Пьер грудью надвинулся вперед на шпаги, желая, чтобы они вонзились в него. Но шпаги отстранились от него, и ему тотчас же опять надели повязку.

— Теперь ты видел малый свет, — сказал ему чей-то голос. Потом опять зажгли свечи, сказали, что ему надо видеть полный свет, и опять сняли повязку, и более десяти голосов вдруг сказали: *sic transit gloria mundi* [1].

Пьер понемногу стал приходить в себя и оглядывать комнату, где он был, и находившихся в ней людей. Вокруг длинного стола, покрытого черным, сидело человек двенадцать, всё в тех же одеяниях, как и те, которых он прежде видел. Некоторых Пьер знал по петербургскому обществу. На председательском месте сидел незнакомый молодой человек, в особом кресте на шее. По правую руку сидел итальянец-аббат, которого Пьер видел два года тому назад у Анны Павловны. Еще был один весьма важный сановник и один швейцарец-гувернер, живший прежде у Курагиных. Все торжественно молчали, слушая слова председателя, державшего в руке молоток. В стене была вделана горящая звезда; с одной стороны стола был небольшой ковер с различными изображениями, с другой стороны было что-то вроде алтаря с Евангелием и черепом. Кругом стола было семь больших, вроде церковных, подсвечников. Двое из братьев подвели Пьера к алтарю, поставили ему ноги в прямоугольное положение и приказали ему лечь, говоря, что он повергается к вратам храма.

— Он прежде должен получить лопату, — сказал шепотом один из братьев.

— Ах! полноте, пожалуйста, — сказал другой.

Пьер растерянными близорукими глазами, не повинуясь, оглянулся вокруг себя, и вдруг на него нашло сомнение: «Где я? Что я

---

[1] так проходит слава мирская (*лат.*). — *Ред.*

am I doing? Aren't they laughing at me? Shan't I be ashamed to remember this?" But these doubts only lasted a moment. Pierre glanced at the serious faces of those around, remembered all he had already gone through, and realized that he could not stop halfway. He was aghast at his hesitation and, trying to arouse his former devotional feeling, prostrated himself before the Gates of the Temple. And really, the feeling of devotion returned to him even more strongly than before. When he had lain there some time, he was told to get up, and a white leather apron, such as the others wore, was put on him: he was given a trowel and three pairs of gloves, and then the Grand Master addressed him. He told him that he should try to do nothing to stain the whiteness of that apron, which symbolized strength and purity; then of the unexplained trowel, he told him to toil with it to cleanse his own heart from vice, and indulgently to smooth with it the heart of his neighbor. As to the first pair of gloves, a man's, he said that Pierre could not know their meaning but must keep them. The second pair of man's gloves he was to wear at the meetings, and finally of the third, a pair of women's gloves, he said:

"Dear brother, these woman's gloves are intended for you too. Give them to the woman whom you shall honor most of all. This gift will be a pledge of your purity of heart to her whom you select to be your worthy helpmeet in Masonry." And after a pause, he added: "But beware, dear brother, that these gloves do not deck hands that are unclean." While the Grand Master said these last words it seemed to Pierre that he grew embarrassed. Pierre himself grew still more confused, blushed like a child till tears came to his eyes, began looking about him uneasily, and an awkward pause followed.

This silence was broken by one of the brethren, who led Pierre up to the rug and began reading to him from a manuscript book an explanation of all the figures on it: the sun, the moon, a hammer, a plumb line, a trowel, a rough stone and a squared stone, a pillar, three windows, and

делаю? Не смеются ли надо мной? Не будет ли мне стыдно вспоминать это?» Но сомнение это продолжалось только одно мгновение. Пьер оглянулся на серьезные лица окружавших его людей, вспомнил все, что он уже прошел, и понял, что нельзя остановиться на половине дороги. Он ужаснулся своему сомнению и, стараясь вызвать в себе прежнее чувство умиления, повергся к вратам храма. И действительно, чувство умиления, еще сильнейшего, чем прежде, нашло на него. Когда он пролежал несколько времени, ему велели встать и надели на него такой же белый кожаный фартук, какие были на других, дали ему в руки лопату и три пары перчаток, и тогда великий мастер обратился к нему. Он сказал ему, чтобы он старался ничем не запятнать белизну этого фартука, представляющего крепость и непорочность; потом о невыясненной лопате сказал, чтоб он трудился ею очищать свое сердце от пороков и снисходительно заглаживать ею сердце ближнего. Потом про первые перчатки мужские сказал, что значения их он не может знать, но должен хранить их, про другие перчатки мужские сказал, что он должен надевать их в собраниях, и, наконец про третьи, женские, перчатки сказал:

— Любезный брат, и сии женские перчатки вам определены суть. Отдайте их той женщине, которую вы будете почитать больше всех. Сим даром уверите в непорочности сердца вашего ту, которую изберете вы себе в достойную каменщицу. — Помолчав несколько времени, прибавил: — Но соблюди, любезный брат, да не украшают перчатки сии рук нечистых. — В то время как великий мастер произносил эти последние слова, Пьеру показалось, что председатель смутился. Пьер смутился еще больше, покраснел до слез, как краснеют дети, беспокойно стал оглядываться, и произошло неловкое молчание.

Молчание это было прервано одним из братьев, который, подведя Пьера к ковру, начал из тетради читать ему объяснение всех изображенных на нем фигур: солнца, луны, молотка, отвеса, лопаты, дикого и кубического камня, столба, трех окон и т. д. Потом

so on. Then a place was assigned to Pierre, he was shown the signs of the Lodge, told the password, and at last was permitted to sit down. The Grand Master began reading the statutes. They were very long, and Pierre, from joy, agitation, and embarrassment, was not in a state to understand what was being read. He managed to follow only the last words of the statutes and these remained in his mind.

"In our temples we recognize no other distinctions," read the Grand Master, "but those between virtue and vice. Beware of making any distinctions which may infringe equality. Fly to a brother's aid whoever he may be, exhort him who goeth astray, raise him that falleth, never bear malice or enmity toward thy brother. Be kindly and courteous. Kindle in all hearts the flame of virtue. Share thy happiness with thy neighbor, and may envy never dim the purity of that bliss.

Forgive thy enemy, do not avenge thyself except by doing him good. Thus fulfilling the highest law thou shalt regain traces of the ancient dignity which thou hast lost." He finished and, getting up, embraced and kissed Pierre, who, with tears of joy in his eyes, looked round him, not knowing how to answer the congratulations and greetings from acquaintances that met him on all sides. He acknowledged no acquaintances but saw in all these men only brothers, and burned with impatience to set to work with them.

The Grand Master rapped with his mallet. All the Masons sat down in their places, and one of them read an exhortation on the necessity of humility.

The Grand Master proposed that the last duty should be performed, and the distinguished dignitary who bore the title of "Collector of Alms" went round to all the brothers. Pierre would have liked to subscribe all he had, but fearing that it might look like pride subscribed the same amount as the others.

The meeting was at an end, and on reaching home Pierre felt as if he had returned from a long journey on which he had spent dozens of

Пьеру назначили его место, показали ему знаки ложи, сказали входное слово и, наконец, позволили сесть. Великий мастер начал читать устав. Устав был очень длинен, и Пьер от радости, волнения и стыда не был в состоянии понимать того, что читали. Он вслушался только в последние слова устава, которые запомнились ему.

— «В наших храмах мы не знаем других степеней, — читал великий мастер, — кроме тех, которые находятся между добродетелью и пороком. Берегись делать какое-нибудь различие, могущее нарушить равенство. Лети на помощь к брату, кто бы он ни был, настави заблуждающего, подними упадающего и не питай никогда злобы или вражды на брата. Будь ласков и приветлив. Возбуждай во всех сердцах огнь добродетели. Дели счастье с ближним твоим, и да не возмутит никогда зависть чистого сего наслаждения.

Прощай врагу твоему, не мсти ему, разве только деланием ему добра. Исполнив таким образом высший закон, ты обрящешь следы древнего, утраченного тобой величества», — кончил он и, привстав, обнял Пьера и поцеловал его. Пьер со слезами радости на глазах смотрел вокруг себя, не зная, что отвечать на поздравления и возобновления знакомств, с которыми окружили его. Он не признавал никаких знакомств; во всех людях этих он видел только братьев, с которыми сгорал нетерпением приняться за дело.

Великий мастер стукнул молотком, все сели по местам, и один прочел поучение о необходимости смирения.

Великий мастер предложил исполнить последнюю обязанность, и важный сановник, который носил звание собирателя милостыни, стал обходить братьев. Пьеру хотелось записать в лист милостыни все деньги, которые у него были, но он боялся этим выказать гордость и записал столько же, сколько записывали другие.

Заседание было кончено, и по возвращении домой Пьеру казалось, что он приехал из какого-то дальнего путешествия, где он

years, had become completely changed, and had quite left behind his former habits and way of life.

провел десятки лет, совершенно изменился и отстал от прежнего порядка и привычек жизни.

V

The day after he had been received into the Lodge, Pierre was sitting at home reading a book and trying to fathom the significance of the Square, one side of which symbolized God, another moral things, a third physical things, and the fourth a combination of these. Now and then his attention wandered from the book and the Square and he formed in imagination a new plan of life. On the previous evening at the Lodge, he had heard that a rumor of his duel had reached the Emperor and that it would be wiser for him to leave Petersburg. Pierre proposed going to his estates in the south and there attending to the welfare of his serfs. He was joyfully planning this new life, when Prince Vasíli suddenly entered the room.

"My dear fellow, what have you been up to in Moscow? Why have you quarreled with Hélène, mon cher? You are under a delusion," said Prince Vasíli, as he entered. "I know all about it, and I can tell you positively that Hélène is as innocent before you as Christ was before the Jews."

Pierre was about to reply, but Prince Vasíli interrupted him.

"And why didn't you simply come straight to me as to a friend? I know all about it and understand it all," he said. "You behaved as becomes a man who values his honor, perhaps too hastily, but we won't go into that. But consider the position in which you are placing her and me in the eyes of society, and even of the court," he added, lowering his voice. "She is living in Moscow and you are here. Remember, dear boy," and he drew Pierre's arm downwards, "it is simply a misunderstanding. I expect you feel it so yourself. Let us write her a letter at once, and she'll come here and all will be explained, or else, my dear boy, let me tell you it's quite likely you'll have to suffer for it."

Prince Vasíli gave Pierre a significant look.

V

На другой день после приема в ложу Пьер сидел дома, читая книгу и стараясь вникнуть в значение квадрата, изображавшего одной своею стороною Бога, другою нравственное, третьею физическое и четвертою смешанное. Изредка он отрывался от книги и квадрата и в воображении своем составлял себе новый план жизни. Вчера в ложе ему сказали, что до сведения государя дошел слух о дуэли и что Пьеру благоразумнее было бы удалиться из Петербурга. Пьер предполагал ехать в свои южные имения и заняться там своими крестьянами. Он радостно обдумывал эту новую жизнь, когда неожиданно в комнату вошел князь Василий.

— Мой друг, что ты наделал в Москве? За что ты поссорился с Лелей, mon cher? [1] Ты в заблуждении, — сказал князь Василий, входя в комнату. — Я все узнал, я могу тебе сказать верно, что Элен невинна перед тобой, как Христос перед жидами.

Пьер хотел отвечать, но он перебил его:

— И зачем ты не обратился прямо и просто ко мне, как к другу? Я все знаю, я все понимаю, — сказал он, — ты вел себя, как прилично человеку, дорожащему своей честью; может быть, слишком поспешно, но об этом мы не будем судить. Одно ты пойми, в какое ты ставишь положение ее и меня в глазах всего общества и даже двора, — прибавил он, понизив голос. — Она живет в Москве, ты здесь. Полно, мой милый, — он потянул его вниз за руку, — здесь одно недоразуменье; ты сам, я думаю, чувствуешь. Напиши сейчас со мною письмо, и она приедет сюда, все объяснится, и все эти толки кончатся, а то, я тебе скажу, ты очень легко можешь пострадать, мой милый.

Князь Василий внушительно взглянул на

---

[1] мой милый?

"I know from reliable sources that the Dowager Empress is taking a keen interest in the whole affair. You know she is very gracious to Hélène."

Pierre tried several times to speak, but, on one hand, Prince Vasíli did not let him and, on the other, Pierre himself feared to begin to speak in the tone of decided refusal and disagreement in which he had firmly resolved to answer his father-in-law. Moreover, the words of the Masonic statutes, "be kindly and courteous," recurred to him. He blinked, went red, got up and sat down again, struggling with himself to do what was for him the most difficult thing in life—to say an unpleasant thing to a man's face, to say what the other, whoever he might be, did not expect. He was so used to submitting to Prince Vasíli's tone of careless self-assurance that he felt he would be unable to withstand it now, but he also felt that on what he said now his future depended—whether he would follow the same old road, or that new path so attractively shown him by the Masons, on which he firmly believed he would be reborn to a new life.

"Now, dear boy," said Prince Vasíli playfully, "say 'yes,' and I'll write to her myself, and we will kill the fatted calf."

But before Prince Vasíli had finished his playful speech, Pierre, without looking at him, and with a kind of fury that made him like his father, muttered in a whisper:

"Prince, I did not ask you here. Go, please go!" And he jumped up and opened the door for him.

"Go!" he repeated, amazed at himself and glad to see the look of confusion and fear that showed itself on Prince Vasíli's face.

"What's the matter with you? Are you ill?"

"Go!" the quivering voice repeated. And Prince Vasíli had to go without receiving any explanation.

A week later, Pierre, having taken leave of his

Пьера.

— Мне из хороших источников известно, что вдовствующая императрица принимает живой интерес во всем этом деле. Ты знаешь, она очень милостива к Элен.

Несколько раз Пьер собирался говорить, но, с одной стороны, князь Василий не допускал его до этого, поспешно перебивая разговор, с другой стороны — сам Пьер боялся начать говорить не в том тоне решительного отказа и несогласия, в котором он твердо решился отвечать своему тестю. Кроме того, слова масонского устава: «буди ласков и приветлив» — вспоминались ему. Он морщился, краснел, вставал и опускался, работая над собою в самом трудном для него в жизни деле — сказать неприятное в глаза человеку, сказать не то, чего ожидал этот человек, кто бы он ни был. Он так привык повиноваться этому тону небрежной самоуверенности князя Василия, что и теперь он чувствовал, что не в силах будет противостоять ей; но он чувствовал, что от того, что он скажет сейчас, будет зависеть вся дальнейшая судьба его: пойдет ли он по старой, прежней дороге, или по той новой, которая так привлекательно была указана ему масонами и на которой он твердо верил, что найдет возрождение к новой жизни.

— Ну, мой милый, — шутливо сказал князь Василий, — скажи же мне «да», и я от себя напишу ей, и мы убьем жирного тельца.

Но князь Василий не успел договорить своей шутки, как Пьер с бешенством в лице, которое напоминало его отца, не глядя в глаза собеседнику, проговорил тихим шепотом:

— Князь, я вас не звал к себе, идите, пожалуйста, идите! — Он вскочил и отворил для него дверь.

— Идите же, — повторил он, сам себе не веря и радуясь выражению смущенности и страха, показавшемуся на лице князя Василия.

— Что с тобой? Ты болен?

— Идите! — еще раз проговорил угрожающий голос. И князь Василий должен был уехать, не получив никакого объяснения.

Через неделю Пьер, простившись с но-

new friends, the Masons, and leaving large sums of money with them for alms, went away to his estates. His new brethren gave him letters to the Kiev and Odessa Masons and promised to write to him and guide him in his new activity.

выми друзьями масонами и оставив им большие суммы на милостыни, уехал в свои имения. Его новые братья дали ему письма в Киев и Одессу, к тамошним масонам, и обещали писать ему и руководить его в новой деятельности.

VI

The duel between Pierre and Dólokhov was hushed up and, in spite of the Emperor's severity regarding duels at that time, neither the principals nor their seconds suffered for it. But the story of the duel, confirmed by Pierre's rupture with his wife, was the talk of society. Pierre who had been regarded with patronizing condescension when he was an illegitimate son, and petted and extolled when he was the best match in Russia, had sunk greatly in the esteem of society after his marriage—when the marriageable daughters and their mothers had nothing to hope from him—especially as he did not know how, and did not wish, to court society's favor. Now he alone was blamed for what had happened, he was said to be insanely jealous and subject like his father to fits of bloodthirsty rage. And when after Pierre's departure Hélène returned to Petersburg, she was received by all her acquaintances not only cordially, but even with a shade of deference due to her misfortune. When conversation turned on her husband Hélène assumed a dignified expression, which with characteristic tact she had acquired though she did not understand its significance. This expression suggested that she had resolved to endure her troubles uncomplainingly and that her husband was a cross laid upon her by God. Prince Vasíli expressed his opinion more openly. He shrugged his shoulders when Pierre was mentioned and, pointing to his forehead, remarked:

"A bit touched—I always said so."

"I said from the first," declared Anna Pávlovna referring to Pierre, "I said at the time and before anyone else" (she insisted on her priority) "that that senseless young man was spoiled by the depraved ideas of these days. I said so even at the time when everybody was in raptures about

VI

Дело Пьера с Долоховым было замято, и несмотря на тогдашнюю строгость государя в отношении дуэлей, ни оба противника, ни их секунданты не пострадали. Но история дуэли, подтвержденная разрывом Пьера с своей женой, разгласилась в обществе. Пьер, на которого смотрели снисходительно, покровительственно, когда он был незаконным сыном, которого ласкали и прославляли, когда он был лучшим женихом Российской империи, после своей женитьбы, когда невестам и матерям нечего было ожидать от него, сильно потерял во мнении общества, тем более что он не умел и не желал заискивать общественного благоволения. Теперь его одного обвиняли в происшедшем, говорили, что он бестолковый ревнивец, подверженный таким же припадкам кровожадного бешенства, как и его отец. И когда после отъезда Пьера Элен вернулась в Петербург, она была не только радушно, но с оттенком почтительности, относившейся к ее несчастию, принята всеми своими знакомыми. Когда разговор заходил о ее муже, Элен принимала достойное выражение, которое она — хотя и не понимая его значения, — по свойственному ей такту, усвоила себе. Выражение это говорило, что она решилась, не жалуясь, переносить свое несчастие и что ее муж есть крест, посланный ей от Бога. Князь Василий откровеннее высказывал свое мнение. Он пожимал плечами, когда разговор заходил о Пьере, и, указывая на лоб, говорил:

— Un cerveau fêlé — je le disais toujours [1].

— Я вперед сказала, — говорила Анна Павловна о Пьере, — я тогда же сейчас сказала, и прежде всех (она настаивала на своем первенстве), что это безумный молодой человек, испорченный развратными идеями века. Я тогда еще сказала это, когда все

---

[1] Полусумасшедший — я всегда это говорил.

him, when he had just returned from abroad, and when, if you remember, he posed as a sort of Marat at one of my soirees. And how has it ended? I was against this marriage even then and foretold all that has happened."

Anna Pávlovna continued to give on free evenings the same kind of soirees as before—such as she alone had the gift of arranging—at which was to be found "the cream of really good society, the bloom of the intellectual essence of Petersburg," as she herself put it. Besides this refined selection of society Anna Pávlovna's receptions were also distinguished by the fact that she always presented some new and interesting person to the visitors and that nowhere else was the state of the political thermometer of legitimate Petersburg court society so clearly and distinctly indicated.

Toward the end of 1806, when all the sad details of Napoleon's destruction of the Prussian army at Jena and Auerstädt and the surrender of most of the Prussian fortresses had been received, when our troops had already entered Prussia and our second war with Napoleon was beginning, Anna Pávlovna gave one of her soirees. The "cream of really good society" consisted of the fascinating Hélène, forsaken by her husband, Mortemart, the delightful Prince Hippolyte who had just returned from Vienna, two diplomatists, the old aunt, a young man referred to in that drawing room as "a man of great merit" (un homme de beaucoup de mérite), a newly appointed maid of honor and her mother, and several other less noteworthy persons.

The novelty Anna Pávlovna was setting before her guests that evening was Borís Drubetskóy, who had just arrived as a special messenger

восхищались им и он только приехал из-за границы и, помните, у меня как-то вечером представлял из себя какого-то Марата. Чем же кончилось? Я тогда еще не желала этой свадьбы и предсказала все, что случится.

Анна Павловна по-прежнему давала у себя в свободные дни такие вечера, как и прежде, и такие, какие она одна имела дар устраивать, — вечера, на которых, во-первых, собиралась la crème de la véritable bonne société, la fine fleur de l'essence intellectuelle de la société de Pétersbourg [2], как говорила сама Анна Павловна. Кроме этого утонченного выбора общества, вечера Анны Павловны отличались еще тем, что всякий раз на своем вечере Анна Павловна подавала своему обществу какое-нибудь новое, интересное лицо и что нигде, как на этих вечерах, не высказывался так очевидно и твердо градус политического термометра, на котором стояло настроение придворного легитимистского петербургского общества.

В конце 1806 года, когда получены были уже все печальные подробности об уничтожении Наполеоном прусской армии под Иеной и Ауерштетом и о сдаче большей части прусских крепостей, когда войска наши уж вступили в Пруссию и началась наша вторая война с Наполеоном, Анна Павловна собрала у себя вечер. La crème de la véritable bonne société [3] состояла из обворожительной и несчастной, покинутой мужем Элен, из Mortemart'а, обворожительного князя Ипполита, только что приехавшего из Вены, двух дипломатов, тетушки, одного молодого человека, пользовавшегося в гостиной наименованием просто d'un homme de beaucoup de mérite [4], одной вновь пожалованной фрейлины с матерью и некоторых других менее заметных особ.

Лицо, которым, как новинкой, угащивала в этот вечер Анна Павловна своих гостей, был Борис Друбецкой, только что приехав-

---

[2] сливки настоящего хорошего общества, цвет интеллектуальной эссенции петербургского общества.

[3] Сливки настоящего хорошего общества.

[4] человека с большими достоинствами.

from the Prussian army and was aide-de-camp to a very important personage.

The temperature shown by the political thermometer to the company that evening was this:

"Whatever the European sovereigns and commanders may do to countenance Bonaparte, and to cause me, and us in general, annoyance and mortification, our opinion of Bonaparte cannot alter. We shall not cease to express our sincere views on that subject, and can only say to the King of Prussia and others: 'So much the worse for you. Tu l'as voulu, George Dandin,' that's all we have to say about it!"

When Borís, who was to be served up to the guests, entered the drawing room, almost all the company had assembled, and the conversation, guided by Anna Pávlovna, was about our diplomatic relations with Austria and the hope of an alliance with her.

Borís, grown more manly and looking fresh, rosy and self-possessed, entered the drawing room elegantly dressed in the uniform of an aide-de-camp and was duly conducted to pay his respects to the aunt and then brought back to the general circle.

Anna Pávlovna gave him her shriveled hand to kiss and introduced him to several persons whom he did not know, giving him a whispered description of each.

"Prince Hippolyte Kurágin—charming young fellow; M. Kronq,—chargé d'affaires from Copenhagen—a profound intellect," and simply, "Mr. Shítov—a man of great merit"—this of the man usually so described.

Thanks to Anna Mikháylovna's efforts, his own tastes, and the peculiarities of his reserved nature, Borís had managed during his service to place himself very advantageously. He was aide-

шийся курьером из прусской армии и в прусской армии находившийся адъютантом у очень важного лица.

Градус политического термометра, указанный на этом вечере обществу, был следующий: сколько бы все европейские государи и полководцы ни старались потворствовать Бонапартию, для того чтобы сделать *мне* и вообще *нам* эти неприятности и огорчения, мнение наше насчет Бонапартия не может измениться. Мы не перестанем высказывать свой непритворный на этот счет образ мыслей и можем сказать только прусскому королю и другим: «Тем хуже для вас. Tu l'as voulu, George Dandin [5], вот и все, что мы можем сказать». Вот что указывал политический термометр на вечере Анны Павловны.

Когда Борис, который должен был быть поднесен гостям, вошел в гостиную, уже почти все общество было в сборе, и разговор, руководимый Анной Павловной, шел о наших дипломатических сношениях с Австрией и о надежде на союз с нею.

Борис в щегольском адъютантском мундире, возмужавший, свежий и румяный, свободно вошел в гостиную и был отведен, как следовало, для приветствия к тетушке и снова присоединен к общему кружку.

Анна Павловна дала поцеловать ему свою сухую руку, познакомила его с некоторыми незнакомыми ему лицами и каждого шепотом определила ему.

— Le prince Hyppolite Kouraguine — charmant jeune homme. M-r Kroug, chargé d'affaires de Kopenhague — un esprit profond, — и просто: M-r Shittoff, un homme de beaucoup de mérite [6], — про того, который носил это наименование.

Борис за это время своей службы благодаря заботам Анны Михайловны, собственным вкусам и свойствам своего сдержанного характера успел поставить себя в самое вы-

---

[5] Ты этого хотел, Жорж Данден — Ред.

[6] Князь Ипполит Курагин — милый молодой человек Господин Круг, копенгагенский поверенный в делах, глубокий ум и просто господин Шитов, человек с большими достоинствами.

de-camp to a very important personage, had been sent on a very important mission to Prussia, and had just returned from there as a special messenger. He had become thoroughly conversant with that unwritten code with which he had been so pleased at Olmütz and according to which an ensign might rank incomparably higher than a general, and according to which what was needed for success in the service was not effort or work, or courage, or perseverance, but only the knowledge of how to get on with those who can grant rewards, and he was himself often surprised at the rapidity of his success and at the inability of others to understand these things. In consequence of this discovery his whole manner of life, all his relations with old friends, all his plans for his future, were completely altered. He was not rich, but would spend his last groat to be better dressed than others, and would rather deprive himself of many pleasures than allow himself to be seen in a shabby equipage or appear in the streets of Petersburg in an old uniform. He made friends with and sought the acquaintance of only those above him in position and who could therefore be of use to him. He liked Petersburg and despised Moscow. The remembrance of the Rostóvs' house and of his childish love for Natásha was unpleasant to him and he had not once been to see the Rostóvs since the day of his departure for the army. To be in Anna Pávlovna's drawing room he considered an important step up in the service, and he at once understood his role, letting his hostess make use of whatever interest he had to offer. He himself carefully scanned each face, appraising the possibilities of establishing intimacy with each of those present, and the advantages that might accrue. He took the seat indicated to him beside the fair Hélène and listened to the general conversation.

"Vienna considers the bases of the proposed treaty so unattainable that not even a continuity of most brilliant successes would secure them, and she doubts the means we have of gaining them. That is the actual phrase used by the Vienna cabinet," said the Danish chargé d'affaires.

"The doubt is flattering," said "the man of profound intellect," with a subtle smile.

"We must distinguish between the Vienna

годное положение по службе. Он находился адъютантом при весьма важном лице, имел весьма важное поручение в Пруссию и только что возвратился оттуда курьером. Он вполне усвоил себе ту понравившуюся ему в Ольмюце неписаную субординацию, по которой прапорщик мог стоять без сравнения выше генерала и по которой для успеха на службе были нужны не усилия, не труды, не храбрость, не постоянство, а нужно было только умение обращаться с теми, которые вознаграждают за службу, — и он часто удивлялся своим быстрым успехам и тому, как другие могли не понимать этого. Вследствие этого открытия его весь образ жизни его, все отношения с прежними знакомыми, все его планы на будущее совершенно изменились. Он был не богат, но последние свои деньги он употреблял на то, чтобы быть одетым лучше других; он скорее лишил бы себя многих удовольствий, чем позволил бы себе ехать в дурном экипаже или показаться в старом мундире на улицах Петербурга. Сближался он и искал знакомств только с людьми, которые были выше его и потому могли быть ему полезны. Он любил Петербург и презирал Москву. Воспоминание о доме Ростовых и о его детской любви к Наташе было ему неприятно, и он с самого отъезда в армию ни разу не был у Ростовых. В гостиной Анны Павловны, в которой присутствовать он считал за важное повышение по службе, он теперь тотчас же понял свою роль и предоставил Анне Павловне воспользоваться тем интересом, который в нем заключался, внимательно наблюдая каждое лицо и оценивая выгоды и возможности сближения с каждым из них. Он сел на указанное ему место подле красивой Элен и вслушивался в общий разговор:

«Vienne trouve les bases du traité proposé tellement hors d'atteinte, qu'on ne saurait y parvenir même par une continuité de succès les plus brillants, et elle met en doute les moyens qui pourraient nous les procurer». C'est la phrase authentique du cabinet de Vienne, — говорил датский chargé d'affaires [7].

— C'est le doute qui est flatteur! — сказал с тонкой улыбкой l'homme à l'esprit profond [8].

cabinet and the Emperor of Austria," said Mortemart. "The Emperor of Austria can never have thought of such a thing, it is only the cabinet that says it."

"Ah, my dear vicomte," put in Anna Pávlovna, "L'Urope" (for some reason she called it Urope as if that were a specially refined French pronunciation which she could allow herself when conversing with a Frenchman), "L'Urope ne sera jamais notre alliée sincère (Europe will never be our sincere ally)."

After that Anna Pávlovna led up to the courage and firmness of the King of Prussia, in order to draw Borís into the conversation.

Borís listened attentively to each of the speakers, awaiting his turn, but managed meanwhile to look round repeatedly at his neighbor, the beautiful Hélène, whose eyes several times met those of the handsome young aide-de-camp with a smile.

Speaking of the position of Prussia, Anna Pávlovna very naturally asked Borís to tell them about his journey to Glogau and in what state he found the Prussian army. Borís, speaking with deliberation, told them in pure, correct French many interesting details about the armies and the court, carefully abstaining from expressing an opinion of his own about the facts he was recounting. For some time he engrossed the general attention, and Anna Pávlovna felt that the novelty she had served up was received with pleasure by all her visitors. The greatest attention of all to Borís' narrative was shown by Hélène. She asked him several questions about his journey and seemed greatly interested in the state of the Prussian army. As soon as he had finished she turned to him with her usual smile.

— Il faut distinguer entre le cabinet de Vienne et l'Empereur d'Autriche, — сказал Mortemart. — L'Empereur d'Autriche n'a jamais pu penser à une chose pareille, ce, n'est que le cabinet qui le dit [9].

— Eh, mon cher vicomte, — вмешалась Анна Павловна, — l'Urope (она почему-то выговаривала l'Urope, как особенную тонкость французского языка, которую она могла себе позволить говоря с французом), l'Urope ne sera jamais notre alliée sincère [10].

Вслед за этим Анна Павловна навела разговор на мужество и твердость прусского короля, с тем чтобы ввести в дело Бориса.

Борис внимательно слушал того, кто говорил, ожидая своего череда, но вместе с тем успевал несколько раз оглядываться на свою соседку, красавицу Элен, которая с улыбкой несколько раз встретилась глазами с красивым молодым адъютантом.

Весьма естественно, говоря о положении Пруссии, Анна Павловна попросила Бориса рассказать свое путешествие в Глогау и положение, в котором он нашел прусское войско. Борис, не торопясь, чистым и правильным французским языком, рассказал весьма много интересных подробностей о войсках, о дворе, во все время своего рассказа старательно избегая заявления своего мнения насчет тех фактов, которые он передавал. На несколько времени Борис завладел общим вниманием, и Анна Павловна чувствовала, что ее угощенье новинкой было принято с удовольствием всеми гостями. Более всех внимания к рассказу Бориса выказала Элен. Она несколько раз спрашивала его о некоторых подробностях его поездки и, казалось, весьма была заинтересована положением прусской армии. Как только он кончил, она

---

[7] «Вена находит основания предлагаемого договора до такой степени вне возможною, что достигнуть их можно только рядом самых блестящих успехов и она сомневается в средствах, которые могут их нам доставить» Это подлинная фраза венского кабинета, — говорил датский поверенный в делах.

[8] Лестно сомнение! — сказал глубокий ум.

[9] Необходимо различать венский кабинет и австрийского императора, — сказал Мортемар — Император австрийский никогда не мог этого думать, это говорит только кабинет.

[10] Ах, мой милый виконт... Европа никогда не будет нашей искреннею союзницей.

"You absolutely must come and see me," she said in a tone that implied that, for certain considerations he could not know of, this was absolutely necessary.

"On Tuesday between eight and nine. It will give me great pleasure."

Borís promised to fulfill her wish and was about to begin a conversation with her, when Anna Pávlovna called him away on the pretext that her aunt wished to hear him.

"You know her husband, of course?" said Anna Pávlovna, closing her eyes and indicating Hélène with a sorrowful gesture. "Ah, she is such an unfortunate and charming woman! Don't mention him before her—please don't! It is too painful for her!"

с своей обычной улыбкой обратилась к нему.

— Il faut absolument que vous veniez me voir [11], — сказала она ему таким тоном, как будто по некоторым соображениям, которые он не мог знать, это было совершенно необходимо.

— Mardi entre les 8 et 9 heures. Vous me ferez grand plaisir [12].

Борис обещал исполнить ее желание и хотел вступить с ней в разговор, когда Анна Павловна отозвала его под предлогом тетушки, которая желала его слышать.

— Вы ведь знаете ее мужа? — сказала Анна Павловна, закрыв глаза и грустным жестом указывая на Элен. — Ах, это такая несчастная и прелестная женщина! Не говорите при ней о нем, пожалуйста, не говорите. Ей слишком тяжело!

---

[11] Непременно нужно, чтобы вы приехали повидаться со мной.

[12] Во вторник, между восемью и девятью часами. Вы мне сделаете большое удовольствие.

VII

When Borís and Anna Pávlovna returned to the others Prince Hippolyte had the ear of the company. Bending forward in his armchair he said:

"Le Roi de Prusse!" and having said this laughed. Everyone turned toward him.

"Le Roi de Prusse?" Hippolyte said interrogatively, again laughing, and then calmly and seriously sat back in his chair. Anna Pávlovna waited for him to go on, but as he seemed quite decided to say no more she began to tell of how at Potsdam the impious Bonaparte had stolen the sword of Frederick the Great.

"It is the sword of Frederick the Great which I..." she began, but Hippolyte interrupted her with the words:

"Le Roi de Prusse..." and again, as soon as all turned toward him, excused himself and said no more. Anna Pávlovna frowned. Mortemart, Hippolyte's friend, addressed him firmly.

"Come now, what about your Roi de Prusse?"

Hippolyte laughed as if ashamed of laughing.

"Oh, it's nothing. I only wished to say..." (he wanted to repeat a joke he had heard in Vienna and which he had been trying all that evening to get in) "I only wished to say that we are wrong to fight pour le Roi de Prusse!"

Borís smiled circumspectly, so that it might be taken as ironical or appreciative according to the way the joke was received. Everybody laughed.

VII

Когда Борис и Анна Павловна вернулись к общему кружку, разговором в нем завладел князь Ипполит. Он, выдвинувшись вперед на кресле, сказал:

— Le Roi de Prusse! [1] — и, сказав это, засмеялся. Все обратились к нему.

— Le Roi de Prusse? — спросил Ипполит, опять засмеялся и опять спокойно и серьезно уселся в глубине своего кресла. Анна Павловна подождала его немного, но так как Ипполит решительно, казалось, не хотел больше говорить, она начала речь о том, как безбожный Бонапарт похитил в Потсдаме шпагу Великого Фридриха.

— C'est l'épée de Frédéric le Grand, que je... [2] — начала было она, но Ипполит перебил ее словами:

— Le Roi de Prusse... — и опять, как только к нему обратились, извинился и замолчал. Анна Павловна поморщилась. Mortemart, приятель Ипполита, решительно обратился к нему:

— Voyons à qui en avez vous avec votre Roi de Prusse? [3]

Ипполит засмеялся так, как будто ему стыдно было своего смеха.

— Non, ce n'est rien, je voulais dire seulement... [4] (Он намерен был повторить шутку, которую он слышал в Вене и которую он целый вечер собирался поместить.) Je voulais dire seulement, que nous avons tort de faire la guerre pour le Roi de Prusse [5].

Борис осторожно улыбнулся так, что его улыбка могла быть отнесена к насмешке или к одобрению шутки, смотря по тому, как будет принята она. Все засмеялись.

---

[1] Прусский король!

[2] Эта шпага Великого Фридриха, которую я...

[3] Ну, что ж прусский король?

[4] Нет, ничего, я хотел только сказать...

[5] Я хотел только сказать, что мы напрасно воюем за прусского короля.

"Your joke is too bad, it's witty but unjust," said Anna Pávlovna, shaking her little shriveled finger at him.

"We are not fighting pour le Roi de Prusse, but for right principles. Oh, that wicked Prince Hippolyte!" she said.

The conversation did not flag all evening and turned chiefly on the political news. It became particularly animated toward the end of the evening when the rewards bestowed by the Emperor were mentioned.

"You know N— N— received a snuffbox with the portrait last year?" said "the man of profound intellect." "Why shouldn't S— S— get the same distinction?"

"Pardon me! A snuffbox with the Emperor's portrait is a reward but not a distinction," said the diplomatist—"a gift, rather."

"There are precedents, I may mention Schwarzenberg."

"It's impossible," replied another.

"Will you bet? The ribbon of the order is a different matter...."

When everybody rose to go, Hélène who had spoken very little all the evening again turned to Borís, asking him in a tone of caressing significant command to come to her on Tuesday.

"It is of great importance to me," she said, turning with a smile toward Anna Pávlovna, and Anna Pávlovna, with the same sad smile with which she spoke of her exalted patroness, supported Hélène's wish.

It seemed as if from some words Borís had spoken that evening about the Prussian army, Hélène had suddenly found it necessary to see

— Il est très mauvais, votre jeu de mot, très spirituel, mais injuste, — грозя сморщенным пальчиком, сказала Анна Павловна.

— Nous ne faisons pas la guerre pour le Roi de Prusse, mais pour les bons principes. Ah, le méchant, ce prince Hyppolite! [6] — сказала она.

Разговор не утихал целый вечер, обращаясь преимущественно около политических новостей. В конце вечера он особенно оживился, когда дело зашло о наградах, пожалованных государем.

— Ведь получил же в прошлом году NN. табакерку с портретом, — говорил l'homme à l'esprit profond [7], — почему же SS. не может получить той же награды?

— Je vous demande pardon, une tabatière avec le portrait de l'Empereur est une récompense, mais point une distinction, — сказал дипломат, — un cadeau plutôt [8].

— Il y eu plutôt des antécédents, je vous citerai Schwarzenberg [9].

— C'est impossible [10], — возражал ему другой.

— Пари. Le grand cordon, c'est différent... [11]

Когда все поднялись, чтобы уезжать, Элен, очень мало говорившая весь вечер, опять обратилась к Борису с просьбой, ласковым, значительным приказанием, чтобы он был у нее во вторник.

— Мне это очень нужно, — сказала она с улыбкой, оглядываясь на Анну Павловну, и Анна Павловна той грустной улыбкой, которая сопровождала ее слова при речи о своей высокой покровительнице, подтвердила желание Элен.

Казалось, что в этот вечер из каких-то слов, сказанных Борисом о прусском войске, Элен вдруг открыла необходимость видеть

---

[6] Ваша игра слов нехороша, очень остроумна, но несправедлива. Мы воюем за добрые начала, а не за прусского короля О, какой злой этот князь Ипполит!

[7] человек глубокого ума.

[8] Извините, табакерка с портретом императора есть награда, а не отличие; скорее подарок.

[9] Были примеры — Шварценберг.

[10] Это невозможно.

[11] Лента — другое дело.

him. She seemed to promise to explain that necessity to him when he came on Tuesday.

But on Tuesday evening, having come to Hélène's splendid salon, Borís received no clear explanation of why it had been necessary for him to come. There were other guests and the countess talked little to him, and only as he kissed her hand on taking leave said unexpectedly and in a whisper, with a strangely unsmiling face: "Come to dinner tomorrow... in the evening. You must come.... Come!"

During that stay in Petersburg, Borís became an intimate in the countess' house.

его. Она как будто обещала ему, что, когда он приедет во вторник, она объяснит ему эту необходимость.

Приехав во вторник вечером в великолепный салон Элен, Борис не получил ясного объяснения, для чего было ему необходимо приехать. Были другие гости, графиня мало говорила с ним, и только прощаясь, когда он целовал ее руку, она с странным отсутствием улыбки, неожиданно, шепотом, сказала ему:

— Venez demain dîner... le soir. Il faut que vous veniez... Venez [12].

В этот свой приезд в Петербург Борис сделался близким человеком в доме графини Безуховой.

---

[12] Приезжайте завтра обедать... вечером. Надо, чтобы вы приехали... Приезжайте.

VIII

The war was flaming up and nearing the Russian frontier. Everywhere one heard curses on Bonaparte, "the enemy of mankind." Militiamen and recruits were being enrolled in the villages, and from the seat of war came contradictory news, false as usual and therefore variously interpreted.

The life of old Prince Bolkónski, Prince Andrew, and Princess Mary had greatly changed since 1805.

In 1806 the old prince was made one of the eight commanders in chief then appointed to supervise the enrollment decreed throughout Russia. Despite the weakness of age, which had become particularly noticeable since the time when he thought his son had been killed, he did not think it right to refuse a duty to which he had been appointed by the Emperor himself, and this fresh opportunity for action gave him new energy and strength. He was continually traveling through the three provinces entrusted to him, was pedantic in the fulfillment of his duties, severe to cruel with his subordinates, and went into everything down to the minutest details himself. Princess Mary had ceased taking lessons in mathematics from her father, and when the old prince was at home went to his study with the wet nurse and little Prince Nicholas (as his grandfather called him). The baby Prince Nicholas lived with his wet nurse and nurse Sávishna in the late princess' rooms and Princess Mary spent most of the day in the nursery, taking a mother's place to her little nephew as best she could. Mademoiselle Bourienne, too, seemed passionately fond of the boy, and Princess Mary often deprived herself to give her friend the pleasure of dandling the little angel—as she called her nephew—and playing with him.

Near the altar of the church at Bald Hills there was a chapel over the tomb of the little princess, and in this chapel was a marble mon-

VIII

Война разгоралась, и театр ее приближался к русским границам. Всюду слышались проклятия врагу рода человеческого Бонапартию; в деревнях собирались ратники и рекруты, и с театра войны приходили разноречивые известия, как всегда ложные и потому различно перетолковываемые.

Жизнь старого князя Болконского, князя Андрея и княжны Марьи во многом изменилась с 1805 года.

В 1806 году старый князь был определен одним из восьми главнокомандующих по ополчению. Назначенных тогда по всей России. Старый князь, несмотря на свою старческую слабость, особенно сделавшуюся заметной в тот период времени, когда он считал своего сына убитым, не счел себя вправе отказаться от должности, в которую был определен самим государем, и эта вновь открывшаяся ему деятельность возбудила и укрепила его. Он постоянно бывал в разъездах по трем вверенным ему губерниям; был до педантизма исполнителен в своих обязанностях, строг до жестокости с своими подчиненными и сам доходил до малейших подробностей дела. Княжна Марья перестала брать уже у отца свои математические уроки и только по утрам, сопутствуемая кормилицей, с маленьким князем Николаем (как его звал дед) входила в кабинет отца, когда он был дома. Грудной князь Николай жил с кормилицей и няней Савишной на половине покойной княгини, и княжна Марья большую часть дня проводила в детской, заменяя, как умела, мать маленькому племяннику. M-lle Bourienne, тоже, как казалось, страстно любила мальчика, и княжна Марья, часто лишая себя, уступала своей подруге наслаждение нянчить маленького *ангела* (как называла она племянника) и играть с ним.

У алтаря лысогорской церкви была часовня над могилой маленький княгини, и в часовне был поставлен привезенный из

ument brought from Italy, representing an angel with outspread wings ready to fly upwards. The angel's upper lip was slightly raised as though about to smile, and once on coming out of the chapel Prince Andrew and Princess Mary admitted to one another that the angel's face reminded them strangely of the little princess. But what was still stranger, though of this Prince Andrew said nothing to his sister, was that in the expression the sculptor had happened to give the angel's face, Prince Andrew read the same mild reproach he had read on the face of his dead wife: "Ah, why have you done this to me?"

Soon after Prince Andrew's return the old prince made over to him a large estate, Boguchárovo, about twenty-five miles from Bald Hills. Partly because of the depressing memories associated with Bald Hills, partly because Prince Andrew did not always feel equal to bearing with his father's peculiarities, and partly because he needed solitude, Prince Andrew made use of Boguchárovo, began building and spent most of his time there.

After the Austerlitz campaign Prince Andrew had firmly resolved not to continue his military service, and when the war recommenced and everybody had to serve, he took a post under his father in the recruitment so as to avoid active service. The old prince and his son seemed to have changed roles since the campaign of 1805. The old man, roused by activity, expected the best results from the new campaign, while Prince Andrew on the contrary, taking no part in the war and secretly regretting this, saw only the dark side.

On February 26, 1807, the old prince set off on one of his circuits. Prince Andrew remained at Bald Hills as usual during his father's absence. Little Nicholas had been unwell for four days. The coachman who had driven the old prince to town returned bringing papers and letters for Prince Andrew.

Not finding the young prince in his study

Италии мраморный памятник, изображавший ангела, расправившего крылья и готовящегося подняться на небо. У ангела была немного приподнята верхняя губа, как будто он собирался улыбнуться, и однажды князь Андрей и княжна Марья, выходя из часовни, признались друг другу, что, странно, лицо этого ангела напоминало им лицо покойницы. Но что было еще страннее и чего князь Андрей не сказал сестре было то, что в выражении, которое дал случайно художник лицу ангела, князь Андрей читал те же слова кроткой укоризны, которые он прочел тогда на лице своей мертвой жены: «Ах, зачем вы это со мной сделали?..»

Вскоре после возвращения князя Андрея старый князь отделил сына и дал ему Богучарово, большое имение, находившееся в сорока верстах от Лысых Гор. Частью по причине тяжелых воспоминаний, связанных с Лысыми Горами, частью потому, что не всегда князь Андрей чувствовал себя в силах спокойно переносить характер отца, частью и потому, что ему нужно было уединение, князь Андрей воспользовался Богучаровым, строился там и проводил в нем бóльшую часть времени.

Князь Андрей после Аустерлицкой кампании твердо решил никогда не служить более в военной службе; и когда началась война и все должны были служить, он, чтобы отделаться от действительной службы, принял должность под начальством отца по сбору ополчения. Старый князь с сыном как бы переменились ролями после кампании 1805 года. Старый князь, возбужденный деятельностью, ожидал всего хорошего от настоящей кампании; князь Андрей, напротив, не участвуя в войне и в тайне души сожалея о том, видел одно дурное.

26-го февраля 1807 года старый князь уехал по округу. Князь Андрей, как и большей частью во время отлучек отца, оставался в Лысых Горах. Маленький Николушка был нездоров уже четвертый день. Кучера, возившие старого князя, вернулись из города и привезли бумаги и письма князю Андрею.

Камердинер с письмами, не застав моло-

the valet went with the letters to Princess Mary's apartments, but did not find him there. He was told that the prince had gone to the nursery.

"If you please, your excellency, Pétrusha has brought some papers," said one of the nurse-maids to Prince Andrew who was sitting on a child's little chair while, frowning and with trembling hands, he poured drops from a medicine bottle into a wineglass half full of water.

"What is it?" he said crossly, and, his hand shaking unintentionally, he poured too many drops into the glass. He threw the mixture onto the floor and asked for some more water. The maid brought it.

There were in the room a child's cot, two boxes, two armchairs, a table, a child's table, and the little chair on which Prince Andrew was sitting. The curtains were drawn, and a single candle was burning on the table, screened by a bound music book so that the light did not fall on the cot.

"My dear," said Princess Mary, addressing her brother from beside the cot where she was standing, "better wait a bit... later..."

"Oh, leave off, you always talk nonsense and keep putting things off—and this is what comes of it!" said Prince Andrew in an exasperated whisper, evidently meaning to wound his sister.

"My dear, really... it's better not to wake him... he's asleep," said the princess in a tone of entreaty.

Prince Andrew got up and went on tiptoe up to the little bed, wineglass in hand.

"Perhaps we'd really better not wake him," he said hesitating.

"As you please... really... I think so... but as you please," said Princess Mary, evidently intimidated and confused that her opinion had prevailed. She drew her brother's attention to the maid who was calling him in a whisper.

It was the second night that neither of them had slept, watching the boy who was in a high fever. These last days, mistrusting their household doctor and expecting another for whom they had sent to town, they had been trying first one

дого князя в его кабинете, прошел на половину княжны Марьи; но и там его не было. Камердинеру сказали, что князь пошел в детскую.

— Пожалуйте, ваше сиятельство, Петруша с бумагами пришел, — сказала одна из девушек — помощниц няньки, обращаясь к князю Андрею, который сидел на маленьком детском стуле и дрожащими руками, хмурясь, капал из склянки лекарство в рюмку, налитую до половины водой.

— Что такое? — сказал он сердито и, неосторожно дрогнув рукой, перелил из склянки в рюмку лишнее количество капель. Он выплеснул лекарство из рюмки на пол и опять спросил воды. Девушка подала ему.

В комнате стояла детская кроватка, два сундука, два кресла, стол и детские столик и стульчик, тот, на котором сидел князь Андрей. Окна были завешены, и на столе горела одна свеча, заставленная переплетенной нотной книгой, так, чтобы свет не падал на кроватку.

— Мой друг, — обращаясь к брату, сказала княжна Марья от кроватки, у которой она стояла, — лучше подождать... после...

— Ах, сделай милость, ты все говоришь глупости, ты и так все дожидалась, — вот и дождалась, — сказал князь Андрей озлобленным шепотом, видимо, с желанием уколоть сестру.

— Мой друг, право, лучше не будить, он заснул, — умоляющим голосом сказала княжна.

Князь Андрей встал и на цыпочках с рюмкой подошел к кроватке.

— Или точно, ты думаешь, не будить? — сказал он нерешительно.

— Как хочешь — право... я думаю... а как хочешь, — сказала княжна Марья, видимо робея и стыдясь того, что ее мнение восторжествовало. Она указала брату на девушку, шопотом вызывавшую его.

Была вторая ночь, что они оба не спали, ухаживая за горевшим в жару мальчиком. Все сутки эти, не доверяя своему домашнему доктору и ожидая того, за которым было послано в город, они предпринимали то то, то

remedy and then another. Worn out by sleeplessness and anxiety they threw their burden of sorrow on one another and reproached and disputed with each other.

"Pétrusha has come with papers from your father," whispered the maid.

Prince Andrew went out.

"Devil take them!" he muttered, and after listening to the verbal instructions his father had sent and taking the correspondence and his father's letter, he returned to the nursery.

"Well?" he asked.

"Still the same. Wait, for heaven's sake. Karl Ivánich always says that sleep is more important than anything," whispered Princess Mary with a sigh. Prince Andrew went up to the child and felt him. He was burning hot.

"Confound you and your Karl Ivánich!" He took the glass with the drops and again went up to the cot.

"Andrew, don't!" said Princess Mary.

But he scowled at her angrily though also with suffering in his eyes, and stooped glass in hand over the infant.

"But I wish it," he said. "I beg you—give it him!"

Princess Mary shrugged her shoulders but took the glass submissively and calling the nurse began giving the medicine. The child screamed hoarsely. Prince Andrew winced and, clutching his head, went out and sat down on a sofa in the next room.

He still had all the letters in his hand. Opening them mechanically he began reading. The old prince, now and then using abbreviations, wrote in his large elongated hand on blue paper as follows:

Have just this moment received by special messenger very joyful news—if it's not false. Bennigsen seems to have obtained a complete victory over Buonaparte at Eylau. In Petersburg everyone is rejoicing, and the rewards sent to the army are innumerable. Though he is a German—I congratulate him! I can't make out what the commander at Kórchevo—a certain Khandrikóv—is up to; till now the additional men and provisions have not arrived. Gallop off to him at

другое средство. Измученные бессонницей и встревоженные, они сваливали друг на друга свое горе, упрекали друг друга и ссорились.

— Петруша с бумагами от папеньки, — прошептала девушка.

Князь Андрей вышел.

— Ну, что там! — проговорил он сердито и, выслушав словесные приказания от отца и взяв подаваемые конверты и письмо отца, вернулся в детскую.

— Ну что? — спросил князь Андрей.

— Все то же, подожди ради Бога. Карл Иваныч всегда говорит, что сон всего дороже, — прошептала со вздохом княжна Марья. Князь Андрей подошел к ребенку и пощупал. Он горел.

— Убирайтесь вы с вашим Карлом Иванычем! — Он взял рюмку с накапанными в нее каплями и опять подошел.

— André, не надо! — сказала княжна Марья.

Но он злобно и вместе страдальчески нахмурился на нее и с рюмкой нагнулся к ребенку.

— Но я хочу этого, — сказал он. — Ну, я прошу тебя, дай ему.

Княжна Марья пожала плечами, но покорно взяла рюмку и, подозвав няньку, стала давать лекарство. Ребенок закричал и захрипел. Князь Андрей, сморщившись, взял себя за голову, вышел из комнаты и сел в соседней на диване.

Письма всё были в его руке. Он машинально открыл их и стал читать. Старый князь, на синей бумаге, своим крупным, продолговатым почерком, употребляя кое-где титлы, писал следующее:

«Весьма радостное в сей момент известие получил через курьера. Если не вранье, Бенигсен под Прейсиш-Эйлау над Буонапартием якобы полную викторию одержал. В Петербурге всё ликует, и наград послано в армию несть конца. Хотя немец, — проздравляю. Корчевский начальник, некий Хандриков, не постигну, что делает: до сих пор не доставлены добавочные люди и провиант. Сейчас скачи туда и скажи, что я с него го-

once and say I'll have his head off if everything is not here in a week. Have received another letter about the Preussisch-Eylau battle from Péten-ka—he took part in it—and it's all true. When mischief-makers don't meddle even a German beats Buonaparte. He is said to be fleeing in great disorder. Mind you gallop off to Kórchevo without delay and carry out instructions!

Prince Andrew sighed and broke the seal of another envelope. It was a closely written letter of two sheets from Bilíbin. He folded it up without reading it and reread his father's letter, ending with the words: "Gallop off to Kórchevo and carry out instructions!"

"No, pardon me, I won't go now till the child is better," thought he, going to the door and looking into the nursery.

Princess Mary was still standing by the cot, gently rocking the baby.

"Ah yes, and what else did he say that's unpleasant?" thought Prince Andrew, recalling his father's letter. "Yes, we have gained a victory over Bonaparte, just when I'm not serving. Yes, yes, he's always poking fun at me…. Ah, well! Let him!" And he began reading Bilíbin's letter which was written in French. He read without understanding half of it, read only to forget, if but for a moment, what he had too long been thinking of so painfully to the exclusion of all else.

лову сниму, чтобы через неделю все было. О Прейсиш-Эйлауском сражении получил еще письмо от Петеньки, он участвовал, — всё правда. Когда не мешают, кому мешаться не следует, то и немец побил Буонапартия. Сказывают, бежит весьма расстроен. Смотри же немедля скачи в Корчеву и исполни!»

Князь Андрей вздохнул и распечатал другой конверт. Это было на двух листочках мелко исписанное письмо от Билибина. Он сложил его не читая и опять прочел письмо отца, кончавшееся словами: «скачи в Корчеву и исполни!»

«Нет, уж извините, теперь не поеду, пока ребенок не оправится», — подумал он и, подошедши к двери, заглянул в детскую. Княжна Марья все стояла у кровати и тихо качала ребенку.

«Да, что бишь еще неприятное он пишет? — вспоминал князь Андрей содержание отцовского письма. — Да. Победу одержали наши над Бонапартом именно тогда, когда я не служу. Да, да, все подшучивает надо мной… ну, да на здоровье…» — И он стал читать французское письмо Билибина. Он читал, не понимая половины, читал только для того, чтобы хоть на минуту перестать думать о том, о чем он слишком долго исключительно и мучительно думал.

IX

Bilíbin was now at army headquarters in a diplomatic capacity, and though he wrote in French and used French jests and French idioms, he described the whole campaign with a fearless self-censure and self-derision genuinely Russian. Bilíbin wrote that the obligation of diplomatic discretion tormented him, and he was happy to have in Prince Andrew a reliable correspondent to whom he could pour out the bile he had accumulated at the sight of all that was being done in the army. The letter was old, having been written before the battle at Preussisch-Eylau.

"Since the day of our brilliant success at Austerlitz," wrote Bilíbin, "as you know, my dear prince, I never leave headquarters. I have certainly acquired a taste for war, and it is just as well for me; what I have seen during these last three months is incredible.

"I begin ab ovo. 'The enemy of the human race,' as you know, attacks the Prussians. The Prussians are our faithful allies who have only betrayed us three times in three years. We take up their cause, but it turns out that 'the enemy of the human race' pays no heed to our fine speeches and in his rude and savage way throws himself on the Prussians without giving them time to finish the parade they had begun, and in two twists of the hand he breaks them to smithereens and installs himself in the palace at Potsdam.

"'I most ardently desire,' writes the King of Prussia to Bonaparte, 'that Your Majesty should be received and treated in my palace in a manner agreeable to yourself, and in so far as circumstances allowed, I have hastened to take all steps to that end. May I have succeeded!' The Prussian generals pride themselves on being polite to the French and lay down their arms at the

IX

Билибин находился теперь в качестве дипломатического чиновника при главной квартире армии и хотя на французском языке, с французскими шуточками и оборотами речи, но с исключительно русским бесстрашием перед самоосуждением и самоосмеянием описывал всю кампанию. Билибин писал, что его дипломатическая discrétion [1] мучила его и что он был счастлив, имея в князе Андрее верного корреспондента, которому он мог изливать всю желчь, накопившуюся в нем при виде того, что творится в армии. Письмо это было старое, еще до Прейсиш-Эйлауского сражения.

«Со времени наших блестящих успехов в Аустерлице, вы знаете, мой милый князь, что я не покидаю более главных квартир. Решительно я вошел во вкус войны и тем очень доволен; то, что я видел в эти три месяца, — невероятно.

Я начинаю ab ovo. Враг рода человеческого, вам известный, атакует пруссаков. Пруссаки — наши верные союзники, которые нас обманули только три раза в три года. Мы заступаемся за них. Но, оказывается, что враг рода человеческого не обращает никакого внимания на наши прелестные речи и с своей неучтивой и дикой манерой бросается на пруссаков, не давая им времени кончить их начатый парад, вдребезги разбивает их и поселяется в Потсдамском дворце.

«Я очень желаю, — пишет прусский король Бонапарту, — чтобы ваше величество были приняты в моем дворце самым приятнейшим для вас образом, и я с особенной заботливостью сделал для того все распоряжения, какие мне позволили обстоятельства. О, если б я достиг цели!» Прусские генералы щеголяют учтивостью перед французами и

---

[1] скромность.

first demand.

"The head of the garrison at Glogau, with ten thousand men, asks the King of Prussia what he is to do if he is summoned to surrender.... All this is absolutely true.

"In short, hoping to settle matters by taking up a warlike attitude, it turns out that we have landed ourselves in war, and what is more, in war on our own frontiers, with and for the King of Prussia. We have everything in perfect order, only one little thing is lacking, namely, a commander in chief. As it was considered that the Austerlitz success might have been more decisive had the commander in chief not been so young, all our octogenarians were reviewed, and of Prozoróvski and Kámenski the latter was preferred. The general comes to us, Suvórov-like, in a kibítka, and is received with acclamations of joy and triumph.

"On the 4th, the first courier arrives from Petersburg. The mails are taken to the field marshal's room, for he likes to do everything himself. I am called in to help sort the letters and take those meant for us. The field marshal looks on and waits for letters addressed to him. We search, but none are to be found. The field marshal grows impatient and sets to work himself and finds letters from the Emperor to Count T., Prince V., and others. Then he bursts into one of his wild furies and rages at everyone and everything, seizes the letters, opens them, and reads those from the Emperor addressed to others. 'Ah! So that's the way they treat me! No confidence in me! Ah, ordered to keep an eye on me! Very well then! Get along with you!' So he writes the famous order of the day to General Bennigsen:

"'I am wounded and cannot ride and consequently cannot command the army. You have brought your army corps to Pultúsk, routed: here it is exposed, and without fuel or forage, so something must be done, and, as you yourself reported to Count Buxhöwden yesterday, you must think of retreating to our frontier—which do today.'

"'From all my riding,' he writes to the Em-

сдаются по первому требованию.

Начальник гарнизона Глогау, с десятью тысячами, спрашивает у прусского короля, что ему делать. Все это положительно достоверно.

Словом, мы думали внушить им только страх нашей военной этитюдой, но кончается тем, что мы вовлечены в войну, на нашей же границе, и, главное, за прусского короля и заодно с ним. Всего у нас в избытке, недостает только маленькой штучки, а именно — главнокомандующего. Так как оказалось, что успехи Аустерлица могли бы быть решительнее, если бы главнокомандующий был бы не так молод, то делается обзор осьмидесятилетних генералов, и между Прозоровским и Каменским выбирают последнего. Генерал приезжает к нам в кибитке по-суворовски, и его принимают с радостными восклицаниями и большим торжеством.

4-го приезжает первый курьер из Петербурга. Приносят чемоданы в кабинет фельдмаршала, который любит все делать сам. Меня зовут, чтобы помочь разобрать письма и взять те, которые назначены нам. Фельдмаршал, предоставляя нам это занятие, смотрит на нас и ждет конвертов, адресованных ему. Мы ищем — но их не оказывается. Фельдмаршал начинает волноваться, сам принимается за работу и находит письма от государя к графу Т., князю В. и другим. Он приходит в сильнейший гнев, выходит из себя, берет письма, распечатывает их и читает те, которые адресованы другим... И пишет знаменитый приказ графу Бенигсену.

„Я ранен, верхом, ездить не могу, следственно и командовать армией. Вы кор д'арме ваш привели разбитый в Пултуск: тут оно открыто, и без дров, и без фуража, потому пособить надо, и так как вчера сами отнеслись к графу Буксгевдену, думать должно о ретираде к нашей границе, что и выполнить сегодня".

„От всех моих поездок, — écrit-il à

peror, 'I have got a saddle sore which, coming after all my previous journeys, quite prevents my riding and commanding so vast an army, so I have passed on the command to the general next in seniority, Count Buxhöwden, having sent him my whole staff and all that belongs to it, advising him if there is a lack of bread, to move farther into the interior of Prussia, for only one day's ration of bread remains, and in some regiments none at all, as reported by the division commanders, Ostermann and Sedmorétzki, and all that the peasants had has been eaten up. I myself will remain in hospital at Ostrolenka till I recover. In regard to which I humbly submit my report, with the information that if the army remains in its present bivouac another fortnight there will not be a healthy man left in it by spring.

"'Grant leave to retire to his country seat to an old man who is already in any case dishonored by being unable to fulfill the great and glorious task for which he was chosen. I shall await your most gracious permission here in hospital, that I may not have to play the part of a secretary rather than commander in the army. My removal from the army does not produce the slightest stir—a blind man has left it. There are thousands such as I in Russia.'

"The field marshal is angry with the Emperor and he punishes us all, isn't it logical?

"This is the first act. Those that follow are naturally increasingly interesting and entertaining. After the field marshal's departure it appears that we are within sight of the enemy and must give battle. Buxhöwden is commander in chief by seniority, but General Bennigsen does not quite see it; more particularly as it is he and his corps who are within sight of the enemy and he wishes to profit by the opportunity to fight a battle 'on his own hand' as the Germans say. He does so. This is the battle of Pultúsk, which is considered a great victory but in my opinion was nothing of the kind. We civilians, as you know, have a very bad way of deciding whether a battle was won or

l'Empereur [2], — получил ссадину от седла, которая сверх прежних перевязок моих совсем мне мешает ездить верхом и командовать такой обширной армией, а потому я командованье оной сложил на старшего по мне генерала, графа Буксгевдена, отослав к нему все дежурство и все принадлежащее к оному, советовав им, если хлеба не будет, ретироваться ближе во внутренность Пруссии, потому что оставалось хлеба только на один день, а у иных полков ничего, как о том дивизионные командиры Остерман и Седморецкий объявили, а у мужиков все съедено; я и сам, пока вылечусь, остаюсь в гошпитале в Остроленке. О числе которого ведомость всеподданнейше подношу, донося, что если армия простоит в нынешнем биваке еще пятнадцать дней, то весной ни одного здорового не останется.

Увольте старика в деревню, который и так обесславлен остается, что не смог выполнить великого и славного жребия, к которому был избран. Всемилостивейшего дозволения вашего о том ожидать буду здесь, при гошпитале, дабы не играть роль *писарскую*, а не *командирскую* при войске. Отлучение меня от армии ни малейшего разглашения не произведет, что ослепший отъехал от армии. Таковых, как я, — в России тысячи".

Фельдмаршал сердится на государя и наказывает всех нас: это совершенно логично!

Вот первое действие комедии. При следующих интерес и забавность возрастают, само собой разумеется. После отъезда фельдмаршала оказывается, что мы в виду неприятеля и необходимо дать сражение. Буксгевден — главнокомандующий по старшинству, но генерал Бенигсен совсем не того мнения, тем более что он с своим корпусом находится в виду неприятеля и хочет воспользоваться случаем к сражению. Он его и дает. Эта пултуская битва, которая считается великою победой, но которая совсем не такова, по моему мнению. Мы, штатские, имеем, как вы знаете, очень дурную привычку решать вопрос

---

[2] пишет он императору.

lost. Those who retreat after a battle have lost it is what we say; and according to that it is we who lost the battle of Pultúsk. In short, we retreat after the battle but send a courier to Petersburg with news of a victory, and General Bennigsen, hoping to receive from Petersburg the post of commander in chief as a reward for his victory, does not give up the command of the army to General Buxhöwden. During this interregnum we begin a very original and interesting series of maneuvers. Our aim is no longer, as it should be, to avoid or attack the enemy, but solely to avoid General Buxhöwden who by right of seniority should be our chief. So energetically do we pursue this aim that after crossing an unfordable river we burn the bridges to separate ourselves from our enemy, who at the moment is not Bonaparte but Buxhöwden. General Buxhöwden was all but attacked and captured by a superior enemy force as a result of one of these maneuvers that enabled us to escape him. Buxhöwden pursues us—we scuttle. He hardly crosses the river to our side before we recross to the other. At last our enemy, Buxhöwden, catches us and attacks. Both generals are angry, and the result is a challenge on Buxhöwden's part and an epileptic fit on Bennigsen's. But at the critical moment the courier who carried the news of our victory at Pultúsk to Petersburg returns bringing our appointment as commander in chief, and our first foe, Buxhöwden, is vanquished; we can now turn our thoughts to the second, Bonaparte. But as it turns out, just at that moment a third enemy rises before us—namely the Orthodox Russian soldiers, loudly demanding bread, meat, biscuits, fodder, and whatnot! The stores are empty, the roads impassable. The Orthodox begin looting, and in a way of which our last campaign can give you no idea. Half the regiments form bands and scour the countryside and put everything to fire and sword. The inhabitants are totally ruined, the hospitals overflow with sick, and famine is everywhere. Twice the marauders even attack our headquarters, and the commander in chief has to ask for a battalion to disperse them. During one of these attacks they carried off my empty portmanteau and my dressing gown. The Emperor proposes to give all commanders of di-

о выигрыше или проигрыше сражения. Тот, кто отступил после сражения, тот проиграл его, вот что мы говорим, и, судя по этому, мы проиграли пултуское сражение. Одним словом, мы отступаем после битвы, но посылаем курьера в Петербург с известием о победе, и генерал Бенигсен не уступает начальствования над армией генералу Буксгевдену, надеясь получить из Петербурга в благодарность за свою победу звание главнокомандующего. Во время этого междуцарствия мы начинаем очень оригинальный и интересный ряд маневров. План наш не состоит более, как бы он должен был состоять, в том, чтобы избегать или атаковать неприятеля, но только в том, чтобы избегать генерала Буксгевдена, который по праву старшинства должен бы быть нашим начальником. Мы преследуем эту цель с такой энергией, что даже переходя реку, на которой нет бродов, мы сжигаем мост, с целью отдалить от себя нашего врага, который в настоящее время не Бонапарт, но Буксгевден. Генерал Буксгевден чуть-чуть не был атакован и взят превосходными неприятельскими силами, вследствие одного из таких маневров, спасавших нас от него. Буксгевден нас преследует — мы бежим. Только что он перейдет на нашу сторону реки, мы переходим опять на другую. Наконец враг наш Буксгевден ловит нас и атакует. Происходит объяснение. Оба генерала сердятся, и дело доходит почти до дуэли между двумя главнокомандующими. Но, по счастью, в самую критическую ми-нуту курьер, который возил в Петербург известие о пултуской победе, возвращается и привозит нам назначение главнокомандующего, и первый враг — Буксгевден — побежден. Мы теперь можем думать о втором враге — Бонапарте. Но оказывается, что в эту самую минуту возникает перед нами третий враг — православное, которое громкими возгласами требует хлеба, говядины, сухарей, сена, овса — и мало ли чего еще! Магазины пусты, дороги непроходимы. Православное начинает грабить, и грабеж доходит до такой степени, о которой последняя кампания не могла вам дать ни малейшего понятия. Половина пол-

visions the right to shoot marauders, but I much fear this will oblige one half the army to shoot the other."

At first Prince Andrew read with his eyes only, but after a while, in spite of himself (although he knew how far it was safe to trust Bilíbin), what he had read began to interest him more and more. When he had read thus far, he crumpled the letter up and threw it away. It was not what he had read that vexed him, but the fact that the life out there in which he had now no part could perturb him. He shut his eyes, rubbed his forehead as if to rid himself of all interest in what he had read, and listened to what was passing in the nursery. Suddenly he thought he heard a strange noise through the door. He was seized with alarm lest something should have happened to the child while he was reading the letter. He went on tiptoe to the nursery door and opened it.

Just as he went in he saw that the nurse was hiding something from him with a scared look and that Princess Mary was no longer by the cot.

"My dear," he heard what seemed to him her despairing whisper behind him.

As often happens after long sleeplessness and long anxiety, he was seized by an unreasoning panic—it occurred to him that the child was dead. All that he saw and heard seemed to confirm this terror.

"All is over," he thought, and a cold sweat broke out on his forehead. He went to the cot in confusion, sure that he would find it empty and that the nurse had been hiding the dead baby. He drew the curtain aside and for some time his

ков образует вольные команды, которые обходят страну и все предают мечу и пламени. Жители разорены совершенно, больницы завалены больными, и везде голод. Два раза мародеры нападали даже на главную квартиру, и главнокомандующий принужден был взять батальон солдат, чтобы прогнать их. В одно из этих нападений у меня унесли мой пустой чемодан и халат. Государь хочет дать право всем начальникам дивизий расстреливать мародеров, но я очень боюсь, чтоб это не заставило одну половину войска расстреливать другую.

Князь Андрей сначала читал одними глазами, но потом невольно то, что он читал (несмотря на то, что он знал, насколько должно было верить Билибину), больше и больше начинало занимать его. Дочитав до этого места, он смял письмо и бросил его. Не то, что он прочел в письме, сердило его, но его сердило то, что эта тамошняя, чуждая для него, жизнь могла волновать его. Он закрыл глаза, потер себе лоб рукою, как будто изгоняя всякое участие к тому, что он читал, и прислушался к тому, что делалось в детской. Вдруг ему показался за дверью какой-то странный звук. На него нашел страх, он боялся, не случилось ли чего с ребенком в то время, как он читал письмо. Он на цыпочках подошел к двери детской и отворил ее.

В ту минуту, как он входил, он увидал, что нянька с испуганным видом спрятала что-то от него и что княжны Марьи уже не было у кроватки.

— Мой друг, — послышался ему сзади отчаянный, как ему показалось, шепот княжны Марьи.

Как это часто бывает после долгой бессонницы и долгого волнения, на него нашел беспричинный страх: ему пришло в голову, что ребенок умер. Все, что он видел и слышал, показалось ему подтверждением его страха.

«Все кончено», — подумал он, и холодный пот выступил у него на лбу. Он растерянно подошел к кроватке, уверенный, что он найдет ее пустою, что нянька прятала мертвого ребенка. Он раскрыл занавески, и долго его

frightened, restless eyes could not find the baby. At last he saw him: the rosy boy had tossed about till he lay across the bed with his head lower than the pillow, and was smacking his lips in his sleep and breathing evenly.

Prince Andrew was as glad to find the boy like that, as if he had already lost him. He bent over him and, as his sister had taught him, tried with his lips whether the child was still feverish. The soft forehead was moist. Prince Andrew touched the head with his hand; even the hair was wet, so profusely had the child perspired. He was not dead, but evidently the crisis was over and he was convalescent. Prince Andrew longed to snatch up, to squeeze, to hold to his heart, this helpless little creature, but dared not do so. He stood over him, gazing at his head and at the little arms and legs which showed under the blanket. He heard a rustle behind him and a shadow appeared under the curtain of the cot. He did not look round, but still gazing at the infant's face listened to his regular breathing. The dark shadow was Princess Mary, who had come up to the cot with noiseless steps, lifted the curtain, and dropped it again behind her. Prince Andrew recognized her without looking and held out his hand to her. She pressed it.

"He has perspired," said Prince Andrew.

"I was coming to tell you so."

The child moved slightly in his sleep, smiled, and rubbed his forehead against the pillow.

Prince Andrew looked at his sister. In the dim shadow of the curtain her luminous eyes shone more brightly than usual from the tears of joy that were in them. She leaned over to her brother and kissed him, slightly catching the curtain of the cot. Each made the other a warning gesture and stood still in the dim light beneath the curtain as if not wishing to leave that seclusion where they three were shut off from all the world. Prince Andrew was the first to move away, ruffling his hair against the muslin of the curtain.

"Yes, this is the one thing left me now," he said with a sigh.

испуганные, разбегавшиеся глаза не могли отыскать ребенка. Наконец он увидал его: румяный мальчик, раскидавшись, лежал поперек кроватки, опустив голову ниже подушки, и во сне чмокал, перебирая губками, и ровно дышал.

Князь Андрей обрадовался, увидав мальчика, так, как будто бы он уже потерял его. Он нагнулся и, как учила его сестра, губами попробовал, есть ли жар у ребенка. Нежный лоб был влажен, он дотронулся рукой до головы — даже волосы были мокры: так сильно вспотел ребенок. Не только он не умер, но теперь очевидно было, что кризис совершился и что он выздоровел. Князю Андрею хотелось схватить, смять, прижать к своей груди это маленькое, беспомощное существо; он не смел этого сделать. Он стоял над ним, оглядывая его голову, ручки, ножки, определявшиеся под одеялом. Шорох послышался подле него, и какая-то тень показалась ему под пологом кроватки. Он не оглядывался и, глядя в лицо ребенка, все слушал его ровное дыхание. Темная тень была княжна Марья, которая неслышными шагами подошла к кроватке, подняла полог и опустила его за собою. Князь Андрей, не оглядываясь, узнал ее и протянул к ней руку. Она сжала его руку.

— Он вспотел, — сказал князь Андрей.

— Я шла к тебе, чтобы сказать это.

Ребенок во сне чуть пошевелился, улыбнулся и потерся лбом о подушку.

Князь Андрей посмотрел на сестру. Лучистые глаза княжны Марьи, в матовом полусвете полога, блестели больше обыкновенного от счастливых слез, которые стояли в них. Княжна Марья потянулась к брату и поцеловала его, слегка зацепив за полог кроватки. Они погрозили друг другу, еще постояли в матовом свете полога, как бы не желая расстаться с этим миром, в котором они втроем были отделены от всего света. Князь Андрей первый, путая волосы о кисею полога, отошел от кроватки.

«Да, это одно, что осталось мне теперь», — сказал он со вздохом.

X

Soon after his admission to the Masonic Brotherhood, Pierre went to the Kiev province, where he had the greatest number of serfs, taking with him full directions which he had written down for his own guidance as to what he should do on his estates.

When he reached Kiev he sent for all his stewards to the head office and explained to them his intentions and wishes. He told them that steps would be taken immediately to free his serfs—and that till then they were not to be overburdened with labor, women while nursing their babies were not to be sent to work, assistance was to be given to the serfs, punishments were to be admonitory and not corporal, and hospitals, asylums, and schools were to be established on all the estates. Some of the stewards (there were semiliterate foremen among them) listened with alarm, supposing these words to mean that the young count was displeased with their management and embezzlement of money, some after their first fright were amused by Pierre's lisp and the new words they had not heard before, others simply enjoyed hearing how the master talked, while the cleverest among them, including the chief steward, understood from this speech how they could best handle the master for their own ends.

The chief steward expressed great sympathy with Pierre's intentions, but remarked that besides these changes it would be necessary to go into the general state of affairs which was far from satisfactory.

Despite Count Bezúkhov's enormous wealth, since he had come into an income which was said to amount to five hundred thousand rubles a year, Pierre felt himself far poorer than when his father had made him an allowance of ten thousand rubles. He had a dim perception of the following budget:

X

Вскоре после своего приема в братство масонов Пьер с полным написанным им для себя руководством о том, что он должен был делать в своих имениях, уехал в Киевскую губернию, где находилась большая часть его крестьян.

Приехав в Киев, Пьер вызвал в главную контору всех управляющих и объяснил им свои намерения и желания. Он сказал им, что немедленно будут приняты меры для совершенного освобождения крестьян от крепостной зависимости, что до тех пор крестьяне не должны быть отягчаемы работами, что женщины с детьми не должны посылаться на работы, что крестьянам должна быть оказываема помощь, что наказания должны быть употребляемы увещательные, а не телесные, что в каждом имении должны быть учреждены больницы, приюты и школы. Некоторые управляющие (тут были и полуграмотные экономы) слушали испуганно, предполагая смысл речи в том, что молодой граф недоволен их управлением и утайкой денег; другие, после первого страха, находили забавным шепелявенье Пьера и новые, неслыханные ими слова; третьи находили просто удовольствие послушать, как говорит барин; четвертые, самые умные, в том числе и главноуправляющий, поняли из этой речи то, каким образом надо обходиться с барином для достижения своих целей.

Главноуправляющий выразил большое сочувствие намерениям Пьера; но заметил, что, кроме этих преобразований, необходимо было вообще заняться делами, которые были в дурном состоянии.

Несмотря на огромное богатство графа Безухова, с тех пор как Пьер получил его и получал, как говорили, пятьсот тысяч годового дохода, он чувствовал себя гораздо менее богатым, чем когда он получал свои десять тысяч от покойного графа. В общих чертах он смутно чувствовал следующий

About 80,000 went in payments on all the estates to the Land Bank, about 30,000 went for the upkeep of the estate near Moscow, the town house, and the allowance to the three princesses; about 15,000 was given in pensions and the same amount for asylums; 150,000 alimony was sent to the countess; about 70,000 went for interest on debts. The building of a new church, previously begun, had cost about 10,000 in each of the last two years, and he did not know how the rest, about 100,000 rubles, was spent, and almost every year he was obliged to borrow. Besides this the chief steward wrote every year telling him of fires and bad harvests, or of the necessity of rebuilding factories and workshops. So the first task Pierre had to face was one for which he had very little aptitude or inclination—practical business.

He discussed estate affairs every day with his chief steward. But he felt that this did not forward matters at all. He felt that these consultations were detached from real affairs and did not link up with them or make them move. On the one hand, the chief steward put the state of things to him in the very worst light, pointing out the necessity of paying off the debts and undertaking new activities with serf labor, to which Pierre did not agree. On the other hand, Pierre demanded that steps should be taken to liberate the serfs, which the steward met by showing the necessity of first paying off the loans from the Land Bank, and the consequent impossibility of a speedy emancipation.

The steward did not say it was quite impossible, but suggested selling the forests in the province of Kostromá, the land lower down the river, and the Crimean estate, in order to make it possible: all of which operations according to him were connected with such complicated measures—the removal of injunctions, petitions, permits, and so on—that Pierre became quite bewildered and only replied:

"Yes, yes, do so."

Pierre had none of the practical persistence that would have enabled him to attend to the business himself and so he disliked it and only tried to pretend to the steward that he was at-

бюджет. В Совет платилось около восьмидесяти тысяч по всем имениям; около тридцати тысяч стоило содержание подмосковной, московского дома и княжон; около пятнадцати тысяч выходило на пенсии, столько же на богоугодные заведения; графине на прожитье посылалось сто пятьдесят тысяч; процентов платилось за долги около семидесяти тысяч; постройка начатой церкви стоила эти два года около десяти тысяч; остальное, около ста тысяч, расходилось — он сам не знал как, и почти каждый год он принужден был занимать. Кроме того, каждый год главноуправляющий писал то о пожарах, то о неурожаях, то о необходимости перестроек фабрик и заводов. Итак, первое дело, представившееся Пьеру, было то, к которому он менее всего имел способности и склонности, — занятие делами.

Пьер с главноуправляющим каждый день *занимался*. Но он чувствовал, что занятия его ни на шаг вперед не подвигают дела. Он чувствовал, что его занятия происходят независимо от дела, что они не цепляют за дело и не заставляют его двигаться. С одной стороны, главноуправляющий, выставляя дела в самом дурном свете, показывал Пьеру необходимость уплачивать долги и предпринимать новые работы силами крепостных мужиков, на что Пьер не соглашался; с другой стороны, Пьер требовал приступления к делу освобождения, на что управляющий выставлял необходимость прежде уплатить долг Опекунскому совету, и потому невозможность быстрого исполнения.

Управляющий не говорил, что это совершенно невозможно, он предлагал для достижения этой цели продажу лесов Костромской губернии, продажу земель низовых и крымского имения. Но все эти операции в речах управляющего связывались с такою сложностью процессов снятия запрещений, истребований разрешений и т. п., что Пьер терялся и только говорил ему:

«Да, да, так и сделайте».

Пьер не имел той практической цепкости, которая бы дала ему возможность непосредственно взяться за дело, и потому он не любил его и только старался притворить-

tending to it. The steward for his part tried to pretend to the count that he considered these consultations very valuable for the proprietor and troublesome to himself.

In Kiev Pierre found some people he knew, and strangers hastened to make his acquaintance and joyfully welcomed the rich newcomer, the largest landowner of the province. Temptations to Pierre's greatest weakness—the one to which he had confessed when admitted to the Lodge—were so strong that he could not resist them. Again whole days, weeks, and months of his life passed in as great a rush and were as much occupied with evening parties, dinners, lunches, and balls, giving him no time for reflection, as in Petersburg. Instead of the new life he had hoped to lead he still lived the old life, only in new surroundings.

Of the three precepts of Freemasonry Pierre realized that he did not fulfill the one which enjoined every Mason to set an example of moral life, and that of the seven virtues he lacked two—morality and the love of death. He consoled himself with the thought that he fulfilled another of the precepts—that of reforming the human race—and had other virtues—love of his neighbor, and especially generosity.

In the spring of 1807 he decided to return to Petersburg. On the way he intended to visit all his estates and see for himself how far his orders had been carried out and in what state were the serfs whom God had entrusted to his care and whom he intended to benefit.

The chief steward, who considered the young count's attempts almost insane—unprofitable to himself, to the count, and to the serfs—made some concessions. Continuing to represent the liberation of the serfs as impracticable, he arranged for the erection of large buildings—schools, hospitals, and asylums—on all the estates before the master arrived. Everywhere preparations were made not for ceremonious welcomes (which he knew Pierre would not

ся перед управляющим, что он занят делом. Управляющий же старался притвориться перед графом, что он считает эти занятия весьма полезными для хозяина и для себя стеснительными.

В большом городе нашлись знакомые; незнакомые поспешили познакомиться и радушно приветствовали вновь приехавшего богача, самого большого владельца губернии. Искушения по отношению главной слабости Пьера, той, в которой он признался во время приема в ложу, тоже были так сильны, что Пьер не мог воздержаться от них. Опять целые дни, недели, месяцы жизни Пьера проходили так же озабоченно и занято между вечерами, обедами, завтраками, балами, не давая ему времени опомниться, как и в Петербурге. Вместо новой жизни, которую надеялся повести Пьер, он жил все той же прежней жизнью, только в другой обстановке.

Из тех назначений масонства Пьер сознавал, что он не исполнял того, которое предписывало каждому масону быть образцом нравственной жизни, и из семи добродетелей совершенно не имел в себе двух: добронравия и любви к смерти. Он утешал себя тем, что зато он исполнял другое назначение — исправления рода человеческого, и имел другие добродетели — любовь к ближнему и в особенности щедрость.

Весной 1807 года Пьер решился ехать назад в Петербург. По дороге назад он намеревался объехать все свои имения и лично удостовериться в том, что сделано из того, что им предписано, и в каком положении находится теперь тот народ, который вверен ему Богом и который он стремился облагодетельствовать.

Главноуправляющий, считавший все затеи молодого графа почти безумством, невыгодой для себя, для него, для крестьян, — сделал уступки. Продолжая дело освобождения представлять невозможным, он распорядился постройкой во всех имениях больших зданий школ, больниц и приютов; для приезда барина везде приготовил встречи, не пышно-торжественные, которые, он знал, не понравятся Пьеру, но именно такие

like), but for just such gratefully religious ones, with offerings of icons and the bread and salt of hospitality, as, according to his understanding of his master, would touch and delude him.

The southern spring, the comfortable rapid traveling in a Vienna carriage, and the solitude of the road, all had a gladdening effect on Pierre. The estates he had not before visited were each more picturesque than the other; the serfs everywhere seemed thriving and touchingly grateful for the benefits conferred on them. Everywhere were receptions, which though they embarrassed Pierre awakened a joyful feeling in the depth of his heart. In one place the peasants presented him with bread and salt and an icon of Saint Peter and Saint Paul, asking permission, as a mark of their gratitude for the benefits he had conferred on them, to build a new chantry to the church at their own expense in honor of Peter and Paul, his patron saints. In another place the women with infants in arms met him to thank him for releasing them from hard work. On a third estate the priest, bearing a cross, came to meet him surrounded by children whom, by the count's generosity, he was instructing in reading, writing, and religion. On all his estates Pierre saw with his own eyes brick buildings erected or in course of erection, all on one plan, for hospitals, schools, and almshouses, which were soon to be opened. Everywhere he saw the stewards' accounts, according to which the serfs' manorial labor had been diminished, and heard the touching thanks of deputations of serfs in their full-skirted blue coats.

What Pierre did not know was that the place where they presented him with bread and salt and wished to build a chantry in honor of Peter and Paul was a market village where a fair was held on St. Peter's day, and that the richest peasants (who formed the deputation) had begun the chantry long before, but that nine tenths of the peasants in that villages were in a state of the greatest poverty. He did not know that since the nursing mothers were no longer sent to work on his land, they did still harder work on their own land. He did not know that the priest who met him with the cross oppressed the peasants by his exactions, and that the pupils' parents wept

религиозно-благодарственные, с образами и хлебом-солью, именно такие, которые, как он понимал барина, должны были подействовать на графа и обмануть его.

Южная весна, покойное, быстрое путешествие в венской коляске и уединение дороги радостно действовали на Пьера. Имения, в которых он не бывал еще, были одно живописнее другого; народ везде представлялся благоденствующим и трогательно-благодарным за сделанные ему благодеяния. Везде были встречи, которые хотя и приводили в смущение Пьера, но в глубине души его вызывали радостное чувство. В одном месте мужики подносили ему хлеб-соль и образ Петра и Павла и просили позволения в честь его ангела Петра и Павла, в знак любви и благодарности за сделанные им благодеяния воздвигнуть на свой свет новый придел в церкви. В другом месте его встретили женщины с грудными детьми, благодаря его за избавление от тяжелых работ. В третьем имении его встречал священник с крестом, окруженный детьми, которых он, по милостям графа, обучал грамоте и религии. Во всех именьях Пьер видел своими глазами по одному плану воздвигавшиеся и воздвигнутые уже каменные здания больниц, школ, богаделен, которые должны были быть в скором времени открыты. Везде Пьер видел отчеты управляющих о барщинских работах, уменьшенных против прежнего, и слышал за то трогательные благодарения депутаций крестьян в синих кафтанах.

Пьер не знал, что там, где ему подносили хлеб-соль и строили придел Петра и Павла, было торговое село и ярмарка в Петров день, что придел уже строился давно богачами-мужиками села, теми, которые явились к нему, а что девять десятых мужиков этого села были в величайшем разорении. Он не знал, что вследствие того, что перестали по его приказу посылать *ребятниц*-женщин с грудными детьми на барщину, эти самые ребятницы тем труднейшую работу несли на своей половине. Он не знал, что священник, встретивший его с крестом, отягощал мужиков своими поборами и что собранные к нему ученики со сле-

at having to let him take their children and secured their release by heavy payments. He did not know that the brick buildings, built to plan, were being built by serfs whose manorial labor was thus increased, though lessened on paper. He did not know that where the steward had shown him in the accounts that the serfs' payments had been diminished by a third, their obligatory manorial work had been increased by a half. And so Pierre was delighted with his visit to his estates and quite recovered the philanthropic mood in which he had left Petersburg, and wrote enthusiastic letters to his "brother-instructor" as he called the Grand Master.

"How easy it is, how little effort it needs, to do so much good," thought Pierre, "and how little attention we pay to it!"

He was pleased at the gratitude he received, but felt abashed at receiving it. This gratitude reminded him of how much more he might do for these simple, kindly people.

The chief steward, a very stupid but cunning man who saw perfectly through the naïve and intelligent count and played with him as with a toy, seeing the effect these prearranged receptions had on Pierre, pressed him still harder with proofs of the impossibility and above all the uselessness of freeing the serfs, who were quite happy as it was.

Pierre in his secret soul agreed with the steward that it would be difficult to imagine happier people, and that God only knew what would happen to them when they were free, but he insisted, though reluctantly, on what he thought right. The steward promised to do all in his power to carry out the count's wishes, seeing clearly that not only would the count never be able to find out whether all measures had been taken for the sale of the land and forests and to release them from the Land Bank, but would probably never even inquire and would never know that the newly erected buildings were standing empty and that the serfs continued to give in money and work all that other people's serfs gave—that is to say, all that could be got out of them.

зами были отдаваемы ему и за большие деньги, были откупаемы родителями. Он не знал, что каменные, по плану, здания воздвигались своими рабочими и увеличили барщину крестьян, уменьшенную только на бумаге. Он не знал, что там, где управляющий указывал ему по книгам на уменьшение по его воле оброка на одну треть, была наполовину прибавлена барщинная повинность. И потому Пьер был восхищен своим путешествием по имениям и вполне возвратился к тому филантропическому настроению, в котором он выехал из Петербурга, и писал восторженные письма своему наставнику-брату, как он называл великого мастера.

«Как легко, как мало усилия нужно, чтобы сделать так много добра, — думал Пьер, — и как мало мы об этом заботимся!»

Он счастлив был выказываемой ему благодарностью, но стыдился, принимая ее. Эта благодарность напоминала ему, насколько *еще больше* он бы был в состоянии сделать для этих простых, добрых людей.

Главноуправляющий, весьма глупый и хитрый человек, совершенно понимая умного и наивного графа и играя им, как игрушкой, увидав действие, произведенное на Пьера приготовленными приемами, решительнее обратился к нему с доводами о невозможности и, главное, ненужности освобождения крестьян, которые и без того были совершенно счастливы.

Пьер в тайне своей души соглашался с управляющим в том, что трудно было представить себе людей более счастливых, и что Бог знает, что ожидало их на воле; но Пьер, хотя и неохотно, настаивал на том, что он считал справедливым. Управляющий обещал употребить все силы для исполнения воли графа, ясно понимая, что граф никогда не будет в состоянии поверить его не только в том, употреблены ли все меры для продажи лесов и имений, для выкупа из Совета, но и никогда, вероятно, не спросит и не узнает о том, как построенные здания стоят пустыми и крестьяне продолжают давать работой и деньгами все то, что они дают у других, то есть все, что они могут давать.

XI

Returning from his journey through South Russia in the happiest state of mind, Pierre carried out an intention he had long had of visiting his friend Bolkónski, whom he had not seen for two years.

Boguchárovo lay in a flat uninteresting part of the country among fields and forests of fir and birch, which were partly cut down. The house lay behind a newly dug pond filled with water to the brink and with banks still bare of grass. It was at the end of a village that stretched along the highroad in the midst of a young copse in which were a few fir trees.

The homestead consisted of a threshing floor, outhouses, stables, a bathhouse, a lodge, and a large brick house with semicircular façade still in course of construction. Round the house was a garden newly laid out. The fences and gates were new and solid; two fire pumps and a water cart, painted green, stood in a shed; the paths were straight, the bridges were strong and had handrails. Everything bore an impress of tidiness and good management. Some domestic serfs Pierre met, in reply to inquiries as to where the prince lived, pointed out a small newly built lodge close to the pond. Antón, a man who had looked after Prince Andrew in his boyhood, helped Pierre out of his carriage, said that the prince was at home, and showed him into a clean little anteroom.

Pierre was struck by the modesty of the small though clean house after the brilliant surroundings in which he had last met his friend in Petersburg.

He quickly entered the small reception room with its still-unplastered wooden walls redolent of pine, and would have gone farther, but Antón ran ahead on tiptoe and knocked at a door.

"Well, what is it?" came a sharp, unpleasant

XI

В самом счастливом состоянии духа возвращаясь из своего южного путешествия, Пьер исполнил свое давнишнее намерение — заехать к своему другу Болконскому, которого он не видал два года.

На последней станции, узнав, что князь Андрей не в Лысых Горах, а в своем новом отделенном имении, Пьер поехал к нему. Богучарово лежало в некрасивой, плоской местности, покрытой полями и срубленными и несрубленными еловыми с березой лесами. Барский двор находился на конце прямой, по большой дороге расположенной деревни, за вновь вырытым, полно налитым прудом, с не обросшими еще травой берегами, в середине молодого леса, между которым стояло несколько больших сосен.

Барский двор состоял из гумна, надворных построек, конюшен, бани, флигеля и большого каменного дома с полукруглым фронтоном, который еще строился. Вокруг дома был рассажен молодой сад. Ограды и ворота были прочные и новые; под навесом стояли две пожарные трубы и бочка, выкрашенная зеленою краской; дороги были прямые, мосты были крепкие, с перилами. На всем лежал отпечаток аккуратности и хозяйственности. Встретившиеся дворовые, на вопрос, где живет князь, указали на небольшой новый флигелек, стоящий у самого края пруда. Старый дядька князя Андрея, Антон, высадил Пьера из коляски, сказал, что князь дома, и проводил его в чистую маленькую прихожую.

Пьера поразила скромность маленького, хотя и чистенького домика после тех блестящих условий, в которых последний раз он видел своего друга в Петербурге.

Он поспешно вошел в пахнущую еще сосной, неоштукатуренную маленькую залу и хотел идти дальше, но Антон на цыпочках пробежал вперед и постучался в дверь.

— Ну, что там? — послышался резкий, не-

voice.

"A visitor," answered Antón.

"Ask him to wait," and the sound was heard of a chair being pushed back.

Pierre went with rapid steps to the door and suddenly came face to face with Prince Andrew, who came out frowning and looking old. Pierre embraced him and lifting his spectacles kissed his friend on the cheek and looked at him closely.

"Well, I did not expect you, I am very glad," said Prince Andrew.

Pierre said nothing; he looked fixedly at his friend with surprise. He was struck by the change in him. His words were kindly and there was a smile on his lips and face, but his eyes were dull and lifeless and in spite of his evident wish to do so he could not give them a joyous and glad sparkle. Prince Andrew had grown thinner, paler, and more manly-looking, but what amazed and estranged Pierre till he got used to it were his inertia and a wrinkle on his brow indicating prolonged concentration on some one thought.

As is usually the case with people meeting after a prolonged separation, it was long before their conversation could settle on anything. They put questions and gave brief replies about things they knew ought to be talked over at length. At last the conversation gradually settled on some of the topics at first lightly touched on: their past life, plans for the future, Pierre's journeys and occupations, the war, and so on. The preoccupation and despondency which Pierre had noticed in his friend's look was now still more clearly expressed in the smile with which he listened to Pierre, especially when he spoke with joyful animation of the past or the future. It was as if Prince Andrew would have liked to sympathize with what Pierre was saying, but could not. The latter began to feel that it was in bad taste to speak of his enthusiasms, dreams, and hopes of happiness or goodness, in Prince Andrew's presence. He was ashamed to express his new Masonic views, which had been particularly revived and strengthened by his late tour. He checked himself, fearing to seem naïve, yet he felt an irresistible desire to show his friend as

приятный голос.

— Гость, — отвечал Антон.

— Проси подождать, — и послышался отодвинутый стул.

Пьер быстрыми шагами подошел к двери и столкнулся лицом к лицу с выходившим к нему нахмуренным и постаревшим князем Андреем. Пьер обнял его и, подняв очки, целовал его в щеки и близко смотрел на него.

— Вот не ждал, очень рад, — сказал князь Андрей.

Пьер ничего не говорил; он удивленно, не спуская глаз, смотрел на своего друга. Его поразила происшедшая перемена в князе Андрее. Слова были ласковы, улыбка была на губах и лице князя Андрея, но взгляд был потухший, мертвый, которому, несмотря на видимое желание, князь Андрей не мог придать радостного и веселого блеска. Не то что похудел, побледнел, возмужал его друг; но взгляд этот и морщинка на лбу, выражавшие долгое сосредоточение на чем-то одном, поражали и отчуждали Пьера, пока он не привык к ним.

При свидании после долгой разлуки, как это всегда бывает, разговор долго не мог установиться; они спрашивали и отвечали коротко о таких вещах, о которых они сами знали, что надо было говорить долго. Наконец разговор стал понемногу останавливаться на прежде отрывочно сказанном, на вопросах о прошедшей жизни, о планах на будущее, о путешествии Пьера, о его занятиях, о войне и т. д. Та сосредоточенность и убитость, которую заметил Пьер во взгляде князя Андрея, теперь выражалась еще сильнее в улыбке, с которою он слушал Пьера, в особенности тогда, когда Пьер говорил с одушевлением радости о прошедшем или будущем. Как будто князь Андрей и желал бы, но не мог принимать участия в том, что он говорил. Пьер начинал чувствовать, что перед князем Андреем восторженность, мечты, надежны на счастие и на добро неприличны. Ему совестно было высказывать все свои новые, масонские мысли, в особенности подновленные и возбужденные в нем его последним путешествием. Он сдерживал

soon as possible that he was now a quite different, and better, Pierre than he had been in Petersburg.

"I can't tell you how much I have lived through since then. I hardly know myself again."

"Yes, we have altered much, very much, since then," said Prince Andrew.

"Well, and you? What are your plans?"

"Plans!" repeated Prince Andrew ironically. "My plans?" he said, as if astonished at the word. "Well, you see, I'm building. I mean to settle here altogether next year...."

Pierre looked silently and searchingly into Prince Andrew's face, which had grown much older.

"No, I meant to ask..." Pierre began, but Prince Andrew interrupted him.

"But why talk of me?... Talk to me, yes, tell me about your travels and all you have been doing on your estates."

Pierre began describing what he had done on his estates, trying as far as possible to conceal his own part in the improvements that had been made. Prince Andrew several times prompted Pierre's story of what he had been doing, as though it were all an old-time story, and he listened not only without interest but even as if ashamed of what Pierre was telling him.

Pierre felt uncomfortable and even depressed in his friend's company and at last became silent.

"I'll tell you what, my dear fellow," said Prince Andrew, who evidently also felt depressed and constrained with his visitor, "I am only bivouacking here and have just come to look round. I am going back to my sister today. I will introduce you to her. But of course you know her already," he said, evidently trying to entertain a visitor with whom he now found nothing in common. "We will go after dinner. And would you now like to look round my place?"

They went out and walked about till dinnertime, talking of the political news and common acquaintances like people who do not know each

себя, боялся быть наивным; вместе с тем ему неудержимо хотелось поскорее показать своему другу, что он был теперь совсем другой, лучший Пьер, чем тот, который был в Петербурге.

— Я не могу вам сказать, как много я пережил за это время. Я сам бы не узнал себя.

— Да, много, много мы изменились с тех пор, — сказал князь Андрей.

— Ну, а вы? — спрашивал Пьер. — Какие ваши планы?

— Планы? — иронически повторил князь Андрей. — Мои планы? — повторил он, как бы удивляясь значению такого слова. — Да вот видишь, строюсь, хочу к будущему году переехать совсем...

Пьер молча, пристально вглядывался в состарившееся лицо Андрея.

— Нет, я спрашиваю, — сказал Пьер, но князь Андрей перебил его:

— Да что про меня говорить... расскажи же, расскажи про свое путешествие, про все, что ты там наделал в своих именьях?

Пьер стал рассказывать о том, что он сделал в своих имениях, стараясь как можно более скрыть свое участие в улучшениях, сделанных им. Князь Андрей несколько раз подсказывал Пьеру вперед то, что он рассказывал, как будто все то, что сделал Пьер, была давно известная история, и слушал не только не с интересом, но даже как будто стыдясь за то, что рассказывал Пьер.

Пьеру стало неловко и даже тяжело в обществе своего друга. Он замолчал.

— Ну вот что, моя душа, — сказал князь Андрей, которому, очевидно, было тоже тяжело и стеснительно с гостем, — я здесь на биваках, я приехал только посмотреть. И нынче еду опять к сестре. Я тебя познакомлю с ними. Да ты, кажется, знаком, — сказал он, очевидно занимая гостя, с которым он не чувствовал теперь ничего общего. — Мы поедем после обеда. А теперь хочешь посмотреть мою усадьбу?

Они вышли и проходили до обеда, разговаривая о политических новостях и общих знакомых, как люди мало близкие друг к дру-

other intimately. Prince Andrew spoke with some animation and interest only of the new homestead he was constructing and its buildings, but even here, while on the scaffolding, in the midst of a talk explaining the future arrangements of the house, he interrupted himself:

"However, this is not at all interesting. Let us have dinner, and then we'll set off."

At dinner, conversation turned on Pierre's marriage.

"I was very much surprised when I heard of it," said Prince Andrew.

Pierre blushed, as he always did when it was mentioned, and said hurriedly:

"I will tell you some time how it all happened. But you know it is all over, and forever."

"Forever?" said Prince Andrew. "Nothing's forever."

"But you know how it all ended, don't you? You heard of the duel?"

"And so you had to go through that too!"

"One thing I thank God for is that I did not kill that man," said Pierre.

"Why so?" asked Prince Andrew. "To kill a vicious dog is a very good thing really."

"No, to kill a man is bad—wrong."

"Why is it wrong?" urged Prince Andrew. "It is not given to man to know what is right and what is wrong. Men always did and always will err, and in nothing more than in what they consider right and wrong."

"What does harm to another is wrong," said Pierre, feeling with pleasure that for the first time since his arrival Prince Andrew was roused, had begun to talk, and wanted to express what had brought him to his present state.

"And who has told you what is bad for another man?" he asked.

"Bad! Bad!" exclaimed Pierre. "We all know what is bad for ourselves."

"Yes, we know that, but the harm I am conscious of in myself is something I cannot inflict on others," said Prince Andrew, growing more

гу. С некоторым оживлением и интересом князь Андрей говорил только об устраиваемой им новой усадьбе и постройке, но и тут в середине разговора, на подмостках, когда князь Андрей описывал Пьеру будущее расположение дома, он вдруг остановился.

— Впрочем, тут нет ничего интересного, пойдем обедать и поедем.

За обедом зашел разговор о женитьбе Пьера.

— Я очень удивился, когда услышал об этом, — сказал князь Андрей.

Пьер покраснел так же, как он краснел всегда при этом, и торопливо сказал:

— Я вам расскажу когда-нибудь, как это все случилось. Но вы знаете, что все это кончено, и навсегда.

— Навсегда? — сказал князь Андрей. — Навсегда ничего не бывает.

— Но вы знаете, как это все кончилось? Слышали про дуэль?

— Да, ты прошел и через это.

— Одно, за что я благодарю Бога, это за то, что я не убил этого человека, — сказал Пьер.

— Отчего же? — сказал князь Андрей. — Убить злую собаку даже очень хорошо.

— Нет, убить человека нехорошо, несправедливо...

— Отчего же несправедливо? — повторил князь Андрей. — То, что справедливо и несправедливо — не дано судить людям. Люди вечно заблуждались и будут заблуждаться, и ни в чем больше, как в том, что они считают справедливым и несправедливым.

— Несправедливо то, что есть зло для другого человека, — сказал Пьер, с удовольствием чувствуя, что в первый раз со времени его приезда князь Андрей оживлялся и начинал говорить и хотел высказать все то, что сделало его таким, каким он был теперь.

— А кто тебе сказал, что такое зло для другого человека? — спросил он.

— Зло? Зло? — сказал Пьер. — Мы все знаем, что такое зло для себя.

— Да, мы знаем, но то зло, которое я знаю для себя, я не могу сделать другому человеку, — все более и более оживляясь, говорил

and more animated and evidently wishing to express his new outlook to Pierre. He spoke in French. "I only know two very real evils in life: remorse and illness. The only good is the absence of those evils. To live for myself avoiding those two evils is my whole philosophy now."

"And love of one's neighbor, and self-sacrifice?" began Pierre. "No, I can't agree with you! To live only so as not to do evil and not to have to repent is not enough. I lived like that, I lived for myself and ruined my life. And only now when I am living, or at least trying" (Pierre's modesty made him correct himself) "to live for others, only now have I understood all the happiness of life. No, I shall not agree with you, and you do not really believe what you are saying." Prince Andrew looked silently at Pierre with an ironic smile.

"When you see my sister, Princess Mary, you'll get on with her," he said. "Perhaps you are right for yourself," he added after a short pause, "but everyone lives in his own way. You lived for yourself and say you nearly ruined your life and only found happiness when you began living for others. I experienced just the reverse. I lived for glory.—And after all what is glory? The same love of others, a desire to do something for them, a desire for their approval.—So I lived for others, and not almost, but quite, ruined my life. And I have become calmer since I began to live only for myself."

"But what do you mean by living only for yourself?" asked Pierre, growing excited. "What about your son, your sister, and your father?"

"But that's just the same as myself—they are not others," explained Prince Andrew. "The others, one's neighbors, le prochain, as you and Princess Mary call it, are the chief source of all error and evil. Le prochain—your Kiev peasants to whom you want to do good."

And he looked at Pierre with a mocking, challenging expression. He evidently wished to

князь Андрей, видимо желая высказать Пьеру свой новый взгляд на вещи. Он говорил по-французски. — Je ne connais dans la vie que maux bien réels: c'est le remord et la maladie. Il n'est de bien que l'absence de ces maux [1]. Жить для себя, избегая только этих двух зол, вот вся моя мудрость теперь.

— А любовь к ближнему, а самопожертвование? — заговорил Пьер. — Нет, я с вами не могу согласиться! Жить только так, чтобы не делать зла, чтобы не раскаиваться, этого мало. Я жил так, я жил для себя и погубил свою жизнь. И только теперь, когда я живу, по крайней мере стараюсь (из скромности поправился Пьер) жить для других, только теперь я понял все счастие жизни. Нет, я не соглашусь с вами, да и вы не думаете того, что вы говорите. — Князь Андрей молча глядел на Пьера и насмешливо улыбался.

— Вот увидишь сестру, княжну Марью. С ней вы сойдетесь, — сказал он. — Может быть, ты прав для себя, — продолжал он, помолчав немного, — но каждый живет по-своему: ты жил для себя и говоришь, что этим чуть не погубил свою жизнь, а узнал счастие только, когда стал жить для других. А я испытал противуположное. Я жил для славы. (Ведь что же слава? та же любовь к другим, желание сделать для них что-нибудь, желание их похвалы.) Так я жил для других и не почти, а совсем погубил свою жизнь. И с тех пор стал спокоен, как живу для одного себя.

— Да как же жить для одного себя? — разгорячаясь, спросил Пьер. — А сын, сестра, отец?

— Да это все тот же я, это не другие, — сказал князь Андрей, — а другие, *ближние*, le prochain, как вы с княжной Марьей называете, это главный источник заблуждения и зла. Le prochain — это те твои киевские мужики, которым ты хочешь делать добро.

И он посмотрел на Пьера насмешливо вызывающим взглядом. Он, видимо, вызы-

---

[1] Я знаю в жизни только два действительные несчастья: угрызение совести и болезнь. И счастие есть

draw him on.

"You are joking," replied Pierre, growing more and more excited. "What error or evil can there be in my wishing to do good, and even doing a little—though I did very little and did it very badly? What evil can there be in it if unfortunate people, our serfs, people like ourselves, were growing up and dying with no idea of God and truth beyond ceremonies and meaningless prayers and are now instructed in a comforting belief in future life, retribution, recompense, and consolation? What evil and error are there in it, if people were dying of disease without help while material assistance could so easily be rendered, and I supplied them with a doctor, a hospital, and an asylum for the aged? And is it not a palpable, unquestionable good if a peasant, or a woman with a baby, has no rest day or night and I give them rest and leisure?" said Pierre, hurrying and lisping. "And I have done that though badly and to a small extent; but I have done something toward it and you cannot persuade me that it was not a good action, and more than that, you can't make me believe that you do not think so yourself. And the main thing is," he continued, "that I know, and know for certain, that the enjoyment of doing this good is the only sure happiness in life."

"Yes, if you put it like that it's quite a different matter," said Prince Andrew. "I build a house and lay out a garden, and you build hospitals. The one and the other may serve as a pastime. But what's right and what's good must be judged by one who knows all, but not by us. Well, you want an argument," he added, "come on then."

They rose from the table and sat down in the entrance porch which served as a veranda.

"Come, let's argue then," said Prince Andrew, "You talk of schools," he went on, crooking a finger, "education and so forth; that is, you want to raise him" (pointing to a peasant who passed by them taking off his cap) "from his animal condition and awaken in him spiritual needs, while it seems to me that animal happiness is the only happiness possible, and that is just what you want to deprive him of. I envy him, but you want to make him what I am, without giving him my

вал Пьера.

— Вы шутите, — все более и более оживляясь говорил Пьер. — Какое же может быть заблуждение и зло в том, что я желал (очень мало и дурно исполнил), но желал сделать добро, да и сделал хотя кое-что? Какое же может быть зло, что несчастные люди, наши мужики, люди так же, как мы, вырастающие и умирающие без другого понятия о Боге и правде, как образ и бессмысленная молитва, будут поучаться в утешительных верованиях будущей жизни, возмездия, награды, утешения? Какое же зло и заблуждение в том, что люди умирают от болезни без помощи, когда так легко материально помочь им, и я им дам лекаря, и больницу, и приют старику? И разве не ощутительное, не несомненное благо то, что мужик, баба с ребенком не имеют дни и ночи покоя, а я дам им отдых и досуг?.. — говорил Пьер, торопясь и шепелявя. — И я это сделал, хоть плохо, хоть немного, но сделал кое-что для этого, и вы не только меня не разуверите в том, что то, что я сделал, хорошо, но и не разуверите, чтобы вы сами этого не думали. А главное, — продолжал Пьер, — я вот что знаю, и знаю верно, что наслаждение делать это добро есть единственное верное счастие жизни.

— Да, ежели так поставить вопрос, то это другое дело, — сказал князь Андрей. — Я строю дом, развожу сад, а ты больницы. И то и другое может служить препровождением времени. Но что справедливо, что добро — предоставь судить тому, кто все знает, а не нам. Ну, ты хочешь спорить, — прибавил он, — ну давай.

Они вышли из-за стола и сели на крыльцо, заменявшее балкон.

— Ну, давай спорить, — сказал князь Андрей. — Ты говоришь школа, — продолжал он, загибая палец, — поучения и так далее, то есть ты хочешь вывести его, — сказал он, указывая на мужика, снявшего шапку и проходившего мимо их, — из его животного состояния и дать ему нравственные потребности. А мне кажется, что единственно возможное счастье — есть счастье животное, а ты его-то хочешь лишить его. Я завидую

means. Then you say, 'lighten his toil.' But as I see it, physical labor is as essential to him, as much a condition of his existence, as mental activity is to you or me. You can't help thinking. I go to bed after two in the morning, thoughts come and I can't sleep but toss about till dawn, because I think and can't help thinking, just as he can't help plowing and mowing; if he didn't, he would go to the drink shop or fall ill. Just as I could not stand his terrible physical labor but should die of it in a week, so he could not stand my physical idleness, but would grow fat and die. The third thing—what else was it you talked about?" and Prince Andrew crooked a third finger.

"Ah, yes, hospitals, medicine. He has a fit, he is dying, and you come and bleed him and patch him up. He will drag about as a cripple, a burden to everybody, for another ten years. It would be far easier and simpler for him to die. Others are being born and there are plenty of them as it is. It would be different if you grudged losing a laborer—that's how I regard him—but you want to cure him from love of him. And he does not want that. And besides, what a notion that medicine ever cured anyone! Killed them, yes!" said he, frowning angrily and turning away from Pierre.

Prince Andrew expressed his ideas so clearly and distinctly that it was evident he had reflected on this subject more than once, and he spoke readily and rapidly like a man who has not talked for a long time. His glance became more animated as his conclusions became more hopeless.

"Oh, that is dreadful, dreadful!" said Pierre. "I don't understand how one can live with such ideas. I had such moments myself not long ago, in Moscow and when traveling, but at such times I collapsed so that I don't live at all—everything seems hateful to me... myself most of all. Then I don't eat, don't wash... and how is it with you?..."

"Why not wash? That is not cleanly," said Prince Andrew; "on the contrary one must try to make one's life as pleasant as possible. I'm alive,

ему, а ты хочешь его сделать мною, но не дав ему ни моего ума, ни моих чувств, ни моих средств. Другое — ты говоришь: облегчить его работу. А по-моему, труд физический для него есть такая же необходимость, такое же условие его существования, как для тебя и для меня труд умственный. Ты не можешь не думать. Я ложусь спать в третьем часу, мне приходят мысли, и я не могу заснуть, ворочаюсь, не сплю до утра оттого, что я думаю и не могу не думать, как он не может не пахать, не косить, иначе он пойдет в кабак или сделается болен. Как я не перенесу его страшного физического труда, а умру через неделю, так он не перенесет моей физической праздности, он растолстеет и умрет. Третье, — что бишь еще ты сказал? Князь Андрей загнул третий палец.

— Ах, да. Больницы, лекарства. У него удар, он умирает, а ты пустишь ему кровь, вылечишь, он калекой будет ходить десять лет, всем в тягость. Гораздо покойнее и проще ему умереть. Другие родятся, и так их много. Ежели бы ты жалел, что у тебя лишний работник пропал, — как я смотрю на него, а то ты из любви к нему его хочешь лечить. А ему этого не нужно. Да и потом, что за воображенье, что медицина кого-нибудь вылечивала... Убивать! — так! — сказал он, злобно нахмурившись и отвернувшись от Пьера.

Князь Андрей высказывал свои мысли так ясно и отчетливо, что видно было, он не раз думал об этом, и он говорил охотно и быстро, как человек, долго не говоривший. Взгляд его оживлялся тем больше, чем безнадежнее были его суждения.

— Ах, это ужасно, ужасно! — сказал Пьер. — Я не понимаю только, как можно жить с такими мыслями. На меня находили такие же минуты, это недавно было, в Москве и дорогой, но тогда я опускаюсь до такой степени, что я не живу, все мне гадко, главное, я сам. Тогда я не ем, не умываюсь... ну, как же вы...

— Отчего же не умываться, это не чисто, — сказал князь Андрей. — Напротив, надо стараться сделать свою жизнь как можно бо-

that is not my fault, so I must live out my life as best I can without hurting others."

"But with such ideas what motive have you for living? One would sit without moving, undertaking nothing...."

"Life as it is leaves one no peace. I should be thankful to do nothing, but here on the one hand the local nobility have done me the honor to choose me to be their marshal; it was all I could do to get out of it. They could not understand that I have not the necessary qualifications for it—the kind of good-natured, fussy shallowness necessary for the position. Then there's this house, which must be built in order to have a nook of one's own in which to be quiet. And now there's this recruiting."

"Why aren't you serving in the army?"

"After Austerlitz!" said Prince Andrew gloomily. "No, thank you very much! I have promised myself not to serve again in the active Russian army. And I won't—not even if Bonaparte were here at Smolénsk threatening Bald Hills—even then I wouldn't serve in the Russian army! Well, as I was saying," he continued, recovering his composure, "now there's this recruiting. My father is chief in command of the Third District, and my only way of avoiding active service is to serve under him."

"Then you are serving?"

"I am."

He paused a little while.

"And why do you serve?"

"Why, for this reason! My father is one of the most remarkable men of his time. But he is growing old, and though not exactly cruel he has too energetic a character. He is so accustomed to unlimited power that he is terrible, and now he has this authority of a commander in chief of the recruiting, granted by the Emperor. If I had been two hours late a fortnight ago he would have had a paymaster's clerk at Yúkhnovna hanged," said Prince Andrew with a smile. "So I am serving because I alone have any influence with my father, and now and then can save him from actions which would torment him afterwards."

"Well, there you see!"

"Yes, but it is not as you imagine," Prince An-

лее приятной. Я живу и в этом не виноват, стало быть, надо как-нибудь получше, никому не мешая, дожить до смерти.

— Но что же вас побуждает жить? С такими мыслями будешь сидеть не двигаясь, ничего не предпринимая.

— Жизнь и так не оставляет в покое. Я бы рад ничего не делать, а вот, с одной стороны, дворянство здешнее удостоило меня чести избрания в предводители; я насилу отделался. Они не могли понять, что во мне нет того, что нужно, нет этой известной добродушной и озабоченной пошлости, которая нужна для этого. Потом вот этот дом, который надо было построить, чтобы иметь свой угол, где можно быть спокойным. Теперь ополченье.

— Отчего вы не служите в армии?

— После Аустерлица! — мрачно сказал князь Андрей. — Нет, покорно благодарю, я дал себе слово, что служить в действующей русской армии я не буду. И не буду. Ежели бы Бонапарте стоял тут, у Смоленска, угрожая Лысым Горам, и тогда бы я не стал служить в русской армии. Ну, так я тебе говорил, — успокоиваясь, продолжал князь Андрей, — теперь ополченье, отец главнокомандующим третьего округа, и единственное средство мне избавиться от службы — быть при нем.

— Стало быть, вы служите?

— Служу. — Он помолчал немного.

— Так зачем же вы служите?

— А вот зачем. Отец мой один из замечательнейших людей своего века. Но он становится стар, и он не то что жесток, но он слишком деятельного характера. Он страшен своею привычкой к неограниченной власти и теперь этой властью, данной государем главнокомандующим над ополчением. Ежели бы я два часа опоздал две недели тому назад, он был повесил протоколиста в Юхнове, — сказал князь Андрей с улыбкой. — Так я служу потому, что, кроме меня, никто не имеет влияния на отца и я кое-где спасу его от поступка, от которого бы он после мучился.

— А, ну так вот видите!

— Да, mais ce n'est pas comme vous

drew continued. "I did not, and do not, in the least care about that scoundrel of a clerk who had stolen some boots from the recruits; I should even have been very glad to see him hanged, but I was sorry for my father—that again is for myself."

Prince Andrew grew more and more animated. His eyes glittered feverishly while he tried to prove to Pierre that in his actions there was no desire to do good to his neighbor.

"There now, you wish to liberate your serfs," he continued; "that is a very good thing, but not for you—I don't suppose you ever had anyone flogged or sent to Siberia—and still less for your serfs. If they are beaten, flogged, or sent to Siberia, I don't suppose they are any the worse off. In Siberia they lead the same animal life, and the stripes on their bodies heal, and they are happy as before. But it is a good thing for proprietors who perish morally, bring remorse upon themselves, stifle this remorse and grow callous, as a result of being able to inflict punishments justly and unjustly. It is those people I pity, and for their sake I should like to liberate the serfs. You may not have seen, but I have seen, how good men brought up in those traditions of unlimited power, in time when they grow more irritable, become cruel and harsh, are conscious of it, but cannot restrain themselves and grow more and more miserable."

Prince Andrew spoke so earnestly that Pierre could not help thinking that these thoughts had been suggested to Prince Andrew by his father's case.

He did not reply.

"So that's what I'm sorry for—human dignity, peace of mind, purity, and not the serfs' backs and foreheads, which, beat and shave as you may, always remain the same backs and foreheads."

"No, no! A thousand times no! I shall never agree with you," said Pierre.

l'entendez [2], — продолжал князь Андрей. — Я ни малейшего добра не желал и не желаю этому мерзавцу-протоколисту, который украл какие-то сапоги у ополченцев; я даже очень был бы доволен видеть его повешенным, но мне жалко отца, то есть опять себя же.

Князь Андрей все более и более оживлялся. Глаза его лихорадочно блестели в то время, как он старался доказать Пьеру, что никогда в его поступке не было желания добра ближнему.

— Ну, вот ты хочешь освободить крестьян, — продолжал он. — Это очень хорошо; но не для тебя (ты, я думаю, никого не засекал и не посылал в Сибирь) и еще меньше для крестьян. Ежели их бьют, секут и посылают в Сибирь, то я думаю, что им от этого нисколько не хуже. В Сибири ведет он ту же свою скотскую жизнь, а рубцы на теле заживут, и он так же счастлив, как был прежде. А нужно это для тех людей, которые гибнут нравственно, наживают себе раскаяние, подавляют это раскаяние и грубеют оттого, что у них есть возможность казнить право и неправо. Вот кого мне жалко и для кого я бы желал освободить крестьян. Ты, может быть, не видал, а я видел, как хорошие люди, воспитанные в этих преданиях неограниченной власти, с годами, когда они делаются раздражительнее, делаются жестоки, грубы, знают это, не могут удержаться и все делаются несчастнее и несчастнее.

Князь Андрей говорил это с таким увлечением, что Пьер невольно подумал о том, что мысли эти наведены были Андрею его отцом.

Он ничего не отвечал ему.

— Так вот кого и чего жалко — человеческого достоинства, спокойствия совести, чистоты, а не их спин и лбов, которые, сколько ни секи, сколько ни брей, все останутся такими же спинами и лбами.

— Нет, нет и тысячу раз нет! я никогда не соглашусь с вами, — сказал Пьер.

---

[2] но не так, как ты думаешь.

XII

In the evening Andrew and Pierre got into the open carriage and drove to Bald Hills. Prince Andrew, glancing at Pierre, broke the silence now and then with remarks which showed that he was in a good temper.

Pointing to the fields, he spoke of the improvements he was making in his husbandry.

Pierre remained gloomily silent, answering in monosyllables and apparently immersed in his own thoughts.

He was thinking that Prince Andrew was unhappy, had gone astray, did not see the true light, and that he, Pierre, ought to aid, enlighten, and raise him. But as soon as he thought of what he should say, he felt that Prince Andrew with one word, one argument, would upset all his teaching, and he shrank from beginning, afraid of exposing to possible ridicule what to him was precious and sacred.

"No, but why do you think so?" Pierre suddenly began, lowering his head and looking like a bull about to charge, "why do you think so? You should not think so."

"Think? What about?" asked Prince Andrew with surprise.

"About life, about man's destiny. It can't be so. I myself thought like that, and do you know what saved me? Freemasonry! No, don't smile. Freemasonry is not a religious ceremonial sect, as I thought it was: Freemasonry is the best expression of the best, the eternal, aspects of humanity."

And he began to explain Freemasonry as he understood it to Prince Andrew.

He said that Freemasonry is the teaching of Christianity freed from the bonds of State and Church, a teaching of equality, brotherhood, and love.

"Only our holy brotherhood has the real meaning of life, all the rest is a dream," said Pierre. "Understand, my dear fellow, that outside this union all is filled with deceit and falsehood

XII

Вечером князь Андрей и Пьер сели в коляску и поехали в Лысые Горы. Князь Андрей, поглядывая на Пьера, прерывал изредка молчание речами, доказывавшими, что он находился в хорошем расположении духа.

Он говорил ему, указывая на поля, о своих хозяйственных усовершенствованиях.

Пьер мрачно молчал, отвечая односложно, и казался погруженным в свои мысли.

Пьер думал о том, что князь Андрей несчастлив, что он заблуждался, что он не знает истинного света и что Пьер должен прийти на помощь ему, просветить и поднять его. Но как только Пьер придумывал, как и что он станет говорить, он предчувствовал, что князь Андрей одним словом, одним аргументом уронит все его ученье, и он боялся начать, боялся выставить на возможность осмеяния свою любимую святыню.

— Нет, отчего же вы думаете, — вдруг начал Пьер, опуская голову и принимая вид бодающегося быка, — отчего вы так думаете? Вы не должны так думать.

— Про что я думаю? — спросил князь Андрей с удивлением.

— Про жизнь, про назначение человека. Это не может быть. Я так же думал, и меня спасло, вы знаете что? масонство. Нет, вы не улыбайтесь. Масонство — это не религиозная, не обрядная секта, как и я думал, а масонство есть лучшее, единственное выражение лучших, вечных сторон человечества.

— И он начал излагать князю Андрею масонство, как он понимал его.

Он говорил, что масонство есть учение христианства, освободившегося от государственных и религиозных оков; учение равенства, братства и любви.

— Только наше святое братство имеет действительный смысл в жизни; все остальное есть сон, — говорил Пьер. — Вы поймите, мой друг, что вне этого союза все испол-

and I agree with you that nothing is left for an intelligent and good man but to live out his life, like you, merely trying not to harm others. But make our fundamental convictions your own, join our brotherhood, give yourself up to us, let yourself be guided, and you will at once feel yourself, as I have felt myself, a part of that vast invisible chain the beginning of which is hidden in heaven," said Pierre.

Prince Andrew, looking straight in front of him, listened in silence to Pierre's words. More than once, when the noise of the wheels prevented his catching what Pierre said, he asked him to repeat it, and by the peculiar glow that came into Prince Andrew's eyes and by his silence, Pierre saw that his words were not in vain and that Prince Andrew would not interrupt him or laugh at what he said.

They reached a river that had overflowed its banks and which they had to cross by ferry. While the carriage and horses were being placed on it, they also stepped on the raft.

Prince Andrew, leaning his arms on the raft railing, gazed silently at the flooding waters glittering in the setting sun.

"Well, what do you think about it?" Pierre asked. "Why are you silent?"

"What do I think about it? I am listening to you. It's all very well.... You say: join our brotherhood and we will show you the aim of life, the destiny of man, and the laws which govern the world. But who are we? Men. How is it you know everything? Why do I alone not see what you see? You see a reign of goodness and truth on earth, but I don't see it."

Pierre interrupted him.

"Do you believe in a future life?" he asked.

"A future life?" Prince Andrew repeated, but Pierre, giving him no time to reply, took the repetition for a denial, the more readily as he knew Prince Andrew's former atheistic convictions.

"You say you can't see a reign of goodness and truth on earth. Nor could I, and it cannot be seen if one looks on our life here as the end of

нено лжи и неправды, и я согласен с вами, что умному и доброму человеку ничего не остается, как только, как вы, доживать свою жизнь, стараясь только не мешать другим. Но усвойте себе наши основные убеждения, вступите в наше братство, дайте нам себя, позвольте руководить собой, и вы сейчас почувствуете себя, как и я почувствовал, часть этой огромной, невидимой цепи, которой начало скрывается в небесах, — говорил Пьер.

Князь Андрей молча, глядя перед собой, слушал речь Пьера. Несколько раз он, не расслышав от шума коляски, переспрашивал у Пьера нерасслышанные слова. По особенному блеску, загоревшемуся в глазах князя Андрея, и по его молчанию Пьер видел, что слова его не напрасны, что князь Андрей не перебьет его и не будет смеяться над его словами.

Они подъехали к разлившейся реке, которую им надо было переезжать на пароме. Пока устанавливали коляску и лошадей, они пошли на паром.

Князь Андрей, облокотившись о перила, молча смотрел вдоль по блестящему от заходящего солнца разливу.

— Ну, что же вы думаете об этом? — спросил Пьер. — Что же вы молчите?

— Что я думаю? Я слушал тебя. Все это так, — сказал князь Андрей. — Но ты говоришь: вступи в наше братство, и мы тебе укажем цель жизни и назначение человека и законы, управляющие миром. Да кто же мы? — люди. Отчего же вы все знаете? Отчего я один не вижу того, что вы видите? Вы видите на земле царство добра и правды, а я его не вижу.

Пьер перебил его.

— Верите вы в будущую жизнь? — спросил он.

— В будущую жизнь? — повторил князь Андрей, но Пьер не дал ему времени ответить и принял это повторение за отрицание, тем более что он знал прежние атеистические убеждения князя Андрея.

— Вы говорите, что не можете видеть царства добра и правды на земле. И я не видал его; и его нельзя видеть, ежели смотреть

everything. On earth, here on this earth" (Pierre pointed to the fields), "there is no truth, all is false and evil; but in the universe, in the whole universe there is a kingdom of truth, and we who are now the children of earth are—eternally—children of the whole universe. Don't I feel in my soul that I am part of this vast harmonious whole? Don't I feel that I form one link, one step, between the lower and higher beings, in this vast harmonious multitude of beings in whom the Deity—the Supreme Power if you prefer the term—is manifest? If I see, clearly see, that ladder leading from plant to man, why should I suppose it breaks off at me and does not go farther and farther? I feel that I cannot vanish, since nothing vanishes in this world, but that I shall always exist and always have existed. I feel that beyond me and above me there are spirits, and that in this world there is truth."

"Yes, that is Herder's theory," said Prince Andrew, "but it is not that which can convince me, dear friend—life and death are what convince. What convinces is when one sees a being dear to one, bound up with one's own life, before whom one was to blame and had hoped to make it right" (Prince Andrew's voice trembled and he turned away), "and suddenly that being is seized with pain, suffers, and ceases to exist.... Why? It cannot be that there is no answer. And I believe there is.... That's what convinces, that is what has convinced me," said Prince Andrew.

"Yes, yes, of course," said Pierre, "isn't that what I'm saying?"

"No. All I say is that it is not argument that convinces me of the necessity of a future life, but this: when you go hand in hand with someone and all at once that person vanishes there, into nowhere, and you yourself are left facing that abyss, and look in. And I have looked in...."

"Well, that's it then! You know that there is a there and there is a Someone? There is the future life. The Someone is—God."

Prince Andrew did not reply. The carriage

на нашу жизнь как на конец всего. На *земле,>* именно на этой земле (Пьер указал в поле), нет правды — все *ложь* и *зло;* но в мире, во всем мире есть царство правды и мы теперь дети земли, а вечно — дети всего мира. Разве я не чувствую в своей душе, что я составляю часть этого огромного, гармонического целого? Разве я не чувствую, что я в этом бесчисленном количестве существ, в которых проявляется божество, — высшая сила, — как хотите, — что я составляю одно звено, одну ступень от низших существ к высшим? Ежели я вижу, ясно вижу эту лестницу, которая ведет от растения к человеку, то отчего же я предположу, что эта лестница, которой я не вижу конца внизу, она теряется в растениях. Отчего же я предположу, что эта лестница прерывается со мною, а не ведет дальше и дальше до высших существ? Я чувствую, что я не только не могу исчезнуть, как ничто не исчезает в мире, но что я всегда буду и всегда был. Я чувствую, что, кроме меня, надо мной живут духи и что в этом мире есть правда.

— Да, это учение Гердера, — сказал князь Андрей, — но не то, душа моя, убедит меня, а жизнь и смерть, вот что убеждает. Убеждает то, что видишь дорогое тебе существо, которое связано с тобой, перед которым ты был виноват и надеялся оправдаться (князь Андрей дрогнул голосом и отвернулся), и вдруг это существо страдает, мучается и перестает быть... Зачем? Не может быть, чтоб не было ответа! И я верю, что он есть... Вот что убеждает, вот что убедило меня, — сказал князь Андрей.

— Ну да, ну да, — говорил Пьер, — разве не то же самое и я говорю!

— Нет. Я говорю только, что убеждают в необходимости будущей жизни не доводы, а то, когда идешь в жизни рука об руку с человеком, и вдруг человек этот исчезнет *там* в *нигде,* и ты сам останавливаешься перед этой пропастью и заглядываешь туда. И я заглянул...

— Ну, так что ж! Вы знаете, что есть *там* и что есть *кто-то?* Там есть — будущая жизнь. *Кто-то* есть — Бог.

Князь Андрей не отвечал. Коляска и ло-

and horses had long since been taken off, onto the farther bank, and reharnessed. The sun had sunk half below the horizon and an evening frost was starring the puddles near the ferry, but Pierre and Andrew, to the astonishment of the footmen, coachmen, and ferrymen, still stood on the raft and talked.

"If there is a God and future life, there is truth and good, and man's highest happiness consists in striving to attain them. We must live, we must love, and we must believe that we live not only today on this scrap of earth, but have lived and shall live forever, there, in the Whole," said Pierre, and he pointed to the sky.

Prince Andrew stood leaning on the railing of the raft listening to Pierre, and he gazed with his eyes fixed on the red reflection of the sun gleaming on the blue waters. There was perfect stillness. Pierre became silent. The raft had long since stopped and only the waves of the current beat softly against it below. Prince Andrew felt as if the sound of the waves kept up a refrain to Pierre's words, whispering:

"It is true, believe it."

He sighed, and glanced with a radiant, child-like, tender look at Pierre's face, flushed and rapturous, but yet shy before his superior friend.

"Yes, if it only were so!" said Prince Andrew. "However, it is time to get on," he added, and, stepping off the raft, he looked up at the sky to which Pierre had pointed, and for the first time since Austerlitz saw that high, everlasting sky he had seen while lying on that battlefield; and something that had long been slumbering, something that was best within him, suddenly awoke, joyful and youthful, in his soul. It vanished as soon as he returned to the customary conditions of his life, but he knew that this feeling which he did not know how to develop existed within him. His meeting with Pierre formed an epoch in Prince Andrew's life. Though outwardly he continued to live in the same old way, inwardly he began a new life.

шади уже давно были выведены на другой берег и заложены и уж солнце скрылось до половины и вечерний мороз покрывал звездами лужи у перевоза, а Пьер и Андрей, к удивлению лакеев, кучеров и перевозчиков, еще стояли на пароме и говорили.

— Ежели есть Бог и есть будущая жизнь, то есть истина, есть добродетель; и высшее счастье человека состоит в том, чтобы стремиться к достижению их. Надо жить, надо любить, надо верить, — говорил Пьер, — что живем не нынче только на этом клочке земли, а жили и будем жить вечно там, во всем (он указал на небо).

Князь Андрей стоял, облокотившись на перила парома, и, слушая Пьера, не спуская глаз, смотрел на красный отблеск солнца по синеющему разливу. Пьер замолк. Было совершенно тихо. Паром давно пристал, и только волны течения с слабым звуком ударялись о дно парома. Князю Андрею казалось, что это полосканье волн к словам Пьера приговаривало:

«Правда, верь этому».

Князь Андрей вздохнул и лучистым, детским, нежным взглядом взглянул в раскрасневшееся восторженное, но все робкое перед первенствующим другом, лицо Пьера.

— Да, коли бы это так было! — сказал он.

— Однако пойдем садиться, — прибавил князь Андрей, и, выходя с парома, он поглядел на небо, на которое указал ему Пьер, и в первый раз после Аустерлица он увидал то высокое, вечное небо, которое он видел, лежа на Аустерлицком поле, и что-то давно заснувшее, что-то лучшее, что было в нем, вдруг радостно и молодо проснулось в его душе. Чувство это исчезло, как скоро князь Андрей вступил опять в привычные условия жизни, но он знал, что это чувство, которое он не умел развить, жило в нем. Свидание с Пьером было для князя Андрея эпохой, с которой началась хотя во внешности и та же самая, но во внутреннем мире его новая жизнь.

XIII

It was getting dusk when Prince Andrew and Pierre drove up to the front entrance of the house at Bald Hills. As they approached the house, Prince Andrew with a smile drew Pierre's attention to a commotion going on at the back porch. A woman, bent with age, with a wallet on her back, and a short, long-haired, young man in a black garment had rushed back to the gate on seeing the carriage driving up. Two women ran out after them, and all four, looking round at the carriage, ran in dismay up the steps of the back porch.

"Those are Mary's 'God's folk,'" said Prince Andrew. "They have mistaken us for my father. This is the one matter in which she disobeys him. He orders these pilgrims to be driven away, but she receives them."

"But what are 'God's folk'?" asked Pierre.

Prince Andrew had no time to answer. The servants came out to meet them, and he asked where the old prince was and whether he was expected back soon.

The old prince had gone to the town and was expected back any minute.

Prince Andrew led Pierre to his own apartments, which were always kept in perfect order and readiness for him in his father's house; he himself went to the nursery.

"Let us go and see my sister," he said to Pierre when he returned. "I have not found her yet, she is hiding now, sitting with her 'God's folk.' It will serve her right, she will be confused, but you will see her 'God's folk.' It's really very curious."

"What are 'God's folk'?" asked Pierre.

"Come, and you'll see for yourself."
Princess Mary really was disconcerted and

XIII

Уже смерклось, когда князь Андрей и Пьер подъехали к главному подъезду лысогорского дома. В то время как они подъезжали, князь Андрей с улыбкой обратил внимание Пьера на суматоху, происшедшую у заднего крыльца. Согнутая старушка с котомкой на спине и невысокий мужчина в черном одеянии и с длинными волосами, увидав въезжавшую коляску, бросились бежать назад в ворота. Две женщины выбежали за ними, и все четверо, оглядываясь на коляску, испуганно вбежали на заднее крыльцо.

— Это Ма́шины Божьи люди, — сказал князь Андрей. — Они приняли нас за отца. А это единственно, в чем она не повинуется ему: он велит гонять этих странников, а она принимает их.

— Да что такое Божьи люди? — спросил Пьер.

Князь Андрей не успел ответить ему. Слуги вышли навстречу, и он расспрашивал о том, где был старый князь и скоро ли ждут его.

Старый князь был еще в городе, и его ждали каждую минуту.

Князь Андрей провел Пьера на свою половину, всегда в полной исправности ожидавшую его в доме его отца, и сам пошел в детскую.

— Пойдем к сестре, — сказал князь Андрей, возвратившись к Пьеру, — я еще не видел ее, она теперь прячется и сидит с своими Божьими людьми. Поделом ей, она сконфузится, а ты увидишь Божьих людей. C'est curieux, ma parole [1].

— Qu'est-ce que c'est que [2] Божьи люди? — спросил Пьер.

— А вот увидишь.

Княжна Марья действительно сконфу-

---

[1] Это интересно, право.

[2] Что такое.

red patches came on her face when they went in. In her snug room, with lamps burning before the icon stand, a young lad with a long nose and long hair, wearing a monk's cassock, sat on the sofa beside her, behind a samovar.

Near them, in an armchair, sat a thin, shriveled, old woman, with a meek expression on her childlike face.

"Andrew, why didn't you warn me?" said the princess, with mild reproach, as she stood before her pilgrims like a hen before her chickens.

"Charmée de vous voir. Je suis très contente de vous voir (delighted to see you. I am very glad to see you.)," she said to Pierre as he kissed her hand. She had known him as a child, and now his friendship with Andrew, his misfortune with his wife, and above all his kindly, simple face disposed her favorably toward him. She looked at him with her beautiful radiant eyes and seemed to say, "I like you very much, but please don't laugh at my people." After exchanging the first greetings, they sat down.

"Ah, and Ivánushka is here too!" said Prince Andrew, glancing with a smile at the young pilgrim.

"Andrew!" said Princess Mary, imploringly.

"Il faut que vous sachiez que c'est une femme, (You must know that this is a woman)" said Prince Andrew to Pierre.

"Andrew, au nom de Dieu! (For heaven's sake)" Princess Mary repeated.

It was evident that Prince Andrew's ironical tone toward the pilgrims and Princess Mary's helpless attempts to protect them were their customary long-established relations on the matter.

"Mais, ma bonne amie," said Prince Andrew, "vous devriez au contraire m'être reconnaissante de ce que j'explique à Pierre votre intimité avec

зилась и покраснела пятнами, когда вошли к ней. В ее уютной комнате с лампадками перед киотами на диване, за самоваром сидел рядом с ней молодой мальчик с длинным носом и длинными волосами в монашеской рясе.

На кресле, подле, сидела сморщенная, худая старушка с кротким выражением детского лица.

— André, pourquoi ne pas m'avoir prévenu? [3] — сказала она с кротким упреком, становясь перед своими странниками, как наседка перед цыплятами.

— Charmée de vous voir. Je suis très contente de vous voir [4], — сказала она Пьеру, в то время как он целовал ее руку. Она знала его ребенком, и теперь дружба его с Андреем, его несчастие с женою и, главное, его доброе, простое лицо расположили ее к нему. Она смотрела на него своими прекрасными, лучистыми глазами и, казалось, говорила: «Я вас очень люблю, но, пожалуйста, не смейтесь над *моими*». Обменявшись первыми фразами приветствия, они сели.

— А, и Иванушка тут, — сказал князь Андрей, указывая улыбкой на молодого странника.

— André! — умоляюще сказала княжна Марья.

— Il faut que vous sachiez que c'est une femme [5], — сказал Андрей Пьеру.

— André, au nom de Dieu! [6] — повторила княжна Марья.

Видно было, что насмешливое отношение князя Андрея к странникам и бесполезное заступничество за них княжны Марьи были привычные, установившиеся между ними отношения.

— Mais, ma bonne amie, — сказал князь Андрей, — vous devriez au contraire m'être reconnaissante de ce que j'explique à Pierre

---

[3] Андрюша, зачем ты не предупредил меня?

[4] Очень рада вас видеть. Очень рада.

[5] Ты знаешь, это женщина.

[6] Андрюша, ради Бога!

ce jeune homme (but, my dear, you ought on the contrary to be grateful to me for explaining to Pierre your intimacy with this young man)."

"Really?" said Pierre, gazing over his spectacles with curiosity and seriousness (for which Princess Mary was specially grateful to him) into Ivánushka's face, who, seeing that she was being spoken about, looked round at them all with crafty eyes.

Princess Mary's embarrassment on her people's account was quite unnecessary. They were not in the least abashed. The old woman, lowering her eyes but casting side glances at the newcomers, had turned her cup upside down and placed a nibbled bit of sugar beside it, and sat quietly in her armchair, though hoping to be offered another cup of tea. Ivánushka, sipping out of her saucer, looked with sly womanish eyes from under her brows at the young men.

"Where have you been? To Kiev?" Prince Andrew asked the old woman.

"I have, good sir," she answered garrulously. "Just at Christmastime I was deemed worthy to partake of the holy and heavenly sacrament at the shrine of the saint. And now I'm from Kolyázin, master, where a great and wonderful blessing has been revealed."

"And was Ivánushka with you?"

"I go by myself, benefactor," said Ivánushka, trying to speak in a bass voice. "I only came across Pelagéya in Yúkhnovo...."

Pelagéya interrupted her companion; she evidently wished to tell what she had seen.

"In Kolyázin, master, a wonderful blessing has been revealed."

"What is it? Some new relics?" asked Prince Andrew.

"Andrew, do leave off," said Princess Mary. "Don't tell him, Pelagéya."

"No... why not, my dear, why shouldn't I? I like him. He is kind, he is one of God's chosen, he's a benefactor, he once gave me ten rubles, I

votre intimité avec ce jeune homme [7].

— Vraiment? [8] — сказал Пьер любопытно и серьезно (за что особенно благодарна ему была княжна Марья), вглядываясь через очки в лицо Иванушки, который, поняв, что речь шла о нем, хитрыми глазами оглядывал всех.

Княжна Марья совершенно напрасно смутилась за *своих*. Они нисколько не робели. Старушка, опустив глаза, но искоса поглядывая на вошедших, опрокинув чашку вверх дном на блюдечко и положив подле обкусанный кусочек сахара, спокойно и неподвижно сидела на своем кресле, ожидая, чтобы ей предложили еще чаю. Иванушка, попивая из блюдечка, исподлобья лукавыми женскими глазами смотрел на молодых людей.

— Где, в Киеве была? — спросил старуху князь Андрей.

— Была, отец, — отвечала словоохотливо старуха, — на самое Рождество удостоилась у угодников сообщиться святых небесных тайн. А теперь из Колязина, отец, благодать великая открылась...

— Что ж, Иванушка с тобой?

— Я сам по себе иду, кормилец, — стараясь говорить басом, сказал Иванушка. — Только в Юхнове с Пелагеюшкой сошлись.

Пелагеюшка перебила своего товарища; ей, видно, хотелось рассказать то, что она видела.

— В Колязине, отец, великая благодать открылась.

— Что ж, мощи новые? — спросил князь Андрей.

— Полно, Андрей, — сказала княжна Марья. — Не рассказывай, Пелагеюшка.

— И что ты, мать, отчего же не рассказывать? Я его люблю. Он добрый. Богом взысканный, он мне благодетель, десять рублей

---

[7] Но, мой добрый друг, ты бы должна мне быть благодарна за то, что я объясняю Пьеру твою интимность с этим молодым человеком.

[8] Право?

remember. When I was in Kiev, Crazy Cyril says to me (he's one of God's own and goes barefoot summer and winter), he says, 'Why are you not going to the right place? Go to Kolyázin where a wonder-working icon of the Holy Mother of God has been revealed.' On hearing those words I said good-by to the holy folk and went."

All were silent, only the pilgrim woman went on in measured tones, drawing in her breath.

"So I come, master, and the people say to me: 'A great blessing has been revealed, holy oil trickles from the cheeks of our blessed Mother, the Holy Virgin Mother of God.'..."

"All right, all right, you can tell us afterwards," said Princess Mary, flushing.

"Let me ask her," said Pierre. "Did you see it yourselves?" he inquired.

"Oh, yes, master, I was found worthy. Such a brightness on the face like the light of heaven, and from the blessed Mother's cheek it drops and drops...."

"But, dear me, that must be a fraud!" said Pierre, naïvely, who had listened attentively to the pilgrim.

"Oh, master, what are you saying?" exclaimed the horrified Pelagéya, turning to Princess Mary for support.

"They impose on the people," he repeated.

"Lord Jesus Christ!" exclaimed the pilgrim woman, crossing herself. "Oh, don't speak so, master! There was a general who did not believe, and said, 'The monks cheat,' and as soon as he'd said it he went blind. And he dreamed that the Holy Virgin Mother of the Kiev catacombs came to him and said, 'Believe in me and I will make you whole.' So he begged: 'Take me to her, take me to her.' It's the real truth I'm telling you, I saw it myself. So he was brought, quite blind, straight to her, and he goes up to her and falls down and says, 'Make me whole,' says he, 'and I'll give thee what the Tsar bestowed on me.' I saw it myself, master, the star is fixed into the icon. Well, and what do you think? He received his sight! It's a sin to speak so. God will punish you," she said admonishingly, turning to Pierre.

"How did the star get into the icon?" Pierre asked.

дал, я помню. Как была я в Киеве, и говорит мне Кирюша, юродивый — истинно Божий человек, зиму и лето босой ходит. Что ходишь, говорит, не по своему месту, в Колязин иди, там икона чудотворная, матушка Пресвятая Богородица открылась. Я с тех слов простилась с угодниками и пошла...

Все молчали, одна странница говорила мерным голосом, втягивая в себя воздух.

— Пришла, отец мой, мне народ и говорит: благодать великая открылась, у матушки Пресвятой Богородицы миро из щечки каплет...

— Ну, хорошо, хорошо, после расскажешь, — краснея, сказала княжна Марья.

— Позвольте у нее спросить, — сказал Пьер. — Ты сама видела? — спросил он.

— Как же, отец, сама удостоилась. Сияние такое на лике-то, как свет небесный, и из щечки у матушки так и каплет, так и каплет...

— Да ведь это обман, — наивно сказал Пьер, внимательно слушавший странницу.

— Ах, отец, что говоришь! — с ужасом сказала Пелагеюшка, обращаясь за защитой к княжне Марье.

— Это обманывают народ, — повторил он.

— Господи Иисусе Христе, — крестясь, сказала странница. — Ох, не говори, отец. Так-то один анарал не верил, сказал: «Монахи обманывают». Да как сказал, так и ослеп. И приснилось ему, что приходит к нему матушка Печерская и говорит: «Уверуй мне, я тебя исцелю». Вот и стал проситься: повези да повези меня к ней. Это я тебе истинную правду говорю, сама видела. Привезли его, слепого, прямо к ней; подошел, упал, говорит: «Исцели! отдам тебе, говорит, все, чем царь жаловал». Сама видела, отец, звезда в ней так и вделана. Что ж, прозрел! Грех говорить так, Бог накажет, — поучительно обратилась она к Пьеру.

— Как же звезда-то в образе очутилась? — спросил Пьер.

"And was the Holy Mother promoted to the rank of general?" said Prince Andrew, with a smile.

Pelagéya suddenly grew quite pale and clasped her hands.

"Oh, master, master, what a sin! And you who have a son!" she began, her pallor suddenly turning to a vivid red. "Master, what have you said? God forgive you!" And she crossed herself. "Lord forgive him! My dear, what does it mean?..." she asked, turning to Princess Mary. She got up and, almost crying, began to arrange her wallet. She evidently felt frightened and ashamed to have accepted charity in a house where such things could be said, and was at the same time sorry to have now to forgo the charity of this house.

"Now, why need you do it?" said Princess Mary. "Why did you come to me?..."

"Come, Pelagéya, I was joking," said Pierre. "Princesse, ma parole, je n'ai pas voulu l'offenser (princess, on my word, I did not wish to offend her). I did not mean anything, I was only joking," he said, smiling shyly and trying to efface his offense. "It was all my fault, and Andrew was only joking."

Pelagéya stopped doubtfully, but in Pierre's face there was such a look of sincere penitence, and Prince Andrew glanced so meekly now at her and now at Pierre, that she was gradually reassured.

— В генералы и матушку произвели? — сказал князь Андрей улыбаясь.

Пелагеюшка вдруг побледнела и всплеснула руками.

— Отец, отец, грех тебе, грех. У тебя сын! — заговорила она, из бледности вдруг переходя в яркую краску. — Отец, что ты сказал такое, Бог тебя прости. — Она перекрестилась. — Господи, прости его. Матушка, что ж это? — обратилась она к княжие Марье. Она встала и, чуть не плача, стала собирать свою сумочку. Ей, видно, было и страшно, и жалко того, кто это сказал, и стыдно, что она пользовалась благодеяниями в доме, где могли говорить это, и жалко, что надо было теперь лишиться благодеяний этого дома.

— Ну что вам за охота? — сказала княжна Марья. — Зачем вы пришли ко мне?..

— Нет, ведь я шучу, Пелагеюшка, — сказал Пьер. — Princesse, ma parole, je n'ai pas voulu l'offenser [9], я так только. Ты не думай, я пошутил, — говорил он, робко улыбаясь и желая загладить свою вину.

Пелагеюшка остановилась недоверчиво, но в лице Пьера была такая искренность раскаяния и князь Андрей так кротко и серьезно смотрел то на Пелагеюшку, то на Пьера, что она понемногу успокоилась.

---

[9] Княжна, я, право, не хотел ее обидеть.

XIV

The pilgrim woman was appeased and, being encouraged to talk, gave a long account of Father Amphilochus, who led so holy a life that his hands smelled of incense, and how on her last visit to Kiev some monks she knew let her have the keys of the catacombs, and how she, taking some dried bread with her, had spent two days in the catacombs with the saints. "I'd pray awhile to one, ponder awhile, then go on to another. I'd sleep a bit and then again go and kiss the relics, and there was such peace all around, such blessedness, that one don't want to come out, even into the light of heaven again."

Pierre listened to her attentively and seriously. Prince Andrew went out of the room, and then, leaving "God's folk" to finish their tea, Princess Mary took Pierre into the drawing room.

"You are very kind," she said to him.

"Oh, I really did not mean to hurt her feelings. I understand them so well and have the greatest respect for them."

Princess Mary looked at him silently and smiled affectionately.

"I have known you a long time, you see, and am as fond of you as of a brother," she said. "How do you find Andrew?" she added hurriedly, not giving him time to reply to her affectionate words. "I am very anxious about him. His health was better in the winter, but last spring his wound reopened and the doctor said he ought to go away for a cure. And I am also very much afraid for him spiritually. He has not a character like us women who, when we suffer, can weep away our sorrows. He keeps it all within him. Today he is cheerful and in good spirits, but that is the effect of your visit—he is not often like that. If you could persuade him to go abroad. He needs activity, and this quiet regular life is very bad for him. Others don't notice it, but I see it."

Toward ten o'clock the men servants rushed to the front door, hearing the bells of the old

XIV

Странница успокоилась и, наведенная опять на разговор, долго потом рассказывала про отца Амфилохия, который был такой святой жизни, что от ручки его ладаном пахло, и о том, как знакомые ей монахи в последнее ее странствие в Киев дали ей ключи от пещер и как она, взяв с собой сухарики, двое суток провела в пещерах с угодниками. «Помолюся одному, почитаю, пойду к другому. Сосну, опять пойду приложусь; и такая, матушка, тишина, благодать такая, что и на свет Божий выходить не хочется».

Пьер внимательно и серьезно слушал ее. Князь Андрей вышел из комнаты. И вслед за ним, оставив Божьих людей допивать чай, княжна Марья повела Пьера в гостиную.

— Вы очень добры, — сказала она ему.

— Ах, я, право, не думал оскорбить ее, я так понимаю и высоко ценю эти чувства.

Княжна Марья молча посмотрела на него и нежно улыбнулась.

— Ведь я вас давно знаю и люблю, как брата, — сказала она. — Как вы нашли Андрея? — спросила она поспешно, не давая ему времени сказать что-нибудь в ответ на ее ласковые слова. — Он очень беспокоит меня. Здоровье его зимой лучше, но прошлой весной рана открылась, и доктор сказал, что он должен ехать лечиться. И нравственно я очень боюсь за него. Он не такой характер, как мы, женщины, чтобы выстрадать и выплакать свое горе. Он внутри себя носит его. Нынче он весел и оживлен; но это ваш приезд так подействовал на него: он редко бывает таким. Ежели бы вы могли уговорить его поехать за границу! Ему нужна деятельность, а эта ровная, тихая жизнь губит его. Другие не замечают, но я вижу.

В десятом часу официанты бросились к крыльцу, заслышав бубенчики подъезжаю-

prince's carriage approaching. Prince Andrew and Pierre also went out into the porch.

"Who's that?" asked the old prince, noticing Pierre as he got out of the carriage.

"Ah! Very glad! Kiss me," he said, having learned who the young stranger was.

The old prince was in a good temper and very gracious to Pierre.

Before supper, Prince Andrew, coming back to his father's study, found him disputing hotly with his visitor. Pierre was maintaining that a time would come when there would be no more wars. The old prince disputed it chaffingly, but without getting angry.

"Drain the blood from men's veins and put in water instead, then there will be no more war! Old women's nonsense—old women's nonsense!" he repeated, but still he patted Pierre affectionately on the shoulder, and then went up to the table where Prince Andrew, evidently not wishing to join in the conversation, was looking over the papers his father had brought from town. The old prince went up to him and began to talk business.

"The marshal, a Count Rostóv, hasn't sent half his contingent. He came to town and wanted to invite me to dinner—I gave him a pretty dinner!... And there, look at this.... Well, my boy," the old prince went on, addressing his son and patting Pierre on the shoulder. "A fine fellow—your friend—I like him! He stirs me up. Another says clever things and one doesn't care to listen, but this one talks rubbish yet stirs an old fellow up. Well, go! Get along! Perhaps I'll come and sit with you at supper. We'll have another dispute. Make friends with my little fool, Princess Mary," he shouted after Pierre, through the door.

Only now, on his visit to Bald Hills, did Pierre fully realize the strength and charm of his friendship with Prince Andrew. That charm was not expressed so much in his relations with him as with all his family and with the household. With the stern old prince and the gentle, timid Princess Mary, though he had scarcely known them, Pierre at once felt like an old friend. They were all fond of him already. Not only Princess Mary, who had been won by his gentleness with the pilgrims, gave him her most radiant looks,

щего экипажа старого князя. Князь Андрей с Пьером тоже вышли на крыльцо.

— Это кто? — спросил старый князь, вылезая из кареты и увидав Пьера.

— А! очень рад! целуй, — сказал он, узнав, кто был незнакомый молодой человек.

Старый князь был в хорошем духе и обласкал Пьера.

Перед ужином князь Андрей, вернувшись назад в кабинет отца, застал старого князя в горячем споре с Пьером. Пьер доказывал, что придет время, когда не будет больше войны. Старый князь, подтрунивая, но не сердясь, оспаривал его.

— Кровь из жил выпусти, воды налей, тогда войны не будет. Бабьи бредни, бабьи бредни, — проговорил он, но все-таки ласково потрепал Пьера по плечу и подошел к столу, у которого князь Андрей, видимо не желая вступать в разговор, перебирал бумаги, привезенные князем из города. Старый князь подошел к нему и стал говорить о делах.

— Предводитель, Ростов граф, половины людей не доставил. Приехал в город, вздумал на обед звать, — я ему такой обед задал... А вот просмотри эту... Ну, брат, — обратился князь Николай Андреич к сыну, хлопая по плечу Пьера — молодец твой приятель, я его полюбил! Разжигает меня. Другой и умные речи говорит, а слушать не хочется, а он и врет, да разжигает меня, старика. Ну, идите, идите, — сказал он, — может быть, приду, за ужином вашим посижу. Опять поспорю. Мою дуру, княжну Марью, полюби, — прокричал он Пьеру из двери.

Пьер теперь только, в свой приезд в Лысые Горы, оценил всю силу и прелесть своей дружбы с князем Андреем. Эта прелесть выразилась не столько в его отношениях с ним самим, сколько в отношениях со всеми родными и домашними. Пьер с старым, суровым князем и с кроткой и робкой княжной Марьей, несмотря на то, что он их почти не знал, чувствовал себя сразу старым другом. Они все уже любили его. Не только княжна Марья, подкупленная его кроткими отно-

but even the one-year-old "Prince Nicholas" (as his grandfather called him) smiled at Pierre and let himself be taken in his arms, and Michael Ivánovich and Mademoiselle Bourienne looked at him with pleasant smiles when he talked to the old prince.

The old prince came in to supper; this was evidently on Pierre's account. And during the two days of the young man's visit he was extremely kind to him and told him to visit them again.

When Pierre had gone and the members of the household met together, they began to express their opinions of him as people always do after a new acquaintance has left, but as seldom happens, no one said anything but what was good of him.

шениями к странницам, самым лучистым взглядом смотрела на него; но маленький, годовой князь Николай, как звал дед, улыбнулся Пьеру и пошел к нему на руки. Михаил Иваныч, m-lle Bourienne с радостными улыбками смотрели на него, когда он разговаривал с старым князем.

Старый князь вышел ужинать; это было, очевидно, для Пьера. Он был с ним оба дня его пребывания в Лысых Горах чрезвычайно ласков и велел ему приезжать к себе.

Когда Пьер уехал и сошлись вместе все члены семьи, его стали судить, как это всегда бывает после отъезда нового человека, и, как это редко бывает, все говорили про него одно хорошее.

XV

When returning from his leave, Rostóv felt, for the first time, how close was the bond that united him to Denísov and the whole regiment.

On approaching it, Rostóv felt as he had done when approaching his home in Moscow. When he saw the first hussar with the unbuttoned uniform of his regiment, when he recognized red-haired Deméntyev and saw the picket ropes of the roan horses, when Lavrúshka gleefully shouted to his master, "The count has come!" and Denísov, who had been asleep on his bed, ran all disheveled out of the mud hut to embrace him, and the officers collected round to greet the new arrival, Rostóv experienced the same feeling as when his mother, his father, and his sister had embraced him, and tears of joy choked him so that he could not speak. The regiment was also a home, and as unalterably dear and precious as his parents' house.

When he had reported himself to the commander of the regiment and had been reassigned to his former squadron, had been on duty and had gone out foraging, when he had again entered into all the little interests of the regiment and felt himself deprived of liberty and bound in one narrow, unchanging frame, he experienced the same sense of peace, of moral support, and the same sense of being at home here in his own place, as he had felt under the parental roof. But here was none of all that turmoil of the world at large, where he did not know his right place and took mistaken decisions; here was no Sónya with whom he ought, or ought not, to have an explanation; here was no possibility of going there or not going there; here there were not twenty-four hours in the day which could be spent in such a variety of ways; there was not that innumerable crowd of people of whom not one was nearer to him or farther from him than another; there were none of those uncertain and undefined money relations with his father, and nothing to recall that terrible loss to Dólokhov.

XV

Возвратившись в этот раз из отпуска, Ростов в первый раз почувствовал и узнал, до какой степени сильна была его связь с Денисовым и со всем полком.

Когда Ростов подъезжал к полку, он испытывал чувство, подобное тому, которое он испытывал, подъезжая к Поварскому дому. Когда он увидал первого гусара в расстегнутом мундире своего полка, когда он узнал рыжего Дементьева, увидал коновязи рыжих лошадей, когда Лаврушка радостно закричал своему барину: «Граф приехал!» — и лохматый Денисов, спавший на постели, выбежал из землянки, обнял его и офицеры сошлись к приезжему, — Ростов испытывал такое же чувство, как когда его обнимала мать, отец и сестры, и слезы радости, подступившие ему к горлу, помешали ему говорить. Полк был тоже дом, и дом неизменно милый и дорогой, как и дом родительский.

Явившись к полковому командиру, получив назначение в прежний эскадрон, сходивши на дежурство и на фуражировку, войдя во все маленькие интересы полка и почувствовав себя лишенным свободы и закованным в одну узкую неизменную рамку, Ростов испытал то же успокоение, ту же опору и то же сознание того, что он здесь дома, на своем месте, которые он чувствовал и под родительским кровом. Не было этой всей безурядицы вольного света, в котором он не находил себе места и ошибался в выборах; не было Сони, с которой надо было или не надо было объясняться. Не было возможности ехать туда или не ехать туда; не было этих двадцати четырех часов суток, которые столькими различными способами можно было употребить; не было этого бесчисленного множества людей, из которых никто не был ближе, никто не был дальше; не было этих неясных и неопределенных денежных отношений с отцом; не было напоминания об ужасном проигрыше Долохову! Тут,

Here, in the regiment, all was clear and simple. The whole world was divided into two unequal parts: one, our Pávlograd regiment; the other, all the rest. And the rest was no concern of his. In the regiment, everything was definite: who was lieutenant, who captain, who was a good fellow, who a bad one, and most of all, who was a comrade. The canteenkeeper gave one credit, one's pay came every four months, there was nothing to think out or decide, you had only to do nothing that was considered bad in the Pávlograd regiment and, when given an order, to do what was clearly, distinctly, and definitely ordered—and all would be well.

Having once more entered into the definite conditions of this regimental life, Rostóv felt the joy and relief a tired man feels on lying down to rest. Life in the regiment, during this campaign, was all the pleasanter for him, because, after his loss to Dólokhov (for which, in spite of all his family's efforts to console him, he could not forgive himself), he had made up his mind to atone for his fault by serving, not as he had done before, but really well, and by being a perfectly first-rate comrade and officer—in a word, a splendid man altogether, a thing which seemed so difficult out in the world, but so possible in the regiment.

After his losses, he had determined to pay back his debt to his parents in five years. He received ten thousand rubles a year, but now resolved to take only two thousand and leave the rest to repay the debt to his parents.

Our army, after repeated retreats and advances and battles at Pultúsk and Preussisch-Eylau, was concentrated near Bartenstein. It was awaiting the Emperor's arrival and the beginning of a new campaign.

The Pávlograd regiment, belonging to that part of the army which had served in the 1805 campaign, had been recruiting up to strength in Russia, and arrived too late to take part in the first actions of the campaign. It had been neither at Pultúsk nor at Preussisch-Eylau and, when it joined the army in the field in the second half of the campaign, was attached to Plátov's division.

Plátov's division was acting independently of

в полку, все было ясно и просто. Весь мир был разделен на два неровные отдела: один — наш Павлоградский полк, и другой — все остальное. И до этого остального не было никакого дела. В полку все было известно: кто был поручик, кто ротмистр, кто хороший, кто дурной человек, и главное — товарищ. Маркитант верит в долг, жалованье получается в треть; выдумывать и выбирать нечего, только не делай ничего такого, что считается дурным в Павлоградском полку; а пошлют, делай то, что ясно и отчетливо определено и приказано, — и все будет хорошо.

Вступив снова в эти определенные условия полковой жизни, Ростов испытал радость и успокоение подобные тем, которые чувствует усталый человек, ложась на отдых. Тем отраднее была в эту кампанию эта полковая жизнь Ростову, что он, после проигрыша Долохову (поступка, которого он, несмотря на все утешения родных, не мог простить себе), решился служить не как прежде, а чтобы загладить свою вину, служить хорошо и быть вполне отличным товарищем и офицером, то есть прекрасным человеком, что представлялось столь трудным в *миру*, а в полку столь возможным.

Ростов, со времени своего проигрыша, решил, что он в пять лет заплатит этот долг родителям. Ему посылалось по десяти тысяч в год, теперь же он решился брать только две, а остальные предоставлять родителям для уплаты долга.

Армия наша после неоднократных отступлений, наступлений и сражений при Пултуске, при Прейсиш-Эйлау сосредоточивалась около Бартенштейна. Ожидали приезда государя к армии и начала новой кампании.

Павлоградский полк, находившийся в той части армии, которая была в походе 1805 года, укомплектовываясь в России, опоздал к первым действиям кампании. Он не был ни под Пултуском, ни под Прейсиш-Эйлау и во второй половине кампании, присоединившись к действующей армии, был причислен к отряду Платова.

Отряд Платова действовал независимо

the main army. Several times parts of the Pávlograd regiment had exchanged shots with the enemy, had taken prisoners, and once had even captured Marshal Oudinot's carriages. In April the Pávlograds were stationed immovably for some weeks near a totally ruined and deserted German village.

A thaw had set in, it was muddy and cold, the ice on the river broke, and the roads became impassable. For days neither provisions for the men nor fodder for the horses had been issued. As no transports could arrive, the men dispersed about the abandoned and deserted villages, searching for potatoes, but found few even of these.

Everything had been eaten up and the inhabitants had all fled—if any remained, they were worse than beggars and nothing more could be taken from them; even the soldiers, usually pitiless enough, instead of taking anything from them, often gave them the last of their rations.

The Pávlograd regiment had had only two men wounded in action, but had lost nearly half its men from hunger and sickness. In the hospitals, death was so certain that soldiers suffering from fever, or the swelling that came from bad food, preferred to remain on duty, and hardly able to drag their legs went to the front rather than to the hospitals. When spring came on, the soldiers found a plant just showing out of the ground that looked like asparagus, which, for some reason, they called "Máshka's sweet root." It was very bitter, but they wandered about the fields seeking it and dug it out with their sabers and ate it, though they were ordered not to do so, as it was a noxious plant. That spring a new disease broke out among the soldiers, a swelling of the arms, legs, and face, which the doctors attributed to eating this root. But in spite of all this, the soldiers of Denísov's squadron fed chiefly on "Máshka's sweet root," because it was the second week that the last of the biscuits were being doled out at the rate of half a pound a man and the last potatoes received had sprouted and frozen.

The horses also had been fed for a fortnight on straw from the thatched roofs and had be-

от армии. Несколько раз павлоградцы были частями в перестрелках с неприятелем, захватывали пленных и однажды отбили даже экипажи маршала Удино. В апреле месяце павлоградцы несколько недель простояли около разоренной дотла немецкой пустой деревни, не трогаясь с места.

Была ростепель, грязь, холод, реки взломало, дороги сделались непроездны; по нескольку дней не выдавали ни лошадям, ни людям провианта. Так как подвоз сделался невозможен, то люди рассыпались по заброшенным пустынным деревням отыскивать картофель, но уже и того находили мало.

Все было съедено, и все жители разбежались; те, которые оставались, были хуже нищих, и отнимать у них уж было нечего, и даже маложалостливые солдаты часто, вместо того чтобы пользоваться от них, отдавали им свое последнее.

Павлоградский полк в делах потерял только двух раненых; но от голоду и болезней потерял почти половину людей. В госпиталях умирали так верно, что солдаты, больные лихорадкой и опухолью, происходившими от дурной пищи, предпочитали нести службу, через силу волоча ноги во фронте, чем отправляться в больницы. С открытием весны солдаты стали находить показывавшееся из земли растение, похожее на спаржу, которое они называли почему-то машкин сладкий корень, и рассыпались по лугам и полям, отыскивая этот машкин сладкий корень (который был очень горек), саблями выкапывали его и ели, несмотря на приказы не есть этого вредного растения. Весною между солдатами открылась новая болезнь — опухоль рук, ног и лица, причину которой медики полагали в употреблении этого корня. Но, несмотря на запрещение, павлоградские солдаты эскадрона Денисова ели преимущественно машкин сладкий корень, потому что уже вторую неделю растягивали последние сухари, выдавали только по полфунта на человека, а картофель в последнюю посылку привезли мерзлый и проросший.

Лошади питались тоже вторую неделю соломенными крышами с домов, были безо-

come terribly thin, though still covered with tufts of felty winter hair.

Despite this destitution, the soldiers and officers went on living just as usual. Despite their pale swollen faces and tattered uniforms, the hussars formed line for roll call, kept things in order, groomed their horses, polished their arms, brought in straw from the thatched roofs in place of fodder, and sat down to dine round the caldrons from which they rose up hungry, joking about their nasty food and their hunger. As usual, in their spare time, they lit bonfires, steamed themselves before them naked; smoked, picked out and baked sprouting rotten potatoes, told and listened to stories of Potëmkin's and Suvórov's campaigns, or to legends of Alësha the Sly, or the priest's laborer Mikólka.

The officers, as usual, lived in twos and threes in the roofless, half-ruined houses. The seniors tried to collect straw and potatoes and, in general, food for the men. The younger ones occupied themselves as before, some playing cards (there was plenty of money, though there was no food), some with more innocent games, such as quoits and skittles. The general trend of the campaign was rarely spoken of, partly because nothing certain was known about it, partly because there was a vague feeling that in the main it was going badly.

Rostóv lived, as before, with Denísov, and since their furlough they had become more friendly than ever. Denísov never spoke of Rostóv's family, but by the tender friendship his commander showed him, Rostóv felt that the elder hussar's luckless love for Natásha played a part in strengthening their friendship. Denísov evidently tried to expose Rostóv to danger as seldom as possible, and after an action greeted his safe return with evident joy. On one of his foraging expeditions, in a deserted and ruined village to which he had come in search of provisions, Rostóv found a family consisting of an old Pole and his daughter with an infant in arms. They were half clad, hungry, too weak to get away on foot and had no means of obtaining a conveyance. Rostóv brought them to his quarters,

бразно худы и покрыты еще зимнею, клоками сбившеюся шерстью.

Несмотря на такое бедствие, солдаты и офицеры жили точно так же, как и всегда; так же и теперь, хотя и с бледными и опухлыми лицами и в оборванных мундирах, гусары строились к расчетам, ходили на уборку, чистили лошадей, амуницию, таскали вместо корма солому с крыш и ходили обедать к котлам, от которых вставали голодные, подшучивая над своей гадкой пищей и своим голодом. Так же, как и всегда, в свободное от службы время солдаты жгли костры, парились голые у огней, курили, отбирали и пекли проросший прелый картофель и рассказывали и слушали рассказы или о потемкинских и суворовских походах, или сказки об Алеше-пройдохе и о поповом батраке Миколке.

Офицеры так же, как и обыкновенно, жили по двое, по трое в раскрытых полуразоренных домах. Старшие заботились о приобретении соломы и картофеля, вообще о средствах пропитания людей, младшие занимались, как всегда, кто картами (денег было много, хотя провианта не было), кто невинными играми — в свайку и городки. Об общем ходе дел говорили мало, частью оттого, что ничего положительного не знали, частью оттого, что смутно чувствовали, что общее дело войны шло плохо.

Ростов жил по-прежнему с Денисовым, и дружеская связь их со времени их отпуска стала еще теснее. Денисов никогда не говорил про домашних Ростова, но по нежной дружбе, которую командир оказывал своему офицеру, Ростов чувствовал, что несчастная любовь старого гусара к Наташе участвовала в этом усилении дружбы. Денисов, видимо, старался как можно реже подвергать Ростова опасностям, берег его и после дела особенно радостно встречал его целым и невредимым. На одной из своих командировок Ростов нашел в заброшенной, разоренной деревне, куда он приехал за провиантом, семейство старика поляка и его дочери с грудным ребенком. Они были раздеты, голодны, и не могли уйти, и не имели средств выехать.

placed them in his own lodging, and kept them for some weeks while the old man was recovering. One of his comrades, talking of women, began chaffing Rostóv, saying that he was more wily than any of them and that it would not be a bad thing if he introduced to them the pretty Polish girl he had saved. Rostóv took the joke as an insult, flared up, and said such unpleasant things to the officer that it was all Denísov could do to prevent a duel. When the officer had gone away, Denísov, who did not himself know what Rostóv's relations with the Polish girl might be, began to upbraid him for his quickness of temper, and Rostóv replied:

"Say what you like.... She is like a sister to me, and I can't tell you how it offended me... because... well, for that reason...."

Denísov patted him on the shoulder and began rapidly pacing the room without looking at Rostóv, as was his way at moments of deep feeling.

"Ah, what a mad bweed you Wostóvs are!" he muttered, and Rostóv noticed tears in his eyes.

Ростов привез их в свою стоянку, поместил в своей квартире и несколько недель, пока старик оправлялся, содержал их. Товарищ Ростова, разговорившись о женщинах, стал смеяться Ростову, говоря, что он всех хитрее и что ему бы не грех познакомить товарищей с спасенной им хорошенькой полькой. Ростов принял шутку за оскорбление и, вспыхнув, наговорил офицеру таких неприятных вещей, что Денисов с трудом мог удержать обоих от дуэли. Когда офицер ушел и Денисов, сам не знавший отношений Ростова к польке, стал упрекать его за вспыльчивость, Ростов сказал ему:

— Как же ты хочешь... Она мне как сестра, и я не могу тебе описать, как это обидно мне было... потому что... ну, оттого...

Денисов ударил его по плечу и быстро стал ходить по комнате, не глядя на Ростова, что он делывал в минуты душевного волнения.

— Экая дуг'ацкая ваша пог'ода Г'остовская, — проговорил он, и Ростов заметил слезы на глазах Денисова.

XVI

In April the troops were enlivened by news of the Emperor's arrival, but Rostóv had no chance of being present at the review he held at Bartenstein, as the Pávlograds were at the outposts far beyond that place.

They were bivouacking. Denísov and Rostóv were living in an earth hut, dug out for them by the soldiers and roofed with branches and turf. The hut was made in the following manner, which had then come into vogue. A trench was dug three and a half feet wide, four feet eight inches deep, and eight feet long. At one end of the trench, steps were cut out and these formed the entrance and vestibule. The trench itself was the room, in which the lucky ones, such as the squadron commander, had a board, lying on piles at the end opposite the entrance, to serve as a table. On each side of the trench, the earth was cut out to a breadth of about two and a half feet, and this did duty for bedsteads and couches. The roof was so constructed that one could stand up in the middle of the trench and could even sit up on the beds if one drew close to the table. Denísov, who was living luxuriously because the soldiers of his squadron liked him, had also a board in the roof at the farther end, with a piece of (broken but mended) glass in it for a window. When it was very cold, embers from the soldiers' campfire were placed on a bent sheet of iron on the steps in the "reception room"—as Denísov called that part of the hut—and it was then so warm that the officers, of whom there were always some with Denísov and Rostóv, sat in their shirt sleeves.

In April, Rostóv was on orderly duty. One morning, between seven and eight, returning after a sleepless night, he sent for embers, changed his rain-soaked underclothes, said his prayers, drank tea, got warm, then tidied up the things on the table and in his own corner, and, his face glowing from exposure to the wind and with nothing on but his shirt, lay down on his back, putting his arms under his head. He was pleasantly considering the probability of being promoted

XVI

В апреле месяце войска оживились известием о приезде государя к армии. Ростову не удалось попасть на смотр, который делал государь в Бартенштейне: павлоградцы стояли на аванпостах, далеко впереди Бартенштейна.

Они стояли биваками. Денисов с Ростовым жили в вырытой для них солдатами землянке, покрытой сучьями и дерном. Землянка была устроена следующим, вошедшим тогда в моду, способом: прорывалась канава в полтора аршина ширины, два глубины и три с половиной длины. С одного конца канавы делались ступеньки, и это был сход, крыльцо; сама канава была комната, в которой у счастливых, как у эскадронного командира, в дальней, противоположной ступеням стороне лежала на 4 кольях доска — это был стол. С обеих сторон вдоль канавы была снята на аршин земля, и это были две кровати и диваны. Крыша устроивалась так, что в середине можно было стоять, а на кровати даже можно было сидеть, ежели подвинуться ближе к столу. У Денисова, жившего роскошно, потому что солдаты его эскадрона любили его, была еще доска в фронтоне крыши, и в доске этой было разбитое, но склеенное стекло. Когда было очень холодно, то к ступеням (в приемную, как называл Денисов эту часть балагана) приносили на железном загнутом листе жар из солдатских костров, и делалось так тепло, что офицеры, которых много всегда бывало у Денисова и Ростова, сидели в одних рубашках.

В апреле месяце Ростов был дежурным. В восьмом часу утра, вернувшись домой после бессонной ночи, он велел принести жару, переменил измокшее от дождя белье, помолился Богу, напился чаю, согрелся, убрал в порядок вещи в своем уголке и на столе и, с обветрившимся, горевшим лицом, в одной рубашке, лег на спину, заложив руки под голову. Он приятно размышлял о том, что на днях должен выйти ему следующий чин

in a few days for his last reconnoitering expedition, and was awaiting Denísov, who had gone out somewhere and with whom he wanted a talk.

Suddenly he heard Denísov shouting in a vibrating voice behind the hut, evidently much excited. Rostóv moved to the window to see whom he was speaking to, and saw the quartermaster, Topchéenko.

"I ordered you not to let them eat that Máshka woot stuff!" Denísov was shouting. "And I saw with my own eyes how Lazarchúk bwought some fwom the fields."

"I have given the order again and again, your honor, but they don't obey," answered the quartermaster.

Rostóv lay down again on his bed and thought complacently: "Let him fuss and bustle now, my job's done and I'm lying down—capitally!" He could hear that Lavrúshka—that sly, bold orderly of Denísov's—was talking, as well as the quartermaster. Lavrúshka was saying something about loaded wagons, biscuits, and oxen he had seen when he had gone out for provisions.

Then Denísov's voice was heard shouting farther and farther away. "Saddle! Second platoon!"

"Where are they off to now?" thought Rostóv.

Five minutes later, Denísov came into the hut, climbed with muddy boots on the bed, lit his pipe, furiously scattered his things about, took his leaded whip, buckled on his saber, and went out again. In answer to Rostóv's inquiry where he was going, he answered vaguely and crossly that he had some business.

"Let God and our gweat monarch judge me afterwards!" said Denísov going out, and Rostóv heard the hoofs of several horses splashing through the mud. He did not even trouble to find out where Denísov had gone. Having got warm in his corner, he fell asleep and did not leave the hut till toward evening. Denísov had not yet returned. The weather had cleared up, and near the next hut two officers and a cadet were playing sváyka, laughing as they threw their missiles which buried themselves in the soft mud. Rostóv joined them. In the middle of the game, the of-

за последнюю рекогносцировку, и ожидал куда-то вышедшего Денисова, Ростову хотелось поговорить с ним.

За шалашом послышался перекатывающийся крик Денисова, очевидно разгорячившегося. Ростов подвинулся к окну посмотреть, с кем он имел дело, и увидал вахмистра Топчеенку.

— Я тебе пг'иказывал не пускать их жг'ать этот ког'ень машкин какой-то! — кричал Денисов. — Ведь я сам видел, Лазаг'чук с поля тащил.

— Я приказывал, ваше высокоблагородие, не слушают, — отвечал вахмистр.

Ростов опять лег на свою кровать и с удовольствием подумал: «Пускай его теперь возится и хлопочет, я свое дело отделал и лежу — отлично!» Из-за стенки он слышал, что, кроме вахмистра, говорил еще Лаврушка, этот бойкий плутоватый лакей Денисова. Лаврушка что-то рассказывал о каких-то подводах, сухарях и быках, которых он видел, ездивши за провизией.

За балаганом послышался опять удаляющийся крик Денисова и слова: «Седлай... Втог'ой взвод!»

«Куда это собрались?» — подумал Ростов.

Через пять минут Денисов вошел в балаган, влез с грязными ногами на кровать, сердито выкурил трубку, раскидал все свои вещи, надел нагайку и саблю и стал выходить из землянки. На вопрос Ростова: куда? — он сердито и неопределенно отвечал, что есть дело.

— Суди меня там Бог и великий государь! — сказал Денисов, выходя; и Ростов услыхал, как за балаганом зашлепали по грязи ноги нескольких лошадей. Ростов не позаботился даже узнать, куда поехал Денисов. Угревшись в своем углу, он заснул и перед вечером только вышел из балагана. Денисов еще не возвращался. Вечер разгулялся; около соседней землянки два офицера с юнкером играли в свайку, со смехом засаживая редьки в рыхлую грязную землю. Ростов присоединился к ним. В середине игры офи-

ficers saw some wagons approaching with fifteen hussars on their skinny horses behind them. The wagons escorted by the hussars drew up to the picket ropes and a crowd of hussars surrounded them.

"There now, Denísov has been worrying," said Rostóv, "and here are the provisions."

"So they are!" said the officers. "Won't the soldiers be glad!"

A little behind the hussars came Denísov, accompanied by two infantry officers with whom he was talking.

Rostóv went to meet them.

"I warn you, Captain," one of the officers, a short thin man, evidently very angry, was saying.

"Haven't I told you I won't give them up?" replied Denísov.

"You will answer for it, Captain. It is mutiny—seizing the transport of one's own army. Our men have had nothing to eat for two days."

"And mine have had nothing for two weeks," said Denísov.

"It is robbery! You'll answer for it, sir!" said the infantry officer, raising his voice.

"Now, what are you pestewing me for?" cried Denísov, suddenly losing his temper. "I shall answer for it and not you, and you'd better not buzz about here till you get hurt. Be off! Go!" he shouted at the officers.

"Very well, then!" shouted the little officer, undaunted and not riding away. "If you are determined to rob, I'll..."

"Go to the devil! quick maćh, while you're safe and sound!" and Denísov turned his horse on the officer.

"Very well, very well!" muttered the officer, threateningly, and turning his horse he trotted away, jolting in his saddle.

"A dog astwide a fence! A weal dog astwide a fence!" shouted Denísov after him (the most insulting expression a cavalryman can address to a mounted infantryman) and riding up to Rostóv, he burst out laughing.

"I've taken twansports from the infantwy by force!" he said. "After all, can't let our men starve."

церы увидали подъезжавшие к ним повозки: человек пятнадцать гусар на худых лошадях следовали за ними. Повозки, конвоируемые гусарами, подъехали к коновязям, и толпа гусар окружила их.

— Ну вот, Денисов все тужил, — сказал Ростов, — вот и провиант прибыл.

— И то! — сказали офицеры. — То-то радешеньки солдаты!

Немного позади гусар ехал Денисов, сопутствуемый двумя пехотными офицерами, с которыми он о чем-то разговаривал.

Ростов пошел к нему навстречу.

— Я вас предупреждаю, ротмистр, — говорил один из офицеров, худой, маленький ростом и, видимо, озлобленный.

— Ведь сказал, что не отдам, — отвечал Денисов.

— Вы будете отвечать, ротмистр, это буйство — у своих транспорты отбивать! Наши люди два дня не ели.

— А мои две недели не ели, — отвечал Денисов.

— Это разбой, ответите, милостивый государь! — возвышая голос, повторил пехотный офицер.

— Да вы что ко мне пг'истали? А? — крикнул Денисов, вдруг разгорячась. — Отвечать буду я, а не вы, а вы тут не жужжите, пока целы. Маг'ш! — крикнул он на офицеров.

— Хорошо же! — не робея и не отъезжая, кричал маленький офицер. — Разбойничать, так я вам...

— К чег'ту маг'ш, ског'ым шагом, пока цел. — И Денисов повернул лошадь к офицеру.

— Хорошо, хорошо, — проговорил офицер с угрозой и, повернув лошадь, поехал прочь рысью, трясясь на седле.

— Собака на забог'е, живая собака на забог'е, — сказал Денисов ему вслед — высшую насмешку кавалериста над верховым пехотным, и, подъехав к Ростову, расхохотался.

— Отбил у пехоты, отбил силой тг'анспог'т! — сказал он. — Что ж, не с голоду же издыхать людям?

The wagons that had reached the hussars had been consigned to an infantry regiment, but learning from Lavrúshka that the transport was unescorted, Denísov with his hussars had seized it by force. The soldiers had biscuits dealt out to them freely, and they even shared them with the other squadrons.

The next day the regimental commander sent for Denísov, and holding his fingers spread out before his eyes said: "This is how I look at this affair: I know nothing about it and won't begin proceedings, but I advise you to ride over to the staff and settle the business there in the commissariat department and if possible sign a receipt for such and such stores received. If not, as the demand was booked against an infantry regiment, there will be a row and the affair may end badly."

From the regimental commander's, Denísov rode straight to the staff with a sincere desire to act on this advice. In the evening he came back to his dugout in a state such as Rostóv had never yet seen him in. Denísov could not speak and gasped for breath. When Rostóv asked what was the matter, he only uttered some incoherent oaths and threats in a hoarse, feeble voice.

Alarmed at Denísov's condition, Rostóv suggested that he should undress, drink some water, and send for the doctor.

"Twy me for wobbewy... oh! Some more water... Let them twy me, but I'll always thwash scoundwels... and I'll tell the Empewo'... Ice..." he muttered.

The regimental doctor, when he came, said it was absolutely necessary to bleed Denísov. A deep saucer of black blood was taken from his hairy arm and only then was he able to relate what had happened to him.

"I get there," began Denísov. "'Now then, where's your chief's quarters?' They were pointed out. 'Please to wait.' 'I've widden twenty miles and have duties to attend to and no time to wait. Announce me.' Vewy well, so out comes their head chief—also took it into his head to lecture me: 'It's wobbewy!'—'Wobbewy,' I say, 'is not done by man who seizes pwovisions to feed his soldiers, but by him who takes them to fill his

Повозки, которые подъехали к гусарам, были назначены в пехотный полк, но, известившись через Лаврушку, что этот транспорт идет один, Денисов с гусарами силой отбил его. Солдатам раздали сухарей вволю, поделились даже с другими эскадронами.

На другой день полковой командир позвал к себе Денисова и сказал ему, закрыв раскрытыми пальцами глаза: «Я на это смотрю вот так, я ничего не знаю, и дела не начну; но советую съездить в штаб и там, в провиантском ведомстве, уладить это дело и, если возможно, расписаться, что получили столько-то провианту; в противном случае — требование записано на пехотный полк — дело поднимется и может кончиться дурно».

Денисов прямо от полкового командира поехал в штаб, с искренним желанием исполнить его совет. Вечером он возвратился в свою землянку в таком положении, в котором Ростов еще никогда не видал своего друга. Денисов не мог говорить и задыхался. Когда Ростов спрашивал его, что с ним, он только хриплым и слабым голосом произносил непонятные ругательства и угрозы.

Испуганный положением Денисова, Ростов предлагал ему раздеться, выпить воды и послал за лекарем.

— Меня за гʼазбой судить — ох! Дай еще воды — пускай судят, а буду, всегда буду подлецов бить, и государʼю скажу. Льду дайте, — приговаривал он.

Пришедший полковой лекарь сказал, что необходимо пустить кровь. Глубокая тарелка черной крови вышла из мохнатой руки Денисова, и тогда только он был в состоянии рассказать все, что с ним было.

— Приезжаю, — рассказывал Денисов. — «Ну, где у вас тут начальник?» Показали. «Подождать не угодно ли». — «У меня служба, я за тридцать верст приехал, мне ждать некогда, доложи». Хорошо, выходит этот обер-вор: тоже вздумал учить меня. «Это разбой!» — «Разбой, говорю, не тот делает, кто берет провиант, чтобы кормить своих солдат, а тот, кто берет его, чтобы класть в

own pockets!' 'Will you please be silent?' 'Vewy good!' Then he says: 'Go and give a weceipt to the commissioner, but your affair will be passed on to headquarters.' I go to the commissioner. I enter, and at the table... who do you think? No, but wait a bit!... Who is it that's starving us?" shouted Denísov, hitting the table with the fist of his newly bled arm so violently that the table nearly broke down and the tumblers on it jumped about. "Telyánin! 'What? So it's you who's starving us to death! Is it? Take this and this!' and I hit him so pat, stwaight on his snout... 'Ah, what a... what a...!' and I sta'ted fwashing him... Well, I've had a bit of fun I can tell you!" cried Denísov, gleeful and yet angry, his white teeth showing under his black mustache.

"I'd have killed him if they hadn't taken him away!"

"But what are you shouting for? Calm yourself," said Rostóv. "You've set your arm bleeding afresh. Wait, we must tie it up again."

Denísov was bandaged up again and put to bed. Next day he woke calm and cheerful.

But at noon the adjutant of the regiment came into Rostóv's and Denísov's dugout with a grave and serious face and regretfully showed them a paper addressed to Major Denísov from the regimental commander in which inquiries were made about yesterday's occurrence. The adjutant told them that the affair was likely to take a very bad turn: that a court-martial had been appointed, and that in view of the severity with which marauding and insubordination were now regarded, degradation to the ranks would be the best that could be hoped for.

The case, as represented by the offended parties, was that, after seizing the transports, Major Denísov, being drunk, went to the chief quartermaster and without any provocation called him a thief, threatened to strike him, and on being led out had rushed into the office and given two officials a thrashing, and dislocated the arm of one of them.

In answer to Rostóv's renewed questions, Denísov said, laughing, that he thought he remembered that some other fellow had got mixed up in it, but that it was all nonsense and rubbish,

карман!» Хорошо. «Распишитесь, говорит, у комиссионера, а дело ваше передастся по команде». Прихожу к комиссионеру. Вхожу — за столом... кто же?! Нет, ты подумай!.. Кто же нас голодом морит, — закричал Денисов, ударяя кулаком больной руки по столу так крепко, что стол чуть не упал и стаканы поскакали на нем. — Телянин!! «Так ты нас с голоду морить?!» Раз, раз по морде, ловко так получилось... «А!.. распротакой-сякой...» и начал катать! Зато натешился, могу сказать, — кричал Денисов, радостно и злобно из-под черных усов оскаливая свои белые зубы.

— Я бы убил его, кабы не отняли.

— Да что ж ты кричишь, успокойся, — говорил Ростов. — Вот опять кровь пошла. Постой же, перебинтовать надо.

Денисова перебинтовали и уложили спать. На другой день он проснулся веселый и спокойный.

Но в полдень адъютант полка с серьезным и печальным лицом пришел в общую землянку Денисова и Ростова и с прискорбием показал форменную бумагу к майору Денисову от полкового командира, в которой делались запросы о вчерашнем происшествии. Адъютант сообщил, что дело должно принять весьма дурной оборот, что назначена военно-судная комиссия и что при настоящей строгости касательно мародерства и своевольства войск, в счастливом случае — дело может кончиться разжалованьем.

Дело представлялось со стороны обиженных в таком виде, что после отбития транспорта майор Денисов без всякого вызова, в пьяном виде, явился к обер-провиантмейстеру, назвал его вором, угрожал побоями, и когда был выведен вон, то бросился в канцелярию, избил двух чиновников и одному вывихнул руку.

Денисов на новые вопросы Ростова, смеясь, сказал, что, кажется, тут точно другой какой-то подвернулся, но что все это вздор, пустяки, что он и не думает бояться никаких

and he did not in the least fear any kind of trial, and that if those scoundrels dared attack him he would give them an answer that they would not easily forget.

Denísov spoke contemptuously of the whole matter, but Rostóv knew him too well not to detect that (while hiding it from others) at heart he feared a court-martial and was worried over the affair, which was evidently taking a bad turn. Every day, letters of inquiry and notices from the court arrived, and on the first of May, Denísov was ordered to hand the squadron over to the next in seniority and appear before the staff of his division to explain his violence at the commissariat office. On the previous day Plátov reconnoitered with two Cossack regiments and two squadrons of hussars. Denísov, as was his wont, rode out in front of the outposts, parading his courage. A bullet fired by a French sharpshooter hit him in the fleshy part of his leg. Perhaps at another time Denísov would not have left the regiment for so slight a wound, but now he took advantage of it to excuse himself from appearing at the staff and went into hospital.

судов и что ежели эти подлецы осмелятся задрать его, он им ответит так, что они будут помнить.

Денисов говорил пренебрежительно о всем этом деле; но Ростов знал его слишком хорошо, чтобы не заметить что он в душе (скрывая это от других) боялся суда и мучился этим делом, которое, очевидно, должно было иметь дурные последствия. Каждый день стали приходить бумаги-запросы, требования к суду, и первого мая предписано было Денисову сдать старшему по себе эскадрон и явиться в штаб дивизии для объяснений по делу о буйстве в провиантской комиссии. Накануне этого дня Платов делал рекогносцировку неприятеля с двумя казачьими полками и двумя эскадронами гусар. Денисов, как всегда, выехал вперед цепи, щеголяя своей храбростью. Одна из пуль, пущенных французскими стрелками, попала ему в мякоть верхней части ноги. Может быть, в другое время Денисов с такой легкой раной не уехал бы от полка, но теперь он воспользовался этим случаем, отказался от явки в дивизию и уехал в госпиталь.

XVII

In June the battle of Friedland was fought, in which the Pávlograds did not take part, and after that an armistice was proclaimed. Rostóv, who felt his friend's absence very much, having no news of him since he left and feeling very anxious about his wound and the progress of his affairs, took advantage of the armistice to get leave to visit Denísov in hospital.

The hospital was in a small Prussian town that had been twice devastated by Russian and French troops. Because it was summer, when it is so beautiful out in the fields, the little town presented a particularly dismal appearance with its broken roofs and fences, its foul streets, tattered inhabitants, and the sick and drunken soldiers wandering about.

The hospital was in a brick building with some of the window frames and panes broken and a courtyard surrounded by the remains of a wooden fence that had been pulled to pieces. Several bandaged soldiers, with pale swollen faces, were sitting or walking about in the sunshine in the yard.

Directly Rostóv entered the door he was enveloped by a smell of putrefaction and hospital air. On the stairs he met a Russian army doctor smoking a cigar. The doctor was followed by a Russian assistant.

"I can't tear myself to pieces," the doctor was saying. "Come to Makár Alexéevich in the evening. I shall be there."

The assistant asked some further questions.

"Oh, do the best you can! Isn't it all the same?" The doctor noticed Rostóv coming upstairs.

"What do you want, sir?" said the doctor. "What do you want? The bullets having spared you, do you want to try typhus? This is a pesthouse, sir."

"How so?" asked Rostóv.

"Typhus, sir. It's death to go in. Only we two,

XVII

В июне месяце произошло Фридландское сражение, в котором не участвовали павлоградцы, и вслед за ним объявлено было перемирие. Ростов, тяжело чувствовавший отсутствие своего друга, не имея со времени его отъезда никаких известий о нем и беспокоясь о ходе его дела и раны, воспользовался перемирием и отпросился в госпиталь проведать Денисова.

Госпиталь находился в маленьком прусском местечке, два раза разоренном русскими и французскими войсками. Именно потому, что это было летом, когда в поле было так хорошо, местечко это с своими разломанными крышами и заборами и своими загаженными улицами, оборванными жителями и пьяными или больными солдатами, бродившими по нем, представляло особенно мрачное зрелище.

В каменном доме, на дворе с остатками разобранного забора, выбитыми частью рамами и стеклами, помещался госпиталь. Несколько перевязанных, бледных и опухших солдат ходили и сидели на дворе на солнышке.

Как только Ростов вошел в двери дома, его обхватил запах гниющего тела и больницы. На лестнице он встретил военного русского доктора с сигарою во рту. За доктором шел русский фельдшер.

— Не могу же я разорваться, — говорил доктор, — приходи вечерком к Макару Алексеевичу, я там буду.

Фельдшер что-то еще спросил у него.

— Э! делай как знаешь! Разве не все равно? — Доктор увидал подымающегося на лестницу Ростова.

— Вы зачем, ваше благородие? — сказал доктор. — Вы зачем? Или пуля вас не брала, так вы тифу набраться хотите? Тут, батюшка, дом прокаженных.

— Отчего? — спросил Ростов.

— Тиф, батюшка. Кто ни взойдет —

Makéev and I" (he pointed to the assistant), "keep on here. Some five of us doctors have died in this place.... When a new one comes he is done for in a week," said the doctor with evident satisfaction. "Prussian doctors have been invited here, but our allies don't like it at all."

Rostóv explained that he wanted to see Major Denísov of the hussars, who was wounded.

"I don't know. I can't tell you, sir. Only think! I am alone in charge of three hospitals with more than four hundred patients! It's well that the charitable Prussian ladies send us two pounds of coffee and some lint each month or we should be lost!" he laughed. "Four hundred, sir, and they're always sending me fresh ones. There are four hundred? Eh?" he asked, turning to the assistant.

The assistant looked fagged out. He was evidently vexed and impatient for the talkative doctor to go.

"Major Denísov," Rostóv said again. "He was wounded at Molliten."

"Dead, I fancy. Eh, Makéev?" queried the doctor, in a tone of indifference.

The assistant, however, did not confirm the doctor's words.

"Is he tall and with reddish hair?" asked the doctor.

Rostóv described Denísov's appearance.

"There was one like that," said the doctor, as if pleased. "That one is dead, I fancy. However, I'll look up our list. We had a list. Have you got it, Makéev?"

"Makár Alexéevich has the list," answered the assistant. "But if you'll step into the officers' wards you'll see for yourself," he added, turning to Rostóv.

"Ah, you'd better not go, sir," said the doctor, "or you may have to stay here yourself."

But Rostóv bowed himself away from the doctor and asked the assistant to show him the way.

"Only don't blame me!" the doctor shouted up after him.

Rostóv and the assistant went into the dark

смерть. Только мы двое с Макеевым (он указал на фельдшера) еще тут треплемся. Тут уж нашего брата докторов человек пять перемерло. Как поступит новенький, через недельку готов, — с видимым удовольствием сказал доктор. — Прусских докторов вызывали, так не любят союзники-то наши.

Ростов объяснил ему, что он желал видеть здесь лежащего гусарского майора Денисова.

— Не знаю, не ведаю, батюшка. Ведь вы подумайте, у меня на одного три госпиталя, четыреста больных с лишком! Еще хорошо, прусские дамы-благодетельницы нам кофею и корпию присылают по два фунта в месяц, а то бы пропали. — Он засмеялся. — Четыреста, батюшка; а мне все новеньких присылают. Ведь четыреста есть? А? — обратился он к фельдшеру.

Фельдшер имел измученный вид. Он, видимо, с досадой дожидался, скоро ли уйдет заболтавшийся доктор.

— Майор Денисов, — повторил Ростов, — он под Молитеном ранен был.

— Кажется, умер. А, Макеев? — равнодушно спросил доктор у фельдшера.

Фельдшер, однако, не подтвердил слов доктора.

— Что, он такой длинный, рыжеватый? — спросил доктор.

Ростов описал наружность Денисова.

— Был, был такой, — как бы радостно проговорил доктор, — этот, должно быть, умер, а впрочем, я справлюсь, у меня списки были. Есть у тебя, Макеев?

— Списки у Макара Алексеича, — сказал фельдшер. — А пожалуйте в офицерские палаты, там сами увидите, — прибавил он, обращаясь к Ростову.

— Эх, лучше не ходить, батюшка, — сказал доктор, — а то как бы сами тут не остались!

Но Ростов откланялся доктору и попросил фельдшера проводить его.

— Не пенять же, чур, на меня, — прокричал доктор из-под лестницы.

Ростов с фельдшером вошли в коридор.

corridor. The smell was so strong there that Rostóv held his nose and had to pause and collect his strength before he could go on. A door opened to the right, and an emaciated sallow man on crutches, barefoot and in underclothing, limped out and, leaning against the doorpost, looked with glittering envious eyes at those who were passing. Glancing in at the door, Rostóv saw that the sick and wounded were lying on the floor on straw and overcoats.

"May I go in and look?"

"What is there to see?" said the assistant.

But, just because the assistant evidently did not want him to go in, Rostóv entered the soldiers' ward. The foul air, to which he had already begun to get used in the corridor, was still stronger here. It was a little different, more pungent, and one felt that this was where it originated.

In the long room, brightly lit up by the sun through the large windows, the sick and wounded lay in two rows with their heads to the walls, and leaving a passage in the middle. Most of them were unconscious and paid no attention to the newcomers. Those who were conscious raised themselves or lifted their thin yellow faces, and all looked intently at Rostóv with the same expression of hope, of relief, reproach, and envy of another's health. Rostóv went to the middle of the room and looking through the open doors into the two adjoining rooms saw the same thing there. He stood still, looking silently around. He had not at all expected such a sight. Just before him, almost across the middle of the passage on the bare floor, lay a sick man, probably a Cossack to judge by the cut of his hair. The man lay on his back, his huge arms and legs outstretched. His face was purple, his eyes were rolled back so that only the whites were seen, and on his bare legs and arms which were still red, the veins stood out like cords. He was knocking the back of his head against the floor, hoarsely uttering some

Больничный запах был так силен в этом темном коридоре, что Ростов схватился за нос и должен был остановиться, чтобы собраться с силами и идти дальше. Направо отворилась дверь, и оттуда высунулся на костылях худой, желтый человек, босой и в одном белье. Он, упершись о притолоку, блестящими, завистливыми глазами поглядел на проходящих. Заглянув в дверь, Ростов увидал, что больные и раненые лежали там на полу, на соломе и шинелях.

— Что же это? — спросил он.

— Это солдатские, — отвечал фельдшер. — Что же делать, — прибавил он, как будто извиняясь.

— А можно войти посмотреть? — спросил Ростов.

— Что же смотреть? — сказал фельдшер. Но именно потому, что фельдшер, очевидно, не желал впустить туда, Ростов вошел в солдатские палаты. Запах, к которому он уже умел придышаться в коридоре, здесь был еще сильнее Запах этот здесь несколько изменился: он был резче, и чувствительно было, что отсюда-то именно он и происходил.

В длинной комнате, ярко освещенной солнцем в большие окна, в два ряда, головами к стенам и оставляя проход посередине, лежали больные и раненые. Большая часть из них были в забытьи и не обратили внимания на вошедших. Те, которые были в памяти, все приподнялись или подняли свои худые, желтые лица, и все с одним и тем же выражением надежды на помощь, упрека и зависти к чужому здоровью, не спуская глаз смотрели на Ростова. Ростов вышел на середину комнаты, заглянул в соседние две комнаты с растворенными дверями и с обеих сторон увидал то же самое. Он остановился, молча оглядываясь вокруг себя. Он никак не ожидал видеть это. Перед самым им лежал почти поперек среднего прохода, на голом полу, больной, вероятно казак, потому что волосы его были обстрижены в скобку. Казак этот лежал навзничь, раскинув огромные руки и ноги. Лицо его было багрово-красно, глаза совершенно закачены, так что видны были одни белки, и на босых ногах его и на

word which he kept repeating. Rostóv listened and made out the word. It was "drink, drink, a drink!" Rostóv glanced round, looking for someone who would put this man back in his place and bring him water.

"Who looks after the sick here?" he asked the assistant.

Just then a commissariat soldier, a hospital orderly, came in from the next room, marching stiffly, and drew up in front of Rostóv.

"Good day, your honor!" he shouted, rolling his eyes at Rostóv and evidently mistaking him for one of the hospital authorities.

"Get him to his place and give him some water," said Rostóv, pointing to the Cossack.

"Yes, your honor," the soldier replied complacently, and rolling his eyes more than ever he drew himself up still straighter, but did not move.

"No, it's impossible to do anything here," thought Rostóv, lowering his eyes, and he was going out, but became aware of an intense look fixed on him on his right, and he turned. Close to the corner, on an overcoat, sat an old, unshaven, gray-bearded soldier as thin as a skeleton, with a stern sallow face and eyes intently fixed on Rostóv. The man's neighbor on one side whispered something to him, pointing at Rostóv, who noticed that the old man wanted to speak to him. He drew nearer and saw that the old man had only one leg bent under him, the other had been amputated above the knee. His neighbor on the other side, who lay motionless some distance from him with his head thrown back, was a young soldier with a snub nose. His pale waxen face was still freckled and his eyes were rolled back. Rostóv looked at the young soldier and a cold chill ran down his back.

"Why, this one seems..." he began, turning to the assistant.

руках, еще красных, жилы напружились, как веревки. Он стукнулся затылком о пол и что-то хрипло проговорил и стал повторять это слово. Ростов прислушался к тому, что он говорил, и разобрал повторяемое им слово. Слово это было: испить — пить — испить! Ростов оглянулся, отыскивая того, кто бы мог уложить на место этого больного и дать ему воды.

— Кто ж тут ходит за больными? — спросил он фельдшера.

В это время из соседней комнаты вышел фурштатский солдат, больничный служитель, и, отбивая шаг, вытянулся перед Ростовым.

— Здравия желаю, ваше высокоблагородие! — прокричал этот солдат, выкатывая глаза на Ростова и, очевидно, принимая его за больничное начальство.

— Убери же его, дай ему воды, — сказал Ростов, указывая на казака.

— Слушаю, ваше высокоблагородие, — с удовольствием проговорил солдат, еще старательнее выкатывая глаза и вытягиваясь, но не трогаясь с места.

«Нет, тут ничего не сделаешь», — подумал Ростов, опустив глаза, и хотел уже выходить, но с правой стороны он чувствовал устремленный на себя значительный взгляд и оглянулся на него. Почти в самом углу на шинели сидел с желтым, как скелет, худым, строгим лицом и с небритой седой бородой старый солдат и упорно смотрел на Ростова. С одной стороны сосед старого солдата что-то шептал ему, указывая на Ростова. Ростов понял, что старик намерен о чем-то просить его. Он подошел ближе и увидал, что у старика была согнута только одна нога, а другой совсем не было выше колена. Другой сосед старика, неподвижно лежавший с закинутой головой, довольно далеко от него, был молодой солдат с восковой бледностью на курносом, покрытом еще веснушками, лице и с закаченными под веки глазами. Ростов поглядел на курносого солдата, и мороз пробежал по его спине.

— Да ведь этот, кажется... — обратился он к фельдшеру.

"And how we've been begging, your honor," said the old soldier, his jaw quivering. "He's been dead since morning. After all we're men, not dogs."

"I'll send someone at once. He shall be taken away—taken away at once," said the assistant hurriedly. "Let us go, your honor."

"Yes, yes, let us go," said Rostóv hastily, and lowering his eyes and shrinking, he tried to pass unnoticed between the rows of reproachful envious eyes that were fixed upon him, and went out of the room.

— Уж как просили, ваше благородие, — сказал старый солдат с дрожанием нижней челюсти. — Еще утром кончился. Ведь тоже люди, а не собаки...

— Сейчас пришлю, уберут, уберут, — поспешно сказал фельдшер. — Пожалуйте, ваше благородие.

— Пойдем, пойдем! — поспешно сказал Ростов и, опустив глаза и сжавшись, стараясь пройти незамеченным сквозь строй этих укоризненных и завистливых глаз, устремленных на него, он вышел из комнаты.

XVIII

Going along the corridor, the assistant led Rostóv to the officers' wards, consisting of three rooms, the doors of which stood open. There were beds in these rooms and the sick and wounded officers were lying or sitting on them. Some were walking about the rooms in hospital dressing gowns. The first person Rostóv met in the officers' ward was a thin little man with one arm, who was walking about the first room in a nightcap and hospital dressing gown, with a pipe between his teeth. Rostóv looked at him, trying to remember where he had seen him before.

"See where we've met again!" said the little man. "Túshin, Túshin, don't you remember, who gave you a lift at Schön Grabern? And I've had a bit cut off, you see..." he went on with a smile, pointing to the empty sleeve of his dressing gown. "Looking for Vasíli Dmítrich Denísov? My neighbor," he added, when he heard who Rostóv wanted. "Here, here," and Túshin led him into the next room, from whence came sounds of several laughing voices.

"How can they laugh, or even live at all here?" thought Rostóv, still aware of that smell of decomposing flesh that had been so strong in the soldiers' ward, and still seeming to see fixed on him those envious looks which had followed him out from both sides, and the face of that young soldier with eyes rolled back.

Denísov lay asleep on his bed with his head under the blanket, though it was nearly noon.

"Ah, Wostóv? How are you, how are you?" he called out, still in the same voice as in the regiment, but Rostóv noticed sadly that under this habitual ease and animation some new, sinister, hidden feeling showed itself in the expression of Denísov's face and the intonations of his voice.

His wound, though a slight one, had not yet healed even now, six weeks after he had been hit. His face had the same swollen pallor as the faces of the other hospital patients, but it was not

XVIII

Пройдя коридор, фельдшер ввел Ростова в офицерские палаты, состоявшие из трех, с растворенными дверями, комнат. В комнатах этих были кровати; раненые и больные офицеры сидели и лежали на них. Некоторые в больничных халатах ходили по комнатам. Первое лицо, встретившееся Ростову в офицерских палатах, был маленький, худой человек без руки, в колпаке и больничном халате, с закушенной трубочкой ходивший в первой комнате. Ростов, вглядываясь в него, старался вспомнить, где он его видел.

— Вот где Бог привел свидеться, — сказал маленький человек. — Тушин, Тушин — помните, довез вас под Шенграбеном? А мне кусочек отрезали, вот... — сказал он, улыбаясь и указывая на пустой рукав халата. — Василья Дмитрича Денисова ищете? Сожитель, — сказал он, узнав, кого нужно было Ростову. — Здесь, здесь. — И Тушин повел его в другую комнату, из которой слышался хохот нескольких голосов.

«И как они могут не только хохотать, но жить тут?» — думал Ростов, все слыша еще этот запах мертвого тела, которого он набрался в солдатском госпитале, и все еще видя вокруг себя эти завистливые взгляды, провожавшие его с обеих сторон, и лицо этого молодого солдата с закаченными глазами.

Денисов, закрывшись с головой одеялом, спал на постели, несмотря на то, что был двенадцатый час дня.

— А! Г'остов! Здог'ово, здог'ово! — закричал он все тем же голосом, как, бывало, и в полку; но Ростов с грустью заметил, как за этой привычной развязностью и оживленностью какое-то новое, дурное, затаенное чувство проглядывало в выражении лица, в интонациях и словах Денисова.

Рана его, несмотря на свою ничтожность, все еще не заживала, хотя уже прошло шесть недель, как он был ранен. В лице его была та же бледная опухлость, которая была на всех

this that struck Rostóv. What struck him was that Denísov did not seem glad to see him, and smiled at him unnaturally. He did not ask about the regiment, nor about the general state of affairs, and when Rostóv spoke of these matters did not listen.

Rostóv even noticed that Denísov did not like to be reminded of the regiment, or in general of that other free life which was going on outside the hospital. He seemed to try to forget that old life and was only interested in the affair with the commissariat officers. On Rostóv's inquiry as to how the matter stood, he at once produced from under his pillow a paper he had received from the commission and the rough draft of his answer to it. He became animated when he began reading his paper and specially drew Rostóv's attention to the stinging rejoinders he made to his enemies. His hospital companions, who had gathered round Rostóv—a fresh arrival from the world outside—gradually began to disperse as soon as Denísov began reading his answer. Rostóv noticed by their faces that all those gentlemen had already heard that story more than once and were tired of it. Only the man who had the next bed, a stout Uhlan, continued to sit on his bed, gloomily frowning and smoking a pipe, and little one-armed Túshin still listened, shaking his head disapprovingly. In the middle of the reading, the Uhlan interrupted Denísov.

"But what I say is," he said, turning to Rostóv, "it would be best simply to petition the Emperor for pardon. They say great rewards will now be distributed, and surely a pardon would be granted..."

"Me petition the Empewo'!" exclaimed Denísov, in a voice to which he tried hard to give the old energy and fire, but which sounded like an expression of irritable impotence. "What for? If I were a wobber I would ask mercy, but I'm being court-martialed for bwinging wobbers to book. Let them twy me, I'm not afwaid of anyone. I've served the Tsar and my countwy honowably and have not stolen! And am I to be degwaded?... Listen, I'm w'iting to them stwaight. This is what I say: 'If I had wobbed the Tweasuwy...'"

"It's certainly well written," said Túshin, "but

гошпитальных лицах. Но не это поразило Ростова: его поразило то, что Денисов как будто не рад был ему и неестественно ему улыбался. Денисов не расспрашивал ни про полк, ни про общий ход дела. Когда Ростов говорил про это, Денисов не слушал.

Ростов заметил даже, что Денисову неприятно было, когда ему напоминали о полке и вообще о той, другой, вольной жизни, которая шла вне госпиталя. Он, казалось, старался забыть ту прежнюю жизнь и интересовался только своим делом с провиантскими чиновниками. На вопрос Ростова, в каком положении было дело, он тотчас достал из-под подушки бумагу, полученную из комиссии, и свой черновой ответ на нее. Он оживился, начав читать свою бумагу, и особенно давал заметить Ростову колкости, которые он в этой бумаге говорил своим врагам. Госпитальные товарищи Денисова, окружившие было Ростова — вновь прибывшее из вольного света лицо, — стали понемногу расходиться, как только Денисов стал читать свою бумагу. По их лицам Ростов понял, что все эти господа уже не раз слышали всю эту успевшую им надоесть историю. Только сосед на кровати, толстый улан, сидел на своей койке, мрачно нахмурившись и куря трубку, и маленький Тушин без руки продолжал слушать, неодобрительно покачивая головой. В середине чтения улан перебил Денисова.

— А по мне, — сказал он, обращаясь к Ростову, — надо просто просить государя о помиловании. Теперь, говорят, награды будут большие, и, верно, простят...

— Мне просить государя! — сказал Денисов голосом, которому он хотел придать прежнюю энергию и горячность, но который звучал бесполезной раздражительностью. — О чем? Ежели бы я был разбойник, я бы просил милости, а то я сужусь за то, что вывожу на чистую воду разбойников. Пускай судят, я никого не боюсь; я честно служил царю и отечеству, и не крал! И меня разжаловать, и... Слушай, я так прямо и пишу им, вот я пишу: «ежели бы я был казнокрад...»

— Ловко написано, что и говорить, —

172

that's not the point, Vasíli Dmítrich," and he also turned to Rostóv. "One has to submit, and Vasíli Dmítrich doesn't want to. You know the auditor told you it was a bad business."

"Well, let it be bad," said Denísov.

"The auditor wrote out a petition for you," continued Túshin, "and you ought to sign it and ask this gentleman to take it. No doubt he" (indicating Rostóv) "has connections on the staff. You won't find a better opportunity."

"Haven't I said I'm not going to gwovel?" Denísov interrupted him, went on reading his paper.

Rostóv had not the courage to persuade Denísov, though he instinctively felt that the way advised by Túshin and the other officers was the safest, and though he would have been glad to be of service to Denísov. He knew his stubborn will and straightforward hasty temper.

When the reading of Denísov's virulent reply, which took more than an hour, was over, Rostóv said nothing, and he spent the rest of the day in a most dejected state of mind amid Denísov's hospital comrades, who had gathered round him, telling them what he knew and listening to their stories. Denísov was moodily silent all the evening.

Late in the evening, when Rostóv was about to leave, he asked Denísov whether he had no commission for him.

"Yes, wait a bit," said Denísov, glancing round at the officers, and taking his papers from under his pillow he went to the window, where he had an inkpot, and sat down to write.

"It seems it's no use knocking one's head against a wall!" he said, coming from the window and giving Rostóv a large envelope. In it was the petition to the Emperor drawn up by the auditor, in which Denísov, without alluding to the offenses of the commissariat officials, simply asked for pardon.

"Hand it in. It seems..."

He did not finish, but gave a painfully unnatural smile.

сказал Тушин. — Да не в том дело, Василий Дмитрич, — он тоже обратился к Ростову, — покориться надо, а вот Василий Дмитрич не хочет. Ведь аудитор говорил вам, что дело ваше плохо.

— Ну, пускай будет плохо, — сказал Денисов.

— Вам написал аудитор просьбу, — продолжал Тушин, — и надо подписать, да вот с ними и отправить. У них, верно (он указал на Ростова), и рука в штабе есть. Уж лучше случая не найдете.

— Да ведь я сказал, что подличать не стану, — перебил Денисов и опять продолжал чтение своей бумаги.

Ростов не смел уговаривать Денисова, хотя он инстинктом чувствовал, что путь, предлагаемый Тушиным и другими офицерами, был самый верный, и хотя он считал бы себя счастливым, ежели бы мог оказать помощь Денисову: он знал непреклонность воли Денисова и его правдивую горячность.

Когда кончилось чтение ядовитых бумаг Денисова, продолжавшееся более часа, Ростов ничего не сказал и, в самом грустном расположении духа, в обществе опять собравшихся около него госпитальных товарищей Денисова провел остальную часть дня, рассказывая про то, что он знал, и слушая рассказы других. Денисов мрачно молчал в продолжение всего вечера.

Поздно вечером Ростов собрался уезжать и спросил Денисова, не будет ли каких поручений.

— Да, постой, — сказал Денисов, оглянулся на офицеров и, достав из-под подушки свои бумаги, пошел к окну, на котором у него стояла чернильница, и сел писать.

— Видно, плетью обуха не пег'ешибешь, — сказал он, отходя от окна и подавая Ростову большой конверт. Это была просьба на имя государя, составленная аудитором, в которой Денисов, ничего не упоминая о винах провиантского ведомства, просил только о помиловании.

— Пег'едай, видно...

— Он не договорил и улыбнулся болезненно-фальшивой улыбкой.

XIX

Having returned to the regiment and told the commander the state of Denísov's affairs, Rostóv rode to Tilsit with the letter to the Emperor.

On the thirteenth of June the French and Russian Emperors arrived in Tilsit. Borís Drubetskóy had asked the important personage on whom he was in attendance, to include him in the suite appointed for the stay at Tilsit.

"I should like to see the great man," he said, alluding to Napoleon, whom hitherto he, like everyone else, had always called Buonaparte.

"You are speaking of Buonaparte?" asked the general, smiling.

Borís looked at his general inquiringly and immediately saw that he was being tested.

"I am speaking, Prince, of the Emperor Napoleon," he replied. The general patted him on the shoulder, with a smile.

"You will go far," he said, and took him to Tilsit with him.

Borís was among the few present at the Niemen on the day the two Emperors met. He saw the raft, decorated with monograms, saw Napoleon pass before the French Guards on the farther bank of the river, saw the pensive face of the Emperor Alexander as he sat in silence in a tavern on the bank of the Niemen awaiting Napoleon's arrival, saw both Emperors get into boats, and saw how Napoleon—reaching the raft first—stepped quickly forward to meet Alexander and held out his hand to him, and how they both retired into the pavilion. Since he had begun to move in the highest circles Borís had made it his habit to watch attentively all that went on around him and to note it down. At the time of the meeting at Tilsit he asked the names

XIX

Вернувшись в полк и передав командиру, в каком положении находилось дело Денисова, Ростов с письмом к государю поехал в Тильзит.

13-го июня французский и русский императоры съехались в Тильзите. Борис Друбецкой просил важное лицо, при котором он состоял, о том, чтобы быть причислену к свите, назначенной состоять в Тильзите.

— Je voudrais voir le grand homme [1], — сказал он, говоря про Наполеона, которого он до сего времени всегда, как и все, называл Буонапарте.

— Vous parlez de Buonaparte? [2] — сказал ему, улыбаясь, его генерал.

Борис вопросительно посмотрел на своего генерала и тотчас же понял, что это было шуточное испытание.

— Mon prince, je parle de l'empereur Napoléon [3], — отвечал он. Генерал с улыбкой потрепал его по плечу.

— Ты далеко пойдешь, — сказал он ему и взял с собою.

Борис в числе немногих был на Немане в день свидания императоров; он видел плоты с вензелями, проезд Наполеона по тому берегу мимо французской гвардии, видел задумчивое лицо императора Александра в то время, как он молча сидел в корчме на берегу Немана, ожидая прибытия Наполеона; видел, как оба императора сели в лодки и как Наполеон, приставши прежде к плоту, быстрыми шагами пошел вперед и, встречая Александра, подал ему руку, и как оба скрылись в павильоне. Со времени своего вступления в высшие миры Борис сделал себе в привычку внимательно наблюдать то, что происходило вокруг него, и записывать. Во время свидания в Тильзите он расспраши-

---

[1] Я бы желал видеть великого человека.

[2] Вы говорите о Буонапарте?

[3] Князь, я говорю об императоре Наполеоне.

of those who had come with Napoleon and about the uniforms they wore, and listened attentively to words spoken by important personages. At the moment the Emperors went into the pavilion he looked at his watch, and did not forget to look at it again when Alexander came out. The interview had lasted an hour and fifty-three minutes. He noted this down that same evening, among other facts he felt to be of historic importance. As the Emperor's suite was a very small one, it was a matter of great importance, for a man who valued his success in the service, to be at Tilsit on the occasion of this interview between the two Emperors, and having succeeded in this, Borís felt that henceforth his position was fully assured. He had not only become known, but people had grown accustomed to him and accepted him. Twice he had executed commissions to the Emperor himself, so that the latter knew his face, and all those at court, far from cold-shouldering him as at first when they considered him a newcomer, would now have been surprised had he been absent.

Borís lodged with another adjutant, the Polish Count Zhilínski. Zhilínski, a Pole brought up in Paris, was rich, and passionately fond of the French, and almost every day of the stay at Tilsit, French officers of the Guard and from French headquarters were dining and lunching with him and Borís.

On the evening of the twenty-fourth of June, Count Zhilínski arranged a supper for his French friends. The guest of honor was an aide-de-camp of Napoleon's, there were also several French officers of the Guard, and a page of Napoleon's, a young lad of an old aristocratic French family. That same day, Rostóv, profiting by the darkness to avoid being recognized in civilian dress, came to Tilsit and went to the lodging occupied by Borís and Zhilínski.

Rostóv, in common with the whole army from which he came, was far from having experienced the change of feeling toward Napoleon and the French—who from being foes

вал об именах тех лиц, которые приехали с Наполеоном, о мундирах, которые были на них надеты, и внимательно прислушивался к словам, которые были сказаны важными лицами. В то самое время, как императоры вошли в павильон, он посмотрел на часы и не забыл посмотреть опять в то время, когда Александр вышел из павильона. Свидание продолжалось час и пятьдесят три минуты; он так и записал это в тот вечер в числе других фактов, которые, он полагал, имели историческое значение. Так как свита императора была очень небольшая, то для человека, дорожащего успехом по службе, находиться в Тильзите во время свидания императоров было делом очень важным, и Борис, попав в Тильзит, чувствовал, что с этого времени положение его совершенно утвердилось. Его не только знали, но к нему пригляделись и привыкли. Два раза он исполнял поручения к самому государю, так что государь знал его в лицо, и все приближенные уже не только не дичились его, как прежде, считая за новое лицо, но удивились бы, ежели бы его не было.

Борис жил с другим адъютантом, польским графом Жилинским. Жилинский, воспитанный в Париже поляк, был богат, страстно любил французов, и почти каждый день во время пребывания в Тильзите к Жилинскому и Борису собирались на обеды и завтраки французские офицеры из гвардии и главного французского штаба.

24-го июня, вечером, граф Жилинский, сожитель Бориса, устроил для своих знакомых французов ужин. На ужине этом был почетный гость — один адъютант Наполеона, несколько офицеров французской гвардии и молодой мальчик старой аристократической французской фамилии, паж Наполеона. В этот самый день Ростов, пользуясь темнотой, чтобы не быть узнанным, в статском платье, приехал в Тильзит и вошел в квартиру Жилинского и Бориса.

В Ростове, так же как и во всей армии, из которой он приехал, еще далеко не совершился в отношении Наполеона и французов, из врагов сделавшихся друзьями, тот перево-

had suddenly become friends—that had taken place at headquarters and in Borís. In the army, Bonaparte and the French were still regarded with mingled feelings of anger, contempt, and fear. Only recently, talking with one of Plátov's Cossack officers, Rostóv had argued that if Napoleon were taken prisoner he would be treated not as a sovereign, but as a criminal. Quite lately, happening to meet a wounded French colonel on the road, Rostóv had maintained with heat that peace was impossible between a legitimate sovereign and the criminal Bonaparte. Rostóv was therefore unpleasantly struck by the presence of French officers in Borís' lodging, dressed in uniforms he had been accustomed to see from quite a different point of view from the outposts of the flank. As soon as he noticed a French officer, who thrust his head out of the door, that warlike feeling of hostility which he always experienced at the sight of the enemy suddenly seized him. He stopped at the threshold and asked in Russian whether Drubetskóy lived there. Borís, hearing a strange voice in the anteroom, came out to meet him. An expression of annoyance showed itself for a moment on his face on first recognizing Rostóv.

"Ah, it's you? Very glad, very glad to see you," he said, however, coming toward him with a smile. But Rostóv had noticed his first impulse.

"I've come at a bad time I think. I should not have come, but I have business," he said coldly.

"No, I only wonder how you managed to get away from your regiment. Dans un moment je suis à vous (in a minute I shall be at your disposal)," he said, answering someone who called him.

"I see I'm intruding," Rostóv repeated.

The look of annoyance had already disappeared from Borís' face: having evidently reflected and decided how to act, he very quietly took both Rostóv's hands and led him into the next room. His eyes, looking serenely

рот, который произошел в главной квартире и в Борисе. Все еще продолжали в армии испытывать прежнее смешанное чувство злобы, презрения и страха к Бонапарте и французам. Еще недавно Ростов, разговаривая с платовским казачьим офицером, спорил о том, что ежели бы Наполеон был взят в плен, то с ним бы обратились не как с государем, а как с преступником. Еще недавно на дороге, встретившись с французским раненым полковником. Ростов разгорячился, доказывая ему, что не может быть мира между законным государем и преступником Бонапартом. Поэтому Ростова странно поразил в квартире Бориса вид французских офицеров в тех самых мундирах, на которые он привык совсем иначе смотреть из фланкерской цепи. Как только он увидал высунувшегося из двери французского офицера, это чувство войны, враждебности, которое он всегда испытывал при виде неприятеля, вдруг охватило его. Он остановился на пороге и по-русски спросил, тут ли живет Друбецкой. Борис, заслышав чужой голос в передней, вышел к нему навстречу. Лицо его в первую минуту, когда он узнал Ростова, выразило досаду.

— Ах, это ты, очень рад, очень рад тебя видеть, — сказал он однако, улыбаясь и подвигаясь к нему. Но Ростов заметил первое его движение.

— Я не вовремя, кажется, — сказал он, — я бы не приехал, но мне дело есть, — сказал он холодно...

— Нет, я только удивляюсь, как ты из полка приехал. Dans un moment je suis à vous [4], — обратился он на голос, звавший его.

— Я вижу, что я не вовремя, — повторил Ростов.

Выражение досады уже исчезло на лице Бориса; видимо, обдумав и решив, что ему делать, он с особенным спокойствием взял его за обе руки и повел в соседнюю комнату. Глаза Бориса, спокойно и твердо глядевшие

[4] Сейчас я к вашим услугам.

and steadily at Rostóv, seemed to be veiled by something, as if screened by blue spectacles of conventionality. So it seemed to Rostóv.

"Oh, come now! As if you could come at a wrong time!" said Borís, and he led him into the room where the supper table was laid and introduced him to his guests, explaining that he was not a civilian, but an hussar officer, and an old friend of his.

"Count Zhilínski—le Comte N. N.—le Capitaine S. S.," said he, naming his guests. Rostóv looked frowningly at the Frenchmen, bowed reluctantly, and remained silent.

Zhilínski evidently did not receive this new Russian person very willingly into his circle and did not speak to Rostóv. Borís did not appear to notice the constraint the newcomer produced and, with the same pleasant composure and the same veiled look in his eyes with which he had met Rostóv, tried to enliven the conversation. One of the Frenchmen, with the politeness characteristic of his countrymen, addressed the obstinately taciturn Rostóv, saying that the latter had probably come to Tilsit to see the Emperor.

"No, I came on business," replied Rostóv, briefly.

Rostóv had been out of humor from the moment he noticed the look of dissatisfaction on Borís' face, and as always happens to those in a bad humor, it seemed to him that everyone regarded him with aversion and that he was in everybody's way. He really was in their way, for he alone took no part in the conversation which again became general. The looks the visitors cast on him seemed to say: "And what is he sitting here for?" He rose and went up to Borís.

"Anyhow, I'm in your way," he said in a low tone. "Come and talk over my business and I'll go away."

"Oh, no, not at all," said Borís. "But if you are tired, come and lie down in my room and have a rest."

"Yes, really…"

на Ростова, были как будто застланы чем-то, как будто какая-то заслонка — синие очки общежития были надеты на них. Так казалось Ростову.

— Ах, полно, пожалуйста, можешь ли ты быть не вовремя, — сказал Борис. Борис ввел его в комнату, где был накрыт ужин, познакомил с гостями, назвав его и объяснив, что он был не штатский, но гусарский офицер, его старый приятель.

— Граф Жилинский, le comte N. N., le capitaine S. S. [5], — называл он гостей. Ростов нахмуренно глядел на французов, неохотно раскланивался и молчал.

Жилинский, видимо, не радостно принял это новое русское лицо в свой кружок и ничего не сказал Ростову. Борис, казалось, не замечал происшедшего стеснения от появления нового лица и с тем же приятным спокойствием и застланностью в глазах, с которыми он встретил Ростова, старался оживить разговор. Один из французов обратился с обыкновенной французской учтивостью к упорно молчавшему Ростову и сказал ему, что, вероятно, для того, чтобы увидать императора, он приехал в Тильзит.

— Нет, у меня есть дело, — коротко отвечал Ростов.

Ростов сделался не в духе тотчас же после того, как он заметил неудовольствие на лице Бориса, и, как это всегда бывает с людьми, которые не в духе, ему казалось, что все неприязненно смотрят на него и что всем он мешает. И действительно, он мешал всем и один оставался вне вновь завязавшегося общего разговора. «И зачем он сидит тут?» — говорили взгляды, которые бросали на него гости. Он встал и подошел к Борису.

— Однако я тебя стесняю, — сказал он ему тихо, — пойдем поговорим о деле, и я уйду.

— Да нет, нисколько, — сказал Борис. — А ежели ты устал, пойдем в мою комнату и ложись отдохни.

— И в самом деле…

---

[5] Граф Н. Н., капитан С. С.

They went into the little room where Borís slept. Rostóv, without sitting down, began at once, irritably (as if Borís were to blame in some way) telling him about Denísov's affair, asking him whether, through his general, he could and would intercede with the Emperor on Denísov's behalf and get Denísov's petition handed in. When he and Borís were alone, Rostóv felt for the first time that he could not look Borís in the face without a sense of awkwardness. Borís, with one leg crossed over the other and stroking his left hand with the slender fingers of his right, listened to Rostóv as a general listens to the report of a subordinate, now looking aside and now gazing straight into Rostóv's eyes with the same veiled look. Each time this happened Rostóv felt uncomfortable and cast down his eyes.

"I have heard of such cases and know that His Majesty is very severe in such affairs. I think it would be best not to bring it before the Emperor, but to apply to the commander of the corps.... But in general, I think..."

"So you don't want to do anything? Well then, say so!" Rostóv almost shouted, not looking Borís in the face.

Borís smiled.

"On the contrary, I will do what I can. Only I thought..."

At that moment Zhilínski's voice was heard calling Borís.

"Well then, go, go, go..." said Rostóv, and refusing supper and remaining alone in the little room, he walked up and down for a long time, hearing the lighthearted French conversation from the next room.

Они вошли в маленькую комнатку, где спал Борис. Ростов, не садясь, тотчас же с раздражением — как будто Борис был в чем-нибудь виноват перед ним — начал ему рассказывать дело Денисова, спрашивая, хочет ли и может ли он просить о Денисове через своего генерала у государя и через него передать письмо. Когда они остались вдвоем, Ростов в первый раз убедился, что ему неловко было смотреть в глаза Борису. Борис, заложив ногу на ногу и поглаживая левой рукой тонкие пальцы правой руки, слушал Ростова, как слушает генерал доклад подчиненного, то глядя в сторону, то с тою же застланностию во взгляде, прямо глядя в глаза Ростову. Ростову всякий раз при этом становилось неловко, и он опускал глаза.

— Я слыхал про такого рода дела и знаю, что государь очень строг в этих случаях. Я думаю, надо бы не доводить до его величества. По-моему, лучше бы прямо просить корпусного командира... Но вообще я думаю...

— Так ты ничего не хочешь сделать, так и скажи! — закричал почти Ростов, не глядя в глаза Борису.

Борис улыбнулся.

— Напротив, я сделаю что могу, только я думал...

В это время в двери послышался голос Жилинского, звавший Бориса.

— Ну, иди, иди, — сказал Ростов, и, отказавшись от ужина и оставшись один в маленькой комнатке, он долго ходил в ней взад и вперед и слушал веселый французский говор из соседней комнаты.

XX

XX

Rostóv had come to Tilsit the day least suitable for a petition on Denísov's behalf. He could not himself go to the general in attendance as he was in mufti and had come to Tilsit without permission to do so, and Borís, even had he wished to, could not have done so on the following day. On that day, June 27, the preliminaries of peace were signed. The Emperors exchanged decorations: Alexander received the Cross of the Legion of Honor and Napoleon the Order of St. Andrew of the First Degree, and a dinner had been arranged for the evening, given by a battalion of the French Guards to the Preobrazhénsk battalion. The Emperors were to be present at that banquet.

Rostóv felt so ill at ease and uncomfortable with Borís that, when the latter looked in after supper, he pretended to be asleep, and early next morning went away, avoiding Borís. In his civilian clothes and a round hat, he wandered about the town, staring at the French and their uniforms and at the streets and houses where the Russian and French Emperors were staying. In a square he saw tables being set up and preparations made for the dinner; he saw the Russian and French colors draped from side to side of the streets, with huge monograms A and N. In the windows of the houses also flags and bunting were displayed.

"Borís doesn't want to help me and I don't want to ask him. That's settled," thought Nicholas. "All is over between us, but I won't leave here without having done all I can for Denísov and certainly not without getting his letter to the Emperor. The Emperor!... He is here!" thought Rostóv, who had unconsciously returned to the house where Alexander lodged.

Saddled horses were standing before the house and the suite were assembling, evidently preparing for the Emperor to come out.

"I may see him at any moment," thought Rostóv. "If only I were to hand the letter direct to him and tell him all... could they really arrest

Ростов приехал в Тильзит в день, менее всего удобный для ходатайства за Денисова. Самому ему нельзя было идти к дежурному генералу, так как он был во фраке и без разрешения начальства приехал в Тильзит, а Борис, ежели бы даже и хотел, не мог сделать этого на другой день после приезда Ростова. В тот день, 27-го июня, были подписаны первые условия мира. Императоры поменялись орденами: Александр получил Почетного легиона, а Наполеон Андрея 1-й степени, и в этот день был назначен обед Преображенскому батальону, который давал ему батальон французской гвардии. Государи должны были присутствовать на этом банкете.

Ростову было так неловко и неприятно с Борисом, что, когда после ужина Борис заглянул к нему, он притворился спящим и на другой день рано утром, стараясь не видеть, ушел из дома. Во фраке и круглой шляпе Николай бродил по городу, разглядывая французов и их мундиры, разглядывая улицы и дома, где жили русский и французский императоры. На площади он видел расставляемые столы и приготовления к обеду, на улицах видел перекинутые драпировки с знаменами русских и французских цветов и огромные вензеля А. и N. В окнах домов были тоже знамена и вензеля.

«Борис не хочет помочь мне, да и я не хочу обращаться к нему. Это дело решенное, — думал Николай, — между нами все кончено, но я не уеду отсюда, не сделав все, что могу, для Денисова и, главное, не передав письма государю. Государю?! Он тут!» — думал Ростов, подходя невольно опять к дому, занимаемому Александром.

У дома этого стояли верховые лошади и съезжалась свита, видимо, приготовляясь к выезду государя.

«Всякую минуту я могу увидеть его, — думал Ростов. — Если бы только я мог прямо передать ему письмо и сказать все... неуже-

me for my civilian clothes? Surely not! He would understand on whose side justice lies. He understands everything, knows everything. Who can be more just, more magnanimous than he? And even if they did arrest me for being here, what would it matter?" thought he, looking at an officer who was entering the house the Emperor occupied. "After all, people do go in.... It's all nonsense! I'll go in and hand the letter to the Emperor myself so much the worse for Drubetskóy who drives me to it!" And suddenly with a determination he himself did not expect, Rostóv felt for the letter in his pocket and went straight to the house.

"No, I won't miss my opportunity now, as I did after Austerlitz," he thought, expecting every moment to meet the monarch, and conscious of the blood that rushed to his heart at the thought. "I will fall at his feet and beseech him. He will lift me up, will listen, and will even thank me. 'I am happy when I can do good, but to remedy injustice is the greatest happiness,'" Rostóv fancied the sovereign saying. And passing people who looked after him with curiosity, he entered the porch of the Emperor's house.

A broad staircase led straight up from the entry, and to the right he saw a closed door. Below, under the staircase, was a door leading to the lower floor.

"Whom do you want?" someone inquired.

"To hand in a letter, a petition, to His Majesty," said Nicholas, with a tremor in his voice.

"A petition? This way, to the officer on duty" (he was shown the door leading downstairs), "only it won't be accepted."

On hearing this indifferent voice, Rostóv grew frightened at what he was doing; the thought of meeting the Emperor at any moment was so fascinating and consequently so alarming that he was ready to run away, but the official who had questioned him opened the door, and Rostóv entered.

A short stout man of about thirty, in white breeches and high boots and a batiste shirt that he had evidently only just put on, standing in that room, and his valet was buttoning on to the back of his breeches a new pair of handsome

ли меня бы арестовали за фрак? Не может быть! Он бы понял, на чьей стороне справедливость. Он все понимает, все знает. Кто же может быть справедливее и великодушнее его? Ну, да ежели бы меня и арестовали бы за то, что я здесь, что ж за беда? — думал он, глядя на офицера, входившего в дом, занимаемый государем. — Ведь вот всходят же. Э! все вздор! Пойду и подам сам письмо государю: тем хуже будет для Друбецкого, который довел меня до этого». И вдруг с решительностью, которой он сам не ждал от себя, Ростов, ощупав письмо в кармане, пошел прямо к дому, занимаемому государем.

«Нет, теперь уже не упущу случая, как после Аустерлица, — думал он, ожидая всякую секунду встретить государя и чувствуя прилив крови к сердцу при этой мысли. — Упаду в ноги и буду просить его. Он поднимет, выслушает и еще поблагодарит меня». «Я счастлив, когда могу сделать добро, но исправить несправедливость есть величайшее счастье», — воображал Ростов слова, которые скажет ему государь. И он пошел мимо любопытно смотревших на него на крыльцо занимаемого государем дома.

С крыльца широкая лестница вела прямо наверх; направо видна была затворенная дверь. Внизу под лестницей была дверь в нижний этаж.

— Кого вам? — спросил кто-то.

— Подать письмо, просьбу его величеству, — сказал Николай с дрожанием голоса.

— Просьба — к дежурному, пожалуйте сюда (ему указали на дверь внизу). Только не примут.

Услыхав этот равнодушный голоса, Ростов испугался того, что он делал, мысль встретить всякую минуту государя так соблазнительна и оттого так страшна была для него, что он готов был бежать, но камер-фурьер, встретивший его, отворил ему дверь в дежурную, и Ростов вошел.

Невысокий полный человек, лет тридцати, в белых панталонах, ботфортах и в одной, видно, только что надетой, батистовой рубашке, стоял в этой комнате; камердинер застегивал ему сзади шитые шелком пре-

silk-embroidered braces that, for some reason, attracted Rostóv's attention. This man was speaking to someone in the adjoining room.

"A good figure and in her first bloom," he was saying, but on seeing Rostóv, he stopped short and frowned.

"What is it? A petition?"

"What is it?" asked the person in the other room.

"Another petitioner," answered the man with the braces.

"Tell him to come later. He'll be coming out directly, we must go."

"Later… later! Tomorrow. It's too late…"

Rostóv turned and was about to go, but the man in the braces stopped him.

"Whom have you come from? Who are you?"

"I come from Major Denísov," answered Rostóv.

"Are you an officer?"

"Lieutenant Count Rostóv."

"What audacity! Hand it in through your commander. And go along with you… go," and he continued to put on the uniform the valet handed him.

Rostóv went back into the hall and noticed that in the porch there were many officers and generals in full parade uniform, whom he had to pass.

Cursing his temerity, his heart sinking at the thought of finding himself at any moment face to face with the Emperor and being put to shame and arrested in his presence, fully alive now to the impropriety of his conduct and repenting of it, Rostóv, with downcast eyes, was making his way out of the house through the brilliant suite when a familiar voice called him and a hand detained him.

"What are you doing here, sir, in civilian dress?" asked a deep voice.

It was a cavalry general who had obtained the Emperor's special favor during this campaign, and who had formerly commanded the

красные новые помочи, которые почему-то заметил Ростов. Человек этот разговаривал с кем-то бывшим в другой комнате.

— Bien faite et la beauté du diable [1], — говорил этот человек и, увидав Ростова, перестал говорить и нахмурился.

— Что вам угодно? Просьба?..

— Qu'est ce que c'est? [2] — спросил кто-то из другой комнаты.

— Encore un pétitionnaire [3], — отвечал человек в помочах.

— Скажите ему, что после. Сейчас выйдет, надо ехать.

— После, после, завтра. Поздно…

Ростов повернулся и хотел выйти, но человек в помочах остановил его.

— От кого? Вы кто?

— От майора Денисова, — отвечал Ростов.

— Вы кто? офицер?

— Поручик, граф Ростов.

— Какая смелость! По команде подайте. А сами идите, идите… — И он стал надевать подаваемый камердинером мундир.

Ростов вышел опять в сени и заметил, что на крыльце стало уже много офицеров и генералов в полной парадной форме, мимо которых ему надо было пройти.

Проклиная свою смелость, замирая от мысли, что всякую минуту он может встретить государя и при нем быть осрамлен и выслан под арест, понимая вполне всю неприличность своего поступка и раскаиваясь в нем, Ростов, опустив глаза, пробирался вон из дома, окруженного толпой блестящей свиты, когда чей-то знакомый голос окликнул его и чья-то рука остановила его.

— Вы, батюшка, что тут делаете во фраке? — спросил его басистый голос.

Это был кавалерийский генерал, в эту кампанию заслуживший особую милость государя, бывший начальник дивизии, в кото-

---

[1] Хорошо сложена и свеженькая.

[2] Что это?

[3] Еще проситель.

division in which Rostóv was serving.

Rostóv, in dismay, began justifying himself, but seeing the kindly, jocular face of the general, he took him aside and in an excited voice told him the whole affair, asking him to intercede for Denísov, whom the general knew. Having heard Rostóv to the end, the general shook his head gravely.

"I'm sorry, sorry for that fine fellow. Give me the letter."

Hardly had Rostóv handed him the letter and finished explaining Denísov's case, when hasty steps and the jingling of spurs were heard on the stairs, and the general, leaving him, went to the porch. The gentlemen of the Emperor's suite ran down the stairs and went to their horses. Hayne, the same groom who had been at Austerlitz, led up the Emperor's horse, and the faint creak of a footstep Rostóv knew at once was heard on the stairs. Forgetting the danger of being recognized, Rostóv went close to the porch, together with some inquisitive civilians, and again, after two years, saw those features he adored: that same face and same look and step, and the same union of majesty and mildness.... And the feeling of enthusiasm and love for his sovereign rose again in Rostóv's soul in all its old force. In the uniform of the Preobrazhénsk regiment—white chamois-leather breeches and high boots—and wearing a star Rostóv did not know (it was that of the Légion d'honneur), the monarch came out into the porch, putting on his gloves and carrying his hat under his arm. He stopped and looked about him, brightening everything around by his glance. He spoke a few words to some of the generals, and, recognizing the former commander of Rostóv's division, smiled and beckoned to him.

All the suite drew back and Rostóv saw the general talking for some time to the Emperor.

The Emperor said a few words to him and took a step toward his horse. Again the crowd of members of the suite and street gazers (among whom was Rostóv) moved nearer to the Emper-

рой служил Ростов.

Ростов испуганно начал оправдываться, но, увидав добродушно-шутливое лицо генерала, отойдя к стороне, взволнованным голосом передал ему все дело, прося заступить за известного генералу Денисова. Генерал, выслушав Ростова, серьезно покачал головой.

— Жалко, жалко молодца; давай письмо.

Едва Ростов успел передать письмо и рассказать все дело Денисова, как с лестницы застучали быстрые шаги со шпорами, и генерал, отойдя от него, подвинулся к крыльцу. Господа свиты государя сбежали с лестницы и пошли к лошадям. Берейтор Эне, тот самый, который был в Аустерлице, подвел лошадь государя, и на лестнице послышался легкий скрип шагов, который сейчас узнал Ростов. Забыв опасность быть узнанным, Ростов подвинулся с несколькими любопытными из жителей к самому крыльцу и опять, после двух лет, он увидел те же обожаемые им черты, то же лицо, тот же взгляд, ту же походку, то же соединение величия и кротости... И чувство восторга и любви к государю с прежнею силою воскресло в душе Ростова. Государь в Преображенском мундире, в белых лосинах и высоких ботфортах, со звездой, которую не знал Ростов (это была Légion d'Honneur [4]), вышел на крыльцо, держа шляпу под рукой и надевая перчатку. Он остановился, оглядываясь и все освещая вокруг себя своим взглядом. Кое-кому из генералов он сказал несколько слов. Он узнал тоже бывшего начальника дивизии Ростова, улыбнулся ему и подозвал его к себе.

Вся свита отступила, и Ростов видел, как генерал этот что-то довольно долго говорил государю.

Государь сказал ему несколько слов и сделал шаг, чтобы подойти к лошади. Опять толпа свиты и толпа улицы, в которой был Ростов, придвинулась к государю. Остано-

---

[4] звезда Почетного легиона.

or. Stopping beside his horse, with his hand on the saddle, the Emperor turned to the cavalry general and said in a loud voice, evidently wishing to be heard by all:

"I cannot do it, General. I cannot, because the law is stronger than I," and he raised his foot to the stirrup.

The general bowed his head respectfully, and the monarch mounted and rode down the street at a gallop. Beside himself with enthusiasm, Rostóv ran after him with the crowd.

вившись у лошади и взявшись рукою за седло, государь обратился к кавалерийскому генералу и сказал громко, очевидно, с желанием, чтобы все слышали его.

— Не могу, генерал, и потому не могу, что закон сильнее меня, — сказал государь и занес ногу в стремя.

Генерал почтительно наклонил голову, государь сел и поехал галопом по улице. Ростов, не помня себя от восторга, с толпою побежал за ним.

XXI

The Emperor rode to the square where, facing one another, a battalion of the Preobrazhénsk regiment stood on the right and a battalion of the French Guards in their bearskin caps on the left.

As the Tsar rode up to one flank of the battalions, which presented arms, another group of horsemen galloped up to the opposite flank, and at the head of them Rostóv recognized Napoleon. It could be no one else. He came at a gallop, wearing a small hat, a blue uniform open over a white vest, and the St. Andrew ribbon over his shoulder. He was riding a very fine thoroughbred gray Arab horse with a crimson gold-embroidered saddlecloth. On approaching Alexander he raised his hat, and as he did so, Rostóv, with his cavalryman's eye, could not help noticing that Napoleon did not sit well or firmly in the saddle. The battalions shouted "Hurrah!" and "Vive l'Empereur!" Napoleon said something to Alexander, and both Emperors dismounted and took each other's hands. Napoleon's face wore an unpleasant and artificial smile. Alexander was saying something affable to him.

In spite of the trampling of the French gendarmes' horses, which were pushing back the crowd, Rostóv kept his eyes on every movement of Alexander and Bonaparte. It struck him as a surprise that Alexander treated Bonaparte as an equal and that the latter was quite at ease with the Tsar, as if such relations with an Emperor were an everyday matter to him.

Alexander and Napoleon, with the long train of their suites, approached the right flank of the Preobrazhénsk battalion and came straight up to the crowd standing there. The crowd unexpectedly found itself so close to the Emperors that

XXI

На площади, куда поехал государь, стояли лицом к лицу справа батальон преображенцев, слева батальон французской гвардии в медвежьих шапках.

В то время как государь подъезжал к одному флангу батальонов, сделавших на караул, к противоположному флангу подскакивала другая толпа всадников, и впереди их Ростов узнал Наполеона. Это не мог быть никто другой. Он ехал галопом, в маленькой шляпе, с андреевской лентой через плечо, в раскрытом над белым камзолом синем мундире, на необыкновенно породистой арабской серой лошади, на малиновом, золотом шитом чепраке. Подъехав к Александру, он приподнял шляпу, и при этом движении кавалерийский глаз Ростова не мог не заметить, что Наполеон дурно и нетвердо сидел на лошади. Батальоны закричали: «Ура» и «Vive l'Empereur!» [1] Наполеон что-то сказал Александру. Оба императора слезли с лошадей и взяли друг друга за руки. На лице Наполеона была неприятно-притворная улыбка. Александр с ласковым выражением что-то говорил ему.

Ростов, не спуская глаз, несмотря на топтание лошадьми французских жандармов, осаживавших толпу, следил за каждым движением императора Александра и Бонапарте. Его, как неожиданность, поразило то, что Александр держал себя как равный с Бонапарте и что Бонапарте совершенно свободно, будто эта близость с государем естественна и привычна ему, как равный обращался с русским царем.

Александр и Наполеон с длинным хвостом свиты подошли к правому флангу Преображенского батальона, прямо по толпу, которая стояла тут. Толпа очутилась неожиданно так близко к императорам, что Ро-

---

Rostóv, standing in the front row, was afraid he might be recognized.

"Sire, I ask your permission to present the Legion of Honor to the bravest of your soldiers," said a sharp, precise voice, articulating every letter.

This was said by the undersized Napoleon, looking up straight into Alexander's eyes. Alexander listened attentively to what was said to him and, bending his head, smiled pleasantly.

"To him who has borne himself most bravely in this last war," added Napoleon, accentuating each syllable, as with a composure and assurance exasperating to Rostóv, he ran his eyes over the Russian ranks drawn up before him, who all presented arms with their eyes fixed on their Emperor.

"Will Your Majesty allow me to consult the colonel?" said Alexander and took a few hasty steps toward Prince Kozlóvski, the commander of the battalion.

Bonaparte meanwhile began taking the glove off his small white hand, tore it in doing so, and threw it away. An aide-de-camp behind him rushed forward and picked it up.

"To whom shall it be given?" the Emperor Alexander asked Kozlóvski, in Russian in a low voice.

"To whomever Your Majesty commands."

The Emperor knit his brows with dissatisfaction and, glancing back, remarked:

"But we must give him an answer."

Kozlóvski scanned the ranks resolutely and included Rostóv in his scrutiny.

"Can it be me?" thought Rostóv.

"Lázarev!" the colonel called, with a frown, and Lázarev, the first soldier in the rank, stepped briskly forward.

"Where are you off to? Stop here!" voices whispered to Lázarev who did not know where

стову, стоявшему в передних рядах ее, стало страшно, как бы его не узнали.

— Sire, je vous demande la permission de donner la Légion d'Honneur au plus brave de vos soldats [2], — сказал резкий, точный голос, договаривающий каждую букву.

Это говорил малый ростом Бонапарте, снизу прямо глядя в глаза Александру. Александр внимательно слушал то, что ему говорили, и, наклонив голову, приятно улыбнулся.

— A celui qui s'est le plus vaillamment conduit dans cette dernière guerre [3], — прибавил Наполеон, отчеканивая каждый слог, с возмутительным для Ростова спокойствием и уверенностью оглядывая ряды русских, вытянувшихся перед ним солдат, всё держащих на караул и неподвижно глядящих в лицо своего императора.

— Votre majesté me permettra-t-elle de demander l'avis du colonel [4], — сказал Александр и сделал несколько поспешных шагов к князю Козловскому, командиру батальона.

Бонапарте между тем стал снимать перчатку с белой маленькой руки и, разорвав ее, бросил. Адъютант, сзади торопливо бросившись вперед, поднял ее.

— Кому дать? — не громко, по-русски спросил император Александр у Козловского.

— Кому прикажете, ваше величество.

Государь недовольно поморщился и, оглянувшись, сказал:

— Да ведь надобно же отвечать ему.

Козловский с решительным видом оглянулся на ряды и в этом взгляде захватил и Ростова.

«Уж не меня ли?» — подумал Ростов.

— Лазарев! — нахмурившись, прокомандовал полковник; и первый по ранжиру солдат, Лазарев, бойко вышел вперед.

— Куда ж ты? Тут стой! — зашептали голоса на Лазарева, не знавшего куда ему идти.

---

[2] Государь, я прошу вашего позволения дать орден Почетного легиона храбрейшему из ваших солдат.

[3] Тому, кто храбрее всех вел себя в эту войну.

[4] Позвольте мне, ваше величество, спросить мнение полковника.

to go. Lázarev stopped, casting a sidelong look at his colonel in alarm. His face twitched, as often happens to soldiers called before the ranks.

Napoleon slightly turned his head, and put his plump little hand out behind him as if to take something. The members of his suite, guessing at once what he wanted, moved about and whispered as they passed something from one to another, and a page—the same one Rostóv had seen the previous evening at Borís'—ran forward and, bowing respectfully over the outstretched hand and not keeping it waiting a moment, laid in it an Order on a red ribbon. Napoleon, without looking, pressed two fingers together and the badge was between them. Then he approached Lázarev (who rolled his eyes and persistently gazed at his own monarch), looked round at the Emperor Alexander to imply that what he was now doing was done for the sake of his ally, and the small white hand holding the Order touched one of Lázarev's buttons. It was as if Napoleon knew that it was only necessary for his hand to deign to touch that soldier's breast for the soldier to be forever happy, rewarded, and distinguished from everyone else in the world. Napoleon merely laid the cross on Lázarev's breast and, dropping his hand, turned toward Alexander as though sure that the cross would adhere there. And it really did.

Officious hands, Russian and French, immediately seized the cross and fastened it to the uniform. Lázarev glanced morosely at the little man with white hands who was doing something to him and, still standing motionless presenting arms, looked again straight into Alexander's eyes, as if asking whether he should stand there, or go away, or do something else. But receiving no orders, he remained for some time in that rigid position.

The Emperors remounted and rode away. The Preobrazhénsk battalion, breaking rank,

Лазарев остановился, испуганно покосившись на полковника, и лицо его дрогнуло, как это бывает с солдатами, вызываемыми перед фронт.

Наполеон чуть поворотил голову назад и отвел назад свою маленькую пухлую ручку, как будто желая взять что-то. Лица его свиты, догадавшись в ту же секунду, в чем дело, засуетились, зашептались, передавая что-то один другому, и паж, тот самый, которого вчера видел Ростов у Бориса, выбежал вперед и, почтительно наклонившись над протянутой рукой и не заставив ее дожидаться ни одной секунды, вложил в нее орден на красной ленте. Наполеон, не глядя, сжал два пальца. Орден очутился между ними. Наполеон подошел к Лазареву, который, выкатывая глаза, упорно продолжал смотреть только на своего государя, и оглянулся на императора Александра, показывая этим, что то, что он делал теперь, он делал для своего союзника. Маленькая белая рука с орденом дотронулась до пуговицы солдата Лазарева. Как будто Наполеон знал, что для того, чтобы навсегда этот солдат был счастлив, награжден и отличен от всех в мире, нужно было только, чтоб его, Наполеонова, рука удостоила дотронуться до груди солдата. Наполеон только приложил крест к груди Лазарева и, пустив руку, обратился к Александру, как будто он знал, что крест должен прилипнуть к груди Лазарева.

Крест действительно прилип, потому что и русские и французские услужливые руки, мгновенно подхватив крест, прицепили его к мундиру. Лазарев мрачно взглянул на маленького человека с белыми руками, который что-то сделал над ним, и, продолжая неподвижно держать на караул, опять прямо стал глядеть в глаза Александру, как будто он спрашивал Александра: все ли еще стоять ему, или не прикажут ли ему пройтись теперь, или, может быть, еще что нибудь сделать? Но ему ничего не приказывали, и он довольно долго оставался в этом неподвижном состоянии.

Государи сели верхами и уехали. Преображенцы, расстроивая ряды, перемешались

mingled with the French Guards and sat down at the tables prepared for them.

Lázarev sat in the place of honor. Russian and French officers embraced him, congratulated him, and pressed his hands. Crowds of officers and civilians drew near merely to see him. A rumble of Russian and French voices and laughter filled the air round the tables in the square. Two officers with flushed faces, looking cheerful and happy, passed by Rostóv.

"What d'you think of the treat? All on silver plate," one of them was saying. "Have you seen Lázarev?"

"I have."

"Tomorrow, I hear, the Preobrazhénskis will give them a dinner."

"Yes, but what luck for Lázarev! Twelve hundred francs' pension for life."

"Here's a cap, lads!" shouted a Preobrazhénsk soldier, donning a shaggy French cap.

"It's a fine thing! First-rate!"

"Have you heard the password?" asked one Guards' officer of another. "The day before yesterday it was 'Napoléon, France, bravoure'; yesterday, 'Alexandre, Russie, grandeur.' One day our Emperor gives it and next day Napoleon. Tomorrow our Emperor will send a St. George's Cross to the bravest of the French Guards. It has to be done. He must respond in kind."

Borís, too, with his friend Zhilínski, came to see the Preobrazhénsk banquet. On his way back, he noticed Rostóv standing by the corner of a house.

"Rostóv! How d'you do? We missed one another," he said, and could not refrain from asking what was the matter, so strangely dismal and troubled was Rostóv's face.

"Nothing, nothing," replied Rostóv.

"You'll call round?"

"Yes, I will."

Rostóv stood at that corner for a long time,

с французскими гвардейцами и сели за столы, приготовленные для них.

Лазарев сидел на почетном месте; его обнимали, поздравляли и жали ему руки русские и французские офицеры. Толпы офицеров и народа подходили, чтобы только посмотреть на Лазарева. Гул говора русского, французского и хохота стоял на площади вокруг столов. Два офицера с раскрасневшимися лицами, веселые и счастливые, прошли мимо его.

— Каково, брат, угощенье, — все на серебре, — сказал один. — Лазарева видел?

— Видел.

— Завтра, говорят, преображенцы их угащивать будут.

— Нет, Лазареву-то какое счастье! тысячу двести франков пожизненного пенсиона.

— Вот так шапка, ребята! — кричал преображенец, надевая мохнатую шапку француза.

— Чудо как хорошо, прелесть!

— Ты слышал отзыв? — сказал гвардейский офицер другому. — Третьего дня было Napoléon, France, bravoure [5], вчера Alexandre, Russie, grandeur [6]; один день наш государь дает отзыв, а другой день Наполеон. Завтра государь пошлет Георгия самому храброму из французских гвардейцев. Нельзя же! Должен ответить тем же.

Борис с своим товарищем Жилинским тоже пришел посмотреть на банкет преображенцев. Возвращаясь назад, Борис заметил Ростова, который стоял у угла дома.

— Ростов! здравствуй; мы и не видались, — сказал он ему и не мог удержаться, чтобы не спросить у него, что с ним сделалось: так странно-мрачно и расстроенно было лицо Ростова.

— Ничего, ничего, — отвечал Ростов.

— Ты зайдешь?

— Да, зайду.

Ростов долго стоял у угла, издалека глядя

---

[5] Наполеон, Франция, храбрость.

[6] Александр, Россия, величие.

watching the feast from a distance. In his mind, a painful process was going on which he could not bring to a conclusion. Terrible doubts rose in his soul. Now he remembered Denísov with his changed expression, his submission, and the whole hospital, with arms and legs torn off and its dirt and disease. So vividly did he recall that hospital stench of dead flesh that he looked round to see where the smell came from. Next he thought of that self-satisfied Bonaparte, with his small white hand, who was now an Emperor, liked and respected by Alexander. Then why those severed arms and legs and those dead men?... Then again he thought of Lázarev rewarded and Denísov punished and unpardoned. He caught himself harboring such strange thoughts that he was frightened.

The smell of the food the Preobrazhénskis were eating and a sense of hunger recalled him from these reflections; he had to get something to eat before going away. He went to a hotel he had noticed that morning. There he found so many people, among them officers who, like himself, had come in civilian clothes, that he had difficulty in getting a dinner. Two officers of his own division joined him. The conversation naturally turned on the peace. The officers, his comrades, like most of the army, were dissatisfied with the peace concluded after the battle of Friedland. They said that had we held out a little longer Napoleon would have been done for, as his troops had neither provisions nor ammunition. Nicholas ate and drank (chiefly the latter) in silence. He finished a couple of bottles of wine by himself. The process in his mind went on tormenting him without reaching a conclusion. He feared to give way to his thoughts, yet could not get rid of them. Suddenly, on one of the officers' saying that it was humiliating to look at the French, Rostóv began shouting with uncalled-for wrath, and therefore much to the surprise of the officers:

"How can you judge what's best?" he cried, the blood suddenly rushing to his face. "How can you judge the Emperor's actions? What right have we to argue? We cannot comprehend either

на пирующих. В уме его происходила мучительная работа, которую он никак не мог довести до конца. В душе поднимались страшные сомненья. То ему вспоминался Денисов с своим изменившимся выражением, с своею покорностью и весь госпиталь с этими оторванными руками и ногами, с этой грязью и болезнями. Ему так живо казалось, что он теперь чувствует этот больничный запах мертвого тела, что он оглядывался, чтобы понять, откуда мог происходить этот запах. То ему вспоминался этот самодовольный Бонапарте с своей белой ручкой, который был теперь император, которого любит и уважает император Александр. Для чего же оторванные руки, ноги, убитые люди? То вспоминался ему награжденный Лазарев и Денисов, наказанный и непрощенный. Он заставал себя на таких странных мыслях, что пугался их.

Запах еды преображенцев и голод вызвали его из этого состояния; надо было поесть что-нибудь, прежде чем уехать. Он пошел к гостинице, которую видел утром. В гостинице он застал так много народу и офицеров, так же, как и он, приехавших в штатских платьях, что он насилу добился обеда. Два офицера одной с ним дивизии присоединились к нему. Разговор, естественно, зашел о мире. Офицеры, товарищи Ростова, как и большая часть армии, были недовольны миром, заключенным после Фридланда. Говорили, что, еще бы подержаться, Наполеон бы пропал, что у него в войсках ни сухарей, ни зарядов уж не было. Николай молча ел и преимущественно пил. Он выпил один две бутылки вина. Внутренняя поднявшаяся в нем работа, не разрешаясь, все так же томила его. Он боялся предаваться своим мыслям и не мог отстать от них. Вдруг на слова одного из офицеров, что обидно смотреть на французов, Ростов начал кричать с горячностью, ничем не оправданною и потому очень удивившею офицеров.

— И как вы можете судить, что было бы лучше! — закричал он с лицом, вдруг налившимся кровью. — Как вы можете судить о поступках государя, какое мы имеем право

the Emperor's aims or his actions!"

"But I never said a word about the Emperor!" said the officer, justifying himself, and unable to understand Rostóv's outburst, except on the supposition that he was drunk.

But Rostóv did not listen to him.

"We are not diplomatic officials, we are soldiers and nothing more," he went on. "If we are ordered to die, we must die. If we're punished, it means that we have deserved it, it's not for us to judge. If the Emperor pleases to recognize Bonaparte as Emperor and to conclude an alliance with him, it means that that is the right thing to do. If once we begin judging and arguing about everything, nothing sacred will be left! That way we shall be saying there is no God—nothing!" shouted Nicholas, banging the table—very little to the point as it seemed to his listeners, but quite relevantly to the course of his own thoughts.

"Our business is to do our duty, to fight and not to think! That's all...." said he.

"And to drink," said one of the officers, not wishing to quarrel.

"Yes, and to drink," assented Nicholas. "Hullo there! Another bottle!" he shouted.

рассуждать?! Мы не можем понять ни цели, ни поступков государя!

— Да я ни слова не говорил о государе, — оправдывался офицер, не могший иначе, как тем, что Ростов пьян, объяснить себе его вспыльчивость.

Но Ростов не слушал его.

— Мы не чиновники дипломатические, а мы солдаты, и больше ничего, — продолжал он. — Велят нам умирать — так умирать. А коли наказывают, так значит — виноват; не нам судить. Угодно государю императору признать Бонапарте императором и заключить с ним союз — значит так надо. А то коли бы мы стали обо всем судить да рассуждать, так этак ничего святого не останется. Этак мы скажем, что ни Бога нет, ничего нет, — ударяя по столу, кричал Николай весьма некстати, по понятиям своих собеседников, но весьма последовательно по ходу своих мыслей.

— Наше дело исполнять свой долг, рубиться и не думать, вот и все, — заключил он.

— И пить, — сказал один из офицеров, не желавший ссориться.

— Да, и пить, — подхватил Николай. — Эй ты! Еще бутылку! — крикнул он.

THIRD CHAPTER

I

In 1808 the Emperor Alexander went to Erfurt for a fresh interview with the Emperor Napoleon, and in the upper circles of Petersburg there was much talk of the grandeur of this important meeting.

In 1809 the intimacy between "the world's two arbiters," as Napoleon and Alexander were called, was such that when Napoleon declared war on Austria a Russian corps crossed the frontier to co-operate with our old enemy Bonaparte against our old ally the Emperor of Austria, and in court circles the possibility of marriage between Napoleon and one of Alexander's sisters was spoken of. But besides considerations of foreign policy, the attention of Russian society was at that time keenly directed on the internal changes that were being undertaken in all the departments of government.

Life meanwhile—real life, with its essential interests of health and sickness, toil and rest, and its intellectual interests in thought, science, poetry, music, love, friendship, hatred, and passions—went on as usual, independently of and apart from political friendship or enmity with Napoleon Bonaparte and from all the schemes of reconstruction.

Prince Andrew had spent two years continuously in the country.

All the plans Pierre had attempted on his estates—and constantly changing from one thing to another had never accomplished—were carried out by Prince Andrew without display and without perceptible difficulty,

He had in the highest degree a practical tenacity which Pierre lacked, and without fuss or strain on his part this set things going.

ЧАСТЬ ТРЕТЬЯ

I

В 1808-м году император Александр ездил в Эрфурт для нового свидания с императором Наполеоном, и в высшем петербургском обществе много говорили о величии этого торжественного свидания.

В 1809-м году близость двух властелинов мира, как называли Наполеона и Александра, дошла до того, что, когда Наполеон объявил в этом году войну Австрии, то русский корпус выступил за границу для содействия своему прежнему врагу, Бонапарту, против прежнего союзника, австрийского императора, до того, что в высшем свете говорили о возможности брака между Наполеоном и одной из сестер императора Александра. Но, кроме внешних политических соображений, в это время внимание русского общества с особенной живостью обращено было на внутренние преобразования, которые были производимы в это время во всех частях государственного управления.

Жизнь между тем, настоящая жизнь людей с своими существенными интересами здоровья, болезни, труда, отдыха, с своими интересами мысли, науки, поэзии, музыки, любви, дружбы, ненависти, страстей шла, как и всегда, независимо и вне политической близости или вражды с Наполеоном Бонапарте и вне всех возможных преобразований.

Князь Андрей безвыездно прожил два года в деревне.

Все те предприятия по имениям, которые затеял у себя Пьер и не довел ни до какого результата, беспрестанно переходя от одного дела к другому, все эти предприятия, без высказыванья их кому бы то ни было и без заметного труда, были исполнены князем Андреем.

Он имел в высшей степени ту недостававшую Пьеру практическую цепкость, которая без размахов и усилий с его стороны давала

On one of his estates the three hundred serfs were liberated and became free agricultural laborers—this being one of the first examples of the kind in Russia. On other estates the serfs' compulsory labor was commuted for a quitrent. A trained midwife was engaged for Boguchárovo at his expense, and a priest was paid to teach reading and writing to the children of the peasants and household serfs.

Prince Andrew spent half his time at Bald Hills with his father and his son, who was still in the care of nurses. The other half he spent in "Boguchárovo Cloister," as his father called Prince Andrew's estate. Despite the indifference to the affairs of the world he had expressed to Pierre, he diligently followed all that went on, received many books, and to his surprise noticed that when he or his father had visitors from Petersburg, the very vortex of life, these people lagged behind himself—who never left the country—in knowledge of what was happening in home and foreign affairs.

Besides being occupied with his estates and reading a great variety of books, Prince Andrew was at this time busy with a critical survey of our last two unfortunate campaigns, and with drawing up a proposal for a reform of the army rules and regulations.

In the spring of 1809 he went to visit the Ryazán estates which had been inherited by his son, whose guardian he was.

Warmed by the spring sunshine he sat in the calèche looking at the new grass, the first leaves on the birches, and the first puffs of white spring clouds floating across the clear blue sky. He was not thinking of anything, but looked absent-mindedly and cheerfully from side to side.

They crossed the ferry where he had talked with Pierre the year before. They went through the muddy village, past threshing floors and green fields of winter rye, downhill where snow still lodged near the bridge, uphill where the clay had been liquefied by the rain, past strips of stubble land and bushes touched with green here and there, and into a birch forest growing

движение делу.

Одно именье его в триста душ крестьян было перечислено в вольные хлебопашцы (это был один из первых примеров в России), в других барщина заменена оброком. В Богучарово была выписана на его счет ученая бабка для помощи родильницам, и священник за жалованье обучал детей крестьянских и дворовых грамоте.

Одну половину своего времени князь Андрей проводил в Лысых Горах с отцом и сыном, который был еще у нянек; другую половину времени в богучаровской обители, как называл отец его деревню. Несмотря на выказанное им Пьеру равнодушие ко всем внешним событиям мира, он усердно следил за ними, получал много книг и, к удивлению своему, замечал, когда к нему или к отцу его приезжали люди свежие из Петербурга, из самого водоворота жизни, что эти люди в знании всего совершающегося во внешней и внутренней политике далеко отстали от него, сидящего безвыездно в деревне.

Кроме занятий по именьям, кроме общих занятий чтением самых разнообразных книг, князь Андрей занимался в это время критическим разбором наших двух последних несчастных кампаний и составлением проекта об изменении наших военных уставов и постановлений.

Весною 1809-го года князь Андрей поехал в рязанские именья своего сына, которого он был опекуном.

Пригреваемый весенним солнцем, он сидел в коляске, поглядывая на первую траву, первые листья березы и первые клубы белых весенних облаков, разбегавшихся по яркой синеве неба. Он ни о чем не думал, а весело и бессмысленно смотрел по сторонам.

Проехали перевоз, на котором он год тому назад говорил с Пьером. Проехали грязную деревню, гумны, зеленя, спуск с оставшимся снегом у моста, подъем по размытой глине, полосы жнивья и зеленеющего кое-где кустарника и въехали в березовый лес по обеим сторонам дороги. В лесу было почти жарко, ветру не слышно было. Береза,

on both sides of the road. In the forest it was almost hot, no wind could be felt. The birches with their sticky green leaves were motionless, and lilac-colored flowers and the first blades of green grass were pushing up and lifting last year's leaves. The coarse evergreen color of the small fir trees scattered here and there among the birches was an unpleasant reminder of winter. On entering the forest the horses began to snort and sweated visibly.

Peter the footman made some remark to the coachman; the latter assented. But apparently the coachman's sympathy was not enough for Peter, and he turned on the box toward his master.

"How pleasant it is, your excellency!" he said with a respectful smile.

"What?"

"It's pleasant, your excellency!"

"What is he talking about?" thought Prince Andrew. "Oh, the spring, I suppose," he thought as he turned round. "Yes, really everything is green already.... How early! The birches and cherry and alders too are coming out.... But the oaks show no sign yet. Ah, here is one oak!"

At the edge of the road stood an oak. Probably ten times the age of the birches that formed the forest, it was ten times as thick and twice as tall as they. It was an enormous tree, its girth twice as great as a man could embrace, and evidently long ago some of its branches had been broken off and its bark scarred. With its huge ungainly limbs sprawling unsymmetrically, and its gnarled hands and fingers, it stood an aged, stern, and scornful monster among the smiling birch trees. Only the dead-looking evergreen firs dotted about in the forest, and this oak, refused to yield to the charm of spring or notice either the spring or the sunshine.

"Spring, love, happiness!" this oak seemed to say. "Are you not weary of that stupid, meaningless, constantly repeated fraud? Always the same and always a fraud? There is no spring, no sun, no happiness! Look at those cramped dead firs, ever the same, and at me too, sticking out my broken and barked fingers just where they have grown, whether from my back or my sides: as they have grown so I stand, and I do not believe in your hopes and your lies."

вся обсеянная зелеными клейкими листьями, не шевелилась, и из-под прошлогодних листьев, поднимая их, вылезала, зеленея, первая трава и лиловые цветы. Рассыпанные кое-где по березняку мелкие ели своей грубой вечной зеленью неприятно напоминали о зиме. Лошади зафыркали, въехав в лес, и виднее запотели.

Лакей Петр что-то сказал кучеру, кучер утвердительно ответил. Но, видно, Петру мало было сочувствия кучера: он повернулся на козлах к барину.

— Ваше сиятельство, лёгко как! — сказал он, почтительно улыбаясь.

— Что?

— Лёгко, ваше сиятельство.

«Что он говорит? — подумал князь Андрей. — Да, об весне верно, — подумал он, оглядываясь по сторонам. — И то, зелено все уже... как скоро! И береза, и черемуха, и ольха уж начинает... А дуб и незаметно. Да, вот он, дуб».

На краю дороги стоял дуб. Вероятно, в десять раз старше берез, составлявших лес, он был в десять раз толще, и в два раза выше каждой березы. Это был огромный, в два обхвата дуб, с обломанными, давно, видно, суками и с обломанной корой, заросшей старыми болячками. С огромными своими неуклюже, несимметрично растопыренными корявыми руками и пальцами, он старым, сердитым и презрительным уродом стоял между улыбающимися березами. Только он один не хотел подчиняться обаянию весны и не хотел видеть ни весны, ни солнца.

«Весна, и любовь, и счастие! — как будто говорил этот дуб. — И как не надоест вам все один и тот же глупый бессмысленный обман! Все одно и то же, и все обман! Нет ни весны, ни солнца, ни счастья. Вон смотрите, сидят задавленные мертвые ели, всегда одинакие, и вон и я растопырил свои обломанные, ободранные пальцы, где ни выросли они — из спины, из боков. Как выросли — так и стою, и не верю вашим надеждам и обманам».

As he passed through the forest Prince Andrew turned several times to look at that oak, as if expecting something from it. Under the oak, too, were flowers and grass, but it stood among them scowling, rigid, misshapen, and grim as ever.

"Yes, the oak is right, a thousand times right," thought Prince Andrew. "Let others—the young—yield afresh to that fraud, but we know life, our life is finished!"

A whole sequence of new thoughts, hopeless but mournfully pleasant, rose in his soul in connection with that tree. During this journey he, as it were, considered his life afresh and arrived at his old conclusion, restful in its hopelessness: that it was not for him to begin anything anew—but that he must live out his life, content to do no harm, and not disturbing himself or desiring anything.

Князь Андрей несколько раз оглянулся на этот дуб, проезжая по лесу, как будто он чего-то ждал от него. Цветы и трава были и под дубом, но он все так же, хмурясь, неподвижно, уродливо и упорно, стоял посреди их.

«Да, он прав, тысячу раз прав этот дуб, — думал князь Андрей, — пускай другие, молодые, вновь поддаются на этот обман, а мы знаем жизнь, — наша жизнь кончена!»

Целый новый ряд мыслей безнадежных, но грустно-приятных в связи с этим дубом возник в душе князя Андрея. Во время этого путешествия он как будто вновь обдумал всю свою жизнь и пришел к тому же прежнему, успокоительному и безнадежному, заключению, что ему начинать ничего было не надо, что он должен доживать свою жизнь, не делая зла, не тревожась и ничего не желая.

II

Prince Andrew had to see the Marshal of the Nobility for the district in connection with the affairs of the Ryazán estate of which he was trustee. This Marshal was Count Ilyá Rostóv, and in the middle of May Prince Andrew went to visit him.

It was now hot spring weather. The whole forest was already clothed in green. It was dusty and so hot that on passing near water one longed to bathe.

Prince Andrew, depressed and preoccupied with the business about which he had to speak to the Marshal, was driving up the avenue in the grounds of the Rostóvs' house at Otrádnoe. He heard merry girlish cries behind some trees on the right and saw a group of girls running to cross the path of his calèche. Ahead of the rest and nearer to him ran a dark-haired, remarkably slim, pretty girl in a yellow chintz dress, with a white handkerchief on her head from under which loose locks of hair escaped. The girl was shouting something but, seeing that he was a stranger, ran back laughing without looking at him.

Suddenly, he did not know why, he felt a pang. The day was so beautiful, the sun so bright, everything around so gay, but that slim pretty girl did not know, or wish to know, of his existence and was contented and cheerful in her own separate—probably foolish—but bright and happy life. "What is she so glad about? What is she thinking of? Not of the military regulations or of the arrangement of the Ryazán serfs' quitrents. Of what is she thinking? Why is she so happy?" Prince Andrew asked himself with instinctive curiosity.

In 1809 Count Ilyá Rostóv was living at Otrádnoe just as he had done in former years, that is, entertaining almost the whole province with hunts, theatricals, dinners, and music. He was glad to see Prince Andrew, as he was to see any new visitor, and insisted on his staying the night.

II

По опекунским делам рязанского именья князю Андрею надо было видеться с уездным предводителем. Предводителем был граф Илья Андреевич Ростов, и князь Андрей в середине мая поехал к нему.

Был уже жаркий период весны. Лес уже весь оделся, была пыль и было так жарко, что, проезжая мимо воды, хотелось купаться.

Князь Андрей, невеселый и озабоченный соображениями о том, что и что ему нужно о делах спросить у предводителя, подъезжал по аллее сада к отрадненскому дому Ростовых. Вправо из-за деревьев он услыхал женский веселый крик и увидал бегущую наперерез его коляски толпу девушек. Впереди других, ближе, подбегала к коляске черноволосая, очень тоненькая, странно-тоненькая, черноглазая девушка в желтом ситцевом платье, повязанная белым носовым платком, из-под которого выбивались пряди расчесавшихся волос. Девушка что-то кричала, но, узнав чужого, не взглянув на него, со смехом побежала назад.

Князю Андрею вдруг стало отчего-то больно. День был так хорош, солнце так ярко, кругом все так весело; а эта тоненькая и хорошенькая девушка не знала и не хотела знать про его существование и была довольна и счастлива какой-то своей отдельной — верно, глупой, — но веселой и счастливой жизнью. «Чему она так рада? О чем она думает? Не об уставе военном, не об устройстве рязанских оброчных. О чем она думает? И чем она счастлива?» — невольно с любопытством спрашивал себя князь Андрей.

Граф Илья Андреич в 1809-м году жил в Отрадном все так же, как и прежде, то есть принимая почти всю губернию, с охотами, театрами, обедами и музыкантами. Он, как всякому новому гостю, был рад князю Андрею и почти насильно оставил его ночевать.

During the dull day, in the course of which he was entertained by his elderly hosts and by the more important of the visitors (the old count's house was crowded on account of an approaching name day), Prince Andrew repeatedly glanced at Natásha, gay and laughing among the younger members of the company, and asked himself each time, "What is she thinking about? Why is she so glad?"

That night, alone in new surroundings, he was long unable to sleep. He read awhile and then put out his candle, but relit it. It was hot in the room, the inside shutters of which were closed. He was cross with the stupid old man (as he called Rostóv), who had made him stay by assuring him that some necessary documents had not yet arrived from town, and he was vexed with himself for having stayed.

He got up and went to the window to open it. As soon as he opened the shutters the moonlight, as if it had long been watching for this, burst into the room. He opened the casement. The night was fresh, bright, and very still. Just before the window was a row of pollard trees, looking black on one side and with a silvery light on the other. Beneath the trees grew some kind of lush, wet, bushy vegetation with silver-lit leaves and stems here and there. Farther back beyond the dark trees a roof glittered with dew, to the right was a leafy tree with brilliantly white trunk and branches, and above it shone the moon, nearly at its full, in a pale, almost starless, spring sky. Prince Andrew leaned his elbows on the window ledge and his eyes rested on that sky.

His room was on the first floor. Those in the rooms above were also awake. He heard female voices overhead.

"Just once more," said a girlish voice above him which Prince Andrew recognized at once.

"But when are you coming to bed?" replied another voice.

"I won't, I can't sleep, what's the use? Come now for the last time."

Two girlish voices sang a musical passage—

В продолжение скучного дня, во время которого князя Андрея занимали старшие хозяева и почетнейшие из гостей, которыми по случаю приближающихся именин был полон дом старого графа, Болконский, несколько раз взглядывая на Наташу, чему-то смеявшуюся, веселившуюся между другой, молодой половиной общества, все спрашивал себя: «О чем она думает? Чему она так рада?»

Вечером, оставшись один на новом месте, он долго не мог заснуть. Он читал, потом потушил свечу и опять зажег ее. В комнате с закрытыми изнутри ставнями было жарко. Он досадовал на этого глупого старика (так он называл Ростова), который задержал его, уверяя, что нужные бумаги в городе, не доставлены еще, досадовал на себя за то, что остался.

Князь Андрей встал и подошел к окну, чтобы отворить его. Как только он открыл ставни, лунный свет, как будто он настороже у окна давно ждал этого, ворвался в комнату. Он отворил окно. Ночь была свежая и неподвижно-светлая. Перед самым окном был ряд подстриженных дерев, черных с одной и серебристо-освещенных с другой стороны. Под деревами была какая-то сочная, мокрая, кудрявая растительность с серебристыми кое-где листьями и стеблями. Далее за черными деревами была какая-то блестящая росой крыша, правее большое кудрявое дерево с ярко-белым стволом и сучьями, и выше его почти полная луна на светлом, почти беззвездном весеннем небе. Князь Андрей облокотился на окно, и глаза его остановились на этом небе.

Комната князя Андрея была в среднем этаже; в комнатах над ним тоже жили и не спали. Он услыхал сверху женский говор.

— Только еще один раз, — сказал сверху женский голос, который сейчас узнал князь Андрей.

— Да когда же ты спать будешь? — отвечал другой голос.

— Я не буду, я не могу спать, что ж мне делать! Ну, последний раз...

Два женских голоса запели какую-то му-

the end of some song.

"Oh, how lovely! Now go to sleep, and there's an end of it."

"You go to sleep, but I can't," said the first voice, coming nearer to the window. She was evidently leaning right out, for the rustle of her dress and even her breathing could be heard. Everything was stone-still, like the moon and its light and the shadows. Prince Andrew, too, dared not stir, for fear of betraying his unintentional presence.

"Sónya! Sónya!" he again heard the first speaker. "Oh, how can you sleep? Only look how glorious it is! Ah, how glorious! Do wake up, Sónya!" she said almost with tears in her voice. "There never, never was such a lovely night before!"

Sónya made some reluctant reply.

"Do just come and see what a moon!... Oh, how lovely! Come here.... Darling, sweetheart, come here! There, you see? I feel like sitting down on my heels, putting my arms round my knees like this, straining tight, as tight as possible, and flying away! Like this...."

"Take care, you'll fall out."

He heard the sound of a scuffle and Sónya's disapproving voice:

"It's past one o'clock."

"Oh, you only spoil things for me. All right, go, go!"

Again all was silent, but Prince Andrew knew she was still sitting there. From time to time he heard a soft rustle and at times a sigh.

"O God, O God! What does it mean?" she suddenly exclaimed. "To bed then, if it must be!" and she slammed the casement.

"For her I might as well not exist!" thought Prince Andrew while he listened to her voice, for some reason expecting yet fearing that she might say something about him. "There she is again! As if it were on purpose," thought he.

In his soul there suddenly arose such an unexpected turmoil of youthful thoughts and hopes, contrary to the whole tenor of his life, that unable to explain his condition to himself he lay down and fell asleep at once.

зыкальную фразу, составлявшую конец чего-то.

— Ах, какая прелесть! Ну, теперь спать, и конец.

— Ты спи, а я не могу, — отвечал первый голос, приблизившийся к окну. Она, видимо, совсем высунулась в окно, потому что слышно было шуршанье ее платья и даже дыханье. Все затихло и окаменело, как и луна и ее свет и тени. Князь Андрей тоже боялся пошевелиться, чтобы не выдать своего невольного присутствия.

— Соня! Соня! — послышался опять первый голос. — Ну, как можно спать! Да ты посмотри, что за прелесть! Ах, какая прелесть! Да проснись же, Соня, — сказала она почти со слезами в голосе. — Ведь эдакой прелестной ночи никогда, никогда не бывало.

Соня неохотно что-то отвечала.

— Нет, ты посмотри, что за луна!.. Ах, какая прелесть! Ты поди сюда. Душенька, голубушка, поди сюда. Ну, видишь? Так бы вот села на корточки, вот так, подхватила бы себя под коленки — туже, как можно туже, натужиться надо, — и полетела бы. Вот так!

— Полно, ты упадешь.

Послышалась борьба и недовольный голос Сони:

— Ведь второй час.

— Ах, ты только все портишь мне. Ну, иди, иди.

Опять все замолкло, но князь Андрей знал, что она все еще сидит тут, он слышал иногда тихое шевеленье, иногда вздохи.

— Ах, Боже мой! Боже мой! что же это такое! — вдруг вскрикнула она. — Спать так спать! — и захлопнула окно.

«И дела нет до моего существования!» — подумал князь Андрей в то время, как он прислушивался к ее говору, почему-то ожидая и боясь, что она скажет что-нибудь про него. «И опять она! И как нарочно!» — думал он. В душе его вдруг поднялась такая неожиданная путаница молодых мыслей и надежд, противоречащих всей его жизни, что он, чувствуя себя не в силах уяснить себе свое состояние, тотчас же заснул.

III

Next morning, having taken leave of no one but the count, and not waiting for the ladies to appear, Prince Andrew set off for home.

It was already the beginning of June when on his return journey he drove into the birch forest where the gnarled old oak had made so strange and memorable an impression on him. In the forest the harness bells sounded yet more muffled than they had done six weeks before, for now all was thick, shady, and dense, and the young firs dotted about in the forest did not jar on the general beauty but, lending themselves to the mood around, were delicately green with fluffy young shoots.

The whole day had been hot. Somewhere a storm was gathering, but only a small cloud had scattered some raindrops lightly, sprinkling the road and the sappy leaves. The left side of the forest was dark in the shade, the right side glittered in the sunlight, wet and shiny and scarcely swayed by the breeze. Everything was in blossom, the nightingales trilled, and their voices reverberated now near, now far away.

"Yes, here in this forest was that oak with which I agreed," thought Prince Andrew. "But where is it?" he again wondered, gazing at the left side of the road, and without recognizing it he looked with admiration at the very oak he sought. The old oak, quite transfigured, spreading out a canopy of sappy dark-green foliage, stood rapt and slightly trembling in the rays of the evening sun. Neither gnarled fingers nor old scars nor old doubts and sorrows were any of them in evidence now. Through the hard century-old bark, even where there were no twigs, leaves had sprouted such as one could hardly believe the old veteran could have produced.

"Yes, it is the same oak," thought Prince Andrew, and all at once he was seized by an unreasoning springtime feeling of joy and renewal. All the best moments of his life suddenly rose to his memory. Austerlitz with the lofty heavens, his wife's dead reproachful face, Pierre at the fer-

III

На другой день, простившись только с одним графом, не дождавшись выхода дам, князь Андрей поехал домой.

Уже было начало июня, когда князь Андрей, возвращаясь домой, въехал опять в ту березовую рощу, в которой этот старый, корявый дуб так странно и памятно поразил его. Бубенчики еще глуше звенели в лесу, чем месяц тому назад; все было полно, тенисто и густо; и молодые ели, рассыпанные по лесу, не нарушали общей красоты и, подделываясь под общий характер, нежно зеленели пушистыми молодыми побегами.

Целый день был жаркий, где-то собиралась гроза, но только небольшая тучка брызнула на пыль дороги и на сочные листья. Левая сторона леса была темна, в тени; правая, мокрая, глянцевитая, блестела на солнце, чуть колыхаясь от ветра. Все было в цвету; соловьи трещали и перекатывались то близко, то далеко.

«Да, здесь, в этом лесу, был этот дуб, с которым мы были согласны, — подумал князь Андрей. — Да где он? » — подумал опять князь Андрей, глядя на левую сторону дороги, и, сам того не зная, не узнавая его, любовался тем дубом, которого он искал. Старый дуб, весь преображенный, раскинувшись шатром сочной, темной зелени, млел, чуть колыхаясь в лучах вечернего солнца. Ни корявых пальцев, ни болячек, ни старого горя и недоверия — ничего не было видно. Сквозь столетнюю жесткую кору пробились без сучков сочные, молодые листья, так что верить нельзя было, что это старик произвел их.

«Да это тот самый дуб», — подумал князь Андрей, и на него вдруг нашло беспричинное весеннее чувство радости и обновления. Все лучшие минуты его жизни вдруг в одно и то же время вспомнились ему. И Аустерлиц с высоким небом, и мертвое укоризнен-

ry, that girl thrilled by the beauty of the night, and that night itself and the moon, and... all this rushed suddenly to his mind.

"No, life is not over at thirty-one!" Prince Andrew suddenly decided finally and decisively. "It is not enough for me to know what I have in me—everyone must know it: Pierre, and that young girl who wanted to fly away into the sky, everyone must know me, so that my life may not be lived for myself alone while others live so apart from it, but so that it may be reflected in them all, and they and I may live in harmony!"

On reaching home Prince Andrew decided to go to Petersburg that autumn and found all sorts of reasons for this decision. A whole series of sensible and logical considerations showing it to be essential for him to go to Petersburg, and even to re-enter the service, kept springing up in his mind. He could not now understand how he could ever even have doubted the necessity of taking an active share in life, just as a month before he had not understood how the idea of leaving the quiet country could ever enter his head. It now seemed clear to him that all his experience of life must be senselessly wasted unless he applied it to some kind of work and again played an active part in life. He did not even remember how formerly, on the strength of similar wretched logical arguments, it had seemed obvious that he would be degrading himself if he now, after the lessons he had had in life, allowed himself to believe in the possibility of being useful and in the possibility of happiness or love. Now reason suggested quite the opposite. After that journey to Ryazán he found the country dull; his former pursuits no longer interested him, and often when sitting alone in his study he got up, went to the mirror, and gazed a long time at his own face. Then he would turn away to the portrait of his dead Lise, who with hair curled à la grecque looked tenderly and gaily at him out of the gilt frame. She did not now say those former terrible words to him, but looked simply, merrily, and inquisitively at him. And Prince Andrew, crossing his arms behind him, long paced the room, now frowning, now smiling, as he reflected on

ное лицо жены, и Пьер на пароме, и девочка, взволнованная красотою ночи, и эта ночь, и луна — и все это вдруг вспомнилось ему.

«Нет, жизнь не кончена и тридцать один год, — вдруг окончательно беспеременно решил князь Андрей. — Мало того, что я знаю все то, что есть во мне, надо, чтоб и все знали это: и Пьер, и эта девочка, которая хотела улететь в небо, надо, чтобы все знали меня, чтобы не для одного меня шла моя жизнь, чтобы не жили они так, как эта девочка, независимо от моей жизни, чтобы на всех она отражалась и чтобы все они жили со мною вместе!»

Возвратившись из этой поездки, князь Андрей решил осенью ехать в Петербург и придумал разные причины этого решения. Целый ряд разумных, логических доводов, почему ему необходимо ехать в Петербург и даже служить, ежеминутно был готов к его услугам. Он даже теперь не понимал, как мог он когда-нибудь сомневаться в необходимости принять деятельное участие в жизни, точно так же как месяц тому назад он не понимал, как могла бы ему прийти мысль уехать из деревни. Ему казалось ясно, что все его опыты жизни должны были пропасть даром и быть бессмыслицей, ежели бы он не приложил их к делу и не принял опять деятельного участия в жизни. Он даже не понимал того, как на основании таких же бедных разумных доводов прежде очевидно было, что он бы унизился, ежели бы теперь, после своих уроков жизни, опять бы поверил в возможность приносить пользу и в возможность счастия и любви. Теперь разум подсказывал совсем другое. После этой поездки князь Андрей стал скучать в деревне, прежние занятия не интересовали его, и часто, сидя один в своем кабинете, он вставал, подходил к зеркалу и долго смотрел на свое лицо. Потом он отворачивался и смотрел на портрет покойницы Лизы, которая с взбитыми à la grecque буклями нежно и весело смотрела на него из золотой рамки. Она уже не говорила мужу прежних страшных слов, она просто и весело с любопытством смотрела на него. И князь Андрей, заложив назад

those irrational, inexpressible thoughts, secret as a crime, which altered his whole life and were connected with Pierre, with fame, with the girl at the window, the oak, and woman's beauty and love. And if anyone came into his room at such moments he was particularly cold, stern, and above all unpleasantly logical.

"My dear," Princess Mary entering at such a moment would say, "little Nicholas can't go out today, it's very cold."

"If it were hot," Prince Andrew would reply at such times very dryly to his sister, "he could go out in his smock, but as it is cold he must wear warm clothes, which were designed for that purpose. That is what follows from the fact that it is cold; and not that a child who needs fresh air should remain at home," he would add with extreme logic, as if punishing someone for those secret illogical emotions that stirred within him.

At such moments Princess Mary would think how intellectual work dries men up.

руки, долго ходил по комнате, то хмурясь, то улыбаясь, передумывая те неразумные, невыразимые словом, тайные, как преступление, мысли, связанные с Пьером, с славой, с девушкой на окне, с дубом, с женской красотой и любовью, которые изменили всю его жизнь. И в эти-то минуты, когда кто входил к нему, он бывал особенно сух, строг, решителен и в особенности неприятно логичен.

— Mon cher [1], — бывало, скажет, входя в такую минуту, княжна Марья. — Николушке нельзя нынче гулять: очень холодно.

— Ежели бы было тепло, — в такие минуты особенно сухо отвечал князь Андрей своей сестре, — то он бы пошел в одной рубашке, а так как холодно, надо надеть на него теплую одежду, которая для этого и выдумана, вот что следует из того, что холодно, а не то чтоб оставаться дома, когда ребенку нужен воздух, — говорил он с особенной логичностью, как бы наказывая кого-то за всю эту тайную, нелогичную, происходившую в нем внутреннюю работу.

Княжна Марья думала в этих случаях о том, как сушит мужчин эта умственная работа.

---

[1] Любезный друг.

IV

Prince Andrew arrived in Petersburg in August, 1809. It was the time when the youthful Speránski was at the zenith of his fame and his reforms were being pushed forward with the greatest energy. That same August the Emperor was thrown from his calèche, injured his leg, and remained three weeks at Peterhof, receiving Speránski every day and no one else. At that time the two famous decrees were being prepared that so agitated society—abolishing court ranks and introducing examinations to qualify for the grades of Collegiate Assessor and State Councilor—and not merely these but a whole state constitution, intended to change the existing order of government in Russia: legal, administrative, and financial, from the Council of State down to the district tribunals. Now those vague liberal dreams with which the Emperor Alexander had ascended the throne, and which he had tried to put into effect with the aid of his associates, Czartorýski, Novosíltsev, Kochubéy, and Strógonov—whom he himself in jest had called his Comité de salut public—were taking shape and being realized.

Now all these men were replaced by Speránski on the civil side, and Arakchéev on the military. Soon after his arrival Prince Andrew, as a gentleman of the chamber, presented himself at court and at a levee. The Emperor, though he met him twice, did not favor him with a single word. It had always seemed to Prince Andrew before that he was antipathetic to the Emperor and that the latter disliked his face and personality generally, and in the cold, repellent glance the Emperor gave him, he now found further confirmation of this surmise. The courtiers explained the Emperor's neglect of him by His Majesty's displeasure at Bolkónski's not having served since 1805.

IV

Князь Андрей приехал в Петербург в августе 1809 года. Это было время апогея славы молодого Сперанского и энергии совершаемых им переворотов. В этом самом августе государь, ехав в коляске, был вывален, повредил себе ногу и оставался в Петергофе три недели, видаясь ежедневно и исключительно со Сперанским. В это время готовились не только два столь знаменитые и встревожившие общество указа об уничтожении придворных чинов и об экзаменах на чины коллежских асессоров и статских советников, но и целая государственная конституция, долженствовавшая изменить существующий судебный, административный и финансовый порядок управления России от государственного совета до волостного правления. Теперь осуществлялись и воплощались те неясные, либеральные мечтания, с которыми вступил на престол император Александр и которые он стремился осуществить с помощью своих помощников: Чарторижского, Новосильцева, Кочубея и Строганова, которых он сам шутя называл comité du salut publique [1].

Теперь всех вместе заменил Сперанский по гражданской части и Аракчеев по военной. Князь Андрей вскоре после приезда своего, как камергер, явился ко двору и на выход. Государь два раза, встретив его, не удостоил его ни одним словом. Князю Андрею всегда еще прежде казалось, что он антипатичен государю, что государю неприятно его лицо и все существо его. В сухом, отдаляющем взгляде, которым посмотрел на него государь, князь Андрей еще более, чем прежде, нашел подтверждение этому предположению. Придворные объяснили князю Андрею невнимание к нему государя тем, что его величество был недоволен тем, что Болконский не служил с 1805 года.

---

[1] комитетом общественного спасения.

"I know myself that one cannot help one's sympathies and antipathies," thought Prince Andrew, "so it will not do to present my proposal for the reform of the army regulations to the Emperor personally, but the project will speak for itself."

He mentioned what he had written to an old field marshal, a friend of his father's. The field marshal made an appointment to see him, received him graciously, and promised to inform the Emperor. A few days later Prince Andrew received notice that he was to go to see the Minister of War, Count Arakchéev.

On the appointed day Prince Andrew entered Count Arakchéev's waiting room at nine in the morning.

He did not know Arakchéev personally, had never seen him, and all he had heard of him inspired him with but little respect for the man.

"He is Minister of War, a man trusted by the Emperor, and I need not concern myself about his personal qualities: he has been commissioned to consider my project, so he alone can get it adopted," thought Prince Andrew as he waited among a number of important and unimportant people in Count Arakchéev's waiting room.

During his service, chiefly as an adjutant, Prince Andrew had seen the anterooms of many important men, and the different types of such rooms were well known to him. Count Arakchéev's anteroom had quite a special character. The faces of the unimportant people awaiting their turn for an audience showed embarrassment and servility; the faces of those of higher rank expressed a common feeling of awkwardness, covered by a mask of unconcern and ridicule of themselves, their situation, and the person for whom they were waiting. Some walked thoughtfully up and down, others whispered and laughed. Prince Andrew heard the nickname "Síla Andréevich" and the words, "Uncle will give it to us hot," in reference to Count Arakchéev. One general (an important

«Я сам знаю, как мы не властны в своих симпатиях и антипатиях, — думал князь Андрей, — и потому нечего думать о том, чтобы представить лично мою записку о военном уставе государю, но дело будет говорить само за себя».

Он передал о своей записке старому фельдмаршалу, другу отца. Фельдмаршал, назначив ему час, ласково принял его и обещался доложить государю. Через несколько дней князю Андрею было объявлено, что он имеет явиться к военному министру, графу Аракчееву.

В девять часов утра, в назначенный день, князь Андрей явился в приемную к графу Аракчееву.

Лично князь Андрей не знал Аракчеева и никогда не видал его, но все, что он знал о нем, мало внушало ему уважения к этому человеку.

«Он — военный министр, доверенное лицо государя императора; никому не должно быть дела до его личных свойств; ему поручено рассмотреть мою записку, — следовательно, он один и может дать ход ей», — думал князь Андрей, дожидаясь в числе многих важных и неважных лиц в приемной графа Аракчеева.

Князь Андрей во время своей, большей частью адъютантской, службы много видел приемных важных лиц, и различные характеры этих приемных были для него очень ясны. У графа Аракчеева был совершенно особенный характер приемной. На неважных лицах, ожидающих очереди аудиенции в приемной графа Аракчеева, написано было чувство пристыженности и покорности; на более чиновных лицах выражалось одно общее чувство неловкости, скрытое под личиной развязности и насмешки над собою, над своим положением и над ожидаемым лицом. Иные задумчиво ходили взад и вперед, иные, шепчась, смеялись, и князь Андрей слышал sobriquet [2] «Силы Андреича» и слова: «дядя задаст», относившиеся к графу Аракчееву.

---

[2] прозвище.

personage), evidently feeling offended at having to wait so long, sat crossing and uncrossing his legs and smiling contemptuously to himself.

But the moment the door opened one feeling alone appeared on all faces—that of fear. Prince Andrew for the second time asked the adjutant on duty to take in his name, but received an ironical look and was told that his turn would come in due course. After some others had been shown in and out of the minister's room by the adjutant on duty, an officer who struck Prince Andrew by his humiliated and frightened air was admitted at that terrible door. This officer's audience lasted a long time. Then suddenly the grating sound of a harsh voice was heard from the other side of the door, and the officer—with pale face and trembling lips—came out and passed through the waiting room, clutching his head.

After this Prince Andrew was conducted to the door and the officer on duty said in a whisper, "To the right, at the window."

Prince Andrew entered a plain tidy room and saw at the table a man of forty with a long waist, a long closely cropped head, deep wrinkles, scowling brows above dull greenish-hazel eyes and an overhanging red nose. Arakchéev turned his head toward him without looking at him.

"What is your petition?" asked Arakchéev.

"I am not petitioning, your excellency," returned Prince Andrew quietly.

Arakchéev's eyes turned toward him.

"Sit down," said he. "Prince Bolkónski?"

"I am not petitioning about anything. His Majesty the Emperor has deigned to send your excellency a project submitted by me..."

"You see, my dear sir, I have read your project," interrupted Arakchéev, uttering only the first words amiably and then—again without looking at Prince Andrew—relapsing gradually into a tone of grumbling contempt. "You are proposing new military laws? There are many laws but no one to carry out the old ones. Nowadays everybody designs laws, it is easier writing than doing."

Один генерал (важное лицо), видимо оскорбленный тем, что должен был так долго ждать, сидел, перекладывая ноги и презрительно сам с собой улыбаясь.

Но как только растворялась дверь, на всех лицах выражалось мгновенно только одно — страх. Князь Андрей попросил дежурного другой раз доложить о себе, но на него посмотрели с насмешкой и сказали, что его черед придет в свое время. После нескольких лиц, введенных и выведенных адъютантом из кабинета министра, в страшную дверь был впущен офицер, поразивший князя Андрея своим униженным и испуганным видом. Аудиенция офицера продолжалась долго. Вдруг из-за двери послышались раскаты неприятного голоса, и бледный офицер, с трясущимися губами, вышел оттуда и, схватив себя за голову, прошел через приемную.

Вслед за тем князь Андрей был подведен к двери, и дежурный шепотом сказал: «Направо, к окну».

Князь Андрей вошел в небогатый опрятный кабинет и у стола увидал сорокалетнего человека с длинной талией, с длинной, коротко обстриженной головой и толстыми морщинами, с нахмуренными бровями над каре-зелеными тупыми глазами и висячим красным носом, Аракчеев поворотил к нему голову, не глядя на него.

— Вы чего просите? — спросил Аракчеев.

— Я ничего не... прошу, ваше сиятельство, — тихо проговорил князь Андрей.

Глаза Аракчеева обратились на него.

— Садитесь, — сказал Аракчеев, — князь Болконский.

— Я ничего не прошу, а государь император изволил переслать к вашему сиятельству поданную мною записку...

— Изволите видеть, мой любезнейший, записку я вашу читал, — перебил Аракчеев, только первые слова сказав ласково, опять не глядя ему в лицо и впадая все более и более в ворчливо-презрительный тон. — Новые законы военные предлагаете? Законов много, исполнять некому старых. Нынче все законы пишут, писать легче, чем делать.

"I came at His Majesty the Emperor's wish to learn from your excellency how you propose to deal with the memorandum I have presented," said Prince Andrew politely.

"I have endorsed a resolution on your memorandum and sent it to the committee. I do not approve of it," said Arakchéev, rising and taking a paper from his writing table. "Here!" and he handed it to Prince Andrew.

Across the paper was scrawled in pencil, without capital letters, misspelled, and without punctuation: "Unsoundly constructed because resembles an imitation of the French military code and from the Articles of War needlessly deviating."

"To what committee has the memorandum been referred?" inquired Prince Andrew.

"To the Committee on Army Regulations, and I have recommended that your honor should be appointed a member, but without a salary."

Prince Andrew smiled.

"I don't want one."

"A member without salary," repeated Arakchéev. "I have the honor... Eh! Call the next one! Who else is there?" he shouted, bowing to Prince Andrew.

— Я приехал по воле государя императора узнать у вашего сиятельства, какой ход вы полагаете дать поданной записке? — сказал учтиво князь Андрей.

— На записку вашу мной положена резолюция и переслана в комитет. Я *не* одобряю, — сказал Аракчеев, вставая и доставая с письменного стола бумагу. — Вот, — он подал князю Андрею.

На бумаге, поперек ее, карандашом, без заглавных букв, без орфографии, без знаков препинания, было написано: «неосновательно составлено понеже как подражание списано с французского военного устава и от воинского артикула без нужды отступающего».

— В какой же комитет передана записка? — спросил князь Андрей.

— В комитет о воинском уставе, и мною представлено о зачислении вашего благородия в члены. Только без жалованья.

Князь Андрей улыбнулся.

— Я и не желаю.

— Без жалованья, членом, — повторил Аракчеев. — Имею честь. Эй! зови! Кто еще? — крикнул он, кланяясь князю Андрею.

V

While waiting for the announcement of his appointment to the committee Prince Andrew looked up his former acquaintances, particularly those he knew to be in power and whose aid he might need. In Petersburg he now experienced the same feeling he had had on the eve of a battle, when troubled by anxious curiosity and irresistibly attracted to the ruling circles where the future, on which the fate of millions depended, was being shaped. From the irritation of the older men, the curiosity of the uninitiated, the reserve of the initiated, the hurry and preoccupation of everyone, and the innumerable committees and commissions of whose existence he learned every day, he felt that now, in 1809, here in Petersburg a vast civil conflict was in preparation, the commander in chief of which was a mysterious person he did not know, but who was supposed to be a man of genius— Speránski. And this movement of reconstruction of which Prince Andrew had a vague idea, and Speránski its chief promoter, began to interest him so keenly that the question of the army regulations quickly receded to a secondary place in his consciousness.

Prince Andrew was most favorably placed to secure good reception in the highest and most diverse Petersburg circles of the day. The reforming party cordially welcomed and courted him, in the first place because he was reputed to be clever and very well read, and secondly because by liberating his serfs he had obtained the reputation of being a liberal. The party of the old and dissatisfied, who censured the innovations, turned to him expecting his sympathy in their disapproval of the reforms, simply because he was the son of his father. The feminine society world welcomed him gladly, because he was rich, distinguished, a good match, and almost a newcomer, with a halo of romance on account of his supposed death and the tragic loss of his

V

Ожидая уведомления о зачислении его в члены комитета, князь Андрей возобновил старые знакомства, особенно с теми лицами, которые, он знал, были в силе и могли быть нужны ему. Он испытывал теперь в Петербурге чувство, подобное тому, какое он испытывал накануне сражения, когда его томило беспокойное любопытство и непреодолимо тянуло в высшие сферы, туда, где готовилось будущее, от которого зависели судьбы миллионов. Он чувствовал по озлоблению стариков, по любопытству непосвященных, по сдержанности посвященных, по торопливости, озабоченности всех, по бесчисленному количеству комитетов, комиссий, о существовании которых он вновь узнавал каждый день, что теперь, в 1809-м году, готовилось здесь, в Петербурге, какое-то огромное гражданское сражение, которого главнокомандующим было неизвестное ему, таинственное и представлявшееся ему гениальным, лицо — Сперанский. И самое ему смутно известное дело преобразования и Сперанский — главный деятель, начинали так страстно интересовать его, что дело воинского устава очень скоро стало переходить в сознании его на второстепенное место.

Князь Андрей находился в одном из самых выгодных положений для того, чтобы быть хорошо принятым во все самые разнообразные и высшие круги тогдашнего петербургского общества. Партия преобразователей радушно принимала и заманивала его, во-первых, потому, что он имел репутацию ума и большой начитанности, во-вторых, потому, что он своим отпущением крестьян на волю сделал уже себе репутацию либерала. Партия стариков недовольных прямо как к сыну своего отца, обращалась к нему за сочувствием, осуждая преобразования. Женское общество, *свет* радушно принимали его, потому что он был жених, богатый и знатный, и почти новое лицо с ореолом ро-

wife. Besides this the general opinion of all who had known him previously was that he had greatly improved during these last five years, having softened and grown more manly, lost his former affectation, pride, and contemptuous irony, and acquired the serenity that comes with years. People talked about him, were interested in him, and wanted to meet him.

The day after his interview with Count Arakchéev, Prince Andrew spent the evening at Count Kochubéy's. He told the count of his interview with Síla Andréevich (Kochubéy spoke of Arakchéev by that nickname with the same vague irony Prince Andrew had noticed in the Minister of War's anteroom).

"Mon cher, even in this case you can't do without Michael Mikháylovich Speránski. He manages everything. I'll speak to him. He has promised to come this evening."

"What has Speránski to do with the army regulations?" asked Prince Andrew.

Kochubéy shook his head smilingly, as if surprised at Bolkónski's simplicity.

"We were talking to him about you a few days ago," Kochubéy continued, "and about your freed plowmen."

"Oh, is it you, Prince, who have freed your serfs?" said an old man of Catherine's day, turning contemptuously toward Bolkónski.

"It was a small estate that brought in no profit," replied Prince Andrew, trying to extenuate his action so as not to irritate the old man uselessly.

"Afraid of being late..." said the old man, looking at Kochubéy.

"There's one thing I don't understand," he continued. "Who will plow the land if they are set free? It is easy to write laws, but difficult to rule.... Just the same as now—I ask you, Count—who will be heads of the departments when everybody has to pass examinations?"

мантической истории о его мнимой смерти и трагической кончине жены. Кроме того, общий голос о нем всех, которые знали его прежде, был тот, что он много переменился к лучшему в эти пять лет, смягчился и возмужал, что не было в нем прежнего притворства, гордости и насмешливости и было то спокойствие, которое приобретается годами. О нем заговорили, им интересовались, и все желали его видеть.

На другой день после посещения графа Аракчеева князь Андрей был вечером у графа Кочубея. Он рассказал графу свое свидание с *Силой Андреичем* (Кочубей так называл Аракчеева с той же неопределенной над чем-то насмешкой, которую заметил князь Андрей в приемной военного министра).

— Mon cher [1], — сказал Кочубей, — даже и в этом деле вы не минуете Михаила Михайловича. C'est le grand faiseur [2]. Я скажу ему. Он обещался приехать вечером...

— Какое же дело Сперанскому до военных уставов? — спросил князь Андрей.

Кочубей, улыбнувшись, покачал головой, как бы удивляясь наивности Болконского.

— Мы с ним говорили про вас на днях, — продолжал Кочубей, — о ваших вольных хлебопашцах...

— Да, это вы, князь, отпустили своих мужиков? — сказал екатерининский старик, презрительно оглянувшись на Болконского.

— Маленькое именье ничего не приносило дохода, — отвечал Болконский, чтобы напрасно не раздражать старика, стараясь смягчить перед ним свой поступок.

— Vous craignez d'être en retard [3], — сказал старик, глядя на Кочубея.

— Я одного не понимаю, — продолжал старик, — кто будет землю пахать, коли им волю дать? Легко законы писать, а управлять трудно. Все равно как теперь, я вас спрашиваю, граф, кто будет начальником палат, когда всем экзамены держать?

---

[1] Мой милый.

[2] Это всеобщий делец.

[3] Боитесь опоздать.

"Those who pass the examinations, I suppose," replied Kochubéy, crossing his legs and glancing round.

"Well, I have Pryánichnikov serving under me, a splendid man, a priceless man, but he's sixty. Is he to go up for examination?"

"Yes, that's a difficulty, as education is not at all general, but..."

Count Kochubéy did not finish. He rose, took Prince Andrew by the arm, and went to meet a tall, bald, fair man of about forty with a large open forehead and a long face of unusual and peculiar whiteness, who was just entering. The newcomer wore a blue swallow-tail coat with a cross suspended from his neck and a star on his left breast. It was Speránski. Prince Andrew recognized him at once, and felt a throb within him, as happens at critical moments of life. Whether it was from respect, envy, or anticipation, he did not know. Speránski's whole figure was of a peculiar type that made him easily recognizable. In the society in which Prince Andrew lived he had never seen anyone who together with awkward and clumsy gestures possessed such calmness and self-assurance; he had never seen so resolute yet gentle an expression as that in those half-closed, rather humid eyes, or so firm a smile that expressed nothing; nor had he heard such a refined, smooth, soft voice; above all he had never seen such delicate whiteness of face or hands— hands which were broad, but very plump, soft, and white. Such whiteness and softness Prince Andrew had only seen on the faces of soldiers who had been long in hospital. This was Speránski, Secretary of State, reporter to the Emperor and his companion at Erfurt, where he had more than once met and talked with Napoleon.

Speránski did not shift his eyes from one face to another as people involuntarily do on entering a large company and was in no hurry to speak. He spoke slowly, with assurance that he would be listened to, and he looked only at the person with whom he was conversing.

Prince Andrew followed Speránski's every word and movement with particular attention. As happens to some people, especially to men who judge those near to them severely, he always

— Те, кто выдержит экзамены, я думаю, — отвечал Кочубей, закидывая ногу на ногу и оглядываясь.

— Вот у меня служит Пряничников, славный человек, золото человек, а ему шестьдесят лет, разве он пойдет на экзамены?..

— Да, это затруднительно, понеже образование весьма мало распространено, но...

Граф Кочубей не договорил, он поднялся и, взяв за руку князя Андрея, пошел навстречу входящему высокому, лысому, белокурому человеку лет сорока, с большим открытым лбом и необычайной, странной белизной продолговатого лица. На вошедшем был синий фрак, крест на шее и звезда на левой стороне груди. Это был Сперанский. Князь Андрей тотчас узнал его, и в душе его что-то дрогнуло, как это бывает в важные минуты жизни. Было ли это уважение, зависть, ожидание — он не знал. Вся фигура Сперанского имела особенный тип, по которому сейчас можно было узнать его. Ни у кого из того общества, в котором жил князь Андрей, он не видал этого спокойствия и самоуверенности неловких и тупых движений, ни у кого он не видал такого твердого и вместе мягкого взгляда полузакрытых и несколько влажных глаз, не видал такой твердости ничего не значащей улыбки, такого тонкого, ровного, тихого голоса и, главное, такой нежной белизны лица и особенно рук, несколько широких, но необыкновенно пухлых, нежных и белых. Такую белизну и нежность лица князь Андрей видал только у солдат, долго пробывших в госпитале. Это был Сперанский, государственный секретарь, докладчик государя и спутник его в Эрфурте, где он не раз виделся и говорил с Наполеоном.

Сперанский не перебегал глазами с одного лица на другое, как это невольно делается при входе в большое общество, и не торопился говорить. Он говорил тихо, с уверенностью, что будут слушать его, и смотрел только на то лицо, с которым говорил.

Князь Андрей особенно внимательно следил за каждым словом и движением Сперанского. Как это бывает с людьми, особенно с теми, которые строго судят своих ближних,

on meeting anyone new—especially anyone whom, like Speránski, he knew by reputation—expected to discover in him the perfection of human qualities.

Speránski told Kochubéy he was sorry he had been unable to come sooner as he had been detained at the palace. He did not say that the Emperor had kept him, and Prince Andrew noticed this affectation of modesty. When Kochubéy introduced Prince Andrew, Speránski slowly turned his eyes to Bolkónski with his customary smile and looked at him in silence.

"I am very glad to make your acquaintance. I had heard of you, as everyone has," he said after a pause.

Kochubéy said a few words about the reception Arakchéev had given Bolkónski. Speránski smiled more markedly.

"The chairman of the Committee on Army Regulations is my good friend Monsieur Magnítski," he said, fully articulating every word and syllable, "and if you like I can put you in touch with him." He paused at the full stop. "I hope you will find him sympathetic and ready to co-operate in promoting all that is reasonable."

A circle soon formed round Speránski, and the old man who had talked about his subordinate Pryánichnikov addressed a question to him.

Prince Andrew without joining in the conversation watched every movement of Speránski's: this man, not long since an insignificant divinity student, who now, Bolkónski thought, held in his hands—those plump white hands—the fate of Russia. Prince Andrew was struck by the extraordinarily disdainful composure with which Speránski answered the old man. He appeared to address condescending words to him from an immeasurable height. When the old man began to speak too loud, Speránski smiled and said he could not judge of the advantage or disadvantage of what pleased the sovereign.

Having talked for a little while in the general circle, Speránski rose and coming up to Prince

князь Андрей, встречаясь с новым лицом, особенно с таким, как Сперанский, которого знал по репутации, всегда ждал найти в нем полное совершенство человеческих достоинств.

Сперанский сказал Кочубею, что жалеет о том, что не мог приехать раньше, потому что его задержали во дворце. Он не сказал, что его задержал государь. И эту аффектацию скромности заметил князь Андрей. Когда Кочубей назвал ему князя Андрея, Сперанский Медленно перевел свои глаза на Болконского с той же улыбкой и молча стал смотреть на него.

— Я очень рад с вами познакомиться, я слышал о вас, как и все, — сказал он.

Кочубей сказал несколько слов о приеме, сделанном Болконскому Аракчеевым. Сперанский больше улыбнулся.

— Директором комиссии военных уставов мой хороший приятель — господин Магницкий, — сказал он, договаривая каждый слог и каждое слово, — и ежели вы того пожелаете, я могу свести вас с ним. (Он помолчал на точке.) Я надеюсь, что вы найдете в нем сочувствие и желание содействовать всему разумному.

Около Сперанского тотчас же составился кружок, и тот старик, который говорил о своем чиновнике, Пряничникове, тоже с вопросом обратился к Сперанскому.

Князь Андрей, не вступая в разговор, наблюдал все движения Сперанского, этого человека, недавно ничтожного семинариста и теперь в руках своих — этих белых, пухлых руках — имевшего судьбу России, как думал Болконский. Князя Андрея поразило необычайное, презрительное спокойствие, с которым Сперанский отвечал старику. Он, казалось, с неизмеримой высоты обращал к нему свое снисходительное слово. Когда старик стал говорить слишком громко, Сперанский улыбнулся и сказал, что он не может судить о выгоде или невыгоде того, что угодно было государю.

Поговорив несколько времени в общем кругу, Сперанский встал и, подойдя к князю

Andrew took him along to the other end of the room. It was clear that he thought it necessary to interest himself in Bolkónski.

"I had no chance to talk with you, Prince, during the animated conversation in which that venerable gentleman involved me," he said with a mildly contemptuous smile, as if intimating by that smile that he and Prince Andrew understood the insignificance of the people with whom he had just been talking. This flattered Prince Andrew. "I have known of you for a long time: first from your action with regard to your serfs, a first example, of which it is very desirable that there should be more imitators; and secondly because you are one of those gentlemen of the chamber who have not considered themselves offended by the new decree concerning the ranks allotted to courtiers, which is causing so much gossip and tittle-tattle."

"No," said Prince Andrew, "my father did not wish me to take advantage of the privilege. I began the service from the lower grade."

"Your father, a man of the last century, evidently stands above our contemporaries who so condemn this measure which merely re-establishes natural justice."

"I think, however, that these condemnations have some ground," returned Prince Andrew, trying to resist Speránski's influence, of which he began to be conscious. He did not like to agree with him in everything and felt a wish to contradict. Though he usually spoke easily and well, he felt a difficulty in expressing himself now while talking with Speránski. He was too much absorbed in observing the famous man's personality.

"Grounds of personal ambition maybe," Speránski put in quietly.

"And of state interest to some extent," said Prince Andrew.

"What do you mean?" asked Speránski quietly, lowering his eyes.

"I am an admirer of Montesquieu," replied Prince Andrew, "and his idea that the principle of monarchies is honor seems to me incontestable. Certain rights and privileges for the aristoc-

Андрею, отозвал его с собой на другой конец комнаты. Видно было, что он считал нужным заняться Болконским.

— Я не успел поговорить с вами, князь, среди того одушевленного разговора, в который был вовлечен этим почтенным старцем, — сказал он, кротко-презрительно улыбаясь и этой улыбкой как бы признавая, что он вместе с князем Андреем понимает ничтожность тех людей, с которыми он только что говорил. Это обращение польстило князю Андрею. — Я вас знаю давно: во-первых, по делу вашему о ваших крестьянах, это наш первый пример, которому так желательно бы было больше последователей; а во-вторых, потому, что вы один из тех камергеров, которые не сочли себя обиженными новым указом о придворных чинах, вызывающих такие толки и пересуды.

— Да, — сказал князь Андрей, — отец не хотел, чтоб я пользовался этим правом; я начал службу с нижних чинов.

— Ваш батюшка, человек старого века, очевидно, стоит выше наших современников, которые так осуждают эту меру, восстанавливающую только естественную справедливость.

— Я думаю, однако, что есть основание и в этих осуждениях, — сказал князь Андрей, стараясь бороться с влиянием Сперанского, которое он начинал чувствовать. Ему неприятно было во всем соглашаться с ним: он хотел противоречить. Князь Андрей, обыкновенно говоривший легко и хорошо, чувствовал теперь затруднение выражаться, говоря с Сперанским. Его слишком занимали наблюдения над личностью знаменитого человека.

— Основание для личного честолюбия может быть, — тихо вставил свое слово Сперанский.

— Отчасти и для государства, — сказал князь Андрей.

— Как вы разумеете? — сказал Сперанский, тихо опустив глаза.

— Я почитатель Montesquieu, — сказал князь Андрей. — И его мысль о том, что le principe des monarchies est l'honneur, me paraît incontestable. Certains droits et privilèges de

racy appear to me a means of maintaining that sentiment."

The smile vanished from Speránski's white face, which was much improved by the change. Probably Prince Andrew's thought interested him.

"If you regard the question from that point of view," he began, pronouncing French with evident difficulty, and speaking even slower than in Russian but quite calmly. Speránski went on to say that honor, l'honneur, cannot be upheld by privileges harmful to the service; that honor, l'honneur, is either a negative concept of not doing what is blameworthy or it is a source of emulation in pursuit of commendation and rewards, which recognize it. His arguments were concise, simple, and clear.

"An institution upholding honor, the source of emulation, is one similar to the Légion d'honneur of the great Emperor Napoleon, not harmful but helpful to the success of the service, but not a class or court privilege."

"I do not dispute that, but it cannot be denied that court privileges have attained the same end," returned Prince Andrew. "Every courtier considers himself bound to maintain his position worthily."

"Yet you do not care to avail yourself of the privilege, Prince," said Speránski, indicating by a smile that he wished to finish amiably an argument which was embarrassing for his companion. "If you will do me the honor of calling on me on Wednesday," he added, "I will, after talking with Magnítski, let you know what may interest you, and shall also have the pleasure of a more detailed chat with you."

Closing his eyes, he bowed à la française, without taking leave, and trying to attract as little attention as possible, he left the room.

la noblesse me paraissent être des moyens de soutenir ce sentiment [4].

Улыбка исчезла на белом лице Сперанского, и физиономия его много выиграла от этого. Вероятно, мысль князя Андрея показалась ему занимательною.

— Si vous envisagez la question sous ce point de vue [5], — начал он, с очевидным затруднением выговаривая по-французски и говоря еще медленнее, чем по-русски, но совершенно спокойно. Он сказал, что честь, l'honneur, не может поддерживаться преимуществами, вредными для хода службы, что честь, l'honneur, есть или отрицательное понятие неделания предосудительных поступков, или известный источник соревнования для получения одобрения и наград, выражающих его. Доводы его были сжаты, просты и ясны.

— Институт, поддерживающий эту честь, источник соревнования, есть институт, подобный Légion d'Honneur [6] великого императора Наполеона, не вредящий, а содействующий успеху службы, а не сословное или придворное преимущество.

— Я не спорю, но нельзя отрицать, что придворное преимущество достигло той же цели, — сказал князь Андрей, — всякий придворный считает себя обязанным достойно нести свое положение.

— Но вы им не хотели воспользоваться, князь, — сказал Сперанский, улыбкой показывая, что он неловкий для своего собеседника спор желает прекратить любезностью.

— Ежели вы мне сделаете честь пожаловать ко мне в среду, — прибавил он, — то я, переговорив с Магницким, сообщу вам то, что может вас интересовать, и, кроме того, буду иметь удовольствие подробнее побеседовать с вами. — Он, закрыв глаза, поклонился, и à la française [7], не прощаясь, стараясь быть незамеченным, вышел из залы.

---

[4] основание монархии есть честь, мне кажется несомненною. Некоторые права и преимущества дворянства мне представляются средствами для поддержания этого чувства.

[5] Ежели вы смотрите на дело с этой точки зрения.

[6] Почетному легиону.

[7] на французский манер. — *Ред.*

VI

During the first weeks of his stay in Petersburg Prince Andrew felt the whole trend of thought he had formed during his life of seclusion quite overshadowed by the trifling cares that engrossed him in that city.

On returning home in the evening he would jot down in his notebook four or five necessary calls or appointments for certain hours. The mechanism of life, the arrangement of the day so as to be in time everywhere, absorbed the greater part of his vital energy. He did nothing, did not even think or find time to think, but only talked, and talked successfully, of what he had thought while in the country.

He sometimes noticed with dissatisfaction that he repeated the same remark on the same day in different circles. But he was so busy for whole days together that he had no time to notice that he was thinking of nothing.

As he had done on their first meeting at Kochubéy's, Speránski produced a strong impression on Prince Andrew on the Wednesday, when he received him tête-à-tête at his own house and talked to him long and confidentially.

To Bolkónski so many people appeared contemptible and insignificant creatures, and he so longed to find in someone the living ideal of that perfection toward which he strove, that he readily believed that in Speránski he had found this ideal of a perfectly rational and virtuous man. Had Speránski sprung from the same class as himself and possessed the same breeding and traditions, Bolkónski would soon have discovered his weak, human, unheroic sides; but as it was, Speránski's strange and logical turn of mind inspired him with respect all the more because he did not quite understand him. Moreover, Speránski, either because he appreciated

VI

Первое время своего пребывания в Петербурге князь Андрей почувствовал весь свой склад мыслей, выработавшийся в его уединенной жизни, совершенно затемненным теми мелкими заботами, которые охватили его в Петербурге.

С вечера, возвращаясь домой, он в памятной книжке записывал четыре или пять необходимых визитов или rendez-vous [1] в назначенные часы. Механизм жизни, распоряжение дня такое, чтобы везде поспеть вовремя, отнимали бо́льшую долю самой энергии жизни. Он ничего не делал, ни о чем даже не думал и не успевал думать, а только говорил и с успехом говорил то, что он успел прежде обдумать в деревне.

Он иногда замечал с неудовольствием, что ему случалось в один и тот же день, в разных обществах, повторять одно и то же. Но он был так занят целые дни, что не успевал подумать о том, что он ничего не делал.

Сперанский, как в первое свидание с ним у Кочубея, так и потом в середу дома, где Сперанский с глазу на глаз, приняв Болконского, долго и доверчиво говорил с ним, сделал сильное впечатление на князя Андрея.

Князь Андрей такое огромное количество людей считал презренными и ничтожными существами, так ему хотелось найти в другом живой идеал того совершенства, к которому он стремился, что он легко поверил, что в Сперанском он нашел этот идеал вполне разумного и добродетельного человека. Ежели бы Сперанский был из того же общества, из которого был князь Андрей, того же воспитания и нравственных привычек, то Болконский скоро бы нашел его слабые, человеческие, не геройские стороны, но теперь этот странный для него логический склад ума тем более внушал ему уважения,

---

[1] свиданий.

the other's capacity or because he considered it necessary to win him to his side, showed off his dispassionate calm reasonableness before Prince Andrew and flattered him with that subtle flattery which goes hand in hand with self-assurance and consists in a tacit assumption that one's companion is the only man besides oneself capable of understanding the folly of the rest of mankind and the reasonableness and profundity of one's own ideas.

During their long conversation on Wednesday evening, Speránski more than once remarked: "We regard everything that is above the common level of rooted custom..." or, with a smile: "But we want the wolves to be fed and the sheep to be safe..." or: "They cannot understand this..." and all in a way that seemed to say: "We, you and I, understand what they are and who we are."

This first long conversation with Speránski only strengthened in Prince Andrew the feeling he had experienced toward him at their first meeting. He saw in him a remarkable, clear-thinking man of vast intellect who by his energy and persistence had attained power, which he was using solely for the welfare of Russia. In Prince Andrew's eyes Speránski was the man he would himself have wished to be—one who explained all the facts of life reasonably, considered important only what was rational, and was capable of applying the standard of reason to everything. Everything seemed so simple and clear in Speránski's exposition that Prince Andrew involuntarily agreed with him about everything. If he replied and argued, it was only because he wished to maintain his independence and not submit to Speránski's opinions entirely. Everything was right and everything was as it should be: only one thing disconcerted Prince Andrew. This was Speránski's cold, mirrorlike look, which did not allow one to penetrate to his soul, and his delicate white hands, which Prince Andrew involuntarily watched as one does watch the hands of those who possess power. This mirrorlike gaze and those delicate hands irritated

что он не вполне понимал его. Кроме того, Сперанский, потому ли, что он оценил способности князя Андрея, или потому, что нашел нужным приобресть его себе, Сперанский кокетничал перед князем Андреем своим беспристрастным, спокойным разумом и льстил князю Андрею той тонкой лестью, соединенной с самонадеянностью, которая состоит в молчаливом признании своего собеседника с собою вместе единственным человеком, способным понимать всю глупость всех остальных, разумность и глубину своих мыслей.

Во время длинного их разговора в середу вечером Сперанский не раз говорил: «У нас смотрят на все, что выходит из общего уровня закоренелой привычки...» — или с улыбкой: «Но мы хотим, чтоб и волки были сыты и овцы целы...» — или: «Они этого не могут понять...» — и все с таким выражением, которое говорило: «Мы, вы да я, мы понимаем, что они и кто мы».

Этот первый длинный разговор с Сперанским только усилил в князе Андрее то чувство, с которым он в первый раз увидел Сперанского. Он видел в нем разумного, строго мыслящего, огромного ума человека, энергией и упорством достигшего власти и употребляющего ее только для блага России. Сперанский, в глазах князя Андрея, был именно тот человек, разумно объясняющий все явления жизни, признающий действительным только то, что разумно, и ко всему умеющий прилагать мерило разумности, которым он сам так хотел быть. Все представлялось так просто, ясно в изложении Сперанского, что князь Андрей невольно соглашался с ним во всем. Ежели он возражал и спорил, то только потому, что хотел нарочно быть самостоятельным и не совсем подчиняться мнениям Сперанского. Все было так, все было хорошо, но одно смущало князя Андрея: это был холодный, зеркальный, не пропускающий к себе в душу взгляд Сперанского, и его белая, нежная рука, на которую невольно смотрел князь Андрей, как смотрят обыкновенно на руки людей, имеющих власть. Зеркальный взгляд и нежная рука эта почему-то раз-

Prince Andrew, he knew not why. He was unpleasantly struck, too, by the excessive contempt for others that he observed in Speránski, and by the diversity of lines of argument he used to support his opinions. He made use of every kind of mental device, except analogy, and passed too boldly, it seemed to Prince Andrew, from one to another. Now he would take up the position of a practical man and condemn dreamers; now that of a satirist, and laugh ironically at his opponents; now grow severely logical, or suddenly rise to the realm of metaphysics. (This last resource was one he very frequently employed.) He would transfer a question to metaphysical heights, pass on to definitions of space, time, and thought, and, having deduced the refutation he needed, would again descend to the level of the original discussion.

In general the trait of Speránski's mentality which struck Prince Andrew most was his absolute and unshakable belief in the power and authority of reason. It was evident that the thought could never occur to him which to Prince Andrew seemed so natural, namely, that it is after all impossible to express all one thinks; and that he had never felt the doubt, "Is not all I think and believe nonsense?" And it was just this peculiarity of Speránski's mind that particularly attracted Prince Andrew.

During the first period of their acquaintance Bolkónski felt a passionate admiration for him similar to that which he had once felt for Bonaparte. The fact that Speránski was the son of a village priest, and that stupid people might meanly despise him on account of his humble origin (as in fact many did), caused Prince Andrew to cherish his sentiment for him the more, and unconsciously to strengthen it.

On that first evening Bolkónski spent with him, having mentioned the Commission for the Revision of the Code of Laws, Speránski told him sarcastically that the Commission had existed for a hundred and fifty years, had cost mil-

дражали князя Андрея. Неприятно поражало князя Андрея еще слишком большое презрение к людям, которое он замечал в Сперанском, и разнообразность приемов в доказательствах, которые он приводил в подтверждение своего мнения. Он употреблял все возможные орудия мысли, исключая сравнения, и слишком смело, как казалось князю Андрею, переходил от одного к другому. То он становился на почву практического деятеля и осуждал мечтателей, то на почву сатирика и иронически подсмеивался над противниками, то становился строго логичным, то вдруг поднимался в область метафизики. (Это последнее орудие доказательств он особенно часто употреблял.) Он переносил вопрос на метафизические высоты, переходил в определения пространства, времени, мысли и, вынося оттуда опровержения, опять спускался на почву спора.

Вообще главная черта ума Сперанского, поразившая князя Андрея, была несомненная, непоколебимая вера в силу и законность ума. Видно было, что никогда Сперанскому не могла прийти в голову та обыкновенная для князя Андрея мысль, что нельзя все-таки выразить всего того, что думаешь, и никогда не приходило сомнение в том, что не вздор ли все то, что я думаю, и все то, во что я верю? И этот-то особенный склад ума Сперанского более всего привлекал к себе князя Андрея.

Первое время своего знакомства с Сперанским князь Андрей питал к нему страстное чувство восхищения, похожее на то, которое он когда-то испытывал к Бонапарте. То обстоятельство, что Сперанский был сын священника, которого можно было глупым людям, как это и делали многие, по́шло презирать в качестве кутейника и поповича, заставляло князя Андрея особенно бережно обходиться с своим чувством к Сперанскому и бессознательно усиливать его в самом себе.

В тот первый вечер, который Болконский провел у него, разговорившись о комиссии составления законов, Сперанский с иронией рассказал князю Андрею о том, что комиссия законов существует сто пятьдесят лет,

lions, and had done nothing except that Rosenkampf had stuck labels on the corresponding paragraphs of the different codes.

"And that is all the state has for the millions it has spent," said he. "We want to give the Senate new juridical powers, but we have no laws. That is why it is a sin for men like you, Prince, not to serve in these times!"

Prince Andrew said that for that work an education in jurisprudence was needed which he did not possess.

"But nobody possesses it, so what would you have? It is a vicious circle from which we must break a way out."

A week later Prince Andrew was a member of the Committee on Army Regulations and—what he had not at all expected—was chairman of a section of the committee for the revision of the laws. At Speránski's request he took the first part of the Civil Code that was being drawn up and, with the aid of the Code Napoléon and the Institutes of Justinian, he worked at formulating the section on Personal Rights.

стóит миллионы и ничего не сделала, что Розенкампф наклеил ярлычки на все статьи сравнительного законодательства.

— И вот и все, за что государство заплатило миллионы! — сказал он. — Мы хотим дать новую судебную власть сенату, а у нас нет законов. Поэтому-то таким людям, как вы, князь, грех не служить теперь.

Князь Андрей сказал, что для этого нужно юридическое образование, которого он не имеет.

— Да его никто не имеет, так что же вы хотите? Это circulus viciosus [2], из которого надо выйти усилием.

Через неделю князь Андрей был членом комиссии составления воинского устава и, чего он никак не ожидал, начальником отделения комиссии составления законов. По просьбе Сперанского он взял первую часть составляемого гражданского уложения и, с помощью Code Napoléon и Justiniani [3], работал над составлением отдела: Права лиц.

---

[2] заколдованный круг (*лат.*). — *Ред.*

[3] Наполеоновского кодекса и кодекса Юстиниана.

VII

Nearly two years before this, in 1808, Pierre on returning to Petersburg after visiting his estates had involuntarily found himself in a leading position among the Petersburg Freemasons. He arranged dining and funeral lodge meetings, enrolled new members, and busied himself uniting various lodges and acquiring authentic charters. He gave money for the erection of temples and supplemented as far as he could the collection of alms, in regard to which the majority of members were stingy and irregular. He supported almost singlehanded a poorhouse the order had founded in Petersburg.

His life meanwhile continued as before, with the same infatuations and dissipations. He liked to dine and drink well, and though he considered it immoral and humiliating could not resist the temptations of the bachelor circles in which he moved.

Amid the turmoil of his activities and distractions, however, Pierre at the end of a year began to feel that the more firmly he tried to rest upon it, the more Masonic ground on which he stood gave way under him. At the same time he felt that the deeper the ground sank under him the closer bound he involuntarily became to the order. When he had joined the Freemasons he had experienced the feeling of one who confidently steps onto the smooth surface of a bog. When he put his foot down it sank in. To make quite sure of the firmness of the ground, he put his other foot down and sank deeper still, became stuck in it, and involuntarily waded knee-deep in the bog.

Joseph Alexéevich was not in Petersburg—he had of late stood aside from the affairs of the Petersburg lodges, and lived almost entirely in Moscow. All the members of the lodges were men Pierre knew in ordinary life, and it was difficult for him to regard them merely as Brothers in Freemasonry and not as Prince B. or Iván Vasílevich D., whom he knew in society mostly

VII

Года два тому назад, в 1808 году, вернувшись в Петербург из своей поездки по имениям, Пьер невольно стал во главе петербургского масонства. Он устроивал столовые и надгробные ложи, вербовал новых членов, заботился о соединении различных лож и о приобретении подлинных актов. Он давал свои деньги на устройство храмин и пополнял, насколько мог, сборы милостыни, на которые большинство членов были скупы и неаккуратны. Он почти один на свои средства поддерживал дом бедных, устроенный орденом в Петербурге.

Жизнь его между тем шла по-прежнему, с теми же увлечениями и распущенностью. Он любил хорошо пообедать и выпить и, хотя и считал это безнравственным и унизительным, не мог воздержаться от увеселений холостых обществ, в которых он участвовал.

В чаду своих занятий и увлечений Пьер, однако, по прошествии года начал чувствовать, как та почва масонства, на которой он стоял, тем более уходила из-под его ног, чем тверже он старался стать на ней. Вместе с тем он чувствовал, что чем глубже уходила под его ногами почва, на которой он стоял, тем невольнее он был связан с ней. Когда он приступал к масонству, он испытывал чувство человека, доверчиво становящего ногу на ровную поверхность болота. Поставив ногу, он провалился. Чтобы вполне увериться в твердости почвы, на которой он стоял, он поставил другую ногу и провалился еще больше, завяз и уже невольно ходил по колено в болоте.

Иосифа Алексеевича не было в Петербурге. (Он в последнее время отстранился от дел петербургских лож и безвыездно жил в Москве.) Все братья, члены лож были Пьеру знакомые в жизни люди, и ему трудно было видеть в них только братьев по каменщичеству, а не князя Б., не Ивана Васильевича Д., которых он знал в жизни большею частью

as weak and insignificant men. Under the Masonic aprons and insignia he saw the uniforms and decorations at which they aimed in ordinary life. Often after collecting alms, and reckoning up twenty to thirty rubles received for the most part in promises from a dozen members, of whom half were as well able to pay as himself, Pierre remembered the Masonic vow in which each Brother promised to devote all his belongings to his neighbor, and doubts on which he tried not to dwell arose in his soul.

He divided the Brothers he knew into four categories. In the first he put those who did not take an active part in the affairs of the lodges or in human affairs, but were exclusively occupied with the mystical science of the order: with questions of the threefold designation of God, the three primordial elements—sulphur, mercury, and salt—or the meaning of the square and all the various figures of the temple of Solomon. Pierre respected this class of Brothers to which the elder ones chiefly belonged, including, Pierre thought, Joseph Alexéevich himself, but he did not share their interests. His heart was not in the mystical aspect of Freemasonry.

In the second category Pierre reckoned himself and others like him, seeking and vacillating, who had not yet found in Freemasonry a straight and comprehensible path, but hoped to do so.

In the third category he included those Brothers (the majority) who saw nothing in Freemasonry but the external forms and ceremonies, and prized the strict performance of these forms without troubling about their purport or significance. Such were Willarski and even the Grand Master of the principal lodge.

Finally, to the fourth category also a great many Brothers belonged, particularly those who had lately joined. These according to Pierre's observations were men who had no belief in anything, nor desire for anything, but joined the Freemasons merely to associate with the wealthy young Brothers who were influential through their connections or rank, and of whom there

как слабых и ничтожных людей. Из-под масонских фартуков и знаков он видел на них мундиры и кресты, которых они добивались в жизни. Часто, собирая милостыню и сочтя двадцать — тридцать рублей, записанных на приход и большею частью в долг, с десяти членов, из которых половина были так же богаты, как и он, Пьер вспоминал масонскую клятву о том, что каждый брат обещается отдать все свое имущество для ближнего, и в душе его поднимались сомнения, на которых он старался не останавливаться.

Всех братьев, которых он знал, он подразделял на четыре разряда. К первому разряду он причислял братьев, не принимающих деятельного участия ни в делах лож, ни в делах человеческих, но занятых исключительно таинствами науки ордена, занятых вопросами о тройственном наименовании Бога, или о трех началах вещей — сере, меркурии и соли, или о значении квадрата и всех фигур храма Соломона. Пьер уважал этот разряд братьев-масонов, к которому принадлежали преимущественно старые братья и сам Иосиф Алексеевич, по мнению Пьера, но не разделял их интересов. Сердце его не лежало к мистической стороне масонства.

Ко второму разряду Пьер причислял себя и себе подобных братьев, ищущих, колеблющихся, не нашедших еще в масонстве прямого и понятного пути, но надеющихся найти его.

К третьему разряду он причислял братьев (их было самое большое число), не видящих в масонстве ничего, кроме внешней формы и обрядности, и дорожащих строгим исполнением этой внешней формы, не заботясь о ее содержании и значении. Таковы были Вилларский и даже великий мастер главной ложи.

К четвертому разряду, наконец, причислялось тоже большое количество братьев, в особенности в последнее время вступивших в братство. Это были люди, по наблюдению Пьера, ни во что не верующие, ничего не желающие и поступавшие в масонство только для сближения с молодыми, богатыми и сильными по связям и знатности братьями,

were very many in the lodge.

Pierre began to feel dissatisfied with what he was doing. Freemasonry, at any rate as he saw it here, sometimes seemed to him based merely on externals. He did not think of doubting Freemasonry itself, but suspected that Russian Masonry had taken a wrong path and deviated from its original principles. And so toward the end of the year he went abroad to be initiated into the higher secrets of the order.

In the summer of 1809 Pierre returned to Petersburg. Our Freemasons knew from correspondence with those abroad that Bezúkhov had obtained the confidence of many highly placed persons, had been initiated into many mysteries, had been raised to a higher grade, and was bringing back with him much that might conduce to the advantage of the Masonic cause in Russia. The Petersburg Freemasons all came to see him, tried to ingratiate themselves with him, and it seemed to them all that he was preparing something for them and concealing it.

A solemn meeting of the lodge of the second degree was convened, at which Pierre promised to communicate to the Petersburg Brothers what he had to deliver to them from the highest leaders of their order. The meeting was a full one. After the usual ceremonies Pierre rose and began his address.

"Dear Brothers," he began, blushing and stammering, with a written speech in his hand, "it is not sufficient to observe our mysteries in the seclusion of our lodge—we must act—act! We are drowsing, but we must act." Pierre raised his notebook and began to read.

"For the dissemination of pure truth and to secure the triumph of virtue," he read, "we must cleanse men from prejudice, diffuse principles in harmony with the spirit of the times, undertake the education of the young, unite ourselves in indissoluble bonds with the wisest men, boldly yet prudently overcome superstitions, infidelity, and folly, and form of those devoted to us a body linked together by unity of purpose and possessed of authority and power.

которых весьма много было в ложе.

Пьер начинал чувствовать себя неудовлетворенным своей деятельностью. Масонство, по крайней мере то масонство, которое он знал здесь, казалось ему иногда, основано было на одной внешности. Он и не думал сомневаться в самом масонстве, но подозревал, что русское масонство пошло по ложному пути и отклонилось от своего источника. И потому в конце года Пьер поехал за границу для посвящения себя в высшие тайны ордена.

Летом еще в 1809 году Пьер вернулся в Петербург. По переписке наших масонов с заграничными было известно, что Безухов успел за границей получить доверие многих высокопоставленных лиц, проник многие тайны, был возведен в высшую степень и везет с собою многое для общего блага каменщицкого дела в России. Петербургские масоны все приехали к нему, заискивали в нем, и всем показалось, что он что-то скрывает и готовит.

Назначено было торжественное заседание ложи 2-го градуса, в которой Пьер обещал сообщить то, что он имеет передать петербургским братьям от высших руководителей ордена. Заседание было полно. После обыкновенных обрядов Пьер встал и начал свою речь.

— Любезные братья, — начал он, краснея и запинаясь и держа в руке написанную речь. — Недостаточно блюсти в тиши ложи наши таинства — нужно действовать... действовать. Мы находимся в усыплении, а нам нужно действовать. — Пьер взял свою тетрадь и начал читать.

«Для распространения чистой истины и доставления торжества добродетели, — читал он, — должны мы очистить людей от предрассудков, распространить правила, сообразные с духом времени, принять на себя воспитание юношества, соединиться неразрывными узами с умнейшими людьми, смело и вместе благоразумно преодолевать суеверие, неверие и глупость, образовать из преданных нам людей, связанных между собою единством цели и имеющих власть и силу.

"To attain this end we must secure a preponderance of virtue over vice and must endeavor to secure that the honest man may, even in this world, receive a lasting reward for his virtue. But in these great endeavors we are gravely hampered by the political institutions of today. What is to be done in these circumstances? To favor revolutions, overthrow everything, repel force by force?... No! We are very far from that. Every violent reform deserves censure, for it quite fails to remedy evil while men remain what they are, and also because wisdom needs no violence.

"The whole plan of our order should be based on the idea of preparing men of firmness and virtue bound together by unity of conviction—aiming at the punishment of vice and folly, and patronizing talent and virtue: raising worthy men from the dust and attaching them to our Brotherhood. Only then will our order have the power unobtrusively to bind the hands of the protectors of disorder and to control them without their being aware of it. In a word, we must found a form of government holding universal sway, which should be diffused over the whole world without destroying the bonds of citizenship, and beside which all other governments can continue in their customary course and do everything except what impedes the great aim of our order, which is to obtain for virtue the victory over vice. This aim was that of Christianity itself. It taught men to be wise and good and for their own benefit to follow the example and instruction of the best and wisest men.

"At that time, when everything was plunged in darkness, preaching alone was of course sufficient. The novelty of Truth endowed her with special strength, but now we need much more powerful methods. It is now necessary that man, governed by his senses, should find in virtue a charm palpable to those senses. It is impossible to eradicate the passions; but we must strive to

Для достижения сей цели должно доставить добродетели перевес над пороком, должно стараться, чтобы честный человек обретал еще в сем мире вечную награду за свои добродетели. Но в сих великих намерениях препятствуют нам весьма много нынешние политические учреждения. Что же делать при таком положении вещей? Благоприятствовать ли революциям, все ниспровергнуть, изгнать силу силой?.. Нет, мы весьма далеки от того. Всякая насильственная реформа достойна порицания потому, что нимало не исправит зла, пока люди остаются таковы, каковы они есть, и потому, что мудрость не имеет нужды в насилии.

Весь план ордена должен быть основан на том, чтоб образовать людей твердых, добродетельных и связанных единством убеждения, убеждения, состоящего в том, чтобы везде и всеми силами преследовать порок и глупость и покровительствовать таланты и добродетель: извлекать из праха людей достойных, присоединяя их к нашему братству. Тогда только орден наш будет иметь власть — нечувствительно вязать руки покровителям беспорядка и управлять ими так, чтоб они того не примечали. Одним словом, надобно учредить всеобщий владычествующий образ правления, который распространялся бы над целым светом, не разрушая гражданских уз, и при коем все прочие правления могли бы продолжаться обыкновенным своим порядком и делать все, кроме того только, что препятствует великой цели нашего ордена, то есть доставлению добродетели торжества над пороком. Сию цель предполагало само христианство. Оно учило людей быть мудрыми и добрыми и для собственной своей выгоды следовать примеру и наставлениям лучших и мудрейших человеков.

Тогда, когда все погружено было во мраке, достаточно было, конечно, одного проповедания: новость истины придавала ей особенную силу, но ныне потребны для нас гораздо сильнейшие средства. Теперь нужно, чтобы человек, управляемый своими чувствами, находил в добродетели чувственные прелести. Нельзя искоренить страстей;

direct them to a noble aim, and it is therefore necessary that everyone should be able to satisfy his passions within the limits of virtue. Our order should provide means to that end.

"As soon as we have a certain number of worthy men in every state, each of them again training two others and all being closely united, everything will be possible for our order, which has already in secret accomplished much for the welfare of mankind."

This speech not only made a strong impression, but created excitement in the lodge. The majority of the Brothers, seeing in it dangerous designs of Illuminism, [1] met it with a coldness that surprised Pierre. The Grand Master began answering him, and Pierre began developing his views with more and more warmth. It was long since there had been so stormy a meeting. Parties were formed, some accusing Pierre of Illuminism, others supporting him. At that meeting he was struck for the first time by the endless variety of men's minds, which prevents a truth from ever presenting itself identically to two persons. Even those members who seemed to be on his side understood him in their own way with limitations and alterations he could not agree to, as what he always wanted most was to convey his thought to others just as he himself understood it.

At the end of the meeting the Grand Master with irony and ill-will reproved Bezúkhov for his vehemence and said it was not love of virtue alone, but also a love of strife that had moved him in the dispute. Pierre did not answer him and asked briefly whether his proposal would be accepted. He was told that it would not, and without waiting for the usual formalities he left the lodge and went home.

должно только стараться направить их к благородной цели, и потому надобно, чтобы каждый мог удовлетворить своим страстям в пределах добродетели и чтобы наш орден доставлял к тому средства.

Как скоро будет у нас некоторое число достойных людей в каждом государстве, каждый из них образует опять двух других, и все они тесно между собой соединятся, — тогда все будет возможно для ордена, который втайне успел уже сделать многое ко благу человечества».

Речь эта произвела не только сильное впечатление, но и волнение в ложе. Большинство же братьев, видевшее в этой речи опасные замыслы иллюминатства, с удивившею Пьера холодностью приняло его речь. Великий мастер стал возражать Пьеру. Пьер с большим и большим жаром стал развивать свои мысли. Давно не было столь бурного заседания. Составились партии: одни обвиняли Пьера, осуждая его в иллюминатстве; другие поддерживали его. Пьера в первый раз поразило на этом собрании то бесконечное разнообразие умов человеческих, которое делает то, что никакая истина одинаково не представляется двум людям. Даже те из членов, которые, казалось, были на его стороне, понимали его по-своему, с ограничениями, изменениями, на которые он не мог согласиться, так как главная потребность Пьера состояла именно в том, чтобы передать свою мысль другому точно так, как он сам понимал ее.

По окончании заседания великий мастер с недоброжелательством и иронией сделал Безухову замечание о его горячности и о том, что не одна любовь к добродетели, но и увлечение борьбы руководило им в споре, Пьер не отвечал ему и коротко спросил, будет ли принято его предложение. Ему сказали, что нет, и Пьер, не дожидаясь обычных формальностей, вышел из ложи и уехал домой

---

[1] The Illuminati sought to substitute republican for monarchical institutions.

VIII

Again Pierre was overtaken by the depression he so dreaded. For three days after the delivery of his speech at the lodge he lay on a sofa at home receiving no one and going nowhere.

It was just then that he received a letter from his wife, who implored him to see her, telling him how grieved she was about him and how she wished to devote her whole life to him.

At the end of the letter she informed him that in a few days she would return to Petersburg from abroad.

Following this letter one of the Masonic Brothers whom Pierre respected less than the others forced his way in to see him and, turning the conversation upon Pierre's matrimonial affairs, by way of fraternal advice expressed the opinion that his severity to his wife was wrong and that he was neglecting one of the first rules of Freemasonry by not forgiving the penitent.

At the same time his mother-in-law, Prince Vasíli's wife, sent to him imploring him to come if only for a few minutes to discuss a most important matter. Pierre saw that there was a conspiracy against him and that they wanted to reunite him with his wife, and in the mood he then was, this was not even unpleasant to him. Nothing mattered to him. Nothing in life seemed to him of much importance, and under the influence of the depression that possessed him he valued neither his liberty nor his resolution to punish his wife.

"No one is right and no one is to blame; so she too is not to blame," he thought.

If he did not at once give his consent to a reunion with his wife, it was only because in his state of depression he did not feel able to take any step. Had his wife come to him, he would not have turned her away. Compared to what preoccupied him, was it not a matter of indifference whether he lived with his wife or not?

Without replying either to his wife or his mother-in-law, Pierre late one night prepared for

VIII

На Пьера опять нашла та тоска, которой он так боялся. Он три дня после произнесения своей речи в ложе лежал дома на диване, никого не принимая и никуда не выезжая.

В это время он получил письмо от жены, которая умоляла его о свидании, писала о своей грусти по нем и о желании посвятить ему всю свою жизнь.

В конце письма она извещала его, что на днях приедет в Петербург из-за границы.

Вслед за письмом в уединение Пьера ворвался один из менее других уважаемых им братьев-масонов и, наведя разговор на супружеские отношения Пьера, в виде братского совета, высказал ему мысль о том, что строгость его к жене несправедлива и что Пьер отступает от первых правил масона, не прощая кающуюся.

В это же время теща его, жена князя Василья, присылала за ним, умоляя его хоть на несколько минут посетить ее для переговоров о весьма важном деле. Пьер видел, что был заговор против него, что его хотели соединить с женою, и это было даже не неприятно ему в том состоянии, в котором он находился. Ему было все равно: Пьер ничего в жизни не считал делом большой важности, и под влиянием тоски, которая теперь овладела им, он не дорожил ни своею свободою, ни своим упорством в наказании жены.

«Никто не прав, никто не виноват, стало быть, и она не виновата», — думал он.

Ежели Пьер не изъявил тотчас же согласия на соединение с женою, то только потому, что в состоянии тоски, в котором он находился, он не был в силах ничего предпринять. Ежели бы жена приехала к нему, он бы теперь не прогнал ее. Разве не все равно было в сравнении с тем, что занимало Пьера, жить или не жить с женою?

Не отвечая ничего ни жене, ни теще, Пьер

a journey and started for Moscow to see Joseph Alexéevich. This is what he noted in his diary:

Moscow, 17th November

I have just returned from my benefactor, and hasten to write down what I have experienced. Joseph Alexéevich is living poorly and has for three years been suffering from a painful disease of the bladder. No one has ever heard him utter a groan or a word of complaint. From morning till late at night, except when he eats his very plain food, he is working at science. He received me graciously and made me sit down on the bed on which he lay. I made the sign of the Knights of the East and of Jerusalem, and he responded in the same manner, asking me with a mild smile what I had learned and gained in the Prussian and Scottish lodges. I told him everything as best I could, and told him what I had proposed to our Petersburg lodge, of the bad reception I had encountered, and of my rupture with the Brothers. Joseph Alexéevich, having remained silent and thoughtful for a good while, told me his view of the matter, which at once lit up for me my whole past and the future path I should follow. He surprised me by asking whether I remembered the threefold aim of the order: (1) The preservation and study of the mystery. (2) The purification and reformation of oneself for its reception, and (3) The improvement of the human race by striving for such purification. Which is the principal aim of these three? Certainly self-reformation and self-purification. Only to this aim can we always strive independently of circumstances. But at the same time just this aim demands the greatest efforts of us; and so, led astray by pride, losing sight of this aim, we occupy ourselves either with the mystery which in our impurity we are unworthy to receive, or seek the reformation of the human race while ourselves setting an example of baseness and profligacy. Illuminism is not a pure doctrine, just because it is attracted by social activity and putted up by pride. On this ground Joseph Alexéevich condemned my speech and my whole activity, and in the depth of my soul I agreed with him. Talking of my family affairs he said to me, "the chief duty of

раз поздним вечером собрался в дорогу и уехал в Москву, чтобы повидаться с Иосифом Алексеевичем. Вот что писал Пьер в дневнике своем.

«Москва, 17-го ноября.

Сейчас только приехал от благодетеля и спешу записать все, что я испытал при этом. Иосиф Алексеевич живет бедно и страдает третий год мучительною болезнью пузыря. Никто никогда не слыхал от него стона или слова ропота. С утра и до поздней ночи, за исключением часов, когда он кушает самую простую пищу, он работает над наукой. Он принял меня милостиво и посадил подле себя на кровати, на которой он лежал; я сделал ему знак рыцарей Востока и Иерусалима, он ответил мне тем же и с кроткой улыбкой спросил меня о том, что я узнал и приобрел в прусских и шотландских ложах. Я рассказал ему все, как умел, передал те основания, которые я предлагал в нашей Петербургской ложе, и сообщил о дурном приеме, сделанном мне, и о разрыве, происшедшем между мною и братьями. Иосиф Алексеевич, изрядно помолчав и подумав, на все это изложил мне свой взгляд, который мгновенно осветил мне все прошедшее и весь будущий путь, предлежащий мне. Он удивил меня, спросив о том, помню ли я, в чем состоит троякая цель ордена: 1) в хранении и познании таинства; 2) в очищении и исправлении себя для восприятия оного и 3) в исправлении рода человеческого чрез стремление к таковому очищению. Какая есть главнейшая и первая цель из этих трех? Конечно, собственное исправление и очищение. Только к этой цели мы можем всегда стремиться независимо от всех обстоятельств. Но вместе с тем эта-то цель и требует от нас наиболее трудов, и потому, заблуждаясь гордостью, мы, упуская эту цель, беремся либо за таинство, которое недостойны воспринять по нечистоте своей, либо беремся за исправление рода человеческого, когда сами из себя являем пример мерзости и разврата. Иллюминатство не есть чистое учение именно потому, что оно увлеклось общественной деятельностью и преисполнено гордости. На этом основании

a true Mason, as I have told you, lies in perfecting himself. We often think that by removing all the difficulties of our life we shall more quickly reach our aim, but on the contrary, my dear sir, it is only in the midst of worldly cares that we can attain our three chief aims: (1) Self-knowledge—for man can only know himself by comparison, (2) Self-perfecting, which can only be attained by conflict, and (3) The attainment of the chief virtue—love of death. Only the vicissitudes of life can show us its vanity and develop our innate love of death or of rebirth to a new life." These words are all the more remarkable because, in spite of his great physical sufferings, Joseph Alexéevich is never weary of life though he loves death, for which—in spite of the purity and loftiness of his inner man—he does not yet feel himself sufficiently prepared. My benefactor then explained to me fully the meaning of the Great Square of creation and pointed out to me that the numbers three and seven are the basis of everything. He advised me not to avoid intercourse with the Petersburg Brothers, but to take up only second-grade posts in the lodge, to try, while diverting the Brothers from pride, to turn them toward the true path self-knowledge and self-perfecting. Besides this he advised me for myself personally above all to keep a watch over myself, and to that end he gave me a notebook, the one I am now writing in and in which I will in future note down all my actions.

Petersburg, 23rd November

I am again living with my wife. My mother-in-law came to me in tears and said that Hélène was here and that she implored me to hear her; that she was innocent and unhappy at my desertion, and much more. I knew that if I once let myself see her I should not have strength to go on refusing what she wanted. In my perplex-

Иосиф Алексеевич осудил мою речь и всю мою деятельность. Я согласился с ним в глубине души своей. По случаю разговора нашего о моих семейных делах он сказал мне: „Главная обязанность истинного масона, как я сказал вам, состоит в совершенствовании самого себя. Но часто мы думаем, что, удалив от себя все трудности нашей жизни, мы скорее достигнем этой цели; напротив, государь мой, сказал он мне, только в среде светских волнений можем мы достигнуть трех главных целей: 1) самопознания, ибо человек может познавать себя только через сравнение, 2) совершенствования, только борьбой достигается оно, и 3) достигнуть главной добродетели — любви к смерти. Только превратности жизни могут показать нам тщету ее и могут содействовать нашей врожденной любви к смерти, или возрождению к новой жизни". Слова эти тем более замечательны, что Иосиф Алексеевич, несмотря на свои тяжкие физические страдания, никогда не тяготится жизнию, а любит смерть, к которой он, несмотря на всю чистоту и высоту своего внутреннего человека, не чувствует себя еще достаточно готовым. Потом благодетель объяснил мне вполне значение великого квадрата мироздания и указал на то, что тройственное и седьмое число суть основание всего. Он советовал мне не отстраняться от общения с петербургскими братьями и, занимая в ложе только должности 2-го градуса, стараться, отвлекая братьев от увлечений гордости, обращать их на истинный путь самопознания и совершенствования. Кроме того, для себя лично советовал мне первее всего следить за самим собою, и с этою целью дал мне тетрадь, ту самую, в которой я пишу и буду вписывать впредь все свои поступки".

«Петербург, 23-го ноября.

Я опять живу с женою. Теща моя в слезах приехала ко мне и сказала, что Элен здесь и что она умоляет меня выслушать ее, что она невинна, что она несчастна моим оставлением и многое другое. Я знал, что ежели я только допущу себя увидать ее, то не в силах буду более отказать ей в ее желании. В со-

ity I did not know whose aid and advice to seek. Had my benefactor been here he would have told me what to do. I went to my room and re-read Joseph Alexéevich's letters and recalled my conversations with him, and deduced from it all that I ought not to refuse a supplicant, and ought to reach a helping hand to everyone—especially to one so closely bound to me—and that I must bear my cross. But if I forgive her for the sake of doing right, then let union with her have only a spiritual aim. That is what I decided, and what I wrote to Joseph Alexéevich. I told my wife that I begged her to forget the past, to forgive me whatever wrong I may have done her, and that I had nothing to forgive. It gave me joy to tell her this. She need not know how hard it was for me to see her again. I have settled on the upper floor of this big house and am experiencing a happy feeling of regeneration.

мнении своем я не знал, к чьей помощи и совету прибегнуть. Ежели бы благодетель был здесь, он бы сказал мне. Я удалился к себе, перечел письма Иосифа Алексеевича, вспомнил свои беседы с ним и из всего вывел то, что я не должен отказывать просящему и должен подать руку помощи всякому, тем более человеку, столь связанному со мною, и должен нести крест свой. Но ежели я для добродетели простил ее, то пускай и будет мое соединение с нею иметь одну духовную цель. Так я решил и так написал Иосифу Алексеевичу. Я сказал жене, что прошу ее забыть все старое, прошу простить мне то, в чем я мог быть виноват перед нею, а что мне прощать ей нечего. Мне радостно было сказать ей это. Пусть она не знает, как тяжело мне было вновь увидать ее. Устроился в большом доме в верхних покоях и испытываю счастливое чувство обновления».

IX

At that time, as always happens, the highest society that met at court and at the grand balls was divided into several circles, each with its own particular tone. The largest of these was the French circle of the Napoleonic alliance, the circle of Count Rumyántsev and Caulaincourt. In this group Hélène, as soon as she had settled in Petersburg with her husband, took a very prominent place. She was visited by the members of the French embassy and by many belonging to that circle and noted for their intellect and polished manners.

Hélène had been at Erfurt during the famous meeting of the Emperors and had brought from there these connections with the Napoleonic notabilities. At Erfurt her success had been brilliant. Napoleon himself had noticed her in the theater and said of her: "C'est un superbe animal (that's a superb animal)." Her success as a beautiful and elegant woman did not surprise Pierre, for she had become even handsomer than before. What did surprise him was that during these last two years his wife had succeeded in gaining the reputation "d' une femme charmante, aussi spirituelle que belle (of a charming woman, as witty as she is lovely)." The distinguished Prince de Ligne wrote her eight-page letters. Bilíbin saved up his epigrams to produce them in Countess Bezúkhova's presence. To be received in the Countess Bezúkhova's salon was regarded as a diploma of intellect. Young men read books before attending Hélène's evenings, to have something to say in her salon, and secretaries of the embassy, and even ambassadors, confided diplomatic secrets to her, so that in a way Hélène was a power. Pierre, who knew she was very stupid, sometimes attended, with a strange feeling of perplexity and fear, her evenings and dinner

IX

Как и всегда, и тогда высшее общество, соединяясь вместе при дворе и на больших балах, подразделялось на несколько кружков, имеющих каждый свой оттенок. В числе их самый обширный был кружок французский, Наполеоновского союза — графа Румянцева и Caulaincourt'a. В этом кружке одно из самых видных мест заняла Элен, как только она с мужем поселилась в Петербурге. У ней бывали господа французского посольства и большое количество людей, известных своим умом и любезностью, принадлежавших к этому направлению.

Элен была в Эрфурте во время знаменитого свидания императоров и оттуда привезла эти связи со всеми наполеоновскими достопримечательностями Европы. В Эрфурте она имела блестящий успех. Сам Наполеон, заметив ее в театре, спросил, кто она, и оценил ее красоту. Успех ее в качестве красивой и элегантной женщины не удивлял Пьера, потому что с годами она сделалась еще красивее, чем прежде. Но удивляло его то, что за эти два года жена его успела приобрести себе репутацию «d'une femme charmante aussi spirituelle, que belle» [1]. Известный prince de Ligne писал ей письма на восьми страницах. Билибин приберегал свои mots [2], чтобы в первый раз сказать их при графине Безуховой. Быть принятым в салоне графини Безуховой считалось дипломом ума; молодые люди прочитывали книги перед вечером Элен, чтобы было о чем говорить в ее салоне, и секретари посольства, и даже посланники, поверяли ей дипломатические тайны, так что Элен была сила в некотором роде. Пьер, который знал, что она была очень глупа, с странным чувством недуменья и страха иногда присутствовал на ее вечерах и обедах,

---

[1] прелестной женщины, столь же умной, сколько и прекрасной.

[2] остроты. — *Ред.*

parties, where politics, poetry, and philosophy were discussed. At these parties his feelings were like those of a conjuror who always expects his trick to be found out at any moment. But whether because stupidity was just what was needed to run such a salon, or because those who were deceived found pleasure in the deception, at any rate it remained unexposed and Hélène Bezúkhova's reputation as a lovely and clever woman became so firmly established that she could say the emptiest and stupidest things and everybody would go into raptures over every word of hers and look for a profound meaning in it of which she herself had no conception.

Pierre was just the husband needed for a brilliant society woman. He was that absent-minded crank, a grand seigneur husband who was in no one's way, and far from spoiling the high tone and general impression of the drawing room, he served, by the contrast he presented to her, as an advantageous background to his elegant and tactful wife. Pierre during the last two years, as a result of his continual absorption in abstract interests and his sincere contempt for all else, had acquired in his wife's circle, which did not interest him, that air of unconcern, indifference, and benevolence toward all, which cannot be acquired artificially and therefore inspires involuntary respect. He entered his wife's drawing room as one enters a theater, was acquainted with everybody, equally pleased to see everyone, and equally indifferent to them all. Sometimes he joined in a conversation which interested him and, regardless of whether any "gentlemen of the embassy" were present or not, lispingly expressed his views, which were sometimes not at all in accord with the accepted tone of the moment. But the general opinion concerning the queer husband of "the most distinguished woman in Petersburg" was so well established that no one took his freaks seriously.

где говорилось о политике, поэзии и философии. На этих вечерах он испытывал чувство, подобное тому, которое должен испытывать фокусник, ожидая всякий раз, что вот-вот обман его откроется. Но оттого ли, что для ведения такого салона именно нужна только глупость, или потому, что сами обманываемые находили удовольствие в самом обмане, обман не открывался, и репутация d'une femme charmante et spirituelle [3] так непоколебимо утвердилась за Еленой Васильевной Безуховой, что она могла говорить самые большие пошлости и глупости и все-таки все восхищались каждым ее словом и отыскивали в нем глубокий смысл, которого она сама и не подозревала.

Пьер был именно тем самым мужем, который нужен был для этой блестящей светской женщины. Он был тот рассеянный чудак, муж grand seigneur, никому не мешающий и не только не портящий общего впечатления высокого тона гостиной, но своей противоположностью изяществу и такту жены служащий выгодным для нее фоном. Пьер за эти два года, вследствие своего постоянного сосредоточенного занятия невещественными интересами и искреннего презрения ко всему остальному, усвоил себе в не интересовавшем его обществе жены тот тон равнодушия, небрежности и благосклонности ко всем, который не приобретается искусственно и который потому-то и внушает невольное уважение. Он входил в гостиную своей жены, как в театр, со всеми был знаком, всем был одинаково рад и ко всем был одинаково равнодушен. Иногда он вступал в разговор, интересовавший его, и тогда, без соображений о том, были ли тут или нет les messieurs de l'ambassade [4], шамкая говорил свои мнения, которые иногда были совершенно не в тоне настоящей минуты. Но мнение о чудаке муже de la femme la plus distinguée de Pétersbourg [5] уже так установилось, что никто не принимал

---

[3] женщины прелестной и умной.

[4] господа посольства.

[5] самой замечательной женщины Петербурга.

Among the many young men who frequented her house every day, Borís Drubetskóy, who had already achieved great success in the service, was the most intimate friend of the Bezúkhov household since Hélène's return from Erfurt. Hélène spoke of him as "mon page" and treated him like a child. Her smile for him was the same as for everybody, but sometimes that smile made Pierre uncomfortable. Toward him Borís behaved with a particularly dignified and sad deference. This shade of deference also disturbed Pierre. He had suffered so painfully three years before from the mortification to which his wife had subjected him that he now protected himself from the danger of its repetition, first by not being a husband to his wife, and secondly by not allowing himself to suspect.

"No, now that she has become a bluestocking she has finally renounced her former infatuations," he told himself. "There has never been an instance of a bluestocking being carried away by affairs of the heart"—a statement which, though gathered from an unknown source, he believed implicitly. Yet strange to say Borís' presence in his wife's drawing room (and he was almost always there) had a physical effect upon Pierre; it constricted his limbs and destroyed the unconsciousness and freedom of his movements.

"What a strange antipathy," thought Pierre, "yet I used to like him very much."

In the eyes of the world Pierre was a great gentleman, the rather blind and absurd husband of a distinguished wife, a clever crank who did nothing but harmed nobody and was a first-rate, good-natured fellow. But a complex and difficult process of internal development was taking place all this time in Pierre's soul, revealing much to him and causing him many spiritual doubts and joys.

au sérieux [6] его выходок.

В числе многих молодых людей, ежедневно бывавших в доме Элен, Борис Друбецкой, уже весьма успевший в службе, был, после возвращения Элен из Эрфурта, самым близким человеком в доме Безуховых. Элен называла его *mon page* [7] и обращалась с ним, как с ребенком. Улыбка ее в отношении его была та же, как и ко всем, но иногда Пьеру неприятно было видеть эту улыбку. Борис обращался с Пьером с особенной, достойной и грустной почтительностью. Этот оттенок почтительности тоже беспокоил Пьера. Пьер так больно страдал три года тому назад от оскорбления, нанесенного ему женой, что теперь он спасал себя от возможности подобного оскорбления, во-первых, тем, что он не был мужем своей жены, во-вторых, тем, что он не позволял себе подозревать.

«Нет, теперь, сделавшись bas bleu [8], она навсегда отказалась от прежних увлечений, — говорил он сам себе. — Не было примера, чтобы bas bleu имели сердечные увлечения», — повторял он сам себе неизвестно откуда извлеченное правило, которому несомненно верил. Но, странное дело, присутствие Бориса в гостиной жены (а он был почти постоянно) физически действовало на Пьера: оно связывало все его члены, уничтожало бессознательность и свободу его движений.

«Такая странная антипатия, — думал Пьер, — а прежде он мне даже очень нравился».

В глазах света Пьер был большой барин, несколько слепой и смешной муж знаменитой жены, умный чудак, ничего не делающий, но и никому не вредящий, славный и добрый малый. В душе же Пьера происходила за все это время сложная и трудная работа внутреннего развития, открывшая ему многое и приведшая его ко многим духовным сомнениям и радостям.

---

[6] серьезно.

[7] мой паж.

[8] синим чулком.

X

Pierre went on with his diary, and this is what he wrote in it during that time:

24th November

Got up at eight, read the Scriptures, then went to my duties. (By Joseph Alexéevich's advice Pierre had entered the service of the state and served on one of the committees.) Returned home for dinner and dined alone—the countess had many visitors I do not like. I ate and drank moderately and after dinner copied out some passages for the Brothers. In the evening I went down to the countess and told a funny story about B., and only remembered that I ought not to have done so when everybody laughed loudly at it.

I am going to bed with a happy and tranquil mind. Great God, help me to walk in Thy paths, (1) to conquer anger by calmness and deliberation, (2) to vanquish lust by self-restraint and repulsion, (3) to withdraw from worldliness, but not avoid (a) the service of the state, (b) family duties, (c) relations with my friends, and the management of my affairs.

27th November

I got up late. On waking I lay long in bed yielding to sloth. O God, help and strengthen me that I may walk in Thy ways! Read the Scriptures, but without proper feeling. Brother Urúsov came and we talked about worldly vanities. He told me of the Emperor's new projects. I began to criticize them, but remembered my rules and my benefactor's words—that a true Freemason should be a zealous worker for the state when his aid is required and a quiet onlooker when not called on to assist. My tongue is my enemy. Brothers G. V. and O. visited me and we had a preliminary talk about the reception of a new Brother. They laid on me the duty of Rhetor. I feel myself weak and unworthy. Then our talk turned to the interpretation of the seven pillars and steps of the Temple, the seven sciences, the seven virtues, the seven vices, and the seven gifts of the Holy Spirit. Brother O.

X

Он продолжал свой дневник, и вот что он писал в нем за это время:

«24-го ноября.

Встал в восемь часов, читал св. Писание, потом пошел к должности (Пьер по совету благодетеля поступил на службу в один из комитетов), возвратился к обеду, обедал один (у графини много гостей, мне неприятных), ел и пил умеренно и после обеда списывал пиесы для братьев. Ввечеру сошел к графине и рассказал смешную историю о Б. и только тогда вспомнил, что этого не должно было делать, когда все уже громко смеялись.

Ложусь спать с счастливым и спокойным духом. Господи великий, помоги мне ходить по стезям твоим: 1) побеждать часть гневну — тихостью, медлением, 2) похоть — воздержанием и отвращением, 3) удаляться от суеты, но не отучать себя от: a) государственных дел службы, b) от забот семейных, c) от дружеских сношений и d) экономических занятий».

«27-го ноября.

Встал поздно и, проснувшись, долго лежал на постели, предаваясь лени. Боже мой, помоги мне и укрепи меня, дабы я мог ходить по путям твоим. Читал св. Писание, но без надлежащего чувства. Пришел брат Урусов, беседовали о суетах мира. Рассказывал о новых предначертаниях государя. Я начал было рассуждать, но вспомнил о своих правилах и слова благодетеля нашего о том, что истинный масон должен быть усердным деятелем в государстве, когда требуется его участие, и спокойным созерцателем того, к чему он не призван. Язык мой — враг мой. Посетили меня братья Г, В, и О, была приуготовительная беседа для принятия нового брата. Они возлагают на меня обязанность ритора. Чувствую себя слабым и недостойным. Потом зашла речь об объяснении семи столбов и ступеней храма: 7 наук, 7 добродетелей, 7

was very eloquent. In the evening the admission took place. The new decoration of the Premises contributed much to the magnificence of the spectacle. It was Borís Drubetskóy who was admitted. I nominated him and was the Rhetor. A strange feeling agitated me all the time I was alone with him in the dark chamber. I caught myself harboring a feeling of hatred toward him which I vainly tried to overcome. That is why I should really like to save him from evil and lead him into the path of truth, but evil thoughts of him did not leave me. It seemed to me that his object in entering the Brotherhood was merely to be intimate and in favor with members of our lodge. Apart from the fact that he had asked me several times whether N. and S. were members of our lodge (a question to which I could not reply) and that according to my observation he is incapable of feeling respect for our holy order and is too preoccupied and satisfied with the outer man to desire spiritual improvement, I had no cause to doubt him, but he seemed to me insincere, and all the time I stood alone with him in the dark temple it seemed to me that he was smiling contemptuously at my words, and I wished really to stab his bare breast with the sword I held to it. I could not be eloquent, nor could I frankly mention my doubts to the Brothers and to the Grand Master. Great Architect of Nature, help me to find the true path out of the labyrinth of lies!

After this, three pages were left blank in the diary, and then the following was written:

I have had a long and instructive talk alone with Brother V., who advised me to hold fast by Brother A. Though I am unworthy, much was revealed to me. Adonai is the name of the creator of the world. Elohim is the name of the ruler of all. The third name is the name unutterable which means the All. Talks with Brother V. strengthen, refresh, and support me in the path of virtue. In his presence doubt has no place. The distinction between the poor teachings of

пороков, 7 даров Святого Духа. Брат О. был очень красноречив. Вечером совершилось принятие. Новое устройство помещения много содействовало великолепию зрелища. Принят был Борис Друбецкой. Я предлагал его, я и был ритором. Странное чувство волновало меня во все время моего пребывания с ним в темной храмине. Я застал в себе к нему чувство ненависти, которое я тщетно стремлюсь преодолеть. И потому-то я желал бы истинно спасти его от злого и ввести его на путь истины, но дурные мысли о нем не оставляли меня. Мне думалось, что его цель вступления в братство состояла только в желании сблизиться с людьми, быть в фаворе у находящихся в нашей ложе. Кроме тех оснований, что он несколько раз спрашивал, не находится ли в нашей ложе N. и S. (на что я не мог ему отвечать), кроме того, он, по моим наблюдениям, не способен чувствовать уважения к нашему святому ордену и слишком занят и доволен своим внешним человеком, чтобы желать улучшения духовного, я не имел оснований сомневаться в нем; но он мне казался неискренним, и все время, когда я стоял с ним с глазу на глаз в темной храмине, мне казалось, что он презрительно улыбается на мои слова, и хотелось действительно уколоть его обнаженную грудь шпагой, которую я держал приставленною к ней. Я не мог быть красноречив и не мог искренно сообщить своего сомнения братьям и великому мастеру. Великий Архитектон природы, помоги мне находить истинные пути, выводящие из лабиринта лжи».

После этого в дневнике было пропущено три листа, и потом было написано следующее:

«Имел продолжительный поучительный разговор наедине с братом В., который советовал мне держаться брата А. Многое, хотя и недостойному, мне было открыто. Адонаи есть имя сотворившего мир. Элоим есть имя правящего всем. Третье имя, имя неизрекаемое, имеющее значение *Всего*. Беседы с братом В. подкрепляют, освежают и утверждают меня на пути добродетели. При нем нет места сомнению. Мне ясно различие бедного

mundane science and our sacred all-embracing teaching is clear to me. Human sciences dissect everything to comprehend it, and kill everything to examine it. In the holy science of our order all is one, all is known in its entirety and life. The Trinity—the three elements of matter—are sulphur, mercury, and salt. Sulphur is of an oily and fiery nature; in combination with salt by its fiery nature it arouses a desire in the latter by means of which it attracts mercury, seizes it, holds it, and in combination produces other bodies. Mercury is a fluid, volatile, spiritual essence. Christ, the Holy Spirit, Him!...

3rd December

Awoke late, read the Scriptures but was apathetic. Afterwards went and paced up and down the large hall. I wished to meditate, but instead my imagination pictured an occurrence of four years ago, when Dólokhov, meeting me in Moscow after our duel, said he hoped I was enjoying perfect peace of mind in spite of my wife's absence. At the time I gave him no answer. Now I recalled every detail of that meeting and in my mind gave him the most malevolent and bitter replies. I recollected myself and drove away that thought only when I found myself glowing with anger, but I did not sufficiently repent. Afterwards Borís Drubetskóy came and began relating various adventures. His coming vexed me from the first, and I said something disagreeable to him. He replied. I flared up and said much that was unpleasant and even rude to him. He became silent, and I recollected myself only when it was too late. My God, I cannot get on with him at all. The cause of this is my egotism. I set myself above him and so become much worse than he, for he is lenient to my rudeness while I on the contrary nourish contempt for him. O God, grant that in his presence I may rather see my own vileness, and behave so that he too may benefit. After dinner I fell asleep and as I was drowsing off I clearly heard a voice saying in my left ear, "Thy day!"

учения наук общественных с нашим святым, все обнимающим учением. Науки человеческие все подразделяют — чтобы понять, все убивают — чтобы рассмотреть. В святой науке ордена все едино, все познается в своей совокупности и жизни. Троица — три начала вещей — сера, меркурий и соль. Сера елейного и огненного свойства; она в соединении с солью огненностью своей возбуждает в ней алкание, посредством которого притягивает меркурий, схватывает его, удерживает и совокупно производит отдельные тела. Меркурий есть жидкая и летучая духовная сущность — Христос, Дух Святой, он».

«3-го декабря.

Проснулся поздно, читал св. Писание, но был бесчувствен. После вышел и ходил по зале. Хотел размышлять, но вместо того воображение представило одно происшествие, бывшее четыре года тому назад. Господин Долохов, после моей дуэли встретясь со мной в Москве, сказал мне, что он надеется, что я пользуюсь теперь полным душевным спокойствием, несмотря на отсутствие моей супруги. Я тогда ничего не отвечал. Теперь же я припоминал все подробности этого свидания и в душе своей говорил ему самые злобные слова и колкие ответы. Опомнился и бросил сию мысль только тогда, когда увидел себя в распалении гнева; но недостаточно раскаялся в этом. После пришел Борис Друбецкой и стал рассказывать разные приключения; я же с самого его прихода сделался недоволен его посещением и сказал ему что-то противное. Он возразил. Я вспыхнул и наговорил ему множество неприятного и даже грубого. Он замолчал, а я спохватился только тогда, когда было уже поздно. Боже мой, я совсем не умею с ним обходиться! Этому причиной мое самолюбие. Я ставлю себя выше его и потому делаюсь гораздо его хуже, ибо он снисходителен к моим грубостям, а я, напротив того, питаю к нему презрение. Боже мой, даруй мне в присутствии его видеть больше мою мерзость и поступать так, чтобы и ему это было полезно. После обеда заснул и, в то время как засыпал, услыхал явственно голос, сказавший мне в левое ухо: „Твой день“.

I dreamed that I was walking in the dark and was suddenly surrounded by dogs, but I went on undismayed. Suddenly a smallish dog seized my left thigh with its teeth and would not let go. I began to throttle it with my hands. Scarcely had I torn it off before another, a bigger one, began biting me. I lifted it up, but the higher I lifted it the bigger and heavier it grew. And suddenly Brother A. came and, taking my arm, led me to a building to enter which we had to pass along a narrow plank. I stepped on it, but it bent and gave way and I began to clamber up a fence which I could scarcely reach with my hands. After much effort I dragged myself up, so that my leg hung down on one side and my body on the other. I looked round and saw Brother A. standing on the fence and pointing me to a broad avenue and garden, and in the garden was a large and beautiful building. I woke up. O Lord, great Architect of Nature, help me to tear from myself these dogs—my passions especially the last, which unites in itself the strength of all the former ones, and aid me to enter that temple of virtue to a vision of which I attained in my dream.

7th December

I dreamed that Joseph Alexéevich was sitting in my house, and that I was very glad and wished to entertain him. It seemed as if I chattered incessantly with other people and suddenly remembered that this could not please him, and I wished to come close to him and embrace him. But as soon as I drew near I saw that his face had changed and grown young, and he was quietly telling me something about the teaching of our order, but so softly that I could not hear it. Then it seemed that we all left the room and something strange happened. We were sitting or lying on the floor. He was telling me something, and I wished to show him my sensibility, and not listening to what he was saying I began picturing to myself the condition of my inner man and the grace of God sanctifying me. And tears came into my eyes, and I was glad he noticed this. But he looked at me with vexation and jumped up, breaking off his remarks. I felt abashed and

Я видел во сне, что иду я в темноте и вдруг окружен собаками, но иду без страха; вдруг одна небольшая схватила меня за левое стегно зубами и не выпускает. Я стал давить ее руками. И только что я оторвал ее, как другая, еще бо́льшая, схватила меня за грудь. Я оторвал эту, но третья, еще бо́льшая, стала грызть меня. Я стал поднимать ее, и чем больше поднимал, тем она становилась больше и тяжелее. И вдруг идет брат А. и, взяв меня под руку, повел с собою и привел к зданию, для входа в которое надо было пройти по узкой доске. Я ступил на нее, и доска отогнулась и упала, и я стал лезть на забор, до которого едва достигал руками. После больших усилий я перетащил свое тело так, что ноги висели на одной, а туловище на другой стороне. Я оглянулся и увидал, что брат А. стоит на заборе и указывает мне на большую аллею и сад, и в саду большое и прекрасное здание. Я проснулся. Господи, Великий Архитектон природы! помоги мне оторвать от себя собак — страстей моих и последнюю из них совокупляющую в себе силы всех прежних, и помоги мне вступить в тот храм добродетели, коего лицезрения я во сне достигнул».

«7-го декабря.

Видел сон, будто Иосиф Алексеич в моем доме сидит, и я рад очень и желаю его угостить. Будто я с посторонними неумолчно болтаю и вдруг вспомнил, что это ему не может нравиться, и желаю к нему приблизиться и его обнять. Но только что приблизился, вижу, что лицо его преобразилось, стало молодое, и он мне тихо, тихо что-то говорит из ученья ордена, так тихо, что я не могу расслышать. Потом будто вышли мы все из комнаты, и что-то тут случилось мудреное. Мы сидели или лежали на полу. Он мне что-то говорил. А мне будто захотелось показать ему свою чувствительность, и я, не вслушиваясь в его речи, стал себе воображать состояние своего внутреннего человека и осенившую меня милость Божию. И появились у меня слезы на глазах, и я был доволен, что он это приметил. Но он взглянул на меня с досадой и вскочил, пресекши

asked whether what he had been saying did not concern me; but he did not reply, gave me a kind look, and then we suddenly found ourselves in my bedroom where there is a double bed. He lay down on the edge of it and I burned with longing to caress him and lie down too. And he said, "Tell me frankly what is your chief temptation? Do you know it? I think you know it already." Abashed by this question, I replied that sloth was my chief temptation. He shook his head incredulously; and even more abashed, I said that though I was living with my wife as he advised, I was not living with her as her husband. To this he replied that one should not deprive a wife of one's embraces and gave me to understand that that was my duty. But I replied that I should be ashamed to do it, and suddenly everything vanished. And I awoke and found in my mind the text from the Gospel: "The life was the light of men. And the light shineth in darkness; and the darkness comprehended it not." Joseph Alexéevich's face had looked young and bright. That day I received a letter from my benefactor in which he wrote about "conjugal duties."

9th December

I had a dream from which I awoke with a throbbing heart. I saw that I was in Moscow in my house, in the big sitting room, and Joseph Alexéevich came in from the drawing room. I seemed to know at once that the process of regeneration had already taken place in him, and I rushed to meet him. I embraced him and kissed his hands, and he said, "Hast thou noticed that my face is different?" I looked at him, still holding him in my arms, and saw that his face was young, but that he had no hair on his head and his features were quite changed. And I said, "I should have known you had I met you by chance," and I thought to myself, "Am I telling the truth?" And suddenly I saw him lying like a dead body; then he gradually recovered and went with me into my study carrying a large book of sheets of drawing paper; I said, "I drew that," and he answered by bowing his head. I opened the book, and on all the pages there were excellent drawings. And in my dream I knew that these drawings represented the love adventures of the soul

свой разговор. Я оробел и спросил, не ко мне ли сказанное относилось; но он ничего не отвечал, показал мне ласковый вид, и после вдруг очутились мы в спальне моей, где стоит двойная кровать. Он лег на нее на край, и я, будто пылая к нему желанием ласкаться, прилег тут же. И он будто у меня спрашивает: „Скажите по правде, какое вы имеете главное пристрастие? Узнали ли вы его? Я думаю, что вы уже его узнали". Я, смутившись сим вопросом, отвечал, что лень мое главное пристрастие. Он недоверчиво покачал головой. И я, еще более смутившись, отвечал, что я хотя и живу с женою, по его совету, но не как муж жены своей. На это он возразил, что не должно жену лишать своей ласки, дал чувствовать, что в этом была моя обязанность. Но я отвечал, что я стыжусь этого; и вдруг все сокрылось. И я проснулся и нашел в мыслях своих текст св. Писания: *Живот бе свет человеком, а свет во тьме светит и тьма его не объят.* Лицо у Иосифа Алексеевича было моложавое и светлое. В этот день получил письмо от благодетеля, в котором он пишет об обязанности супружества».

«9-го декабря.

Видел сон, от которого проснулся с трепещущим сердцем. Видел, будто я в Москве, в своем доме, в большой диванной, и из гостиной выходит Иосиф Алексеевич. Будто я тотчас узнал, что с ним уже совершился процесс возрождения, и бросился ему навстречу. Я будто его целую и руки его, а он говорит: „Приметил ли ты, что у меня теперь лицо другое?" Я посмотрел на него, продолжая держать его в своих объятиях, и будто вижу, что лицо его молодое, но волос на голове нет и черты совершенно другие. И будто я ему говорю: „Я бы вас узнал, ежели бы случайно с вами встретился", — и думаю вместе с тем: „Правду ли я сказал?" И вдруг вижу, что он лежит как труп мертвый; потом понемногу пришел в себя и вошел со мной в большой кабинет, держа большую книгу, писанную в александрийский лист. И будто я говорю: „Это я написал". И он ответил мне наклонением головы. Я открыл книгу, и в книге этой на всех страницах прекрасно нарисовано. И

with its beloved. And on its pages I saw a beautiful representation of a maiden in transparent garments and with a transparent body, flying up to the clouds. And I seemed to know that this maiden was nothing else than a representation of the Song of Songs. And looking at those drawings I dreamed I felt that I was doing wrong, but could not tear myself away from them. Lord, help me! My God, if Thy forsaking me is Thy doing, Thy will be done; but if I am myself the cause, teach me what I should do! I shall perish of my debauchery if Thou utterly desertest me!

я будто знаю, что эти картины представляют любовные похождения души с ее возлюбленным. И на страницах будто я вижу прекрасное изображение девицы в прозрачной одежде и с прозрачным телом, возлетающей к облакам. И будто я знаю, что эта девица есть не что иное, как изображение Песни Песней. И будто я, глядя на эти рисунки, чувствую, что я делаю дурно, и не могу оторваться от них. Господи, помоги мне! Боже мой, если это оставление меня тобою есть действие твое, то да будет воля твоя; но ежели же я сам причинил сие, то научи меня, что мне делать. Я погибну от своей развратности, буде ты меня вовсе оставишь».

XI

The Rostóvs' monetary affairs had not improved during the two years they had spent in the country.

Though Nicholas Rostóv had kept firmly to his resolution and was still serving modestly in an obscure regiment, spending comparatively little, the way of life at Otrádnoe—Mítenka's management of affairs, in particular—was such that the debts inevitably increased every year. The only resource obviously presenting itself to the old count was to apply for an official post, so he had come to Petersburg to look for one and also, as he said, to let the lassies enjoy themselves for the last time.

Soon after their arrival in Petersburg Berg proposed to Véra and was accepted.

Though in Moscow the Rostóvs belonged to the best society without themselves giving it a thought, yet in Petersburg their circle of acquaintances was a mixed and indefinite one. In Petersburg they were provincials, and the very people they had entertained in Moscow without inquiring to what set they belonged, here looked down on them.

The Rostóvs lived in the same hospitable way in Petersburg as in Moscow, and the most diverse people met at their suppers. Country neighbors from Otrádnoe, impoverished old squires and their daughters, Perónskaya a maid of honor, Pierre Bezúkhov, and the son of their district postmaster who had obtained a post in Petersburg. Among the men who very soon became frequent visitors at the Rostóvs' house in Petersburg were Borís, Pierre whom the count had met in the street and dragged home with him, and Berg who spent whole days at the Rostóvs' and paid the eldest daughter, Countess Véra, the attentions a young man pays when he intends to propose.

Not in vain had Berg shown everybody his right hand wounded at Austerlitz and held

XI

Денежные дела Ростовых не поправились в продолжение двух лет, которые они пробыли в деревне.

Несмотря на то, что Николай Ростов, твердо держась своего намерения, продолжал также служить в глухом полку, расходуя сравнительно мало денег, ход жизни в Отрадном был таков, и в особенности Митенька так вел дела, что долги неудержимо росли с каждым годом. Единственная помощь, которая, очевидно, представлялась старому графу, это была служба, и он приехал в Петербург искать места, искать места и вместе с тем, как он говорил, последний раз потешить девчат.

Вскоре после приезда Ростовых в Петербург Берг сделал предложение Вере, и предложение его было принято.

Несмотря на то, что в Москве Ростовы принадлежали к высшему обществу, сами того не зная и не думая о том, к какому они принадлежали обществу, в Петербурге общество их было смешанное и неопределенное. В Петербурге они были провинциалы, до которых не спускались те самые люди, которых, не спрашивая их, к какому они принадлежат обществу, в Москве кормили Ростовы.

Ростовы в Петербурге жили так же гостеприимно, как и в Москве, и на их ужинах сходились самые разнообразные лица: сосед по Отрадному, старый небогатый помещик с дочерьми и фрейлина Перонская, Пьер Безухов и сын уездного почтмейстера, служивший в Петербурге. Из мужчин домашними людьми в доме Ростовых в Петербурге очень скоро сделались Борис, Пьер, которого, встретив на улице, затащил к себе старый граф, и Берг, который целые дни проводил у Ростовых и оказывал старшей графине Вере такое внимание, которое может оказывать молодой человек, намеревающийся сделать предложение.

Берг недаром показывал всем свою раненую в Аустерлицком сражении руку и дер-

a perfectly unnecessary sword in his left. He narrated that episode so persistently and with so important an air that everyone believed in the merit and usefulness of his deed, and he had obtained two decorations for Austerlitz.

In the Finnish war he also managed to distinguish himself. He had picked up the scrap of a grenade that had killed an aide-de-camp standing near the commander in chief and had taken it to his commander. Just as he had done after Austerlitz, he related this occurrence at such length and so insistently that everyone again believed it had been necessary to do this, and he received two decorations for the Finnish war also. In 1809 he was a captain in the Guards, wore medals, and held some special lucrative posts in Petersburg.

Though some skeptics smiled when told of Berg's merits, it could not be denied that he was a painstaking and brave officer, on excellent terms with his superiors, and a moral young man with a brilliant career before him and an assured position in society.

Four years before, meeting a German comrade in the stalls of a Moscow theater, Berg had pointed out Véra Rostóva to him and had said in German, "das soll mein Weib werden (that girl shall be my wife)," and from that moment had made up his mind to marry her. Now in Petersburg, having considered the Rostóvs' position and his own, he decided that the time had come to propose.

Berg's proposal was at first received with a perplexity that was not flattering to him. At first it seemed strange that the son of an obscure Livonian gentleman should propose marriage to a Countess Rostóva; but Berg's chief characteristic was such a naïve and good natured egotism that the Rostóvs involuntarily came to think it would be a good thing, since he himself was so firmly convinced that it was good, indeed excellent. Moreover, the Rostóvs' affairs were

жал совершенно ненужную шпагу в левой. Он так упорно и с такою значительностью рассказывал всем это событие, что все поверили в целесообразность и достоинство этого поступка, — и Берг получил за Аустерлиц две награды.

В Финляндской войне ему удалось также отличиться. Он поднял осколок гранаты, которым был убит адъютант подле главнокомандующего, и поднес начальнику этот осколок. Так же как и после Аустерлица, он так долго и упорно рассказывал всем про это событие, что все поверили тоже, что надо было это сделать, — и за Финляндскую войну Берг получил две награды. В 1809-м году он был капитаном гвардии с орденами и занимал в Петербурге какие-то особенные выгодные места.

Хотя некоторые вольнодумцы и улыбались, когда им говорили про достоинства Берга, нельзя было не признать, что Берг был исправный, храбрый офицер, на отличном счету у начальства, и скромный нравственный молодой человек с блестящей карьерой впереди и даже прочным положением в обществе.

Четыре года тому назад, встретившись в партере московского театра с товарищем, немцем, Берг указал ему на Веру Ростову и по-немецки сказал «Das soll mein Weib werden»[1], — и с той минуты решил жениться на ней. Теперь, в Петербурге, сообразив положение Ростовых и свое, он решил, что пришло время, и сделал предложение.

Предложение Берга было принято сначала с нелестным для него недоумением. Сначала представилось странно, что сын темного лифляндского дворянина делает предложение графине Ростовой; но главное свойство характера Берга состояло в таком наивном и добродушном эгоизме, что невольно Ростовы подумали, что это будет хорошо, ежели он сам так твердо убежден, что это хорошо и даже очень хорошо. Притом же

---

[1] Вот она будет моею женою.

seriously embarrassed, as the suitor could not but know; and above all, Véra was twenty-four, had been taken out everywhere, and though she was certainly good-looking and sensible, no one up to now had proposed to her. So they gave their consent.

"You see," said Berg to his comrade, whom he called "friend" only because he knew that everyone has friends, "you see, I have considered it all, and should not marry if I had not thought it all out or if it were in any way unsuitable. But on the contrary, my papa and mamma are now provided for—I have arranged that rent for them in the Baltic Provinces—and I can live in Petersburg on my pay, and with her fortune and my good management we can get along nicely. I am not marrying for money—I consider that dishonorable—but a wife should bring her share and a husband his. I have my position in the service, she has connections and some means. In our times that is worth something, isn't it? But above all, she is a handsome, estimable girl, and she loves me...."

Berg blushed and smiled.

"And I love her, because her character is sensible and very good. Now the other sister, though they are the same family, is quite different—an unpleasant character and has not the same intelligence. She is so... you know?... Unpleasant... But my fiancée!... Well, you will be coming," he was going to say, "to dine," but changed his mind and said "to take tea with us," and quickly doubling up his tongue he blew a small round ring of tobacco smoke, perfectly embodying his dream of happiness.

After the first feeling of perplexity aroused in the parents by Berg's proposal, the holiday tone of joyousness usual at such times took possession of the family, but the rejoicing was external and insincere. In the family's feeling toward this wedding a certain awkwardness and constraint was evident, as if they were ashamed of not having loved Véra sufficiently and of being so ready to get her off their hands. The old count felt this most. He would probably have been unable to state the cause of his embarrassment,

дела Ростовых были очень расстроены, чего не мог не знать жених, а главное, Вере было двадцать четыре года, она выезжала везде, и несмотря на то, что она несомненно была хороша и рассудительна, до сих пор никто никогда ей не сделал предложения. Согласие было дано.

— Вот видите ли, — говорил Берг своему товарищу, которого он называл другом только потому, что он знал, что у всех людей бывают друзья. — Вот видите ли, я все это сообразил, и я бы не женился, ежели бы не обдумал всего и это почему-нибудь было бы неудобно. А теперь напротив, папенька и маменька мои теперь обеспечены, я им устроил эту аренду в Остзейском крае, а мне прожить можно с женою в Петербурге при моем жаловане, при ее состоянии и при моей аккуратности. Прожить можно хорошо. Я не из-за денег женюсь, я считаю это не благородно, но надо, чтобы жена принесла свое, а муж свое. У меня служба — у ней связи и маленькие средства. Это в наше время что-нибудь такое значит, не так ли? А главное, она прекрасная, почтенная девушка и любит меня...

Берг покраснел и улыбнулся.

— И я люблю ее, потому что у нее характер рассудительный — очень хороший. Вот другая ее сестра — одной фамилии, а совсем другое, и неприятный характер, и ума нет того, и эдакое, знаете?.. Неприятно... А моя невеста... Вот будете приходить к нам... — продолжал Берг, он хотел сказать — обедать, но раздумал и сказал: «чай пить», и, проткнув его быстро языком, выпустил круглое маленькое колечко табачного дыма, олицетворявшее вполне его мечты о счастии.

После первого чувства недоуменья, возбужденного в родителях предложением Берга, в семействе водворилась обычная в таких случаях праздничность и радость, но радость была не искренняя, а внешняя. В чувствах родных относительно этой свадьбы были заметны замешательство и стыдливость. Как будто им совестно было теперь за то, что они мало любили Веру и теперь так охотно сбывали ее с рук. Больше всех смущен был старый граф. Он, вероятно, не

but it resulted from the state of his affairs. He did not know at all how much he had, what his debts amounted to, or what dowry he could give Véra. When his daughters were born he had assigned to each of them, for her dowry, an estate with three hundred serfs; but one of these estates had already been sold, and the other was mortgaged and the interest so much in arrears that it would have to be sold, so that it was impossible to give it to Véra. Nor had he any money.

Berg had already been engaged a month, and only a week remained before the wedding, but the count had not yet decided in his own mind the question of the dowry, nor spoken to his wife about it. At one time the count thought of giving her the Ryazán estate or of selling a forest, at another time of borrowing money on a note of hand. A few days before the wedding Berg entered the count's study early one morning and, with a pleasant smile, respectfully asked his future father-in-law to let him know what Véra's dowry would be. The count was so disconcerted by this long-foreseen inquiry that without consideration he gave the first reply that came into his head.

"I like your being businesslike about it.... I like it. You shall be satisfied...."

And patting Berg on the shoulder he got up, wishing to end the conversation. But Berg, smiling pleasantly, explained that if he did not know for certain how much Véra would have and did not receive at least part of the dowry in advance, he would have to break matters off.

"Because, consider, Count—if I allowed myself to marry now without having definite means to maintain my wife, I should be acting badly...."

The conversation ended by the count, who wished to be generous and to avoid further importunity, saying that he would give a note of hand for eighty thousand rubles. Berg smiled meekly, kissed the count on the shoulder, and said that he was very grateful, but that it was impossible for him to arrange his new life without receiving thirty thousand in ready money.

"Or at least twenty thousand, Count," he

умел бы назвать того, что было причиной его смущения, а причина эта была его денежные дела. Он решительно не знал, что у него есть, сколько у него долгов и что он в состоянии будет дать в приданое Вере. Когда родились дочери, каждой было назначено по триста душ в приданое; но одна из этих деревень была уж продана, а другая заложена и так просрочена, что должна была продаваться, поэтому отдать имение было невозможно. Денег тоже не было.

Берг уже более месяца был женихом, и только неделя оставалась до свадьбы, а граф еще не решил с собой вопроса о приданом и не говорил об этом сам с женою. Граф то хотел отделить Вере рязанское имение, то хотел продать лес, то занять денег под вексель. За несколько дней до свадьбы Берг вошел рано утром в кабинет к графу и с приятной улыбкой почтительно попросил будущего тестя объявить ему, что будет дано за графиней Верой. Граф так смутился при этом давно предчувствованном вопросе, что сказал необдуманно первое, что пришло ему в голову.

— Люблю, что позаботился, люблю, останешься доволен...

И он, похлопав Берга по плечу, встал, желая прекратить разговор. Но Берг, приятно улыбаясь, объяснил, что ежели он не будет знать верно, что будет дано за Верой, и не получит вперед хотя части того, что назначено ей, то он принужден будет отказаться.

— Потому что рассудите, граф, ежели бы я теперь позволил себе жениться, не имея определенных средств для поддержания своей жены, я поступил бы подло...

Разговор кончился тем, что граф, желая быть великодушным и не подвергаться новым просьбам, сказал, что он выдает вексель в восемьдесят тысяч. Берг кротко улыбнулся, поцеловал графа в плечо и сказал, что он очень благодарен, но никак не может теперь устроиться в новой жизни, не получив чистыми деньгами тридцать тысяч.

— Хотя бы двадцать тысяч, граф, — при-

added, "and then a note of hand for only sixty thousand."

"Yes, yes, all right!" said the count hurriedly. "Only excuse me, my dear fellow, I'll give you twenty thousand and a note of hand for eighty thousand as well. Yes, yes! Kiss me."

бавил он, — а вексель тогда только в шестьдесят тысяч.

— Да, да; хорошо, — скороговоркой заговорил граф, — только уж извини, дружок, двадцать тысяч я дам, а вексель, кроме того, дам на восемьдесят тысяч. Так-то, поцелуй меня.

XII

Natásha was sixteen and it was the year 1809, the very year to which she had counted on her fingers with Borís after they had kissed four years ago. Since then she had not seen him. Before Sónya and her mother, if Borís happened to be mentioned, she spoke quite freely of that episode as of some childish, long-forgotten matter that was not worth mentioning. But in the secret depths of her soul the question whether her engagement to Borís was a jest or an important, binding promise tormented her.

Since Borís left Moscow in 1805 to join the army he had not seen the Rostóvs. He had been in Moscow several times, and had passed near Otrádnoe, but had never been to see them.

Sometimes it occurred to Natásha that he did not wish to see her, and this conjecture was confirmed by the sad tone in which her elders spoke of him.

"Nowadays old friends are not remembered," the countess would say when Borís was mentioned.

Anna Mikháylovna also had of late visited them less frequently, seemed to hold herself with particular dignity, and always spoke rapturously and gratefully of the merits of her son and the brilliant career on which he had entered. When the Rostóvs came to Petersburg Borís called on them.

He drove to their house in some agitation. The memory of Natásha was his most poetic recollection. But he went with the firm intention of letting her and her parents feel that the childish relations between himself and Natásha could not be binding either on her or on him. He had a brilliant position in society thanks to his intimacy with Countess Bezúkhova, a brilliant position in the service thanks to the patronage of

XII

Наташе было шестнадцать лет, и был 1809 год, тот самый, до которого она четыре года тому назад по пальцам считала с Борисом, после того как она с ним поцеловалась. С тех пор она ни разу не видала Бориса. Перед Соней и с матерью, когда разговор заходил о Борисе, она совершенно свободно говорила, как о деле решенном, что все, что было прежде, — было ребячество, про которое не стоило и говорить и которое давно было забыто. Но в самой тайной глубине ее души вопрос о том, было ли обязательство к Борису шуткой или важным, связующим обещанием, мучил ее.

С самых тех пор как Борис, в 1805 году, из Москвы уехал в армию, он не видался с Ростовыми. Несколько раз он бывал в Москве, проезжал недалеко от Отрадного, но ни разу не был у Ростовых.

Наташе приходило иногда в голову, что он не хотел видеть ее, и эти догадки ее подтверждались тем грустным тоном, которым говорили о нем старшие.

— В нынешнем веке не помнят старых друзей, — говорила графиня вслед за упоминанием о Борисе.

Анна Михайловна, в последнее время реже бывавшая у Ростовых, тоже держала себя как-то особенно достойно и всякий раз восторженно и благодарно говорила о достоинствах своего сына и о блестящей карьере, на которой он находился. Когда Ростовы приехали в Петербург, Борис приехал к ним с визитом.

Он ехал к ним не без волнения. Воспоминание о Наташе было самым поэтическим воспоминанием Бориса. Но вместе с тем он ехал с твердым намерением ясно дать почувствовать и ей и родным ее, что детские отношения между ним и Наташей не могут быть обязательством ни для нее, ни для него. У него было блестящее положение в обществе, благодаря интимности с графиней Безухо-

an important personage whose complete confidence he enjoyed, and he was beginning to make plans for marrying one of the richest heiresses in Petersburg, plans which might very easily be realized. When he entered the Rostóvs' drawing room Natásha was in her own room. When she heard of his arrival she almost ran into the drawing room, flushed and beaming with a more than cordial smile.

Borís remembered Natásha in a short dress, with dark eyes shining from under her curls and boisterous, childish laughter, as he had known her four years before; and so he was taken aback when quite a different Natásha entered, and his face expressed rapturous astonishment. This expression on his face pleased Natásha.

"Well, do you recognize your little madcap playmate?" asked the countess. Borís kissed Natásha's hand and said that he was astonished at the change in her.

"How handsome you have grown!"

"I should think so!" replied Natásha's laughing eyes.

"And is Papa older?" she asked.

Natásha sat down and, without joining in Borís' conversation with the countess, silently and minutely studied her childhood's suitor. He felt the weight of that resolute and affectionate scrutiny and glanced at her occasionally.

Borís' uniform, spurs, tie, and the way his hair was brushed were all comme il faut and in the latest fashion. This Natásha noticed at once. He sat rather sideways in the armchair next to the countess, arranging with his right hand the cleanest of gloves that fitted his left hand like a skin, and he spoke with a particularly refined compression of his lips about the amusements of the highest Petersburg society, recalling with mild irony old times in Moscow and Moscow acquaintances. It was not accidentally, Natásha felt, that he alluded, when speaking of the highest aristocracy, to an ambassador's ball he had attended, and to invitations he had received from N.N. and S.S.

вой, блестящее положение на службе, благодаря покровительству важного лица, доверием которого он вполне пользовался, и у него были зарождающиеся планы женитьбы на одной из самых богатых невест Петербурга, которые очень легко могли осуществиться. Когда Борис вошел в гостиную Ростовых, Наташа была в своей комнате. Узнав о его приезде, она, раскрасневшись, почти вбежала в гостиную, сияя более чем ласковой улыбкой.

Борис помнил ту Наташу в коротеньком платье, с черными блестящими из-под локонов глазами и с отчаянным детским смехом, которую он знал четыре года тому назад, и потому, когда вошла совсем другая Наташа, он смутился и лицо его выразило восторженное удивление. Это выражение его лица обрадовало Наташу.

— Что, узнаешь свою старую приятельницу-шалунью? — сказала графиня, Борис поцеловал руку Наташи и сказал, что он удивлен происшедшей в ней переменой.

— Как вы похорошели!

«Еще бы!» — отвечали сияющие глаза Наташи.

— А папа постарел? — спросила она.

Наташа села и, не вступая в разговор Бориса с графиней, молча рассматривала своего детского жениха до малейших подробностей. Он чувствовал на себе тяжесть этого упорного ласкового взгляда и изредка взглядывал на нее.

Мундир, шпоры, галстук, прическа Бориса — все это было самое модное и comme il faut. Это сейчас заметила Наташа. Он сидел немножко боком на кресле подле графини, поправляя правой рукой чистейшую, облитую перчатку на левой руке, говорил с особенным, утонченным поджатием губ об увеселениях высшего петербургского света и с кроткой насмешливостью вспоминал о прежних московских временах и московских знакомых. Не нечаянно, как это чувствовала Наташа, он упомянул, называя высшую аристократию, о бале посланника, на котором он был, о приглашениях к NN и к SS.

All this time Natásha sat silent, glancing up at him from under her brows. This gaze disturbed and confused Borís more and more. He looked round more frequently toward her, and broke off in what he was saying. He did not stay more than ten minutes, then rose and took his leave. The same inquisitive, challenging, and rather mocking eyes still looked at him. After his first visit Borís said to himself that Natásha attracted him just as much as ever, but that he must not yield to that feeling, because to marry her, a girl almost without fortune, would mean ruin to his career, while to renew their former relations without intending to marry her would be dishonorable. Borís made up his mind to avoid meeting Natásha, but despite that resolution he called again a few days later and began calling often and spending whole days at the Rostóvs'. It seemed to him that he ought to have an explanation with Natásha and tell her that the old times must be forgotten, that in spite of everything… she could not be his wife, that he had no means, and they would never let her marry him. But he failed to do so and felt awkward about entering on such an explanation. From day to day he became more and more entangled. It seemed to her mother and Sónya that Natásha was in love with Borís as of old. She sang him his favorite songs, showed him her album, making him write in it, did not allow him to allude to the past, letting it be understood how delightful was the present; and every day he went away in a fog, without having said what he meant to, and not knowing what he was doing or why he came, or how it would all end. He left off visiting Hélène and received reproachful notes from her every day, and yet he continued to spend whole days with the Rostóvs.

Наташа сидела все время молча, исподлобья глядя на него. Взгляд этот все больше и больше беспокоил и смущал Бориса. Он чаще оглядывался на Наташу и прерывался в рассказах. Он просидел не больше десяти минут и встал, раскланиваясь. Все те же любопытные, вызывающие и несколько насмешливые глаза смотрели на него. После первого своего посещения Борис сказал себе, что Наташа для него точно так же привлекательна, как и прежде, но что он не должен отдаваться этому чувству, потому что женитьба на ней — девушке почти без состояния — была бы гибелью его карьеры, а возобновление прежних отношений без цели женитьбы было бы неблагородным поступком. Борис решил сам с собою избегать встреч с Наташей, но, несмотря на это решение, приехал через несколько дней и стал ездить часто и целые дни проводить у Ростовых. Ему представлялось, что ему необходимо было объясниться с Наташей, сказать ей, что все старое должно быть забыто, что, несмотря на все… она не может быть его женой, что у него нет состояния и ее никогда не отдадут за него. Но ему все не удавалось и неловко было приступить к этому объяснению. С каждым днем он более и более запутывался. Наташа, по замечанию матери и Сони, казалась по-старому влюбленной в Бориса. Она пела ему его любимые песни, показывала ему свой альбом, заставляла его писать в него, не позволяла поминать ему о старом, давая понимать, как прекрасно было новое; и каждый день он уезжал в тумане, не сказав того, что намерен был сказать, сам не зная, что он делал, и для чего он приезжал, и чем это кончится. Борис перестал бывать у Элен, ежедневно получал укоризненные записки от нее и все-таки целые дни проводил у Ростовых.

XIII

One night when the old countess, in nightcap and dressing jacket, without her false curls, and with her poor little knob of hair showing under her white cotton cap, knelt sighing and groaning on a rug and bowing to the ground in prayer, her door creaked and Natásha, also in a dressing jacket with slippers on her bare feet and her hair in curlpapers, ran in. The countess—her prayerful mood dispelled—looked round and frowned. She was finishing her last prayer: "Can it be that this couch will be my grave?" Natásha, flushed and eager, seeing her mother in prayer, suddenly checked her rush, half sat down, and unconsciously put out her tongue as if chiding herself. Seeing that her mother was still praying she ran on tiptoe to the bed and, rapidly slipping one little foot against the other, pushed off her slippers and jumped onto the bed the countess had feared might become her grave. This couch was high, with a feather bed and five pillows each smaller than the one below. Natásha jumped on it, sank into the feather bed, rolled over to the wall, and began snuggling up the bedclothes as she settled down, raising her knees to her chin, kicking out and laughing almost inaudibly, now covering herself up head and all, and now peeping at her mother. The countess finished her prayers and came to the bed with a stern face, but seeing that Natásha's head was covered, she smiled in her kind, weak way.

"Now then, now then!" said she.

"Mamma, can we have a talk? Yes?" said Natásha. "Now, just one on your throat and another... that'll do!" And seizing her mother round the neck, she kissed her on the throat. In her behavior to her mother Natásha seemed rough, but she was so sensitive and tactful that however she clasped her mother she always managed to do it without hurting her or making her feel uncomfortable or displeased.

"Well, what is it tonight?" said the mother,

XIII

Однажды вечером, когда старая графиня, вздыхая и кряхтя, в ночном чепце и кофточке, без накладных буклей и с одним бедным пучком волос, выступавшим из-под белого коленкорового чепчика, клала на коврике земные поклоны вечерней молитвы, ее дверь скрипнула, и в туфлях на босу ногу, тоже в кофточке и в папильотках, вбежала Наташа. Графиня оглянулась и нахмурилась. Она дочитывала свою последнюю молитву: «Неужели мне одр сей гроб будет?» Молитвенное настроение ее было уничтожено. Наташа, красная, оживленная, увидав мать на молитве, вдруг остановилась на своем бегу, присела и невольно высунула язык, грозясь самой себе. Заметив, что мать продолжала молитву, она на цыпочках подбежала к кровати, быстро скользнув одной маленькой ножкой о другую, скинула туфли и прыгнула на тот одр, за который графиня боялась, как бы он не был ее гробом. Одр этот был высокий, перинный, с пятью все уменьшающимися подушками. Наташа вскочила, утонула в перине, перевалилась к стенке и начала возиться под одеялом, укладываясь, подгибая коленки к подбородку, брыкая ногами и чуть слышно смеясь, то закрываясь с головой, то выглядывая на мать. Графиня кончила молитву и с строгим лицом подошла к постели; но, увидав, что Наташа закрыта с головой, улыбнулась своей доброй, слабой улыбкой.

— Ну, ну, ну, — сказала мать.

— Мама, можно поговорить, да? — сказала Наташа. — Ну, в душку один раз, ну еще и будет. — И она обхватила шею матери и поцеловала ее под подбородок. В обращении своем с матерью Наташа выказывала внешнюю грубость манеры, но так была чутка и ловка, что как бы она ни обхватила руками мать, она всегда умела это сделать так, чтобы матери не было ни больно, ни неприятно, ни неловко.

— Ну, о чем же нынче? — сказала мать,

having arranged her pillows and waited until Natásha, after turning over a couple of times, had settled down beside her under the quilt, spread out her arms, and assumed a serious expression.

These visits of Natásha's at night before the count returned from his club were one of the greatest pleasures of both mother, and daughter.

"What is it tonight?—But I have to tell you..."

Natásha put her hand on her mother's mouth.
"About Borís... I know," she said seriously; "that's what I have come about. Don't say it—I know. No, do tell me!" and she removed her hand.

"Tell me, Mamma! He's nice?"
"Natásha, you are sixteen. At your age I was married. You say Borís is nice. He is very nice, and I love him like a son. But what then?... What are you thinking about? You have quite turned his head, I can see that...."

As she said this the countess looked round at her daughter. Natásha was lying looking steadily straight before her at one of the mahogany sphinxes carved on the corners of the bedstead, so that the countess only saw her daughter's face in profile. That face struck her by its peculiarly serious and concentrated expression.

Natásha was listening and considering.
"Well, what then?" said she.
"You have quite turned his head, and why? What do you want of him? You know you can't marry him."

"Why not?" said Natásha, without changing her position.

"Because he is young, because he is poor, because he is a relation... and because you yourself don't love him."

"How do you know?"
"I know. It is not right, darling!"
"But if I want to..." said Natásha.
"Leave off talking nonsense," said the countess.

"But if I want to..."
"Natásha, I am in earnest..."
Natásha did not let her finish. She drew

устроившись на подушках и подождав, пока Наташа, побрыкавши ногами и также перекатившись раза два через себя, не легла с ней рядом под одним одеялом, выпростав руки и приняв серьезное выражение.

Эти ночные посещения Наташи, совершавшиеся до возвращения графа из клуба, были одни из любимейших наслаждений матери и дочери.

— О чем же нынче? А мне нужно тебе сказать...

Наташа закрыла рукой рот матери.
— О Борисе... Я знаю, — сказала она серьезно, — я затем и пришла. Не говорите, я знаю. Нет, скажите! — Она отпустила руку.

— Скажите, мама. Он мил?
— Наташа, тебе шестнадцать лет, в твои годы я была замужем. Ты говоришь, что Боря мил. Он очень мил, и я его люблю, как сына, но что же ты хочешь?.. Что ты думаешь? Ты ему совсем вскружила голову, я это вижу...

Говоря это, графиня оглянулась на дочь. Наташа лежала, прямо и неподвижно глядя вперед себя на одного из сфинксов красного дерева, вырезанных на углах кровати, так что графиня видела только в профиль лицо дочери. Лицо это поразило графиню своей особенностью серьезного и сосредоточенного выражения.

Наташа слушала и соображала.
— Ну, так что ж? — сказала она.
— Ты ему вскружила совсем голову, зачем? Что ты хочешь от него? Ты знаешь, что тебе нельзя выйти за него замуж.

— Отчего? — не переменяя положения, сказала Наташа.

— Оттого, что он молод, оттого, что он беден, оттого, что он родня... оттого, что ты и сама не любишь его.

— А почему вы знаете?
— Я знаю. Это нехорошо, мой дружок.
— А если я хочу... — сказала Наташа.
— Перестань говорить глупости, — сказала графиня.

— А если я хочу...
— Наташа, я серьезно...
Наташа не дала ей договорить, притянула

the countess' large hand to her, kissed it on the back and then on the palm, then again turned it over and began kissing first one knuckle, then the space between the knuckles, then the next knuckle, whispering, "January, February, March, April, May. Speak, Mamma, why don't you say anything? Speak!" said she, turning to her mother, who was tenderly gazing at her daughter and in that contemplation seemed to have forgotten all she had wished to say.

"It won't do, my love! Not everyone will understand this friendship dating from your childish days, and to see him so intimate with you may injure you in the eyes of other young men who visit us, and above all it torments him for nothing. He may already have found a suitable and wealthy match, and now he's half crazy."

"Crazy?" repeated Natásha.

"I'll tell you some things about myself. I had a cousin..."

"I know! Cyril Matvéich... but he is old."

"He was not always old. But this is what I'll do, Natásha, I'll have a talk with Borís. He need not come so often...."

"Why not, if he likes to?"

"Because I know it will end in nothing...."

"How can you know? No, Mamma, don't speak to him! What nonsense!" said Natásha in the tone of one being deprived of her property. "Well, I won't marry, but let him come if he enjoys it and I enjoy it."

Natásha smiled and looked at her mother.

"Not to marry, but just so," she added.

"How so, my pet?"

"Just so. There's no need for me to marry him. But... just so."

"Just so, just so," repeated the countess, and shaking all over, she went off into a good humored, unexpected, elderly laugh.

"Don't laugh, stop!" cried Natásha. "You're shaking the whole bed! You're awfully like me, just such another giggler.... Wait..." and she seized the countess' hands and kissed a knuckle of the little finger, saying, "June," and continued,

к себе большую руку графини и поцеловала ее сверху, потом в ладонь, потом опять перевернула и стала целовать ее в косточку верхнего сустава пальца, потом в промежуток, потом опять в косточку, шепотом приговаривая: «Январь, февраль, март, апрель, май».

— Говорите, мама, что же вы молчите? Говорите, — сказала она, оглядываясь на мать, которая нежным взглядом смотрела на дочь и из-за этого созерцания, казалось, забыла все, что она хотела сказать.

— Это не годится, душа моя. Не все поймут вашу детскую связь, а видеть его таким близким с тобой может повредить тебе в глазах других молодых людей, которые к нам ездят, и, главное, напрасно мучает его. Он, может быть, нашел себе партию по себе, богатую; а теперь он с ума сходит.

— Сходит? — повторила Наташа.

— Я тебе про себя скажу. У меня был один cousin...

— Знаю — Кирила Матвеич, да ведь он старик?

— Не всегда был старик. Но вот что, Наташа, я поговорю с Борей. Ему не надо так часто ездить...

— Отчего же не надо, коли ему хочется?

— Оттого, что я знаю, что это ничем не кончится.

— Почему вы знаете? Нет, мама, вы не говорите ему. Не смейте говорить ему. Что за глупости! — говорила Наташа тоном человека, у которого хотят отнять его собственность. — Ну, не выйду замуж, так пускай ездит, коли ему весело и мне весело.

Наташа, улыбаясь, глядела на мать.

— Не замуж, *а так*, — повторила она.

— Как же это, мой друг?

— Да *так*. Ну, очень нужно, что замуж не выйду, а... *так*.

— Так, так, — повторяла графиня и, трясясь всем телом, засмеялась добрым, неожиданным старушечьим смехом.

— Полноте смеяться, перестаньте, — закричала Наташа. — Всю кровать трясете. Ужасно вы на меня похожи, такая же хохотунья... Постойте... — Она схватила обе руки графини, поцеловала на одной кость мизин-

kissing, "July, August," on the other hand. "But, Mamma, is he very much in love? What do you think? Was anybody ever so much in love with you? And he's very nice, very, very nice. Only not quite my taste—he is so narrow, like the dining-room clock.... Don't you understand? Narrow, you know—gray, light gray..."

"What rubbish you're talking!" said the countess.

Natásha continued:

"Don't you really understand? Nicholas would understand.... Bezúkhov, now, is blue, dark-blue and red, and he is square."

"You flirt with him too," said the countess, laughing.

"No, he is a Freemason, I have found out. He is fine, dark-blue and red.... How can I explain it to you?"

"Little countess!" the count's voice called from behind the door. "You're not asleep?" Natásha jumped up, snatched up her slippers, and ran barefoot to her own room.

It was a long time before she could sleep. She kept thinking that no one could understand all that she understood and all there was in her.

"Sónya?" she thought, glancing at that curled-up, sleeping little kitten with her enormous plait of hair. "No, how could she? She's virtuous. She fell in love with Nicholas and does not wish to know anything more. Even Mamma does not understand. It is wonderful how clever I am and how... charming she is," she went on, speaking of herself in the third person, and imagining it was some very wise man—the wisest and best of men—who was saying it of her. "There is everything, everything in her," continued this man. "She is unusually intelligent, charming... and then she is pretty, uncommonly pretty, and agile—she swims and rides splendidly... and her voice! One can really say it's a wonderful voice!"

She hummed a scrap from her favorite opera by Cherubini, threw herself on her bed, laughed at the pleasant thought that she would immediately fall asleep, called Dunyásha the maid to put out the candle, and before Dunyásha had left the room had already passed into yet another happier world of dreams, where everything was as light and beautiful as in reality, and even more

ца — июнь, и продолжала целовать июль, август на другой руке. — Мама, а он очень влюблен? Как, на ваши глаза? В вас были так влюблены? И очень мил, очень, очень мил! Только не совсем в моем вкусе — он узкий такой, как часы столовые... Вы не понимаете?.. Узкий, знаете, серый, светлый...

— Что ты врешь? — сказала графиня.

Наташа продолжала:

— Неужели вы не понимаете? Николенька бы понял... Безухов — тот синий, темно-синий с красным, и он четвероугольный.

— Ты и с ним кокетничаешь, — смеясь, сказала графиня.

— Нет, он франмасон, я узнала. Он славный, темно-синий с красным, как вам растолковать...

— Графинюшка, — послышался голос графа из-за двери. — Ты не спишь? — Наташа вскочила босиком, захватила в руки туфли и убежала в свою комнату.

Она долго не могла заснуть. Она все думала о том, что никто никак не может понять всего, что она понимает и что в ней есть.

«Соня? — подумала она, глядя на спящую свернувшуюся кошечку с ее огромной косой. — Нет, куда ей! Она добродетельная. Она влюбилась в Николеньку и больше ничего знать не хочет. Мама и та не понимает. Это удивительно, как я умна и как... она мила», — продолжала она, говоря про себя в третьем лице и воображая, что это говорит про нее какой-то очень умный, самый умный и самый хороший мужчина... «Все, все в ней есть, — продолжал этот мужчина, — умна необыкновенно, мила и, потом, хороша, необыкновенно хороша, ловка — плавает, верхом ездит отлично, а голос! Можно сказать удивительный голос!»

Она пропела свою любимую музыкальную фразу из херубиниевской оперы, бросилась на постель, засмеялась от радостной мысли, что она сейчас заснет, крикнула Дуняшу потушить свечку, и еще Дуняша не успела выйти из комнаты, как она уже перешла в другой, еще более счастливый мир сновидений, где все было так же легко и пре-

so because it was different.

Next day the countess called Borís aside and had a talk with him, after which he ceased coming to the Rostóvs'.

красно, как и в действительности, но только было еще лучше, потому что было по-другому.

На другой день графиня, пригласив к себе Бориса, переговорила с ним, и с того дня он перестал бывать у Ростовых.

XIV

On the thirty-first of December, New Year's Eve, 1809 - 10 an old grandee of Catherine's day was giving a ball and midnight supper. The diplomatic corps and the Emperor himself were to be present.

The grandee's well-known mansion on the English Quay glittered with innumerable lights. Police were stationed at the brightly lit entrance which was carpeted with red baize, and not only gendarmes but dozens of police officers and even the police master himself stood at the porch. Carriages kept driving away and fresh ones arriving, with red-liveried footmen and footmen in plumed hats. From the carriages emerged men wearing uniforms, stars, and ribbons, while ladies in satin and ermine cautiously descended the carriage steps which were let down for them with a clatter, and then walked hurriedly and noiselessly over the baize at the entrance.

Almost every time a new carriage drove up a whisper ran through the crowd and caps were doffed.

"The Emperor?... No, a minister... prince... ambassador. Don't you see the plumes?..." was whispered among the crowd.

One person, better dressed than the rest, seemed to know everyone and mentioned by name the greatest dignitaries of the day.

A third of the visitors had already arrived, but the Rostóvs, who were to be present, were still hurrying to get dressed.

There had been many discussions and preparations for this ball in the Rostóv family, many fears that the invitation would not arrive, that the dresses would not be ready, or that something would not be arranged as it should be.

Márya Ignátevna Perónskaya, a thin and shallow maid of honor at the court of the Dowager Empress, who was a friend and relation of

XIV

31-го декабря, накануне нового 1810 года, le réveillon [1], был бал у екатерининского вельможи. На бале должен был быть дипломатический корпус и государь.

На Английской набережной светился бесчисленными огнями иллюминации известный дом вельможи. У освещенного подъезда с красным сукном стояла полиция, и не одни жандармы, но и полицеймейстер на подъезде и десятки офицеров полиции. Экипажи отъезжали, и все подъезжали новые с красными лакеями и с лакеями в перьях на шляпах. Из карет выходили мужчины в мундирах, звездах и лентах; дамы в атласе и горностаях осторожно сходили по шумно откладываемым подножкам и торопливо и беззвучно проходили о сукну подъезда.

Почти всякий раз, как подъезжал новый экипаж, в толпе пробегал шепот и снимались шапки.

— Государь?.. — Нет, министр... принц... посланник... Разве не видишь перья?.. — говорилось из толпы.

Один из толпы, одетый лучше других, казалось, знал всех и называл по имени знатнейших вельмож того времени.

Уже одна треть гостей приехала на этот бал, а у Ростовых, долженствующих быть на этом бале, еще шли торопливые приготовления одеваний.

Много было толков и приготовлений для этого бала в семействе Ростовых, много страхов, что приглашение не будет получено, платье не будет готово и не устроится все так, как было нужно.

Вместе с Ростовыми ехала на бал Марья Игнатьевна Перонская, приятельница и родственница графини, худая и желтая фрейли-

---

[1] сочельник.

the countess and piloted the provincial Rostóvs in Petersburg high society, was to accompany them to the ball.

They were to call for her at her house in the Taurida Gardens at ten o'clock, but it was already five minutes to ten, and the girls were not yet dressed.

Natásha was going to her first grand ball. She had got up at eight that morning and had been in a fever of excitement and activity all day. All her powers since morning had been concentrated on ensuring that they all—she herself, Mamma, and Sónya—should be as well dressed as possible. Sónya and her mother put themselves entirely in her hands. The countess was to wear a claret-colored velvet dress, and the two girls white gauze over pink silk slips, with roses on their bodices and their hair dressed à la grecque.

Everything essential had already been done; feet, hands, necks, and ears washed, perfumed, and powdered, as befits a ball; the openwork silk stockings and white satin shoes with ribbons were already on; the hairdressing was almost done. Sónya was finishing dressing and so was the countess, but Natásha, who had bustled about helping them all, was behindhand. She was still sitting before a looking-glass with a dressing jacket thrown over her slender shoulders. Sónya stood ready dressed in the middle of the room and, pressing the head of a pin till it hurt her dainty finger, was fixing on a last ribbon that squeaked as the pin went through it.

"That's not the way, that's not the way, Sónya!" cried Natásha turning her head and clutching with both hands at her hair which the maid who was dressing it had not time to release. "That bow is not right. Come here!"

Sónya sat down and Natásha pinned the ribbon on differently.

"Allow me, Miss! I can't do it like that," said the maid who was holding Natásha's hair.

"Oh, dear! Well then, wait. That's right, Sónya."

"Aren't you ready? It is nearly ten," came the countess' voice.

"Directly! Directly! And you, Mamma?"

"I have only my cap to pin on."

"Don't do it without me!" called Natásha.

на старого двора, руководящая провинциальных Ростовых в высшем петербургском свете.

В десять часов вечера Ростовы должны были заехать за фрейлиной к Таврическому саду; а между тем было уже без пяти минут десять, а еще барышни не были одеты.

Наташа ехала на первый большой бал в своей жизни. Она в этот день встала в восемь часов утра и целый день находилась в лихорадочной тревоге и деятельности. Все силы ее с самого утра были устремлены на то, чтоб они все: она, мама, Соня — были одеты как нельзя лучше. Соня и графиня поручились вполне ей. На графине должно было быть масака бархатное платье, на них двух белые дымковые платья на розовых шелковых чехлах, с розанами в корсаже. Волосы должны были быть причесаны à la grecque.

Все существенное уже было сделано: ноги, руки, шея, уши были уже особенно старательно, по-бальному, вымыты, надушены и напудрены; обуты уж были шелковые ажурные чулки и белые атласные башмаки с бантиками; прически были почти окончены. Соня кончала одеваться, графиня тоже; но Наташа, хлопотавшая за всех, отстала. Она еще сидела перед зеркалом в накинутом на худенькие плечи пеньюаре. Соня, уже одетая, стояла посреди комнаты и, нажимая до боли маленьким пальцем, прикалывала последнюю визжавшую под булавкой ленту.

— Не так, не так, Соня! — сказала Наташа, поворачивая голову от прически и хватаясь руками за волосы, которые не поспела отпустить державшая их горничная. — Не так бант, поди сюда.

Соня присела. Наташа переколола ленту иначе.

— Позвольте, барышня, нельзя так, — говорила горничная, державшая волоса Наташи.

— Ах, Боже мой, ну после! Вот так, Соня.

— Скоро ли вы? — послышался голос графини. — Уж десять сейчас.

— Сейчас, сейчас. А вы готовы, мама?

— Только току приколоть.

— Не делайте без меня, — крикнула Ната-

"You won't do it right."

"But it's already ten."

They had decided to be at the ball by half-past ten, and Natásha had still to get dressed and they had to call at the Taurida Gardens.

When her hair was done, Natásha, in her short petticoat from under which her dancing shoes showed, and in her mother's dressing jacket, ran up to Sónya, scrutinized her, and then ran to her mother. Turning her mother's head this way and that, she fastened on the cap and, hurriedly kissing her gray hair, ran back to the maids who were turning up the hem of her skirt.

The cause of the delay was Natásha's skirt, which was too long. Two maids were turning up the hem and hurriedly biting off the ends of thread. A third with pins in her mouth was running about between the countess and Sónya, and a fourth held the whole of the gossamer garment up high on one uplifted hand.

"Mávra, quicker, darling!"

"Give me my thimble, Miss, from there..."

"Whenever will you be ready?" asked the count coming to the door. "Here is some scent. Perónskaya must be tired of waiting."

"It's ready, Miss," said the maid, holding up the shortened gauze dress with two fingers, and blowing and shaking something off it, as if by this to express a consciousness of the airiness and purity of what she held.

Natásha began putting on the dress.

"In a minute! In a minute! Don't come in, Papa!" she cried to her father as he opened the door—speaking from under the filmy skirt which still covered her whole face.

Sónya slammed the door to. A minute later they let the count in. He was wearing a blue swallow-tail coat, shoes and stockings, and was perfumed and his hair pomaded.

"Oh, Papa! how nice you look! Charming!" cried Natásha, as she stood in the middle of the room smoothing out the folds of the gauze.

"If you please, Miss! allow me," said the maid, who on her knees was pulling the skirt straight and shifting the pins from one side of her mouth to the other with her tongue.

"Say what you like," exclaimed Sónya, in a despairing voice as she looked at Natásha, "say

ша, — вы не сумеете!

— Да уж десять.

На бале решено было быть в половине одиннадцатого, а надо было еще Наташе одеться и заехать к Таврическому саду.

Окончив прическу, Наташа, в коротенькой юбке, из-под которой виднелись бальные башмачки, и в материной кофточке, подбежала к Соне, осмотрела ее и потом побежала к матери. Поворачивая ей голову, она приколола току и, едва успев поцеловать ее седые волосы, опять подбежала к девушкам, подшивавшим ее юбку.

Дело стояло за Наташиной юбкой, которая была слишком длинна; ее подшивали две девушки, обкусывая торопливо нитки. Третья с булавками в губах и зубах бегала от графини к Соне; четвертая держала на высоко поднятой руке все дымковое платье.

— Мавруша, скорее, голубушка!

— Дайте наперсток оттуда, барышня.

— Скоро ли, наконец? — сказал граф, входя из-за двери. — Вот вам духи. Перонская уж заждалась.

— Готово, барышня, — говорила горничная, двумя пальцами поднимая подшитое дымковое платье и что-то обдувая и потряхивая, выказывая этим жестом сознание воздушности и чистоты того, что она держала.

Наташа стала надевать платье.

— Сейчас, сейчас, не ходи, папа! — крикнула она отцу, отворившему дверь, еще из-под дымки юбки, закрывавшей все ее лицо.

Соня захлопнула дверь. Через минуту графа впустили. Он был в синем фраке, чулках и башмаках, надушенный и припомаженный.

— Папа, ты как хорош, прелесть! — сказала Наташа, стоя посреди комнаты и расправляя складки дымки.

— Позвольте, барышня, позвольте, — говорила девушка, стоя на коленях, обдергивая платье и с одной стороны рта на другую переворачивая языком булавки.

— Воля твоя, — с отчаянием в голосе вскрикнула Соня, оглядев платье Наташи, —

what you like, it's still too long."

Natásha stepped back to look at herself in the pier glass. The dress was too long.

"Really, madam, it is not at all too long," said Mávra, crawling on her knees after her young lady.

"Well, if it's too long we'll tack it up... we'll tack it up in one minute," said the resolute Dunyásha taking a needle that was stuck on the front of her little shawl and, still kneeling on the floor, set to work once more.

At that moment, with soft steps, the countess came in shyly, in her cap and velvet gown.

"Oo-oo, my beauty!" exclaimed the count, "she looks better than any of you!"

He would have embraced her but, blushing, she stepped aside fearing to be rumpled.

"Mamma, your cap, more to this side," said Natásha. "I'll arrange it," and she rushed forward so that the maids who were tacking up her skirt could not move fast enough and a piece of gauze was torn off.

"Oh goodness! What has happened? Really it was not my fault!"

"Never mind, I'll run it up, it won't show," said Dunyásha.

"What a beauty—a very queen!" said the nurse as she came to the door. "And Sónya! They are lovely!"

At a quarter past ten they at last got into their carriages and started. But they had still to call at the Taurida Gardens.

Perónskaya was quite ready. In spite of her age and plainness she had gone through the same process as the Rostóvs, but with less flurry—for to her it was a matter of routine. Her ugly old body was washed, perfumed, and powdered in just the same way. She had washed behind her ears just as carefully, and when she entered her drawing room in her yellow dress, wearing her badge as maid of honor, her old lady's maid was as full of rapturous admiration as the Rostóvs' servants had been.

She praised the Rostóvs' toilets. They praised her taste and toilet, and at eleven o'clock, careful of their coiffures and dresses, they settled themselves in their carriages and drove off.

воля твоя, опять длинно!

Наташа отошла подальше, чтоб осмотреться в трюмо. Платье было длинно.

— Ей-богу, сударыня, ничего не длинно, — сказала Мавруша, ползавшая по полу за барышней.

— Ну, длинно, так заметаем, в одну минуту заметаем, — сказала решительная Дуняша, из платочка на груди вынимая иголку и опять на полу принимаясь за работу.

В это время застенчиво, тихими шагами, вошла графиня в своей токе и бархатном платье.

— Уу! моя красавица! — закричал граф. — Лучше вас всех!..

Он хотел обнять ее, но она, краснея, отстранилась, чтобы не измяться.

— Мама, больше набок току, — проговорила Наташа. — Я переколю, — и бросилась вперед, а девушки, подшивавшие, не успевшие за ней броситься, оторвали кусочек дымки.

— Боже мой! Что ж это такое? Я, ей-богу, не виновата...

— Ничего, заметаю, не видно будет, — говорила Дуняша.

— Красавица, краля-то моя! — сказала из-за двери вошедшая няня. — А Сонюшка-то, ну красавицы!..

В четверть одиннадцатого, наконец, сели в кареты и поехали. Но еще нужно было заехать к Таврическому саду.

Перонская была уже готова. Несмотря на ее старость и некрасивость, у нее происходило точно то же, что у Ростовых, хотя не с такой торопливостью (для нее это было дело привычное), но так же было надушено, вымыто, напудрено старое, некрасивое тело, так же старательно промыто за ушами, и даже так же, как у Ростовых, старая горничная восторженно любовалась нарядом своей госпожи, когда она в желтом платье с шифром вышла в гостиную. Перонская похвалила туалеты Ростовых.

Ростовы похвалили ее вкус и туалет и, береża прически и платья, в одиннадцать часов разместились по каретам и поехали.

XV

Natásha had not had a moment free since early morning and had not once had time to think of what lay before her.

In the damp chill air and crowded closeness of the swaying carriage, she for the first time vividly imagined what was in store for her there at the ball, in those brightly lighted rooms—with music, flowers, dances, the Emperor, and all the brilliant young people of Petersburg. The prospect was so splendid that she hardly believed it would come true, so out of keeping was it with the chill darkness and closeness of the carriage. She understood all that awaited her only when, after stepping over the red baize at the entrance, she entered the hall, took off her fur cloak, and, beside Sónya and in front of her mother, mounted the brightly illuminated stairs between the flowers. Only then did she remember how she must behave at a ball, and tried to assume the majestic air she considered indispensable for a girl on such an occasion. But, fortunately for her, she felt her eyes growing misty, she saw nothing clearly, her pulse beat a hundred to the minute, and the blood throbbed at her heart. She could not assume that pose, which would have made her ridiculous, and she moved on almost fainting from excitement and trying with all her might to conceal it. And this was the very attitude that became her best. Before and behind them other visitors were entering, also talking in low tones and wearing ball dresses. The mirrors on the landing reflected ladies in white, pale-blue, and pink dresses, with diamonds and pearls on their bare necks and arms.

Natásha looked in the mirrors and could not distinguish her reflection from the others. All was blended into one brilliant procession. On entering the ballroom the regular hum of voices, footsteps, and greetings deafened Natásha, and the light and glitter dazzled her still more. The host and hostess, who had already been standing at the door for half an hour repeating the same

XV

Наташа с утра этого дня не имела минуты свободы и ни разу не успела подумать о том, что предстоит ей.

В сыром, холодном воздухе, в тесноте и неполной темноте колыхающейся кареты она в первый раз живо представила себе то, что ожидает ее там, на бале, в освещенных залах, — музыка, цветы, танцы, государь, вся блестящая молодежь Петербурга. То, что ее ожидало, было так прекрасно, что она не верила даже тому, что это будет: так это было несообразно с впечатлением холода, тесноты и темноты кареты. Она поняла все то, что ее ожидает, только тогда, когда, пройдя по красному сукну подъезда, она вошла в сени, сняла шубу и пошла рядом с Соней впереди матери между цветами по освещенной лестнице. Только тогда она вспомнила, как ей надо было себя держать на бале, и постаралась принять ту величественную манеру, которую она считала необходимой для девушки на бале. Но, к счастью ее, она почувствовала, что глаза ее разбежались: она ничего не видала ясно, пульс ее забил сто раз в минуту, и кровь стала стучать у ее сердца. Она не могла принять той манеры, которая бы сделала ее смешной, и шла, замирая от волнения и стараясь всеми силами только скрыть его. И это-то была та самая манера, которая более всего шла к ней. Впереди, сзади их, так же тихо переговариваясь и так же в бальных платьях, входили гости. Зеркала по лестнице отражали дам в белых, голубых, розовых платьях, с бриллиантами и жемчугами на открытых руках и шеях.

Наташа смотрела в зеркала и в отражении не могла отличить себя от других. Все смешивалось в одну блестящую процессию. При входе в первую залу равномерный гул голосов, шагов, приветствий оглушил Наташу; свет и блеск еще более ослепил ее. Хозяин и хозяйка, уже полчаса стоявшие у входной двери и говорившие одни и те же слова

words to the various arrivals, "Charmé de vous voir (delighted to see you)," greeted the Rostóvs and Perónskaya in the same manner.

The two girls in their white dresses, each with a rose in her black hair, both curtsied in the same way, but the hostess' eye involuntarily rested longer on the slim Natásha. She looked at her and gave her alone a special smile in addition to her usual smile as hostess. Looking at her she may have recalled the golden, irrecoverable days of her own girlhood and her own first ball. The host also followed Natásha with his eyes and asked the count which was his daughter.

"Charming!" said he, kissing the tips of his fingers.

In the ballroom guests stood crowding at the entrance doors awaiting the Emperor. The countess took up a position in one of the front rows of that crowd. Natásha heard and felt that several people were asking about her and looking at her. She realized that those noticing her liked her, and this observation helped to calm her.

"There are some like ourselves and some worse," she thought.

Perónskaya was pointing out to the countess the most important people at the ball.

"That is the Dutch ambassador, do you see? That gray-haired man," she said, indicating an old man with a profusion of silver-gray curly hair, who was surrounded by ladies laughing at something he said.

"Ah, here she is, the Queen of Petersburg, Countess Bezúkhova," said Perónskaya, indicating Hélène who had just entered.

"How lovely! She is quite equal to Márya Antónovna. See how the men, young and old, pay court to her. Beautiful and clever... they say Prince —— is quite mad about her. But see, those two, though not good-looking, are even more run after."

She pointed to a lady who was crossing the room followed by a very plain daughter.

входившим: «Charme de vous voir» [1], — так же встретили и Ростовых с Перонской.

Две девочки в белых платьях, с одинаковыми розами в черных волосах, одинаково присели, но невольно хозяйка остановила дольше свой взгляд на тоненькой Наташе. Она посмотрела на нее и ей одной особенно улыбнулась в придачу к своей хозяйской улыбке. Глядя на нее, хозяйка вспомнила, может быть, и свое золотое, невозвратное девичье время, и свой первый бал. Хозяин тоже проводил глазами Наташу и спросил у графа, которая его дочь?

— Charmante! [2] — сказал он, поцеловав кончики своих пальцев.

В зале стояли гости, теснясь перед входной дверью, ожидая государя. Графиня поместилась в первых рядах этой толпы. Наташа слышала и чувствовала, что несколько голосов спросили про нее и смотрели на нее. Она поняла, что она понравилась тем, которые обратили на нее внимание, и это наблюдение несколько успокоило ее.

«Есть такие же, как и мы, есть и хуже нас», — подумала она.

Перонская называла графине самых значительных из лиц, бывших на бале.

— Вот это голландский посланник, видите, седой, — говорила Перонская, указывая на старичка с серебряной сединой курчавых обильных волос, окруженного дамами, которых он чему-то заставлял смеяться.

— А вот она, царица Петербурга, графиня Безухова, — говорила она, указывая на входившую Элен.

— Как хороша! Не уступит Марье Антоновне; смотрите, как за ней увиваются и старые и молодые. И хороша и умна. Говорят, принц... без ума от нее. А вот эти две хоть и не хороши, да еще больше окружены.

Она указала на проходивших через залу даму с очень некрасивой дочерью.

---

[1] Очень, очень рады вас видеть.

[2] Прелесть!

"She is a splendid match, a millionairess," said Perónskaya. "And look, here come her suitors."

"That is Bezúkhova's brother, Anatole Kurágin," she said, indicating a handsome officer of the Horse Guards who passed by them with head erect, looking at something over the heads of the ladies. "He's handsome, isn't he? I hear they will marry him to that rich girl. But your cousin, Drubetskóy, is also very attentive to her. They say she has millions. Oh yes, that's the French ambassador himself!" she replied to the countess' inquiry about Caulaincourt. "Looks as if he were a king! All the same, the French are charming, very charming. No one more charming in society. Ah, here she is! Yes, she is still the most beautiful of them all, our Márya Antónovna! And how simply she is dressed! Lovely! And that stout one in spectacles is the universal Freemason," she went on, indicating Pierre. "Put him beside his wife and he looks a regular buffoon!"

Pierre, swaying his stout body, advanced, making way through the crowd and nodding to right and left as casually and good-naturedly as if he were passing through a crowd at a fair. He pushed through, evidently looking for someone.

Natásha looked joyfully at the familiar face of Pierre, "the buffoon," as Perónskaya had called him, and knew he was looking for them, and for her in particular. He had promised to be at the ball and introduce partners to her.

But before he reached them Pierre stopped beside a very handsome, dark man of middle height, and in a white uniform, who stood by a window talking to a tall man wearing stars and a ribbon. Natásha at once recognized the shorter and younger man in the white uniform: it was Bolkónski, who seemed to her to have grown much younger, happier, and better-looking.

"There's someone else we know—Bolkónski, do you see, Mamma?" said Natásha, pointing out Prince Andrew. "You remember, he stayed a night with us at Otrádnoe."

"Oh, you know him?" said Perónskaya. "I can't bear him. Il fait à présent la pluie et le

— Это миллионерка-невеста, — сказала Перонская. — А вот и женихи.

— Это брат Безуховой — Анатоль Курагин, — сказала она, указывая на красавца кавалергарда, который прошел мимо их, с высоты поднятой головы, через дам глядя куда-то. — Как хорош! не правда ли? Говорят, женят его на этой богатой. И ваш-то cousin, Друбецкой, тоже очень увивается. Говорят, миллионы. — Как же, это сам французский посланник, — отвечала она о Коленкуре на вопрос графини, кто это. — Посмотрите, как царь какой-нибудь. А все-таки милы, очень милы французы. Нет милей для общества. А вот и она! Нет, всё лучше всех наша Марья-то Антоновна! И как просто одета. Прелесть! А этот-то, толстый, в очках, фармазон всемирный, — сказала Перонская, указывая на Безухова. — С женою-то его рядом поставьте: то-то шут гороховый!

Пьер шел, переваливаясь своим толстым телом, раздвигая толпу, кивая направо и налево так же небрежно и добродушно, как бы он шел по толпе базара. Он продвигался через толпу, очевидно отыскивая кого-то.

Наташа с радостью смотрела на знакомое лицо Пьера, этого шута горохового, как называла его Перонская, и знала, что Пьер их, и в особенности ее, отыскивал в толпе. Пьер обещал ей быть на бале и представить ей кавалеров.

Но, не дойдя до них, Безухов остановился подле невысокого, очень красивого брюнета в белом мундире, который, стоя у окна, разговаривал с каким-то высоким мужчиной в звездах и ленте. Наташа тотчас же узнала невысокого молодого человека в белом мундире: это был Болконский, который показался ей очень помолодевшим, повеселевшим и похорошевшим.

— Вот еще знакомый, Болконский, видите, мама? — сказала Наташа, указывая на князя Андрея. — Помните, он у нас ночевал в Отрадном.

— А, вы его знаете? — сказала Перонская. — Терпеть не могу. Il fait à présent la pluie et

beau temps (he is all the rage just now). He's too proud for anything. Takes after his father. And he's hand in glove with Speránski, writing some project or other. Just look how he treats the ladies! There's one talking to him and he has turned away," she said, pointing at him. "I'd give it to him if he treated me as he does those ladies."

le beau temps [3]. И гордость такая, что границ нет! По папеньке пошел. И связался с Сперанским, какие-то проекты пишут. Смотрите, как с дамами обращается! Она с ним говорит, а он отвернулся, — сказала она, указывая на него. — Я бы его отделала, коли б он со мной так поступил, как с этими дамами.

---

[3] По нем теперь все с ума сходят.

XVI

Suddenly everybody stirred, began talking, and pressed forward and then back, and between the two rows, which separated, the Emperor entered to the sounds of music that had immediately struck up. Behind him walked his host and hostess. He walked in rapidly, bowing to right and left as if anxious to get the first moments of the reception over. The band played the polonaise in vogue at that time on account of the words that had been set to it, beginning: "Alexander, Elisaveta, all our hearts you ravish quite..." The Emperor passed on to the drawing room, the crowd made a rush for the doors, and several persons with excited faces hurried there and back again. Then the crowd hastily retired from the drawing room door, at which the Emperor reappeared talking to the hostess. A young man, looking distraught, pounced down on the ladies, asking them to move aside. Some ladies, with faces betraying complete forgetfulness of all the rules of decorum, pushed forward to the detriment of their toilets. The men began to choose partners and take their places for the polonaise.

Everyone moved back, and the Emperor came smiling out of the drawing room leading his hostess by the hand but not keeping time to the music. The host followed with Márya Antónovna Narýshkina; then came ambassadors, ministers, and various generals, whom Perónskaya diligently named. More than half the ladies already had partners and were taking up, or preparing to take up, their positions for the polonaise. Natásha felt that she would be left with her mother and Sónya among a minority of women who crowded near the wall, not having been invited to dance. She stood with her slender arms hanging down, her scarcely defined bosom rising and falling regularly, and with bated breath and glittering, frightened eyes gazed straight before her, evidently prepared for the height of joy or misery. She was not concerned about the Emperor or any of those great people whom Perónskaya was pointing out—she had

XVI

Вдруг все зашевелилось, толпа заговорила, подвинулась, опять раздвинулась, и между двух расступившихся рядов, при звуках заигравшей музыки, вошел государь. За ним шли хозяин и хозяйка. Государь шел быстро, кланяясь направо и налево, как бы стараясь скорее избавиться от этой первой минуты встречи. Музыканты играли польский, известный тогда по словам, сочиненным на него. Слова эти начинались: «Александр, Елизавета, восхищаете вы нас». Государь прошел в гостиную, толпа хлынула к дверям; несколько лиц с изменившимися выражениями поспешно прошли туда и назад. Толпа опять отхлынула от дверей гостиной, в которой показался государь, разговаривая с хозяйкой. Какой-то молодой человек с растерянным видом наступал на дам, прося их посторониться. Некоторые дамы с лицами, выражавшими совершенную забывчивость всех условий света, портя свои туалеты, теснились вперед. Мужчины стали подходить к дамам и строиться в пары польского.

Все расступились и государь, улыбаясь и не в такт ведя за руку хозяйку дома, вышел из дверей гостиной. За ним шли хозяин с М. А. Нарышкиной, потом посланники, министры, разные генералы, которых, не умолкая, называла Перонская. Больше половины дам имели кавалеров и шли или приготовлялись идти в польский. Наташа чувствовала, что она оставалась с матерью и Соней в числе меньшей части дам, оттесненных к стене и не взятых в польский. Она стояла опустив свои тоненькие руки, и с мерной поднимающейся, чуть определенной грудью, сдерживая дыхание, блестящими испуганными глазами глядела перед собой, с выражением готовности на величайшую радость и на величайшее горе. Ее не занимали ни государь, ни все важные лица, на которых указывала Перонская, — у ней была одна мысль: «Неужели так никто не подойдет ко мне, неужели я не буду

but one thought: "Is it possible no one will ask me, that I shall not be among the first to dance? Is it possible that not one of all these men will notice me? They do not even seem to see me, or if they do they look as if they were saying, 'Ah, she's not the one I'm after, so it's not worth looking at her!' No, it's impossible," she thought. "They must know how I long to dance, how splendidly I dance, and how they would enjoy dancing with me."

The strains of the polonaise, which had continued for a considerable time, had begun to sound like a sad reminiscence to Natásha's ears. She wanted to cry. Perónskaya had left them. The count was at the other end of the room. She and the countess and Sónya were standing by themselves as in the depths of a forest amid that crowd of strangers, with no one interested in them and not wanted by anyone. Prince Andrew with a lady passed by, evidently not recognizing them. The handsome Anatole was smilingly talking to a partner on his arm and looked at Natásha as one looks at a wall. Borís passed them twice and each time turned away. Berg and his wife, who were not dancing, came up to them.

This family gathering seemed humiliating to Natásha—as if there were nowhere else for the family to talk but here at the ball. She did not listen to or look at Véra, who was telling her something about her own green dress.

At last the Emperor stopped beside his last partner (he had danced with three) and the music ceased. A worried aide-de-camp ran up to the Rostóvs requesting them to stand farther back, though as it was they were already close to the wall, and from the gallery resounded the distinct, precise, enticingly rhythmical strains of a waltz. The Emperor looked smilingly down the room. A minute passed but no one had yet begun dancing. An aide-de-camp, the Master of Ceremonies, went up to Countess Bezúkhova and asked her to dance. She smilingly raised her hand and laid it on his shoulder without looking at him. The aide-de-camp, an adept in his art, grasping his partner firmly round her waist, with confident deliberation started smoothly, gliding first round the edge of the circle, then at the cor-

танцевать между первыми, неужели меня не заметят все эти мужчины, которые теперь, кажется, и не видят меня, а ежели смотрят на меня, то смотрят с таким выражением, как будто говорят: „А! это не она, так и нечего смотреть!" Нет, это не может быть! — думала она. — Они должны же знать, как мне хочется танцевать, как я отлично танцую и как им весело будет танцевать со мною».

Звуки польского, продолжавшегося довольно долго, уже начали звучать грустно — воспоминанием в ушах Наташи. Ей хотелось плакать. Перонская отошла от них. Граф был на другом конце залы, графиня, Соня и она стояли одни, как в лесу, в этой чуждой толпе, никому не интересные и не нужные. Князь Андрей прошел с какой-то дамой мимо них, очевидно их не узнавая. Красавец Анатоль, улыбаясь, что-то говорил даме, которую он вел, и взглянул на лицо Наташи тем взглядом, каким глядят на стены. Борис два раза прошел мимо них и всякий раз отворачивался. Берг с женою, не танцевавшие, подошли к ним.

Наташе показалось оскорбительным это семейное сближение здесь, на бале, как будто не было другого места для семейных разговоров, кроме как на бале. Она не слушала и не смотрела на Веру, что-то говорившую ей про свое зеленое платье.

Наконец государь остановился подле своей последней дамы (он танцевал с тремя), музыка замолкла; озабоченный адъютант набежал на Ростовых, прося их еще куда-то посторониться, хотя они стояли у стены, и с хор раздались отчетливые, осторожные и увлекательные мерные звуки вальса. Государь с улыбкой взглянул на залу. Прошла минута — никто еще не начинал. Адъютант-распорядитель подошел к графине Безуховой и пригласил ее. Она, улыбаясь, подняла руку и положила ее, не глядя на него, на плечо адъютанта. Адъютант-распорядитель, мастер своего дела, уверенно, неторопливо и мерно, крепко обняв свою даму, пустился с ней сначала глиссадом, по краю круга, на углу залы подхватил ее левую руку, повернул ее, и из-за

ner of the room he caught Hélène's left hand and turned her, the only sound audible, apart from the ever-quickening music, being the rhythmic click of the spurs on his rapid, agile feet, while at every third beat his partner's velvet dress spread out and seemed to flash as she whirled round. Natásha gazed at them and was ready to cry because it was not she who was dancing that first turn of the waltz.

Prince Andrew, in the white uniform of a cavalry colonel, wearing stockings and dancing shoes, stood looking animated and bright in the front row of the circle not far from the Rostóvs. Baron Firhoff was talking to him about the first sitting of the Council of State to be held next day. Prince Andrew, as one closely connected with Speránski and participating in the work of the legislative commission, could give reliable information about that sitting, concerning which various rumors were current. But not listening to what Firhoff was saying, he was gazing now at the sovereign and now at the men intending to dance who had not yet gathered courage to enter the circle.

Prince Andrew was watching these men abashed by the Emperor's presence, and the women who were breathlessly longing to be asked to dance.

Pierre came up to him and caught him by the arm.

"You always dance. I have a protégée, the young Rostóva, here. Ask her," he said.

"Where is she?" asked Bolkónski. "Excuse me!" he added, turning to the baron, "we will finish this conversation elsewhere—at a ball one must dance." He stepped forward in the direction Pierre indicated. The despairing, dejected expression of Natásha's face caught his eye. He recognized her, guessed her feelings, saw that it was her début, remembered her conversation at the window, and with an expression of pleasure on his face approached Countess Rostóva.

"Allow me to introduce you to my daughter," said the countess, with heightened color.

"I have the pleasure of being already acquainted, if the countess remembers me," said

все убыстряющихся звуков музыки слышны были только мерные щелчки шпор быстрых и ловких ног адъютанта, и через каждые три такта на повороте как бы вспыхивало, развеваясь, бархатное платье его дамы. Наташа смотрела на них и готова была плакать, что это не она танцует этот первый тур вальса.

Князь Андрей в своем полковничьем белом мундире (по кавалерии), в чулках и башмаках, оживленный и веселый, стоял в первых рядах круга, недалеко от Ростовых. Барон Фиргоф говорил с ним о завтрашнем, предполагаемом первом заседании Государственного совета. Князь Андрей, как человек, близкий Сперанскому и участвующий в работах законодательной комиссии, мог дать верные сведения о заседании завтрашнего дня, о котором ходили различные толки. Но он не слушал того, что ему говорил Фиргоф, и глядел то на государя, то на сбиравшихся танцевать кавалеров, не решавшихся вступить в круг.

Князь Андрей наблюдал этих робевших при государе кавалеров и дам, замиравших от желания быть приглашенными.

Пьер подошел к князю Андрею и схватил его за руку.

— Вы всегда танцуете. Тут есть моя protégée, Ростова молодая, пригласите ее, — сказал он.

— Где? — спросил Болконский. — Виноват, — сказал он, обращаясь к барону, — этот разговор мы в другом месте доведем до конца, а на бале надо танцевать. — Он вышел вперед, по направлению, которое ему указывал Пьер. Отчаянное, замирающее лицо Наташи бросилось в глаза князю Андрею. Он узнал ее, угадал ее чувство, понял, что она была начинающая, вспомнил ее разговор на окне и с веселым выражением лица подошел к графине Ростовой.

— Позвольте вас познакомить с моей дочерью, — сказала графиня, краснея.

— Я имею удовольствие быть знакомым, ежели графиня помнит меня, — сказал князь

Prince Andrew with a low and courteous bow quite belying Perónskaya's remarks about his rudeness, and approaching Natásha he held out his arm to grasp her waist before he had completed his invitation. He asked her to waltz. That tremulous expression on Natásha's face, prepared either for despair or rapture, suddenly brightened into a happy, grateful, childlike smile.

"I have long been waiting for you," that frightened happy little girl seemed to say by the smile that replaced the threatened tears, as she raised her hand to Prince Andrew's shoulder. They were the second couple to enter the circle. Prince Andrew was one of the best dancers of his day and Natásha danced exquisitely. Her little feet in their white satin dancing shoes did their work swiftly, lightly, and independently of herself, while her face beamed with ecstatic happiness. Her slender bare arms and neck were not beautiful—compared to Hélène's her shoulders looked thin and her bosom undeveloped. But Hélène seemed, as it were, hardened by a varnish left by the thousands of looks that had scanned her person, while Natásha was like a girl exposed for the first time, who would have felt very much ashamed had she not been assured that this was absolutely necessary.

Prince Andrew liked dancing, and wishing to escape as quickly as possible from the political and clever talk which everyone addressed to him, wishing also to break up the circle of restraint he disliked, caused by the Emperor's presence, he danced, and had chosen Natásha because Pierre pointed her out to him and because she was the first pretty girl who caught his eye; but scarcely had he embraced that slender supple figure and felt her stirring so close to him and smiling so near him than the wine of her charm rose to his head, and he felt himself revived and rejuvenated when after leaving her he stood breathing deeply and watching the other dancers.

Андрей с учтивым и низким поклоном, совершенно противоречащим замечаниям Перонской о его грубости, подходя к Наташе и занося руку, чтоб обнять ее талию еще прежде, чем он договорил приглашение на танец. Он предложил ей тур вальса. То замирающее выражение лица Наташи, готовое на отчаяние и на восторг, вдруг осветилось счастливой, благодарной, детской улыбкой.

«Давно я ждала тебя», — как будто сказала эта испуганная и счастливая девочка своей просиявшей из-за готовых слез улыбкой, поднимая свою руку на плечо князя Андрея. Они были вторая пара, вошедшая в круг. Князь Андрей был одним из лучших танцоров своего времени. Наташа танцевала превосходно. Ножки ее в бальных атласных башмачках быстро, легко и независимо от нее делали свое дело, а лицо ее сияло восторгом счастия. Ее оголенные шея и руки были худы и некрасивы в сравнении с плечами Элен. Ее плечи были худы, грудь неопределенна, руки тонки; но на Элен был уже как будто лак от всех тысяч взглядов, скользивших по ее телу, а Наташа казалась девочкой, которую в первый раз оголили и которой бы очень стыдно это было, ежели бы ее не уверили, что это так необходимо надо.

Князь Андрей любил танцевать и, желая поскорее отделаться от политических и умных разговоров, с которыми все обращались к нему, и желая поскорее разорвать этот досадный ему круг смущения, образовавшегося от присутствия государя, пошел танцевать и выбрал Наташу, потому что на нее указал ему Пьер и потому, что она первая из хорошеньких женщин попала ему на глаза; но едва он обнял этот тонкий, подвижный, трепещущий стан и она зашевелилась так близко от него и улыбнулась так близко от него, вино ее прелести ударило ему в голову: он почувствовал себя ожившим и помолодевшим, когда, переводя дыханье и оставив ее, остановился и стал глядеть на танцующих.

XVII

After Prince Andrew, Borís came up to ask Natásha for a dance, and then the aide-de-camp who had opened the ball, and several other young men, so that, flushed and happy, and passing on her superfluous partners to Sónya, she did not cease dancing all the evening. She noticed and saw nothing of what occupied everyone else. Not only did she fail to notice that the Emperor talked a long time with the French ambassador, and how particularly gracious he was to a certain lady, or that Prince So-and-so and So-and-so did and said this and that, and that Hélène had great success and was honored by the special attention of So-and-so, but she did not even see the Emperor, and only noticed that he had gone because the ball became livelier after his departure. For one of the merry cotillions before supper Prince Andrew was again her partner. He reminded her of their first encounter in the Otrádnoe avenue, and how she had been unable to sleep that moonlight night, and told her how he had involuntarily overheard her. Natásha blushed at that recollection and tried to excuse herself, as if there had been something to be ashamed of in what Prince Andrew had overheard.

Like all men who have grown up in society, Prince Andrew liked meeting someone there not of the conventional society stamp. And such was Natásha, with her surprise, her delight, her shyness, and even her mistakes in speaking French. With her he behaved with special care and tenderness, sitting beside her and talking of the simplest and most unimportant matters; he admired her shy grace. In the middle of the cotillion, having completed one of the figures, Natásha, still out of breath, was returning to her seat when another dancer chose her. She was tired and panting and evidently thought of declining, but immediately put her hand gaily on the man's shoulder, smiling at Prince Andrew.

XVII

После князя Андрея к Наташе подошел Борис, приглашая ее на танцы, подошел и тот танцор-адъютант, начавший бал, и еще молодые люди, и Наташа, передавая своих излишних кавалеров Соне, счастливая и раскрасневшаяся, не переставала танцевать целый вечер. Она ничего не заметила и не видала из того, что занимало всех на этом бале. Она не только не заметила, как государь долго говорил с французским посланником, как он особенно милостиво говорил с такой-то дамой, как принц такой-то и такой-то сделали и сказали то-то, как Элен имела большой успех и удостоилась особенного внимания такого-то; она не видала даже государя и заметила, что он уехал, только потому, что после его отъезда бал более оживился. Один из веселых котильонов, перед ужином, князь Андрей опять танцевал с Наташей. Он напомнил ей о их первом свиданье в отрадненской аллее и о том, как она не могла заснуть в лунную ночь и как он невольно слышал ее. Наташа покраснела при этом напоминании и старалась оправдаться, как будто было что-то стыдное в том чувстве, в котором невольно подслушал ее князь Андрей.

Князь Андрей, как все люди, выросшие в свете, любил встречать в свете то, что не имело на себе общего светского отпечатка. И такова была Наташа, с ее удивлением, радостью, и робостью, и даже ошибками во французском языке. Он особенно нежно и бережно обращался и говорил с нею. Сидя подле нее, разговаривая с нею о самых простых и ничтожных предметах, князь Андрей любовался на радостный блеск ее глаз и улыбки, относившейся не к говоренным речам, а к ее внутреннему счастию. В то время как Наташу выбирали и она с улыбкой вставала и танцевала по зале, князь Андрей любовался в особенности на ее робкую грацию. В середине котильона Наташа, окончив фигуру, еще тяжело дыша, подходила к своему ме-

"I'd be glad to sit beside you and rest: I'm tired; but you see how they keep asking me, and I'm glad of it, I'm happy and I love everybody, and you and I understand it all," and much, much more was said in her smile. When her partner left her Natásha ran across the room to choose two ladies for the figure.

"If she goes to her cousin first and then to another lady, she will be my wife," said Prince Andrew to himself quite to his own surprise, as he watched her. She did go first to her cousin.

"What rubbish sometimes enters one's head!" thought Prince Andrew, "but what is certain is that that girl is so charming, so original, that she won't be dancing here a month before she will be married.... Such as she are rare here," he thought, as Natásha, readjusting a rose that was slipping on her bodice, settled herself beside him.

When the cotillion was over the old count in his blue coat came up to the dancers. He invited Prince Andrew to come and see them, and asked his daughter whether she was enjoying herself. Natásha did not answer at once but only looked up with a smile that said reproachfully: "How can you ask such a question?"

"I have never enjoyed myself so much before!" she said, and Prince Andrew noticed how her thin arms rose quickly as if to embrace her father and instantly dropped again. Natásha was happier than she had ever been in her life. She was at that height of bliss when one becomes completely kind and good and does not believe in the possibility of evil, unhappiness, or sorrow.

At that ball Pierre for the first time felt humiliated by the position his wife occupied in court circles. He was gloomy and absent-minded. A deep furrow ran across his forehead, and standing by a window he stared over his spectacles seeing no one.

On her way to supper Natásha passed him.

ту. Новый кавалер опять пригласил ее. Она устала и запыхалась и, видимо, подумала отказаться, но тотчас опять весело подняла руку на плечо кавалера и улыбнулась князю Андрею.

«Я бы рада была отдохнуть и посидеть с вами, я устала; но вы видите, как меня выбирают, и я этому рада, и я счастлива, и я всех люблю, и мы с вами всё это понимаем», — и еще многое и многое сказала эта улыбка. Когда кавалер оставил ее, Наташа побежала через залу, чтобы взять двух дам для фигур.

«Ежели она подойдет прежде к своей кузине, а потом к другой даме, то она будет моей женой», — сказал совершенно неожиданно сам себе князь Андрей, глядя на нее. Она подошла прежде к кузине.

«Какой вздор иногда приходит в голову! — подумал князь Андрей. — Но верно только то, что эта девушка так мила, так особенна, что она не протанцует здесь месяца и выйдет замуж... Это здесь редкость», — думал он, когда Наташа, поправляя откинувшуюся у корсажа розу, усаживалась подле него.

В конце котильона старый граф подошел в своем синем фраке к танцующим. Он пригласил к себе князя Андрея и спросил у дочери, весело ли ей? Наташа не ответила и только улыбнулась такой улыбкой, которая с упреком говорила: «Как можно было спрашивать об этом?»

— Так весело, как никогда в жизни! — сказала она, и князь Андрей заметил, как быстро поднялись было ее худые руки, чтоб обнять отца, и тотчас же опустились. Наташа была так счастлива, как никогда еще в жизни. Она была на той высшей ступени счастия, когда человек делается вполне добр и хорош и не верит в возможность зла, несчастия и горя.

Пьер на этом бале в первый раз почувствовал себя оскорбленным тем положением, которое занимала его жена в высших сферах. Он был угрюм и рассеян. Поперек лба его была глубокая складка, и он, стоя у окна, смотрел через очки, никого не видя.

Наташа, направляясь к ужину, прошла мимо его.

Pierre's gloomy, unhappy look struck her. She stopped in front of him. She wished to help him, to bestow on him the superabundance of her own happiness.

"How delightful it is, Count!" said she. "Isn't it?"

Pierre smiled absent-mindedly, evidently not grasping what she said.

"Yes, I am very glad," he said.

"How can people be dissatisfied with anything?" thought Natásha. "Especially such a capital fellow as Bezúkhov!" In Natásha's eyes all the people at the ball alike were good, kind, and splendid people, loving one another; none of them capable of injuring another—and so they ought all to be happy.

Мрачное, несчастное лицо Пьера поразило ее. Она остановилась против него. Ей хотелось помочь ему, передать ему излишек своего счастия.

— Как весело, граф, — сказала она, — не правда ли?

Пьер рассеянно улыбнулся, очевидно не понимая того, что ему говорили.

— Да, я очень рад, — сказал он.

«Как могут они быть недовольны чем-то, — думала Наташа. — Особенно такой хороший, как этот Безухов?» На глаза Наташи, все бывшие на бале были одинаково добрые, милые, прекрасные люди, любящие друг друга: никто не мог обидеть друг друга, и потому все должны были быть счастливы.

XVIII

Next day Prince Andrew thought of the ball, but his mind did not dwell on it long. "Yes, it was a very brilliant ball," and then... "Yes, that little Rostóva is very charming. There's something fresh, original, un-Petersburg-like about her that distinguishes her." That was all he thought about yesterday's ball, and after his morning tea he set to work.

But either from fatigue or want of sleep he was ill-disposed for work and could get nothing done. He kept criticizing his own work, as he often did, and was glad when he heard someone coming.

The visitor was Bítski, who served on various committees, frequented all the societies in Petersburg, and was a passionate devotee of the new ideas and of Speránski, and a diligent Petersburg newsmonger—one of those men who choose their opinions like their clothes according to the fashion, but who for that very reason appear to be the warmest partisans. Hardly had he got rid of his hat before he ran into Prince Andrew's room with a preoccupied air and at once began talking. He had just heard particulars of that morning's sitting of the Council of State opened by the Emperor, and he spoke of it enthusiastically. The Emperor's speech had been extraordinary. It had been a speech such as only constitutional monarchs deliver. "The Sovereign plainly said that the Council and Senate are estates of the realm, he said that the government must rest not on authority but on secure bases. The Emperor said that the fiscal system must be reorganized and the accounts published," recounted Bítski, emphasizing certain words and opening his eyes significantly.

"Ah, yes! Today's events mark an epoch, the greatest epoch in our history," he concluded.

Prince Andrew listened to the account of the opening of the Council of State, which he had

XVIII

На другой день князь Андрей вспомнил вчерашний бал, но ненадолго остановился на нем мыслью: «Да, очень блестящий был бал. И еще... да, Ростова очень мила. Что-то в ней есть свежее, особенное, непетербургское, отличающее ее». Вот все, что он думал о вчерашнем бале, и, напившись чаю, сел за работу.

Но от усталости или бессонницы день был нехороший для занятий, и князь Андрей ничего не мог делать, он все критиковал сам свою работу, как это часто с ним бывало, и рад был, когда услыхал, что кто-то приехал.

Приехавший был Бицкий, служивший в различных комиссиях, бывавший во всех обществах Петербурга, страстный поклонник новых идей и Сперанского и озабоченный вестовщик Петербурга, один из тех людей, которые выбирают направление, как платье, — по моде, но которые поэтому-то кажутся самыми горячими партизанами направлений. Он озабоченно, едва успев снять шляпу, вбежал к князю Андрею и тотчас же начал говорить. Он только что узнал подробности заседания Государственного совета нынешнего утра, открытого государем, и с восторгом рассказывал о том. Речь государя была необычайна. Это была одна из тех речей, которые произносятся только конституционными монархами. «Государь прямо сказал, что Совет и Сенат суть государственные *сословия*; он сказал, что правление должно иметь основанием не произвол, а *твердые начала*. Государь сказал, что финансы должны быть преобразованы и отчеты быть публичны», — рассказывал Бицкий, ударяя на известные слова и значительно раскрывая глаза.

— Да, нынешнее событие есть эра, величайшая эра в нашей истории, — заключил он.

Князь Андрей слушал рассказ об открытии Государственного совета, которого он

so impatiently awaited and to which he had attached such importance, and was surprised that this event, now that it had taken place, did not affect him, and even seemed quite insignificant. He listened with quiet irony to Bítski's enthusiastic account of it. A very simple thought occurred to him: "What does it matter to me or to Bítski what the Emperor was pleased to say at the Council? Can all that make me any happier or better?"

And this simple reflection suddenly destroyed all the interest Prince Andrew had felt in the impending reforms. He was going to dine that evening at Speránski's, "with only a few friends," as the host had said when inviting him. The prospect of that dinner in the intimate home circle of the man he so admired had greatly interested Prince Andrew, especially as he had not yet seen Speránski in his domestic surroundings, but now he felt disinclined to go to it.

At the appointed hour, however, he entered the modest house Speránski owned in the Taurida Gardens. In the parqueted dining room of this small house, remarkable for its extreme cleanliness (suggesting that of a monastery), Prince Andrew, who was rather late, found the friendly gathering of Speránski's intimate acquaintances already assembled at five o'clock. There were no ladies present except Speránski's little daughter (long-faced like her father) and her governess. The other guests were Gervais, Magnítski, and Stolýpin. While still in the anteroom Prince Andrew heard loud voices and a ringing staccato laugh—a laugh such as one hears on the stage. Someone—it sounded like Speránski—was distinctly ejaculating ha-ha-ha. Prince Andrew had never before heard Speránski's famous laugh, and this ringing, high-pitched laughter from a statesman made a strange impression on him.

He entered the dining room. The whole company were standing between two windows at a

ожидал с таким нетерпением и которому приписывал такую важность, и удивлялся, что событие это теперь, когда оно совершилось, не только не трогало его, но представлялось ему более чем ничтожным. Он с тихой насмешкой слушал восторженный рассказ Бицкого. Самая простая мысль приходила ему в голову: «Какое дело мне и Бицкому, какое дело нам до того, что государю угодно было сказать в Сенате? Разве все это может сделать меня счастливее и лучше?»

И это простое рассуждение вдруг уничтожило для князя Андрея весь прежний интерес совершаемых преобразований. В этот же день князь Андрей должен был обедать у Сперанского «en petit comité»[1], как ему сказал хозяин, приглашая его. Обед этот в семейном и дружеском кругу человека, которым он так восхищался, прежде очень интересовал князя Андрея, тем более что до сих пор он не видал Сперанского в его домашнем быту; но теперь ему не хотелось ехать.

В назначенный час обеда, однако, князь Андрей уже входил в собственный небольшой дом Сперанского у Таврического сада. В паркетной столовой небольшого домика, отличавшегося необыкновенной чистотой (напоминающею монашескую чистоту), князь Андрей, несколько опоздавший, уже нашел в пять часов все собравшееся общество этого petit comité, интимных знакомых Сперанского. Дам не было никого, кроме маленькой дочери Сперанского (с длинным лицом, похожим на отца) и ее гувернантки. Гости были Жерве, Магницкий и Столыпин. Еще из передней князь Андрей услыхал громкие голоса и звонкий, отчетливый хохот — хохот, похожий на тот, каким смеются на сцене. Кто-то голосом, похожим на голос Сперанского, отчетливо отбивал: ха, ха, ха. Князь Андрей никогда не слыхал смеющегося Сперанского, и этот звонкий, тонкий смех государственного человека странно поразил его.

Князь Андрей вошел в столовую. Все общество стояло между двух окон, у неболь-

---

[1] в дружеском кружке.

small table laid with hors-d'oeuvres. Speránski, wearing a gray swallow-tail coat with a star on the breast, and evidently still the same waistcoat and high white stock he had worn at the meeting of the Council of State, stood at the table with a beaming countenance. His guests surrounded him. Magnítski, addressing himself to Speránski, was relating an anecdote, and Speránski was laughing in advance at what Magnítski was going to say. When Prince Andrew entered the room Magnítski's words were again crowned by laughter. Stolýpin gave a deep bass guffaw as he munched a piece of bread and cheese. Gervais laughed softly with a hissing chuckle, and Speránski in a high-pitched staccato manner.

Still laughing, Speránski held out his soft white hand to Prince Andrew.

"Very pleased to see you, Prince," he said. "One moment..." he went on, turning to Magnítski and interrupting his story. "We have agreed that this is a dinner for recreation, with not a word about business!" and turning again to the narrator he began to laugh afresh.

Prince Andrew looked at the laughing Speránski with astonishment, regret, and disillusionment. It seemed to him that this was not Speránski but someone else. Everything that had formerly appeared mysterious and fascinating in Speránski suddenly became plain and unattractive.

At dinner the conversation did not cease for a moment and seemed to consist of the contents of a book of funny anecdotes. Before Magnítski had finished his story someone else was anxious to relate something still funnier. Most of the anecdotes, if not relating to the state service, related to people in the service. It seemed that in this company the insignificance of those people was so definitely accepted that the only possible attitude toward them was one of good humored ridicule. Speránski related how at the Council that morning a deaf dignitary, when asked his opinion, replied that he thought so too. Gervais gave a long account of an official revision, remarkable for the stupidity of everybody concerned. Stolýpin, stuttering, broke into the conversation and began excitedly talking of the abuses that ex-

шого стола с закуской. Сперанский, в сером фраке с звездой, очевидно, в том еще белом жилете и высоком белом галстуке, в которых он был в знаменитом заседании Государственного совета, с веселым лицом стоял у стола. Гости окружали его. Магницкий, обращаясь к Михаилу Михайловичу, рассказывал анекдот. Сперанский слушал, вперед смеясь тому, что скажет Магницкий. В то время как князь Андрей вошел в комнату, слова Магницкого опять заглушились смехом. Громко басил Столыпин, пережевывая кусок хлеба с сыром; тихим смехом шипел Жерве, и тонко, отчетливо смеялся Сперанский.

Сперанский, все еще смеясь, подал князю Андрею свою белую, нежную руку.

— Очень рад вас видеть, князь, — сказал он. — Минутку... — обратился он к Магницкому, прерывая его рассказ. — У нас нынче уговор: обед удовольствия и ни слова про дела. — И он опять обратился к рассказчику и опять засмеялся.

Князь Андрей с удивлением и грустью разочарования слушал его смех и смотрел на смеющегося Сперанского. Это был не Сперанский, а другой человек, казалось князю Андрею. Все, что прежде таинственно и привлекательно представлялось князю Андрею в Сперанском, вдруг стало ему ясно и непривлекательно.

За столом разговор ни на мгновение не умолкал и состоял как будто бы из собрания смешных анекдотов. Еще Магницкий не успел докончить своего рассказа, как уж кто-то другой заявил свою готовность рассказать что-то, что было еще смешнее. Анекдоты большею частью касались ежели не самого служебного мира, то лиц служебных. Казалось, что в этом обществе так окончательно было решено ничтожество этих лиц, что единственное отношение к ним могло быть только добродушно-комическое. Сперанский рассказал, как на Совете сегодняшнего утра на вопрос у глухого сановника о его мнении сановник этот отвечал, что он того же мнения. Жерве рассказал целое дело ревизии, замечательное по бессмыслице всех

isted under the former order of things—threatening to give a serious turn to the conversation. Magnítski starting quizzing Stolýpin about his vehemence. Gervais intervened with a joke, and the talk reverted to its former lively tone.

Evidently Speránski liked to rest after his labors and find amusement in a circle of friends, and his guests, understanding his wish, tried to enliven him and amuse themselves. But their gaiety seemed to Prince Andrew mirthless and tiresome. Speránski's high-pitched voice struck him unpleasantly, and the incessant laughter grated on him like a false note. Prince Andrew did not laugh and feared that he would be a damper on the spirits of the company, but no one took any notice of his being out of harmony with the general mood. They all seemed very gay.

He tried several times to join in the conversation, but his remarks were tossed aside each time like a cork thrown out of the water, and he could not jest with them.

There was nothing wrong or unseemly in what they said, it was witty and might have been funny, but it lacked just that something which is the salt of mirth, and they were not even aware that such a thing existed.

After dinner Speránski's daughter and her governess rose. He patted the little girl with his white hand and kissed her. And that gesture, too, seemed unnatural to Prince Andrew.

The men remained at table over their port—English fashion. In the midst of a conversation that was started about Napoleon's Spanish affairs, which they all agreed in approving, Prince Andrew began to express a contrary opinion. Speránski smiled and, with an evident wish to prevent the conversation from taking an unpleasant course, told a story that had no connection with the previous conversation. For a few moments all were silent.

Having sat some time at table, Speránski corked a bottle of wine and, remarking, "Now-

действующих лиц. Столыпин, заикаясь, вмешался в разговор и с горячностью начал говорить о злоупотреблениях прежнего порядка вещей, угрожая придать разговору серьезный характер. Магницкий стал трунить над горячностью Столыпина. Жерве вставил шутку, и разговор принял опять прежнее веселое направление.

Очевидно, Сперанский после трудов любил отдохнуть и повеселиться в приятельском кружке, и все его гости, понимая его желание, старались веселить его и сами веселиться. Но веселье это казалось князю Андрею тяжелым и невеселым. Тонкий звук голоса Сперанского неприятно поражал его, и неумолкавший смех своею фальшивой нотой почему-то оскорблял чувство князя Андрея. Князь Андрей не смеялся и боялся, что он будет тяжел для этого общества. Но никто не замечал его несоответственности общему настроению. Всем было, казалось, очень весело.

Он несколько раз желал вступить в разговор, но всякий раз его слово выбрасывалось вон, как пробка из воды; и он не мог шутить с ними вместе.

Ничего не было дурного или неуместного в том, что они говорили, все было остроумно и могло бы быть смешно; но чего-то того самого, что составляет соль веселья, не только не было, но они и не знали, что оно бывает.

После обеда дочь Сперанского с своей гувернанткой встали. Сперанский приласкал дочь своей белой рукой и поцеловал ее. И этот жест показался неестественным князю Андрею.

Мужчины, по-английски, остались за столом и за портвейном. В середине начавшегося разговора об испанских делах Наполеона, одобряя которые все были одного и того же мнения, князь Андрей стал противоречить им. Сперанский улыбнулся и, очевидно, желая отклонить разговор от принятого направления, рассказал анекдот, не имеющий отношения к разговору. На несколько мгновений все замолкли.

Посидев за столом, Сперанский закупорил бутылку с вином и, сказав: «Нынче хо-

adays good wine rides in a carriage and pair," passed it to the servant and got up. All rose and continuing to talk loudly went into the drawing room. Two letters brought by a courier were handed to Speránski and he took them to his study. As soon as he had left the room the general merriment stopped and the guests began to converse sensibly and quietly with one another.

"Now for the recitation!" said Speránski on returning from his study. "A wonderful talent!" he said to Prince Andrew, and Magnítski immediately assumed a pose and began reciting some humorous verses in French which he had composed about various well-known Petersburg people. He was interrupted several times by applause. When the verses were finished Prince Andrew went up to Speránski and took his leave.

"Where are you off to so early?" asked Speránski.

"I promised to go to a reception."

They said no more. Prince Andrew looked closely into those mirrorlike, impenetrable eyes, and felt that it had been ridiculous of him to have expected anything from Speránski and from any of his own activities connected with him, or ever to have attributed importance to what Speránski was doing. That precise, mirthless laughter rang in Prince Andrew's ears long after he had left the house.

When he reached home Prince Andrew began thinking of his life in Petersburg during those last four months as if it were something new. He recalled his exertions and solicitations, and the history of his project of army reform, which had been accepted for consideration and which they were trying to pass over in silence simply because another, a very poor one, had already been prepared and submitted to the Emperor. He thought of the meetings of a committee of which Berg was a member. He remembered how carefully and at what length everything relating to form and procedure was discussed at those meetings, and how sedulously and promptly all that related to the gist of the business was evaded. He recalled his labors on the Legal Code, and how painstakingly he had

рошее винцо в сапожках ходит», отдал слуге и встал. Все встали и, так же шумно разговаривая, пошли в гостиную. Сперанскому подали два конверта, привезенные курьером. Он взял их и прошел в кабинет. Как только он вышел, общее веселье замолкло и гости рассудительно и тихо стали переговариваться друг с другом.

— Ну, теперь декламация! — сказал Сперанский, выходя из кабинета. — Удивительный талант! — обратился он к князю Андрею. Магницкий тотчас же стал в позу и начал говорить французские шутливые стихи, сочиненные им на некоторых известных лиц Петербурга, и несколько раз был прерываем аплодисментами. Князь Андрей по окончании стихов подошел к Сперанскому, прощаясь с ним.

— Куда вы так рано? — спросил Сперанский.

— Я обещал на вечер...

Они помолчали. Князь Андрей смотрел близко в эти зеркальные, не пропускающие к себе глаза, и ему стало смешно, как он мог ждать чего-нибудь от Сперанского и от всей своей деятельности, связанной с ним, и как мог он приписывать важность тому, что делал Сперанский. Этот аккуратный, невеселый смех долго не переставал звучать в ушах князя Андрея, после того как он уехал от Сперанского.

Вернувшись домой, князь Андрей стал вспоминать свою петербургскую жизнь за эти четыре месяца, как будто что-то новое. Он вспоминал свои хлопоты, искательства, историю своего проекта военного устава, который был принят к сведению и о котором старались умолчать единственно потому, что другая работа, очень дурная, была уже сделана и представлена государю; вспомнил о заседаниях комитета, членом которого был Берг; вспомнил, как в этих заседаниях старательно и продолжительно обсуживалось все касающееся формы и процесса заседания комитета, и как старательно и кратко обходилось все, что касалось сущности дела. Он вспомнил о своей законодательной работе, о том, как он озабоченно переводил на рус-

translated the articles of the Roman and French codes into Russian, and he felt ashamed of himself. Then he vividly pictured to himself Boguchárovo, his occupations in the country, his journey to Ryazán; he remembered the peasants and Dron the village elder, and mentally applying to them the Personal Rights he had divided into paragraphs, he felt astonished that he could have spent so much time on such useless work.

ский язык статьи римского и французского свода, и ему стало совестно за себя. Потом он живо представил себе Богучарово, свои занятия в деревне, свою поездку в Рязань, вспомнил мужиков, Дрона-старосту, и, приложив к ним права лиц, которые он распределял по параграфам, ему стало удивительно, как он мог так долго заниматься такой праздной работой.

XIX

Next day Prince Andrew called at a few houses he had not visited before, and among them at the Rostóvs' with whom he had renewed acquaintance at the ball. Apart from considerations of politeness which demanded the call, he wanted to see that original, eager girl who had left such a pleasant impression on his mind, in her own home.

Natásha was one of the first to meet him. She was wearing a dark-blue house dress in which Prince Andrew thought her even prettier than in her ball dress. She and all the Rostóv family welcomed him as an old friend, simply and cordially. The whole family, whom he had formerly judged severely, now seemed to him to consist of excellent, simple, and kindly people. The old count's hospitality and good nature, which struck one especially in Petersburg as a pleasant surprise, were such that Prince Andrew could not refuse to stay to dinner. "Yes," he thought, "they are capital people, who of course have not the slightest idea what a treasure they possess in Natásha; but they are kindly folk and form the best possible setting for this strikingly poetic, charming girl, overflowing with life!"

In Natásha Prince Andrew was conscious of a strange world completely alien to him and brimful of joys unknown to him, a different world, that in the Otrádnoe avenue and at the window that moonlight night had already begun to disconcert him. Now this world disconcerted him no longer and was no longer alien to him, but he himself having entered it found in it a new enjoyment.

After dinner Natásha, at Prince Andrew's request, went to the clavichord and began singing. Prince Andrew stood by a window talking to the ladies and listened to her. In the midst of a phrase he ceased speaking and suddenly felt

XIX

На другой день князь Андрей поехал с визитами в некоторые дома, где он еще не был, и в том числе к Ростовым, с которыми он возобновил знакомство на последнем бале. Кроме законов учтивости, по которым ему нужно было быть у Ростовых, князю Андрею хотелось видеть дома эту особенную, оживленную девушку, которая оставила ему приятное воспоминание.

Наташа одна из первых встретила его. Она была в домашнем синем платье, в котором она показалась князю Андрею еще лучше, чем в бальном. Она и все семейство Ростовых приняли князя Андрея как старого друга, просто и радушно. Все семейство, которое строго судил прежде князь Андрей, теперь показалось ему составленным из прекрасных, простых и добрых людей. Гостеприимство и добродушие старого графа, особенно мило поразительное в Петербурге, было таково, что князь Андрей не мог отказаться от обеда. «Да, это добрые, славные люди, — думал Болконский, — разумеется, не понимающие ни на волос того сокровища, которое они имеют в Наташе; но добрые люди, которые составляют наилучший фон для того, чтобы на нем отделялась эта особенно поэтическая, переполненная жизни, прелестная девушка!»

Князь Андрей чувствовал в Наташе присутствие совершенно чуждого для него, особенного мира, преисполненного каких-то неизвестных ему радостей, того чуждого мира, который еще тогда, в отрадненской аллее и на окне в лунную ночь, так дразнил его. Теперь этот мир уже более не дразнил его, не был чуждый мир; но он сам, вступив в него, находил в нем новое для себя наслаждение.

После обеда Наташа, по просьбе князя Андрея, пошла к клавикордам и стала петь. Князь Андрей стоял у окна, разговаривая с дамами, и слушал ее. В середине фразы князь Андрей замолчал и почувствовал неожидан-

tears choking him, a thing he had thought impossible for him. He looked at Natásha as she sang, and something new and joyful stirred in his soul. He felt happy and at the same time sad. He had absolutely nothing to weep about yet he was ready to weep. What about? His former love? The little princess? His disillusionments?... His hopes for the future?... Yes and no. The chief reason was a sudden, vivid sense of the terrible contrast between something infinitely great and illimitable within him and that limited and material something that he, and even she, was. This contrast weighed on and yet cheered him while she sang.

As soon as Natásha had finished she went up to him and asked how he liked her voice. She asked this and then became confused, feeling that she ought not to have asked it. He smiled, looking at her, and said he liked her singing as he liked everything she did.

Prince Andrew left the Rostóvs' late in the evening. He went to bed from habit, but soon realized that he could not sleep. Having lit his candle he sat up in bed, then got up, then lay down again not at all troubled by his sleeplessness: his soul was as fresh and joyful as if he had stepped out of a stuffy room into God's own fresh air. It did not enter his head that he was in love with Natásha; he was not thinking about her, but only picturing her to himself, and in consequence all life appeared in a new light. "Why do I strive, why do I toil in this narrow, confined frame, when life, all life with all its joys, is open to me?" said he to himself. And for the first time for a very long while he began making happy plans for the future. He decided that he must attend to his son's education by finding a tutor and putting the boy in his charge, then he ought to retire from the service and go abroad, and see England, Switzerland and Italy. "I must use my freedom while I feel so much strength and youth in me," he said to himself. "Pierre was right when he said one must believe in the pos-

но, что к его горлу подступают слезы, возможность которых он не знал за собой. Он посмотрел на поющую Наташу, и в душе его произошло что-то новое и счастливое. Он был счастлив, и ему вместе с тем было грустно. Ему решительно не о чем было плакать, но он готов был плакать? О чем? О прежней любви? О маленькой княгине? О своих разочарованиях?.. О своих надеждах на будущее? Да и нет. Главное, о чем ему хотелось плакать, была вдруг живо сознанная им страшная противоположность между чем-то бесконечно великим и неопределимым, бывшим в нем, и чем-то узким и телесным, чем был он сам и даже была она. Эта противоположность томила и радовала его во время ее пения.

Только что Наташа кончила петь, она подошла к нему и спросила его, как ему нравится ее голос? Она спросила это и смутилась уже после того, как она это сказала, поняв, что этого не надо было спрашивать. Он улыбнулся, глядя на нее, и сказал, что ему нравится ее пение так же, как и все, что она делает.

Князь Андрей поздно вечером уехал от Ростовых. Он лег спать по привычке ложиться, но увидал скоро, что он не может спать. Он то, зажегши свечу, сидел в постели, то вставал, то опять ложился, нисколько не тяготясь бессонницей: так радостно и ново ему было на душе, как будто он из душной комнаты вышел на вольный свет Божий. Ему и в голову не приходило, чтоб он был влюблен в Ростову; он не думал о ней; он только воображал ее себе, и вследствие этого вся жизнь его представлялась ему в новом свете. «Из чего я бьюсь, из чего я хлопочу в этой узкой, замкнутой рамке, когда жизнь, вся жизнь со всеми ее радостями открыта мне?» — говорил он себе. И он в первый раз после долгого времени стал делать счастливые планы на будущее. Он решил сам собой, что ему надо заняться воспитанием своего сына, найдя ему воспитателя и поручив ему; потом надо выйти в отставку и ехать за границу, видеть Англию, Швейцарию, Италию. «Мне надо пользоваться своей свободой, пока так

sibility of happiness in order to be happy, and now I do believe in it. Let the dead bury their dead, but while one has life one must live and be happy!" thought he.

много в себе чувствую силы и молодости, — говорил он сам себе. — Пьер был прав, говоря, что надо верить в возможность счастия, чтобы быть счастливым, и я теперь верю в него. Оставим мертвым хоронить мертвых, а пока жив, надо жить и быть счастливым», — думал он.

XX

One morning Colonel Berg, whom Pierre knew as he knew everybody in Moscow and Petersburg, came to see him. Berg arrived in an immaculate brand-new uniform, with his hair pomaded and brushed forward over his temples as the Emperor Alexander wore his hair.

"I have just been to see the countess, your wife. Unfortunately she could not grant my request, but I hope, Count, I shall be more fortunate with you," he said with a smile.

"What is it you wish, Colonel? I am at your service."

"I have now quite settled in my new rooms, Count" (Berg said this with perfect conviction that this information could not but be agreeable), "and so I wish to arrange just a small party for my own and my wife's friends." (He smiled still more pleasantly.) "I wished to ask the countess and you to do me the honor of coming to tea and to supper."

Only Countess Hélène, considering the society of such people as the Bergs beneath her, could be cruel enough to refuse such an invitation. Berg explained so clearly why he wanted to collect at his house a small but select company, and why this would give him pleasure, and why though he grudged spending money on cards or anything harmful, he was prepared to run into some expense for the sake of good society—that Pierre could not refuse, and promised to come.

"But don't be late, Count, if I may venture to ask; about ten minutes to eight, please. We shall make up a rubber. Our general is coming. He is very good to me. We shall have supper, Count. So you will do me the favor."

Contrary to his habit of being late, Pierre on that day arrived at the Bergs' house, not at ten but at fifteen minutes to eight.

Having prepared everything necessary for

XX

В одно утро полковник Адольф Берг, которого Пьер знал, как знал всех в Москве и Петербурге, в чистеньком с иголочки мундире, с припомаженными наперед височками, как носил государь Александр Павлович, приехал к нему.

— Я сейчас был у графини, вашей супруги, и был так несчастлив, что моя просьба не могла быть исполнена; надеюсь, что у вас, граф, я буду счастливее, — сказал он, улыбаясь.

— Что вам угодно, полковник? Я к вашим услугам.

— Я теперь, граф, уже совершенно устроился на новой квартире, — сообщил Берг, очевидно зная, что это слышать не могло не быть приятно, — и потому желал сделать так, маленький вечерок для моих и моей супруги знакомых. (Он еще приятнее улыбнулся.) Я хотел просить графиню и вас сделать мне честь пожаловать к нам на чашку чая и... на ужин.

Только графиня Елена Васильевна, сочтя для себя унизительным общество каких-то Бергов, могла иметь жестокость отказаться от такого приглашения. Берг так ясно объяснил, почему он желает собрать у себя небольшое и хорошее общество, и почему это ему будет приятно, и почему он для карт и для чего-нибудь дурного жалеет деньги, но для хорошего общества готов и понести расходы, что Пьер не мог отказаться и обещался быть.

— Только не поздно, граф, ежели смею просить; так без десяти минут в восемь, смею просить. Партию составим, генерал наш будет. Он очень добр ко мне. Поужинаем, граф. Так сделайте одолжение.

Противно своей привычке опаздывать, Пьер в этот день, вместо восьми без десяти минут, приехал к Бергам в восемь часов без четверти.

Берги, припася, что нужно было для вече-

the party, the Bergs were ready for their guests' arrival.

In their new, clean, and light study with its small busts and pictures and new furniture sat Berg and his wife. Berg, closely buttoned up in his new uniform, sat beside his wife explaining to her that one always could and should be acquainted with people above one, because only then does one get satisfaction from acquaintances.

"You can get to know something, you can ask for something. See how I managed from my first promotion." (Berg measured his life not by years but by promotions.) "My comrades are still nobodies, while I am only waiting for a vacancy to command a regiment, and have the happiness to be your husband." (He rose and kissed Véra's hand, and on the way to her straightened out a turned-up corner of the carpet.) "And how have I obtained all this? Chiefly by knowing how to choose my aquaintances. It goes without saying that one must be conscientious and methodical."

Berg smiled with a sense of his superiority over a weak woman, and paused, reflecting that this dear wife of his was after all but a weak woman who could not understand all that constitutes a man's dignity, what it was ein Mann zu sein (to be a man). Véra at the same time smiling with a sense of superiority over her good, conscientious husband, who all the same understood life wrongly, as according to Véra all men did. Berg, judging by his wife, thought all women weak and foolish. Véra, judging only by her husband and generalizing from that observation, supposed that all men, though they understand nothing and are conceited and selfish, ascribe common sense to themselves alone.

Berg rose and embraced his wife carefully, so as not to crush her lace fichu for which he had paid a good price, kissing her straight on the lips.

"The only thing is, we mustn't have children too soon," he continued, following an uncon-

В новом, чистом, светлом, убранном бюстиками, и картинками, и новой мебелью кабинете сидел Берг с женою. Берг в новеньком застегнутом мундире сидел подле жены, объяснял ей, что всегда можно и должно иметь знакомства людей, которые выше себя, потому что тогда только есть приятность от знакомств.

— Переймешь что-нибудь, можешь попросить о чем-нибудь. Вот посмотри, как я жил с первых чинов (Берг жизнь свою считал не годами, а высочайшими наградами). Мои товарищи теперь еще ничто, а я на вакансии полкового командира, я имею счастие быть вашим мужем (он встал и поцеловал руку Веры, но по пути к ней отогнул угол заворотившегося ковра). И чем я приобрел все это? Главное уменьем выбирать свои знакомства. Само собой разумеется, надо быть добродетельным и аккуратным...

Берг улыбнулся с сознанием своего превосходства над слабой женщиной и замолчал, подумав, что все-таки эта милая жена его есть слабая женщина, которая не может постигнуть всего того, что составляет достоинство мужчины, — ein Mann zu sein [1]. Вера в то же время также улыбнулась с сознанием своего превосходства над добродетельным, хорошим мужем, но который все-таки ошибочно, как и все мужчины, по понятию Веры, понимал жизнь. Берг, судя по своей жене, считал всех женщин слабыми и глупыми. Вера, судя по одному своему мужу и распространяя это замечание на всех, полагала, что все мужчины приписывают только себе разум, а вместе с тем ничего не понимают, горды и эгоисты.

Берг встал и, обняв свою жену, осторожно, чтобы не измять кружевную пелерину, за которую он дорого заплатил, поцеловал ее в середину губ.

— Одно только, чтоб у нас не было так скоро детей, — сказал он по бессознательной

[1] быть мужчиной (нем.). — Ред.

scious sequence of ideas.

"Yes," answered Véra, "I don't at all want that. We must live for society."

"Princess Yusúpova wore one exactly like this," said Berg, pointing to the fichu with a happy and kindly smile.

Just then Count Bezúkhov was announced. Husband and wife glanced at one another, both smiling with self-satisfaction, and each mentally claiming the honor of this visit.

"This is what comes of knowing how to make acquaintances," thought Berg. "This is what comes of knowing how to conduct oneself."

"But please don't interrupt me when I am entertaining the guests," said Véra, "because I know what interests each of them and what to say to different people."

Berg smiled again.

"It can't be helped: men must sometimes have masculine conversation," said he.

They received Pierre in their small, new drawing room, where it was impossible to sit down anywhere without disturbing its symmetry, neatness, and order; so it was quite comprehensible and not strange that Berg, having generously offered to disturb the symmetry of an armchair or of the sofa for his dear guest, but being apparently painfully undecided on the matter himself, eventually left the visitor to settle the question of selection. Pierre disturbed the symmetry by moving a chair for himself, and Berg and Véra immediately began their evening party, interrupting each other in their efforts to entertain their guest.

Véra, having decided in her own mind that Pierre ought to be entertained with conversation about the French embassy, at once began accordingly. Berg, having decided that masculine conversation was required, interrupted his wife's remarks and touched on the question of the war with Austria, and unconsciously jumped from the general subject to personal considerations as to the proposals made him to take part in the Austrian campaign and the reasons why he had declined them. Though the conversation was very incoherent and Véra was angry at the intrusion of the masculine element, both husband and wife felt with satisfaction that, even if only

для себя филиации идей.

— Да, — отвечала Вера, — я совсем этого не желаю. Надо жить для общества.

— Точно такая была на княгине Юсуповой, — сказал Берг с счастливой и доброй улыбкой, указывая на пелеринку.

В это время доложили о приезде графа Безухова. Оба супруга переглянулись самодовольной улыбкой, каждый себе приписывая честь этого посещения.

«Вот что значит уметь делать знакомства, — подумал Берг, — вот что значит умет держать себя!»

— Только, пожалуйста, когда я занимаю гостей, — сказала Вера, — ты не перебивай меня, потому что я знаю, чем занять каждого и в каком обществе что нужно говорить.

Берг тоже улыбнулся.

— Нельзя же: иногда с мужчинами мужской разговор должен быть, — сказал он.

Пьер был принят в новенькой гостиной, в которой нигде сесть нельзя было, не нарушив симметрии, чистоты и порядка, и потому весьма понятно было и не странно, что Берг великодушно предлагал разрушить симметрию кресла или дивана для дорогого гостя и, видимо, находясь сам в этом отношении в болезненной нерешительности, предложил решение этого вопроса выбору гостя. Пьер расстроил симметрию, подвинув себе стул, и тотчас же Берг и Вера начали вечер, перебивая один другого и занимая гостя.

Вера, решив в своем уме, что Пьера надо занимать разговором о французском посольстве, тотчас же начала этот разговор. Берг, решив, что надобен и мужской разговор, перебил речь жены, затрогивая вопрос о войне с Австриею, и невольно с общего разговора соскочил на личные соображения о тех предложениях, которые ему были деланы для участия в австрийском походе, и о тех причинах, почему он не принял их. Несмотря на то, что разговор был очень нескладный и что Вера сердилась за вмешательство мужского элемента, оба супруга с удовольствием чувствовали, что, несмотря

one guest was present, their evening had begun very well and was as like as two peas to every other evening party with its talk, tea, and lighted candles.

Before long Borís, Berg's old comrade, arrived. There was a shade of condescension and patronage in his treatment of Berg and Véra. After Borís came a lady with the colonel, then the general himself, then the Rostóvs, and the party became unquestionably exactly like all other evening parties. Berg and Véra could not repress their smiles of satisfaction at the sight of all this movement in their drawing room, at the sound of the disconnected talk, the rustling of dresses, and the bowing and scraping. Everything was just as everybody always has it, especially so the general, who admired the apartment, patted Berg on the shoulder, and with parental authority superintended the setting out of the table for boston. The general sat down by Count Ilyá Rostóv, who was next to himself the most important guest. The old people sat with the old, the young with the young, and the hostess at the tea table, on which stood exactly the same kind of cakes in a silver cake basket as the Panins had at their party. Everything was just as it was everywhere else.

на то, что был только один гость, вечер был начат очень хорошо и что вечер был как две капли воды похож на всякий другой вечер с разговорами, чаем и зажженными свечами.

Вскоре приехал Борис, старый товарищ Берга. Он с некоторым оттенком превосходства и покровительства обращался с Бергом и Верой. За Борисом приехала дама с полковником, потом сам генерал, потом Ростовы, и вечер уже совершенно несомненно стал похож на все вечера. Берг с Верой не могли удерживать радостной улыбки при виде этого движения по гостиной, при звуке этого бессвязного говора, шуршанья платьев и поклонов. Все было, как и у всех, особенно похож был генерал, похваливший квартирку, потрепавший по плечу Берга и с отеческим самоуправством распорядившийся постановкой бостонного стола. Генерал подсел к графу Илье Андреичу, как к самому знатному из гостей после себя. Старички со старичками, молодые с молодыми, хозяйка у чайного стола, на котором были точна такие же печенья в серебряной корзинке, какие были у Паниных на вечере, все было совершенно так же, как у других.

XXI

Pierre, as one of the principal guests, had to sit down to boston with Count Rostóv, the general, and the colonel. At the card table he happened to be directly facing Natásha, and was struck by a curious change that had come over her since the ball. She was silent, and not only less pretty than at the ball, but only redeemed from plainness by her look of gentle indifference to everything around.

"What's the matter with her?" thought Pierre, glancing at her. She was sitting by her sister at the tea table, and reluctantly, without looking at him, made some reply to Borís who sat down beside her. After playing out a whole suit and to his partner's delight taking five tricks, Pierre, hearing greetings and the steps of someone who had entered the room while he was picking up his tricks, glanced again at Natásha.

"What has happened to her?" he asked himself with still greater surprise.

Prince Andrew was standing before her, saying something to her with a look of tender solicitude. She, having raised her head, was looking up at him, flushed and evidently trying to master her rapid breathing. And the bright glow of some inner fire that had been suppressed was again alight in her. She was completely transformed and from a plain girl had again become what she had been at the ball.

Prince Andrew went up to Pierre, and the latter noticed a new and youthful expression in his friend's face.

Pierre changed places several times during the game, sitting now with his back to Natásha and now facing her, but during the whole of the six rubbers he watched her and his friend.

"Something very important is happening between them," thought Pierre, and a feeling that was both joyful and painful agitated him and made him neglect the game.

After six rubbers the general got up, saying that it was no use playing like that, and Pierre

XXI

Пьер, как один из почетнейших гостей, должен был сесть в бостон с Ильей Андреичем, генералом и полковником. Пьеру за бостонным столом пришлось сидеть против Наташи, и странная перемена, происшедшая в ней со дня бала, поразила его. Наташа была молчалива и не только не была так хороша, как она была на бале, но она была бы дурна, ежели бы она не имела такого кроткого и равнодушного ко всему вида.

«Что с ней?» — подумал Пьер, взглянув на нее. Она сидела подле сестры у чайного стола и неохотно, не глядя на него, отвечала что-то подсевшему к ней Борису. Отходив целую масть и забрав к удовольствию своего партнера пять взяток, Пьер, слышавший говор приветствий и звук чьих-то шагов, вошедших в комнату во время сбора взяток, опять взглянул на нее.

«Что с ней сделалось?» — еще удивленнее сказал он сам себе.

Князь Андрей с бережливо-нежным выражением стоял перед нею и говорил ей что-то. Она, подняв голову, разрумянившись и, видимо, стараясь удержать порывистое дыханье, смотрела на него. И яркий свет какого-то внутреннего, прежде потушенного огня опять горел в ней. Она вся преобразилась. Из дурной опять сделалась такою же, какою она была на бале.

Князь Андрей подошел к Пьеру, и Пьер заметил новое, молодое выражение и в лице своего друга.

Пьер несколько раз пересаживался во время игры, то спиной, то лицом к Наташе, и во все продолжение шести робберов делал наблюдения над ней и своим другом.

«Что-то очень важное происходит между ними», — думал Пьер, и радостное и вместе горькое чувство заставляло его волноваться и забывать об игре.

После шести робберов генерал встал, сказав, что эдак невозможно играть, и Пьер

was released. Natásha on one side was talking with Sónya and Borís, and Véra with a subtle smile was saying something to Prince Andrew. Pierre went up to his friend and, asking whether they were talking secrets, sat down beside them. Véra, having noticed Prince Andrew's attentions to Natásha, decided that at a party, a real evening party, subtle allusions to the tender passion were absolutely necessary and, seizing a moment when Prince Andrew was alone, began a conversation with him about feelings in general and about her sister. With so intellectual a guest as she considered Prince Andrew to be, she felt that she had to employ her diplomatic tact.

When Pierre went up to them he noticed that Véra was being carried away by her self-satisfied talk, but that Prince Andrew seemed embarrassed, a thing that rarely happened with him.

"What do you think?" Véra was saying with an arch smile. "You are so discerning, Prince, and understand people's characters so well at a glance. What do you think of Natalie? Could she be constant in her attachments? Could she, like other women" (Véra meant herself), "love a man once for all and remain true to him forever? That is what I consider true love. What do you think, Prince?"

"I know your sister too little," replied Prince Andrew, with a sarcastic smile under which he wished to hide his embarrassment, "to be able to solve so delicate a question, and then I have noticed that the less attractive a woman is the more constant she is likely to be," he added, and looked up at Pierre who was just approaching them.

"Yes, that is true, Prince. In our days," continued Véra—mentioning "our days" as people of limited intelligence are fond of doing, imagining that they have discovered and appraised the peculiarities of "our days" and that human characteristics change with the times—"in our days a girl has so much freedom that the pleasure of being courted often stifles real feeling in her. And it must be confessed that Natalie is very

получил свободу. Наташа в одной стороне говорила с Соней и Борисом. Вера о чем-то с тонкой улыбкой говорила с князем Андреем. Пьер подошел к своему другу и, спросив, не тайна ли то, что говорится, сел подле них. Вера, заметив внимание князя Андрея к Наташе, нашла, что на вечере, на настоящем вечере, необходимо нужно, чтобы были тонкие намеки на чувства, и, улучив время, когда князь Андрей был один, начала с ним разговор о чувствах вообще и о своей сестре. Ей нужно было с таким умным (каким она считала князя Андрея) гостем приложить к делу свое дипломатическое искусство.

Когда Пьер подошел к ним, он заметил, что Вера находилась в самодовольном увлечении разговора, князь Андрей (что с ним редко бывало) казался смущен.

— Как вы полагаете? — с тонкой улыбкой говорила Вера. — Вы, князь, так проницательны и так понимаете сразу характеры людей. Что вы думаете о Натали, может ли она быть постоянна в своих привязанностях, может ли она так, как другие женщины (Вера разумела себя), один раз полюбить человека и навсегда остаться ему верною? Это я считаю настоящею любовью. Как вы думаете, князь?

— Я слишком мало знаю вашу сестру, — отвечал князь Андрей с насмешливой улыбкой, под которой он хотел скрыть свое смущение, — чтобы решить такой тонкий вопрос; и потом, я замечал, что чем менее нравится женщина, тем она бывает постояннее, — прибавил он и посмотрел на Пьера, подошедшего в это время к ним.

— Да, это правда, князь; в наше время, — продолжала Вера (упоминая о нашем времени, как вообще любят упоминать ограниченные люди, полагающие, что они нашли и оценили особенности нашего времени и что свойства людей изменяются со временем), — в наше время девушка имеет столько свободы, что le plaisir d'être courtisée [1] часто заглушает в ней истинное чувство. Et Nathalie,

---

[1] удовольствие быть замеченною.

susceptible." This return to the subject of Natalie caused Prince Andrew to knit his brows with discomfort: he was about to rise, but Véra continued with a still more subtle smile:

"I think no one has been more courted than she," she went on, "but till quite lately she never cared seriously for anyone. Now you know, Count," she said to Pierre, "even our dear cousin Borís, who, between ourselves, was very far gone in the land of tenderness..." (alluding to a map of love much in vogue at that time).

Prince Andrew frowned and remained silent.
"You are friendly with Borís, aren't you?" asked Véra.
"Yes, I know him...."
"I expect he has told you of his childish love for Natásha?"
"Oh, there was childish love?" suddenly asked Prince Andrew, blushing unexpectedly.
"Yes, you know between cousins intimacy often leads to love. Le cousinage est un dangereux voisinage (cousinhood is a dangerous neighborhood). Don't you think so?"
"Oh, undoubtedly!" said Prince Andrew, and with sudden and unnatural liveliness he began chaffing Pierre about the need to be very careful with his fifty-year-old Moscow cousins, and in the midst of these jesting remarks he rose, taking Pierre by the arm, and drew him aside.

"Well?" asked Pierre, seeing his friend's strange animation with surprise, and noticing the glance he turned on Natásha as he rose.

"I must... I must have a talk with you," said Prince Andrew. "You know that pair of women's gloves?" (He referred to the Masonic gloves given to a newly initiated Brother to present to the

il faut l'avouer, y est très sensible [2]. — Возвращение к Натали опять заставило неприятно поморщиться князя Андрея; он хотел встать, но Вера продолжала с еще более утонченной улыбкой.

— Я думаю, никто так не был courtisée, как она, — говорила Вера, — но никогда, до самого последнего времени никто серьезно ей не нравился. Вот вы знаете, граф, — обратилась она к Пьеру, — даже наш милый cousin Борис, который был, entre nous, очень и очень dans le pays du tendre... [3] — говорила она, намекая на бывшую в ходу тогда карту любви.

Князь Андрей, нахмурившись, молчал.
— Вы ведь дружны с Борисом? — сказала ему Вера.
— Да, я его знаю...
— Он, верно, вам говорил про свою детскую любовь к Наташе?
— А была детская любовь? — вдруг неожиданно покраснев, спросил князь Андрей.
— Да. Vous savez entre cousin et cousine cette intimité mène quelquefois à l'amour: le cousinage est un dangereux voisinage. N'est ce pas? [4]
— О, без сомнения, — сказал князь Андрей, и вдруг, неестественно оживившись, он стал шутить с Пьером о том, как он должен быть осторожным в своем обращении с своими пятидесятилетними московскими кузинами, и в середине шутливого разговора встал и, взяв под руку Пьера, отвел его в сторону.

— Ну что? — сказал Пьер, с удивлением смотревший на странное оживление своего друга и заметивший взгляд, который он, вставая, бросил на Наташу.

— Мне надо, мне надо поговорить с тобой, — сказал князь Андрей. — Ты знаешь наши женские перчатки (он говорил о тех масонских перчатках, которые давались

---

[2] И Натали, надо признаться, к этому очень чувствительна.

[3] между нами будь сказано... в стране нежного.

[4] Вы знаете, между двоюродным братом и сестрой эта близость очень часто приводит к любви. Двоюродные — опасное дело. Не правда ли?

woman he loved.) "I... but no, I will talk to you later on," and with a strange light in his eyes and restlessness in his movements, Prince Andrew approached Natásha and sat down beside her. Pierre saw how Prince Andrew asked her something and how she flushed as she replied.

But at that moment Berg came to Pierre and began insisting that he should take part in an argument between the general and the colonel on the affairs in Spain.

Berg was satisfied and happy. The smile of pleasure never left his face. The party was very successful and quite like other parties he had seen. Everything was similar: the ladies' subtle talk, the cards, the general raising his voice at the card table, and the samovar and the tea cakes; only one thing was lacking that he had always seen at the evening parties he wished to imitate. They had not yet had a loud conversation among the men and a dispute about something important and clever. Now the general had begun such a discussion and so Berg drew Pierre to it.

вновь избранному брату для вручения любимой женщине). Я... Но нет, я после поговорю с тобой... — И с странным блеском в глазах и беспокойством в движениях князь Андрей подошел к Наташе и сел подле нее. Пьер видел, как князь Андрей что-то спросил у нее, и она, вспыхнув, отвечала ему.

Но в это время Берг подошел к Пьеру, настоятельно упрашивая его принять участие в споре между генералом и полковником об испанских делах.

Берг был доволен и счастлив. Улыбка радости не сходила с его лица. Вечер был очень хорош и совершенно такой, как и другие вечера, которые он видел. Все было похоже. И дамские тонкие разговоры, и карты, и за картами генерал, возвышающий голос, и самовар, и печенье; но одного еще недоставало, того, что он всегда видел на вечерах, которым он желал подражать. Недоставало громкого разговора между мужчинами и спора о чем-нибудь важном и умном. Генерал начал этот разговор, и к нему-то Берг привлек Пьера.

XXII

Next day, having been invited by the count, Prince Andrew dined with the Rostóvs and spent the rest of the day there.

Everyone in the house realized for whose sake Prince Andrew came, and without concealing it he tried to be with Natásha all day. Not only in the soul of the frightened yet happy and enraptured Natásha, but in the whole house, there was a feeling of awe at something important that was bound to happen. The countess looked with sad and sternly serious eyes at Prince Andrew when he talked to Natásha and timidly started some artificial conversation about trifles as soon as he looked her way. Sónya was afraid to leave Natásha and afraid of being in the way when she was with them. Natásha grew pale, in a panic of expectation, when she remained alone with him for a moment. Prince Andrew surprised her by his timidity. She felt that he wanted to say something to her but could not bring himself to do so.

In the evening, when Prince Andrew had left, the countess went up to Natásha and whispered:

"Well, what?"

"Mamma! For heaven's sake don't ask me anything now! One can't talk about that," said Natásha.

But all the same that night Natásha, now agitated and now frightened, lay a long time in her mother's bed gazing straight before her. She told her how he had complimented her, how he told her he was going abroad, asked her where they were going to spend the summer, and then how he had asked her about Borís.

"But such a... such a... never happened to me before!" she said. "Only I feel afraid in his presence. I am always afraid when I'm with him. What does that mean? Does it mean that it's the real thing? Yes? Mamma, are you asleep?"

"No, my love; I am frightened myself," answered her mother. "Now go!"

XXII

На другой день князь Андрей поехал к Ростовым обедать, так как его звал граф Илья Андреич, и провел у них целый день.

Все в доме чувствовали, для кого ездил князь Андрей, и он, не скрывая, целый день старался быть с Наташей. Не только в душе Наташи, испуганной, но счастливой и восторженной, но во всем доме чувствовался страх перед чем-то важным, имеющим совершиться. Графиня печальными и серьезно-строгими глазами смотрела на князя Андрея, когда он говорил с Наташей, и робко и притворно начинала какой-нибудь ничтожный разговор, как скоро он оглядывался на нее. Соня боялась уйти от Наташи и боялась быть помехой, когда она была с ними. Наташа бледнела от страха ожидания, когда она на минуту оставалась с ним с глазу на глаз. Князь Андрей поражал ее своей робостью. Она чувствовала, что ему нужно было сказать ей что-то, но что он не мог на это решиться.

Когда вечером князь Андрей уехал, графиня подошла к Наташе и шепотом сказала:

— Ну что?

— Мама! ради Бога, ничего не спрашивайте у меня теперь. Это нельзя говорить, — сказала Наташа.

Но несмотря на то, в этот вечер Наташа, то взволнованная, то испуганная, с останавливающимися глазами лежала долго в постели матери. То она рассказывала ей, как он хвалил ее, то, как он говорил, что поедет за границу, то, что он спрашивал, где они будут жить это лето, то, как он спрашивал ее про Бориса.

— Но такого, такого... со мной никогда не бывало! — говорила она. — Только мне страшно при нем, мне всегда страшно при нем, что это значит? Значит, что это настоящее, да? Мама, вы спите?

— Нет, душа моя, мне самой страшно, — отвечала мать. — Иди.

"All the same I shan't sleep. What silliness, to sleep! Mummy! Mummy! such a thing never happened to me before," she said, surprised and alarmed at the feeling she was aware of in herself. "And could we ever have thought!..."

It seemed to Natásha that even at the time she first saw Prince Andrew at Otrádnoe she had fallen in love with him. It was as if she feared this strange, unexpected happiness of meeting again the very man she had then chosen (she was firmly convinced she had done so) and of finding him, as it seemed, not indifferent to her.

"And it had to happen that he should come specially to Petersburg while we are here. And it had to happen that we should meet at that ball. It is fate. Clearly it is fate that everything led up to this! Already then, directly I saw him I felt something peculiar."

"What else did he say to you? What are those verses? Read them..." said her mother, thoughtfully, referring to some verses Prince Andrew had written in Natásha's album.

"Mamma, one need not be ashamed of his being a widower?"

"Don't, Natásha! Pray to God. 'Marriages are made in heaven,'" said her mother.

"Darling Mummy, how I love you! How happy I am!" cried Natásha, shedding tears of joy and excitement and embracing her mother.

At that very time Prince Andrew was sitting with Pierre and telling him of his love for Natásha and his firm resolve to make her his wife.

That day Countess Hélène had a reception at her house. The French ambassador was there, and a foreign prince of the blood who had of late become a frequent visitor of hers, and many brilliant ladies and gentlemen. Pierre, who had come downstairs, walked through the rooms and struck everyone by his preoccupied, absent-minded, and morose air.

Since the ball he had felt the approach of a fit of nervous depression and had made desperate

— Все равно я не буду спать. Что за глупости спать! Мамаша, мамаша, такого со мной никогда не бывало! — говорила она с удивлением и испугом перед тем чувством, которое она сознавала в себе. — И могли ли мы думать!..

Наташе казалось, что еще когда она в первый раз увидала князя Андрея в Отрадном, она влюбилась в него. Ее как будто пугало это странное, неожиданное счастье, что тот, кого она выбрала еще тогда (она твердо была уверена в этом), что тот самый теперь опять встретился ей и, как кажется, неравнодушен к ней.

«И надо было ему нарочно теперь, когда мы здесь, приехать в Петербург. И надо было нам встретиться на этом бале. Все это судьба. Ясно, что это судьба, что все это велось к этому. Еще тогда, как только я увидала его, я почувствовала что-то особенное».

— Что ж он тебе еще говорил? Какие стихи-то эти? Прочти... — задумчиво сказала мать, спрашивая про стихи, которые князь Андрей написал в альбом Наташе.

— Мама, это не стыдно, что он вдовец?

— Полно, Наташа. Молись Богу. Les mariages se font dans les cieux [1].

— Голубушка мамаша, как я вас люблю, как мне хорошо! — крикнула Наташа, плача слезами счастья и волнения и обнимая мать.

В это же самое время князь Андрей сидел у Пьера и говорил ему о своей любви к Наташе и твердо взятом намерении жениться на ней.

В этот день у графини Елены Васильевны был раут, был французский посланник, был принц, сделавшийся с недавнего времени частым посетителем дома графини, и много блестящих дам и мужчин. Пьер был внизу, прошелся по залам и поразил всех гостей своим сосредоточенно-рассеянным и мрачным видом.

Пьер со времени бала чувствовал в себе приближение припадков ипохондрии и с от-

---

[1] Браки совершаются на небесах.

efforts to combat it. Since the intimacy of his wife with the royal prince, Pierre had unexpectedly been made a gentleman of the bedchamber, and from that time he had begun to feel oppressed and ashamed in court society, and dark thoughts of the vanity of all things human came to him oftener than before. At the same time the feeling he had noticed between his protégée Natásha and Prince Andrew accentuated his gloom by the contrast between his own position and his friend's. He tried equally to avoid thinking about his wife, and about Natásha and Prince Andrew; and again everything seemed to him insignificant in comparison with eternity; again the question: for what? presented itself; and he forced himself to work day and night at Masonic labors, hoping to drive away the evil spirit that threatened him. Toward midnight, after he had left the countess' apartments, he was sitting upstairs in a shabby dressing gown, copying out the original transaction of the Scottish lodge of Freemasons at a table in his low room cloudy with tobacco smoke, when someone came in. It was Prince Andrew.

"Ah, it's you!" said Pierre with a preoccupied, dissatisfied air. "And I, you see, am hard at it." He pointed to his manuscript book with that air of escaping from the ills of life with which unhappy people look at their work.

Prince Andrew, with a beaming, ecstatic expression of renewed life on his face, paused in front of Pierre and, not noticing his sad look, smiled at him with the egotism of joy.

"Well, dear heart," said he, "I wanted to tell you about it yesterday and I have come to do so today. I never experienced anything like it before. I am in love, my friend!"

Suddenly Pierre heaved a deep sigh and dumped his heavy person down on the sofa beside Prince Andrew.

"With Natásha Rostóva, yes?" said he.

"Yes, yes! Who else should it be? I should never have believed it, but the feeling is stronger than I. Yesterday I tormented myself and suffered, but I would not exchange even that torment for anything in the world, I have not lived till now. At last I live, but I can't live without her!

чаянным усилием старался бороться против них. Со времени сближения принца с его женою Пьер неожиданно был пожалован в камергеры, и с этого времени он стал чувствовать тяжесть и стыд в большом обществе, и чаще ему стали приходить прежние мрачные мысли о тщете всего человеческого. В это же время замеченное им чувство между покровительствуемой им Наташей и князем Андреем, своей противоположностью между его положением и положением его друга, еще усиливало это мрачное настроение. Он одинаково старался избегать мыслей о своей жене и о Наташе и князе Андрее. Опять все ему казалось ничтожно в сравнении с вечностью, опять представлялся вопрос: к чему? И он дни и ночи заставлял себя трудиться над масонскими работами, надеясь отогнать приближение злого духа. Пьер в двенадцатом часу, выйдя из покоев графини, сидел у себя наверху перед столом в накуренной низкой комнате, в затасканном халате и переписывал подлинные шотландские акты, когда кто-то вошел к нему в комнату. Это был князь Андрей.

— А, это вы, — сказал Пьер с рассеянным и недовольным видом. — А я вот работаю, — сказал он, указывая на тетрадь с тем видом спасения от невзгод жизни, с которым смотрят несчастливые люди на свою работу.

Князь Андрей с сияющим, восторженным и обновленным к жизни лицом остановился перед Пьером и, не замечая его печального лица, с эгоизмом счастия улыбнулся ему.

— Ну, душа моя, — сказал он, — я вчера хотел сказать тебе и нынче за этим приехал к тебе. Никогда не испытывал ничего подобного. Я влюблен, мой друг.

Пьер вдруг тяжело вздохнул и повалился своим тяжелым телом на диван подле князя Андрея.

— В Наташу Ростову, да? — сказал он.

— Да, да, в кого же? Никогда не поверил бы, но это чувство сильнее меня. Вчера я мучился, страдал, но и мученья этого я не отдам ни за что в мире. Я не жил прежде. Теперь только я живу, но я не могу жить без нее. Но может ли она любить меня?.. Я стар

But can she love me?... I am too old for her.... Why don't you speak?"

"I? I? What did I tell you?" said Pierre suddenly, rising and beginning to pace up and down the room. "I always thought it.... That girl is such a treasure... she is a rare girl.... My dear friend, I entreat you, don't philosophize, don't doubt, marry, marry, marry.... And I am sure there will not be a happier man than you."

"But what of her?"

"She loves you."

"Don't talk rubbish..." said Prince Andrew, smiling and looking into Pierre's eyes.

"She does, I know," Pierre cried fiercely.

"But do listen," returned Prince Andrew, holding him by the arm. "Do you know the condition I am in? I must talk about it to someone."

"Well, go on, go on. I am very glad," said Pierre, and his face really changed, his brow became smooth, and he listened gladly to Prince Andrew. Prince Andrew seemed, and really was, quite a different, quite a new man. Where was his spleen, his contempt for life, his disillusionment? Pierre was the only person to whom he made up his mind to speak openly; and to him he told all that was in his soul. Now he boldly and lightly made plans for an extended future, said he could not sacrifice his own happiness to his father's caprice, and spoke of how he would either make his father consent to this marriage and love her, or would do without his consent; then he marveled at the feeling that had mastered him as at something strange, apart from and independent of himself.

"I should not have believed anyone who told me that I was capable of such love," said Prince Andrew. "It is not at all the same feeling that I knew in the past. The whole world is now for me divided into two halves: one half is she, and there all is joy, hope, light: the other half is everything where she is not, and there is all gloom and darkness...."

"Darkness and gloom," reiterated Pierre: "yes, yes, I understand that."

для нее... Что ты не говоришь?..

— Я? Я? Что я говорил вам, — вдруг сказал Пьер, вставая и начиная ходить по комнате. — Я всегда это думал... Эта девушка такое сокровище, такое... Это редкая девушка... Милый друг, я вас прошу, вы не умствуйте, не сомневайтесь, женитесь, женитесь и женитесь... И я уверен, что счастливее вас не будет человека.

— Но она?

— Она любит вас.

— Не говори вздору... — сказал князь Андрей, улыбаясь и глядя в глаза Пьеру.

— Любит, я знаю, — сердито закричал Пьер.

— Нет, слушай, — сказал князь Андрей, останавливая его за руку. — Ты знаешь ли, в каком я положении? Мне нужно сказать все кому-нибудь.

— Ну, ну, говорите, я очень рад, — говорил Пьер, и действительно лицо его изменилось, морщина разгладилась, и он радостно слушал князя Андрея. Князь Андрей казался и был совсем другим, новым человеком. Где была его тоска, его презрение к жизни, его разочарованность? Пьер был единственный человек, перед которым он решался высказаться; но за то ему он уже высказывал все, что у него было на душе. То он легко и смело делал планы на продолжительное будущее, говорил о том, как он не может пожертвовать своим счастьем для каприза своего отца, как он заставит отца согласиться на этот брак и полюбить ее или обойдется без его согласия, то он удивлялся, как на что-то странное, чуждое, от него не зависящее, на то чувство, которое владело им.

— Я бы не поверил тому, кто бы мне сказал, что я могу так любить, — говорил князь Андрей. — Это совсем не то чувство, которое было у меня прежде. Весь мир разделен для меня на две половины: одна — она, и там все счастье, надежда, свет; другая половина — все, где ее нет, там все уныние и темнота...

— Темнота и мрак, — повторил Пьер, — да, да, я понимаю это.

"I cannot help loving the light, it is not my fault. And I am very happy! You understand me? I know you are glad for my sake."

"Yes, yes," Pierre assented, looking at his friend with a touched and sad expression in his eyes. The brighter Prince Andrew's lot appeared to him, the gloomier seemed his own.

— Я не могу не любить света, я не виноват в этом. И я очень счастлив. Ты понимаешь меня? Я знаю, что ты рад за меня.

— Да, да, — подтверждал Пьер, умиленными и грустными глазами глядя на своего друга. Чем светлее представлялась ему судьба князя Андрея, тем мрачнее представлялась своя собственная.

XXIII

Prince Andrew needed his father's consent to his marriage, and to obtain this he started for the country next day.

His father received his son's communication with external composure, but inward wrath. He could not comprehend how anyone could wish to alter his life or introduce anything new into it, when his own life was already ending. "If only they would let me end my days as I want to," thought the old man, "then they might do as they please." With his son, however, he employed the diplomacy he reserved for important occasions and, adopting a quiet tone, discussed the whole matter.

In the first place the marriage was not a brilliant one as regards birth, wealth, or rank. Secondly, Prince Andrew was no longer as young as he had been and his health was poor (the old man laid special stress on this), while she was very young. Thirdly, he had a son whom it would be a pity to entrust to a chit of a girl. "Fourthly and finally," the father said, looking ironically at his son, "I beg you to put it off for a year: go abroad, take a cure, look out as you wanted to for a German tutor for Prince Nicholas. Then if your love or passion or obstinacy—as you please—is still as great, marry! And that's my last word on it. Mind, the last..." concluded the prince, in a tone which showed that nothing would make him alter his decision.

Prince Andrew saw clearly that the old man hoped that his feelings, or his fiancée's, would not stand a year's test, or that he (the old prince himself) would die before then, and he decided to conform to his father's wish—to propose, and postpone the wedding for a year.

Three weeks after the last evening he had spent with the Rostóvs, Prince Andrew returned to Petersburg.

Next day after her talk with her mother Natásha expected Bolkónski all day, but he did not come. On the second and third day it was the same. Pierre did not come either and Natásha, not knowing that Prince Andrew had gone

XXIII

Для женитьбы нужно было согласие отца, и для этого на другой день князь Андрей уехал к отцу.

Отец с наружным спокойствием, но внутренней злобой принял сообщение сына. Он не мог понять того, чтобы кто-нибудь хотел изменить жизнь, вносить в нее что-нибудь новое, когда жизнь для него уже кончалась. «Дали бы только дожить так, как я хочу, а потом бы делали, что хотели», — говорил себе старик. С сыном, однако, он употребил ту дипломацию, которую он употреблял в важных случаях. Приняв спокойный тон, он обсудил все дело:

Во-первых, женитьба была не блестящая в отношении родства, богатства и знатности. Во-вторых, князь Андрей был не первой молодости и слаб здоровьем (старик особенно налегал на это), а она была очень молода. В-третьих, был сын, которого жалко было отдать девчонке. В-четвертых, наконец, сказал отец, насмешливо глядя на сына, «я тебя прошу, отложи дело на год, съезди за границу, полечись, сыщи, как ты и хочешь, немца для князь Николая, и потом, ежели уж любовь, страсть, упрямство, что хочешь, так велики, тогда женись. И это последнее мое слово, знай, последнее...» — кончил князь таким тоном, которым показывал, что ничто не заставит его изменить свое решение.

Князь Андрей ясно видел, что старик надеялся, что чувство его или его будущей невесты не выдержит испытания года или что он сам, старый князь, умрет к этому времени, и решил исполнить волю отца: сделать предложение и отложить свадьбу на год.

Через три недели после своего последнего вечера у Ростовых князь Андрей вернулся в Петербург.

На другой день после своего объяснения с матерью Наташа ждала целый день Болконского, но он не приехал. На другой, на третий день было то же, Пьер также не приезжал, и Наташа, не зная того, что князь Андрей уехал

to see his father, could not explain his absence to herself.

Three weeks passed in this way. Natásha had no desire to go out anywhere and wandered from room to room like a shadow, idle and listless; she wept secretly at night and did not go to her mother in the evenings. She blushed continually and was irritable. It seemed to her that everybody knew about her disappointment and was laughing at her and pitying her. Strong as was her inward grief, this wound to her vanity intensified her misery.

Once she came to her mother, tried to say something, and suddenly began to cry. Her tears were those of an offended child who does not know why it is being punished.

The countess began to soothe Natásha, who after first listening to her mother's words, suddenly interrupted her:

"Leave off, Mamma! I don't think, and don't want to think about it! He just came and then left off, left off...."

Her voice trembled, and she again nearly cried, but recovered and went on quietly:

"And I don't at all want to get married. And I am afraid of him; I have now become quite calm, quite calm."

The day after this conversation Natásha put on the old dress which she knew had the peculiar property of conducing to cheerfulness in the mornings, and that day she returned to the old way of life which she had abandoned since the ball. Having finished her morning tea she went to the ballroom, which she particularly liked for its loud resonance, and began singing her solfeggio. When she had finished her first exercise she stood still in the middle of the room and sang a musical phrase that particularly pleased her. She listened joyfully (as though she had not expected it) to the charm of the notes reverberating, filling the whole empty ballroom, and slowly dying away; and all at once she felt cheerful. "What's the good of making so much of it? Things are nice as it is," she said to herself, and she began walking up and down the room, not stepping simply on the resounding parquet but treading with each step from the heel to the toe (she had on a new and favorite pair of shoes) and listen-

к отцу, не могла объяснить его отсутствия.

Так прошли три недели. Наташа никуда не хотела выезжать, и, как тень, праздная и унылая, ходила по комнатам, вечером тайно от всех плакала и не являлась по вечерам к матери. Она беспрестанно краснела и раздражалась. Ей казалось, что все знают о ее разочаровании, смеются и жалеют о ней. При всей силе внутреннего горя, это тщеславное горе усиливало ее несчастие.

Однажды она пришла к графине, хотела что-то сказать ей и вдруг заплакала. Слезы ее были слезы обиженного ребенка, который сам не знает, за что он наказан.

Графиня стала успокоивать Наташу. Наташа, вслушивавшаяся сначала в слова матери, вдруг прервала ее:

— Перестаньте, мама, я и не думаю и не хочу думать! Так, поездил, и перестал, и перестал...

Голос ее задрожал, она чуть не заплакала, но оправилась и спокойно продолжала:

— И совсем я не хочу выходить замуж. И я его боюсь; я теперь совсем, совсем успокоилась...

На другой день после этого разговора Наташа надела то старое платье, которое было ей особенно известно за доставляемую им по утрам веселость, и с утра начала тот свой прежний образ жизни, от которого она отстала после бала. Она, напившись чаю, пошла в залу, которую она особенно любила за сильный резонанс, и начала петь свои солфеджи (упражнения пения). Окончив первый урок, она остановилась на середине залы и повторила одну музыкальную фразу, особенно понравившуюся ей. Она прислушалась радостно к той (как будто неожиданной для нее) прелести, с которою эти звуки, переливаясь, наполнили всю пустоту залы и медленно замерли, и ей вдруг стало весело. «Что об этом думать много, и так хорошо», — сказала она себе и стала взад и вперед ходить по зале, ступая не простыми шагами по звонкому паркету, но на всяком шагу переступая с каблучка (на ней были новые, люби-

ing to the regular tap of the heel and creak of the toe as gladly as she had to the sounds of her own voice. Passing a mirror she glanced into it. "There, that's me!" the expression of her face seemed to say as she caught sight of herself. "Well, and very nice too! I need nobody."

A footman wanted to come in to clear away something in the room but she would not let him, and having closed the door behind him continued her walk. That morning she had returned to her favorite mood—love of, and delight in, herself. "How charming that Natásha is!" she said again, speaking as some third, collective, male person. "Pretty, a good voice, young, and in nobody's way if only they leave her in peace." But however much they left her in peace she could not now be at peace, and immediately felt this.

In the hall the porch door opened, and someone asked, "At home?" and then footsteps were heard. Natásha was looking at the mirror, but did not see herself. She listened to the sounds in the hall. When she saw herself, her face was pale. It was he. She knew this for certain, though she hardly heard his voice through the closed doors.

Pale and agitated, Natásha ran into the drawing room.

"Mamma! Bolkónski has come!" she said. "Mamma, it is awful, it is unbearable! I don't want... to be tormented? What am I to do?..."

Before the countess could answer, Prince Andrew entered the room with an agitated and serious face. As soon as he saw Natásha his face brightened. He kissed the countess' hand and Natásha's, and sat down beside the sofa.

"It is long since we had the pleasure..." began the countess, but Prince Andrew interrupted her by answering her intended question, obviously in haste to say what he had to.

"I have not been to see you all this time because I have been at my father's. I had to talk over a very important matter with him. I only got back last night," he said glancing at Natásha; "I want to have a talk with you, Countess," he added after a moment's pause.

мые башмаки) на носок, и так же радостно, как и к звукам своего голоса, прислушиваясь к этому мерному топоту каблучка и поскрипыванию носка. Проходя мимо зеркала, она заглянула в него. «Вот она я! — как будто говорило выражение ее лица при виде себя. — Ну, и хорошо. И никого мне не нужно».

Лакей хотел войти, чтобы убрать что-то в зале, но она не пустила его, опять, затворив за ним дверь, продолжала свою прогулку. Она возвратилась в это утро опять к своему любимому состоянию любви к себе и восхищения перед собою. «Что за прелесть эта Наташа! — сказала она опять про себя словами какого-то третьего, собирательного мужского лица. — Хороша, голос, молода, и никому она не мешает, оставьте только ее в покое». Но сколько бы ни оставляли ее в покое, она уже не могла быть покойна и тотчас же почувствовала это.

В передней отворилась дверь подъезда, кто-то спросил: дома ли? — и послышались чьи-то шаги. Наташа смотрелась в зеркало, но она не видала себя. Она слушала звуки в передней. Когда она увидала себя, лицо ее было бледно. Это был он. Она это верно знала, хотя чуть слышала звук его голоса из затворенных дверей.

Наташа, бледная и испуганная, вбежала в гостиную.

— Мама, Болконский приехал! — сказала она. — Мама, это ужасно, это несносно! Я не хочу... мучиться! Что же мне делать?..

Еще графиня не успела ответить ей, как князь Андрей с тревожным и серьезным лицом вошел в гостиную. Как только он увидел Наташу, лицо его просияло. Он поцеловал руку графини и Наташи и сел подле дивана...

— Давно уже мы не имели удовольствия... — начала было графиня, но князь Андрей перебил ее, отвечая на ее вопрос и, очевидно, торопясь сказать то, что ему было нужно.

— Я не был у вас все это время, потому что был у отца. мне нужно было переговорить с ним о весьма важном деле. Я вчера ночью только вернулся, — сказал он, взглянув на Наташу. — Мне нужно переговорить с вами, графиня, — прибавил он после минут-

The countess lowered her eyes, sighing deeply.

"I am at your disposal," she murmured.

Natásha knew that she ought to go away, but was unable to do so: something gripped her throat, and regardless of manners she stared straight at Prince Andrew with wide-open eyes.

"At once? This instant!... No, it can't be!" she thought.

Again he glanced at her, and that glance convinced her that she was not mistaken. Yes, at once, that very instant, her fate would be decided.

"Go, Natásha! I will call you," said the countess in a whisper.

Natásha glanced with frightened imploring eyes at Prince Andrew and at her mother and went out.

"I have come, Countess, to ask for your daughter's hand," said Prince Andrew.

The countess' face flushed hotly, but she said nothing.

"Your offer..." she began at last sedately. He remained silent, looking into her eyes. "Your offer..." (she grew confused) "is agreeable to us, and I accept your offer. I am glad. And my husband... I hope... but it will depend on her...."

"I will speak to her when I have your consent.... Do you give it to me?" said Prince Andrew.

"Yes," replied the countess. She held out her hand to him, and with a mixed feeling of estrangement and tenderness pressed her lips to his forehead as he stooped to kiss her hand. She wished to love him as a son, but felt that to her he was a stranger and a terrifying man.

"I am sure my husband will consent," said the countess, "but your father..."

"My father, to whom I have told my plans, has made it an express condition of his consent that the wedding is not to take place for a year. And I wished to tell you of that," said Prince Andrew.

"It is true that Natásha is still young, but—so long as that?..."

ного молчания.

Графиня, тяжело вздохнув, опустила глаза.

— Я к вашим услугам, — проговорила она.

Наташа знала, что ей надо уйти, но она не могла этого сделать: что-то сжимало! ей горло, и она неучтиво, прямо, открытыми глазами смотрела на князя Андрея.

«Сейчас? Сию минуту!.. Нет, это не может быть!» — думала она.

Он опять взглянул на нее, и этот взгляд убедил ее в том, что она не ошиблась. Да, сейчас, сию минуту решалась ее судьба.

— Поди, Наташа, я позову тебя, — сказала графиня шепотом.

Наташа испуганными, умоляющими глазами взглянула на князя Андрея и на мать и вышла.

— Я приехал, графиня, просить руки вашей дочери, — сказал князь Андрей.

Лицо графини вспыхнуло, но она ничего не сказала.

— Ваше предложение... — степенно начала графиня. Он молчал, глядя ей в глаза. — Ваше предложение... (она сконфузилась) нам приятно, и... я принимаю ваше предложение, я рада. И муж мой... я надеюсь... но от нее самой будет зависеть...

— Я скажу ей тогда, когда буду иметь ваше согласие... даете ли вы мне его? — сказал князь Андрей.

— Да, — сказала графиня и протянула ему руку и с смешанным чувством отчужденности и нежности прижалась губами к его лбу, когда он наклонился над ее рукой. Она желала любить его, как сына; но чувствовала, что он был чужой и страшный для нее человек.

— Я уверена, что мой муж будет согласен, — сказала графиня, — но ваш батюшка...

— Мой отец, которому я сообщил свои планы, непременным условием согласия положил то, чтобы свадьба была не раньше года. И это-то я хотел сообщить вам, — сказал князь Андрей.

— Правда, что Наташа еще молода, но — так долго!

"It is unavoidable," said Prince Andrew with a sigh.

"I will send her to you," said the countess, and left the room.

"Lord have mercy upon us!" she repeated while seeking her daughter.

Sónya said that Natásha was in her bedroom. Natásha was sitting on the bed, pale and dry-eyed, and was gazing at the icons and whispering something as she rapidly crossed herself. Seeing her mother she jumped up and flew to her.

"Well, Mamma?... Well?..."

"Go, go to him. He is asking for your hand," said the countess, coldly it seemed to Natásha. "Go... go," said the mother, sadly and reproachfully, with a deep sigh, as her daughter ran away.

Natásha never remembered how she entered the drawing room. When she came in and saw him she paused. "Is it possible that this stranger has now become everything to me?" she asked herself, and immediately answered, "Yes, everything! He alone is now dearer to me than everything in the world." Prince Andrew came up to her with downcast eyes.

"I have loved you from the very first moment I saw you. May I hope?"

He looked at her and was struck by the serious impassioned expression of her face. Her face said: "Why ask? Why doubt what you cannot but know? Why speak, when words cannot express what one feels?"

She drew near to him and stopped. He took her hand and kissed it.

"Do you love me?"

"Yes, yes!" Natásha murmured as if in vexation. Then she sighed loudly and, catching her breath more and more quickly, began to sob.

"What is it? What's the matter?"

"Oh, I am so happy!" she replied, smiled through her tears, bent over closer to him, paused for an instant as if asking herself whether she might, and then kissed him.

Prince Andrew held her hands, looked into her eyes, and did not find in his heart his former love for her. Something in him had suddenly changed; there was no longer the former poetic

— Это не могло быть иначе, — со вздохом сказал князь Андрей.

— Я пошлю вам ее, — сказала графиня и вышла из комнаты.

— Господи, помилуй нас, — твердила она, отыскивая дочь.

Соня сказала, что Наташа в спальне. Наташа сидела на своей кровати, бледная, с сухими глазами, смотрела на образ и, быстро крестясь, шептала что-то. Увидав мать, она вскочила и бросилась к ней.

— Что? мама?.. Что?

— Поди, поди к нему. Он просит твоей руки, — сказала графиня холодно, как показалось Наташе... — Поди... поди, — проговорила мать с грустью и укоризной вслед убегавшей дочери и тяжело вздохнула.

Наташа не помнила, как она вошла в гостиную. Войдя в дверь и увидав его, она остановилась. «Неужели этот чужой человек сделался теперь все для меня?» — спросила она себя и мгновенно ответила: «Да, все: он один теперь дороже для меня всего на свете». Князь Андрей подошел к ней, опустив глаза.

— Я полюбил вас с той минуты, как увидал вас. Могу ли я надеяться?

Он взглянул на нее, и серьезная страстность выражения ее лица поразила его. Лицо ее говорило: «Зачем спрашивать? Зачем сомневаться в том, чего нельзя не знать? Зачем говорить, когда нельзя словами выразить того, что чувствуешь».

Она приблизилась к нему и остановилась. Он взял ее руку и поцеловал.

— Любите ли вы меня?

— Да, да, — как будто с досадой проговорила Наташа, громко вздохнула, другой раз, чаще и чаще, и зарыдала.

— О чем? Что с вами?

— Ах, я так счастлива, — отвечала она, улыбнулась сквозь слезы, нагнулась ближе к нему, подумала секунду, как будто спрашивая себя, можно ли это, и поцеловала его.

Князь Андрей держал ее руку, смотрел ей в глаза и не находил в своей душе прежней любви к ней. В душе его вдруг повернулось что-то: не было прежней поэтической и та-

and mystic charm of desire, but there was pity for her feminine and childish weakness, fear at her devotion and trustfulness, and an oppressive yet joyful sense of the duty that now bound him to her forever. The present feeling, though not so bright and poetic as the former, was stronger and more serious.

"Did your mother tell you that it cannot be for a year?" asked Prince Andrew, still looking into her eyes.

"Is it possible that I—the 'chit of a girl,' as everybody called me," thought Natásha—"is it possible that I am now to be the wife and the equal of this strange, dear, clever man whom even my father looks up to? Can it be true? Can it be true that there can be no more playing with life, that now I am grown up, that on me now lies a responsibility for my every word and deed? Yes, but what did he ask me?"

"No," she replied, but she had not understood his question.

"Forgive me!" he said. "But you are so young, and I have already been through so much in life. I am afraid for you, you do not yet know yourself."

Natásha listened with concentrated attention, trying but failing to take in the meaning of his words.

"Hard as this year which delays my happiness will be," continued Prince Andrew, "it will give you time to be sure of yourself. I ask you to make me happy in a year, but you are free: our engagement shall remain a secret, and should you find that you do not love me, or should you come to love..." said Prince Andrew with an unnatural smile.

"Why do you say that?" Natásha interrupted him. "You know that from the very day you first came to Otrádnoe I have loved you," she cried, quite convinced that she spoke the truth.

"In a year you will learn to know yourself...."

"A whole year!" Natásha repeated suddenly, only now realizing that the marriage was to be postponed for a year. "But why a year? Why a year?..."

Prince Andrew began to explain to her the

инственной прелести желания, а была жалость к ее женской и детской слабости, был страх перед ее преданностью и доверчивостью, тяжелое и вместе радостное сознание долга, навеки связавшего его с нею. Настоящее чувство, хотя и не было так светло и поэтично, как прежде, было серьезнее и сильнее.

— Сказала ли вам maman, что это не может быть раньше года? — сказал князь Андрей, продолжая глядеть в ее глаза.

«Неужели это я, та девочка-ребенок (все так говорили обо мне), — думала Наташа, — неужели я теперь с этой минуты жена, равная этого чужого, милого, умного человека, уважаемого даже отцом моим? Неужели это правда? Неужели правда, что теперь уже нельзя шутить жизнию, теперь уж я большая, теперь уж лежит на мне ответственность за всякое мое дело и слово? Да, что он спросил у меня?»

— Нет, — отвечала она, но она не понимала того, что он спрашивал.

— Простите меня, — сказал князь Андрей, — но вы так молоды, а я *уже* так много испытал жизни. Мне страшно за вас. Вы не знаете себя.

Наташа с сосредоточенным вниманием слушала, стараясь понять смысл его слов, и не понимала.

— Как ни тяжел мне будет этот год, отсрочивающий мое счастие, — продолжал князь Андрей, — в этот срок вы поверите себя. Я прошу вас через год сделать мое счастие; но вы свободны: помолвка наша останется тайной, и ежели вы убедились бы, что вы не любите меня, или полюбили бы... — сказал князь Андрей с неестественной улыбкой.

— Зачем вы это говорите? — перебила его Наташа. — Вы знаете, что с того самого дня, как вы в первый раз приехали в Отрадное, я полюбила вас, — сказала она, твердо уверенная, что она говорила правду.

— В год вы узнаете себя...

— Це-лый год! — вдруг сказала Наташа, теперь только поняв то, что свадьба отсрочена на год. — Да отчего ж год? Отчего ж год?..

— Князь Андрей стал ей объяснять при-

reasons for this delay. Natásha did not hear him.

"And can't it be helped?" she asked. Prince Andrew did not reply, but his face expressed the impossibility of altering that decision.

"It's awful! Oh, it's awful! awful!" Natásha suddenly cried, and again burst into sobs. "I shall die, waiting a year: it's impossible, it's awful!" She looked into her lover's face and saw in it a look of commiseration and perplexity.

"No, no! I'll do anything!" she said, suddenly checking her tears. "I am so happy."

The father and mother came into the room and gave the betrothed couple their blessing.

From that day Prince Andrew began to frequent the Rostóvs' as Natásha's affianced lover.

чины этой отсрочки. Наташа не слушала его.

— И нельзя иначе? — спросила она. Князь Андрей ничего не ответил, но в лице выразил невозможность изменить это решение.

— Это ужасно! Нет, это ужасно, ужасно! — вдруг заговорила Наташа, и опять зарыдала. — Я умру, дожидаясь года: это нельзя, это ужасно. — Она взглянула в лицо своего жениха и увидала в нем выражение сострадания и недоумения.

— Нет, нет, я все сделаю, — сказала она, вдруг остановив слезы, — я так счастлива!

Отец и мать вошли в комнату и благословили жениха и невесту.

С этого дня князь Андрей женихом стал ездить к Ростовым.

XXIV

XXIV

No betrothal ceremony took place and Natásha's engagement to Bolkónski was not announced; Prince Andrew insisted on that. He said that as he was responsible for the delay he ought to bear the whole burden of it; that he had given his word and bound himself forever, but that he did not wish to bind Natásha and gave her perfect freedom. If after six months she felt that she did not love him she would have full right to reject him. Naturally neither Natásha nor her parents wished to hear of this, but Prince Andrew was firm. He came every day to the Rostóvs', but did not behave to Natásha as an affianced lover: he did not use the familiar thou, but said you to her, and kissed only her hand. After their engagement, quite different, intimate, and natural relations sprang up between them. It was as if they had not known each other till now. Both liked to recall how they had regarded each other when as yet they were nothing to one another; they felt themselves now quite different beings: then they were artificial, now natural and sincere. At first the family felt some constraint in intercourse with Prince Andrew; he seemed a man from another world, and for a long time Natásha trained the family to get used to him, proudly assuring them all that he only appeared to be different, but was really just like all of them, and that she was not afraid of him and no one else ought to be. After a few days they grew accustomed to him, and without restraint in his presence pursued their usual way of life, in which he took his part. He could talk about rural economy with the count, fashions with the countess and Natásha, and about albums and fancywork with Sónya. Sometimes the household both among themselves and in his presence expressed their wonder at how it had all happened, and at the evident omens there had been of it: Prince Andrew's coming to Otrádnoe and their coming to Petersburg, and the likeness between Natásha and Prince Andrew which her nurse had noticed on his first visit, and Andrew's encounter with

Обручения не было, и никому не было объявлено о помолвке Болконского с Наташей; на этом настоял князь Андрей. Он говорил, что так как он причиной отсрочки, то он и должен нести всю тяжесть ее. Он говорил, что он навеки связал себя своим словом, но что он не хочет связывать Наташу и предоставляет ей полную свободу. Ежели она через полгода почувствует, что она не любит его, она будет в своем праве, ежели откажет ему. Само собою разумеется, что ни родители, ни Наташа не хотели слышать об этом; но князь Андрей настаивал на своем. Князь Андрей бывал каждый день у Ростовых, но не как жених обращался с Наташей: он говорил ей *вы* и целовал только ее руку. Между князем Андреем и Наташей после дня предложения установились совсем другие, чем прежде, близкие, простые отношения. Они как будто до сих пор не знали друг друга. И он и она любили вспоминать о том, как они смотрели друг на друга, когда были еще *ничем*; теперь оба они чувствовали себя совсем другими существами: тогда притворными, теперь простыми и искренними. Сначала в семействе чувствовалась неловкость в обращении с князем Андреем; он казался человеком из чуждого мира, и Наташа долго приучала домашних к князю Андрею и с гордостию уверяла всех, что он только кажется таким особенным, а что он такой же, как и все, и что она его не боится, и что никто не должен бояться его. После нескольких дней в семействе к нему привыкли и, не стесняясь, вели при нем прежний образ жизни, в котором он принимал участие. Он про хозяйство умел говорить с графом, и про наряды с графиней и Наташей, и про альбомы и канву с Соней. Иногда домашние Ростовы между собою и при князе Андрее удивлялись тому, как все это случилось и как очевидны были предзнаменования этого: и приезд князя Андрея в Отрадное, и их приезд в Петербург, и

Nicholas in 1805, and many other incidents betokening that it had to be.

In the house that poetic dullness and quiet reigned which always accompanies the presence of a betrothed couple. Often when all sitting together everyone kept silent. Sometimes the others would get up and go away and the couple, left alone, still remained silent. They rarely spoke of their future life. Prince Andrew was afraid and ashamed to speak of it. Natásha shared this as she did all his feelings, which she constantly divined. Once she began questioning him about his son. Prince Andrew blushed, as he often did now—Natásha particularly liked it in him—and said that his son would not live with them.

"Why not?" asked Natásha in a frightened tone.

"I cannot take him away from his grandfather, and besides..."

"How I should have loved him!" said Natásha, immediately guessing his thought; "but I know you wish to avoid any pretext for finding fault with us."

Sometimes the old count would come up, kiss Prince Andrew, and ask his advice about Pétya's education or Nicholas' service. The old countess sighed as she looked at them; Sónya was always getting frightened lest she should be in the way and tried to find excuses for leaving them alone, even when they did not wish it. When Prince Andrew spoke (he could tell a story very well), Natásha listened to him with pride; when she spoke she noticed with fear and joy that he gazed attentively and scrutinizingly at her. She asked herself in perplexity: "What does he look for in me? He is trying to discover something by looking at me! What if what he seeks in me is not there?" Sometimes she fell into one of the mad, merry moods characteristic of her, and then she particularly loved to hear and see how Prince Andrew laughed. He seldom laughed, but when he did he abandoned himself

сходство между Наташей и князем Андреем, которое заметила няня в первый приезд князя Андрея, и столкновение в 1805-м году между Андреем и Николаем, и еще много других предзнаменований того, что случилось, было замечено домашними.

В доме царствовала та поэтическая скука и молчаливость, которая всегда сопутствует присутствию жениха и невесты. Часто, сидя вместе, все молчали. Иногда вставали и уходили, и жених с невестой, оставаясь одни, все так же молчали. Редко они говорили о будущей своей жизни. Князю Андрею страшно и совестно было говорить об этом. Наташа разделяла это чувство, как и все его чувства, которые она постоянно угадывала. Один раз Наташа стала расспрашивать про его сына. Князь Андрей покраснел, что с ним часто случалось теперь и что особенно любила Наташа, и сказал, что сын его не будет жить с ними.

— Отчего? — испуганно сказала Наташа...

— Я не могу отнять его у деда, и потом...

— Как бы я его любила! — сказала Наташа, тотчас же угадав его мысль, — но я знаю, вы хотите, чтобы не было предлогов обвинять вас и меня.

Старый граф иногда подходил к князю Андрею, целовал его, спрашивал у него совета насчет воспитания Пети или службы Николая. Старая графиня вздыхала, глядя на них. Соня боялась всякую минуту быть лишней и старалась находить предлоги оставлять их одних, когда им этого и не нужно было. Когда князь Андрей говорил (он очень хорошо рассказывал), Наташа с гордостью слушала его; когда она говорила, то со страхом и радостью замечала, что он внимательно и испытующе смотрит на нее. Она с недоумением спрашивала себя: «Что он ищет во мне? Чего-то он добивается своим взглядом? Что, как нет во мне того, что он ищет этим взглядом?» Иногда она входила в свойственное ей безумно-веселое расположение духа, и тогда она особенно любила слушать и смотреть, как князь Андрей смеялся. Он редко

entirely to his laughter, and after such a laugh she always felt nearer to him. Natásha would have been completely happy if the thought of the separation awaiting her and drawing near had not terrified her, just as the mere thought of it made him turn pale and cold.

On the eve of his departure from Petersburg Prince Andrew brought with him Pierre, who had not been to the Rostóvs' once since the ball. Pierre seemed disconcerted and embarrassed. He was talking to the countess, and Natásha sat down beside a little chess table with Sónya, thereby inviting Prince Andrew to come too. He did so.

"You have known Bezúkhov a long time?" he asked. "Do you like him?"

"Yes, he's a dear, but very absurd."

And as usual when speaking of Pierre, she began to tell anecdotes of his absent-mindedness, some of which had even been invented about him.

"Do you know I have entrusted him with our secret? I have known him from childhood. He has a heart of gold. I beg you, Natalie," Prince Andrew said with sudden seriousness—"I am going away and heaven knows what may happen. You may cease to... all right, I know I am not to say that. Only this, then: whatever may happen to you when I am not here..."

"What can happen?"

"Whatever trouble may come," Prince Andrew continued, "I beg you, Mademoiselle Sophie, whatever may happen, to turn to him alone for advice and help! He is a most absent-minded and absurd fellow, but he has a heart of gold."

Neither her father, nor her mother, nor Sónya, nor Prince Andrew himself could have foreseen how the separation from her lover would act on Natásha. Flushed and agitated she went about the house all that day, dry-eyed, occupied with most trivial matters as if not understanding what awaited her. She did not even cry when, on taking leave, he kissed her hand for the last time.

"Don't go!" she said in a tone that made him wonder whether he really ought not to stay and which he remembered long afterwards. Nor did

смеялся, но зато когда он смеялся, то отдавался весь своему смеху, и всякий раз после этого смеха она чувствовала себя ближе к нему. Наташа была бы совершенно счастлива, ежели бы мысль о предстоящей и приближающейся разлуке не пугала ее.

Накануне своего отъезда из Петербурга князь Андрей привез с собой Пьера, со времени бала ни разу не бывшего у Ростовых. Пьер казался растерянным и смущенным. Он разговаривал с матерью. Наташа села с Соней у шахматного столика, приглашая этим к себе князя Андрея. Он подошел к ним.

— Вы ведь давно знаете Безухова? — спросил он. — Вы любите его?

— Да, он славный, но смешной очень.

И она, как всегда говоря о Пьере, стала рассказывать анекдоты о его рассеянности, анекдоты, которые даже выдумывали на него.

— Вы знаете, я поверил ему нашу тайну, — сказал князь Андрей. — Я знаю его с детства. Это золотое сердце. Я вас прошу, Натали, — сказал он вдруг серьезно, — я уеду. Бог знает, что может случиться. Вы можете разлю... Ну, знаю, что я не должен говорить об этом. Одно, — что бы ни случилось с вами, когда меня не будет...

— Что ж случится?..

— Какое бы горе ни было, — продолжал князь Андрей, — я вас прошу, mademoiselle Sophie, что бы ни случилось, обратитесь к нему одному за советом и помощью. Это самый рассеянный и смешной человек, но самое золотое сердце.

Ни отец и мать, ни Соня, ни сам князь Андрей не могли предвидеть того, как подействует на Наташу расставанье с ее женихом. Красная и взволнованная, с сухими глазами, она ходила этот день по дому, занимаясь самыми ничтожными делами, как будто не понимая того, что ожидает ее. Она не плакала и в ту минуту, как он, прощаясь, последний раз поцеловал ее руку.

— Не уезжайте! — только проговорила она ему таким голосом, который заставил его задуматься о том, не нужно ли ему дей-

she cry when he was gone; but for several days she sat in her room dry-eyed, taking no interest in anything and only saying now and then, "Oh, why did he go away?"

But a fortnight after his departure, to the surprise of those around her, she recovered from her mental sickness just as suddenly and became her old self again, but with a change in her moral physiognomy, as a child gets up after a long illness with a changed expression of face.

ствительно остаться, и который он долго помнил после этого. Когда он уехал, она тоже не плакала; но несколько дней она, не плача, сидела в своей комнате, не интересовалась ничем и только говорила иногда: «Ах, зачем он уехал!»

Но через две недели после его отъезда она, так же неожиданно для окружающих ее, очнулась от своей нравственной болезни, стала такая же, как прежде, но только с измененной нравственной физиономией, как дети с другим лицом встают с постели после продолжительной болезни.

XXV

During that year after his son's departure, Prince Nicholas Bolkónski's health and temper became much worse. He grew still more irritable, and it was Princess Mary who generally bore the brunt of his frequent fits of unprovoked anger. He seemed carefully to seek out her tender spots so as to torture her mentally as harshly as possible. Princess Mary had two passions and consequently two joys—her nephew, little Nicholas, and religion—and these were the favorite subjects of the prince's attacks and ridicule. Whatever was spoken of he would bring round to the superstitiousness of old maids, or the petting and spoiling of children. "You want to make him"—little Nicholas—"into an old maid like yourself! A pity! Prince Andrew wants a son and not an old maid," he would say. Or, turning to Mademoiselle Bourienne, he would ask her in Princess Mary's presence how she liked our village priests and icons and would joke about them.

He continually hurt Princess Mary's feelings and tormented her, but it cost her no effort to forgive him. Could he be to blame toward her, or could her father, whom she knew loved her in spite of it all, be unjust? And what is justice? The princess never thought of that proud word "justice." All the complex laws of man centered for her in one clear and simple law—the law of love and self-sacrifice taught us by Him who lovingly suffered for mankind though He Himself was God. What had she to do with the justice or injustice of other people? She had to endure and love, and that she did.

During the winter Prince Andrew had come to Bald Hills and had been gay, gentle, and more affectionate than Princess Mary had known him for a long time past. She felt that something had happened to him, but he said nothing to her about his love. Before he left he had a long

XXV

Здоровье и характер князя Николая Андреевича Болконского в этот последний год после отъезда сына очень ослабели. Он сделался еще более раздражителен, чем прежде, и все вспышки его беспричинного гнева большей частью обрушивались на княжну Марью. Он как будто старательно изыскивал все самые больные места ее, чтобы как можно жесточе нравственно мучить ее. У княжны Марьи были две страсти и потому две радости: племянник Николушка и религия, и обе были любимыми темами нападений и насмешек князя. О чем бы ни говорили, он сводил разговор на суеверия старых девок или на баловство и порчу детей. «Тебе хочется его (Николушку) сделать такой же старой девкой, как сама; напрасно: князю Андрею нужно сына, а не девку», — говорил он. Или, обращаясь к mademoiselle Bourienne, он спрашивал ее при княжне Марье, как ей нравятся наши попы и образа, и шутил...

Он беспрестанно больно оскорблял княжну Марью, но дочь даже не делала усилий над собой, чтобы прощать его. Разве мог бы он быть виноват перед нею, и разве мог отец ее, который (она все-таки знала это) любил ее, быть с ней несправедливым? Да и что такое справедливость? Княжна никогда не думала об этом гордом слове: справедливость. Все сложные законы человечества сосредоточивались для нее в одном простом и ясном законе — в законе любви и самоотвержения, преподанном нам тем, который с любовью страдал за человечество, когда сам он — Бог. Что ей было за дело до справедливости или несправедливости других людей? Ей надо было самой страдать и любить, и это она делала.

Зимою в Лысые Горы приезжал князь Андрей, был весел, кроток и нежен, каким его давно не видала княжна Марья. Она предчувствовала, что с ним случилось что-то, но он ничего не сказал княжне Марье о своей любви. Перед отъездом князь Андрей долго

talk with his father about something, and Princess Mary noticed that before his departure they were dissatisfied with one another.

Soon after Prince Andrew had gone, Princess Mary wrote to her friend Julie Karágina in Petersburg, whom she had dreamed (as all girls dream) of marrying to her brother, and who was at that time in mourning for her own brother, killed in Turkey.

Sorrow, it seems, is our common lot, my dear, tender friend Julie.

Your loss is so terrible that I can only explain it to myself as a special providence of God who, loving you, wishes to try you and your excellent mother. Oh, my friend! Religion, and religion alone, can—I will not say comfort us—but save us from despair. Religion alone can explain to us what without its help man cannot comprehend: why, for what cause, kind and noble beings able to find happiness in life—not merely harming no one but necessary to the happiness of others—are called away to God, while cruel, useless, harmful persons, or such as are a burden to themselves and to others, are left living. The first death I saw, and one I shall never forget—that of my dear sister-in-law—left that impression on me. Just as you ask destiny why your splendid brother had to die, so I asked why that angel Lise, who not only never wronged anyone, but in whose soul there were never any unkind thoughts, had to die. And what do you think, dear friend? Five years have passed since then, and already I, with my petty understanding, begin to see clearly why she had to die, and in what way that death was but an expression of the infinite goodness of the Creator, whose every action, though generally incomprehensible to us, is but a manifestation of His infinite love for His creatures. Perhaps, I often think, she was too angelically innocent to have the strength to perform all a mother's duties. As a young wife she was irreproachable; perhaps she could not have been so as a mother. As it is, not only has she left us, and particularly Prince Andrew, with the purest regrets and memories, but probably she will there receive a place I dare not hope for myself. But not to speak of her alone, that early

беседовал о чем-то с отцом, и княжна Марья заметила, что перед отъездом оба были недовольны друг другом.

Вскоре после отъезда князя Андрея княжна Марья писала из Лысых Гор в Петербург своему другу Жюли Карагиной, которую княжна Марья мечтала, как мечтают всегда девушки, выдать за своего брата и которая в это время была в трауре по случаю смерти своего брата, убитого в Турции.

«Горести, видно, общий удел наш, милый и нежный друг Julie.

Ваша потеря так ужасна, что я иначе не могу себе объяснить ее, как особенной милостью Бога, который хочет испытать — любя вас — вас и вашу превосходную мать. Ах, мой друг, религия, и только одна религия, может нас уже не говорю утешить, но избавить от отчаяния; одна религия может объяснить нам то, чего без ее помощи не может понять человек: для чего, зачем существа добрые, возвышенные, умеющие находить счастие в жизни, никому не только не вредящие, но необходимые для счастия других, — призываются к Богу, а остаются жить злые, бесполезные, вредные или такие, которые в тягость себе и другим. Первая смерть, которую я видела и которую никогда не забуду, — смерть моей милой невестки, произвела на меня такое впечатление. Точно так же, как и вы спрашиваете судьбу, для чего было умирать вашему прекрасному брату, точно так же спрашивала я, для чего было умирать этому ангелу — Лизе, которая не только не сделала какого-нибудь зла человеку, но никогда, кроме добрых мыслей, не имела в своей душе. И что ж, мой друг? вот прошло с тех пор пять лет, и я, с своим ничтожным умом, уже начинаю ясно понимать, для чего ей нужно было умереть и каким образом эта смерть была только выражением бесконечной благости Творца, все действия которого, хотя мы их большею частью не понимаем, суть только проявления его бесконечной любви к своему творению. Может быть, я часто думаю, она была слишком ангельски невинна для того, чтоб иметь силу перенести все обязанности матери. Она была безупречна как молодая жена; может быть,

and terrible death has had the most beneficent influence on me and on my brother in spite of all our grief. Then, at the moment of our loss, these thoughts could not occur to me; I should then have dismissed them with horror, but now they are very clear and certain. I write all this to you, dear friend, only to convince you of the Gospel truth which has become for me a principle of life: not a single hair of our heads will fall without His will. And His will is governed only by infinite love for us, and so whatever befalls us is for our good.

You ask whether we shall spend next winter in Moscow. In spite of my wish to see you, I do not think so and do not want to do so. You will be surprised to hear that the reason for this is Buonaparte! The case is this: my father's health is growing noticeably worse, he cannot stand any contradiction and is becoming irritable. This irritability is, as you know, chiefly directed to political questions. He cannot endure the notion that Buonaparte is negotiating on equal terms with all the sovereigns of Europe and particularly with our own, the grandson of the Great Catherine! As you know, I am quite indifferent to politics, but from my father's remarks and his talks with Michael Ivánovich I know all that goes on in the world and especially about the honors conferred on Buonaparte, who only at Bald Hills in the whole world, it seems, is not accepted as a great man, still less as Emperor of France. And my father cannot stand this. It seems to me that it is chiefly because of his political views that my father is reluctant to speak of going to Moscow; for he foresees the encounters that would result from his way of expressing his views regardless of anybody. All the benefit he might derive from a course of treatment he would lose as a result of the disputes about Buonaparte which would be inevitable. In any case it will be decided very shortly.

она не могла бы быть такою матерью. Теперь, мало того, что она оставила нам, и в особенности князю Андрею, самое чистое сожаление и воспоминание, она там, вероятно, получит то место, которого я не смею надеяться для себя. Но, не говоря уже о ней одной, эта ранняя и страшная смерть имела самое благотворное влияние, несмотря на всю печаль, на меня и на брата. Тогда, в минуту потери, эти мысли не могли прийти мне; тогда я с ужасом отогнала бы их, но теперь это так ясно и несомненно. Пишу все это вам, мой друг, только для того, чтоб убедить вас в евангельской истине, сделавшейся для меня жизненным правилом: ни один волос с головы нашей не упадет без его воли. А воля его руководствуется только одною беспредельною любовью к нам, и потому все, что ни случается с нами, все для нашего блага.

Вы спрашиваете, проведем ли мы следующую зиму в Москве? Несмотря на все желание вас видеть, не думаю и не желаю этого. И вы удивитесь, что причиною тому Буонапарте. И вот почему: здоровье отца моего заметно слабеет: он не может переносить противоречий и делается раздражителен. Раздражительность эта, как вы знаете, обращена преимущественно на политические дела. Он не может перенести мысли о том, что Буонапарте ведет дело как с равными со всеми государями Европы и в особенности с нашим, внуком великой Екатерины! Как вы знаете, я совершенно равнодушна к политическим делам, но из слов моего отца и разговоров его с Михаилом Ивановичем, я знаю все, что делается в мире, и в особенности все почести, воздаваемые Буонапарте, которого, как кажется, еще только в Лысых Горах на всем земном шаре не признают ни великим человеком, ни еще меньше французским императором. И мой отец не может переносить этого. Мне кажется, что мой отец, преимущественно вследствие своего взгляда на политические дела и предвидя столкновения, которые у него будут вследствие его манеры, не стесняясь ни с кем высказывать свои мнения, неохотно говорит о поездке в Москву. Все, что он выиграет от лечения, он потеряет вследствие споров о

Our family life goes on in the old way except for my brother Andrew's absence. He, as I wrote you before, has changed very much of late. After his sorrow he only this year quite recovered his spirits. He has again become as I used to know him when a child: kind, affectionate, with that heart of gold to which I know no equal. He has realized, it seems to me, that life is not over for him. But together with this mental change he has grown physically much weaker. He has become thinner and more nervous. I am anxious about him and glad he is taking this trip abroad which the doctors recommended long ago. I hope it will cure him. You write that in Petersburg he is spoken of as one of the most active, cultivated, and capable of the young men. Forgive my vanity as a relation, but I never doubted it. The good he has done to everybody here, from his peasants up to the gentry, is incalculable. On his arrival in Petersburg he received only his due. I always wonder at the way rumors fly from Petersburg to Moscow, especially such false ones as that you write about—I mean the report of my brother's betrothal to the little Rostóva. I do not think my brother will ever marry again, and certainly not her; and this is why: first, I know that though he rarely speaks about the wife he has lost, the grief of that loss has gone too deep in his heart for him ever to decide to give her a successor and our little angel a stepmother. Secondly because, as far as I know, that girl is not the kind of girl who could please Prince Andrew. I do not think he would choose her for a wife, and frankly I do not wish it. But I am running on too long and am at the end of my second sheet. Good-by, my dear friend. May God keep you in His holy and mighty care. My dear friend, Mademoiselle Bourienne, sends you kisses.

MARY

Буонапарте, которые неминуемы. Во всяком случае, это решится очень скоро.

Семейная жизнь наша идет по-старому, за исключением присутствия брата Андрея. Он, как я уже писала вам, очень изменился последнее время. После его горя он теперь только, в нынешнем году, совершенно нравственно ожил. Он стал таким, каким я его знала ребенком: добрым, нежным, с тем золотым сердцем, которому я не знаю равного. Он понял, как мне кажется, что жизнь для него не кончена. Но вместе с этою нравственной переменой он физически очень ослабел. Он стал худее, чем прежде, нервнее. Я боюсь за него и рада, что он предпринял эту поездку за границу, которую доктора уже давно предписывали ему. Я надеюсь, что это поправит его. Вы мне пишете, что в Петербурге о нем говорят как об одном из самых деятельных, образованных и умных молодых людей. Простите за самолюбие родства — я никогда в этом не сомневалась. Нельзя счесть добро, которое он здесь сделал всем, начиная от своих мужиков и до дворян. Приехав в Петербург, он взял только то, что ему следовало. Удивляюсь, каким образом вообще доходят слухи из Петербурга в Москву, и особенно такие неверные, как тот, о котором вы мне пишете, — слух о мнимой женитьбе брата на маленькой Ростовой. Я не думаю, чтоб Андрей когда-нибудь женился на ком бы то ни было и в особенности на ней. И вот почему: во-первых, я знаю, что хотя он и редко говорит о покойной жене, но печаль этой потери слишком глубоко вкоренилась в его сердце, чтобы когда-нибудь он решился дать ей преемницу и мачеху нашему маленькому ангелу. Во-вторых, потому, что, сколько я знаю, эта девушка совсем не из того разряда женщин, которые могут нравиться князю Андрею. Не думаю, чтобы князь Андрей выбрал ее своею женою, и откровенно скажу: я не желаю этого. Но я заболталась, кончаю свой второй листок. Прощайте, мой милый друг; да сохранит вас Бог под своим святым и могучим покровом. Моя милая подруга, mademoiselle Bourienne, целует вас.

Мари».

XXVI

In the middle of the summer Princess Mary received an unexpected letter from Prince Andrew in Switzerland in which he gave her strange and surprising news. He informed her of his engagement to Natásha Rostóva. The whole letter breathed loving rapture for his betrothed and tender and confiding affection for his sister. He wrote that he had never loved as he did now and that only now did he understand and know what life was. He asked his sister to forgive him for not having told her of his resolve when he had last visited Bald Hills, though he had spoken of it to his father. He had not done so for fear Princess Mary should ask her father to give his consent, irritating him and having to bear the brunt of his displeasure without attaining her object. "Besides," he wrote, "the matter was not then so definitely settled as it is now.

My father then insisted on a delay of a year and now already six months, half of that period, have passed, and my resolution is firmer than ever. If the doctors did not keep me here at the spas I should be back in Russia, but as it is I have to postpone my return for three months. You know me and my relations with Father. I want nothing from him. I have been and always shall be independent; but to go against his will and arouse his anger, now that he may perhaps remain with us such a short time, would destroy half my happiness. I am now writing to him about the same question, and beg you to choose a good moment to hand him the letter and to let me know how he looks at the whole matter and whether there is hope that he may consent to reduce the term by four months."

After long hesitations, doubts, and prayers, Princess Mary gave the letter to her father. The next day the old prince said to her quietly:

"Write and tell your brother to wait till I am dead.... It won't be long—I shall soon set him

XXVI

В середине лета княжна Марья получила неожиданное письмо от князя Андрея из Швейцарии, в котором он сообщал ей странную и неожиданную новость. Князь Андрей объявлял о своей помолвке с Ростовой. Все письмо его дышало любовной восторженностью к своей невесте и нежной дружбой и доверием к сестре. Он писал, что никогда он не любил так, как любит теперь, и что теперь только понял и узнал жизнь. Он просил сестру простить его за то, что в свой приезд в Лысые Горы он ничего не сказал ей об этом решении, хотя и говорил об этом с отцом. Он не сказал ей этого потому, что княжна Марья стала бы просить отца дать свое согласие и, не достигнув бы цели, раздражила бы отца и на себе бы понесла всю тяжесть его неудовольствия. Впрочем, писал он, тогда еще дело было не так окончательно решено, как теперь.

«Тогда отец назначил мне срок год, и вот уже шесть месяцев, половина, прошло из назначенного срока, и я остаюсь более чем когда-нибудь тверд в своем решении. Ежели бы доктора не задерживали меня здесь на водах, я бы сам был в России, но теперь возвращение мое я должен отложить еще на три месяца. Ты знаешь меня и мои отношения с отцом. Мне ничего от него не нужно, я был и буду всегда независим, но сделать противное его воле, заслужить его гнев, когда, может быть, так недолго осталось ему быть с нами, разрушило бы наполовину мое счастие. Я пишу теперь ему письмо о том же и прошу тебя, выбрав добрую минуту, передать ему письмо и известить меня о том, как он смотрит на все это и есть ли надежда на то, чтоб он согласился сократить срок на три месяца».

После многих колебаний, сомнений и молитв княжна Марья передала письмо отцу. На другой день старый князь сказал ей спокойно:

— Напиши брату, чтобы подождал, пока умру... Не долго — скоро развяжу...

free."

The princess was about to reply, but her father would not let her speak and, raising his voice more and more, cried:

"Marry, marry, my boy!... A good family!... Clever people, eh? Rich, eh? Yes, a nice stepmother little Nicholas will have! Write and tell him that he may marry tomorrow if he likes. She will be little Nicholas' stepmother and I'll marry Bourienne!... Ha, ha, ha! He mustn't be without a stepmother either! Only one thing, no more women are wanted in my house—let him marry and live by himself. Perhaps you will go and live with him too?" he added, turning to Princess Mary. "Go in heaven's name! Go out into the frost... the frost... the frost!"

After this outburst the prince did not speak any more about the matter. But repressed vexation at his son's poor-spirited behavior found expression in his treatment of his daughter. To his former pretexts for irony a fresh one was now added—allusions to stepmothers and amiabilities to Mademoiselle Bourienne.

"Why shouldn't I marry her?" he asked his daughter. "She'll make a splendid princess!"

And latterly, to her surprise and bewilderment, Princess Mary noticed that her father was really associating more and more with the Frenchwoman. She wrote to Prince Andrew about the reception of his letter, but comforted him with hopes of reconciling their father to the idea.

Little Nicholas and his education, her brother Andrew, and religion were Princess Mary's joys and consolations; but besides that, since everyone must have personal hopes, Princess Mary in the profoundest depths of her heart had a hidden dream and hope that supplied the chief consolation of her life. This comforting dream and hope were given her by God's folk—the half-witted and other pilgrims who visited her without the prince's knowledge. The longer she lived, the more experience and observation she had of life, the greater was her wonder at the short-sightedness of men who seek enjoyment and happiness here on earth: toiling, suffering, struggling, and

Княжна хотела возразить что-то, но отец не допустил ее и стал все более и более возвышать голос.

— Женись, женись, голубчик... Родство хорошее!.. Умные люди, а? Богатые, а? Да. Хороша у Николушки мачеха будет. Напиши ты ему, что пускай женится хоть завтра. Мачеха Николушки будет — она, а я на Бурьенке женюсь!.. Ха, ха, ха, и ему чтобы без мачехи не быть! Только одно, в моем доме больше баб не нужно; пускай женится, сам по себе живет. Может, и ты к нему переедешь? — обратился он к княжне Марье. — С Богом, по морозцу, по морозцу... по морозцу!..

После этой вспышки князь не говорил больше ни разу об этом деле. Но сдержанная досада за малодушие сына выразилась в отношениях отца с дочерью. К прежним предлогам насмешек прибавился еще новый — разговор о мачехе и любезности к m-lle Bourienne.

— Отчего же мне на ней не жениться? — говорил он дочери. — Славная княгиня будет!

И в последнее время, к недоуменью и удивленью своему, княжна Марья стала замечать, что отец ее действительно начинал больше и больше приближать к себе француженку. Княжна Марья написала князю Андрею о том, как отец принял его письмо; но утешала брата, подавая надежду примирить отца с этою мыслью.

Николушка и его воспитание, André и религия были утешениями и радостями княжны Марьи; но, кроме того, так как каждому человеку нужны свои личные надежды, у княжны Марьи была в самой глубокой тайне ее души скрытая мечта и надежда, доставлявшая ей главное утешение в ее жизни. Утешительную мечту и надежду эту дали ей Божьи люди — юродивые и странники, посещавшие ее тайно от князя. Чем больше жила княжна Марья, чем больше испытывала она жизнь и наблюдала ее, тем более удивляла ее близорукость людей, ищущих здесь, на земле, наслаждений и счастья; трудящихся, стра-

harming one another, to obtain that impossible, visionary, sinful happiness. Prince Andrew had loved his wife, she died, but that was not enough: he wanted to bind his happiness to another woman. Her father objected to this because he wanted a more distinguished and wealthier match for Andrew. And they all struggled and suffered and tormented one another and injured their souls, their eternal souls, for the attainment of benefits which endure but for an instant. Not only do we know this ourselves, but Christ, the Son of God, came down to earth and told us that this life is but for a moment and is a probation; yet we cling to it and think to find happiness in it. "How is it that no one realizes this?" thought Princess Mary. "No one except these despised God's folk who, wallet on back, come to me by the back door, afraid of being seen by the prince, not for fear of ill-usage by him but for fear of causing him to sin. To leave family, home, and all the cares of worldly welfare, in order without clinging to anything to wander in hempen rags from place to place under an assumed name, doing no one any harm but praying for all—for those who drive one away as well as for those who protect one: higher than that life and truth there is no life or truth!"

There was one pilgrim, a quiet pockmarked little woman of fifty called Theodosia, who for over thirty years had gone about barefoot and worn heavy chains. Princess Mary was particularly fond of her. Once, when in a room with a lamp dimly lit before the icon Theodosia was talking of her life, the thought that Theodosia alone had found the true path of life suddenly came to Princess Mary with such force that she resolved to become a pilgrim herself. When Theodosia had gone to sleep Princess Mary thought about this for a long time, and at last made up her mind that, strange as it might seem, she must go on a pilgrimage. She disclosed this thought to no one but to her confessor, Father Akínfi, the monk, and he approved of her intention. Under guise of a present for the pilgrims, Princess Mary prepared a pilgrim's complete costume for herself: a coarse smock, bast shoes, a rough coat,

дающих, борющихся и делающих зло друг другу для достижения этого невозможного, призрачного и порочного счастия. «Князь Андрей любил жену, она умерла, ему мало этого, он хочет связать свое счастие с другой женщиной. Отец не хочет этого, потому что желает для Андрея более знатного и богатого супружества. И все они борются, и страдают, и мучают, и портят свою душу, свою вечную душу, для достижения благ, которым срок есть мгновенье. Мало того, что мы сами знаем это, — Христос, сын Бога, сошел на землю и сказал нам, что эта жизнь есть мгновенная жизнь, испытание, а мы всё держимся за нее и думаем в ней найти счастье. Как никто не понял этого? — думала княжна Марья. — Никто, кроме этих презренных Божьих людей, которые с сумками за плечами приходят ко мне с заднего крыльца, боясь попасться на глаза князю, и не для того, чтобы не пострадать от него, а для того, чтобы его не ввести в грех. Оставить семью, родину, все заботы о мирских благах для того, чтобы, не прилепляясь ни к чему, ходить в посконном рубище, под чужим именем с места на место, не делая вреда людям и молясь за них, молясь и за тех, которые гонят, и за тех, которые покровительствуют: выше этой истины и жизни нет истины и жизни!»

Была одна странница, Федосьюшка, пятидесятилетняя маленькая, тихонькая, рябая женщина, ходившая уже более тридцати лет босиком и в веригах. Ее особенно любила княжна Марья. Однажды, когда в темной комнате, при свете одной лампадки, Федосьюшка рассказывала о своей жизни, княжне Марье вдруг с такой силой пришла мысль о том, что Федосьюшка одна нашла верный путь жизни, что она решилась сама пойти странствовать. Когда Федосьюшка ушла спать, княжна Марья долго думала над этим и, наконец, решила, что, как ни странно это было, ей надо было идти странствовать. Она поверила свое намерение только одному духовнику-монаху, отцу Акинфию, и духовник одобрил ее намерение. Под предлогом подарка странницам, княжна Марья припасла себе полное одеяние странницы: рубаш-

and a black kerchief. Often, approaching the chest of drawers containing this secret treasure, Princess Mary paused, uncertain whether the time had not already come to put her project into execution.

Often, listening to the pilgrims' tales, she was so stimulated by their simple speech, mechanical to them but to her so full of deep meaning, that several times she was on the point of abandoning everything and running away from home. In imagination she already pictured herself by Theodosia's side, dressed in coarse rags, walking with a staff, a wallet on her back, along the dusty road, directing her wanderings from one saint's shrine to another, free from envy, earthly love, or desire, and reaching at last the place where there is no more sorrow or sighing, but eternal joy and bliss.

"I shall come to a place and pray there, and before having time to get used to it or getting to love it, I shall go farther. I will go on till my legs fail, and I'll lie down and die somewhere, and shall at last reach that eternal, quiet haven, where there is neither sorrow nor sighing..." thought Princess Mary.

But afterwards, when she saw her father and especially little Koko (Nicholas), her resolve weakened. She wept quietly, and felt that she was a sinner who loved her father and little nephew more than God.

ку, лапти, кафтан и черный платок. Часто, подходя к заветному комоду, княжна Марья останавливалась в нерешительности о том, не наступило ли уже время для приведения в исполнение ее намерения.

Часто, слушая рассказы странниц, она возбуждалась их простыми, для них механическими, а для нее полными глубокого смысла речами, так что она была несколько раз готова бросить все и бежать из дому. В воображении своем она уже видела себя с Федосьюшкой в грубом рубище, шагающей с палочкой и котомочкой по пыльной дороге, направляя свое странствие без зависти, без любви человеческой, без желаний, от угодников к угодникам, и в конце концов туда, где нет ни печали, ни воздыхания, а вечная радость и блаженство.

«Приду к одному месту, помолюсь; не успею привыкнуть, полюбить — пойду дальше. И буду идти до тех пор, пока ноги подкосятся, и лягу и умру где-нибудь, и приду, наконец, в ту вечную, тихую пристань, где нет ни печали, ни воздыхания!..» — думала княжна Марья.

Но потом, увидав отца и особенно маленького Коко, она ослабевала в своем намерении, потихоньку плакала и чувствовала, что она грешница: любила отца и племянника больше, чем Бога.

Fourth Chapter

I

The Bible legend tells us that the absence of labor—idleness—was a condition of the first man's blessedness before the Fall. Fallen man has retained a love of idleness, but the curse weighs on the race not only because we have to seek our bread in the sweat of our brows, but because our moral nature is such that we cannot be both idle and at ease. An inner voice tells us we are in the wrong if we are idle. If man could find a state in which he felt that though idle he was fulfilling his duty, he would have found one of the conditions of man's primitive blessedness. And such a state of obligatory and irreproachable idleness is the lot of a whole class—the military. The chief attraction of military service has consisted and will consist in this compulsory and irreproachable idleness.

Nicholas Rostóv experienced this blissful condition to the full when, after 1807, he continued to serve in the Pávlograd regiment, in which he already commanded the squadron he had taken over from Denísov.

Rostóv had become a bluff, good-natured fellow, whom his Moscow acquaintances would have considered rather bad form, but who was liked and respected by his comrades, subordinates, and superiors, and was well contented with his life. Of late, in 1809, he found in letters from home more frequent complaints from his mother that their affairs were falling into greater and greater disorder, and that it was time for him to come back to gladden and comfort his old parents.

Reading these letters, Nicholas felt a dread of their wanting to take him away from sur-

Часть четвертая

I

Библейское предание говорит, что отсутствие труда — праздность — было условием блаженства первого человека до его падения. Любовь к праздности осталась та же и в падшем человеке, но проклятие все тяготеет над человеком, и не только потому, что мы в поте лица должны снискивать хлеб свой, но потому, что по нравственным свойствам своим мы не можем быть праздны и спокойны. Тайный голос говорит, что мы должны быть виновны за то, что праздны. Ежели бы мог человек найти состояние, в котором бы он, будучи праздным, чувствовал бы себя полезным и исполняющим свой долг, он бы нашел одну сторону первобытного блаженства. И таким состоянием обязательной и безупречной праздности пользуется целое сословие — сословие военное. В этой-то обязательной и безупречной праздности состояла и будет состоять главная привлекательность военной службы.

Николай Ростов испытывал вполне это блаженство, после 1807 года продолжая служить в Павлоградском полку, в котором он уже командовал эскадроном, принятым от Денисова.

Ростов сделался загрубелым, добрым малым, которого московские знакомые нашли бы несколько mauvais genre [1], но который был любим и уважаем товарищами, подчиненными и начальством и который был доволен своею жизнью. В последнее время, т. е. в 1809 году, он чаще в письмах из дому находил сетования матери на то, что дела расстраиваются хуже и хуже и что пора бы ему приехать домой, обрадовать и успокоить стариков родителей.

Читая эти письма, Николай испытывал страх, что хотят вывести его из той среды, в

---

[1] дурного тона.

roundings in which, protected from all the entanglements of life, he was living so calmly and quietly. He felt that sooner or later he would have to re-enter that whirlpool of life, with its embarrassments and affairs to be straightened out, its accounts with stewards, quarrels, and intrigues, its ties, society, and with Sónya's love and his promise to her. It was all dreadfully difficult and complicated; and he replied to his mother in cold, formal letters in French, beginning: "My dear Mamma," and ending: "Your obedient son," which said nothing of when he would return. In 1810 he received letters from his parents, in which they told him of Natásha's engagement to Bolkónski, and that the wedding would be in a year's time because the old prince made difficulties. This letter grieved and mortified Nicholas. In the first place he was sorry that Natásha, for whom he cared more than for anyone else in the family, should be lost to the home; and secondly, from his hussar point of view, he regretted not to have been there to show that fellow Bolkónski that connection with him was no such great honor after all, and that if he loved Natásha he might dispense with permission from his dotard father. For a moment he hesitated whether he should not apply for leave in order to see Natásha before she was married, but then came the maneuvers, and considerations about Sónya and about the confusion of their affairs, and Nicholas again put it off. But in the spring of that year, he received a letter from his mother, written without his father's knowledge, and that letter persuaded him to return. She wrote that if he did not come and take matters in hand, their whole property would be sold by auction and they would all have to go begging. The count was so weak, and trusted Mítenka so much, and was so good-natured, that everybody took advantage of him and things were going from bad to worse. "For God's sake, I implore you, come at once if you do not wish to make me and the whole family wretched," wrote the countess.

This letter touched Nicholas. He had that

которой он, оградив себя от всей житейской путаницы, жил тихо и спокойно. Он чувствовал, что рано или поздно придется опять вступить в тот омут жизни с расстройствами и поправлениями дел, с учетами управляющих, ссорами, интригами, с связями, с обществом, с любовью Сони и обещанием ей. Все это было страшно трудно, запутано, и он отвечал на письма матери холодными классическими письмами, начинавшимися: «Ma chère maman» [2] и кончавшимися: «votre obéissant fils» [3], умалчивая о том, когда он намерен приехать. В 1810 году он получил письма родных, в которых извещали его о помолвке Наташи с Болконским и о том, что свадьба будет через год, потому что старый князь не согласен. Это письмо огорчило, оскорбило Николая. Во-первых, ему жалко было потерять из дома Наташу, которую он любил больше всех из семьи; во-вторых, он с своей гусарской точки зрения жалел о том, что его не было при этом, потому что он бы показал этому Болконскому, что совсем не такая большая честь родство с ним и что ежели он любит Наташу, то может обойтись и без разрешения сумасбродного отца. Минуту он колебался, не попроситься ли в отпуск, чтоб увидеть Наташу невестой, но тут подошли маневры, пришли соображения о Соне, о путанице, и Николай опять отложил. Но весной того же года он получил письмо матери, писавшей тайно от графа, и письмо это убедило его ехать. Она писала, что ежели Николай не приедет и не возьмется за дело, то все имение пойдет с молотка и все пойдут по миру. Граф так слаб, так вверился Митеньке, и так добр, и так все его обманывают, что все идет хуже и хуже. «Ради Бога, умоляю тебя, приезжай сейчас же, ежели ты не хочешь сделать меня и все твое семейство несчастными», — писала графиня.

Письмо это подействовало на Николая.

---

common sense of a matter-of-fact man which showed him what he ought to do.

The right thing now was, if not to retire from the service, at any rate to go home on leave. Why he had to go he did not know; but after his after-dinner nap he gave orders to saddle Mars, an extremely vicious gray stallion that had not been ridden for a long time, and when he returned with the horse all in a lather, he informed Lavrúshka (Denísov's servant who had remained with him) and his comrades who turned up in the evening that he was applying for leave and was going home. Difficult and strange as it was for him to reflect that he would go away without having heard from the staff—and this interested him extremely—whether he was promoted to a captaincy or would receive the Order of St. Anne for the last maneuvers; strange as it was to think that he would go away without having sold his three roans to the Polish Count Golukhovski, who was bargaining for the horses Rostóv had betted he would sell for two thousand rubles; incomprehensible as it seemed that the ball the hussars were giving in honor of the Polish Mademoiselle Przazdziecka (out of rivalry to the Uhlans who had given one in honor of their Polish Mademoiselle Borzozowska) would take place without him—he knew he must go away from this good, bright world to somewhere where everything was stupid and confused. A week later he obtained his leave. His hussar comrades—not only those of his own regiment, but the whole brigade—gave Rostóv a dinner to which the subscription was fifteen rubles a head, and at which there were two bands and two choirs of singers. Rostóv danced the Trepák with Major Básov; the tipsy officers tossed, embraced, and dropped Rostóv; the soldiers of the third squadron tossed him too, and shouted "hurrah!" and then they put him in his sleigh and escorted him as far as the first post station.

During the first half of the journey—from Kremenchúg to Kiev all Rostóv's thoughts, as is usual in such cases, were behind him, with the squadron; but when he had gone more than halfway he began to forget his three roans and Dozhoyvéyko, his quartermaster, and to wonder

У него был тот здравый смысл посредственности, который показывал ему, что было *должно.*

Теперь должно было ехать, если не в отставку, то в отпуск. Почему надо было ехать, он не знал; но, выспавшись после обеда, он велел оседлать серого Марса, давно не езженного и страшно злого жеребца, и, вернувшись на взмыленном жеребце домой, объявил Лаврушке (лакей Денисова остался у Ростова) и пришедшим вечером товарищам, что подает в отпуск и едет домой. Как ни трудно и странно было ему думать, что он уедет и не узнает из штаба того, что особенно интересно было ему, произведен ли он будет в ротмистры или получит Анну за последние маневры; как ни странно было думать, что он так и уедет, не продав графу Голуховскому тройку саврасых, которых польский граф торговал у него и которых Ростов на пари бил, что продаст за две тысячи; как ни непонятно казалось, что без него будет тот бал, который гусары должны были дать паннс Пшаздецкой в пику уланам, дававшим бал своей панне Боржозовской, — он знал, что надо ехать из этого ясного, хорошего мира куда-то туда, где все было вздор и путаница. Через неделю вышел отпуск. Гусары, товарищи не только по полку, но и по бригаде, дали обед Ростову, стоивший с головы по пятнадцати рублей подписки, — играли две музыки, пели два хора песенников; Ростов плясал трепака с майором Басовым; пьяные офицеры качали, обнимали и уронили Ростова; солдаты третьего эскадрона еще раз качали его и кричали ура! Потом Ростова положили в сани и проводили до первой станции.

До половины дороги, как это всегда бывает, от Кременчуга до Киева, все мысли Ростова были еще назади — в эскадроне; но перевалившись за половину, уже он начал забывать тройку саврасых, своего вахмистра и панну Боржозовску и беспокойно начал

anxiously how things would be at Otrádnoe and what he would find there. Thoughts of home grew stronger the nearer he approached it—far stronger, as though this feeling of his was subject to the law by which the force of attraction is in inverse proportion to the square of the distance. At the last post station before Otrádnoe he gave the driver a three-ruble tip, and on arriving he ran breathlessly, like a boy, up the steps of his home.

After the rapture of meeting, and after that odd feeling of unsatisfied expectation—the feeling that "everything is just the same, so why did I hurry?"—Nicholas began to settle down in his old home world. His father and mother were much the same, only a little older. What was new in them was a certain uneasiness and occasional discord, which there used not to be, and which, as Nicholas soon found out, was due to the bad state of their affairs. Sónya was nearly twenty; she had stopped growing prettier and promised nothing more than she was already, but that was enough. She exhaled happiness and love from the time Nicholas returned, and the faithful, unalterable love of this girl had a gladdening effect on him. Pétya and Natásha surprised Nicholas most. Pétya was a big handsome boy of thirteen, merry, witty, and mischievous, with a voice that was already breaking. As for Natásha, for a long while Nicholas wondered and laughed whenever he looked at her.

"You're not the same at all," he said.

"How? Am I uglier?"

"On the contrary, but what dignity? A princess!" he whispered to her.

"Yes, yes, yes!" cried Natásha, joyfully.

She told him about her romance with Prince Andrew and of his visit to Otrádnoe and showed him his last letter.

"Well, are you glad?" Natásha asked. "I am so tranquil and happy now."

"Very glad," answered Nicholas. "He is an excellent fellow.... And are you very much in love?"

"How shall I put it?" replied Natásha. "I was in love with Borís, with my teacher, and with

спрашивать себя о том, что и как он найдет в Отрадном. Чем ближе он подъезжал, тем сильнее, гораздо сильнее (как будто нравственное чувство было подчинено тому же закону притяжения обратно квадратам расстояний), он думал о своем доме; на последней перед Отрадным станции дал ямщику три рубля на водку и, как мальчик, задыхаясь, вбежал на крыльцо дома.

После восторгов встречи и после того странного чувства неудовлетворения в сравнении с тем, чего ожидаешь (все то же, к чему же я так торопился!), Николай стал вживаться в свой старый мир дома. Отец и мать были те же, они только немного постарели. Новое в них было какое-то беспокойство и иногда несогласие, которого не бывало прежде и которое, как скоро узнал Николай, происходило от дурного положения дел, Соне был уже двадцатый год. Она уже остановилась хорошеть, ничего не обещала больше того, что в ней было; но и этого было достаточно. Она вся дышала счастьем и любовью с тех пор, как приехал Николай, и верная, непоколебимая любовь этой девушки радостно действовала на него. Петя и Наташа больше всех удивили Николая. Петя был уже большой, тринадцатилетний, красивый, весело и умно-шаловливый мальчик, у которого уже ломался голос. На Наташу Николай долго удивлялся и смеялся, глядя на нее.

— Совсем не та, — говорил он.

— Что ж, подурнела?

— Напротив, но важность какая-то. Княгиня? — сказал он ей шепотом.

— Да, да, да, — радостно говорила Наташа.

Наташа рассказала ему свой роман с князем Андреем, его приезд в Отрадное и показала его последнее письмо.

— Что ж, ты рад? — спрашивала Наташа. — Я так теперь спокойна, счастлива.

— Очень рад, — отвечал Николай. — Он отличный человек. Что ж, ты очень влюблена?

— Как тебе сказать, — отвечала Наташа, — я была влюблена в Бориса, в учителя, в

Denísov, but this is quite different. I feel at peace and settled. I know that no better man than he exists, and I am calm and contented now. Not at all as before."

Nicholas expressed his disapproval of the postponement of the marriage for a year; but Natásha attacked her brother with exasperation, proving to him that it could not be otherwise, and that it would be a bad thing to enter a family against the father's will, and that she herself wished it so.

"You don't at all understand," she said.

Nicholas was silent and agreed with her.

Her brother often wondered as he looked at her. She did not seem at all like a girl in love and parted from her affianced husband. She was even-tempered and calm and quite as cheerful as of old. This amazed Nicholas and even made him regard Bolkónski's courtship skeptically. He could not believe that her fate was sealed, especially as he had not seen her with Prince Andrew. It always seemed to him that there was something not quite right about this intended marriage.

"Why this delay? Why no betrothal?" he thought. Once, when he had touched on this topic with his mother, he discovered, to his surprise and somewhat to his satisfaction, that in the depth of her soul she too had doubts about this marriage.

"You see he writes," said she, showing her son a letter of Prince Andrew's, with that latent grudge a mother always has in regard to a daughter's future married happiness, "he writes that he won't come before December. What can be keeping him? Illness, probably! His health is very delicate. Don't tell Natásha. And don't attach importance to her being so bright: that's because she's living through the last days of her girlhood, but I know what she is like every time we receive a letter from him! However, God grant that everything turns out well!" (She always ended with these words.) "He is an excellent man!"

Денисова, но это совсем не то. Мне покойно, твердо. Я знаю, что лучше его не бывает людей, и так мне спокойно, хорошо теперь. Совсем не так, как прежде...

Николай выразил Наташе свое неудовольствие в том, что свадьба была отложена на год; но Наташа с ожесточением напустилась на брата, доказывая ему, что это не могло быть иначе, что дурно бы было вступить в семью против воли отца, что она сама этого хотела.

— Ты совсем, совсем не понимаешь, — говорила она.

Николай замолчал и согласился с нею.

Брат часто удивлялся, глядя на нее. Совсем не было похоже, чтоб она была влюбленная невеста в разлуке с своим женихом. Она была ровна, спокойна, весела совершенно по-прежнему. Николая это удивляло и даже заставляло недоверчиво смотреть на сватовство Болконского. Он не верил в то, что ее судьба уже решена, тем более что он не видал с нею князя Андрея. Ему все казалось, что что-нибудь не то в этом предполагаемом браке.

«Зачем отсрочка? Зачем не обручились?» — думал он. Разговорившись раз с матерью о сестре, он, к удивлению своему и удовольствию отчасти, нашел, что мать точно так же в глубине души иногда недоверчиво смотрела на этот брак.

— Вот пишет, — говорила она, показывая сыну письмо князя Андрея с тем затаенным чувством недоброжелательства, которое всегда есть у матери против будущего супружеского счастия дочери, — пишет, что не приедет раньше декабря. Какое же это дело может задержать его? Верно, болезнь! Здоровье слабое очень. Ты не говори Наташе. Ты не смотри, что она весела: это уж последнее девичье время доживает, а я знаю, что с ней делается всякий раз, как письма его получает. А впрочем. Бог даст, все и хорошо будет, — заключала она всякий раз, — он отличный человек.

II

After reaching home Nicholas was at first serious and even dull. He was worried by the impending necessity of interfering in the stupid business matters for which his mother had called him home. To throw off this burden as quickly as possible, on the third day after his arrival he went, angry and scowling and without answering questions as to where he was going, to Mítenka's lodge and demanded an account of everything. But what an account of everything might be Nicholas knew even less than the frightened and bewildered Mítenka. The conversation and the examination of the accounts with Mítenka did not last long. The village elder, a peasant delegate, and the village clerk, who were waiting in the passage, heard with fear and delight first the young count's voice roaring and snapping and rising louder and louder, and then words of abuse, dreadful words, ejaculated one after the other.

"Robber!... Ungrateful wretch!... I'll hack the dog to pieces! I'm not my father!... Robbing us!..." and so on.

Then with no less fear and delight they saw how the young count, red in the face and with bloodshot eyes, dragged Mítenka out by the scruff of the neck and applied his foot and knee to his behind with great agility at convenient moments between the words, shouting, "Be off! Never let me see your face here again, you villain!"

Mítenka flew headlong down the six steps and ran away into the shrubbery. (This shrubbery was a well-known haven of refuge for culprits at Otrádnoe. Mítenka himself, returning tipsy from the town, used to hide there, and many of the residents at Otrádnoe, hiding from Mítenka, knew of its protective qualities.)

Mítenka's wife and sisters-in-law thrust their heads and frightened faces out of the door of a room where a bright samovar was boiling and where the steward's high bedstead stood with its patchwork quilt.

II

Первое время своего приезда Николай был серьезен и даже скучен. Его мучила предстоящая необходимость вмешаться в эти глупые дела хозяйства, для которых мать вызвала его. Чтобы скорее свалить с плеч эту обузу, на третий день своего приезда он сердито, не отвечая Наташе на вопрос, куда он идет, пошел с нахмуренными бровями во флигель к Митеньке и потребовал у него *счеты всего*. Что такое были эти *счеты всего*, Николай знал еще менее, чем пришедший в страх и недоумение Митенька. Разговор и учет Митеньки продолжался недолго. Староста, выборный и земский, дожидавшиеся в передней флигеля, со страхом и удовольствием слышали сначала, как загудел и затрещал как будто все возвышавшийся и возвышавшийся голос молодого графа, слышали ругательные и страшные слова, сыпавшиеся одно за другим.

— Разбойник! Неблагодарная тварь!.. изрублю собаку... не с папенькой... обворовал... ракалья.

Потом эти люди с не меньшим удовольствием и страхом видели, как молодой граф, весь красный, с налитыми кровью глазами, за шиворот вытащил Митеньку, ногой и коленкой с большой ловкостью в удобное время между своих слов толкнул его под зад и закричал: «Вон! чтоб духу твоего, мерзавец, здесь не было!»

Митенька стремглав слетел с шести ступень и убежал в клумбу. (Клумба эта была известным местом спасения преступников в Отрадном. Сам Митенька, приезжая пьяный из города, прятался в эту клумбу, и многие жители Отрадного, прятавшиеся от Митеньки, знали спасительную силу этой клумбы.)

Жена Митеньки и свояченицы с испуганными лицами высунулись в сени из дверей комнаты, где кипел чистый самовар и воздымалась приказчицкая высокая постель под стеганым одеялом, сшитым из коротких ку-

The young count paid no heed to them, but, breathing hard, passed by with resolute strides and went into the house.

The countess, who heard at once from the maids what had happened at the lodge, was calmed by the thought that now their affairs would certainly improve, but on the other hand felt anxious as to the effect this excitement might have on her son. She went several times to his door on tiptoe and listened, as he lighted one pipe after another.

Next day the old count called his son aside and, with an embarrassed smile, said to him:

"But you know, my dear boy, it's a pity you got excited! Mítenka has told me all about it."

"I knew," thought Nicholas, "that I should never understand anything in this crazy world."

"You were angry that he had not entered those 700 rubles. But they were carried forward—and you did not look at the other page."

"Papa, he is a blackguard and a thief! I know he is! And what I have done, I have done; but, if you like, I won't speak to him again."

"No, my dear boy" (the count, too, felt embarrassed. He knew he had mismanaged his wife's property and was to blame toward his children, but he did not know how to remedy it). "No, I beg you to attend to the business. I am old. I..."

"No, Papa. Forgive me if I have caused you unpleasantness. I understand it all less than you do."

"Devil take all these peasants, and money matters, and carryings forward from page to page," he thought. "I used to understand what a 'corner' and the stakes at cards meant, but carrying forward to another page I don't understand at all," said he to himself, and after that he did not meddle in business affairs. But once the countess called her son and informed him that she had a promissory note from Anna Mikháylovna for two thousand rubles, and asked him what he thought of doing with it.

"This," answered Nicholas. "You say it rests with me. Well, I don't like Anna Mikháylovna

сочков.

Молодой граф, задыхаясь, не обращая на них внимания, решительным шагом прошел мимо их и пошел в дом.

Графиня, узнавшая тотчас же через девушек о том, что произошло во флигеле, с одной стороны, успокоилась в том отношении, что теперь состояние их должно поправиться, с другой стороны, она беспокоилась о том, как перенесет это ее сын. Она подходила несколько раз на цыпочках к его двери, слушая, как он курил трубку за трубкой.

На другой день старый граф отозвал в сторону сына и с робкой улыбкой сказал ему:

— А знаешь ли ты, моя душа, напрасно погорячился! Мне Митенька рассказал все.

«Я знал, — подумал Николай, — что никогда ничего не пойму здесь, в этом дурацком мире».

— Ты рассердился, что он не вписал эти семьсот рублей. Ведь они у него написаны транспортом, а другую страницу ты не посмотрел.

— Папенька, он мерзавец и вор, я знаю. И что сделал, то сделал. А ежели вы не хотите, я ничего не буду говорить ему.

— Нет, моя душа. (Граф был смущен тоже. Он чувствовал, что он был дурным распорядителем имения своей жены и виноват был перед своими детьми, но не знал, как поправить это.) Нет, я прошу тебя заняться делами, я стар, я...

— Нет, папенька, вы простите меня, ежели я сделал вам неприятное; я меньше вашего умею.

«Черт с ними, с этими мужиками, и деньгами, и транспортами по странице, — думал он. — Еще от угла на шесть кушей я понимал когда-то, но по странице транспорт — ничего не понимаю», — сказал он сам себе и с тех пор более не вступался в дела. Только однажды графиня позвала к себе сына, сообщила ему о том, что у нее есть вексель Анны Михайловны на две тысячи, и спросила у Николая, как он думает поступить с ним.

— А вот как, — отвечал Николай. — Вы мне сказали, что это от меня зависит; я не

and I don't like Borís, but they were our friends and poor. Well then, this!" and he tore up the note, and by so doing caused the old countess to weep tears of joy. After that, young Rostóv took no further part in any business affairs, but devoted himself with passionate enthusiasm to what was to him a new pursuit—the chase—for which his father kept a large establishment.

люблю Анну Михайловну и не люблю Бориса, но они были дружны с нами и бедны. Так вот как! — и он разорвал вексель, и этим поступком слезами радости заставил рыдать старую графиню. После этого молодой Ростов, уже не вступаясь более ни в какие дела, с страстным увлечением занялся еще новыми для него делами псовой охоты, которая в больших размерах была заведена у старого графа.

III

The weather was already growing wintry and morning frosts congealed an earth saturated by autumn rains. The verdure had thickened and its bright green stood out sharply against the brownish strips of winter rye trodden down by the cattle, and against the pale-yellow stubble of the spring buckwheat. The wooded ravines and the copses, which at the end of August had still been green islands amid black fields and stubble, had become golden and bright-red islands amid the green winter rye. The hares had already half changed their summer coats, the fox cubs were beginning to scatter, and the young wolves were bigger than dogs. It was the best time of the year for the chase. The hounds of that ardent young sportsman Rostóv had not merely reached hard winter condition, but were so jaded that at a meeting of the huntsmen it was decided to give them a three days' rest and then, on the sixteenth of September, to go on a distant expedition, starting from the oak grove where there was an undisturbed litter of wolf cubs.

All that day the hounds remained at home. It was frosty and the air was sharp, but toward evening the sky became overcast and it began to thaw. On the fifteenth, when young Rostóv, in his dressing gown, looked out of the window, he saw it was an unsurpassable morning for hunting: it was as if the sky were melting and sinking to the earth without any wind. The only motion in the air was that of the dripping, microscopic particles of drizzling mist. The bare twigs in the garden were hung with transparent drops which fell on the freshly fallen leaves. The earth in the kitchen garden looked wet and black and glistened like poppy seed and at a short distance merged into the dull, moist veil of mist. Nicholas went out into the wet and muddy porch. There was a smell of decaying leaves and of dog. Mílka, a black-spotted, broad-haunched bitch with prominent black eyes, got up on seeing her master, stretched her hind legs, lay down like a hare, and then suddenly jumped up and licked him

III

Уже были зазимки, утренние морозы заковывали смоченную осенними дождями землю, уже зеленя уклочились и ярко-зелено отделялись от полос буреющего, выбитого скотом, озимого и светло-желтого ярового жнивья с красными полосами гречихи. Вершины и леса, в конце августа еще бывшие зелеными островами между черными полями озимей и жнивами, стали золотистыми и ярко-красными островками посреди ярко-зеленых озимей. Русак уже до половины затерся (перелинял), лисьи выводки начинали разбредаться, и молодые волки были больше собаки. Было лучшее охотничье время. Собаки горячего молодого охотника Ростова уже не только вошли в охотничье тело, но и подбились так, что в общем совете охотников решено было три дня дать отдохнуть собакам и 16 сентября идти в отъезд, начиная с Дубравы, где был нетронутый волчий выводок. В таком положении были дела 14-го сентября.

Весь этот день охота была дома; было морозно и колко, но с вечера стало замолаживать и оттепело. 15 сентября, когда молодой Ростов утром в халате выглянул в окно, он увидал такое утро, лучше которого ничего не могло быть для охоты: как будто небо таяло и без ветра спускалось на землю. Единственное движение, которое было в воздухе, было тихое движение сверху вниз спускающихся микроскопических капель мги или тумана. На оголившихся ветвях сада висели прозрачные капли и падали на только что свалившиеся листья. Земля на огороде, как мак, глянцевито-мокро чернела и в недалеком расстоянии сливалась с тусклым и влажным покровом тумана. Николай вышел на мокрое с натасканной грязью крыльцо, пахло вянущим листом и собаками. Черно-пегая широкозадая сука Милка с большими черными навыкате глазами, увидав хозяина, встала, потянулась назад и легла по-русачьи, потом неожидан-

right on his nose and mustache. Another borzoi, a dog, catching sight of his master from the garden path, arched his back and, rushing headlong toward the porch with lifted tail, began rubbing himself against his legs.

"O-hoy!" came at that moment, that inimitable huntsman's call which unites the deepest bass with the shrillest tenor, and round the corner came Daniel the head huntsman and head kennelman, a gray, wrinkled old man with hair cut straight over his forehead, Ukrainian fashion, a long bent whip in his hand, and that look of independence and scorn of everything that is only seen in huntsmen. He doffed his Circassian cap to his master and looked at him scornfully. This scorn was not offensive to his master. Nicholas knew that this Daniel, disdainful of everybody and who considered himself above them, was all the same his serf and huntsman.

"Daniel!" Nicholas said timidly, conscious at the sight of the weather, the hounds, and the huntsman that he was being carried away by that irresistible passion for sport which makes a man forget all his previous resolutions, as a lover forgets in the presence of his mistress.

"What orders, your excellency?" said the huntsman in his deep bass, deep as a proto-deacon's and hoarse with hallooing—and two flashing black eyes gazed from under his brows at his master, who was silent. "Can you resist it?" those eyes seemed to be asking.

"It's a good day, eh? For a hunt and a gallop, eh?" asked Nicholas, scratching Mílka behind the ears.

Daniel did not answer, but winked instead.

"I sent Uvárka at dawn to listen," his bass boomed out after a minute's pause. "He says she's moved them into the Otrádnoe enclosure. They were howling there." (This meant that the she-wolf, about whom they both knew, had moved with her cubs to the Otrádnoe copse, a small place a mile and a half from the house.)

"We ought to go, don't you think so?" said Nicholas. "Come to me with Uvárka."

но вскочила и лизнула его прямо в нос и усы. Другая борзая собака, увидав хозяина с цветной дорожки, выгибая спину, стремительно бросилась к крыльцу и, подняв пра́вило (хвост), стала тереться о ноги Николая.

— О гой! — послышался в это время тот неподражаемый охотничий подклик, который соединяет в себе и самый глубокий бас и самый тонкий тенор; и из-за угла вышел доезжачий и ловчий Данило, по-украински в скобку обстриженный, седой, морщинистый охотник, с гнутым арапником в руке и с тем выражением самостоятельности и презрения ко всему в мире, которое бывает только у охотников. Он снял свою черкесскую шапку перед барином и презрительно посмотрел на него. Презрение это не было оскорбительно для барина: Николай знал, что этот все презирающий и превыше всего стоящий Данило все-таки был его человек и охотник.

— Данила! — сказал Николай, робко чувствуя, что при виде этой охотничьей погоды, этих собак и охотника его уже обхватило то непреодолимое охотничье чувство, в котором человек забывает все прежние намерения, как человек влюбленный в присутствии своей любовницы.

— Что прикажете, ваше сиятельство? — спросил протодиаконский, охриплый от порсканья бас, и два черные блестящие глаза взглянули исподлобья на замолчавшего барина. «Что, или не выдержишь?» — как будто сказали эти два глаза.

— Хорош денек, а? И гоньба и скачка, а? — сказал Николай, чеша за ушами Милку.

Данило не отвечал и помигал глазами.

— Уварку посылал послушать на заре, — сказал его бас после минутного молчанья, — сказывал, в отрадненский заказ *перевела*, там выли. (Перевела значило то, что волчица, про которую они оба знали, перешла с детьми в отрадненский лес, который был за две версты от дома и который был небольшое отъемное место.)

— А ведь ехать надо? — сказал Николай.
— Приди-ка ко мне с Уваркой.

"As you please."

"Then put off feeding them."

"Yes, sir."

Five minutes later Daniel and Uvárka were standing in Nicholas' big study. Though Daniel was not a big man, to see him in a room was like seeing a horse or a bear on the floor among the furniture and surroundings of human life. Daniel himself felt this, and as usual stood just inside the door, trying to speak softly and not move, for fear of breaking something in the master's apartment, and he hastened to say all that was necessary so as to get from under that ceiling, out into the open under the sky once more.

Having finished his inquiries and extorted from Daniel an opinion that the hounds were fit (Daniel himself wished to go hunting), Nicholas ordered the horses to be saddled. But just as Daniel was about to go Natásha came in with rapid steps, not having done up her hair or finished dressing and with her old nurse's big shawl wrapped round her. Pétya ran in at the same time.

"You are going?" asked Natásha. "I knew you would! Sónya said you wouldn't go, but I knew that today is the sort of day when you couldn't help going."

"Yes, we are going," replied Nicholas reluctantly, for today, as he intended to hunt seriously, he did not want to take Natásha and Pétya. "We are going, but only wolf hunting: it would be dull for you."

"You know it is my greatest pleasure," said Natásha. "It's not fair; you are going by yourself, are having the horses saddled and said nothing to us about it."

"'No barrier bars a Russian's path'—we'll go!" shouted Pétya.

"But you can't. Mamma said you mustn't," said Nicholas to Natásha.

"Yes, I'll go. I shall certainly go," said Natásha decisively. "Daniel, tell them to saddle for us, and Michael must come with my dogs," she added to the huntsman.

It seemed to Daniel irksome and improper to be in a room at all, but to have anything to do with a young lady seemed to him impossible. He

— Как прикажете!

— Так погоди же кормить.

— Слушаю.

Через пять минут Данило с Уваркой стояли в большом кабинете Николая. Несмотря на то, что Данило был невелик ростом, видеть его в комнате производило впечатление, подобное тому, как когда видишь лошадь или медведя на полу между мебелью и условиями людской жизни, Данило сам это чувствовал и, как обыкновенно, стоял у самой двери, стараясь говорить тише, не двигаться, чтобы не поломать как-нибудь господских покоев, и стараясь поскорее все высказать и выйти на простор из-под потолка под небо.

Окончив расспросы и выпытав сознание Данилы, что собаки ничего (Даниле и самому хотелось ехать), Николай велел седлать. Но только что Данило хотел выйти, как в комнату вошла быстрыми шагами Наташа, еще не причесанная и не одетая, в большом нянином платке. Петя вбежал вместе с ней.

— Ты едешь? — сказала Наташа. — Я так и знала! Соня говорила, что не поедете. Я знала, что нынче такой день, что нельзя не ехать.

— Едем, — неохотно отвечал Николай, которому нынче, так как он намеревался предпринять серьезную охоту за волками, не хотелось брать Наташу и Петю. — Едем, да только за волками: тебе скучно будет.

— Ты знаешь, что это самое большое мое удовольствие, — сказала Наташа. — Это дурно — сам едет, велел седлать, а нам ничего не сказал.

— Тщетны россам все препоны, едем! — прокричал Петя.

— Да ведь тебе и нельзя: маменька сказала, что тебе нельзя, — сказал Николай, обращаясь к Наташе.

— Нет, я поеду, непременно поеду, — сказала решительно Наташа. — Данила, вели нам седлать, и Михаила чтобы выезжал с моей сворой, — обратилась она в ловчему.

И так-то быть в комнате Даниле казалось неприлично и тяжело, но иметь какое-нибудь дело с барышней — для него казалось

cast down his eyes and hurried out as if it were none of his business, careful as he went not to inflict any accidental injury on the young lady.

невозможным. Он опустил глаза и поспешил выйти, как будто до него это не касалось, стараясь как-нибудь нечаянно не повредить барышню.

IV

The old count, who had always kept up an enormous hunting establishment but had now handed it all completely over to his son's care, being in very good spirits on this fifteenth of September, prepared to go out with the others.

In an hour's time the whole hunting party was at the porch. Nicholas, with a stern and serious air which showed that now was no time for attending to trifles, went past Natásha and Pétya who were trying to tell him something. He had a look at all the details of the hunt, sent a pack of hounds and huntsmen on ahead to find the quarry, mounted his chestnut Donéts, and whistling to his own leash of borzois, set off across the threshing ground to a field leading to the Otrádnoe wood. The old count's horse, a sorrel gelding called Viflyánka, was led by the groom in attendance on him, while the count himself was to drive in a small trap straight to a spot reserved for him.

They were taking fifty-four hounds, with six hunt attendants and whippers-in. Besides the family, there were eight borzoi kennelmen and more than forty borzois, so that, with the borzois on the leash belonging to members of the family, there were about a hundred and thirty dogs and twenty horsemen.

Each dog knew its master and its call. Each man in the hunt knew his business, his place, what he had to do. As soon as they had passed the fence they all spread out evenly and quietly, without noise or talk, along the road and field leading to the Otrádnoe covert.

The horses stepped over the field as over a thick carpet, now and then splashing into puddles as they crossed a road. The misty sky still seemed to descend evenly and imperceptibly toward the earth, the air was still, warm, and silent. Occasionally the whistle of a huntsman, the snort of a horse, the crack of a whip, or the whine of a straggling hound could be heard.

When they had gone a little less than a mile,

IV

Старый граф, всегда державший огромную охоту, теперь же передавший всю охоту в ведение сына, в этот день 15-го сентября, развеселившись, собрался сам тоже выехать.

Через час вся охота была у крыльца. Николай с строгим и серьезным видом, показывавшим, что некогда теперь заниматься пустяками, прошел мимо Наташи и Пети, которые что-то рассказывали ему. Он осмотрел все части охоты, послал вперед стаю и охотников в заезд, сел на своего рыжего донца и, подсвистывая собак своей своры, тронулся через гумно в поле, ведущее к отрадненскому заказу. Лошадь старого графа, игреневого меринка, называемого Вифлянкой, вел графский стремянный; сам же он должен был прямо на оставленный ему лаз выехать в дрожечках.

Всех гончих выведено было пятьдесят четыре собаки, под которыми доезжачими и выжлятниками выехало шесть человек. Борзятников, кроме господ, было восемь человек, за которыми рыскало более сорока борзых, так что с господскими сворами выехало в поле около ста тридцати собак и двадцати конных охотников.

Каждая собака знала хозяина и кличку. Каждый охотник знал свое дело, место и назначение. Как только вышли за ограду, все без шуму и разговоров, равномерно и спокойно растянулись по дороге и полю, ведущими к отрадненскому лесу.

Как по пушному ковру, шли по полю лошади, изредка шлепая по лужам, когда переходили через дороги. Туманное небо продолжало незаметно и равномерно спускаться на землю; в воздухе было тихо, тепло, беззвучно. Изредка слышались то подсвистывание охотника, то храп лошади, то удар арапником или взвизг собаки, не шедшей на своем месте.

Когда отъехали с версту, навстречу ро-

five more riders with dogs appeared out of the mist, approaching the Rostóvs. In front rode a fresh-looking, handsome old man with a large gray mustache.

"Good morning, Uncle!" said Nicholas, when the old man drew near.

"That's it. Come on!... I was sure of it," began "Uncle." (He was a distant relative of the Rostóvs', a man of small means, and their neighbor.) "I knew you wouldn't be able to resist it and it's a good thing you're going. That's it! Come on!" (This was "Uncle's" favorite expression.) "Take the covert at once, for my Gírchik says the Ilágins are at Korникí with their hounds. That's it. Come on!... They'll take the cubs from under your very nose."

"That's where I'm going. Shall we join up our packs?" asked Nicholas.

The hounds were joined into one pack, and "Uncle" and Nicholas rode on side by side. Natásha, muffled up in shawls which did not hide her eager face and shining eyes, galloped up to them. She was followed by Pétya who always kept close to her, by Michael, a huntsman, and by a groom appointed to look after her. Pétya, who was laughing, whipped and pulled at his horse. Natásha sat easily and confidently on her black Arábchik and reined him in without effort with a firm hand.

"Uncle" looked round disapprovingly at Pétya and Natásha. He did not like to combine frivolity with the serious business of hunting.

"Good morning, Uncle! We are going too!" shouted Pétya.

"Good morning, good morning! But don't go overriding the hounds," said "Uncle" sternly.

"Nicholas, what a fine dog Truníla is! He knew me," said Natásha, referring to her favorite hound.

"In the first place, Truníla is not a 'dog,' but a harrier," thought Nicholas, and looked sternly at his sister, trying to make her feel the distance that ought to separate them at that moment. Natásha understood it.

"You mustn't think we'll be in anyone's way, Uncle," she said. "We'll go to our places and won't budge."

стовской охоте из тумана показались еще пять всадников с собаками. Впереди ехал свежий, красивый старик с большими седыми усами.

— Здравствуйте, дядюшка! — сказал Николай, когда старик подъехал к нему.

— Чистое дело марш!.. Так и знал, — заговорил дядюшка (это был дальний родственник, небогатый сосед Ростовых), — так и знал, что не вытерпишь, и хорошо, что едешь. Чистое дело марш! (Это была любимая поговорка дядюшки.) Бери заказ сейчас, а то мой Гирчик донес, что Илагины с охотой в Корниках стоят; они у тебя — чистое дело марш! — под носом выводок возьмут.

— Туда и иду. Что же, свалить стаи? — спросил Николай. — Свалить...

Гончих соединили в одну стаю, и дядюшка с Николаем поехали рядом. Наташа, закутанная платками, из-под которых виднелось оживленное, с блестящими глазами лицо, подскакала к ним, сопутствуемая не отстававшими от нее Петей и Михайлой-охотником и берейтором, который был приставлен нянькой при ней. Петя чему-то смеялся и бил и дергал свою лошадь. Наташа ловко и уверенно сидела на своем вороном Арабчике и верною рукой, без усилия, осадила его.

Дядюшка неодобрительно оглянулся на Петю и Наташу. Он не любил соединять баловство с серьезным делом охоты.

— Здравствуйте, дядюшка, и мы едем, — прокричал Петя.

— Здравствуйте-то здравствуйте, да собак не передавите, — строго сказал дядюшка.

Николенька, какая прелестная собака Трунила! он узнал меня, — сказала Наташа про свою любимую гончую собаку.

«Трунила, во-первых, не собака, а выжлец», — подумал Николай и строго взглянул на сестру, стараясь ей дать почувствовать то расстояние, которое их должно было разделять в эту минуту. Наташа поняла это.

— Вы, дядюшка, не думайте, чтобы мы помешали кому-нибудь, — сказала Наташа. — Мы станем на своем месте и не пошевелимся.

"A good thing too, little countess," said "Uncle," "only mind you don't fall off your horse," he added, "because—that's it, come on!—you've nothing to hold on to."

The oasis of the Otrádnoe covert came in sight a few hundred yards off, the huntsmen were already nearing it. Rostóv, having finally settled with "Uncle" where they should set on the hounds, and having shown Natásha where she was to stand—a spot where nothing could possibly run out—went round above the ravine.

"Well, nephew, you're going for a big wolf," said "Uncle." "Mind and don't let her slip!"

"That's as may happen," answered Rostóv. "Karáy, here!" he shouted, answering "Uncle's" remark by this call to his borzoi. Karáy was a shaggy old dog with a hanging jowl, famous for having tackled a big wolf unaided. They all took up their places.

The old count, knowing his son's ardor in the hunt, hurried so as not to be late, and the huntsmen had not yet reached their places when Count Ilyá Rostóv, cheerful, flushed, and with quivering cheeks, drove up with his black horses over the winter rye to the place reserved for him, where a wolf might come out. Having straightened his coat and fastened on his hunting knives and horn, he mounted his good, sleek, well-fed, and comfortable horse, Viflyánka, which was turning gray, like himself. His horses and trap were sent home. Count Ilyá Rostóv, though not at heart a keen sportsman, knew the rules of the hunt well, and rode to the bushy edge of the road where he was to stand, arranged his reins, settled himself in the saddle, and, feeling that he was ready, looked about with a smile.

Beside him was Simon Chekmár, his personal attendant, an old horseman now somewhat stiff in the saddle. Chekmár held in leash three formidable wolfhounds, who had, however, grown fat like their master and his horse. Two wise old dogs lay down unleashed. Some hundred paces farther along the edge of the wood stood Mítka, the count's other groom, a daring horseman and keen rider to hounds. Before the hunt, by old custom, the count had drunk a silver cupful of mulled brandy, taken a snack, and washed it down with half a bottle of his favorite

— И хорошее дело, графинечка, — сказал дядюшка. — Только с лошади-то не упадите, — прибавил он, — а то — чистое дело марш! — не на чем держаться-то.

Остров Отрадненского заказа виднелся саженях во ста, и доезжачие подходили к нему. Ростов, решив окончательно с дядюшкой, откуда бросать гончих, и указав Наташе место, где ей стоять и где никак ничего не могло побежать, направился в заезд над оврагом.

— Ну, племянничек, на матерого становишься, — сказал дядюшка, — чур, не гладить.

— Как придется, — отвечал Ростов. — Карай, фюит! — крикнул он, отвечая этим призывом на слова дядюшки. Карай был старый и уродливый бурдастый кобель, известный тем, что он в одиночку бирал матерого волка. Все стали по местам.

Старый граф, зная охотничью горячность сына, поторопился не опоздать, и еще не успели доезжачие подъехать к месту, как Илья Андреич, веселый, румяный, с трясущимися щеками, на своих вороненьких подкатил по зеленям к оставленному ему лазу и, расправив шубку и надев охотничьи снаряды, влез на свою гладкую, сытую, смирную и добрую, поседевшую, как и он сам, Вифлянку. Лошадей с дрожками отослали. Граф Илья Андреич, хоть и не охотник по душе, но знавший твердо охотничьи законы, въехал в опушку кустов, от которых он стоял, разобрал поводья, оправился на седле и, чувствуя себя готовым, оглянулся, улыбаясь.

Подле него стоял его камердинер, старинный, но отяжелевший ездок, Семен Чекмарь. Чекмарь держал на своре трех лихих, но так же зажиревших, как хозяин и лошадь, волкодавов. Две собаки, умные, старые, улеглись без свор. Шагов на сто подальше в опушке стоял другой стремянный графа, Митька, отчаянный ездок и страстный охотник. Граф, по старинной привычке, выпил перед охотой серебряную чарку охотничьей запеканочки, закусил и запил полубутылкой своего любимого бордо.

Bordeaux.

He was somewhat flushed with the wine and the drive. His eyes were rather moist and glittered more than usual, and as he sat in his saddle, wrapped up in his fur coat, he looked like a child taken out for an outing.

The thin, hollow-cheeked Chekmár, having got everything ready, kept glancing at his master with whom he had lived on the best of terms for thirty years, and understanding the mood he was in expected a pleasant chat. A third person rode up circumspectly through the wood (it was plain that he had had a lesson) and stopped behind the count. This person was a gray-bearded old man in a woman's cloak, with a tall peaked cap on his head. He was the buffoon, who went by a woman's name, Nastásya Ivánovna.

"Well, Nastásya Ivánovna!" whispered the count, winking at him. "If you scare away the beast, Daniel'll give it you!"

"I know a thing or two myself!" said Nastásya Ivánovna.

"Hush!" whispered the count and turned to Simon.

"Have you seen the young countess?" he asked. "Where is she?"

"With young Count Peter, by the Zhárov rank grass," answered Simon, smiling. "Though she's a lady, she's very fond of hunting."

"And you're surprised at the way she rides, Simon, eh?" said the count. "She's as good as many a man!"

"Of course! It's marvelous. So bold, so easy!"

"And Nicholas? Where is he? By the Lyádov upland, isn't he?"

"Yes, sir. He knows where to stand. He understands the matter so well that Daniel and I are often quite astounded," said Simon, well knowing what would please his master.

"Rides well, eh? And how well he looks on his horse, eh?"

"A perfect picture! How he chased a fox out of the rank grass by the Zavárzinsk thicket the other day! Leaped a fearful place; what a sight when they rushed from the covert... the horse worth a thousand rubles and the rider beyond all price! Yes, one would have to search far to find another as smart."

Илья Андреич был немножко красен от вина и езды; глаза его, подернутые влагой, особенно блестели, и он, укутанный в шубку, сидя на седле, имел вид ребенка, которого собрали гулять.

Худой, со втянутыми щеками Чекмарь, устроившись с своими делами, поглядывал на барина, с которым он жил тридцать лет душа в душу, и, понимая его приятное расположение духа, ждал приятного разговора. Еще третье лицо подъехало осторожно (видно, уже оно было учено) из-за леса и остановилось позади графа. Лицо это был старик в седой бороде, в женском капоте и высоком колпаке. Это был шут Настасья Ивановна.

— Ну, Настасья Ивановна, — подмигивая ему, шепотом сказал граф, — ты только оттопай зверя, тебе Данило задаст.

— Я сам... с усам, — сказал Настасья Ивановна.

— Шшшш! — зашикал граф и обратился к Семену.

— Наталью Ильиничну видел? — спросил он у Семена. — Где она?

— Они с Петром Ильичом от Жаровых бурьянов стали, — отвечал Семен, улыбаясь. — Тоже дамы, а охоту большую имеют.

— А ты удивляешься, Семен, как она ездит... а? — сказал граф. — Хоть бы мужчине впору!

— Как не дивиться? Смело, ловко!

— А Николаша где? Над Лядовским верхом, что ли? — все шепотом спрашивал граф.

— Так точно-с. Уж они знают, где стать. Так тонко езду знают, что мы с Данилой другой раз диву даемся, — говорил Семен, зная, чем угодить барину.

— Хорошо ездит, а? А на коне-то каков, а?

— Картину писать! Как намедни из Заварзинских бурьянов помкнули лису. Они перескакивать стали, от уймища, страсть — лошадь тысяча рублей, а седоку цены нет! Да, уж такого молодца поискать!

"To search far..." repeated the count, evidently sorry Simon had not said more. "To search far," he said, turning back the skirt of his coat to get at his snuffbox.

"The other day when he came out from Mass in full uniform, Michael Sidórych..." Simon did not finish, for on the still air he had distinctly caught the music of the hunt with only two or three hounds giving tongue. He bent down his head and listened, shaking a warning finger at his master. "They are on the scent of the cubs..." he whispered, "straight to the Lyádov uplands."

The count, forgetting to smooth out the smile on his face, looked into the distance straight before him, down the narrow open space, holding the snuffbox in his hand but not taking any. After the cry of the hounds came the deep tones of the wolf call from Daniel's hunting horn; the pack joined the first three hounds and they could be heard in full cry, with that peculiar lift in the note that indicates that they are after a wolf. The whippers-in no longer set on the hounds, but changed to the cry of ulyulyu, and above the others rose Daniel's voice, now a deep bass, now piercingly shrill. His voice seemed to fill the whole wood and carried far beyond out into the open field.

After listening a few moments in silence, the count and his attendant convinced themselves that the hounds had separated into two packs: the sound of the larger pack, eagerly giving tongue, began to die away in the distance, the other pack rushed by the wood past the count, and it was with this that Daniel's voice was heard calling ulyulyu. The sounds of both packs mingled and broke apart again, but both were becoming more distant.

Simon sighed and stooped to straighten the leash a young borzoi had entangled; the count too sighed and, noticing the snuffbox in his hand, opened it and took a pinch. "Back!" cried Simon to a borzoi that was pushing forward out of the wood. The count started and dropped the snuffbox. Nastásya Ivánovna dismounted to pick it up. The count and Simon were looking at him.

Then, unexpectedly, as often happens, the sound of the hunt suddenly approached, as if the hounds in full cry and Daniel ulyulyuing were just in front of them.

— Поискать... — повторил граф, видимо сожалея, что кончилась так скоро речь Семена. — Поискать, — сказал он, отворачивая полы шубки и доставая табакерку.

— Намедни как от обедни во всей регалии вышли, так Михаил-то Сидорыч... — Семен не договорил, услыхав ясно раздавшийся в тихом воздухе гон с подвыванием не более двух или трех гончих. Он, наклонив голову, прислушался и молча погрозился барину. — На выводок натекли... — прошептал он, — прямо на Лядовской повели.

Граф, забыв стереть улыбку с лица, смотрел перед собой вдаль по перемычке и, не нюхая, держал в руке табакерку. Вслед за лаем собак послышался голос по волку, поданный в басистый рог Данилы; стая присоединилась к первым трем собакам, и слышно было, как заревели с заливом голоса гончих, с тем особенным подвыванием, которое служит признаком гона по волку. Доезжачие уже не порскали, а улюлюкали, и из-за всех голосов выступал голос Данилы, то басистый, то пронзительно-тонкий. Голос Данилы, казалось, наполнял весь лес, выходил из-за леса и звучал далеко в поле.

Прислушавшись несколько секунд молча, граф и его стремянный убедились, что гончие разбились на две стаи: одна, большая, ревевшая особенно горячо, стала удаляться, другая часть стаи понеслась вдоль по лесу, мимо графа, и при этой стае было слышно улюлюканье Данилы. Оба эти гона сливались, переливались, но оба удалялись. Семен вздохнул и нагнулся, чтоб оправить сворку, в которой запутался молодой кобель.

Граф тоже вздохнул и, заметив в своей руке табакерку, открыл ее и достал щепоть. — Назад! — крикнул Семен на кобеля, который выступил за опушку. Граф вздрогнул и уронил табакерку. Настасья Ивановна слез и стал поднимать ее. Граф и Семен смотрели на него.

Вдруг, как это час-то бывает, звук гона мгновенно приблизился, как будто вот-вот перед ними самими были лающие рты собак и улюлюканье Данилы.

The count turned and saw on his right Mítka staring at him with eyes starting out of his head, raising his cap and pointing before him to the other side.

"Look out!" he shouted, in a voice plainly showing that he had long fretted to utter that word, and letting the borzois slip he galloped toward the count.

The count and Simon galloped out of the wood and saw on their left a wolf which, softly swaying from side to side, was coming at a quiet lope farther to the left to the very place where they were standing. The angry borzois whined and getting free of the leash rushed past the horses' feet at the wolf.

The wolf paused, turned its heavy forehead toward the dogs awkwardly, like a man suffering from the quinsy, and, still slightly swaying from side to side, gave a couple of leaps and with a swish of its tail disappeared into the skirt of the wood. At the same instant, with a cry like a wail, first one hound, then another, and then another, sprang helter-skelter from the wood opposite and the whole pack rushed across the field toward the very spot where the wolf had disappeared. The hazel bushes parted behind the hounds and Daniel's chestnut horse appeared, dark with sweat. On its long back sat Daniel, hunched forward, capless, his disheveled gray hair hanging over his flushed, perspiring face.

"Ulyulyulyu! ulyulyu!..." he cried. When he caught sight of the count his eyes flashed lightning.

"Blast you!" he shouted, holding up his whip threateningly at the count.

"You've let the wolf go!... What sportsmen!" and as if scorning to say more to the frightened and shamefaced count, he lashed the heaving flanks of his sweating chestnut gelding with all the anger the count had aroused and flew off after the hounds. The count, like a punished schoolboy, looked round, trying by a smile to win Simon's sympathy for his plight. But Simon was no longer there. He was galloping round by the bushes while the field was coming up on both sides, all trying to head the wolf, but it vanished into the wood before they could do so.

Граф оглянулся и направо увидал Митьку, который выкатывавшимися глазами смотрел на графа и, подняв шапку, указывал ему вперед, на другую сторону.

— Береги! — закричал он таким голосом, что видно было, что это слово давно уже мучительно просилось у него наружу. И поскакал, выпустив собак, по направлению к графу.

Граф и Семен выскакали из опушки и налево от себя увидали волка, который, мягко переваливаясь, тихим скоком подскакивал левее их к той самой опушке, у которой они стояли. Злобные собаки взвизгнули и, сорвавшись со свор, понеслись к волку мимо ног лошадей.

Волк приостановил бег, неловко, как больной жабой, повернул свою лобастую голову к собакам и, так же мягко переваливаясь, прыгнул раз, другой и, мотнув поленом (хвостом), скрылся в опушку. В ту же минуту из противоположной опушки с ревом, похожим на плач, растерянно выскочила одна, другая, третья гончая, и вся стая понеслась по полю, по тому самому месту, где пролез (пробежал) волк. Вслед за гончими расступились кусты орешника и показалась бурая, почерневшая от поту лошадь Данилы. На длинной спине ее комочком, валясь вперед, сидел Данило, без шапки, с седыми встрепанными волосами над красным, потным лицом.

— Улюлюлю, улюлю!.. — кричал он. Когда он увидел графа, в глазах его сверкнула молния.

— Ж...! — крикнул он, грозясь поднятым арапником на графа.

— Про...ли волка-то!.. охотники! — И как бы не удостоивая сконфуженного, испуганного графа дальнейшим разговором, он со всей злобой, приготовленной на графа, ударил по ввалившимся мокрым бокам бурого мерина и понесся за гончими. Граф, как наказанный, стоял, оглядываясь и стараясь улыбкой вызвать в Семене сожаление к своему положению. Но Семена уже не было: он, в объезд по кустам, заскакивал волка от засеки. С двух сторон также перескакивали зверя борзятники. Но волк пошел кустами, и ни один охотник не перехватил.

V

Nicholas Rostóv meanwhile remained at his post, waiting for the wolf. By the way the hunt approached and receded, by the cries of the dogs whose notes were familiar to him, by the way the voices of the huntsmen approached, receded, and rose, he realized what was happening at the copse. He knew that young and old wolves were there, that the hounds had separated into two packs, that somewhere a wolf was being chased, and that something had gone wrong. He expected the wolf to come his way any moment. He made thousands of different conjectures as to where and from what side the beast would come and how he would set upon it. Hope alternated with despair. Several times he addressed a prayer to God that the wolf should come his way. He prayed with that passionate and shamefaced feeling with which men pray at moments of great excitement arising from trivial causes. "What would it be to Thee to do this for me?" he said to God. "I know Thou art great, and that it is a sin to ask this of Thee, but for God's sake do let the old wolf come my way and let Karáy spring at it—in sight of 'Uncle' who is watching from over there—and seize it by the throat in a death grip!" A thousand times during that half-hour Rostóv cast eager and restless glances over the edge of the wood, with the two scraggy oaks rising above the aspen undergrowth and the gully with its water-worn side and "Uncle's" cap just visible above the bush on his right.

"No, I shan't have such luck," thought Rostóv, "yet what wouldn't it be worth! It is not to be! Everywhere, at cards and in war, I am always unlucky." Memories of Austerlitz and of Dólokhov flashed rapidly and clearly through his mind. "Only once in my life to get an old wolf, I want only that!" thought he, straining eyes and ears and looking to the left and then to the right and listening to the slightest variation of note in the cries of the dogs.

Again he looked to the right and saw some-

V

Николай Ростов между тем стоял на своем месте, ожидая зверя. По приближению и отдалению гона, по звукам голосов известных ему собак, по приближению, отдалению и возвышению голосов доезжачих он чувствовал то, что́ совершалось в острове. Он знал, что в острове были прибылые (молодые) и матерые (старые) волки; он знал, что гончие разбились на две стаи, что где-нибудь травили и что что-нибудь случилось неблагополучное. Он всякую секунду на свою сторону ждал зверя. Он делал тысячи различных предположений о том, как и с какой стороны побежит зверь и как он будет травить его. Надежда сменялась отчаянием. Несколько раз он обращался к Богу с мольбой о том, чтобы волк вышел на него; он молился с тем страстным и совестливым чувством, с которым молятся люди в минуты сильного волнения, зависящего от ничтожной причины. «Ну, что тебе стоит, — говорил он Богу, — сделать это для меня! Знаю, что ты велик и что грех тебя просить об этом; но, ради Бога, сделай, чтобы на меня вылез матерый и чтобы Карай, на глазах дядюшки, который вон оттуда смотрит, влепился ему мертвой хваткой в горло». Тысячу раз в эти полчаса упорным, напряженным и беспокойным взглядом окидывал Ростов опушку лесов с двумя редкими дубами над осиновым подседом, и овраг с измытым краем, и шапку дядюшки, чуть видневшегося из-за куста направо.

«Нет, не будет этого счастья, — думал Ростов, — а что бы стоило! Не будет! Мне всегда, и в картах и на войне, во всем несчастье». Аустерлиц и Долохов ярко, но быстро сменяясь, мелькали в его воображении. «Только один раз бы в жизни затравить матерого волка, больше я не желаю!» — думал он, напрягая слух и зрение, оглядываясь налево и опять направо и прислушиваясь к малейшим оттенкам звуков гона.

Он взглянул опять направо и увидал, что

thing running toward him across the deserted field. "No, it can't be!" thought Rostóv, taking a deep breath, as a man does at the coming of something long hoped for. The height of happiness was reached—and so simply, without warning, or noise, or display, that Rostóv could not believe his eyes and remained in doubt for over a second. The wolf ran forward and jumped heavily over a gully that lay in her path. She was an old animal with a gray back and big reddish belly. She ran without hurry, evidently feeling sure that no one saw her. Rostóv, holding his breath, looked round at the borzois. They stood or lay not seeing the wolf or understanding the situation. Old Karáy had turned his head and was angrily searching for fleas, baring his yellow teeth and snapping at his hind legs.

"Ulyulyulyu!" whispered Rostóv, pouting his lips. The borzois jumped up, jerking the rings of the leashes and pricking their ears. Karáy finished scratching his hindquarters and, cocking his ears, got up with quivering tail from which tufts of matted hair hung down.

"Shall I loose them or not?" Nicholas asked himself as the wolf approached him coming from the copse. Suddenly the wolf's whole physiognomy changed: she shuddered, seeing what she had probably never seen before—human eyes fixed upon her—and turning her head a little toward Rostóv, she paused. "Back or forward? Eh, no matter, forward..." the wolf seemed to say to herself, and she moved forward without again looking round and with a quiet, long, easy yet resolute lope.

"Ulyulyu!" cried Nicholas, in a voice not his own, and of its own accord his good horse darted headlong downhill, leaping over gullies to head off the wolf, and the borzois passed it, running faster still. Nicholas did not hear his own cry nor feel that he was galloping, nor see the borzois, nor the ground over which he went: he saw only the wolf, who, increasing her speed, bounded on in the same direction along the hollow. The first to come into view was Mílka, with her black markings and powerful quarters, gaining upon the wolf. Nearer and nearer... now she

по пустынному полю навстречу к нему бежало что-то. «Нет, это не может быть!» — подумал Ростов, тяжело вздыхая, как вздыхает человек при совершении того, что было долго ожидаемо им. Совершилось величайшее счастье — и так просто, без шума, без блеска, без ознаменования. Ростов не верил своим глазам, и сомнение это продолжалось более секунды. Волк бежал вперед и перепрыгнул тяжело рытвину, которая была на его дороге. Это был старый зверь, с седой спиной и с наеденным красноватым брюхом. Он бежал неторопливо, очевидно убежденный, что никто не видит его. Ростов, не дыша, оглянулся на собак. Они лежали, стояли, не видя волка и ничего не понимая. Старый Карай, завернув голову и оскалив желтые зубы, сердито отыскивая блоху, щелкал ими на задних ляжках.

— Улюлюлю, — шепотом, оттопыривая губы, проговорил Ростов. Собаки, дрогнув железками, вскочили, насторожив уши. Карай дочесал свою ляжку и встал, насторожив уши, и слегка мотнул хвостом, на котором висели войлоки шерсти.

«Пускать? не пускать?» — говорил сам себе Николай в то время, как волк подвигался к нему, отделяясь от леса. Вдруг вся физиономия волка изменилась; он вздрогнул, увидав еще, вероятно, никогда не виданные им человеческие глаза, устремленные на него, и, слегка поворотив к охотнику голову, остановился — назад или вперед? «Э! все равно, вперед!..» — видно, как будто сказал он сам себе и пустился вперед, уже не оглядываясь, мягким, редким, вольным, но решительным скоком.

— Улюлю!.. — не своим голосом закричал Николай, и сама собою стремглав понеслась его добрая лошадь под гору, перескакивая через водомоины впоперечь волку; и еще быстрее, обогнав ее, понеслись собаки. Николай не слыхал ни своего крика, не чувствовал того, что он скачет, не видал ни собак, ни места, по которому он скачет; он видел только волка, который, усилив свой бег, скакал, не переменяя направления, по лощине. Первая показалась вблизи зверя черно-пегая, широкозадая Милка и стала приближаться

was ahead of it; but the wolf turned its head to face her, and instead of putting on speed as she usually did Mílka suddenly raised her tail and stiffened her forelegs.

"Ulyulyulyulyu!" shouted Nicholas.

The reddish Lyubím rushed forward from behind Mílka, sprang impetuously at the wolf, and seized it by its hindquarters, but immediately jumped aside in terror. The wolf crouched, gnashed her teeth, and again rose and bounded forward, followed at the distance of a couple of feet by all the borzois, who did not get any closer to her.

"She'll get away! No, it's impossible!" thought Nicholas, still shouting with a hoarse voice.

"Karáy, ulyulyu!..." he shouted, looking round for the old borzoi who was now his only hope. Karáy, with all the strength age had left him, stretched himself to the utmost and, watching the wolf, galloped heavily aside to intercept it. But the quickness of the wolf's lope and the borzoi's slower pace made it plain that Karáy had miscalculated. Nicholas could already see not far in front of him the wood where the wolf would certainly escape should she reach it. But, coming toward him, he saw hounds and a huntsman galloping almost straight at the wolf. There was still hope. A long, yellowish young borzoi, one Nicholas did not know, from another leash, rushed impetuously at the wolf from in front and almost knocked her over. But the wolf jumped up more quickly than anyone could have expected and, gnashing her teeth, flew at the yellowish borzoi, which, with a piercing yelp, fell with its head on the ground, bleeding from a gash in its side.

"Karáy? Old fellow!..." wailed Nicholas.

Thanks to the delay caused by this crossing of the wolf's path, the old dog with its felted hair hanging from its thigh was within five paces of it. As if aware of her danger, the wolf turned her eyes on Karáy, tucked her tail yet further between her legs, and increased her speed. But here Nicholas only saw that something happened to Karáy—the borzoi was suddenly on the wolf, and they rolled together down into a gully

к зверю. Ближе, ближе... вот она приспела к нему. Но волк чуть покосился на нее, и, вместо того чтобы наддать, как это она всегда делала, Милка вдруг, подняв хвост, стала упираться на передние ноги.

— Улюлюлюлю! — кричал Николай.

Красный Любим выскочил из-за Милки, стремительно бросился на волка и схватил его за гачи (ляжки задних ног), но в ту же секунду испуганно перескочил на другую сторону. Волк присел, щелкнул зубами и опять поднялся и поскакал вперед, провожаемый на аршин расстояния всеми собаками, не приближавшимися к нему.

«Уйдет! Нет, это невозможно», — думал Николай, продолжая кричать охрипнувшим голосом.

— Карай! Улюлю!.. — кричал он, отыскивая глазами старого кобеля, единственную свою надежду. Карай из всех своих старых сил, вытянувшись сколько мог, глядя на волка, тяжело скакал в сторону от зверя, наперерез ему. Но по быстроте скока волка и медленности скока собаки было видно, что расчет Карая был ошибочен. Николай уже не далеко впереди себя видел тот лес, до которого добежав, волк уйдет наверное. Впереди показались собаки и охотник, скакавший почти навстречу. Еще была надежда. Незнакомый Николаю, муругий молодой длинный кобель чужой своры стремительно подлетел спереди к волку и почти опрокинул его. Волк быстро, как нельзя было ожидать от него, приподнялся и бросился к муругому кобелю, щелкнул зубами — и окровавленный, с распоротым боком кобель, пронзительно завизжав, ткнулся головой в землю.

— Караюшка! Отец!.. — плакал Николай...

Старый кобель, с своими мотавшимися на ляжках клоками, благодаря происшедшей остановке, перерезывая дорогу волку, был уже в пяти шагах от него. Как будто почувствовав опасность, волк покосился на Карая, еще дальше спрятав полено (хвост) между ног, и наддал скоку. Но тут — Николай видел только, что что-то сделалось с Караем, — он мгновенно очутился на волке и с ним вместе

just in front of them.

That instant, when Nicholas saw the wolf struggling in the gully with the dogs, while from under them could be seen her gray hair and out-stretched hind leg and her frightened choking head, with her ears laid back (Karáy was pinning her by the throat), was the happiest moment of his life. With his hand on his saddlebow, he was ready to dismount and stab the wolf, when she suddenly thrust her head up from among that mass of dogs, and then her forepaws were on the edge of the gully. She clicked her teeth (Karáy no longer had her by the throat), leaped with a movement of her hind legs out of the gully, and having disengaged herself from the dogs, with tail tucked in again, went forward. Karáy, his hair bristling, and probably bruised or wounded, climbed with difficulty out of the gully.

"Oh my God! Why?" Nicholas cried in de-spair.

"Uncle's" huntsman was galloping from the other side across the wolf's path and his borzois once more stopped the animal's advance. She was again hemmed in.

Nicholas and his attendant, with "Uncle" and his huntsman, were all riding round the wolf, crying "ulyulyu!" shouting and preparing to dismount each moment that the wolf crouched back, and starting forward again every time she shook herself and moved toward the wood where she would be safe.

Already, at the beginning of this chase, Daniel, hearing the ulyulyuing, had rushed out from the wood. He saw Karáy seize the wolf, and checked his horse, supposing the affair to be over. But when he saw that the horsemen did not dismount and that the wolf shook herself and ran for safety, Daniel set his chestnut gal-loping, not at the wolf but straight toward the wood, just as Karáy had run to cut the animal off. As a result of this, he galloped up to the wolf just when she had been stopped a second time by "Uncle's" borzois.

Daniel galloped up silently, holding a naked dagger in his left hand and thrashing the labor-ing sides of his chestnut horse with his whip as

повалился кубарем в водомоину, которая была перед ними.

Та минута, когда Николай увидал в водо-моине копошащихся с волком собак, из-под которых виднелась серая шерсть волка, его вытянувшаяся задняя нога и с прижатыми ушами испуганная и задыхающаяся голова (Карай держал его за горло), — минута, ког-да увидал это Николай, была счастливейшею минутою его жизни. Он взялся уже за луку седла, чтобы слезть и колоть волка, как вдруг из этой массы собак высунулась вверх голо-ва зверя, потом передние ноги стали на край водомоины. Волк лязгнул зубами (Карай уже не держал его за горло), выпрыгнул задними ногами из водомоины и, поджав хвост, опять отделившись от собак, двинулся вперед. Ка-рай с ощетинившейся шерстью, вероятно, ушибленный или раненый, с трудом вылез из водомоины.

— Боже мой! За что?.. — с отчаянием за-кричал Николай.

Охотник дядюшки с другой стороны скакал наперерез волку, и собаки его опять остановили зверя. Опять его окружили.

Николай, его стремянный, дядюшка и его охотник вертелись над зверем, улюлюка́я, крича, всякую минуту собираясь слезть, ког-да волк садился на зад, и всякий раз пускаясь вперед, когда волк встряхивался и подвигал-ся к засеке, которая должна была спасти его.

Еще в начале этой травли Данило, услы-хав улюлюканье, выскочил на опушку леса. Он видел, как Карай взял волка, и остановил лошадь, полагая, что дело было кончено. Но когда охотники не слезли, волк встряхнулся и опять пошел наутек, Данило выпустил сво-его бурого не к волку, но прямой линией, к засеке, так же как Карай, — наперерез зверю. Благодаря этому направлению он подскаки-вал к волку в то время, как во второй раз его остановили дядюшкины собаки.

Данило скакал молча, держа вынутый кинжал в левой руке и, как цепом, молоча своим арапником по подтянутым бокам бу-

if it were a flail.

Nicholas neither saw nor heard Daniel until the chestnut, breathing heavily, panted past him, and he heard the fall of a body and saw Daniel lying on the wolf's back among the dogs, trying to seize her by the ears. It was evident to the dogs, the hunters, and to the wolf herself that all was now over. The terrified wolf pressed back her ears and tried to rise, but the borzois stuck to her. Daniel rose a little, took a step, and with his whole weight, as if lying down to rest, fell on the wolf, seizing her by the ears. Nicholas was about to stab her, but Daniel whispered, "Don't! We'll gag her!" and, changing his position, set his foot on the wolf's neck. A stick was thrust between her jaws and she was fastened with a leash, as if bridled, her legs were bound together, and Daniel rolled her over once or twice from side to side.

With happy, exhausted faces, they laid the old wolf, alive, on a shying and snorting horse and, accompanied by the dogs yelping at her, took her to the place where they were all to meet. The hounds had killed two of the cubs and the borzois three. The huntsmen assembled with their booty and their stories, and all came to look at the wolf, which, with her broad-browed head hanging down and the bitten stick between her jaws, gazed with great glassy eyes at this crowd of dogs and men surrounding her. When she was touched, she jerked her bound legs and looked wildly yet simply at everybody.

Old Count Rostóv also rode up and touched the wolf.

"Oh, what a formidable one!" said he. "A formidable one, eh?" he asked Daniel, who was standing near.

"Yes, your excellency," answered Daniel, quickly doffing his cap.

The count remembered the wolf he had let slip and his encounter with Daniel.

"Ah, but you are a crusty fellow, friend!" said the count.

For sole reply Daniel gave him a shy, child-like, meek, and amiable smile.

рого.

Николай не видал и не слыхал Данилы до тех пор, пока мимо самого его не пропыхтел, тяжело дыша, бурый, и он не услыхал звук паденья тела и не увидал, что Данило уже лежит в середине собак, на заду волка, стараясь поймать его за уши. Очевидно было и для охотников, и для собак, и для волка, что теперь все кончено. Зверь, испуганно прижав уши, старался подняться, но собаки облепили его. Данило, привстав, сделал падающий шаг и всею тяжестью, как будто ложась отдыхать, повалился на волка, хватая его за уши. Николай хотел колоть, но Данило прошептал: «Не надо, соструним», — и, переменив положение, наступил ногою на шею волку. В пасть волку заложили палку, завязали, как бы взнуздав его сворой, связали ноги, и Данило раза два с одного бока на другой перевалил волка.

С счастливыми, измученными лицами живого матерого волка взвалили на шарахающую и фыркающую лошадь и, сопутствуемые визжавшими на него собаками, повезли к тому месту, где должны были все собраться. Молодых двух взяли гончие и трех — борзые. Охотники съезжались с своими добычами и рассказами, и все подходили смотреть матерого волка, который, свесив лобастую голову с закушенной палкой во рту, большими стеклянными глазами смотрел на всю эту толпу собак и людей, окружавших его. Когда его трогали, он, вздрагивая завязанными ногами, дико и вместе с тем просто смотрел на всех.

Граф Илья Андреич тоже подъехал и потрогал волка.

— О, материщий какой, — сказал он. — Матерый, а? — спросил он у Данилы, стоявшего подле него.

— Матерый, ваше сиятельство, — отвечал Данило, поспешно снимая шапку.

Граф вспомнил своего прозеванного волка и свое столкновение с Данилой.

— Однако, брат, ты сердит, — сказал граф.

Данило ничего не сказал и только застенчиво улыбнулся детски-кроткой и приятной улыбкой.

VI

The old count went home, and Natásha and Pétya promised to return very soon, but as it was still early the hunt went farther. At midday they put the hounds into a ravine thickly overgrown with young trees. Nicholas standing in a fallow field could see all his whips.

Facing him lay a field of winter rye, there his own huntsman stood alone in a hollow behind a hazel bush. The hounds had scarcely been loosed before Nicholas heard one he knew, Voltórn, giving tongue at intervals; other hounds joined in, now pausing and now again giving tongue. A moment later he heard a cry from the wooded ravine that a fox had been found, and the whole pack, joining together, rushed along the ravine toward the ryefield and away from Nicholas.

He saw the whips in their red caps galloping along the edge of the ravine, he even saw the hounds, and was expecting a fox to show itself at any moment on the ryefield opposite.

The huntsman standing in the hollow moved and loosed his borzois, and Nicholas saw a queer, short-legged red fox with a fine brush going hard across the field. The borzois bore down on it…. Now they drew close to the fox which began to dodge between the field in sharper and sharper curves, trailing its brush, when suddenly a strange white borzoi dashed in followed by a black one, and everything was in confusion; the borzois formed a star-shaped figure, scarcely swaying their bodies and with tails turned away from the center of the group. Two huntsmen galloped up to the dogs; one in a red cap, the other, a stranger, in a green coat.

"What's this?" thought Nicholas. "Where's that huntsman from? He is not 'Uncle's' man."

The huntsmen got the fox, but stayed there a long time without strapping it to the saddle. Their horses, bridled and with high saddles, stood near them and there too the dogs were lying. The huntsmen waved their arms and did

VI

Старый граф поехал домой. Наташа с Петей остались с охотой, обещаясь сейчас же приехать. Охота пошла дальше, так как было еще рано. В середине дня гончих пустили в поросший молодым частым лесом овраг. Николай, стоя на жниве, видел всех своих охотников.

Насупротив от Николая были зеленя, и там стоял его охотник, один, в яме за выдавшимся кустом орешника. Только что завели гончих, Николай услыхал редкий гон известной ему собаки — Волторна; другие собаки присоединились к нему, то замолкая, то опять принимаясь гнать. Через минуту из острова подали голос по лисе, и вся стая, свалившись, погнала по отвершку, по направлению к зеленям, прочь от Николая.

Он видел скачущих выжлятников в красных шапках по краям поросшего оврага, видел даже собак и всякую секунду ждал того, что на той стороне, на зеленях, покажется лисица.

Охотник, стоявший в яме, тронулся и выпустил собак, и Николай увидал красную, низкую, странную лисицу, которая, распушив трубу, торопливо неслась по зеленям. Собаки стали спеть к ней. Вот приблизились, вот кругами стала она вилять между ними, все чаще и чаще делая эти круги и обводя вокруг себя пушистой трубой (хвостом); и вот налетела чья-то белая собака, и вслед за ней черная, и все смешалось, и звездой, врозь расставив зады, чуть колеблясь, стали собаки. К собакам подскакали два охотника: один в красной шапке, другой, чужой, в зеленом кафтане.

— «Что это такое? — подумал Николай. — Откуда взялся этот охотник! Это не дядюшкин».

Охотники отбили лисицу и долго, не тороча, стояли пешие. Около них на чумбурах стояли лошади с своими выступами седел и лежали собаки. Охотники махали руками и что-то делали с лисицей. Оттуда же раздался

something to the fox. Then from that spot came the sound of a horn, with the signal agreed on in case of a fight.

"That's Ilágin's huntsman having a row with our Iván," said Nicholas' groom.

Nicholas sent the man to call Natásha and Pétya to him, and rode at a footpace to the place where the whips were getting the hounds together. Several of the field galloped to the spot where the fight was going on.

Nicholas dismounted, and with Natásha and Pétya, who had ridden up, stopped near the hounds, waiting to see how the matter would end. Out of the bushes came the huntsman who had been fighting and rode toward his young master, with the fox tied to his crupper. While still at a distance he took off his cap and tried to speak respectfully, but he was pale and breathless and his face was angry. One of his eyes was black, but he probably was not even aware of it.

"What has happened?" asked Nicholas.

"A likely thing, killing a fox our dogs had hunted! And it was my gray bitch that caught it! Go to law, indeed!... He snatches at the fox! I gave him one with the fox. Here it is on my saddle! Do you want a taste of this?..." said the huntsman, pointing to his dagger and probably imagining himself still speaking to his foe.

Nicholas, not stopping to talk to the man, asked his sister and Pétya to wait for him and rode to the spot where the enemy's, Ilágin's, hunting party was.

The victorious huntsman rode off to join the field, and there, surrounded by inquiring sympathizers, recounted his exploits.

The facts were that Ilágin, with whom the Rostóvs had a quarrel and were at law, hunted over places that belonged by custom to the Rostóvs, and had now, as if purposely, sent his men to the very woods the Rostóvs were hunting and let his man snatch a fox their dogs had chased.

Nicholas, though he had never seen Ilágin, with his usual absence of moderation in judgment, hated him cordially from reports of his arbitrariness and violence, and regarded him as his

звук рога — условленный сигнал драки.

— Это илагинский охотник что-то с нашим Иваном бунтует, — сказал стремянный Николая.

Николай послал стремянного подозвать к себе сестру и Петю и шагом поехал к тому месту, где доезжачие собирали гончих. Несколько охотников поскакало к месту драки.

Николай, слезши с лошади, остановился подле гончих с подъехавшими Наташей и Петей, ожидая сведений о том, чем кончится дело. Из-за опушки выехал дравшийся охотник с лисицей в тороках и подъехал к молодому барину. Он издалека снял шапку и старался говорить почтительно; но он был бледен, задыхался, и лицо его было злобно. Один глаз у него был подбит, но он, вероятно, и не знал этого.

— Что у вас там было? — спросил Николай.

— Как же, из-под наших гончих он травить будет! Да и сука-то моя мышастая поймала. Поди, судись! За лисицу хватает! Я его лисицей ну катать. Отдай, в тороках. А этого хочешь? — говорил охотник, указывая на кинжал и, вероятно, воображая, что он все еще говорит с своим врагом.

Николай, не разговаривая с охотником, попросил сестру и Петю подождать его и поехал на то место, где была эта враждебная илагинская охота.

Охотник-победитель въехал в толпу охотников и там, окруженный сочувствующими любопытными, рассказывал свой подвиг.

Дело было в том, что Илагин, с которым Ростовы были в ссоре и процессе, охотился в местах, по обычаю принадлежавших Ростовым, и теперь как будто нарочно велел подъехать к острову, где охотились Ростовы, и позволил травить своему охотнику из-под чужих гончих.

Николай никогда не видал Илагина, но, как и всегда в (своих суждениях и чувствах не зная середины, по слухам о буйстве и своеволье этого помещика, всей душой нена-

bitterest foe. He rode in angry agitation toward him, firmly grasping his whip and fully prepared to take the most resolute and desperate steps to punish his enemy.

Hardly had he passed an angle of the wood before a stout gentleman in a beaver cap came riding toward him on a handsome raven-black horse, accompanied by two hunt servants.

Instead of an enemy, Nicholas found in Ilágin a stately and courteous gentleman who was particularly anxious to make the young count's acquaintance. Having ridden up to Nicholas, Ilágin raised his beaver cap and said he much regretted what had occurred and would have the man punished who had allowed himself to seize a fox hunted by someone else's borzois. He hoped to become better acquainted with the count and invited him to draw his covert.

Natásha, afraid that her brother would do something dreadful, had followed him in some excitement. Seeing the enemies exchanging friendly greetings, she rode up to them. Ilágin lifted his beaver cap still higher to Natásha and said, with a pleasant smile, that the young countess resembled Diana in her passion for the chase as well as in her beauty, of which he had heard much.

To expiate his huntsman's offense, Ilágin pressed the Rostóvs to come to an upland of his about a mile away which he usually kept for himself and which, he said, swarmed with hares. Nicholas agreed, and the hunt, now doubled, moved on.

The way to Iligin's upland was across the fields. The hunt servants fell into line. The masters rode together. "Uncle," Rostóv, and Ilágin kept stealthily glancing at one another's dogs, trying not to be observed by their companions and searching uneasily for rivals to their own borzois.

Rostóv was particularly struck by the beauty of a small, pure-bred, red-spotted bitch on Ilágin's leash, slender but with muscles like steel, a delicate muzzle, and prominent black eyes. He had heard of the swiftness of Ilágin's borzois, and

видел его и считал своим злейшим врагом. Он озлобленно-взволнованный ехал теперь к нему, крепко сжимая арапник в руке, в полной готовности на самые решительные и опасные действия против своего врага.

Едва он выехал за уступ леса, как он увидал подвигающегося ему навстречу толстого барина в бобровом картузе, на прекрасной вороной лошади, сопутствуемого двумя стремянными.

Вместо врага Николай нашел в Илагине представительного, учтивого барина, особенно желавшего познакомиться с молодым графом. Подъехав к Ростову, Илагин приподнял бобровый картуз и сказал, что очень жалеет о том, что случилось; что велит наказать охотника, позволившего себе травить из-под чужих собак, просил графа быть знакомым и предлагал ему свои места для охоты.

Наташа, боявшаяся, что брат ее наделает что-нибудь ужасное, в волнении ехала недалеко за ним. Увидав, что враги дружелюбно раскланиваются, она подъехала к ним. Илагин еще выше приподнял свой бобровый картуз перед Наташей и, приятно улыбнувшись, сказал, что графиня представляет Диану и по страсти к охоте и по красоте своей, про которую он много слышал.

Илагин, чтобы загладить вину своего охотника, настоятельно просил Ростова пройти в его угор, который был в версте, который он берег для себя и в котором было, по его словам, насыпано зайцев. Николай согласился, и охота, еще вдвое увеличившаяся, тронулась дальше.

Идти до илагинского угоря надо было полями. Охотники разровнялись. Господа ехали вместе. Дядюшка, Ростов, Илагин поглядывали тайком на чужих собак, стараясь, чтобы другие этого не заметили, и с беспокойством отыскивали между этими собаками соперниц своим собакам.

Ростова особенно поразила своею красотой небольшая чистопсовая, узенькая, но с стальными мышцами, тоненькая щипцом (мордой) и навыкате черными глазами, красно-пегая сучка в своре Илагина. Он слыхал

in that beautiful bitch saw a rival to his own Míl-ka.

In the middle of a sober conversation begun by Ilágin about the year's harvest, Nicholas pointed to the red-spotted bitch.

"A fine little bitch, that!" said he in a careless tone. "Is she swift?"

"That one? Yes, she's a good dog, gets what she's after," answered Ilágin indifferently, of the red-spotted bitch Erzá, for which, a year before, he had given a neighbor three families of house serfs. "So in your parts, too, the harvest is nothing to boast of, Count?" he went on, continuing the conversation they had begun. And considering it polite to return the young count's compliment, Ilágin looked at his borzois and picked out Mílka who attracted his attention by her breadth.

"That black-spotted one of yours is fine—well shaped!" said he.

"Yes, she's fast enough," replied Nicholas, and thought: "If only a full-grown hare would cross the field now I'd show you what sort of borzoi she is," and turning to his groom, he said he would give a ruble to anyone who found a hare.

"I don't understand," continued Ilágin, "how some sportsmen can be so jealous about game and dogs. For myself, I can tell you, Count, I enjoy riding in company such as this... what could be better?" (he again raised his cap to Natásha) "but as for counting skins and what one takes, I don't care about that."

"Of course not!"

"Or being upset because someone else's borzoi and not mine catches something. All I care about is to enjoy seeing the chase, is it not so, Count? For I consider that..."

"A-tu!" came the long-drawn cry of one of the borzoi whippers-in, who had halted. He stood on a knoll in the stubble, holding his whip aloft, and again repeated his long-drawn cry, "A-tu!" (This call and the uplifted whip meant that he saw a sitting hare.)

"Ah, he has found one, I think," said Ilágin carelessly. "

Yes, we must ride up.... Shall we both course

про резвость илагинских собак и в этой красавице сучке видел соперницу своей Милке.

В середине степенного разговора об урожае нынешнего года, который завел Илагин, Николай указал ему на его красно-пегую суку.

— Хороша у вас эта сучка! — сказал он небрежным тоном. — Резва?

— Эта? Да, это добрая собака, ловит, — равнодушным голосом сказал Илагин про свою красно-пегую Ерзу, за которую он год тому назад отдал соседу три семьи дворовых.

— Так и у вас, граф, умолотом не хвалятся? — продолжал он начатый разговор. И, считая учтивым отплатить тем же молодому графу, Илагин осмотрел его собак и выбрал Милку, бросившуюся ему в глаза своею шириной.

— Хороша у вас эта черно-пегая — ладна! — сказал он.

— Да, ничего, скачет, — отвечал Николай. «Вот только бы побежал в поле русак матерый, я бы тебе показал, какая это собака!» — подумал он. И, обернувшись к стремянному, сказал, что даст рубль тому из охотников, кто подозрит, то есть найдет лежачего зайца.

— Я не понимаю, — продолжал Илагин, — как другие охотники завистливы на зверя и на собак. Я вам скажу про себя, граф. Меня веселит, знаете, проехаться; вот съедешься с такой компанией... уже чего же лучше, (он снял опять свой бобровый картуз перед Наташей); а это чтобы шкуры считать, сколько привез, — мне все равно!

— Ну да.

— Или чтобы мне обидно было, что чужая собака поймает, а не моя, — мне только бы полюбоваться на травлю, не так ли, граф? Потом я сужу...

— Ату — его! — послышался в это время протяжный крик одного из остановившихся борзятников. Он стоял на полубугре жнивья, подняв арапник, и еще раз повторил протяжно: — А — ту — его! (Звук этот и поднятый арапник означали то, что он видит перед собой лежачего зайца.)

— А, подозрил, кажется, — сказал небрежно Илагин. — Что же, потравим, граф?

— Да, подъехать надо... да что ж, вместе?

it?" answered Nicholas, seeing in Erzá and "Uncle's" red Rugáy two rivals he had never yet had a chance of pitting against his own borzois. "And suppose they outdo my Mílka at once!" he thought as he rode with "Uncle" and Ilágin toward the hare.

"A full-grown one?" asked Ilágin as he approached the whip who had sighted the hare—and not without agitation he looked round and whistled to Erzá.

"And you, Michael Nikanórovich?" he said, addressing "Uncle." The latter was riding with a sullen expression on his face.

"How can I join in? Why, you've given a village for each of your borzois! That's it, come on! Yours are worth thousands. Try yours against one another, you two, and I'll look on!"

"Rugáy, hey, hey!" he shouted. "Rugáyushka!" he added, involuntarily by this diminutive expressing his affection and the hopes he placed on this red borzoi. Natásha saw and felt the agitation the two elderly men and her brother were trying to conceal, and was herself excited by it.

The huntsman stood halfway up the knoll holding up his whip and the gentlefolk rode up to him at a footpace; the hounds that were far off on the horizon turned away from the hare, and the whips, but not the gentlefolk, also moved away. All were moving slowly and sedately.

"How is it pointing?" asked Nicholas, riding a hundred paces toward the whip who had sighted the hare.

But before the whip could reply, the hare, scenting the frost coming next morning, was unable to rest and leaped up. The pack on leash rushed downhill in full cry after the hare, and from all sides the borzois that were not on leash darted after the hounds and the hare. All the hunt, who had been moving slowly, shouted, "Stop!" calling in the hounds, while the borzoi whips, with a cry of "A-tu!" galloped across the field setting the borzois on the hare. The tranquil Ilágin, Nicholas, Natásha, and "Uncle" flew, reckless of where and how they went, seeing only the borzois and the hare and fearing only to lose sight even for an instant of the chase. The hare they had started was a strong and swift one. When he

— отвечал Николай, вглядываясь в Ерзу и в красного Ругая дядюшки, в двух своих соперников, с которыми еще ни разу ему не удалось поравнять своих собак. «Ну что как с ушей оборвут мою Милку!» — думал он, рядом с дядюшкой и Илагиным подвигаясь к зайцу.

— Матёрый? — спрашивал Илагин, подвигаясь к подозрившему охотнику и не без волнения оглядываясь и подсвистывая Ерзу...

— А вы, Михаил Никанорыч? — обратился он к дядюшке. Дядюшка ехал, насупившись.

— Что мне соваться! Ведь ваши — чистое дело марш! — по деревне за собаку плачены, ваши тысячные. Вы померяйте своих, а я посмотрю!

— Ругай! На, на! — крикнул он. — Ругаюшка! — прибавил он, невольно этим уменьшительным выражая свою нежность и надежду, возлагаемую на этого красного кобеля. Наташа видела и чувствовала скрываемое этими двумя стариками и ее братом волнение и сама волновалась.

Охотник на полугорке стоял с поднятым арапником, господа шагом подъезжали к нему: гончие, шедшие на самом горизонте, заворачивали прочь от зайца; охотники, не господа, тоже отъезжали. Все двигалось медленно и степенно.

— Куда головой лежит? — спросил Николай, подъезжая шагов на сто к подозрившему охотнику.

Но не успел еще охотник отвечать, как русак, чуя мороз к завтрашнему утру, не вылежал и вскочил. Стая гончих, на смычках, с ревом понеслась под гору за зайцем; со всех сторон борзые, не бывшие на сворах, бросились на гончих и к зайцу. Все эти медленно двигавшиеся охотники-выжлятники с криком: «стой», сбивая собак, борзятники с криком: «ату!», направляя собак, — поскакали по полю. Спокойный Илагин, Николай, Наташа и дядюшка летели, сами не зная, как и куда, видя только собак и зайца и боясь только потерять хоть на мгновение из вида ход травли. Заяц попался матёрый и резвый. Вскочив, он не тотчас же поскакал, а

jumped up he did not run at once, but pricked his ears listening to the shouting and trampling that resounded from all sides at once. He took a dozen bounds, not very quickly, letting the borzois gain on him, and, finally having chosen his direction and realized his danger, laid back his ears and rushed off headlong. He had been lying in the stubble, but in front of him was the autumn sowing where the ground was soft. The two borzois of the huntsman who had sighted him, having been the nearest, were the first to see and pursue him, but they had not gone far before Ilágin's red-spotted Erzá passed them, got within a length, flew at the hare with terrible swiftness aiming at his scut, and, thinking she had seized him, rolled over like a ball. The hare arched his back and bounded off yet more swiftly. From behind Erzá rushed the broad-haunched, black-spotted Mílka and began rapidly gaining on the hare.

"Miláshka, dear!" rose Nicholas' triumphant cry. It looked as if Mílka would immediately pounce on the hare, but she overtook him and flew past. The hare had squatted. Again the beautiful Erzá reached him, but when close to the hare's scut paused as if measuring the distance, so as not to make a mistake this time but seize his hind leg.

"Erzá, darling!" Ilágin wailed in a voice unlike his own. Erzá did not hearken to his appeal. At the very moment when she would have seized her prey, the hare moved and darted along the balk between the winter rye and the stubble. Again Erzá and Mílka were abreast, running like a pair of carriage horses, and began to overtake the hare, but it was easier for the hare to run on the balk and the borzois did not overtake him so quickly.

"Rugáy, Rugáyushka! That's it, come on!" came a third voice just then, and "Uncle's" red borzoi, straining and curving his back, caught up with the two foremost borzois, pushed ahead of them regardless of the terrible strain, put on speed close to the hare, knocked it off the balk onto the ryefield, again put on speed still more viciously, sinking to his knees in the muddy field, and all one could see was how, muddying his back, he rolled over with the hare. A ring of borzois surrounded him. A moment later every-

повел ушами, прислушиваясь к крику и топоту, раздавшемуся вдруг со всех сторон. Он прыгнул раз десять не быстро, подпуская к себе собак, и, наконец, выбрав направление и поняв опасность, приложил уши и понесся во все ноги. Он лежал на жнивьях, но впереди были зеленя, по которым было топко. Две собаки подозрившего охотника, бывшие *ближе* всех, первые воззрились и заложились за зайцем; но еще далеко не подвинулись к нему, как из-за них вылетела илагинская красно-пегая Ерза, приблизилась на собаку расстояния, с страшной быстротой наддала, нацелившись на хвост зайца, и, думая, что она схватила его, покатилась кубарем. Заяц выгнул спину и наддал еще шибче. Из-за Ерзы вынеслась широкозадая черно-пегая Милка и быстро стала спеть к зайцу.

— Милушка, матушка! — послышался торжествующий крик Николая. Казалось, сейчас ударит Милка и подхватит зайца, но она догнала и пронеслась. Русак отсел. Опять насела красавица Ерза и над самым хвостом русака повисла, как будто примеряясь, как бы не ошибиться теперь, схватить за заднюю ляжку.

— Ерзынька! сестрица! — послышался плачущий, не свой голос Илагина. Ерза не вняла его мольбам. В тот самый момент, как надо было ждать, что она схватит русака, он вихнул и выкатил на рубеж между зеленями и жнивьем. Опять Ерза и Милка, как дышловая пара, выровнялись и стали спеть к зайцу; на рубеже русаку было легче, собаки не так быстро приближались к нему.

— Ругай! Ругаюшка! Чистое дело марш! — закричал в это время еще новый голос, и Ругай, красный горбатый кобель дядюшки, вытягиваясь и выгибая спину, сравнялся с первыми двумя собаками, выдвинулся из-за них, наддал со страшным самоотвержением уже под самым зайцем, сбил его с рубежа на зеленя, еще злей наддал другой раз по грязным зеленям, утопая по колена, и только видно было, как он кубарем, пачкая спину в грязь, покатился с зайцем. Звезда собак

one had drawn up round the crowd of dogs. Only the delighted "Uncle" dismounted, and cut off a pad, shaking the hare for the blood to drip off, and anxiously glancing round with restless eyes while his arms and legs twitched. He spoke without himself knowing whom to or what about. "That's it, come on! That's a dog!... There, it has beaten them all, the thousand-ruble as well as the one-ruble borzois. That's it, come on!" said he, panting and looking wrathfully around as if he were abusing someone, as if they were all his enemies and had insulted him, and only now had he at last succeeded in justifying himself. "There are your thousand-ruble ones.... That's it, come on!..."

"Rugáy, here's a pad for you!" he said, throwing down the hare's muddy pad. "You've deserved it, that's it, come on!"

"She'd tired herself out, she'd run it down three times by herself," said Nicholas, also not listening to anyone and regardless of whether he were heard or not.

"But what is there in running across it like that?" said Ilágin's groom.

"Once she had missed it and turned it away, any mongrel could take it," Ilágin was saying at the same time, breathless from his gallop and his excitement. At the same moment Natásha, without drawing breath, screamed joyously, ecstatically, and so piercingly that it set everyone's ear tingling. By that shriek she expressed what the others expressed by all talking at once, and it was so strange that she must herself have been ashamed of so wild a cry and everyone else would have been amazed at it at any other time. "Uncle" himself twisted up the hare, threw it neatly and smartly across his horse's back as if by that gesture he meant to rebuke everybody, and, with an air of not wishing to speak to anyone, mounted his bay and rode off. The others all followed, dispirited and shamefaced, and only much later were they able to regain their former affectation of indifference. For a long time they continued to look at red Rugáy who, his arched back spattered with mud and clanking the ring of his leash, walked along just behind "Uncle's" horse with the serene air of a conqueror.

окружила его. Через минуту все стояли около столпившихся собак. Один счастливый дядюшка слез и отпазанчил. Потряхивая зайца, чтобы стекала кровь, он тревожно оглядывался, бегая глазами, не находя положения рукам и ногам, и говорил, сам не зная с кем и что. «Вот это дело марш... вот собак... вот вытянул всех, и тысячных и рублевых — чистое дело марш!» — говорил он, задыхаясь и злобно оглядываясь, как будто ругая кого-то, как будто все были его враги, все его обижали и только теперь, наконец, ему удалось оправдаться. «Вот вам и тысячные — чистое дело марш!»

— Ругай, нá пазанку! — говорил он, кидая отрезанную лапку с налипшей землей. — Заслужил, чистое дело марш!

— Она вымахалась, три угонки дала одна, — говорил Николай, тоже не слушая никого и не заботясь о том, слушают его или нет.

— Да это что же впоперечь! — говорил илагинский стремянный.

— Да как осеклась, так с угонки всякая дворняжка поймает, — говорил в то же время Илагин, красный, насилу переводивший дух от скачки и волнения. В то же время Наташа, не переводя дух, радостно и восторженно визжала так пронзительно, что в ушах звенело. Она этим визгом выражала все то, что выражали и другие охотники своим единовременным разговором. И визг этот был так странен, что она сама должна бы была стыдиться этого дикого визга и все бы должны были удивиться ему, ежели бы это было в другое время. Дядюшка сам второчил русака, ловко и бойко перекинул его через зад лошади, как бы упрекая всех этим перекидыванием, и с таким видом, что он и говорить ни с кем не хочет, сел на своего каурого и поехал прочь. Все, кроме его, грустные и оскорбленные, разъехались и только долго после могли прийти в прежнее притворство равнодушия. Долго еще они поглядывали на красного Ругая, который с испачканной грязью горбатой спиной, побрякивая железкой, с спокойным видом победителя шел рысцой за ногами ло-

"Well, I am like any other dog as long as it's not a question of coursing. But when it is, then look out!" his appearance seemed to Nicholas to be saying.

When, much later, "Uncle" rode up to Nicholas and began talking to him, he felt flattered that, after what had happened, "Uncle" deigned to speak to him.

шади дядюшки.

«Что ж, я такой же, как и все, когда дело не коснется до травли. Ну, а уж тут держись!» — казалось Николаю, что говорил вид этой собаки.

Когда, долго после, дядюшка подъехал к Николаю и заговорил с ним, Николай был польщен тем, что дядюшка после всего, что было, еще удостоивает говорить с ним.

VII

Toward evening Ilágin took leave of Nicholas, who found that they were so far from home that he accepted "Uncle's" offer that the hunting party should spend the night in his little village of Mikháylovna.

"And if you put up at my house that will be better still. That's it, come on!" said "Uncle." "You see it's damp weather, and you could rest, and the little countess could be driven home in a trap."

"Uncle's" offer was accepted. A huntsman was sent to Otrádnoe for a trap, while Nicholas rode with Natásha and Pétya to "Uncle's" house.

Some five male domestic serfs, big and little, rushed out to the front porch to meet their master. A score of women serfs, old and young, as well as children, popped out from the back entrance to have a look at the hunters who were arriving. The presence of Natásha—a woman, a lady, and on horseback—raised the curiosity of the serfs to such a degree that many of them came up to her, stared her in the face, and unabashed by her presence made remarks about her as though she were some prodigy on show and not a human being able to hear or understand what was said about her.

"Arínka! Look, she sits sideways! There she sits and her skirt dangles.... See, she's got a little hunting horn!"

"Goodness gracious! See her knife?..."

"Isn't she a Tartar!"

"How is it you didn't go head over heels?" asked the boldest of all, addressing Natásha directly.

"Uncle" dismounted at the porch of his little wooden house which stood in the midst of an overgrown garden and, after a glance at his retainers, shouted authoritatively that the superfluous ones should take themselves off and that all necessary preparations should be made to receive the guests and the visitors.

The serfs all dispersed. "Uncle" lifted Natásha off her horse and taking her hand led her

VII

Когда ввечеру Илагин распростился с Николаем, Николай оказался на таком далеком расстоянии от дома, что он принял предложение дядюшки оставить охоту, ночевать у него (у дядюшки) в его деревне Михайловке.

— И если бы заехали ко мне — чистое дело марш! — сказал дядюшка, — еще бы того лучше; видите, погода мокрая, — говорил дядюшка, — отдохнули бы, графинечку бы отвезли в дрожках. — Предложение дядюшки было принято, за дрожками послали охотника в Отрадное; а Николай с Наташей и Петей поехали к дядюшке.

Человек пять, больших и малых, дворовых мужчин выбежало на парадное крыльцо встречать барина. Десятки женщин, старых, больших и малых, высунулись с заднего крыльца смотреть на подъехавших охотников. Присутствие Наташи, женщины, барыни, верхом, довело любопытство дворовых дядюшки до тех пределов удивления, что многие, не стесняясь ее присутствием, подходили к ней, заглядывали ей в глаза и при ней делали о ней свои замечания, как о показываемом чуде, которое не человек и не может слышать и понимать, что говорят о нем.

— Аринка, глянь-ка, на бочку сидит! Сама сидит, а подол болтается... Вишь, и рожок!

— Батюшки-светы, ножик-то!..

— Вишь, татарка!

— Как же ты не перекувырнулась-то? — говорила самая смелая, прямо уж обращаясь к Наташе.

Дядюшка слез с лошади у крыльца своего деревянного, заросшего садом домика, и, оглянув своих домочадцев, крикнул повелительно, чтобы лишние отошли и чтобы было сделано все нужное для приема гостей и охоты.

Все разбежалось. Дядюшка снял Наташу с лошади и за руку провел ее по шатким до-

up the rickety wooden steps of the porch. The house, with its bare, unplastered log walls, was not overclean—it did not seem that those living in it aimed at keeping it spotless—but neither was it noticeably neglected. In the entry there was a smell of fresh apples, and wolf and fox skins hung about.

"Uncle" led the visitors through the anteroom into a small hall with a folding table and red chairs, then into the drawing room with a round birchwood table and a sofa, and finally into his private room where there was a tattered sofa, a worn carpet, and portraits of Suvórov, of the host's father and mother, and of himself in military uniform. The study smelt strongly of tobacco and dogs.

"Uncle" asked his visitors to sit down and make themselves at home, and then went out of the room. Rugáy, his back still muddy, came into the room and lay down on the sofa, cleaning himself with his tongue and teeth. Leading from the study was a passage in which a partition with ragged curtains could be seen. From behind this came women's laughter and whispers. Natásha, Nicholas, and Pétya took off their wraps and sat down on the sofa. Pétya, leaning on his elbow, fell asleep at once. Natásha and Nicholas were silent. Their faces glowed, they were hungry and very cheerful. They looked at one another (now that the hunt was over and they were in the house, Nicholas no longer considered it necessary to show his manly superiority over his sister), Natásha gave him a wink, and neither refrained long from bursting into a peal of ringing laughter even before they had a pretext ready to account for it.

After a while "Uncle" came in, in a Cossack coat, blue trousers, and small top boots. And Natásha felt that this costume, the very one she had regarded with surprise and amusement at Otrádnoe, was just the right thing and not at all worse than a swallow-tail or frock coat. "Uncle" too was in high spirits and far from being offended by the brother's and sister's laughter (it could never enter his head that they might be laughing at his way of life) he himself joined in the merriment.

щатым ступеням крыльца. В доме, не оштукатуренном, с бревенчатыми стенами, было не очень чисто, — не видно было, чтобы цель живших людей состояла в том, чтобы не было пятен, но не было заметно запущенности. В сенях пахло свежими яблоками и висели волчьи и лисьи шкуры.

Через переднюю дядюшка провел своих гостей в маленькую залу с складным столом и красными стульями, потом в гостиную с березовым круглым столом и диваном, потом в кабинет с оборванным диваном, истасканным ковром и с портретами Суворова, отца и матери хозяина и его самого в военном мундире. В кабинете слышался сильный запах табаку и собак.

В кабинете дядюшка попросил гостей сесть и расположиться как дома, а сам вышел. Ругай с невычистившейся спиной вошел в кабинет и лег на диван, обчищая себя языком и зубами. Из кабинета шел коридор, в котором виднелись ширмы с прорванными занавесками. Из-за ширм слышался женский смех и шепот. Наташа, Николай и Петя разделись и сели на диван. Петя облокотился на руку и тотчас же заснул; Наташа и Николай сидели молча. Лица их горели, они были очень голодны и очень веселы. Они поглядели друг на друга (после охоты, в комнате, Николай уже не считал нужным выказывать свое мужское превосходство перед своей сестрой); Наташа подмигнула брату, и оба удерживались недолго и звонко расхохотались, не успев еще придумать предлога для своего смеха.

Немного погодя дядюшка вошел в казакине, синих панталонах и маленьких сапогах. И Наташа почувствовала, что этот самый костюм, в котором она с удивлением и насмешкой видала дядюшку в Отрадном, — был настоящий костюм, который был ничем не хуже сюртуков и фраков. Дядюшка был тоже весел; он не только не обиделся смеху брата и сестры (ему в голову не могло прийти, чтобы могли смеяться над его жизнию), а сам присоединился к их беспричинному смеху.

"That's right, young countess, that's it, come on! I never saw anyone like her!" said he, offering Nicholas a pipe with a long stem and, with a practiced motion of three fingers, taking down another that had been cut short.

"She's ridden all day like a man, and is as fresh as ever!"

Soon after "Uncle's" reappearance the door was opened, evidently from the sound by a barefooted girl, and a stout, rosy, good-looking woman of about forty, with a double chin and full red lips, entered carrying a large loaded tray. With hospitable dignity and cordiality in her glance and in every motion, she looked at the visitors and, with a pleasant smile, bowed respectfully. In spite of her exceptional stoutness, which caused her to protrude her chest and stomach and throw back her head, this woman (who was "Uncle's" housekeeper) trod very lightly. She went to the table, set down the tray, and with her plump white hands deftly took from it the bottles and various hors d'oeuvres and dishes and arranged them on the table. When she had finished, she stepped aside and stopped at the door with a smile on her face. "Here I am. I am she! Now do you understand 'Uncle'?" her expression said to Rostóv. How could one help understanding? Not only Nicholas, but even Natásha understood the meaning of his puckered brow and the happy complacent smile that slightly puckered his lips when Anísya Fëdorovna entered. On the tray was a bottle of herb wine, different kinds of vodka, pickled mushrooms, rye cakes made with buttermilk, honey in the comb, still mead and sparkling mead, apples, nuts (raw and roasted), and nut-and-honey sweets. Afterwards she brought a freshly roasted chicken, ham, preserves made with honey, and preserves made with sugar.

All this was the fruit of Anísya Fëdorovna's housekeeping, gathered and prepared by her. The smell and taste of it all had a smack of Anísya Fëdorovna herself: a savor of juiciness, cleanliness, whiteness, and pleasant smiles.

"Take this, little Lady-Countess!" she kept saying, as she offered Natásha first one thing and then another.

— Вот так графиня молодая — чистое дело марш — другой такой не видывал! — сказал он, подавая одну трубку с длинным чубуком Ростову, а другой короткий, обрезанный чубук закладывая привычным жестом между трех пальцев.

— День отъездила, хоть мужчине в пору, и как ни в чем не бывало!

Скоро после дядюшки отворила дверь — по звуку ног, очевидно, босая — девка, и в дверь с большим уставленным подносом в руках вошла толстая, румяная, красивая женщина лет сорока, с двойным подбородком и полными румяными губами. Она с гостеприимной представительностью и приветливостью в глазах и каждом движенье оглянула гостей и с ласковой улыбкой почтительно поклонилась им. Несмотря на толщину больше чем обыкновенную, заставлявшую ее выставлять вперед грудь и живот и назад держать голову, женщина эта (экономка дядюшки) ступала чрезвычайно легко. Она подошла к столу, поставила поднос и ловко своими белыми, пухлыми руками сняла и расставила по столу бутылки, закуски и угощенья. Окончив это, она отошла и с улыбкой на лице стала у двери. «Вот она я! Теперь понимаешь дядюшку?» — сказало Ростову ее появление. Как не понимать: не только Ростов, но и Наташа поняла дядюшку и значение нахмуренных бровей и счастливой самодовольной улыбки, которая чуть морщила его губы в то время, как входила Анисья Федоровна. На подносе были травник, наливки, грибки, лепешечки черной муки на юраге, сотовый мед, мед вареный и шипучий, яблоки, орехи сырые и каленые и орехи в меду. Потом принесено было Анисьей Федоровной и варенье на меду и на сахаре, и ветчина, и курица, только что зажаренная.

Все это было хозяйства, сбора и варенья Анисьи Федоровны. Все это и пахло, и отзывалось, и имело вкус Анисьи Федоровны. Все отзывалось сочностью, чистотой, белизной и приятной улыбкой.

— Покушайте, барышня-графинюшка, — приговаривала она, подавая Наташе то то, то другое.

Natásha ate of everything and thought she had never seen or eaten such buttermilk cakes, such aromatic jam, such honey-and-nut sweets, or such a chicken anywhere. Anísya Fëdorovna left the room.

After supper, over their cherry brandy, Rostóv and "Uncle" talked of past and future hunts, of Rugáy and Ilágin's dogs, while Natásha sat upright on the sofa and listened with sparkling eyes. She tried several times to wake Pétya that he might eat something, but he only muttered incoherent words without waking up. Natásha felt so lighthearted and happy in these novel surroundings that she only feared the trap would come for her too soon. After a casual pause, such as often occurs when receiving friends for the first time in one's own house, "Uncle," answering a thought that was in his visitors' minds, said:

"This, you see, is how I am finishing my days... Death will come. That's it, come on! Nothing will remain. Then why harm anyone?"

"Uncle's" face was very significant and even handsome as he said this. Involuntarily Rostóv recalled all the good he had heard about him from his father and the neighbors. Throughout the whole province "Uncle" had the reputation of being the most honorable and disinterested of cranks. They called him in to decide family disputes, chose him as executor, confided secrets to him, elected him to be a justice and to other posts; but he always persistently refused public appointments, passing the autumn and spring in the fields on his bay gelding, sitting at home in winter, and lying in his overgrown garden in summer.

"Why don't you enter the service, Uncle?"

"I did once, but gave it up. I am not fit for it. That's it, come on! I can't make head or tail of it. That's for you—I haven't brains enough. Now, hunting is another matter—that's it, come on! Open the door, there!" he shouted. "Why have you shut it?"

The door at the end of the passage led to the huntsmen's room, as they called the room for the hunt servants.

Наташа ела все, и ей показалось, что подобных лепешек на юраге, с таким букетом варений, на меду орехов и такой курицы никогда она нигде не видала и не едала. Анисья Федоровна вышла.

Ростов с дядюшкой, запивая ужин вишневой наливкой, разговаривали о прошедшей и о будущей охоте, о Ругае и илагинских собаках. Наташа с блестящими глазами прямо сидела на диване, слушая их. Несколько раз она пыталась разбудить Петю, чтобы дать ему поесть чего-нибудь, но он говорил что-то непонятное, очевидно, не просыпаясь. Наташе так весело было на душе, так хорошо в этой новой для нее обстановке, что она только боялась, что слишком скоро за ней приедут дрожки. После наступившего случайно молчания, как это почти всегда бывает у людей, в первый раз принимающих в своем доме своих знакомых, дядюшка сказал, отвечая на мысль, которая была у его гостей:

— Так-то вот и доживаю свой век... Умрешь — чистое дело марш! — ничего не останется. Что ж и грешить-то!

Лицо дядюшки было очень значительно и даже красиво, когда он говорил это. Ростов невольно вспомнил при этом все, что он хорошего слыхал от отца и соседей о дядюшке. Дядюшка во всем околотке губернии имел репутацию благороднейшего и бескорыстнейшего чудака. Его призывали судить семейные дела, его делали душеприказчиком, ему поверяли тайны, его выбирали в судьи и другие должности, но от общественной службы он всегда упорно отказывался, осень и весну проводя в полях на своем кауром мерине, зиму сидя дома, летом лежа в своем заросшем саду.

— Что же вы не служите, дядюшка?

— Служил, да бросил. Не гожусь, чистое дело марш, — я ничего не разберу. Это ваше дело, а у меня ума не хватит. Вот насчет охоты другое дело, — это чистое дело марш! Отворите-ка дверь-то, — крикнул он. — Что ж затворили!

Дверь в конце коридора (который дядюшка называл колидор) вела в холостую охотническую: так называлась людская для охотников.

There was a rapid patter of bare feet, and an unseen hand opened the door into the huntsmen's room, from which came the clear sounds of a balaláyka on which someone, who was evidently a master of the art, was playing. Natásha had been listening to those strains for some time and now went out into the passage to hear better.

"That's Mítka, my coachman.... I have got him a good balaláyka. I'm fond of it," said "Uncle."

It was the custom for Mítka to play the balaláyka in the huntsmen's room when "Uncle" returned from the chase. "Uncle" was fond of such music.

"How good! Really very good!" said Nicholas with some unintentional superciliousness, as if ashamed to confess that the sounds pleased him very much.

"Very good?" said Natásha reproachfully, noticing her brother's tone. "Not 'very good'—it's simply delicious!"

Just as "Uncle's" pickled mushrooms, honey, and cherry brandy had seemed to her the best in the world, so also that song, at that moment, seemed to her the acme of musical delight.

"More, please, more!" cried Natásha at the door as soon as the balaláyka ceased. Mítka tuned up afresh, and recommenced thrumming the balaláyka to the air of My Lady, with trills and variations. "Uncle" sat listening, slightly smiling, with his head on one side. The air was repeated a hundred times. The balaláyka was retuned several times and the same notes were thrummed again, but the listeners did not grow weary of it and wished to hear it again and again. Anísya Fëdorovna came in and leaned her portly person against the doorpost.

"You like listening?" she said to Natásha, with a smile extremely like "Uncle's." "That's a good player of ours," she added.

"He doesn't play that part right!" said "Uncle" suddenly, with an energetic gesture. "Here he ought to burst out—that's it, come on!—ought to burst out."

"Do you play then?" asked Natásha.

"Uncle" did not answer, but smiled.

Босые ноги быстро зашлепали, и невидимая рука отворила дверь в охотническую. Из коридора ясно стали слышны звуки балалайки, на которой играл, очевидно, какой-нибудь мастер этого дела. Наташа уже давно прислушивалась к этим звукам и теперь вышла в коридор, чтобы слышать их яснее.

— Это у меня мой Митька-кучер... Я ему купил хорошую балалайку, люблю, — сказал дядюшка.

У дядюшки было заведено, чтобы, когда он приезжает с охоты, в холостой охотнической Митька играл на балалайке. Дядюшка любил слушать эту музыку.

— Как хорошо! Право, отлично, — сказал Николай с некоторым невольным пренебрежением, как будто ему совестно было признаться в том, что ему очень были приятны эти звуки.

— Как отлично? — с упреком сказала Наташа, чувствуя тон, которым сказал это брат. — Не отлично, а это прелесть что такое!

Ей так же как грибки, мед и наливки дядюшки казались лучшими в мире, так и эта песня казалась ей в эту минуту верхом музыкальной прелести.

— Еще, пожалуйста, еще, — сказала Наташа в дверь, как только замолкла балалайка. Митька настроил и опять задребезжал *Барыню* с переборами и перехватами. Дядюшка сидел и слушал, склонив голову набок с чуть заметной улыбкой. Мотив *Барыни* повторился раз сто. Несколько раз балалайку настраивали, и опять дребезжали те же звуки, и слушателям не наскучивало, а только хотелось еще и еще слышать эту игру. Анисья Федоровна вошла и прислонилась своим тучным телом к притолоке.

— Изволите слушать, графинечка, — сказала она Наташе с улыбкой, чрезвычайно похожей на улыбку дядюшки. — Он у нас славно играет, — сказала она.

— Вот в этом колене не то делает, — вдруг с энергическим жестом сказал дядюшка. — Тут рассыпать надо — чистое дело марш — рассыпать.

— А вы разве умеете? — спросила Наташа. Дядюшка, не отвечая, улыбнулся.

"Anísya, go and see if the strings of my guitar are all right. I haven't touched it for a long time. That's it—come on! I've given it up."

Anísya Fëdorovna, with her light step, willingly went to fulfill her errand and brought back the guitar.

Without looking at anyone, "Uncle" blew the dust off it and, tapping the case with his bony fingers, tuned the guitar and settled himself in his armchair. He took the guitar a little above the fingerboard, arching his left elbow with a somewhat theatrical gesture, and, with a wink at Anísya Fëdorovna, struck a single chord, pure and sonorous, and then quietly, smoothly, and confidently began playing in very slow time, not My Lady, but the well-known song: Came a maiden down the street. The tune, played with precision and in exact time, began to thrill in the hearts of Nicholas and Natásha, arousing in them the same kind of sober mirth as radiated from Anísya Fëdorovna's whole being. Anísya Fëdorovna flushed, and drawing her kerchief over her face went laughing out of the room. "Uncle" continued to play correctly, carefully, with energetic firmness, looking with a changed and inspired expression at the spot where Anísya Fëdorovna had just stood. Something seemed to be laughing a little on one side of his face under his gray mustaches, especially as the song grew brisker and the time quicker and when, here and there, as he ran his fingers over the strings, something seemed to snap.

"Lovely, lovely! Go on, Uncle, go on!" shouted Natásha as soon as he had finished. She jumped up and hugged and kissed him. "Nicholas, Nicholas!" she said, turning to her brother, as if asking him: "What is it moves me so?"

Nicholas too was greatly pleased by "Uncle's" playing, and "Uncle" played the piece over again. Anísya Fëdorovna's smiling face reappeared in the doorway and behind hers other faces...

Fetching water clear and sweet,
Stop, dear maiden, I entreat—
played "Uncle" once more, running his fingers skillfully over the strings, and then he stopped short and jerked his shoulders.

— Посмотри-ка, Анисьюшка, что струны-то целы, что ль, на гитаре-то? Давно уж в руки не брал, чистое дело марш! забросил.

Анисья Федоровна охотно пошла своей легкой поступью исполнить поручение своего господина и принесла гитару.

Дядюшка, ни на кого не глядя, сдунул пыль, костлявыми пальцами стукнул по крышке гитары, настроил и поправился на кресле. Он взял (несколько театральным жестом, отставив локоть левой руки) гитару повыше шейки и, подмигнув Анисье Федоровне, начал не *Барыню,* а взял один звучный, чистый аккорд и мерно, спокойно, но твердо начал весьма тихим темпом отделывать известную песню «По у-ли-и-ице мостовой». Враз, в такт с тем степенным весельем (тем самым, которым дышало все существо Анисьи Федоровны), запел в душе у Николая и Наташи мотив песни. Анисья Федоровна закраснелась и, закрывшись платочком, смеясь вышла из комнаты. Дядюшка продолжал чисто, старательно и энергически твердо отделывать песню, изменившимся вдохновенным взглядом глядя на то место, с которого ушла Анисья Федоровна. Чуть-чуть что-то смеялось в его лице, с одной стороны под седым усом, особенно смеялось тогда, когда дальше расходилась песня, ускорялся темп и в местах переборов отрывалось что-то.

— Прелесть, прелесть, дядюшка! еще, еще! — закричала Наташа, как только он кончил. Она, вскочивши с места, обняла дядюшку и поцеловала его. — Николенька, Николенька! — говорила она, оглядываясь на брата и как бы спрашивая его: что же это такое?

Николаю тоже очень нравилась игра дядюшки. Дядюшка второй раз заиграл песню. Улыбающееся лицо Анисьи Федоровны явилось опять в дверях, и из-за ней еще другие лица.

За холодной ключевой,
Кричит, девица, постой!
играл дядюшка, сделал опять ловкий перебор, оторвал и шевельнул плечами.

"Go on, Uncle dear," Natásha wailed in an imploring tone as if her life depended on it. "Uncle" rose, and it was as if there were two men in him: one of them smiled seriously at the merry fellow, while the merry fellow struck a naïve and precise attitude preparatory to a folk dance.

"Now then, niece!" he exclaimed, waving to Natásha the hand that had just struck a chord.

Natásha threw off the shawl from her shoulders, ran forward to face "Uncle," and setting her arms akimbo also made a motion with her shoulders and struck an attitude.

Where, how, and when had this young countess, educated by an émigrée French governess, imbibed from the Russian air she breathed that spirit and obtained that manner which the pas de châle (the French shawl dance) would, one would have supposed, long ago have effaced? But the spirit and the movements were those inimitable and unteachable Russian ones that "Uncle" had expected of her. As soon as she had struck her pose, and smiled triumphantly, proudly, and with sly merriment, the fear that had at first seized Nicholas and the others that she might not do the right thing was at an end, and they were already admiring her.

She did the right thing with such precision, such complete precision, that Anísya Fёdorovna, who had at once handed her the handkerchief she needed for the dance, had tears in her eyes, though she laughed as she watched this slim, graceful countess, reared in silks and velvets and so different from herself, who yet was able to understand all that was in Anísya and in Anísya's father and mother and aunt, and in every Russian man and woman.

"Well, little countess; that's it—come on!" cried "Uncle," with a joyous laugh, having finished the dance. "Well done, niece! Now a fine young fellow must be found as husband for you. That's it—come on!"

"He's chosen already," said Nicholas smiling.

"Oh?" said "Uncle" in surprise, looking inquiringly at Natásha, who nodded her head with a happy smile.

— Ну, ну, голубчик, дядюшка, — таким умоляющим голосом застонала Наташа, как будто жизнь ее зависела от этого. Дядюшка встал, и как будто в нем было два человека — один из них серьезно улыбнулся над весельчаком, а весельчак сделал наивную и аккуратную выходку перед пляской.

— Ну, племянница! — крикнул дядюшка, взмахнув к Наташе рукой, оторвавшей аккорд.

Наташа сбросила с себя платок, который был накинут на ней, забежала вперед дядюшки и, подперши руки в боки, сделала движенье плечами и стала.

Где, как, когда всосала в себя из того русского воздуха, которым она дышала, — эта графинечка, воспитанная эмигранткой-француженкой, — этот дух, откуда взяла она эти приемы, которые pas de châle давно бы должны были вытеснить? Но дух и приемы эти были те самые, неподражаемые, неизучаемые, русские, которых и ждал от нее дядюшка. Как только она стала, улыбнулась торжественно, гордо и хитро-весело, первый страх, который охватил было Николая и всех присутствующих, страх, что она не то сделает, прошел, и они уже любовались ею.

Она сделала то самое и так точно, так вполне точно это сделала, что Анисья Федоровна, которая тотчас подала ей необходимый для ее дела платок, сквозь смех прослезилась, глядя на эту тоненькую, грациозную, такую чужую ей, в шелку и в бархате воспитанную графиню, которая умела понять все то, что было и в Анисье, и в отце Анисьи, и в тетке, и в матери, и во всяком русском человеке.

— Ну, графинечка, чистое дело марш! — радостно смеясь, сказал дядюшка, окончив пляску. — Ай да племянница! Вот только бы муженька тебе молодца выбрать, чистое дело марш!

— Уж выбран, — сказал, улыбаясь Николай.

— О? — сказал удивленно дядюшка, глядя вопросительно на Наташу. Наташа с счастливой улыбкой утвердительно кивнула головой.

"And such a one!" she said. But as soon as she had said it a new train of thoughts and feelings arose in her. "What did Nicholas' smile mean when he said 'chosen already'? Is he glad of it or not? It is as if he thought my Bolkónski would not approve of or understand our gaiety. But he would understand it all. Where is he now?" she thought, and her face suddenly became serious. But this lasted only a second. "Don't dare to think about it," she said to herself, and sat down again smilingly beside "Uncle," begging him to play something more.

"Uncle" played another song and a valse; then after a pause he cleared his throat and sang his favorite hunting song:

As 'twas growing dark last night
Fell the snow so soft and light...

"Uncle" sang as peasants sing, with full and naïve conviction that the whole meaning of a song lies in the words and that the tune comes of itself, and that apart from the words there is no tune, which exists only to give measure to the words. As a result of this the unconsidered tune, like the song of a bird, was extraordinarily good. Natásha was in ecstasies over "Uncle's" singing. She resolved to give up learning the harp and to play only the guitar. She asked "Uncle" for his guitar and at once found the chords of the song.

After nine o'clock two traps and three mounted men, who had been sent to look for them, arrived to fetch Natásha and Pétya. The count and countess did not know where they were and were very anxious, said one of the men.

Pétya was carried out like a log and laid in the larger of the two traps. Natásha and Nicholas got into the other. "Uncle" wrapped Natásha up warmly and took leave of her with quite a new tenderness. He accompanied them on foot as far as the bridge that could not be crossed, so that they had to go round by the ford, and he sent huntsmen to ride in front with lanterns.

"Good-by, dear niece," his voice called out of the darkness—not the voice Natásha had known previously, but the one that had sung As 'twas growing dark last night.

In the village through which they passed there were red lights and a cheerful smell of smoke.

"What a darling Uncle is!" said Natásha, when they had come out onto the highroad.

"Yes," returned Nicholas. "You're not cold?"

"No. I'm quite, quite all right. I feel so comfortable!" answered Natásha, almost perplexed by her feelings. They remained silent a long while. The night was dark and damp. They could not see the horses, but only heard them splashing through the unseen mud.

What was passing in that receptive childlike soul that so eagerly caught and assimilated all the diverse impressions of life? How did they all find place in her? But she was very happy. As they were nearing home she suddenly struck up the air of As 'twas growing dark last night—the tune of which she had all the way been trying to get and had at last caught.

"Got it?" said Nicholas.

"What were you thinking about just now, Nicholas?" inquired Natásha. They were fond of asking one another that question.

"I?" said Nicholas, trying to remember. "Well, you see, first I thought that Rugáy, the red hound, was like Uncle, and that if he were a man he would always keep Uncle near him, if not for his riding, then for his manner. What a good fellow Uncle is! Don't you think so?... Well, and you?"

"I? Wait a bit, wait.... Yes, first I thought that we are driving along and imagining that we are going home, but that heaven knows where we are really going in the darkness, and that we shall arrive and suddenly find that we are not in Otrádnoe, but in Fairyland. And then I thought... No, nothing else."

"I know, I expect you thought of him," said Nicholas, smiling as Natásha knew by the sound of his voice.

"No," said Natásha, though she had in reality been thinking about Prince Andrew at the same time as of the rest, and of how he would have liked "Uncle." "And then I was saying to myself all the way, 'How well Anísya carried herself, how well!'" And Nicholas heard her spontane-

В деревне, которую проезжали, были красные огоньки и весело пахло дымом.

— Что за прелесть этот дядюшка! — сказала Наташа, когда они выехали на большую дорогу.

— Да, — сказал Николай. — Тебе не холодно?

— Нет, мне отлично, отлично. Мне так хорошо, — с недоумением даже сказала Наташа. Они долго молчали. Ночь была темная и сырая. Лошади не видны были; только слышно было, как они шлепали по невидной грязи.

Что делалось в этой детски восприимчивой душе, так жадно ловившей и усвоивавшей все разнообразнейшие впечатления жизни? Как это все укладывалось в ней? Но она была очень счастлива. Уже подъезжая к дому, она вдруг запела мотив песни: «Как со вечера пороша», мотив, который она ловила всю дорогу и, наконец, поймала.

— Поймала? — сказал Николай.

— Ты о чем думал теперь, Николенька? — спросила Наташа. Они любили это спрашивать друг у друга.

— Я? — сказал Николай, вспоминая. — Вот видишь ли, сначала я думал, что Ругай, красный кобель, похож на дядюшку и что ежели бы он был человек, то он дядюшку все бы держал у себя, ежели не за скачку, так за лады, все бы держал. Как он ладен, дядюшка! Не правда ли? Ну, а ты?

— Я? Постой, постой. Да, я думала сначала, что вот мы едем и думаем, что мы едем домой, а мы Бог знает куда едем в этой темноте, и вдруг приедем и увидим, что мы не в Отрадном, а в волшебном царстве. А потом еще я думала... Нет, ничего больше.

— Знаю, верно, про него думала, — сказал Николай, улыбаясь, как узнала Наташа по звуку его голоса.

— Нет, — отвечала Наташа, хотя действительно она вместе с тем думала и про князя Андрея, и про то, как бы ему понравился дядюшка. — А еще я все повторяю, всю дорогу повторяю: как Анисьюшка хорошо выступала, хорошо... — сказала Наташа. И Ни-

ous, happy, ringing laughter. "And do you know," she suddenly said, "I know that I shall never again be as happy and tranquil as I am now."

"Rubbish, nonsense, humbug!" exclaimed Nicholas, and he thought: "How charming this Natásha of mine is! I have no other friend like her and never shall have. Why should she marry? We might always drive about together!"

"What a darling this Nicholas of mine is!" thought Natásha.

"Ah, there are still lights in the drawing room!" she said, pointing to the windows of the house that gleamed invitingly in the moist velvety darkness of the night.

колай услыхал ее звонкий, беспричинный, счастливый смех. — А знаешь, — вдруг сказала она, — я знаю, что никогда уже я не буду так счастлива, спокойна, как теперь.

— Вот вздор, глупости, вранье, — сказал Николай и подумал: «Что за прелесть эта моя Наташа! Такого другого друга у меня нет и не будет. Зачем ей выходить замуж? Всё бы с ней ездили!»

«Экая прелесть этот Николай!» — думала Наташа.

— А! еще огонь в гостиной, — сказала она, указывая на окна дома, красиво блестевшие в мокрой, бархатной темноте ночи.

VIII

Count Ilyá Rostóv had resigned the position of Marshal of the Nobility because it involved him in too much expense, but still his affairs did not improve. Natásha and Nicholas often noticed their parents conferring together anxiously and privately and heard suggestions of selling the fine ancestral Rostóv house and estate near Moscow. It was not necessary to entertain so freely as when the count had been Marshal, and life at Otrádnoe was quieter than in former years, but still the enormous house and its lodges were full of people and more than twenty sat down to table every day. These were all their own people who had settled down in the house almost as members of the family, or persons who were, it seemed, obliged to live in the count's house. Such were Dimmler the musician and his wife, Vogel the dancing master and his family, Belóva, an old maiden lady, an inmate of the house, and many others such as Pétya's tutors, the girls' former governess, and other people who simply found it preferable and more advantageous to live in the count's house than at home. They had not as many visitors as before, but the old habits of life without which the count and countess could not conceive of existence remained unchanged. There was still the hunting establishment which Nicholas had even enlarged, the same fifty horses and fifteen grooms in the stables, the same expensive presents and dinner parties to the whole district on name days; there were still the count's games of whist and boston, at which—spreading out his cards so that everybody could see them—he let himself be plundered of hundreds of rubles every day by his neighbors, who looked upon an opportunity to play a rubber with Count Rostóv as a most profitable source of income.

The count moved in his affairs as in a huge net, trying not to believe that he was entangled but becoming more and more so at every step, and feeling too feeble to break the meshes or to set to work carefully and patiently to disentangle

VIII

Граф Илья Андреич вышел из предводителей, потому что эта должность была сопряжена с слишком большими расходами. Но дела его все не поправлялись. Часто Наташа и Николай видели тайные, беспокойные переговоры родителей и слышали толки о продаже богатого родового ростовского дома и подмосковной. Без предводительства не нужно было иметь такого большого приема, и отрадненская жизнь велась тише, чем в прежние года; но огромный дом и флигель все-таки были полны народом, за стол все так же садилось больше двадцати человек. Всё это были свои, обжившиеся в доме люди, почти члены семейства, или такие, которые, казалось, необходимо должны были жить в доме графа. Такие были Диммлер-музыкант с женой, Иогель — танцевальный учитель с семейством, старушка барышня Белова, жившая в доме, и еще многие другие: учителя Пети, бывшая гувернантка барышень и просто люди, которым лучше или выгоднее было жить у графа, чем дома. Не было такого большого приезда, как прежде, но ход жизни велся тот же, без которого не могли граф с графиней представить себе жизни. Та же была, еще увеличенная Николаем, охота, те же пятьдесят лошадей и пятнадцать кучеров на конюшне; те же дорогие друг другу подарки в именины и торжественные, на весь уезд обеды; те же графские висты и бостоны, за которыми он, распуская веером всем на вид карты, давал себя каждый день на сотни обыгрывать соседям, смотревшим на право составлять партию графа Ильи Андреича, как на самую выгодную аренду.

Граф, как в огромных тенетах, ходил в своих делах, стараясь не верить тому, что он запутался, и с каждым шагом все более и более запутываясь и чувствуя себя не в силах ни разорвать сети, опутавшие его, ни

them. The countess, with her loving heart, felt that her children were being ruined, that it was not the count's fault for he could not help being what he was—that (though he tried to hide it) he himself suffered from the consciousness of his own and his children's ruin, and she tried to find means of remedying the position. From her feminine point of view she could see only one solution, namely, for Nicholas to marry a rich heiress. She felt this to be their last hope and that if Nicholas refused the match she had found for him, she would have to abandon the hope of ever getting matters right. This match was with Julie Karágina, the daughter of excellent and virtuous parents, a girl the Rostóvs had known from childhood, and who had now become a wealthy heiress through the death of the last of her brothers.

The countess had written direct to Julie's mother in Moscow suggesting a marriage between their children and had received a favorable answer from her. Karágina had replied that for her part she was agreeable, and everything depend on her daughter's inclination. She invited Nicholas to come to Moscow.

Several times the countess, with tears in her eyes, told her son that now both her daughters were settled, her only wish was to see him married. She said she could lie down in her grave peacefully if that were accomplished. Then she told him that she knew of a splendid girl and tried to discover what he thought about marriage.

At other times she praised Julie to him and advised him to go to Moscow during the holidays to amuse himself. Nicholas guessed what his mother's remarks were leading to and during one of these conversations induced her to speak quite frankly. She told him that her only hope of getting their affairs disentangled now lay in his marrying Julie Karágina.

"But, Mamma, suppose I loved a girl who has no fortune, would you expect me to sacrifice my feelings and my honor for the sake of money?" he asked his mother, not realizing the cruelty of his question and only wishing to show his noble-mindedness.

"No, you have not understood me," said his

осторожно, терпеливо приняться распутывать их. Графиня любящим сердцем чувствовала, что дети ее разоряются, что граф не виноват, что он не может быть не таким, какой он есть, что он сам страдает (хотя и скрывает это) от сознания своего и детского разорения, и искала средств помочь делу. С ее женской точки зрения представлялось только одно средство — женитьба Николая на богатой невесте. Она чувствовала, что это была последняя надежда и что если Николай откажется от партии, которую она нашла ему, надо будет навсегда проститься с возможностью поправить дела. Партия эта была Жюли Карагина, дочь прекрасных, добродетельных матери и отца, с детства известная Ростовым, и теперь богатая невеста по случаю смерти последнего из ее братьев.

Графиня писала прямо к Карагиной в Москву, предлагая ей брак ее дочери с своим сыном, и получила от нее благоприятный ответ. Карагина отвечала, что она с своей стороны согласна, что все будет зависеть от склонности ее дочери. Карагина приглашала Николая приехать в Москву.

Несколько раз, со слезами на глазах, графиня говорила сыну, что теперь, когда обе дочери ее пристроены, — ее единственное желание состоит в том, чтобы видеть его женатым. Она говорила, что легла бы в гроб спокойно, ежели бы это было. Потом говорила, что у нее есть прекрасная девушка на примете, и выпытывала его мнение насчет женитьбы.

В других разговорах она хвалила Жюли и советовала Николаю съездить в Москву на праздники повеселиться. Николай догадывался, к чему клонились разговоры его матери, и в один из таких разговоров вызвал ее на полную откровенность. Она высказала ему, что вся надежда поправления дела основана теперь на его женитьбе на Карагиной.

— Что ж, ежели бы я любил девушку без состояния, неужели вы потребовали бы, maman, чтоб я пожертвовал чувством и честью для состояния? — спросил он у матери, не понимая жестокости своего вопроса и желая только выказать свое благородство.

— Нет, ты меня не понял, — сказала мать,

mother, not knowing how to justify herself. "You have not understood me, Nikólenka. It is your happiness I wish for," she added, feeling that she was telling an untruth and was becoming entangled. She began to cry.

"Mamma, don't cry! Only tell me that you wish it, and you know I will give my life, anything, to put you at ease," said Nicholas. "I would sacrifice anything for you—even my feelings."

But the countess did not want the question put like that: she did not want a sacrifice from her son, she herself wished to make a sacrifice for him.

"No, you have not understood me, don't let us talk about it," she replied, wiping away her tears.

"Maybe I do love a poor girl," said Nicholas to himself. "Am I to sacrifice my feelings and my honor for money? I wonder how Mamma could speak so to me. Because Sónya is poor I must not love her," he thought, "must not respond to her faithful, devoted love? Yet I should certainly be happier with her than with some doll-like Julie. I can always sacrifice my feelings for my family's welfare," he said to himself, "but I can't coerce my feelings. If I love Sónya, that feeling is for me stronger and higher than all else."

Nicholas did not go to Moscow, and the countess did not renew the conversation with him about marriage. She saw with sorrow, and sometimes with exasperation, symptoms of a growing attachment between her son and the portionless Sónya. Though she blamed herself for it, she could not refrain from grumbling at and worrying Sónya, often pulling her up without reason, addressing her stiffly as "my dear," and using the formal "you" instead of the intimate "thou" in speaking to her. The kindhearted countess was the more vexed with Sónya because that poor, dark-eyed niece of hers was so meek, so kind, so devotedly grateful to her benefactors, and so faithfully, unchangingly, and unselfishly in love with Nicholas, that there were no grounds for finding fault with her.

Nicholas was spending the last of his leave at home. A fourth letter had come from Prince

не зная, как оправдаться. — Ты меня не понял, Николенька. Я желаю твоего счастья, — прибавила она и почувствовала, что она говорит неправду, что она запуталась. Она заплакала.

— Маменька, не плачьте, а только скажите мне, что вы этого хотите, и вы знаете, что я всю жизнь свою, все отдам для того, чтобы вы были спокойны, — сказал Николай. — Я всем пожертвую для вас, даже своим чувством.

Но графиня не так хотела поставить вопрос: она не хотела жертвы от своего сына, она сама бы хотела жертвовать ему.

— Нет, ты меня не понял, не будем говорить, — сказала она, утирая слезы.

«Да, может быть, я и люблю бедную девушку, — говорил сам себе бедный Николай, — что ж, мне пожертвовать чувством и честью для состояния? Удивляюсь, как маменька могла сказать мне это. Оттого что Соня бедна, — думал он, — так я и не могу любить ее, не могу отвечать на ее верную, преданную любовь? А уж наверное я с нею буду счастливее, чем с какой-нибудь куклой Жюли. Я не могу приказывать своему чувству, — говорил он сам себе. — Ежели я люблю Соню, то чувство мое сильнее и выше всего для меня».

Николай не поехал в Москву, графиня не возобновляла с ним разговора о женитьбе и с грустью, а иногда и с озлоблением видела признаки все большего и большего сближения между своим сыном и бесприданной Соней. Она упрекала себя за то, что не могла не ворчать, не придираться к Соне, часто без причины останавливая ее, ворча на нее и называя ее «вы, моя милая». Более всего добрая графиня за то и сердилась на Соню, что эта бедная черноглазая племянница была так кротка, так добра, так преданно-благодарна своим благодетелям и так верно, неизменно, с самоотвержением влюблена в Николая, что нельзя было ни в чем упрекнуть ее.

Николай доживал у родных свой срок отпуска. От жениха князя Андрея получено

Andrew, from Rome, in which he wrote that he would have been on his way back to Russia long ago had not his wound unexpectedly reopened in the warm climate, which obliged him to defer his return till the beginning of the new year. Natásha was still as much in love with her betrothed, found the same comfort in that love, and was still as ready to throw herself into all the pleasures of life as before; but at the end of the fourth month of their separation she began to have fits of depression which she could not master. She felt sorry for herself: sorry that she was being wasted all this time and of no use to anyone—while she felt herself so capable of loving and being loved.

Things were not cheerful in the Rostóvs' home.

было четвертое письмо, из Рима, в котором он писал, что он уже давно бы был на пути в Россию, ежели бы неожиданно в теплом климате не открылась его рана, что заставляет его отложить свой отъезд до начала будущего года. Наташа была так же влюблена в своего жениха, так же успокоена этою любовью и так же восприимчива ко всем радостям жизни; но в конце четвертого месяца разлуки с ним на нее начали находить минуты грусти, против которой она не могла бороться. Ей жалко было самое себя, жалко было, что она так даром, ни для кого, пропадала все это время, в продолжение которого она чувствовала себя столь способной любить и быть любимой.

В доме Ростовых было невесело.

IX

Christmas came and except for the ceremonial Mass, the solemn and wearisome Christmas congratulations from neighbors and servants, and the new dresses everyone put on, there were no special festivities, though the calm frost of twenty degrees Réaumur, the dazzling sunshine by day, and the starlight of the winter nights seemed to call for some special celebration of the season.

On the third day of Christmas week, after the midday dinner, all the inmates of the house dispersed to various rooms. It was the dullest time of the day. Nicholas, who had been visiting some neighbors that morning, was asleep on the sitting-room sofa. The old count was resting in his study. Sónya sat in the drawing room at the round table, copying a design for embroidery. The countess was playing patience. Nastásya Ivánovna the buffoon sat with a sad face at the window with two old ladies. Natásha came into the room, went up to Sónya, glanced at what she was doing, and then went up to her mother and stood without speaking.

"Why are you wandering about like an outcast?" asked her mother. "What do you want?"

"Him... I want him... now, this minute! I want him!" said Natásha, with glittering eyes and no sign of a smile. The countess lifted her head and looked attentively at her daughter.

"Don't look at me, Mamma! Don't look; I shall cry directly."

"Sit down with me a little," said the countess.

"Mamma, I want him. Why should I be wasted like this, Mamma?"

Her voice broke, tears gushed from her eyes, and she turned quickly to hide them and left the room. She passed into the sitting room, stood there thinking awhile, and then went into the maids' room. There an old maidservant was grumbling at a young girl who stood panting, having just run in through the cold from the serfs' quarters.

IX

Пришли святки, и, кроме парадной обедни, кроме торжественных и скучных поздравлений соседей и дворовых, кроме надетых на всех новых платьев, не было ничего особенного, ознаменовывающего святки, а в безветренном двадцатиградусном морозе, в ярком, ослепляющем солнце днем и в звездном зимнем свете ночью чувствовалась потребность какого-нибудь ознаменования этого времени.

На третий день праздника, после обеда, все домашние разошлись по своим комнатам. Было самое скучное время дня. Николай, ездивший утром к соседям, заснул в диванной. Старый граф отдыхал в своем кабинете. В гостиной за круглым столом сидела Соня, срисовывая узор. Графиня раскладывала карты. Настасья Ивановна, шут, с печальным лицом сидел у окна с двумя старушками. Наташа вошла в комнату, подошла к Соне, посмотрела, что она делает, потом подошла к матери и молча остановилась.

— Что ты ходишь, как бесприютная? — сказала ей мать. — Что тебе надо?

— *Его* мне надо... сейчас, сию минуту мне *его* надо, — сказала Наташа, блестя глазами и не улыбаясь. Графиня подняла голову и пристально посмотрела на дочь.

— Не смотрите на меня, мама, не смотрите, я сейчас заплачу.

— Садись, посиди со мной, — сказала графиня.

— Мама, мне *его* надо. За что я так пропадаю, мама?..

Голос ее оборвался, слезы брызнули из глаз, и она, чтобы скрыть их, быстро повернулась и вышла из комнаты. Она вышла в диванную, постояла, подумала и пошла в девичью. Там старая горничная ворчала на молодую девушку, запыхавшуюся, с холода прибежавшую с дворни.

"Stop playing—there's a time for everything," said the old woman.

"Let her alone, Kondrátevna," said Natásha. "Go, Mavrúshka, go."

Having released Mavrúshka, Natásha crossed the dancing hall and went to the vestibule. There an old footman and two young ones were playing cards. They broke off and rose as she entered.

"What can I do with them?" thought Natásha.

"Oh, Nikíta, please go… where can I send him?… Yes, go to the yard and fetch a fowl, please, a cock, and you, Misha, bring me some oats."

"Just a few oats?" said Misha, cheerfully and readily.

"Go, go quickly," the old man urged him.

"And you, Theodore, get me a piece of chalk."

On her way past the butler's pantry she told them to set a samovar, though it was not at all the time for tea.

Fóka, the butler, was the most ill-tempered person in the house. Natásha liked to test her power over him. He distrusted the order and asked whether the samovar was really wanted.

"Oh dear, what a young lady!" said Fóka, pretending to frown at Natásha.

No one in the house sent people about or gave them as much trouble as Natásha did. She could not see people unconcernedly, but had to send them on some errand. She seemed to be trying whether any of them would get angry or sulky with her; but the serfs fulfilled no one's orders so readily as they did hers. "What can I do, where can I go?" thought she, as she went slowly along the passage.

"Nastásya Ivánovna, what sort of children shall I have?" she asked the buffoon, who was coming toward her in a woman's jacket.

"Why, fleas, crickets, grasshoppers," answered the buffoon.

"O Lord, O Lord, it's always the same! Oh, where am I to go? What am I to do with myself?" And tapping with her heels, she ran quickly up stairs to see Vogel and his wife who lived on the upper story. Two governesses were sitting with the Vogels at a table, on which were plates of raisins, walnuts, and almonds. The governesses

— Будет играть-то, — говорила старуха, — на все время есть.

— Пусти ее, Кондратьевна, — сказала Наташа. — Иди, Мавруша, иди.

И, отпустив Маврушу, Наташа через залу пошла в переднюю. Старик и два молодые лакея играли в карты. Они прервали игру и встали при входе барышни.

«Что бы мне с ними сделать?» — подумала Наташа.

— Да, Никита, сходи, пожалуйста… «куда бы мне его послать?» — Да, сходи на дворню и принеси, пожалуйста, петуха; да, а ты, Миша, принеси овса.

— Немного овса прикажете? — весело и охотно сказал Миша.

— Иди, иди скорее, — подтвердил старик.

— Федор, а ты мелу мне достань.

Проходя мимо буфета, она велела подавать самовар, хотя это было вовсе не время.

Буфетчик Фока был самый сердитый человек из всего дома. Наташа над ним любила пробовать свою власть. Он не поверил ей и пошел спросить, правда ли?

— Уж эта барышня! — сказал Фока, притворно хмурясь на Наташу.

Никто в доме не рассылал столько людей и не давал им столько работы, как Наташа. Она не могла равнодушно видеть людей, чтобы не послать их куда-нибудь. Она как будто пробовала, не рассердится ли, не надуется ли на нее кто из них, но ничьих приказаний люди не любили так исполнять, как Наташиных. «Что бы мне сделать? Куда бы мне пойти?» — думала Наташа, медленно идя по коридору.

— Настасья Ивановна, что от меня родится? — спросила она шута, который в своей куцавейке шел навстречу ей.

— От тебя блохи, стрекозы, кузнецы, — отвечал шут.

«Боже мой, Боже мой, все одно и то же! Ах, куда бы мне деваться? Что бы мне с собой сделать?» И она быстро, застучав ногами, побежала по лестнице к Иогелю, который с женой жил в верхнем этаже. У Иогеля сидели две гувернантки, на столе стояли тарелки с изюмом, грецкими и миндальными орехами.

were discussing whether it was cheaper to live in Moscow or Odessa. Natásha sat down, listened to their talk with a serious and thoughtful air, and then got up again.

"The island of Madagascar," she said, "Ma-da-gas-car," she repeated, articulating each syllable distinctly, and, not replying to Madame Schoss who asked her what she was saying, she went out of the room.

Her brother Pétya was upstairs too; with the man in attendance on him he was preparing fireworks to let off that night.

"Pétya! Pétya!" she called to him. "Carry me downstairs."

Pétya ran up and offered her his back. She jumped on it, putting her arms round his neck, and he pranced along with her.

"No, don't... the island of Madagascar!" she said, and jumping off his back she went downstairs.

Having as it were reviewed her kingdom, tested her power, and made sure that everyone was submissive, but that all the same it was dull, Natásha betook herself to the ballroom, picked up her guitar, sat down in a dark corner behind a bookcase, and began to run her fingers over the strings in the bass, picking out a passage she recalled from an opera she had heard in Petersburg with Prince Andrew. What she drew from the guitar would have had no meaning for other listeners, but in her imagination a whole series of reminiscences arose from those sounds. She sat behind the bookcase with her eyes fixed on a streak of light escaping from the pantry door and listened to herself and pondered. She was in a mood for brooding on the past.

Sónya passed to the pantry with a glass in her hand. Natásha glanced at her and at the crack in the pantry door, and it seemed to her that she remembered the light falling through that crack once before and Sónya passing with a glass in her hand. "Yes it was exactly the same," thought Natásha.

"Sónya, what is this?" she cried, twanging a thick string.

"Oh, you are there!" said Sónya with a start, and came near and listened. "I don't know. A storm?" she ventured timidly, afraid of being wrong.

Гувернантки разговаривали о том, где дешевле жить, в Москве или в Одессе. Наташа присела, послушала их разговор с серьезным, задумчивым лицом и встала.

— Остров Мадагаскар, — проговорила она. — Ма-да-гас-кар, — повторила она отчетливо каждый слог и, не отвечая на вопросы m-me Schoss о том, что она говорит, вышла из комнаты.

Петя, брат ее, был тоже наверху: он с своим дядькой устраивал фейерверк, который намеревался пустить ночью.

— Петя! Петька! — закричала она ему. — Вези меня вниз.

Петя подбежал к ней и подставил спину. Она вскочила на него, обхватив его шею руками, и он, подпрыгивая, побежал с ней.

Нет, не надо... остров Мадагаскар, — проговорила она и, соскочив с него, пошла вниз.

Как будто обойдя свое царство, испытав свою власть и убедившись, что все покорны, но что все-таки скучно, Наташа пошла в залу, взяла гитару, села в темный угол за шкапчик и стала в басу перебирать струны, выделывая фразу, которую она запомнила из одной оперы, слышанной в Петербурге вместе с князем Андреем. Для посторонних слушателей у нее на гитаре выходило что-то, не имевшее никакого смысла, но в ее воображении из-за этих звуков воскресал целый ряд воспоминаний. Она сидела за шкапчиком, устремив глаза на полосу света, падавшую из буфетной двери, слушала себя и вспоминала. Она находилась в состоянии воспоминания.

Соня прошла в буфет с рюмкой через залу. Наташа взглянула на нее, на щель в буфетной двери, и ей показалось, что она вспоминает то, что из буфетной двери в щель падал свет и что Соня прошла с рюмкой. «Да и это было точь-в-точь так же», — подумала Наташа.

— Соня, что это? — крикнула Наташа, перебирая пальцами на толстой струне.

— Ах, ты тут! — вздрогнув, сказала Соня, подошла и прислушалась. — Не знаю. Буря? — сказала она робко, боясь ошибиться.

"There! That's just how she started and just how she came up smiling timidly when all this happened before," thought Natásha, "and in just the same way I thought there was something lacking in her."

"No, it's the chorus from The Water-Carrier, listen!" and Natásha sang the air of the chorus so that Sónya should catch it.

"Where were you going?" she asked.

"To change the water in this glass. I am just finishing the design."

"You always find something to do, but I can't," said Natásha. "And where's Nicholas?"

"Asleep, I think."

"Sónya, go and wake him," said Natásha. "Tell him I want him to come and sing."

She sat awhile, wondering what the meaning of it all having happened before could be, and without solving this problem, or at all regretting not having done so, she again passed in fancy to the time when she was with him and he was looking at her with a lover's eyes.

"Oh, if only he would come quicker! I am so afraid it will never be! And, worst of all, I am growing old—that's the thing! There won't then be in me what there is now. But perhaps he'll come today, will come immediately. Perhaps he has come and is sitting in the drawing room. Perhaps he came yesterday and I have forgotten it." She rose, put down the guitar, and went to the drawing room.

All the domestic circle, tutors, governesses, and guests, were already at the tea table. The servants stood round the table—but Prince Andrew was not there and life was going on as before.

"Ah, here she is!" said the old count, when he saw Natásha enter. "Well, sit down by me." But Natásha stayed by her mother and glanced round as if looking for something.

"Mamma!" she muttered, "give him to me, give him, Mamma, quickly, quickly!" and she again had difficulty in repressing her sobs.

She sat down at the table and listened to the conversation between the elders and Nicholas, who had also come to the table. "My God, my God! The same faces, the same talk, Papa

«Ну, вот точно так же она вздрогнула, точно так же подошла и робко улыбнулась тогда, когда это уж было, — подумала Наташа, — и точно так же... я подумала, что в ней чего-то недостает».

— Нет, это хор из «Водоноса», слышишь? — И Наташа допела мотив хора, чтобы дать его понять Соне.

— Ты куда ходила? — спросила Наташа.

— Воду в рюмке переменить. Я сейчас дорисую узор.

— Ты всегда занята, а я вот не умею, — сказала Наташа. — А Николенька где?

— Спит, кажется.

— Соня, ты поди разбуди его, — сказала Наташа. — Скажи, что я его зову петь.

Она посидела, подумала о том, что это значит, что все это было, и, не разрешив этого вопроса и нисколько не сожалея о том, опять в воображении своем перенеслась к тому времени, когда она была с ним вместе и он влюбленными глазами смотрел на нее.

«Ах, поскорее бы он приехал. Я так боюсь, что этого не будет! А главное: я старе-юсь, вот что! Уже не будет того, что теперь есть во мне. А может быть, он нынче приедет, сейчас приедет. Может быть, он приехал и сидит там в гостиной. Может быть, он вчера еще приехал и я забыла». Она встала, положила гитару и пошла в гостиную.

Все домашние, учителя, гувернантки и гости сидели уж за чайным столом. Люди стояли вокруг стола, — а князя Андрея не было, и была все прежняя привычная жизнь.

— А, вот она, — сказал Илья Андреич, увидав вошедшую Наташу. — Ну, садись ко мне. — Но Наташа остановилась подле матери, оглядываясь кругом, как будто она искала чего-то.

— Мама! — проговорила она. — Дайте мне его, дайте, мама, скорее, скорее, — и опять она с трудом удержала рыдания.

Она присела к столу и послушала разговоры старших и Николая, который тоже пришел к столу. «Боже мой, Боже мой, те же лица, те же разговоры, так же папа держит

holding his cup and blowing in the same way!" thought Natásha, feeling with horror a sense of repulsion rising up in her for the whole household, because they were always the same.

After tea, Nicholas, Sónya, and Natásha went to the sitting room, to their favorite corner where their most intimate talks always began.

чашку и дует точно так же!» — подумала Наташа, с ужасом чувствуя отвращение, подымавшееся в ней против всех домашних за то, что они были все те же.

После чаю Николай, Соня и Наташа пошли в диванную, в свой любимый угол, в котором всегда начинались их самые задушевные разговоры

X

"Does it ever happen to you," said Natásha to her brother, when they settled down in the sitting room, "does it ever happen to you to feel as if there were nothing more to come—nothing; that everything good is past? And to feel not exactly dull, but sad?"

"I should think so!" he replied. "I have felt like that when everything was all right and everyone was cheerful. The thought has come into my mind that I was already tired of it all, and that we must all die. Once in the regiment I had not gone to some merrymaking where there was music... and suddenly I felt so depressed..."

"Oh yes, I know, I know, I know!" Natásha interrupted him. "When I was quite little that used to be so with me. Do you remember when I was punished once about some plums? You were all dancing, and I sat sobbing in the schoolroom? I shall never forget it: I felt sad and sorry for everyone, for myself, and for everyone. And I was innocent—that was the chief thing," said Natásha. "Do you remember?"

"I remember," answered Nicholas. "I remember that I came to you afterwards and wanted to comfort you, but do you know, I felt ashamed to. We were terribly absurd. I had a funny doll then and wanted to give it to you. Do you remember?"

"And do you remember," Natásha asked with a pensive smile, "how once, long, long ago, when we were quite little, Uncle called us into the study—that was in the old house—and it was dark—we went in and suddenly there stood..."

"A Negro," chimed in Nicholas with a smile of delight. "Of course I remember. Even now I don't know whether there really was a Negro, or if we only dreamed it or were told about him."

"He was gray, you remember, and had white teeth, and stood and looked at us...."

"Sónya, do you remember?" asked Nicholas.

"Yes, yes, I do remember something too," Sónya answered timidly.

X

— Бывает с тобой, — сказала Наташа брату, когда они уселись в диванной, — бывает с тобой, что тебе кажется, что ничего не будет — ничего; что все, что хорошее, то было? И пе то что скучно, а грустно?

— Еще как! — сказал он. — У меня бывало, что все хорошо, все веселы, а мне придет в голову, что все это уж надоело и что умирать всем надо. Я раз в полку не пошел на гулянье, а там играла музыка... и так мне вдруг скучно стало...

— Ах, я это знаю. Знаю, знаю, — подхватила Наташа. — Я еще маленькая была, так со мной это было. Помнишь, раз меня за сливы наказали, и вы все танцевали, а я сидела в классной и рыдала. Так рыдала, никогда не забуду. Мне и грустно было и жалко было всех, и себя, всех-всех жалко. И главное, я не виновата была, — сказала Наташа, — ты помнишь?

— Помню, — сказал Николай. — Я помню, что я к тебе пришел потом и мне хотелось тебя утешить, и, знаешь, совестно было. Ужасно мы смешные были. У меня тогда была игрушка-болванчик, и я его тебе отдать хотел. Ты помнишь?

— А помнишь ты, — сказала Наташа с задумчивой улыбкой, — как давно, давно, мы еще совсем маленькие были, дяденька нас позвал в кабинет, еще в старом доме, и темно было — мы пришли, и вдруг там стоит...

— Арап, — докончил Николай с радостной улыбкой, — как же не помнить. Я и теперь не знаю, что это был арап, или мы во сне видели, или нам рассказывали.

— Он серый был, помнишь, и белые зубы — стоит и смотрит на нас...

— Вы помните, Соня? — спросил Николай.

— Да, да, я тоже помню что-то, — робко отвечала Соня.

"You know I have asked Papa and Mamma about that Negro," said Natásha, "and they say there was no Negro at all. But you see, you remember!"

"Of course I do, I remember his teeth as if I had just seen them."

"How strange it is! It's as if it were a dream! I like that."

"And do you remember how we rolled hard-boiled eggs in the ballroom, and suddenly two old women began spinning round on the carpet? Was that real or not? Do you remember what fun it was?"

"Yes, and you remember how Papa in his blue overcoat fired a gun in the porch?"

So they went through their memories, smiling with pleasure: not the sad memories of old age, but poetic, youthful ones—those impressions of one's most distant past in which dreams and realities blend—and they laughed with quiet enjoyment.

Sónya, as always, did not quite keep pace with them, though they shared the same reminiscences.

Much that they remembered had slipped from her mind, and what she recalled did not arouse the same poetic feeling as they experienced. She simply enjoyed their pleasure and tried to fit in with it.

She only really took part when they recalled Sónya's first arrival. She told them how afraid she had been of Nicholas because he had on a corded jacket and her nurse had told her that she, too, would be sewn up with cords.

"And I remember their telling me that you had been born under a cabbage," said Natásha, "and I remember that I dared not disbelieve it then, but knew that it was not true, and I felt so uncomfortable."

While they were talking a maid thrust her head in at the other door of the sitting room.

"They have brought the cock, Miss," she said in a whisper.

"It isn't wanted, Pólya. Tell them to take it away," replied Natásha.

In the middle of their talk in the sitting

— Я ведь спрашивала про этого арапа у папá и у мамá, — сказала Наташа. — Они говорят, что никакого арапа не было. А ведь вот ты помнишь!

— Как же, как теперь помню его зубы.

— Как это странно, точно во сне было. Я это люблю.

— А помнишь, как мы катали яйца в зале и вдруг — две старухи, и стали по ковру вертеться. Это было или нет? Помнишь, как хорошо было...

— Да. А помнишь, как папенька в синей шубе на крыльце выстрелил из ружья?

Они перебирали, улыбаясь, с наслаждением воспоминания, не грустного старческого, а поэтического юношеского воспоминания, те впечатления из самого дальнего прошедшего, где сновидение сливается с действительностью, и тихо смеялись, радуясь чему-то.

Соня, как всегда, отстала от них, хотя воспоминания их были общие.

Соня не помнила многого из того, что они вспоминали, а и то, что она помнила, не возбуждало в ней того поэтического чувства, которое они испытывали. Она только наслаждалась их радостью, стараясь подделаться под нее.

Она приняла участие только в том, когда они вспоминали первый приезд Сони. Соня рассказала, как она боялась Николая, потому что у него на курточке были снурки и ей няня сказала, что и ее в снурки зашьют.

— А я помню: мне сказали, что ты под капустою родилась, — сказала Наташа, — и помню, что я тогда не смела не поверить, но знала, что это неправда, и так мне неловко было.

Во время этого разговора из задней двери диванной высунулась голова горничной.

— Барышня, петуха принесли, — шепотом сказала девушка.

— Не надо, Поля, вели отнести, — сказала Наташа.

В середине разговоров, шедших в диван-

room, Dimmler came in and went up to the harp that stood there in a corner. He took off its cloth covering, and the harp gave out a jarring sound.

"Mr. Dimmler, please play my favorite nocturne by Field," came the old countess' voice from the drawing room.

Dimmler struck a chord and, turning to Natásha, Nicholas, and Sónya, remarked:

"How quiet you young people are!"

"Yes, we're philosophizing," said Natásha, glancing round for a moment and then continuing the conversation. They were now discussing dreams.

Dimmler began to play; Natásha went on tiptoe noiselessly to the table, took up a candle, carried it out, and returned, seating herself quietly in her former place. It was dark in the room especially where they were sitting on the sofa, but through the big windows the silvery light of the full moon fell on the floor. Dimmler had finished the piece but still sat softly running his fingers over the strings, evidently uncertain whether to stop or to play something else. "Do you know," said Natásha in a whisper, moving closer to Nicholas and Sónya, "that when one goes on and on recalling memories, one at last begins to remember what happened before one was in the world...."

"That is metempsychosis," said Sónya, who had always learned well, and remembered everything. "The Egyptians believed that our souls have lived in animals, and will go back into animals again."

"No, I don't believe we ever were in animals," said Natásha, still in a whisper though the music had ceased. "But I am certain that we were angels somewhere there, and have been here, and that is why we remember...."

"May I join you?" said Dimmler who had come up quietly, and he sat down by them.

"If we have been angels, why have we fallen lower?" said Nicholas. "No, that can't be!"

"Not lower, who said we were lower?... How do I know what I was before?" Natásha rejoined with conviction. "The soul is immortal—well then, if I shall always live I must have lived be-

ной, Диммлер вошел в комнату и подошел к арфе, стоявшей в углу. Он снял сукно, и арфа издала фальшивый звук.

— Эдуард Карлыч, сыграйте, пожалуйста, мой любимый Nocturne мосье Фильда, — сказал голос старой графини из гостиной.

Диммлер взял аккорд и, обратясь к Наташе, Николаю и Соне, сказал:

— Молодежь как смирно сидит!

— Да мы философствуем, — сказала Наташа, на минуту оглянувшись, и продолжала разговор. Разговор шел теперь о сновидениях.

Диммлер начал играть. Наташа неслышно, на цыпочках, подошла к столу, взяла свечу, вынесла ее и, вернувшись, тихо села на свое место. В комнате, особенно на диване, на котором они сидели, было темно, но в большие окна падал на пол серебряный свет полного месяца. — Знаешь, я думаю, — сказала Наташа шепотом, придвигаясь к Николаю и Соне, когда уже Диммлер кончил и все сидел, слабо перебирая струны, видимо, в нерешительности оставить или начать что-нибудь новое, — что когда этак вспоминаешь, вспоминаешь, все вспоминаешь, до того довспоминаешься, что помнишь то, что было еще прежде, чем я была на свете.

— Это метампсикоза, — сказала Соня, которая всегда хорошо училась и все помнила. — Египтяне верили, что наши души были в животных и опять пойдут в животных.

— Нет, знаешь, я не верю этому, чтобы мы были в животных, — сказала Наташа тем же шепотом, хотя и музыка кончилась, — а я знаю наверное, что мы были ангелами там где-то и здесь были, и от этого всё помним...

— Можно мне присоединиться к вам? — сказал тихо подошедший Диммлер и подсел к ним.

— Ежели бы мы были ангелами, так за что же мы попали ниже? — сказал Николай. — Нет, это не может быть!

— Не ниже, кто ж тебе сказал, что ниже?.. Почему я знаю, чем я была прежде, — с убеждением возразила Наташа. — Ведь душа бессмертна... стало быть, ежели я буду жить

fore, lived for a whole eternity."

"Yes, but it is hard for us to imagine eternity," remarked Dimmler, who had joined the young folk with a mildly condescending smile but now spoke as quietly and seriously as they.

"Why is it hard to imagine eternity?" said Natásha. "It is now today, and it will be tomorrow, and always; and there was yesterday, and the day before...."

"Natásha! Now it's your turn. Sing me something," they heard the countess say. "Why are you sitting there like conspirators?"

"Mamma, I don't at all want to," replied Natásha, but all the same she rose.

None of them, not even the middle-aged Dimmler, wanted to break off their conversation and quit that corner in the sitting room, but Natásha got up and Nicholas sat down at the clavichord. Standing as usual in the middle of the hall and choosing the place where the resonance was best, Natásha began to sing her mother's favorite song.

She had said she did not want to sing, but it was long since she had sung, and long before she again sang, as she did that evening. The count, from his study where he was talking to Mítenka, heard her and, like a schoolboy in a hurry to run out to play, blundered in his talk while giving orders to the steward, and at last stopped, while Mítenka stood in front of him also listening and smiling. Nicholas did not take his eyes off his sister and drew breath in time with her. Sónya, as she listened, thought of the immense difference there was between herself and her friend, and how impossible it was for her to be anything like as bewitching as her cousin. The old countess sat with a blissful yet sad smile and with tears in her eyes, occasionally shaking her head. She thought of Natásha and of her own youth, and of how there was something unnatural and dreadful in this impending marriage of Natásha and Prince Andrew.

Dimmler, who had seated himself beside the countess, listened with closed eyes.

"Ah, Countess," he said at last, "that's a Eu-

всегда, так я и прежде жила, целую вечность жила.

— Да, но трудно нам представить вечность, — сказал Диммлер, который подошел к молодым людям с кроткой презрительной улыбкой, но теперь говорил так же тихо и серьезно, как и они.

— Отчего же трудно представить вечность? — сказала Наташа. — Нынче будет, завтра будет, всегда будет, и вчера было и третьего дня было.

— Наташа! теперь твой черед. Спой мне что-нибудь, — послышался голос графини. — Что вы уселись, точно заговорщики.

— Мама! мне так не хочется, — сказала Наташа, но вместе с тем встала.

Всем им, даже и немолодому Диммлеру, не хотелось прерывать разговор и уходить из диванной, но Наташа встала, и Николай сел за клавикорд. Как всегда, став на середину зады и выбрав выгоднейшее место для резонанса, Наташа начала петь любимую пьесу своей матери.

Она сказала, что ей не хотелось петь, но она давно и прежде и долго после не пела так, как она пела в этот вечер. Граф Илья Андреич из кабинета, где он беседовал с Митенькой, слышал ее пенье и, как ученик, торопящийся идти играть, доканчивая урок, путался в словах, отдавая приказания управляющему, и, наконец, замолчал, и Митенька, тоже слушая молча с улыбкой, стоял перед графом. Николай не спускал глаз с сестры и вместе с нею переводил дыхание. Соня, слушая, думала о том, какая громадная разница была между ей и ее другом и как невозможно было ей хоть насколько-нибудь быть столь обворожительной, как ее кузина. Старая графиня сидела с счастливо-грустной улыбкой и слезами на глазах, изредка покачивая головой. Она думала и о Наташе, и о своей молодости, и о том, как что-то неестественное и страшное есть в этом предстоящем браке Наташи с князем Андреем.

Диммлер, подсев к графине и закрыв глаза, слушал.

— Нет, графиня, — сказал он наконец, —

ropean talent, she has nothing to learn—what softness, tenderness, and strength...."

"Ah, how afraid I am for her, how afraid I am!" said the countess, not realizing to whom she was speaking. Her maternal instinct told her that Natásha had too much of something, and that because of this she would not be happy. Before Natásha had finished singing, fourteen-year-old Pétya rushed in delightedly, to say that some mummers had arrived.

Natásha stopped abruptly.

"Idiot!" she screamed at her brother and, running to a chair, threw herself on it, sobbing so violently that she could not stop for a long time. "It's nothing, Mamma, really it's nothing; only Pétya startled me," she said, trying to smile, but her tears still flowed and sobs still choked her.

The mummers (some of the house serfs) dressed up as bears, Turks, innkeepers, and ladies—frightening and funny—bringing in with them the cold from outside and a feeling of gaiety, crowded, at first timidly, into the anteroom, then hiding behind one another they pushed into the ballroom where, shyly at first and then more and more merrily and heartily, they started singing, dancing, and playing Christmas games. The countess, when she had identified them and laughed at their costumes, went into the drawing room. The count sat in the ballroom, smiling radiantly and applauding the players. The young people had disappeared.

Half an hour later there appeared among the other mummers in the ballroom an old lady in a hooped skirt—this was Nicholas. A Turkish girl was Pétya. A clown was Dimmler. An hussar was Natásha, and a Circassian was Sónya with burnt-cork mustache and eyebrows.

After the condescending surprise, nonrecognition, and praise, from those who were not themselves dressed up, the young people decided that their costumes were so good that they ought to be shown elsewhere.

Nicholas, who, as the roads were in splendid condition, wanted to take them all for a drive in his troyka, proposed to take with them about a dozen of the serf mummers and drive to "Uncle's."

это талант европейский, ей учиться нечего, этой мягкости, нежности, силы...

— Ах! как я боюсь за нее, как я боюсь, — сказала графиня, не помня, с кем она говорит. Ее материнское чутье говорило ей, что чего-то слишком много в Наташе и что от этого она не будет счастлива. Наташа не кончила еще петь, как в комнату вбежал восторженный четырнадцатилетний Петя с известием, что пришли ряженые.

Наташа вдруг остановилась.

— Дурак! — закричала она на брата, подбежала к стулу, упала на него и зарыдала так, что долго потом не могла остановиться. — Ничего, маменька, право, ничего, так: Петя испугал меня, — говорила она, стараясь улыбаться, но слезы все текли и всхлипывания сдавливали горло.

Наряженные дворовые: медведи, турки, трактирщики, барыни, страшные и смешные, принеся с собою холод и веселье, сначала робко жались в передней; потом, прячась один за другого, вытеснились в залу; и сначала застенчиво, а потом все веселее и дружнее начались песни, пляски, хороводы и святочные игры. Графиня, узнав лица и посмеявшись на наряженных, ушла в гостиную. Граф Илья Андреич с сияющей улыбкой сидел в зале, одобряя играющих. Молодежь исчезла куда-то.

Через полчаса в зале между другими ряжеными появилась еще старая барыня в фижмах — это был Николай. Турчанка был Петя. Паяс — это был Диммлер, гусар — Наташа и черкес — Соня, с нарисованными пробочными усами и бровями.

После снисходительного удивления, неузнавания и похвал со стороны ненаряженных молодые люди нашли, что костюмы так хороши, что надо было их показать еще кому-нибудь.

Николай, которому хотелось по отличной дороге прокатить всех на своей тройке, предложил, взяв с собой из дворовых человек десять наряженных, ехать к дядюшке.

"No, why disturb the old fellow?" said the countess. "Besides, you wouldn't have room to turn round there. If you must go, go to the Melyukóvs."

Melyukóva was a widow, who, with her family and their tutors and governesses, lived three miles from the Rostóvs.

"That's right, my dear," chimed in the old count, thoroughly aroused. "I'll dress up at once and go with them. I'll make Pashette open her eyes."

But the countess would not agree to his going; he had had a bad leg all these last days. It was decided that the count must not go, but that if Louisa Ivánovna (Madame Schoss) would go with them, the young ladies might go to the Melyukóvs'. Sónya, generally so timid and shy, more urgently than anyone begging Louisa Ivánovna not to refuse.

Sónya's costume was the best of all. Her mustache and eyebrows were extraordinarily becoming. Everyone told her she looked very handsome, and she was in a spirited and energetic mood unusual with her. Some inner voice told her that now or never her fate would be decided, and in her male attire she seemed quite a different person. Louisa Ivánovna consented to go, and in half an hour four troyka sleighs with large and small bells, their runners squeaking and whistling over the frozen snow, drove up to the porch.

Natásha was foremost in setting a merry holiday tone, which, passing from one to another, grew stronger and reached its climax when they all came out into the frost and got into the sleighs, talking, calling to one another, laughing, and shouting.

Two of the troykas were the usual household sleighs, the third was the old count's with a trotter from the Orlóv stud as shaft horse, the fourth was Nicholas' own with a short shaggy black shaft horse. Nicholas, in his old lady's dress over which he had belted his hussar overcoat, stood in the middle of the sleigh, reins in hand.

It was so light that he could see the moonlight reflected from the metal harness disks and

— Нет, ну что вы его, старика, расстроите! — сказала графиня. — Да и негде повернуться у него. Уж ехать, так к Мелюковым.

Мелюкова была вдова с детьми разнообразного возраста, также с гувернантками и гувернерами, жившая в четырех верстах от Ростовых.

— Вот, ma chère, умно, — подхватил расшевелившийся старый граф — Давай сейчас наряжусь и поеду с вами. Уж я Пашету расшевелю.

Но графиня не согласилась отпустить графа у него все эти дни болела нога. Решили, что Илье Андреевичу ехать нельзя, а что ежели Луиза Ивановна (m-me Schoss) поедет, то барышням можно ехать к Мелюковой. Соня, всегда робкая и застенчивая, настоятельнее всех стала упрашивать Луизу Ивановну не отказать им.

Наряд Сони был лучше всех. Ее усы и брови необыкновенно шли к ней. Все говорили ей, что она очень хороша, и она находилась в несвойственном ей оживленно-энергическом настроении. Какой-то внутренний голос говорил ей, что нынче или никогда решится ее судьба, и она в своем мужском платье казалась совсем другим человеком. Луиза Ивановна согласилась, и через полчаса четыре тройки с колокольчиками и бубенчиками, визжа и свистя подрезами по морозному снегу, подъехали к крыльцу.

Наташа первая дала тон святочного веселья, и это веселье, отражаясь от одного к другому, все более и более усиливалось и дошло до высшей степени в то время, когда все вышли на мороз и, переговариваясь, перекликаясь, смеясь и крича, расселись в сани.

Две тройки были разгонные, третья тройка старого графа, с орловским рысаком в корню; четвертая — собственная Николая, с его низеньким вороным косматым коренником. Николай в своем старушечьем наряде, на который он надел гусарский подпоясанный плащ, стоял в середине своих саней, подобрав вожжи.

Было так светло, что он видел отблескивающие на месячном свете бляхи и глаза

from the eyes of the horses, who looked round in alarm at the noisy party under the shadow of the porch roof.

Natásha, Sónya, Madame Schoss, and two maids got into Nicholas' sleigh; Dimmler, his wife, and Pétya, into the old count's, and the rest of the mummers seated themselves in the other two sleighs.

"You go ahead, Zakhár!" shouted Nicholas to his father's coachman, wishing for a chance to race past him.

The old count's troyka, with Dimmler and his party, started forward, squeaking on its runners as though freezing to the snow, its deep-toned bell clanging. The side horses, pressing against the shafts of the middle horse, sank in the snow, which was dry and glittered like sugar, and threw it up.

Nicholas set off, following the first sleigh; behind him the others moved noisily, their runners squeaking. At first they drove at a steady trot along the narrow road. While they drove past the garden the shadows of the bare trees often fell across the road and hid the brilliant moonlight, but as soon as they were past the fence, the snowy plain bathed in moonlight and motionless spread out before them glittering like diamonds and dappled with bluish shadows. Bang, bang! went the first sleigh over a cradle hole in the snow of the road, and each of the other sleighs jolted in the same way, and rudely breaking the frost-bound stillness, the troykas began to speed along the road, one after the other.

"A hare's track, a lot of tracks!" rang out Natásha's voice through the frost-bound air.

"How light it is, Nicholas!" came Sónya's voice.

Nicholas glanced round at Sónya, and bent down to see her face closer. Quite a new, sweet face with black eyebrows and mustaches peeped up at him from her sable furs—so close and yet so distant—in the moonlight.

"That used to be Sónya," thought he, and looked at her closer and smiled.

"What is it, Nicholas?"

"Nothing," said he and turned again to the horses.

лошадей, испуганно оглядывавшихся на седоков, шумевших под темным навесом подъезда.

В сани Николая сели Наташа, Соня, m-me Schoss и две девушки. В сани старого графа сели Диммлер с женой и Петя; в остальные расселись наряженные дворовые.

— Пошел вперед, Захар! — крикнул Николай кучеру отца, чтоб иметь случай перегнать его на дороге.

Тройка старого графа, в которую сел Диммлер и другие ряженые, визжа полозьями, как будто примерзая к снегу, и побрякивая густым колокольцом, тронулась вперед. Пристяжные жались на оглобли и увязали, выворачивая как сахар крепкий и блестящий снег.

Николай тронулся за первой тройкой; сзади зашумели и завизжали остальные. Сначала ехали маленькой рысью по узкой дороге. Пока ехали мимо сада, тени от оголенных деревьев ложились часто поперек дороги и скрывали яркий свет луны, но как только выехали за ограду, алмазно-блестящая, с сизым отблеском снежная равнина, вся облитая месячным сиянием и неподвижная, открылась со всех сторон. Раз, раз толкнул ухаб в передних санях; точно так же толкнуло следующие сани и следующие, и, дерзко нарушая закованную тишину, одни за другими стали растягиваться сани.

— След заячий, много следов! — прозвучал в морозном скованном воздухе голос Наташи.

— Как видно, Nicolas! — сказал голос Сони.

Николай оглянулся на Соню и пригнулся, чтобы ближе рассмотреть ее лицо. Какое-то совсем новое, милое лицо, с черными бровями и усами, в лунном свете близко и далеко, выглядывало из соболей.

«Это прежде была Соня», подумал Николай. Он ближе вгляделся в нее и улыбнулся.

— Вы что, Nicolas?

— Ничего, — сказал он и повернулся опять к лошадям.

When they came out onto the beaten high-road—polished by sleigh runners and cut up by rough-shod hoofs, the marks of which were visible in the moonlight—the horses began to tug at the reins of their own accord and increased their pace. The near side horse, arching his head and breaking into a short canter, tugged at his traces. The shaft horse swayed from side to side, moving his ears as if asking: "Isn't it time to begin now?" In front, already far ahead the deep bell of the sleigh ringing farther and farther off, the black horses driven by Zakhár could be clearly seen against the white snow. From that sleigh one could hear the shouts, laughter, and voices of the mummers.

"Gee up, my darlings!" shouted Nicholas, pulling the reins to one side and flourishing the whip. It was only by the keener wind that met them and the jerks given by the side horses who pulled harder—ever increasing their gallop—that one noticed how fast the troyka was flying. Nicholas looked back. With screams, squeals, and waving of whips that caused even the shaft horses to gallop—the other sleighs followed. The shaft horse swung steadily beneath the bow over its head, with no thought of slackening pace and ready to put on speed when required.

Nicholas overtook the first sleigh. They were driving downhill and coming out upon a broad trodden track across a meadow, near a river.

"Where are we?" thought he. "It's the Kosóy meadow, I suppose. But no—this is something new I've never seen before. This isn't the Kosóy meadow nor the Dëmkin hill, and heaven only knows what it is! It is something new and enchanted. Well, whatever it may be..." And shouting to his horses, he began to pass the first sleigh.

Zakhár held back his horses and turned his face, which was already covered with hoar-frost to his eyebrows. Nicholas gave the horses the rein, and Zakhár, stretching out his arms, clucked his tongue and let his horses go.

"Now, look out, master!" he cried.

Faster still the two troykas flew side by side, and faster moved the feet of the galloping side horses. Nicholas began to draw ahead. Zakhár, while still keeping his arms extended, raised one hand with the reins.

"No you won't, master!" he shouted.

Выехав на торную большую дорогу, при-масленную полозьями и всю иссеченную следами шипов, видными в свете месяца, лошади сами собой стали натягивать во-жжи и прибавлять ходу. Левая пристяжная, загнув голову, прыжками подергивала свои постромки. Коренной раскачивался, поводя ушами, как будто спрашивая: «Начинать? Или рано еще?» Впереди, уже далеко отде-лившись и звеня удаляющимся густым ко-локольцом, ясно виднелась на белом снегу черная тройка Захара. Слышны были из его саней покрикиванье, и хохот, и голоса наря-женных.

— Ну ли вы, разлюбезные! — крикнул Ни-колай, с одной стороны поддергивая вожжу и отводя с кнутом руку. И только по усилив-шемуся как будто навстречу ветру и по подер-гиванью натягивающих и все прибавляющих скоку пристяжных заметно было, как шибко полетела тройка. Николай оглянулся назад. С криком и визгом, махая кнутами и заставляя скакать коренных, поспевали другие тройки. Коренной стойко поколыхивался под дугой, не думая сбивать и обещая еще и еще наддать, когда понадобится.

Николай догнал первую тройку. Они съе-хали с какой-то горы, въехали на широко разъезженную дорогу по лугу около реки.

«Где это мы едем? — подумал Николай. — По Косому лугу, должно быть. Но нет, это что-то новое, чего я никогда не видал. Это не Косой луг и не Дёмкина гора, а это Бог знает что такое! Это что-то новое и волшебное. Ну, что бы там ни было!» — И он, крикнув на ло-шадей, стал объезжать первую тройку.

Захар сдержал лошадей и обернул свое уже обындевевшее до бровей лицо. Николай пустил своих лошадей; Захар, вытянув впе-ред руки, чмокнул и пустил своих.

— Ну, держись, барин, — проговорил он.

Еще быстрее рядом полетели тройки, и быстро переменялись ноги скачущих лоша-дей. Николай стал забирать вперед. Захар, не переменяя положения вытянутых рук, при-поднял одну руку с вожжами.

— Врешь, барин, — прокричал он Нико-

Nicholas put all his horses to a gallop and passed Zakhár. The horses showered the fine dry snow on the faces of those in the sleigh—beside them sounded quick ringing bells and they caught confused glimpses of swiftly moving legs and the shadows of the troyka they were passing. The whistling sound of the runners on the snow and the voices of girls shrieking were heard from different sides.

Again checking his horses, Nicholas looked around him. They were still surrounded by the magic plain bathed in moonlight and spangled with stars.

"Zakhár is shouting that I should turn to the left, but why to the left?" thought Nicholas. "Are we getting to the Melyukóvs'? Is this Melyukóvka? Heaven only knows where we are going, and heaven knows what is happening to us—but it is very strange and pleasant whatever it is." And he looked round in the sleigh.

"Look, his mustache and eyelashes are all white!" said one of the strange, pretty, unfamiliar people—the one with fine eyebrows and mustache.

"I think this used to be Natásha," thought Nicholas, "and that was Madame Schoss, but perhaps it's not, and this Circassian with the mustache I don't know, but I love her."

"Aren't you cold?" he asked.

They did not answer but began to laugh. Dimmler from the sleigh behind shouted something—probably something funny—but they could not make out what he said.

"Yes, yes!" some voices answered, laughing.

"But here was a fairy forest with black moving shadows, and a glitter of diamonds and a flight of marble steps and the silver roofs of fairy buildings and the shrill yells of some animals. And if this is really Melyukóvka, it is still stranger that we drove heaven knows where and have come to Melyukóvka," thought Nicholas.

It really was Melyukóvka, and maids and footmen with merry faces came running out to the porch carrying candles.

"Who is it?" asked someone in the porch.

"The mummers from the count's. I know by the horses," replied some voices.

лаю.

Николай в скок пустил всех лошадей и перегнал Захара. Лошади засыпáли мелким, сухим снегом лица седоков, рядом с ними звучали частые переборы и путались быстро движущиеся ноги и тени перегоняемой тройки. Свист полозьев по снегу и женские взвизги слышались с разных сторон.

Опять остановив лошадей, Николай оглянулся кругом себя. Кругом была все та же пропитанная насквозь лунным светом волшебная равнина с рассыпанными по ней звездами.

«Захар кричит, чтобы я взял налево; а зачем налево? — думал Николай. — Разве мы к Мелюковым едем, разве это Мелюковка? Мы Бог знает где едем, и Бог знает что́ с нами делается — и очень странно и хорошо то, что́ с нами делается». — Он оглянулся в сани.

— Посмотри, у него и усы и ресницы — все белое, — сказал один из сидевших странных, хорошеньких и чужих людей с тонкими усами и бровями.

«Этот, кажется, была Наташа, — подумал Николай, — а эта m-me Schoss; а может быть, и нет, а этот черкес с усами — не знаю кто, но я люблю ее».

— Не холодно ли вам? — спросил он. Они не отвечали и засмеялись. Диммлер из задних саней что-то кричал, вероятно смешное, но нельзя было расслышать, что он кричал.

— Да, да, — смеясь, отвечали голоса.

Однако вот какой-то волшебный лес с переливающимися черными тенями и блестками алмазов и с какой-то анфиладой мраморных ступеней, и какие-то серебряные крыши волшебных зданий, и пронзительный визг каких-то зверей. «А ежели и в самом деле это Мелюковка, то еще страннее то, что мы ехали бог знает где и приехали в Мелюковку», — думал Николай.

Действительно, это была Мелюковка, и на подъезд выбежали девки и лакеи со свечами и радостными лицами.

— Кто такой? — спрашивали с подъезда.

— Графские наряженные, по лошадям вижу, — отвечали голоса.

XI

Pelagéya Danílovna Melyukóva, a broadly built, energetic woman wearing spectacles, sat in the drawing room in a loose dress, surrounded by her daughters whom she was trying to keep from feeling dull. They were quietly dropping melted wax into snow and looking at the shadows the wax figures would throw on the wall, when they heard the steps and voices of new arrivals in the vestibule.

Hussars, ladies, witches, clowns, and bears, after clearing their throats and wiping the hoarfrost from their faces in the vestibule, came into the ballroom where candles were hurriedly lighted. The clown—Dimmler—and the lady—Nicholas—started a dance. Surrounded by the screaming children the mummers, covering their faces and disguising their voices, bowed to their hostess and arranged themselves about the room.

"Dear me! there's no recognizing them! And Natásha! See whom she looks like! She really reminds me of somebody. But Herr Dimmler—isn't he good! I didn't know him! And how he dances. Dear me, there's a Circassian. Really, how becoming it is to dear Sónya. And who is that? Well, you have cheered us up! Nikíta and Vanya—clear away the tables! And we were sitting so quietly. Ha, ha, ha!... The hussar, the hussar! Just like a boy! And the legs!... I can't look at him..." different voices were saying.

Natásha, the young Melyukóvs' favorite, disappeared with them into the back rooms where a cork and various dressing gowns and male garments were called for and received from the footman by bare girlish arms from behind the door. Ten minutes later, all the young Melyukóvs joined the mummers.

Pelagéya Danílovna, having given orders to clear the rooms for the visitors and arranged about refreshments for the gentry and the serfs, went about among the mummers without removing her spectacles, peering into their faces with a suppressed smile and failing to recognize

XI

Пелагея Даниловна Мелюкова, широкая, энергическая женщина, в очках и распашном капоте, сидела в гостиной, окруженная дочерьми, которым она старалась не дать скучать. Они тихо лили воск и смотрели на тени выходивших фигур, когда зашумели в передней шаги и голоса приезжих.

Гусары, барыни, ведьмы, паясы, медведи, прокашливаясь и обтирая заиндевевшие от мороза лица в передней, вошли в залу, где поспешно зажигали свечи. Паяс Диммлер с барыней Николаем открыли пляску. Окруженные кричавшими детьми, ряженые, закрывая лицо и меняя голоса, раскланивались перед хозяйкой и расстанавливались по комнате.

— Ах, узнать нельзя! А Наташа-то! Посмотрите, на кого она похожа! Право, напоминает кого-то. Эдуард-то Карлыч как хорош! Я не узнала. Да как танцует! Ах, батюшки, и черкес какой-то; право, как идет Сонюшке. Это еще кто! Ну, утешили! Столы-то примите, Никита, Ваня. А мы так тихо сидели! — Ха-ха-ха!.. Гусар-то, гусар-то! Точно мальчик, и ноги!.. Я видеть не могу... — слышались голоса.

Наташа, любимица молодых Мелюковых, с ними вместе исчезла в задние комнаты, куда была потребована пробка и разные халаты и мужские платья, которые в растворенную дверь принимали от лакея оголенные девичьи руки. Через десять минут вся молодежь семейства Мелюковых присоединилась к ряженым.

Пелагея Даниловна, распорядившись очисткой места для гостей и угощениями для господ и дворовых, не снимая очков, с сдерживаемой улыбкой, ходила между ряжеными, близко глядя им в лица и никого не узнавая. Она не узнавала не только Ростовых

any of them. It was not merely Dimmler and the Rostóvs she failed to recognize, she did not even recognize her own daughters, or her late husband's, dressing gowns and uniforms, which they had put on.

"And who is this?" she asked her governess, peering into the face of her own daughter dressed up as a Kazán-Tartar. "I suppose it is one of the Rostóvs! Well, Mr. Hussar, and what regiment do you serve in?" she asked Natásha. "Here, hand some fruit jelly to the Turk!" she ordered the butler who was handing things round. "That's not forbidden by his law."

Sometimes, as she looked at the strange but amusing capers cut by the dancers, who—having decided once for all that being disguised, no one would recognize them—were not at all shy, Pelagéya Danílovna hid her face in her handkerchief, and her whole stout body shook with irrepressible, kindly, elderly laughter.

"My little Sásha! Look at Sásha!" she said.

After Russian country dances and chorus dances, Pelagéya Danílovna made the serfs and gentry join in one large circle: a ring, a string, and a silver ruble were fetched and they all played games together.

In an hour, all the costumes were crumpled and disordered. The corked eyebrows and mustaches were smeared over the perspiring, flushed, and merry faces. Pelagéya Danílovna began to recognize the mummers, admired their cleverly contrived costumes, and particularly how they suited the young ladies, and she thanked them all for having entertained her so well. The visitors were invited to supper in the drawing room, and the serfs had something served to them in the ballroom.

"Now to tell one's fortune in the empty bathhouse is frightening!" said an old maid who lived with the Melyukóvs, during supper.

"Why?" said the eldest Melyukóv girl.

"You wouldn't go, it takes courage...."

"I'll go," said Sónya.

"Tell what happened to the young lady!" said the second Melyukóv girl.

и Диммлера, но и никак не могла узнать ни своих дочерей, ни тех мужниных халатов и мундиров, которые были на них.

— А это чья такая? — говорила она, обращаясь к своей гувернантке и глядя в лицо своей дочери, представлявшей казанского татарина. — Кажется, из Ростовых кто-то. Ну, а вы, господин гусар, в каком полку служите? — спрашивала она Наташу. — Турке-то, турке пастилы подай, — говорила она обносившему буфетчику, — это их законом не запрещено.

Иногда, глядя на странные, но смешные па, которые выделывали танцующие, решившие раз навсегда, что они наряженные, что никто их не узнает, и потому не конфузившиеся, — Пелагея Даниловна закрывалась платком, и все тучное тело ее тряслось от неудержимого доброго старушечьего смеха.

— Сашинет-то моя, Сашинет-то! — говорила она.

После русских плясок и хороводов Пелагея Даниловна соединила всех дворовых и господ вместе, в один большой круг; принесли кольцо, веревочку и рублик, и устроились общие игры.

Через час все костюмы измялись и расстроились. Пробочные усы и брови размазались по вспотевшим, разгоревшимся и веселым лицам. Пелагея Даниловна стала узнавать ряженых, восхищалась тем, как хорошо были сделаны костюмы, как шли они особенно к барышням, и благодарила всех за то, что так повеселили ее. Гостей позвали ужинать в гостиную, а в зале распорядились угощением дворовых.

— Нет, в бане гадать, вот это страшно! — говорила за ужином старая девушка, жившая у Мелюковых.

— Отчего же? — спросила старшая дочь Мелюковых.

— Да не пойдете, тут надо храбрость...

— Я пойду, — сказала Соня.

— Расскажите, как это было с барышней? — сказала вторая Мелюкова.

"Well," began the old maid, "a young lady once went out, took a cock, laid the table for two, all properly, and sat down. After sitting a while, she suddenly hears someone coming... a sleigh drives up with harness bells; she hears him coming! He comes in, just in the shape of a man, like an officer—comes in and sits down to table with her."

"Ah! ah!" screamed Natásha, rolling her eyes with horror.

"Yes? And how... did he speak?"

"Yes, like a man. Everything quite all right, and he began persuading her; and she should have kept him talking till cockcrow, but she got frightened, just got frightened and hid her face in her hands. Then he caught her up. It was lucky the maids ran in just then...."

"Now, why frighten them?" said Pelagéya Danílovna.

"Mamma, you used to try your fate yourself..." said her daughter.

"And how does one do it in a barn?" inquired Sónya.

"Well, say you went to the barn now, and listened. It depends on what you hear; hammering and knocking—that's bad; but a sound of shifting grain is good and one sometimes hears that, too."

"Mamma, tell us what happened to you in the barn."

Pelagéya Danílovna smiled.

"Oh, I've forgotten..." she replied. "But none of you would go?"

"Yes, I will; Pelagéya Danílovna, let me! I'll go," said Sónya.

"Well, why not, if you're not afraid?"

"Louisa Ivánovna, may I?" asked Sónya.

Whether they were playing the ring and string game or the ruble game or talking as now, Nicholas did not leave Sónya's side, and gazed at her with quite new eyes. It seemed to him that it was only today, thanks to that burnt-cork mustache, that he had fully learned to know her. And really, that evening, Sónya was brighter, more animated, and prettier than Nicholas had ever seen her before.

"So that's what she is like; what a fool I have been!" he thought gazing at her sparkling eyes, and under the mustache a happy rapturous

— Да вот так-то, пошла одна барышня, — сказала старая девушка, — взяла петуха, два прибора — как следует, села. Посидела, только слышит, вдруг едет... с колокольцами, с бубенцами, подъехали сани; слышит, идет. Входит совсем в образе человеческом, как есть офицер, пришел и сел с ней за прибор.

— А! А!.. — закричала Наташа, с ужасом выкатывая глаза.

— Да как же он, так и говорит?

— Да, как человек, все как должно быть, и стал, и стал уговаривать, а ей бы надо занять его разговором до петухов; а она заробела; только заробела и закрылась руками. Он ее и подхватил. Хорошо, что тут девушки прибежали...

— Ну, что пугать их! — сказала Пелагея Даниловна.

— Мамаша, ведь вы сами гадали... — сказала дочь.

— А как это в амбаре гадают? — спросила Соня.

— Да вот хоть бы теперь, пойдут к амбару, да и слушают. Что услышите: заколачивает, стучит — дурно, а пересыпает хлеб — это к добру; а то бывает...

— Мама, расскажите, что с вами было в амбаре?

Пелагея Даниловна улыбнулась.

— Да что, я уж забыла... — сказала она. — Ведь вы никто не пойдете?

— Нет, я пойду; Пелагея Даниловна, пустите меня, я пойду, — сказала Соня.

— Ну, что ж, коли не боишься.

— Луиза Ивановна, можно мне? — спросила Соня.

Играли ли в колечко, в веревочку или рублик, разговаривали ли, как теперь, Николай не отходил от Сони и совсем новыми глазами смотрел на нее. Ему казалось, что он нынче только в первый раз, благодаря этим пробочным усам, вполне узнал ее. Соня действительно этот вечер была весела, оживлена и хороша, какой никогда еще не видал ее Николай.

«Так вот она какая, а я-то дурак!» — думал он, глядя на ее блестящие глаза и счастливую, восторженную, из-под усов делаю-

smile dimpled her cheeks, a smile he had never seen before.

"I'm not afraid of anything," said Sónya. "May I go at once?" She got up.

They told her where the barn was and how she should stand and listen, and they handed her a fur cloak. She threw this over her head and shoulders and glanced at Nicholas.

"What a darling that girl is!" thought he. "And what have I been thinking of till now?"

Sónya went out into the passage to go to the barn. Nicholas went hastily to the front porch, saying he felt too hot. The crowd of people really had made the house stuffy.

Outside, there was the same cold stillness and the same moon, but even brighter than before. The light was so strong and the snow sparkled with so many stars that one did not wish to look up at the sky and the real stars were unnoticed. The sky was black and dreary, while the earth was gay.

"I am a fool, a fool! what have I been waiting for?" thought Nicholas, and running out from the porch he went round the corner of the house and along the path that led to the back porch. He knew Sónya would pass that way. Halfway lay some snow-covered piles of firewood and across and along them a network of shadows from the bare old lime trees fell on the snow and on the path. This path led to the barn. The log walls of the barn and its snow-covered roof, that looked as if hewn out of some precious stone, sparkled in the moonlight. A tree in the garden snapped with the frost, and then all was again perfectly silent. His bosom seemed to inhale not air but the strength of eternal youth and gladness.

From the back porch came the sound of feet descending the steps, the bottom step upon which snow had fallen gave a ringing creak and he heard the voice of an old maidservant saying, "Straight, straight, along the path, Miss. Only don't look back."

"I am not afraid," answered Sónya's voice, and along the path toward Nicholas came the crunching, whistling sound of Sónya's feet in her thin shoes.

щую ямочки на щеках, улыбку, которой он не видел прежде.

— Я ничего не боюсь, — сказала Соня. — Можно сейчас?

Она встала. Соне рассказали, где амбар, как ей молча стоять и слушать, и подали ей шубку. Она накинула ее себе на голову и взглянула на Николая.

«Что за прелесть эта девочка! — подумал он. — И о чем я думал до сих пор!»

Соня вышла в коридор, чтоб идти в амбар. Николай поспешно пошел на парадное крыльцо, говоря, что ему жарко. Действительно, в доме было душно от столпившегося народа.

На дворе был тот же неподвижный холод, тот же месяц, только было еще светлее. Свет был так силен и звезд на снеге было так много, что на него не хотелось смотреть, и настоящих звезд было незаметно. На небе было черно и скучно, на земле было весело.

«Дурак я, дурак! Чего я ждал до сих пор?» — подумал Николай, и, сбежав на крыльцо, он обошел угол дома по той тропинке, которая вела к заднему крыльцу. Он знал, что здесь пойдет Соня. На половине дороги стояли сложенные сажнями дрова, на них был снег, от них падала тень; через них и сбоку их, переплетаясь, падали тени старых голых лип на снег и дорожку. Дорожка вела к амбару. Рубленая стена амбара и крыша, покрытая снегом, как высеченные из какого-то драгоценного камня, блестели в месячном свете. В саду треснуло дерево, и опять все совершенно затихло. Грудь, казалось, дышала не воздухом, а какой-то вечно молодой силой и радостью.

С девичьего крыльца застучали ноги по ступенькам, скрипнуло звонко на последней, на которую был нанесен снег, и голос старой девушки сказал:

— Прямо, прямо вот по дорожке, барышня. Только не оглядываться!

— Я не боюсь, — отвечал голос Сони, и по дорожке, по направлению к Николаю, завизжали, засвистели в тоненьких башмачках ножки Сони.

Sónya came along, wrapped in her cloak. She was only a couple of paces away when she saw him, and to her too he was not the Nicholas she had known and always slightly feared. He was in a woman's dress, with tousled hair and a happy smile new to Sónya. She ran rapidly toward him.

"Quite different and yet the same," thought Nicholas, looking at her face all lit up by the moonlight. He slipped his arms under the cloak that covered her head, embraced her, pressed her to him, and kissed her on the lips that wore a mustache and had a smell of burnt cork. Sónya kissed him full on the lips, and disengaging her little hands pressed them to his cheeks.

"Sónya!... Nicholas!"... was all they said. They ran to the barn and then back again, re-entering, he by the front and she by the back porch.

Соня шла, закутавшись в шубку. Она была уже в двух шагах, когда увидала его; она увидала его тоже не таким, каким она знала и какого всегда немножко боялась. Он был в женском платье, с спутанными волосами и с счастливой и новой для Сони улыбкой. Соня быстро подбежала к нему.

«Совсем другая и все та же», — думал Николай, глядя на ее лицо, все освещенное лунным светом. Он продел руки под шубку, прикрывавшую ее голову, обнял, прижал к себе и поцеловал в губы, над которыми были усы и от которых пахло жженой пробкой. Соня в самую середину губ поцеловала его и, выпростав маленькие руки, с обеих сторон взяла его за щеки.

— Соня!.. Nicolas!.. — только сказали они. Они подбежали к амбару и вернулись назад каждый с своего крыльца.

XII

When they all drove back from Pelagéya Danílovna's, Natásha, who always saw and noticed everything, arranged that she and Madame Schoss should go back in the sleigh with Dimmler, and Sónya with Nicholas and the maids.

On the way back Nicholas drove at a steady pace instead of racing and kept peering by that fantastic all-transforming light into Sónya's face and searching beneath the eyebrows and mustache for his former and his present Sónya from whom he had resolved never to be parted again. He looked and recognizing in her both the old and the new Sónya, and being reminded by the smell of burnt cork of the sensation of her kiss, inhaled the frosty air with a full breast and, looking at the ground flying beneath him and at the sparkling sky, felt himself again in fairyland.

"Sónya, is it well with thee?" he asked from time to time.

"Yes!" she replied. "And with thee?"

When halfway home Nicholas handed the reins to the coachman and ran for a moment to Natásha's sleigh and stood on its wing.

"Natásha!" he whispered in French, "do you know I have made up my mind about Sónya?"

"Have you told her?" asked Natásha, suddenly beaming all over with joy.

"Oh, how strange you are with that mustache and those eyebrows!... Natásha—are you glad?"

"I am so glad, so glad! I was beginning to be vexed with you. I did not tell you, but you have been treating her badly. What a heart she has, Nicholas! I am horrid sometimes, but I was ashamed to be happy while Sónya was not," continued Natásha. "Now I am so glad! Well, run back to her."

"No, wait a bit.... Oh, how funny you look!" cried Nicholas, peering into her face and finding in his sister too something new, unusual, and bewitchingly tender that he had not seen in her

XII

Когда все поехали назад от Пелагеи Даниловны, Наташа, всегда все видевшая и замечавшая, устроила так размещение, что Луиза Ивановна и она сели в сани с Диммлером, а Соня села с Николаем и девушками.

Николай, уже не перегоняясь, ровно ехал в обратный путь и, все вглядываясь в этом странном лунном свете в Соню, отыскивал при этом все переменяющем свете из-под бровей и усов свою ту прежнюю и теперешнюю Соню, с которой он решил уже никогда не разлучаться. Он вглядывался, и, когда узнавал все ту же и другую и вспоминал этот запах пробки, смешанный с чувством поцелуя, он полной грудью вдыхал в себя морозный воздух, и, глядя на уходящую землю и блестящее небо, он чувствовал себя опять в волшебном царстве.

— Соня, *тебе* хорошо? — изредка спрашивал он.

— Да, — отвечала Соня. — А *тебе*?

На середине дороги Николай дал подержать лошадей кучеру, на минутку подбежал к саням Наташи и стал на отвод.

— Наташа, — сказал он ей шепотом по-французски, — знаешь, я решился насчет Сони.

— Ты ей сказал? — спросила Наташа, вся вдруг просияв от радости.

— Ах, какая ты странная с этими усами и бровями, Наташа! Ты рада?

— Я так рада, так рада! Я уж сердилась на тебя. Я тебе не говорила, но ты дурно с ней поступал. Это такое сердце, Nicolas, как я рада! Я бываю гадкая, но мне совестно быть одной счастливой, без Сони, — продолжала Наташа. — Теперь я так рада, ну, беги к ней.

— Нет, постой, ах, какая ты смешная! — сказал Николай, все всматриваясь в нее и в сестре тоже находя что-то новое, необыкновенное и обворожительно-нежное, чего

before. "Natásha, it's magical, isn't it?"

"Yes," she replied. "You have done splendidly."

"Had I seen her before as she is now," thought Nicholas, "I should long ago have asked her what to do and have done whatever she told me, and all would have been well."

"So you are glad and I have done right?"

"Oh, quite right! I had a quarrel with Mamma some time ago about it. Mamma said she was angling for you. How could she say such a thing! I nearly stormed at Mamma. I will never let anyone say anything bad of Sónya, for there is nothing but good in her."

"Then it's all right?" said Nicholas, again scrutinizing the expression of his sister's face to see if she was in earnest. Then he jumped down and, his boots scrunching the snow, ran back to his sleigh. The same happy, smiling Circassian, with mustache and beaming eyes looking up from under a sable hood, was still sitting there, and that Circassian was Sónya, and that Sónya was certainly his future happy and loving wife.

When they reached home and had told their mother how they had spent the evening at the Melyukóvs', the girls went to their bedroom. When they had undressed, but without washing off the cork mustaches, they sat a long time talking of their happiness. They talked of how they would live when they were married, how their husbands would be friends, and how happy they would be. On Natásha's table stood two looking glasses which Dunyásha had prepared beforehand.

"Only when will all that be? I am afraid never.... It would be too good!" said Natásha, rising and going to the looking glasses.

"Sit down, Natásha; perhaps you'll see him," said Sónya. Natásha lit the candles, one on each side of one of the looking glasses, and sat down.

"I see someone with a mustache," said Natásha, seeing her own face.

"You mustn't laugh, Miss," said Dunyásha.

With Sónya's help and the maid's, Natásha

он прежде не видал в ней. — Наташа, что-то волшебное. А?

— Да, — отвечала она, — ты прекрасно сделал.

«Если бы я прежде видел ее такою, какою она теперь, — думал Николай, — я бы давно спросил, что сделать, и сделал бы все, что бы она ни велела, и все бы было хорошо».

— Так ты рада, и я хорошо сделал?

— Ах, так хорошо! Я недавно с мамашей поссорилась за это. Мама сказала, что она тебя ловит. Как это можно говорить! Я с мама́ чуть не побранилась. И никому никогда не позволю ничего дурного про нее сказать и подумать, потому что в ней одно хорошее.

— Так хорошо? — сказал Николай, еще раз высматривая выражение лица сестры, чтобы узнать, правда ли это, и, скрипя сапогами, он соскочил с отвода и побежал к своим саням. Все тот же счастливый, улыбающийся черкес, с усиками и блестящими глазами, смотревший из-под собольего капора, сидел там, и этот черкес был Соня, и эта Соня была наверное его будущая, счастливая и любящая жена.

Приехав домой и рассказав матери о том, как они провели время у Мелюковых, барышни ушли к себе. Раздевшись, но не стирая пробочных усов, они долго сидели, разговаривая о своем счастье. Они говорили о том, как они будут жить замужем, как их мужья будут дружны и как они будут счастливы. На Наташином столе стояли еще с вечера приготовленные Дуняшей зеркала.

— Только когда все это будет? Я боюсь, что никогда... Это было бы слишком хорошо! — сказала Наташа, вставая и подходя к зеркалам.

— Садись, Наташа, может быть, ты увидишь его, — сказала Соня. Наташа зажгла свечи и села.

— Какого-то с усами вижу, — сказала Наташа, видевшая свое лицо.

— Не надо смеяться, барышня, — сказала Дуняша.

Наташа нашла с помощью Сони и гор-

got the glass she held into the right position opposite the other; her face assumed a serious expression and she sat silent. She sat a long time looking at the receding line of candles reflected in the glasses and expecting (from tales she had heard) to see a coffin, or him, Prince Andrew, in that last dim, indistinctly outlined square. But ready as she was to take the smallest speck for the image of a man or of a coffin, she saw nothing. She began blinking rapidly and moved away from the looking glasses.

"Why is it others see things and I don't?" she said. "You sit down now, Sónya. You absolutely must, tonight! Do it for me.... Today I feel so frightened!"

Sónya sat down before the glasses, got the right position, and began looking.

"Now, Miss Sónya is sure to see something," whispered Dunyásha; "while you do nothing but laugh."

Sónya heard this and Natásha's whisper:

"I know she will. She saw something last year."

For about three minutes all were silent.

"Of course she will!" whispered Natásha, but did not finish... suddenly Sónya pushed away the glass she was holding and covered her eyes with her hand.

"Oh, Natásha!" she cried.

"Did you see? Did you? What was it?" exclaimed Natásha, holding up the looking glass.

Sónya had not seen anything, she was just wanting to blink and to get up when she heard Natásha say, "Of course she will!" She did not wish to disappoint either Dunyásha or Natásha, but it was hard to sit still. She did not herself know how or why the exclamation escaped her when she covered her eyes.

"You saw him?" urged Natásha, seizing her hand.

"Yes. Wait a bit,,, I,,, saw him," Sónya could not help saying, not yet knowing whom Natásha meant by him, Nicholas or Prince Andrew.

"But why shouldn't I say I saw something?

ничной положение зеркалу; лицо ее приняло серьезное выражение, и она замолкла. Долго она сидела, глядя на ряд уходящих свечей в зеркалах, предполагая (соображаясь с слышанными рассказами) то, что она увидит гроб, то, что увидит *его*, князя Андрея, в этом последнем, сливающемся, смутном квадрате. Но как ни готова она была принять малейшее пятно за образ человека или гроба, она ничего не видала. Она часто стала мигать и отошла от зеркала.

— Отчего другие видят, а я ничего не вижу? — сказала она. — Ну, садись ты, Соня; нынче непременно тебе надо, — сказала она.

— Только за меня... Мне так страшно нынче!

Соня села за зеркало, устроила положение и стала смотреть.

— Вот Софья Александровна непременно увидят, — шепотом сказала Дуняша, — а вы все смеетесь.

Соня слышала эти слова, и слышала, как Наташа шепотом сказала:

— И я знаю, что увидит; она и прошлого года видела.

Минуты три все молчали.

«Непременно!» — прошептала Наташа и не докончила... Вдруг Соня отстранила то зеркало, которое она держала, и закрыла глаза рукой.

— Ах, Наташа! — сказала она.

— Видела? Видела? Что видела? — крикнула Наташа.

— Вот я говорила, — сказала Дуняша, поддерживая зеркало.

Соня ничего не видала, она только что хотела замигать глазами и встать, когда услыхала голос Наташи, сказавшей «непременно»... Ей не хотелось обмануть ни Дуняшу, ни Наташу, и тяжело было сидеть. Она сама не знала, как и вследствие чего у ней вырвался крик, когда она закрыла глаза рукой.

— Его видела? — спросила Наташа, хватая ее за руку.

— Да. Постой... я... видела его, — невольно сказала Соня, еще не зная, кого разумела Наташа под словом *его*: *его* — Николая или *его* — Андрея.

«Но отчего же мне не сказать, что я ви-

Others do see! Besides who can tell whether I saw anything or not?" flashed through Sónya's mind.

"Yes, I saw him," she said.

"How? Standing or lying?"

"No, I saw... At first there was nothing, then I saw him lying down."

"Andrew lying? Is he ill?" asked Natásha, her frightened eyes fixed on her friend.

"No, on the contrary, on the contrary! His face was cheerful, and he turned to me." And when saying this she herself fancied she had really seen what she described.

"Well, and then, Sónya?..."

"After that, I could not make out what there was; something blue and red...."

"Sónya! When will he come back? When shall I see him! O, God, how afraid I am for him and for myself and about everything!..." Natásha began, and without replying to Sónya's words of comfort she got into bed, and long after her candle was out lay open-eyed and motionless, gazing at the moonlight through the frosty windowpanes.

дела? Ведь видят же другие! И кто же может уличить меня в том, что я видела или не видала?» — мелькнуло в голове Сони.

— Да, я его видела, — сказала она.

— Как же? Как же? Стоит или лежит?

— Нет, я видела... То ничего не было, вдруг вижу, что он лежит.

— Андрей лежит? Он болен? — испуганно остановившимися глазами глядя на подругу, спрашивала Наташа.

— Нет, напротив, напротив — веселое лицо, и он обернулся ко мне, — и в ту минуту, как она говорила, ей самой казалось, что она видела то, что говорила.

— Ну, а потом, Соня?

— Тут я не рассмотрела, что-то синее и красное...

— Соня! когда он вернется? Когда я увижу его! Боже мой! как я боюсь за него и за себя, и за все мне страшно... — заговорила Наташа и, не отвечая ни слова на утешения Сони, легла в постель и долго после того, как потушила свечу, с открытыми глазами, неподвижно лежала на постели и смотрела на морозный лунный свет сквозь замерзшие окна.

XIII

Soon after the Christmas holidays Nicholas told his mother of his love for Sónya and of his firm resolve to marry her. The countess, who had long noticed what was going on between them and was expecting this declaration, listened to him in silence and then told her son that he might marry whom he pleased, but that neither she nor his father would give their blessing to such a marriage. Nicholas, for the first time, felt that his mother was displeased with him and that, despite her love for him, she would not give way. Coldly, without looking at her son, she sent for her husband and, when he came, tried briefly and coldly to inform him of the facts, in her son's presence, but unable to restrain herself she burst into tears of vexation and left the room. The old count began irresolutely to admonish Nicholas and beg him to abandon his purpose. Nicholas replied that he could not go back on his word, and his father, sighing and evidently disconcerted, very soon became silent and went in to the countess. In all his encounters with his son, the count was always conscious of his own guilt toward him for having wasted the family fortune, and so he could not be angry with him for refusing to marry an heiress and choosing the dowerless Sónya. On this occasion, he was only more vividly conscious of the fact that if his affairs had not been in disorder, no better wife for Nicholas than Sónya could have been wished for, and that no one but himself with his Mítenka and his uncomfortable habits was to blame for the condition of the family finances.

The father and mother did not speak of the matter to their son again, but a few days later the countess sent for Sónya and, with a cruelty neither of them expected, reproached her niece for trying to catch Nicholas and for ingratitude. Sónya listened silently with downcast eyes to the countess' cruel words, without understanding what was required of her. She was ready to sacrifice everything for her benefactors. Self-sacrifice

XIII

Вскоре после святок Николай объявил матери о своей любви к Соне и о твердом решении жениться на ней. Графиня, давно замечавшая то, что происходило между Соней и Николаем, и ожидавшая этого объяснения, молча выслушала его слова и сказала сыну, что он может жениться на ком хочет; но что ни она, ни отец не дадут ему благословения на такой брак. В первый раз Николай почувствовал, что мать недовольна им, что, несмотря на всю свою любовь к нему, она не уступит ему. Она, холодно и не глядя на сына, послала за мужем; и, когда он пришел, графиня хотела коротко и холодно в присутствии Николая сообщить ему, в чем дело, но не выдержала: заплакала слезами досады и вышла из комнаты. Старый граф стал нерешительно усовещивать Николая и просить его отказаться от своего намерения. Николай отвечал, что он не может изменить своему слову, и отец, вздохнув и, очевидно, смущенный, весьма скоро перервал свою речь и пошел к графине. При всех столкновениях с сыном графа не оставляло сознание своей виноватости перед ним за расстройство дел, и потому он не мог сердиться на сына за отказ жениться на богатой невесте и за выбор бесприданной Сони, — он только при этом случае живее вспоминал то, что, ежели бы дела не были расстроены, нельзя было для Николая желать лучшей жены, чем Соня; и что виновен в расстройстве дел только один он с своим Митенькой и с своими непреодолимыми привычками.

Отец с матерью больше не говорили об этом деле с сыном; но несколько дней после этого графиня позвала к себе Соню и с жестокостью, которой не ожидали ни та, ни другая, графиня упрекала племянницу в заманиванье сына и в неблагодарности, Соня молча, с опущенными глазами, слушала жестокие слова графини и не понимала, чего от нее требуют. Она всем готова была по-

was her most cherished idea but in this case she could not see what she ought to sacrifice, or for whom. She could not help loving the countess and the whole Rostóv family, but neither could she help loving Nicholas and knowing that his happiness depended on that love. She was silent and sad and did not reply. Nicholas felt the situation to be intolerable and went to have an explanation with his mother. He first implored her to forgive him and Sónya and consent to their marriage, then he threatened that if she molested Sónya he would at once marry her secretly.

The countess, with a coldness her son had never seen in her before, replied that he was of age, that Prince Andrew was marrying without his father's consent, and he could do the same, but that she would never receive that intriguer as her daughter.

Exploding at the word intriguer, Nicholas, raising his voice, told his mother he had never expected her to try to force him to sell his feelings, but if that were so, he would say for the last time.... But he had no time to utter the decisive word which the expression of his face caused his mother to await with terror, and which would perhaps have forever remained a cruel memory to them both. He had not time to say it, for Natásha, with a pale and set face, entered the room from the door at which she had been listening.

"Nicholas, you are talking nonsense! Be quiet, be quiet, be quiet, I tell you!..." she almost screamed, so as to drown his voice.

"Mamma darling, it's not at all so... my poor, sweet darling," she said to her mother, who conscious that they had been on the brink of a rupture gazed at her son with terror, but in the obstinacy and excitement of the conflict could not and would not give way.

"Nicholas, I'll explain to you. Go away! Listen, Mamma darling," said Natásha.

Her words were incoherent, but they attained

жертвовать для своих благодетелей. Мысль о самопожертвовании была любимой ее мыслью; но в этом случае она не могла понять, кому и чем ей надо пожертвовать. Она не могла не любить графиню и всю семью Ростовых, но и не могла не любить Николая и не знать, что его счастие зависело от этой любви. Она была молчалива и грустна и не отвечала. Николай не мог, как ему казалось, перенести долее этого положения и пошел объясниться с матерью. Николай то умолял мать простить его и Соню и согласиться на их брак, то угрожал матери тем, что, ежели Соню будут преследовать, то он сейчас же женится на ней тайно.

Графиня с холодностью, которой никогда не видал сын, отвечала ему, что он совершеннолетний, что князь Андрей женится без согласия отца и что он может то же сделать, но что никогда она не признает эту *интриганку* своей дочерью.

Взорванный словом *интриганка*, Николай, возвысив голос, сказал матери, что он никогда не думал, чтоб она заставляла его продавать свои чувства, и что ежели это так, то он последний раз говорит... Но он не успел сказать того решительного слова, которого, судя по выражению его лица, с ужасом ждала мать и которое, может быть, навсегда бы осталось жестоким воспоминанием между ними. Он не успел договорить, потому что Наташа с бледным и серьезным лицом вошла в комнату от двери, у которой она подслушивала.

— Николенька, ты говоришь пустяки, замолчи, замолчи! Я тебе говорю, замолчи!.. — почти кричала она, чтобы заглушить его голос.

— Мама, голубчик, это совсем не оттого... душечка моя, бедная, — обращалась она к матери, которая, чувствуя себя на краю разрыва, с ужасом смотрела на сына, но, вследствие упрямства и увлечения борьбы, не хотела и не могла сдаться.

— Николенька, я тебе растолкую, ты уйди... Вы послушайте, мама-голубушка, — говорила она матери.

Слова ее были бессмысленны; но они до-

the purpose at which she was aiming.

The countess, sobbing heavily, hid her face on her daughter's breast, while Nicholas rose, clutching his head, and left the room.

Natásha set to work to effect a reconciliation, and so far succeeded that Nicholas received a promise from his mother that Sónya should not be troubled, while he on his side promised not to undertake anything without his parents' knowledge.

Firmly resolved, after putting his affairs in order in the regiment, to retire from the army and return and marry Sónya, Nicholas, serious, sorrowful, and at variance with his parents, but, as it seemed to him, passionately in love, left at the beginning of January to rejoin his regiment.

After Nicholas had gone things in the Rostóv household were more depressing than ever, and the countess fell ill from mental agitation.

Sónya was unhappy at the separation from Nicholas and still more so on account of the hostile tone the countess could not help adopting toward her. The count was more perturbed than ever by the condition of his affairs, which called for some decisive action. Their town house and estate near Moscow had inevitably to be sold, and for this they had to go to Moscow. But the countess' health obliged them to delay their departure from day to day.

Natásha, who had borne the first period of separation from her betrothed lightly and even cheerfully, now grew more agitated and impatient every day. The thought that her best days, which she would have employed in loving him, were being vainly wasted, with no advantage to anyone, tormented her incessantly. His letters for the most part irritated her. It hurt her to think that while she lived only in the thought of him, he was living a real life, seeing new places and new people that interested him. The more interesting his letters were the more vexed she felt. Her letters to him, far from giving her any comfort, seemed to her a wearisome and artificial obligation. She could not write, because she could not conceive the possibility of expressing sincerely in a letter even a thousandth part of what she expressed by voice, smile, and glance.

стигли того результата, к которому она стремилась.

Графиня, тяжело захлипав, спрятала лицо на груди дочери, а Николай встал, схватился за голову и вышел из комнаты.

Наташа взялась за дело примирения и довела его до того, что Николай получил обещание от матери в том, что Соню не будут притеснять, и сам дал обещание, что он ничего не предпримет тайно от родителей.

С твердым намерением, устроив в полку свои дела, выйти в отставку, приехать и жениться на Соне, Николай, грустный и серьезный, в разладе с родными, но, как ему казалось, страстно влюбленный, в начале января уехал в полк.

После отъезда Николая в доме Ростовых стало грустнее, чем когда-нибудь. Графиня от душевного расстройства сделалась больна.

Соня была печальна и от разлуки с Николаем, и еще более от того враждебного тона, с которым не могла не обращаться с ней графиня. Граф более чем когда-нибудь был озабочен дурным положением дел, требовавших каких-нибудь решительных мер. Необходимо было продать московский дом и подмосковную, а для продажи дома нужно было ехать в Москву. Но здоровье графини заставляло со дня на день откладывать отъезд.

Наташа, легко и даже весело переносившая первое время разлуки с своим женихом, теперь с каждым днем становилась взволнованнее и нетерпеливее. Мысль о том, что так, даром, ни для кого пропадает ее лучшее время, которое бы она употребила на любовь к нему, неотступно мучила ее. Письма его большей частью сердили ее. Ей оскорбительно было думать, что тогда, как она живет только мыслью о нем, он живет настоящею жизнью, видит новые места, новых людей, которые для него интересны. Чем занимательнее были его письма, тем ей было досаднее. Ее же письма к нему не только не доставляли ей утешения, но представлялись скучной и фальшивой обязанностью. Она не умела писать, потому что не могла постигнуть возможности выразить в письме

She wrote to him formal, monotonous, and dry letters, to which she attached no importance herself, and in the rough copies of which the countess corrected her mistakes in spelling.

There was still no improvement in the countess' health, but it was impossible to defer the journey to Moscow any longer. Natásha's trousseau had to be ordered and the house sold. Moreover, Prince Andrew was expected in Moscow, where old Prince Bolkónski was spending the winter, and Natásha felt sure he had already arrived.

So the countess remained in the country, and the count, taking Sónya and Natásha with him, went to Moscow at the end of January.

правдиво хоть одну тысячную долю того, что она привыкла выражать голосом, улыбкой и взглядом. Она писала ему классически-однообразные, сухие письма, которым сама не приписывала никакого значения и в которых, по брульонам, графиня поправляла ей орфографические ошибки.

Здоровье графини все не поправлялось; но откладывать поездку в Москву уже не было возможности. Нужно было делать приданое, нужно было продать дом, и притом князя Андрея ждали сперва в Москву, где в эту зиму жил князь Николай Андреич, и Наташа была уверена, что он уже приехал.

Графиня осталась в деревне, а граф, взяв с собой Соню и Наташу, в конце января поехал в Москву.

FIFTH CHAPTER

I

After Prince Andrew's engagement to Natásha, Pierre without any apparent cause suddenly felt it impossible to go on living as before. Firmly convinced as he was of the truths revealed to him by his benefactor, and happy as he had been in perfecting his inner man, to which he had devoted himself with such ardor—all the zest of such a life vanished after the engagement of Andrew and Natásha and the death of Joseph Alexéevich, the news of which reached him almost at the same time. Only the skeleton of life remained: his house, a brilliant wife who now enjoyed the favors of a very important personage, acquaintance with all Petersburg, and his court service with its dull formalities. And this life suddenly seemed to Pierre unexpectedly loathsome. He ceased keeping a diary, avoided the company of the Brothers, began going to the club again, drank a great deal, and came once more in touch with the bachelor sets, leading such a life that the Countess Hélène thought it necessary to speak severely to him about it. Pierre felt that she was right, and to avoid compromising her went away to Moscow.

In Moscow as soon as he entered his huge house in which the faded and fading princesses still lived, with its enormous retinue; as soon as, driving through the town, he saw the Iberian shrine with innumerable tapers burning before the golden covers of the icons, the Krémlin Square with its snow undisturbed by vehicles, the sleigh drivers and hovels of the Sívtsev Vrazhók, those old Moscovites who desired nothing, hurried nowhere, and were ending their days leisurely; when he saw those old Moscow ladies, the Moscow balls, and the English Club, he felt himself at home in a quiet haven. In Moscow he

ЧАСТЬ ПЯТАЯ

I

Пьер после сватовства князя Андрея и Наташи, без всякой очевидной причины, вдруг почувствовал невозможность продолжать прежнюю жизнь. Как ни твердо он был убежден в истинах, открытых ему его благодетелем, как ни радостно было ему то первое время увлечения внутренней работой самосовершенствования, которой он предался с таким жаром, — после помолвки князя Андрея с Наташей и после смерти Иосифа Алексеевича, о которой он получил известие почти в то же время, вся прелесть этой прежней жизни вдруг пропала для него. Остался один остов жизни: его дом с блестящею женою, пользовавшеюся теперь милостями одного важного лица, знакомство со всем Петербургом и служба с скучными формальностями. И эта прежняя жизнь вдруг с неожиданной мерзостью представилась Пьеру. Он перестал писать свой дневник, избегал общества братьев, стал опять ездить в клуб, стал опять много пить, опять сблизился с холостыми компаниями и начал вести такую жизнь, что графиня Елена Васильевна сочла нужным сделать ему строгое замечание. Пьер, почувствовав, что она была права, и чтобы не компрометировать свою жену, уехал в Москву.

В Москве, как только он въехал в свой огромный дом с засохшими и засыхающими княжнами, с громадной дворней, как только он увидал — проехал по городу — эту Иверскую часовню с бесчисленными огнями свеч перед золотыми ризами, увидал эту площадь Кремлевскую с незаезженным снегом, этих извозчиков, эти лачужки Сивцева Вражка, увидал стариков московских, ничего не желающих и никуда не спеша доживающих свой век, увидал старушек, московских барынь, московские балы и московский Английский клуб, — он почувствовал себя

felt at peace, at home, warm and dirty as in an old dressing gown.

Moscow society, from the old women down to the children, received Pierre like a long-expected guest whose place was always ready awaiting him. For Moscow society Pierre was the nicest, kindest, most intellectual, merriest, and most magnanimous of cranks, a heedless, genial nobleman of the old Russian type. His purse was always empty because it was open to everyone.

Benefit performances, poor pictures, statues, benevolent societies, gypsy choirs, schools, subscription dinners, sprees, Freemasons, churches, and books—no one and nothing met with a refusal from him, and had it not been for two friends who had borrowed large sums from him and taken him under their protection, he would have given everything away. There was never a dinner or soiree at the club without him. As soon as he sank into his place on the sofa after two bottles of Margaux he was surrounded, and talking, disputing, and joking began. When there were quarrels, his kindly smile and well-timed jests reconciled the antagonists. The Masonic dinners were dull and dreary when he was not there.

When after a bachelor supper he rose with his amiable and kindly smile, yielding to the entreaties of the festive company to drive off somewhere with them, shouts of delight and triumph arose among the young men. At balls he danced if a partner was needed. Young ladies, married and unmarried, liked him because without making love to any of them, he was equally amiable to all, especially after supper. "Il est charmant; il n'a pas de sexe (he is charming; he has no sex)," they said of him.

Pierre was one of those retired gentlemen-in-waiting of whom there were hundreds good-humoredly ending their days in Moscow.

How horrified he would have been seven years before, when he first arrived from abroad, had he been told that there was no need for him

дома, в тихом пристанище. Ему стало в Москве покойно, тепло, привычно и грязно, как в старом халате.

Московское общество, все, начиная от старух до детей, как своего давно жданного гостя, которого место всегда было готово и не занято, приняло Пьера. Для московского света Пьер был самым милым, добрым, умным, веселым, великодушным чудаком, рассеянным и душевным, русским, старого покроя, барином. Кошелек его всегда был пуст, потому что открыт для всех.

Бенефисы, дурные картины, статуи, благотворительные общества, цыгане, школы, подписные обеды, кутежи, масоны, церкви, книги — никто и ничто не получало отказа, и ежели бы не два его друга, занявшие у него много денег и взявшие под свою опеку, он бы все роздал. В клубе не было ни обеда, ни вечера без него. Как только он приваливался на свое место на диване после двух бутылок Марго, его окружали, и завязывались толки, споры, шутки. Где ссорились он — одной своей доброй улыбкой и кстати сказанной шуткой — мирил. Масонские столовые ложи были скучны и вялы, ежели его не было.

Когда после холостого ужина он с доброй и сладкой улыбкой, сдаваясь на просьбы веселой компании, поднимался, чтобы ехать с ними, между молодежью раздавались радостные, торжественные крики. На балах он танцевал, если недоставало кавалера. Молодые дамы и барышни любили его за то, что он, не ухаживая ни за кем, был со всеми одинаково любезен, особенно после ужина. «Il est charmant, il n'a pas de sexe» [1], — говорили про него.

Пьер был тем отставным, добродушно доживающим свой век в Москве камергером, каких были сотни.

Как бы он ужаснулся, ежели бы семь лет тому назад, когда он только приехал из-за границы, кто-нибудь сказал бы ему, что ему

---

[1] Он прелестен, он не имеет пола.

to seek or plan anything, that his rut had long been shaped, eternally predetermined, and that wriggle as he might, he would be what all in his position were. He could not have believed it! Had he not at one time longed with all his heart to establish a republic in Russia; then himself to be a Napoleon; then to be a philosopher; and then a strategist and the conqueror of Napoleon? Had he not seen the possibility of, and passionately desired, the regeneration of the sinful human race, and his own progress to the highest degree of perfection? Had he not established schools and hospitals and liberated his serfs?

But instead of all that—here he was, the wealthy husband of an unfaithful wife, a retired gentleman-in-waiting, fond of eating and drinking and, as he unbuttoned his waistcoat, of abusing the government a bit, a member of the Moscow English Club, and a universal favorite in Moscow society. For a long time he could not reconcile himself to the idea that he was one of those same retired Moscow gentlemen-in-waiting he had so despised seven years before.

Sometimes he consoled himself with the thought that he was only living this life temporarily; but then he was shocked by the thought of how many, like himself, had entered that life and that club temporarily, with all their teeth and hair, and had only left it when not a single tooth or hair remained.

In moments of pride, when he thought of his position it seemed to him that he was quite different and distinct from those other retired gentlemen-in-waiting he had formerly despised: they were empty, stupid, contented fellows, satisfied with their position, "while I am still discontented and want to do something for mankind. But perhaps all these comrades of mine struggled just like me and sought something new, a path in life of their own, and like me were brought by force of circumstances, society, and race—by that elemental force against which man is powerless—to the condition I am in," said he to himself in moments of humility; and after living some time in Moscow he no longer despised, but began to grow fond of, to respect, and to pity his comrades in destiny, as he pitied himself.

ничего не нужно искать и выдумывать, что его колея давно пробита и определена предвечно и что, как он ни вертись, он будет тем, чем были все в его положении. Он не мог бы поверить этому. Разве не он всей душой желал то произвести республику в России, то самому быть Наполеоном, то философом, то тактиком, победителем Наполеона? Разве не он видел возможность и страстно желал переродить порочный род человеческий и самого себя довести до высшей степени совершенства? Разве не он учреждал школы, больницы и отпускал крестьян на волю?

А вместо всего этого — вот он, богатый муж неверной жены, камергер в отставке, любящий покушать, выпить и, расстегнувшись, побранить слегка правительство, член московского Английского клуба и всеми любимый член московского общества. Он долго не мог помириться с той мыслью, что он есть тот самый отставной московский камергер, тип которого он так глубоко презирал семь лет тому назад.

Иногда он утешал себя мыслью, что это только так, покамест он ведет эту жизнь; но потом его ужасала другая мысль, что так, покамест, уже сколько людей входили, как он, со всеми зубами и волосами в эту жизнь и в этот клуб и выходили из нее без одного зуба и волоса.

В минуты гордости, когда он думал о своем положении, ему казалось, что он совсем другой, особенный от тех отставных камергеров, которых он презирал прежде, что те были пошлые и глупые, довольные и успокоенные своим положением, «а я и теперь все не доволен, все мне хочется сделать что-то для человечества, — говорил он себе в минуты гордости. — А может быть, и все те мои товарищи, точно так же как и я, бились, искали какой-то новой, своей дороги в жизни и, так же как и я, силой обстановки, общества, породы, той стихийной силой, против которой не властен человек, были приведены туда же, куда и я», — говорил он себе в минуты скромности, и, поживши в Москве несколько времени, он не презирал уже, а начинал любить, уважать и жалеть, так же как

Pierre no longer suffered moments of despair, hypochondria, and disgust with life, but the malady that had formerly found expression in such acute attacks was driven inwards and never left him for a moment. "What for? Why? What is going on in the world?" he would ask himself in perplexity several times a day, involuntarily beginning to reflect anew on the meaning of the phenomena of life; but knowing by experience that there were no answers to these questions he made haste to turn away from them, and took up a book, or hurried off to the club or to Apollón Nikoláevich's, to exchange the gossip of the town.

"Hélène, who has never cared for anything but her own body and is one of the stupidest women in the world," thought Pierre, "is regarded by people as the acme of intelligence and refinement, and they pay homage to her. Napoleon Bonaparte was despised by all as long as he was great, but now that he has become a wretched comedian the Emperor Francis wants to offer him his daughter in an illegal marriage. The Spaniards, through the Catholic clergy, offer praise to God for their victory over the French on the fourteenth of June, and the French, also through the Catholic clergy, offer praise because on that same fourteenth of June they defeated the Spaniards. My brother Masons swear by the blood that they are ready to sacrifice everything for their neighbor, but they do not give a ruble each to the collections for the poor, and they intrigue, the Astraea Lodge against the Manna Seekers, and fuss about an authentic Scotch carpet and a charter that nobody needs, and the meaning of which the very man who wrote it does not understand. We all profess the Christian law of forgiveness of injuries and love of our neighbors, the law in honor of which we have built in Moscow forty times forty churches—but yesterday a deserter was knouted to death and a minister of that same law of love and forgiveness, a priest, gave the soldier a cross to kiss before his execution." So thought Pierre, and the whole of this general deception which everyone accepts, accustomed as he was to it, astonished him each time as if it were something new. "I

и себя, своих по судьбе товарищей.

На Пьера не находили, как прежде, минуты отчаяния, хандры и отвращения к жизни; но та же болезнь, выражавшаяся прежде резкими припадками, была вогнана внутрь и ни на мгновенье не покидала его. «К чему? Зачем? Что такое творится на свете?» — спрашивал он себя с недоумением по нескольку раз в день, невольно начиная вдумываться в смысл явлений жизни; но опытом зная, что на вопросы эти не было ответов, он поспешно старался отвернуться от них, брался за книгу, или спешил в клуб, или к Аполлону Николаевичу болтать о городских сплетнях.

«Елена Васильевна, никогда ничего не любившая, кроме своего тела, и одна из самых глупых женщин в мире, — думал Пьер, — представляется людям верхом ума и утонченности, и перед ней преклоняются. Наполеон Бонапарт был презираем всеми до тех пор, пока он был велик, и с тех пор как он стал жалким комедиантом — император Франц добивается предложить ему свою дочь в незаконные супруги. Испанцы воссылают мольбы Богу через католическое духовенство в благодарность за то, что они победили 14-го июня французов, а французы воссылают мольбы через то же католическое духовенство о том, что они 14-го июня победили испанцев. Братья мои масоны клянутся кровью в том, что они всем готовы жертвовать для ближнего, а не платят по одному рублю на сборы для бедных и интригуют Астрея против Ищущих Манны и хлопочут о настоящем шотландском ковре и об акте, смысла которого не знает и тот, кто писал его, и которого никому не нужно. Все мы исповедуем христианский закон прощения обид и любви к ближнему — закон, вследствие которого мы воздвигали в Москве сорок сороков церквей, а вчера засекли кнутом бежавшего человека и служитель того же самого закона любви и прощения, священник, давал целовать солдату крест перед казнью». Так думал Пьер, и эта вся общая, всеми признаваемая ложь, как он ни привык к ней, как будто что-то новое, всякий раз изумляла его.

understand the deception and confusion," he thought, "but how am I to tell them all that I see? I have tried, and have always found that they too in the depths of their souls understand it as I do, and only try not to see it. So it appears that it must be so! But I—what is to become of me?" thought he. He had the unfortunate capacity many men, especially Russians, have of seeing and believing in the possibility of goodness and truth, but of seeing the evil and falsehood of life too clearly to be able to take a serious part in it. Every sphere of work was connected, in his eyes, with evil and deception. Whatever he tried to be, whatever he engaged in, the evil and falsehood of it repulsed him and blocked every path of activity. Yet he had to live and to find occupation. It was too dreadful to be under the burden of these insoluble problems, so he abandoned himself to any distraction in order to forget them. He frequented every kind of society, drank much, bought pictures, engaged in building, and above all—read.

He read, and read everything that came to hand. On coming home, while his valets were still taking off his things, he picked up a book and began to read. From reading he passed to sleeping, from sleeping to gossip in drawing rooms of the club, from gossip to carousals and women; from carousals back to gossip, reading, and wine. Drinking became more and more a physical and also a moral necessity. Though the doctors warned him that with his corpulence wine was dangerous for him, he drank a great deal. He was only quite at ease when having poured several glasses of wine mechanically into his large mouth he felt a pleasant warmth in his body, an amiability toward all his fellows, and a readiness to respond superficially to every idea without probing it deeply. Only after emptying a bottle or two did he feel dimly that the terribly tangled skein of life which previously had terrified him was not as dreadful as he had thought. He was always conscious of some aspect of that skein, as with a buzzing in his head after dinner or supper he chatted or listened to conversation or read. But under the influence of wine he said

«Я понимаю эту ложь и путаницу, — думал он, — но как мне рассказать им все, что я понимаю? Я пробовал и всегда находил, что и они в глубине души понимают то же, что и я, но стараются только видеть *ее*. Стало быть, так надо! Но мне-то, мне куда деваться?» — думал Пьер. Он испытывал несчастную способность многих, особенно русских людей, — способность видеть и верить в возможность добра и правды и слишком ясно видеть зло и ложь жизни, для того чтобы быть в силах принимать в ней серьезное участие. Всякая область труда, в глазах его, соединялась со злом и обманом. Чем он ни пробовал быть, за что он ни брался — зло и ложь отталкивали его и загораживали ему все пути деятельности. А между тем надо было жить, надо было быть заняту. Слишком страшно было быть под гнетом этих неразрешимых вопросов жизни, и он отдавался первым увлечениям, чтобы только забыть их. Он ездил во всевозможные общества, много пил, покупал картины и строил, а главное, читал.

Он читал и читал все, что попадалось под руку, и читал так, что, приехав домой, когда лакеи еще раздевали его, он, уже взяв книгу, читал — и от чтения переходил ко сну, и от сна к болтовне в гостиных и клубе, от болтовни к кутежу и женщинам, от кутежа опять к болтовне, чтению и вину. Пить вино для него становилось все больше и больше физической и вместе нравственной потребностью. Несмотря на то, что доктора говорили ему, что с его корпуленцией вино для него опасно, он очень много пил. Ему становилось вполне хорошо только тогда, когда он, сам не замечая как, опрокинув в свой большой рот несколько стаканов вина, испытывал приятную теплоту в теле, нежность ко всем своим ближним и готовность ума поверхностно отзываться на всякую мысль, не углубляясь в сущность ее. Только выпив бутылку и две вина, он смутно сознавал, что тот запутанный, страшный узел жизни, который ужасал его прежде, не так страшен, как ему казалось. С шумом в голове, болтая, слушая разговоры или читая после обеда и ужина, он

to himself: "It doesn't matter. I'll get it unraveled. I have a solution ready, but have no time now—I'll think it all out later on!" But the later on never came.

In the morning, on an empty stomach, all the old questions appeared as insoluble and terrible as ever, and Pierre hastily picked up a book, and if anyone came to see him he was glad.

Sometimes he remembered how he had heard that soldiers in war when entrenched under the enemy's fire, if they have nothing to do, try hard to find some occupation the more easily to bear the danger. To Pierre all men seemed like those soldiers, seeking refuge from life: some in ambition, some in cards, some in framing laws, some in women, some in toys, some in horses, some in politics, some in sport, some in wine, and some in governmental affairs. "Nothing is trivial, and nothing is important, it's all the same—only to save oneself from it as best one can," thought Pierre. "Only not to see it, that dreadful it!"

беспрестанно видел этот узел, какой-нибудь стороной его. Но только под влиянием вина он говорил себе: «Это ничего. Это я распутаю — вот у меня и готово объяснение. Но теперь некогда, — я после обдумаю все это!» Но это *после* никогда не приходило.

Натощак, поутру, все прежние вопросы представлялись столь же неразрешимыми и страшными, и Пьер торопливо хватался за книгу и радовался, когда кто-нибудь приходил к нему.

Иногда Пьер вспоминал о слышанном им рассказе о том, как на войне солдаты, находясь под выстрелами в прикрытии, когда им делать нечего, старательно изыскивают себе занятие, для того чтобы легче переносить опасность. И Пьеру все люди представлялись такими солдатами, спасающимися от жизни: кто честолюбием, кто картами, кто писанием законов, кто женщинами, кто игрушками, кто лошадьми, кто политикой, кто охотой, кто вином, кто государственными делами. «Нет ни ничтожного, ни важного, все равно; только бы спастись от нее, как умею! — думал Пьер. — Только бы не видеть *ее*, эту страшную *ее*».

II

At the beginning of winter Prince Nicholas Bolkónski and his daughter moved to Moscow. At that time enthusiasm for the Emperor Alexander's regime had weakened and a patriotic and anti-French tendency prevailed there, and this, together with his past and his intellect and his originality, at once made Prince Nicholas Bolkónski an object of particular respect to the Moscovites and the center of the Moscow opposition to the government.

The prince had aged very much that year. He showed marked signs of senility by a tendency to fall asleep, forgetfulness of quite recent events, remembrance of remote ones, and the childish vanity with which he accepted the role of head of the Moscow opposition. In spite of this the old man inspired in all his visitors alike a feeling of respectful veneration—especially of an evening when he came in to tea in his old-fashioned coat and powdered wig and, aroused by anyone, told his abrupt stories of the past, or uttered yet more abrupt and scathing criticisms of the present. For them all, that old-fashioned house with its gigantic mirrors, pre-Revolution furniture, powdered footmen, and the stern shrewd old man (himself a relic of the past century) with his gentle daughter and the pretty Frenchwoman who were reverently devoted to him presented a majestic and agreeable spectacle. But the visitors did not reflect that besides the couple of hours during which they saw their host, there were also twenty-two hours in the day during which the private and intimate life of the house continued.

Latterly that private life had become very trying for Princess Mary. There in Moscow she was deprived of her greatest pleasures—talks with the pilgrims and the solitude which refreshed her at Bald Hills—and she had none of the advantages and pleasures of city life. She did not go

II

В начале зимы князь Николай Андреич Болконский с дочерью приехали в Москву. По своему прошедшему, по своему уму и оригинальности, в особенности по ослаблению на ту пору восторга к царствованию императора Александра I и по тому антифранцузскому и патриотическому направлению, которое царствовало в то время в Москве, князь Николай Андреич сделался тотчас же предметом особенной почтительности москвичей и центром московской оппозиции правительству.

Князь очень постарел в этот год. В нем появились резкие признаки старости: неожиданные засыпанья, забывчивость ближайших по времени событий и памятливость к давнишним, и детское тщеславие, с которым он принимал роль главы московской оппозиции. Несмотря на то, когда старик, особенно по вечерам, выходил к чаю в своей шубке и пудреном парике и начинал, затронутый кем-нибудь, свои отрывистые рассказы о прошедшем или еще более отрывистые и резкие суждения о настоящем, он возбуждал во всех своих гостях одинаковое чувство почтительного уважения. Для посетителей весь этот старинный дом с огромными трюмо, дореволюционной мебелью, этими лакеями в пудре, и сам прошлого века крутой и умный старик с его кроткою дочерью и хорошенькой француженкой, которые благоговели перед ним, представлял величественно-приятное зрелище. Но посетители не думали о том, что, кроме этих двух-трех часов, во время которых они видели хозяев, было еще двадцать два часа в сутки, во время которых шла тайная внутренняя жизнь дома.

В последнее время в Москве эта внутренняя жизнь сделалась очень тяжела для княжны Марьи. Она была лишена в Москве тех своих лучших радостей — бесед с Божьими людьми и уединения, которые освежали ее в Лысых Горах, и не имела никаких выгод

out into society; everyone knew that her father would not let her go anywhere without him, and his failing health prevented his going out himself, so that she was not invited to dinners and evening parties. She had quite abandoned the hope of getting married. She saw the coldness and malevolence with which the old prince received and dismissed the young men, possible suitors, who sometimes appeared at their house. She had no friends: during this visit to Moscow she had been disappointed in the two who had been nearest to her. Mademoiselle Bourienne, with whom she had never been able to be quite frank, had now become unpleasant to her, and for various reasons Princess Mary avoided her. Julie, with whom she had corresponded for the last five years, was in Moscow, but proved to be quite alien to her when they met. Just then Julie, who by the death of her brothers had become one of the richest heiresses in Moscow, was in the full whirl of society pleasures. She was surrounded by young men who, she fancied, had suddenly learned to appreciate her worth. Julie was at that stage in the life of a society woman when she feels that her last chance of marrying has come and that her fate must be decided now or never. On Thursdays Princess Mary remembered with a mournful smile that she now had no one to write to, since Julie—whose presence gave her no pleasure was here and they met every week. Like the old émigré who declined to marry the lady with whom he had spent his evenings for years, she regretted Julie's presence and having no one to write to. In Moscow Princess Mary had no one to talk to, no one to whom to confide her sorrow, and much sorrow fell to her lot just then. The time for Prince Andrew's return and marriage was approaching, but his request to her to prepare his father for it had not been carried out; in fact, it seemed as if matters were quite hopeless, for at every mention of the young Countess Rostóva the old prince (who apart from that was usually in a bad temper) lost control of himself. Another lately added sorrow arose from the lessons she gave her six year-old nephew. To her consternation she detected in herself in relation to little Nicholas some symptoms of her father's irritability.

и радостей столичной жизни. В свет она не ездила; все знали, что отец не пускает ее без себя, а сам он по нездоровью не мог ездить, и ее уже не приглашали на обеды и вечера. Надежду на замужество княжна Марья совсем оставила. Она видела ту холодность и озлобление, с которыми князь Николай Андреич принимал и споваживал от себя молодых людей, могущих быть женихами, иногда являвшихся в их дом. Друзей у княжны Марьи не было: в этот приезд в Москву она разочаровалась в своих двух самых близких людях: m-lle Bourienne, с которой она и прежде не могла быть вполне откровенна, теперь стала ей неприятна, и она, по некоторым причинам, стала отдаляться от нее; Жюли, которая была в Москве и к которой княжна Марья писала пять лет сряду, оказалась совершенно чуждой ей, когда книжна Марья вновь сошлась с нею лично. Жюли в это время, по случаю смерти братьев, сделавшись одной из самых богатых невест в Москве, находилась во всем разгаре светских удовольствий. Она была окружена молодыми людьми, которые, как она думала, вдруг оценили ее достоинства. Жюли находилась в том периоде стареющейся светской барышни, которая чувствует, что наступил последний шанс замужества и теперь или никогда должна решиться ее участь. Княжня Марья с грустной улыбкой вспоминала по четвергам, что ей теперь писать не к кому, так как Жюли, Жюли, от присутствия которой ей не было никакой радости, была здесь и виделась с нею каждую неделю. Она, как старый эмигрант, отказавшийся жениться на даме, у которой он проводил несколько лет свои вечера, потому что он, женившись не знал бы, где проводить свои вечера, жалела о том, что Жюли была здесь и ей некому писать. Княжне Марье в Москве не с кем было поговорить, некому поверить своего горя, а горя много прибавилось нового за это время. Срок возвращения князя Андрея и его женитьбы приближался, а его поручение приготовить к тому отца не только не было исполнено, но дело, напротив, казалось совсем испорчено, и напоминание о графине Ростовой выводило из себя старого князя, и так уже большую

However often she told herself that she must not get irritable when teaching her nephew, almost every time that, pointer in hand, she sat down to show him the French alphabet, she so longed to pour her own knowledge quickly and easily into the child—who was already afraid that Auntie might at any moment get angry—that at his slightest inattention she trembled, became flustered and heated, raised her voice, and sometimes pulled him by the arm and put him in the corner. Having put him in the corner she would herself begin to cry over her cruel, evil nature, and little Nicholas, following her example, would sob, and without permission would leave his corner, come to her, pull her wet hands from her face, and comfort her. But what distressed the princess most of all was her father's irritability, which was always directed against her and had of late amounted to cruelty. Had he forced her to prostrate herself to the ground all night, had he beaten her or made her fetch wood or water, it would never have entered her mind to think her position hard; but this loving despot—the more cruel because he loved her and for that reason tormented himself and her—knew how not merely to hurt and humiliate her deliberately, but to show her that she was always to blame for everything. Of late he had exhibited a new trait that tormented Princess Mary more than anything else; this was his ever-increasing intimacy with Mademoiselle Bourienne. The idea that at the first moment of receiving the news of his son's intentions had occurred to him in jest—that if Andrew got married he himself would marry Bourienne—had evidently pleased him, and latterly he had persistently, and as it seemed to Princess Mary merely to offend her, shown special endearments to the companion and expressed his dissatisfaction with his daughter by demonstrations of love of Bourienne.

One day in Moscow in Princess Mary's presence (she thought her father did it purposely when

часть времени бывшего не в духе. Новое горе, прибавившееся в последнее время для княжны Марьи, были уроки, которые она давала шестилетнему племяннику. В своих отношениях с Николушкой она с ужасом узнавала в себе свойство раздражительности своего отца. Сколько раз она ни говорила себе, что не надо позволять себе горячиться, уча племянника, почти всякий раз, как она садилась с указкой за французскую азбуку, ей так хотелось поскорее, полегче перелить из себя свое знание в ребенка, уже боявшегося, что вот-вот тетя рассердится, что она при малейшем невнимании со стороны мальчика вздрагивала, торопилась, горячилась, возвышала голос, иногда дергала его за ручку и ставила в угол. Поставив его в угол, она сама начинала плакать над своею злой, дурной натурой, и Николушка, подражая ей рыданьями, без позволенья выходил из угла, подходил к ней и отдергивал от лица ее мокрые руки и утешал ее. Но более, более всего горя доставляла княжне раздражительность ее отца, всегда направленная против дочери и дошедшая в последнее время до жестокости. Ежели бы он заставлял ее все ночи класть поклоны, ежели бы он бил ее, заставлял таскать дрова и воду — ей бы и в голову не пришло, что ее положение трудно; но этот любящий мучитель, — самый жестокий оттого, что он любил и за то мучил себя и ее, — умышленно умел не только оскорбить, унизить ее, но и доказать ей, что она всегда и во всем была виновата. В последнее время в нем появилась новая черта, более всего мучившая княжну Марью, — это было его большое сближение с m-lle Bourienne. Пришедшая ему в первую минуту по получении известия о намерении своего сына мысль-шутка о том, что ежели Андрей женится, то и он сам женится на Bourienne, видимо, понравилась ему, и он с упорством последнее время (как казалось княжне Марье), только для того, чтоб ее оскорбить, выказывал особенную ласку к m-lle Bourienne и выказывал свое недовольство к дочери выказываньем любви к Bourienne.

Однажды в Москве, в присутствии княжны Марьи (ей казалось, что отец нарочно

she was there) the old prince kissed Mademoiselle Bourienne's hand and, drawing her to him, embraced her affectionately. Princess Mary flushed and ran out of the room. A few minutes later Mademoiselle Bourienne came into Princess Mary's room smiling and making cheerful remarks in her agreeable voice. Princess Mary hastily wiped away her tears, went resolutely up to Mademoiselle Bourienne, and evidently unconscious of what she was doing began shouting in angry haste at the Frenchwoman, her voice breaking:

"It's horrible, vile, inhuman, to take advantage of the weakness..." She did not finish. "Leave my room," she exclaimed, and burst into sobs.

Next day the prince did not say a word to his daughter, but she noticed that at dinner he gave orders that Mademoiselle Bourienne should be served first. After dinner, when the footman handed coffee and from habit began with the princess, the prince suddenly grew furious, threw his stick at Philip, and instantly gave instructions to have him conscripted for the army.

"He doesn't obey... I said it twice... and he doesn't obey! She is the first person in this house; she's my best friend," cried the prince. "And if you allow yourself," he screamed in a fury, addressing Princess Mary for the first time, "to forget yourself again before her as you dared to do yesterday, I will show you who is master in this house. Go! Don't let me set eyes on you; beg her pardon!"

Princess Mary asked Mademoiselle Bourienne's pardon, and also her father's pardon for herself and for Philip the footman, who had begged for her intervention.

At such moments something like a pride of sacrifice gathered in her soul. And suddenly that father whom she had judged would look for his spectacles in her presence, fumbling near them and not seeing them, or would forget something that had just occurred, or take a false step with his failing legs and turn to see if anyone had noticed his feebleness, or, worst of all, at dinner when there were no visitors to excite him would suddenly fall asleep, letting his napkin drop and his shaking head sink over his plate. "He is old and feeble, and I dare to condemn him!" she thought at such moments, with a feeling of revulsion against herself.

при ней это сделал), старый князь поцеловал у m-lle Bourienne руку и, притянув ее к себе, обнял, лаская. Княжна Марья вспыхнула и выбежала из комнаты. Через несколько минут m-lle Bourienne вошла к княжне Марье, улыбаясь и что-то весело рассказывая своим приятным голосом. Княжна Марья поспешно отерла слезы, решительными шагами подошла к Bourienne и, видимо сама того не зная, с гневной поспешностью и взрывами голоса начала кричать на француженку:

— Это гадко, низко, бесчеловечно — пользоваться слабостью... — Она не договорила. — Уйдите вон из моей комнаты, — прокричала она и зарыдала.

На другой день князь ни слова не сказал своей дочери; но она заметила, что за обедом он приказал подавать кушанье, начиная с m-lle Bourienne. В конце обеда, когда буфетчик, по прежней привычке, опять подал кофе, начиная с княжны, князь вдруг пришел в бешенство, бросил костылем в Филиппа и тотчас же сделал распоряжение об отдаче его в солдаты.

— Не слышат... два раза сказал!.. не слышат! Она — первый человек в этом доме; она — мой лучший друг, — кричал князь. — И ежели ты позволишь себе, — закричал он в гневе, в первый раз обращаясь к княжне Марье, — еще раз, как вчера ты осмелилась... забыться перед ней, то я тебе покажу, кто хозяин в доме. Вон! чтоб я не видал тебя; проси у нее прощенья!

Княжна Марья просила прощенья у Амальи Евгениевны и у отца за себя и за Филиппа-буфетчика, который просил заступы.

В такие минуты в душе княжны Марьи собиралось чувство, похожее на гордость жертвы. И вдруг в такие-то минуты, при ней, этот отец, которого она осуждала, или искал очки, ощупывая подле них и не видя, или забывал то, что сейчас было, или делал слабевшими ногами неверный шаг и оглядывался, не видал ли кто его слабости, или, что было хуже всего, он за обедом, когда не было гостей, возбуждавших его, вдруг задремывал, выпуская салфетку, и склонялся над тарелкой трясущейся головой. «Он стар и слаб, а я смею осуждать его!» — думала она с отвращением к самой себе в такие минуты.

III

In 1811 there was living in Moscow a French doctor—Métivier—who had rapidly become the fashion. He was enormously tall, handsome, amiable as Frenchmen are, and was, as all Moscow said, an extraordinarily clever doctor. He was received in the best houses not merely as a doctor, but as an equal.

Prince Nicholas had always ridiculed medicine, but latterly on Mademoiselle Bourienne's advice had allowed this doctor to visit him and had grown accustomed to him. Métivier came to see the prince about twice a week.

On December 6—St. Nicholas' Day and the prince's name day—all Moscow came to the prince's front door but he gave orders to admit no one and to invite to dinner only a small number, a list of whom he gave to Princess Mary.

Métivier, who came in the morning with his felicitations, considered it proper in his quality of doctor de forcer la consigne (to force the guard), as he told Princess Mary, and went in to see the prince. It happened that on that morning of his name day the prince was in one of his worst moods. He had been going about the house all the morning finding fault with everyone and pretending not to understand what was said to him and not to be understood himself. Princess Mary well knew this mood of quiet absorbed querulousness, which generally culminated in a burst of rage, and she went about all that morning as though facing a cocked and loaded gun and awaited the inevitable explosion. Until the doctor's arrival the morning had passed off safely. After admitting the doctor, Princess Mary sat down with a book in the drawing room near the door through which she could hear all that passed in the study.

At first she heard only Métivier's voice, then her father's, then both voices began speaking at the same time, the door was flung open, and on

III

В 1811-м году в Москве жил быстро вошедший в моду французский доктор, огромный ростом, красавец, любезный, как француз, и, как говорили все в Москве, врач необыкновенного искусства — Метивье. Он был принят в домах высшего общества не как доктор, а как равный.

Князь Николай Андреич, смеявшийся над медициной, последнее время, по совету m-lle Bourienne, допустил к себе этого доктора и привык к нему. Метивье раза два в неделю бывал у князя.

В Николин день, в именины князя, вся Москва была у подъезда его дома, но он никого не велел принимать; а только немногих, список которых он передал княжне Марье, велел звать к обеду.

Метивье, приехавший утром с поздравлением, в качестве доктора нашел приличным de forcer la consigne [1], как он сказал княжне Марье, и вошел к князю. Случилось так, что в это именинное утро старый князь был в одном из своих дурных расположений духа. Он целое утро устало ходил по дому, придираясь ко всем и делая вид, что он не понимает того, что ему говорят, и что его не понимают. Княжна Марья слишком твердо знала это состояние духа тихой и озабоченной ворчливости, которая обыкновенно разрешалась взрывом бешенства, и как перед заряженным, с взведенным курком ружьем ходила все это утро, ожидая неизбежного выстрела. Утро до приезда доктора прошло благополучно. Пропустив доктора, княжна Марья села с книгой в гостиной у двери, от которой она могла слышать все то, что происходило в кабинете.

Сначала она слышала один голос Метивье, потом голос отца, потом оба голоса заговорили вместе, дверь распахнулась, и на

---

[1] силою нарушить приказ.

the threshold appeared the handsome figure of the terrified Métivier with his shock of black hair, and the prince in his dressing gown and fez, his face distorted with fury and the pupils of his eyes rolled downwards.

"You don't understand?" shouted the prince, "but I do! French spy, slave of Buonaparte, spy, get out of my house! Be off, I tell you..." and he slammed the door.

Métivier, shrugging his shoulders, went up to Mademoiselle Bourienne who at the sound of shouting had run in from an adjoining room.

"The prince is not very well: bile and rush of blood to the head. Keep calm, I will call again tomorrow," said Métivier; and putting his fingers to his lips he hastened away.

Through the study door came the sound of slippered feet and the cry: "Spies, traitors, traitors everywhere! Not a moment's peace in my own house!"

After Métivier's departure the old prince called his daughter in, and the whole weight of his wrath fell on her. She was to blame that a spy had been admitted. Had he not told her, yes, told her to make a list, and not to admit anyone who was not on that list? Then why was that scoundrel admitted? She was the cause of it all. With her, he said, he could not have a moment's peace and could not die quietly.

"No, ma'am! We must part, we must part! Understand that, understand it! I cannot endure any more," he said, and left the room. Then, as if afraid she might find some means of consolation, he returned and trying to appear calm added: "And don't imagine I have said this in a moment of anger. I am calm. I have thought it over, and it will be carried out—we must part; so find some place for yourself...." But he could not restrain himself and with the virulence of which only one who loves is capable, evidently suffering himself, he shook his fists at her and screamed:

"If only some fool would marry her!" Then he slammed the door, sent for Mademoiselle

пороге показалась испуганная красивая фигура Метивье с его черным хохлом и фигура князя в колпаке и халате с изуродованным бешенством лицом и опущенными зрачками глаз.

— Не понимаешь? — кричал князь. — А я понимаю! Французский шпион! Бонапартов раб, шпион, вон из моего дома — вон, я говорю! — И он захлопнул дверь.

Метивье, пожимая плечами, подошел к mademoiselle Bourienne, прибежавшей на крик из соседней комнаты.

Князь не совсем здоров, — la bile et le transport au cerveau. Tranquillisez-vous, je repasserai demain [2], — сказал Метивье и, приложив палец к губам, поспешно вышел.

За дверью слышались шаги в туфлях и крики: «Шпионы, изменники, везде изменники! В своем доме нет минуты покоя!»

После отъезда Метивье старый князь позвал к себе дочь, и вся сила его гнева обрушилась на нее. Она была виновата в том, что к нему пустили шпиона. Ведь он сказал, ей сказал, чтобы она составила список и тех, кого не было в списке, чтобы не пускали. Зачем же пустили этого мерзавца! Она была причиной всего. «С ней он не мог иметь ни минуты покоя, не мог умереть спокойно», — говорил он.

— Нет, матушка, разойтись, разойтись, это вы знайте, знайте! Я теперь больше не могу, — сказал он и вышел из комнаты. И как будто боясь, чтоб она не сумела как-нибудь утешиться, он вернулся к ней и, стараясь принять спокойный вид, прибавил: — Не думайте; чтоб я это сказал вам в минуту сердца, а я спокоен, и я обдумал это; и это будет, — разойтись, поищите себе места!.. — Но он не выдержал и с тем озлоблением, которое может быть только у человека, который любит, он, видимо, сам страдая, затряс кулаками и прокричал ей:

— И хоть бы какой-нибудь дурак взял ее замуж! — Он хлопнул дверью, позвал к себе

---

[2] желчь и прилив к голове. Не беспокойтесь, я заеду завтра.

Bourienne, and subsided into his study.

At two o'clock the six chosen guests assembled for dinner.

These guests—the famous Count Rostopchín, Prince Lopukhín with his nephew, General Chatróv an old war comrade of the prince's, and of the younger generation Pierre and Borís Drubetskóy—awaited the prince in the drawing room.

Borís, who had come to Moscow on leave a few days before, had been anxious to be presented to Prince Nicholas Bolkónski, and had contrived to ingratiate himself so well that the old prince in his case made an exception to the rule of not receiving bachelors in his house.

The prince's house did not belong to what is known as fashionable society, but his little circle—though not much talked about in town—was one it was more flattering to be received in than any other. Borís had realized this the week before when the commander in chief in his presence invited Rostopchín to dinner on St. Nicholas' Day, and Rostopchín had replied that he could not come:

"On that day I always go to pay my devotions to the relics of Prince Nicholas Bolkónski."

"Oh, yes, yes!" replied the commander in chief. "How is he?..."

The small group that assembled before dinner in the lofty old-fashioned drawing room with its old furniture resembled the solemn gathering of a court of justice. All were silent or talked in low tones. Prince Nicholas came in serious and taciturn. Princess Mary seemed even quieter and more diffident than usual. The guests were reluctant to address her, feeling that she was in no mood for their conversation. Count Rostopchín alone kept the conversation going, now relating the latest town news, and now the latest political gossip.

Lopukhín and the old general occasionally took part in the conversation. Prince Bolkónski listened as a presiding judge receives a report, only now and then, silently or by a brief word, showing that he took heed of what was being reported to him. The tone of the conversation was

m-lle Bourienne и затих в кабинете.

В два часа съехались избранные шесть персон к обеду.

Гости — известный граф Растопчин, князь Лопухин с своим племянником, генерал Чатров, старый боевой товарищ князя, и из молодых Пьер и Борис Друбецкой — ждали его в гостиной.

На днях приехавший в Москву в отпуск, Борис пожелал быть представленным князю Николаю Андреичу и сумел до такой степени снискать его расположение, что князь для него сделал исключение из всех холостых молодых людей, которых он не принимал к себе.

Дом князя был не то, что называется «свет», но это был такой маленький кружок, о котором хотя и не слышно было в городе, но в котором лестнее всего было быть принятым. Это понял Борис неделю тому назад, когда при нем Растопчин сказал главнокомандующему, звавшему графа обедать в Николин день, что он не может быть:

— В этот день уж я всегда езжу прикладываться к мощам князя Николая Андреича.

— Ах, да, да, — отвечал главнокомандующий. — Что он?..

Небольшое общество, собравшееся в старомодной высокой, с старой мебелью, гостиной перед обедом, было похоже на собравшийся торжественный совет судилища. Все молчали, и ежели говорили, то говорили тихо. Князь Николай Андреич вышел серьезен и молчалив. Княжна Марья еще более казалась тихою и робкою, чем обыкновенно. Гости неохотно обращались к ней, потому что видели, что ей было не до их разговоров. Граф Растопчин один держал нить разговора, рассказывая о последних то городских, то политических новостях.

Лопухин и старый генерал изредка принимали участие в разговоре. Князь Николай Андреич слушал, как верховный судья слушает доклад, который делают ему, только изредка мычанием или коротким словцом заявляя, что он принимает к сведению то,

such as indicated that no one approved of what was being done in the political world. Incidents were related evidently confirming the opinion that everything was going from bad to worse, but whether telling a story or giving an opinion the speaker always stopped, or was stopped, at the point beyond which his criticism might touch the sovereign himself.

At dinner the talk turned on the latest political news: Napoleon's seizure of the Duke of Oldenburg's territory, and the Russian Note, hostile to Napoleon, which had been sent to all the European courts.

"Bonaparte treats Europe as a pirate does a captured vessel," said Count Rostopchín, repeating a phrase he had uttered several times before. "One only wonders at the long-suffering or blindness of the crowned heads. Now the Pope's turn has come and Bonaparte doesn't scruple to depose the head of the Catholic Church—yet all keep silent! Our sovereign alone has protested against the seizure of the Duke of Oldenburg's territory, and even..." Count Rostopchín paused, feeling that he had reached the limit beyond which censure was impossible.

"Other territories have been offered in exchange for the Duchy of Oldenburg," said Prince Bolkónski. "He shifts the Dukes about as I might move my serfs from Bald Hills to Boguchárovo or my Ryazán estates."

"The Duke of Oldenburg bears his misfortunes with admirable strength of character and resignation," remarked Borís, joining in respectfully.

He said this because on his journey from Petersburg he had had the honor of being presented to the Duke. Prince Bolkónski glanced at the young man as if about to say something in reply, but changed his mind, evidently considering him too young.

"I have read our protests about the Oldenburg affair and was surprised how badly the

что ему докладывают. Тон разговора был такой, что понятно было, никто не одобрял того, что делалось в политическом мире. Рассказывали о событиях, очевидно подтверждающих то, что все шло хуже и хуже; но во всяком рассказе и суждении было поразительно то, как рассказчик останавливался или бывал останавливаем всякий раз на той границе, где осуждение могло относиться к лицу государя императора.

За обедом разговор зашел о последней политической новости, о захвате Наполеоном владений герцога Ольденбургского и о русской враждебной Наполеону ноте, посланной ко всем европейским дворам.

— Бонапарт поступает с Европой, как пират на завоеванном корабле, — сказал граф Растопчин, повторяя уже несколько раз говоренную им фразу. — Удивляешься только долготерпению или ослеплению государей. Теперь дело доходит до папы, и Бонапарт, уже не стесняясь, хочет низвергнуть главу католической религии, и все молчат. Один наш государь протестовал против захвата владений герцога Ольденбургского. И то... — Граф Растопчин замолчал, чувствуя, что он стоял на том рубеже, где уже нельзя осуждать.

— Предложили другие владения заместо Ольденбургского герцогства, — сказал князь Николай Андреич. — Точно я мужиков из Лысых Гор переселял в Богучарово и в рязанские, так и он герцогов.

— Le duc d'Oldenbourg supporte son malheur avec une force de caractère et une résignation admirable [3], — сказал Борис, почтительно вступая в разговор.

Он сказал это потому, что проездом из Петербурга имел честь представляться герцогу. Князь Николай Андреич посмотрел на молодого человека так, как будто он хотел бы ему сказать кое-что на это, но раздумал, считая его слишком для того молодым.

— Я читал наш протест об Ольденбургском деле и удивлялся плохой редакции этой

---

[3] Герцог Ольденбургский переносит свое несчастие с удивительною силой характера и спокойствием.

Note was worded," remarked Count Rostopchín in the casual tone of a man dealing with a subject quite familiar to him.

Pierre looked at Rostopchín with naïve astonishment, not understanding why he should be disturbed by the bad composition of the Note.

"Does it matter, Count, how the Note is worded," he asked, "so long as its substance is forcible?"

"My dear fellow, with our five hundred thousand troops it should be easy to have a good style," returned Count Rostopchín.

Pierre now understood the count's dissatisfaction with the wording of the Note.

"One would have thought quill drivers enough had sprung up," remarked the old prince. "There in Petersburg they are always writing—not notes only but even new laws. My Andrew there has written a whole volume of laws for Russia. Nowadays they are always writing!" and he laughed unnaturally.

There was a momentary pause in the conversation; the old general cleared his throat to draw attention.

"Did you hear of the last event at the review in Petersburg? The figure cut by the new French ambassador."

"Eh? Yes, I heard something: he said something awkward in His Majesty's presence."

"His Majesty drew attention to the Grenadier division and to the march past," continued the general, "and it seems the ambassador took no notice and allowed himself to reply that: 'We in France pay no attention to such trifles!' The Emperor did not condescend to reply. At the next review, they say, the Emperor did not once deign to address him."

All were silent. On this fact relating to the Emperor personally, it was impossible to pass any judgment.

"Impudent fellows!" said the prince. "You know Métivier? I turned him out of my house this morning. He was here; they admitted him in spite of my request that they should let no one

ноты, — сказал граф Растопчин небрежным тоном человека, судящего о деле, ему хорошо знакомом.

Пьер с наивным удивлением посмотрел на Растопчина, не понимая, почему его беспокоила плохая редакция ноты.

— Разве не все равно, как написана нота, граф? — сказал он, — ежели содержание ее сильно.

— Mon cher, avec nos 500 mille hommes de troupes, il serait facile d'avoir un beau style [4], — сказал граф Растопчин. Пьер понял, почему графа Растопчина беспокоила редакция ноты.

— Кажется, писак довольно развелось, — сказал старый князь, — там в Петербурге все пишут, не только ноты — новые законы все пишут. Мой Андрюша там для России целый волюм законов написал. Ныне все пишут! — И он неестественно засмеялся.

Разговор замолк на минуту; старый генерал прокашливаньем обратил на себя внимание.

— Изволили слышать о последнем событии на смотру в Петербурге? Как себя новый французский посланник показал!

— Что? Да, я слышал что-то; он что-то неловко сказал при его величестве.

— Его величество обратил его внимание на гренадерскую дивизию и церемониальный марш, — продолжал генерал, — и будто посланник никакого внимания не обратил и будто позволил себе сказать, что мы у себя во Франции на такие пустяки не обращаем внимания. Государь ничего не изволил сказать. На следующем смотру, говорят, государь ни разу не изволил обратиться к нему.

Все замолчали: на этот факт, относившийся лично до государя, нельзя было заявлять никакого суждения.

— Дерзки! — сказал князь. — Знаете Метивье? Я нынче выгнал его от себя. Он здесь был, пустили ко мне, как я ни просил никого не пускать, — сказал князь, сердито взглянув

---

[3] Герцог Ольденбургский переносит свое несчастие с удивительною силой характера и спокойствием.

in," he went on, glancing angrily at his daughter.

And he narrated his whole conversation with the French doctor and the reasons that convinced him that Métivier was a spy. Though these reasons were very insufficient and obscure, no one made any rejoinder.

After the roast, champagne was served. The guests rose to congratulate the old prince. Princess Mary, too, went round to him.

He gave her a cold, angry look and offered her his wrinkled, clean-shaven cheek to kiss. The whole expression of his face told her that he had not forgotten the morning's talk, that his decision remained in force, and only the presence of visitors hindered his speaking of it to her now.

When they went into the drawing room where coffee was served, the old men sat together.

Prince Nicholas grew more animated and expressed his views on the impending war.

He said that our wars with Bonaparte would be disastrous so long as we sought alliances with the Germans and thrust ourselves into European affairs, into which we had been drawn by the Peace of Tilsit. "We ought not to fight either for or against Austria. Our political interests are all in the East, and in regard to Bonaparte the only thing is to have an armed frontier and a firm policy, and he will never dare to cross the Russian frontier, as was the case in 1807!"

"How can we fight the French, Prince?" said Count Rostopchín. "Can we arm ourselves against our teachers and divinities? Look at our youths, look at our ladies! The French are our Gods: Paris is our Kingdom of Heaven."

He began speaking louder, evidently to be heard by everyone.

"French dresses, French ideas, French feelings! There now, you turned Métivier out by the scruff of his neck because he is a Frenchman and a scoundrel, but our ladies crawl after him on their knees. I went to a party last night, and there out of five ladies three were Roman Catholics and had the Pope's indulgence for doing wool-

на дочь.

И он рассказал весь свой разговор с французским доктором и причины, почему он убедился, что Метивье шпион. Хотя причины эти были очень недостаточны и не ясны, никто не возражал.

За жарким подали шампанское. Гости встали с своих мест, поздравляя старого князя. Княжна Марья тоже подошла к нему.

Он взглянул на нее холодным, злым взглядом и подставил ей сморщенную, выбритую щеку. Все выражение его лица говорило ей, что утренний разговор им не забыт, что решенье его осталось в прежней силе и что только благодаря присутствию гостей он не говорит ей этого теперь.

Когда вышли в гостиную к кофе, старики сели вместе.

Князь Николай Андреич более оживился и высказал свой образ мыслей насчет предстоящей войны.

Он сказал, что войны наши с Бонапартом до тех пор будут несчастливы, пока мы будем искать союзов с немцами и будем соваться в европейские дела, в которые нас втянул Тильзитский мир. Нам ни за Австрию, ни против Австрии не надо было воевать. Наша политика вся на Востоке, а в отношении Бонапарта одно — вооружение на границе и твердость в политике, и никогда он не посмеет переступить русскую границу, как в седьмом году.

— И где нам, князь, воевать с французами! — сказал граф Растопчин. — Разве мы против наших учителей и богов можем ополчиться? Посмотрите на нашу молодежь, посмотрите на наших барышень. Наши боги — французы, наше царство небесное — Париж.

Он стал говорить громче, очевидно, для того, чтоб его слышали все.

— Костюмы французские, мысли французские, чувства французские! Вы вот Метивье взашей выгнали, потому что он француз и негодяй, а наши барыни за ним ползком ползают. Вчера я на вечере был, так из пяти барынь три католички и, по разрешению папы, в воскресенье по канве шьют. А сами

work on Sundays. And they themselves sit there nearly naked, like the signboards at our Public Baths if I may say so. Ah, when one looks at our young people, Prince, one would like to take Peter the Great's old cudgel out of the museum and belabor them in the Russian way till all the nonsense jumps out of them."

All were silent. The old prince looked at Rostopchín with a smile and wagged his head approvingly.

"Well, good-by, your excellency, keep well!" said Rostopchín, getting up with characteristic briskness and holding out his hand to the prince.

"Good-by, my dear fellow.... His words are music, I never tire of hearing him!" said the old prince, keeping hold of the hand and offering his cheek to be kissed.

Following Rostopchín's example the others also rose.

чуть не голые сидят, как вывески торговых бань, с позволенья сказать. Эх, поглядишь на нашу молодежь, князь, взял бы старую дубину Петра Великого из кунсткамеры да по-русски бы обломал бока, вся бы дурь соскочила!

Все замолчали. Старый князь с улыбкой на лице смотрел на Растопчина и одобрительно покачивал головой.

— Ну, прощайте, ваше сиятельство, не хворайте, — сказал Растопчин, с свойственными ему быстрыми движениями поднимаясь и протягивая руку князю.

— Прощай, голубчик, — гусли, всегда заслушаюсь его! — сказал старый князь, удерживая его за руку и подставляя ему для поцелуя щеку.

С Растопчиным поднялись и другие.

IV

Princess Mary as she sat listening to the old men's talk and faultfinding, understood nothing of what she heard; she only wondered whether the guests had all observed her father's hostile attitude toward her. She did not even notice the special attentions and amiabilities shown her during dinner by Borís Drubetskóy, who was visiting them for the third time already.

Princess Mary turned with absent-minded questioning look to Pierre, who hat in hand and with a smile on his face was the last of the guests to approach her after the old prince had gone out and they were left alone in the drawing room.

"May I stay a little longer?" he said, letting his stout body sink into an armchair beside her.

"Oh yes," she answered. "You noticed nothing?" her look asked.

Pierre was in an agreeable after-dinner mood. He looked straight before him and smiled quietly.

"Have you known that young man long, Princess?" he asked.

"Who?"

"Drubetskóy."

"No, not long...."

"Do you like him?"

"Yes, he is an agreeable young man.... Why do you ask me that?" said Princess Mary, still thinking of that morning's conversation with her father.

"Because I have noticed that when a young man comes on leave from Petersburg to Moscow it is usually with the object of marrying an heiress."

"You have observed that?" said Princess Mary.

"Yes," returned Pierre with a smile, "and this young man now manages matters so that where there is a wealthy heiress there he is too. I can read him like a book. At present he is hesitating

IV

Княжна Марья, сидя в гостиной и слуша эти толки и пересуды стариков, ничего не понимала из того, что она слышала; она думала только о том, не замечают ли все гости враждебных отношений ее отца к ней. Она даже не заметила особенного внимания и любезностей, которые ей во все время этого обеда оказывал Друбецкой, уже третий раз бывший в их доме.

Княжна Марья с рассеянным, вопросительным взглядом обратилась к Пьеру, который, последний из гостей, с шляпой в руке и с улыбкой на лице, подошел к ней после того, как князь вышел, и они одни оставались в гостиной.

— Можно еще посидеть? — сказал он, своим толстым телом валясь в кресло подле княжны Марьи.

— Ах да, — сказала она. «Вы ничего не заметили?» — сказал ее взгляд.

Пьер находился в приятном послеобеденном состоянии духа. Он глядел перед собою и тихо улыбался.

— Давно вы знаете этого молодого человека, княжна? — сказал он.

— Какого?

— Друбецкого.

— Нет, недавно.

— Что, он вам нравится?

— Да, он приятный молодой человек... Отчего вы у меня это спрашиваете? — сказала княжна Марья, продолжая думать о своем утреннем разговоре с отцом.

— Оттого, что я сделал наблюдение: молодой человек обыкновенно из Петербурга приезжает в Москву в отпуск только с целью жениться на богатой невесте.

— Вы сделали это наблюдение? — сказала княжна Марья.

— Да, — продолжал Пьер с улыбкой, — и этот молодой человек теперь себя так держит, что, где есть богатые невесты, — там и он. Я как по книге читаю в нем. Он теперь

whom to lay siege to—you or Mademoiselle Julie Karágina. He is very attentive to her."

"He visits them?"

"Yes, very often. And do you know the new way of courting?" said Pierre with an amused smile, evidently in that cheerful mood of good humored raillery for which he so often reproached himself in his diary.

"No," replied Princess Mary.

"To please Moscow girls nowadays one has to be melancholy. He is very melancholy with Mademoiselle Karágina," said Pierre.

"Really?" asked Princess Mary, looking into Pierre's kindly face and still thinking of her own sorrow. "It would be a relief," thought she, "if I ventured to confide what I am feeling to someone. I should like to tell everything to Pierre. He is kind and generous. It would be a relief. He would give me advice."

"Would you marry him?"

"Oh, my God, Count, there are moments when I would marry anybody!" she cried suddenly to her own surprise and with tears in her voice. "Ah, how bitter it is to love someone near to you and to feel that..." she went on in a trembling voice, "that you can do nothing for him but grieve him, and to know that you cannot alter this. Then there is only one thing left—to go away, but where could I go?"

"What is wrong? What is it, Princess?"

But without finishing what she was saying, Princess Mary burst into tears.

"I don't know what is the matter with me today. Don't take any notice—forget what I have said!"

Pierre's gaiety vanished completely. He anxiously questioned the princess, asked her to speak out fully and confide her grief to him; but

---

в нерешительности, кого ему атаковать: вас или mademoiselle Жюли Карагин. Il est très assidu auprès d'elle [1].

— Он ездит к ним?

— Да, очень часто. И знаете вы новую манеру ухаживать? — с веселой улыбкой сказал Пьер, видимо находясь в том веселом духе добродушной насмешки, за который он так часто в дневнике упрекал себя.

— Нет, — сказала княжна Марья.

— Теперь чтобы понравиться московским девицам, il faut être mélancolique. Et il est très mélancolique auprès de m-lle Карагин [2], — сказал Пьер.

— Vraiment? [3] — сказала княжна Марья, глядя в доброе лицо Пьера и не переставая думать о своем горе. «Мне бы легче было, — думала она, — ежели бы я решилась поверить кому-нибудь все, что я чувствую. И я бы желала именно Пьеру сказать все. Он так добр и благороден. Мне бы легче стало. Он мне подал бы совет!»

— Пошли бы вы за него замуж? — спросил Пьер.

— Ах, Боже мой, граф! есть такие минуты, что я пошла бы за всякого, — вдруг неожиданно для самой себя, со слезами в голосе, сказала княжна Марья. — Ах, как тяжело бывает любить человека близкого и чувствовать, что... ничего (продолжала она дрожащим голосом) не можешь для него сделать, кроме горя, когда знаешь, что не можешь этого переменить. Тогда одно — уйти, а куда мне уйти?

— Что вы, что с вами, княжна?

Но княжна, не договорив, заплакала.

— Я не знаю, что со мной нынче. Не слушайте меня, забудьте, что я вам сказала.

Вся веселость Пьера исчезла. Он озабоченно расспрашивал княжну, просил ее высказать все, поверить ему свое горе; но она

---

[1] Он к ней очень внимателен.

[2] надо быть меланхоличным Он очень меланхоличен при ней.

[3] Правда?

she only repeated that she begged him to forget what she had said, that she did not remember what she had said, and that she had no trouble except the one he knew of—that Prince Andrew's marriage threatened to cause a rupture between father and son.

"Have you any news of the Rostóvs?" she asked, to change the subject. "I was told they are coming soon. I am also expecting Andrew any day. I should like them to meet here."

"And how does he now regard the matter?" asked Pierre, referring to the old prince.

Princess Mary shook her head.

"What is to be done? In a few months the year will be up. The thing is impossible. I only wish I could spare my brother the first moments. I wish they would come sooner. I hope to be friends with her. You have known them a long time," said Princess Mary. "Tell me honestly the whole truth: what sort of girl is she, and what do you think of her?—The real truth, because you know Andrew is risking so much doing this against his father's will that I should like to know...."

An undefined instinct told Pierre that these explanations, and repeated requests to be told the whole truth, expressed ill-will on the princess' part toward her future sister-in-law and a wish that he should disapprove of Andrew's choice; but in reply he said what he felt rather than what he thought.

"I don't know how to answer your question," he said, blushing without knowing why. "I really don't know what sort of girl she is; I can't analyze her at all. She is enchanting, but what makes her so I don't know. That is all one can say about her."

Princess Mary sighed, and the expression on her face said: "Yes, that's what I expected and feared."

"Is she clever?" she asked.

Pierre considered.

"I think not," he said, "and yet—yes. She does not deign to be clever.... Oh no, she is simply enchanting, and that is all."

только повторяла, что просит его забыть то, что она сказала, что она не помнит, что она сказала, и что у нее нет горя, кроме того, которое он знает, — горя о том, что женитьба князя Андрея угрожает поссорить отца с сыном.

— Слышали ли вы про Ростовых? — спросила она, чтобы переменить разговор. — Мне говорили, что они скоро будут. André я тоже жду каждый день. Я бы желала, чтоб они увиделись здесь.

— А как он смотрит теперь на это дело? — спросил Пьер, под *он* разумея старого князя. Княжна Марья покачала головой.

— Но что же делать? До года остается только несколько месяцев. И это не может не быть. Я бы только желала избавить брата от первых минут. Я желала бы, чтоб они скорее приехали. Я надеюсь сойтись с нею... Вы их давно знаете, — сказала княжна Марья, — скажите мне, положа руку на сердце, всю истинную правду, что это за девушка и как вы находите ее? Но всю правду; потому что, вы понимаете, Андрей так много рискует, делая это против воли отца, что я бы желала знать...

Неясный инстинкт сказал Пьеру, что в этих оговорках и повторяемых просьбах сказать *всю правду* выражалось недоброжелательностью княжны Марьи к своей будущей невестке, что ей хотелось, чтобы Пьер не одобрил выбора князя Андрея; но Пьер сказал то, что он скорее чувствовал, чем думал.

— Я не знаю, как отвечать на ваш вопрос, — сказал он, покраснев, сам не зная отчего. — Я решительно не знаю, что это за девушка; я никак не могу анализировать ее. Она обворожительна. А отчего, я не знаю: вот все, что можно про нее сказать.

Княжна Марья вздохнула, и выражение ее лица сказало: «Да, я этого ожидала и боялась».

— Умна она? — спросила княжна Марья. Пьер задумался.

— Я думаю, нет, — сказал он, — а впрочем — да. Она не удостоивает быть умной... Да нет, она обворожительна, и больше ничего.

Princess Mary again shook her head disapprovingly.

"Ah, I so long to like her! Tell her so if you see her before I do."

"I hear they are expected very soon," said Pierre.

Princess Mary told Pierre of her plan to become intimate with her future sister-in-law as soon as the Rostóvs arrived and to try to accustom the old prince to her.

Княжна Марья опять неодобрительно покачала головой...

— Ах, я так желаю любить ее! Вы ей это скажите, если увидите ее прежде меня.

— Я слышал, что они на днях будут, — сказал Пьер.

Княжна Марья сообщила Пьеру свой план о том, как она, только что приедут Ростовы, сблизится с будущей невесткой и постарается приучить к ней старого князя.

V

Borís had not succeeded in making a wealthy match in Petersburg, so with the same object in view he came to Moscow. There he wavered between the two richest heiresses, Julie and Princess Mary. Though Princess Mary despite her plainness seemed to him more attractive than Julie, he, without knowing why, felt awkward about paying court to her. When they had last met on the old prince's name day, she had answered at random all his attempts to talk sentimentally, evidently not listening to what he was saying.

Julie on the contrary accepted his attentions readily, though in a manner peculiar to herself.

She was twenty-seven. After the death of her brothers she had become very wealthy. She was by now decidedly plain, but thought herself not merely as good-looking as before but even far more attractive. She was confirmed in this delusion by the fact that she had become a very wealthy heiress and also by the fact that the older she grew the less dangerous she became to men, and the more freely they could associate with her and avail themselves of her suppers, soirees, and the animated company that assembled at her house, without incurring any obligation. A man who would have been afraid ten years before of going every day to the house when there was a girl of seventeen there, for fear of compromising her and committing himself, would now go boldly every day and treat her not as a marriageable girl but as a sexless acquaintance.

That winter the Karágins' house was the most agreeable and hospitable in Moscow. In addition to the formal evening and dinner parties, a large company, chiefly of men, gathered there every day, supping at midnight and staying till three in the morning. Julie never missed a ball, a promenade, or a play. Her dresses were

V

Женитьба на богатой невесте в Петербурге не удалась Борису, и он с этой же целью приехал в Москву. В Москве Борис находился в нерешительности между двумя самыми богатыми невестами — Жюли и княжной Марьей. Хотя княжна Марья, несмотря на свою некрасивость, и казалась ему привлекательнее Жюли, ему почему-то неловко было ухаживать за Болконской. В последнее свое свидание с ней, в именины старого князя, на все попытки заговорить с ней о чувствах она отвечала ему невпопад и, очевидно, не слушала его.

Жюли, напротив, хотя и особенным, одной ей свойственным способом, но охотно принимала его ухаживанье.

Жюли было двадцать семь лет. После смерти своих братьев она стала очень богата. Она была теперь совершенно некрасива; но думала, что она не только так же хороша, но еще гораздо больше привлекательна теперь, чем была прежде. В этом заблуждении поддерживало ее то, что, во-первых, она стала очень богатой невестой, а во-вторых, то, что чем старее она становилась, чем она была безопаснее для мужчин, тем свободнее было мужчинам обращаться с нею и, не принимая на себя никаких обязательств, пользоваться ее ужинами, вечерами и оживленным обществом, собиравшимся у нее. Мужчина, который десять лет тому назад побоялся бы ездить каждый день в дом, где была семнадцатилетняя барышня, чтобы не компрометировать ее и не связать себя, теперь ездил к ней смело каждый день и обращался с ней не как с барышней-невестой, а как с знакомой, не имеющей пола.

Дом Карагиных был в эту зиму в Москве самым приятным и гостеприимным домом. Кроме званых вечером и обедов, каждый день у Карагиных собиралось большое общество, в особенности мужчин, ужинающих в двенадцатом часу ночи и засиживавшихся

always of the latest fashion. But in spite of that she seemed to be disillusioned about everything and told everyone that she did not believe either in friendship or in love, or any of the joys of life, and expected peace only "yonder." She adopted the tone of one who has suffered a great disappointment, like a girl who has either lost the man she loved or been cruelly deceived by him. Though nothing of the kind had happened to her she was regarded in that light, and had even herself come to believe that she had suffered much in life. This melancholy, which did not prevent her amusing herself, did not hinder the young people who came to her house from passing the time pleasantly. Every visitor who came to the house paid his tribute to the melancholy mood of the hostess, and then amused himself with society gossip, dancing, intellectual games, and bouts rimés, which were in vogue at the Karágins'. Only a few of these young men, among them Borís, entered more deeply into Julie's melancholy, and with these she had prolonged conversations in private on the vanity of all worldly things, and to them she showed her albums filled with mournful sketches, maxims, and verses.

To Borís, Julie was particularly gracious: she regretted his early disillusionment with life, offered him such consolation of friendship as she who had herself suffered so much could render, and showed him her album. Borís sketched two trees in the album and wrote: "Rustic trees, your dark branches shed gloom and melancholy upon me."

On another page he drew a tomb, and wrote:

Death gives relief and death is peaceful.
Ah! from suffering there is no other refuge.

до третьего часа. Не было бала, театра, гулянья, который бы пропускала Жюли. Туалеты ее были всегда самые модные. Но, несмотря на это, Жюли казалась разочарована во всем, говорила всякому, что она не верит ни в дружбу, ни в любовь, ни в какие радости жизни и ожидает успокоения только *там*. Она усвоила себе тон девушки, понесшей великое разочарование, девушки, как будто потерявшей любимого человека или жестоко обманутой им. Хотя ничего подобного с ней не случалось, на нее смотрели, как на таковую, и сама она даже верила, что она много пострадала в жизни. Эта меланхолия, не мешавшая ей веселиться, не мешала бывавшим у нее молодым людям приятно проводить время. Каждый гость, приезжая к ним, отдавал свой долг меланхолическому настроению хозяйки и потом занимался и светскими разговорами, и танцами, и умственными играми, и турнирами буриме, которые были в моде у Карагиных. Только некоторые молодые люди, в числе которых был и Борис, более углублялись в меланхолическое настроение Жюли, и с этими молодыми людьми она имела более продолжительные и уединенные разговоры о тщете всего мирского и им открывала свои альбомы, исполненные грустных изображений, изречений и стихов.

Жюли была особенно ласкова к Борису: жалела о его раннем разочаровании в жизни, предлагала ему те утешения дружбы, которые она могла предложить, сама так много пострадав в жизни, и открыла ему свой альбом. Борис нарисовал ей в альбоме два дерева и написал: «Arbres rustiques, vos sombres rameaux secouent sur moi les ténèbres et la mélancolie» [1].

В другом месте он нарисовал гробницу и написал:

La mort est secourable et la mort est tranquille
Ah! contre les douleurs il n'y a pas d'autre asile [2]

---

[1] «Сельские деревья, ваши темные сучья стряхивают на меня мрак и меланхолию»

[2] Смерть спасительна, и смерть спокойна.
 О! против страданий нет другого убежища.

Julie said this was charming

"There is something so enchanting in the smile of melancholy," she said to Borís, repeating word for word a passage she had copied from a book.

"It is a ray of light in the darkness, a shade between sadness and despair, showing the possibility of consolation."

In reply Borís wrote these lines:

Poisonous nourishment of a too sensitive soul,
Thou, without whom happiness would for me be impossible,
Tender melancholy, ah, come to console me,
Come to calm the torments of my gloomy retreat,
And mingle a secret sweetness
With these tears that I feel to be flowing.

For Borís, Julie played most doleful nocturnes on her harp. Borís read Poor Liza aloud to her, and more than once interrupted the reading because of the emotions that choked him. Meeting at large gatherings Julie and Borís looked on one another as the only souls who understood one another in a world of indifferent people.

Anna Mikháylovna, who often visited the Karágins, while playing cards with the mother made careful inquiries as to Julie's dowry (she was to have two estates in Pénza and the Nizhegórod forests). Anna Mikháylovna regarded the refined sadness that united her son to the wealthy Julie with emotion, and resignation to the Divine will.

"You are always charming and melancholy, my dear Julie," she said to the daughter. "Borís

Жюли сказала, что это прелестно.

— Il y a quelque chose de si ravissant dans le sourire de la mélancolie! [3] — сказала она Борису слово в слово выписанное ею место из книги.

— C'est un rayon de lumière dans l'ombre, une nuance entre la douleur et le désespoir, qui montre la consolation possible [4].

На это Борис написал ей стихи:

Aliment de poison d'une âme trop sensible,
Toi, sans qui le bonheur me serait impossible,

Tendre mélancolie, ah! viens me consoler,
Viens calmer les tourments de ma sombre retraite
Et mêle une douceur secrète
A ces pleurs, que je sens couler [5].

Жюли играла Борису на арфе самые печальные ноктюрны. Борис читал ей вслух «Бедную Лизу» и не раз прерывал чтение от волнения, захватывающего его дыханье. Встречаясь в большом обществе, Жюли и Борис смотрели друг на друга как на единственных людей в море равнодушных, понимавших один другого.

Анна Михайловна, часто ездившая к Карагиным, составляя партию матери, между тем наводила верные справки о том, что отдавалось за Жюли (отдавались оба пензенские имения и нижегородские леса). Анна Михайловна с преданностью воле провидения и умилением смотрела на утонченную печаль, которая связывала ее сына с богатой Жюли.

— Toujours charmante et mélancolique, cette chère Julie [6], — говорила она дочери. —

---

[3] Есть что-то бесконечно обворожительное в улыбке меланхолии!

[4] Это луч света в тени, оттенок между печалью и отчаянием, который указывает на возможность утешения.

[5] Ядовитая пища слишком чувствительной души,

Ты, без которой счастье было бы для меня невозможно,

Нежная меланхолия, о, приди меня утешить,

Приди, утиши муки моего мрачного уединения

И присоедини тайную сладость

К этим слезам, которых я чувствую течение.

[6] Все так же прелестна и меланхолична, наша милая Жюли.

says his soul finds repose at your house. He has suffered so many disappointments and is so sensitive," said she to the mother.

"Ah, my dear, I can't tell you how fond I have grown of Julie latterly," she said to her son. "But who could help loving her? She is an angelic being! Ah, Borís, Borís!"—she paused. "And how I pity her mother," she went on; "today she showed me her accounts and letters from Pénza (they have enormous estates there), and she, poor thing, has no one to help her, and they do cheat her so!"

Borís smiled almost imperceptibly while listening to his mother. He laughed blandly at her naïve diplomacy but listened to what she had to say, and sometimes questioned her carefully about the Pénza and Nizhegórod estates.

Julie had long been expecting a proposal from her melancholy adorer and was ready to accept it; but some secret feeling of repulsion for her, for her passionate desire to get married, for her artificiality, and a feeling of horror at renouncing the possibility of real love still restrained Borís. His leave was expiring. He spent every day and whole days at the Karágins', and every day on thinking the matter over told himself that he would propose tomorrow. But in Julie's presence, looking at her red face and chin (nearly always powdered), her moist eyes, and her expression of continual readiness to pass at once from melancholy to an unnatural rapture of married bliss, Borís could not utter the decisive words, though in imagination he had long regarded himself as the possessor of those Pénza and Nizhegórod estates and had apportioned the use of the income from them. Julie saw Borís' indecision, and sometimes the thought occurred to her that she was repulsive to him, but her feminine self-deception immediately supplied her with consolation, and she told herself that he was only shy from love. Her melancholy, however, began to turn to irritability, and not long before Borís' departure she formed a definite plan of action. Just as Borís' leave of absence was expiring, Anatole Kurágin made his appearance in Moscow, and of course in the Karágins' drawing room, and Julie, suddenly abandoning her melancholy, became

Борис говорит, что он отдыхает душой в вашем доме. Он так много понес разочарований и так чувствителен, — говорила она матери.

— Ах, мой друг, как я привязалась к Жюли последнее время, — говорила она сыну, — не могу тебе описать! Да и кто может не любить ее? Это такое неземное существо! Ах, Борис, Борис! — Она замолкала на минуту. — И как мне жалко ее maman, — продолжала она, — нынче она показывала мне отчеты и письма из пензы (у них огромное имение), и она, бедная, все сама, одна: ее так обманывают!

Борис чуть заметно улыбался, слушая мать. Он кротко смеялся над ее простодушной хитростью, но выслушивал и иногда выспрашивал ее внимательно о пензенских и нижегородских имениях.

Жюли уже давно ожидала предложенья от своего меланхолического обожателя и готова была принять его; но какое-то тайное чувство отвращения к ней, к ее страстному желанию выйти замуж, к ее ненатуральности, и чувство ужаса перед отречением от возможности настоящей любви еще останавливало Бориса. Срок его отпуска уже кончался. Целые дни и каждый божий день он проводил у Карагиных, и каждый день, рассуждая сам с собою, Борис говорил себе, что он завтра сделает предложение. Но в присутствии Жюли, глядя на ее красное лицо и подбородок, почти всегда осыпанный пудрой, на ее влажные глаза и на выражение лица, изъявлявшего всегдашнюю готовность из меланхолии тотчас же перейти к неестественному восторгу супружеского счастия, Борис не мог произнести решительного слова; несмотря на то, что он уже давно в воображении своем считал себя обладателем пензенских и нижегородских имений и распределял употребление с них доходов. Жюли видела нерешительность Бориса, и иногда ей приходила мысль, что она противна ему; но тотчас же женское самообольщение представляло ей утешение, и она говорила себе, что он застенчив только от любви. Меланхолия ее, однако, начинала переходить в раздражительность, и незадолго перед отъездом Бориса она предприняла решительный план.

cheerful and very attentive to Kurágin.

"My dear," said Anna Mikháylovna to her son, "I know from a reliable source that Prince Vasíli has sent his son to Moscow to get him married to Julie. I am so fond of Julie that I should be sorry for her. What do you think of it, my dear?"

The idea of being made a fool of and of having thrown away that whole month of arduous melancholy service to Julie, and of seeing all the revenue from the Pénza estates which he had already mentally apportioned and put to proper use fall into the hands of another, and especially into the hands of that idiot Anatole, pained Borís. He drove to the Karágins' with the firm intention of proposing. Julie met him in a gay, careless manner, spoke casually of how she had enjoyed yesterday's ball, and asked when he was leaving. Though Borís had come intentionally to speak of his love and therefore meant to be tender, he began speaking irritably of feminine inconstancy, of how easily women can turn from sadness to joy, and how their moods depend solely on who happens to be paying court to them. Julie was offended and replied that it was true that a woman needs variety, and the same thing over and over again would weary anyone.

"Then I should advise you..." Borís began, wishing to sting her; but at that instant the galling thought occurred to him that he might have to leave Moscow without having accomplished his aim, and have vainly wasted his efforts—which was a thing he never allowed to happen.

He checked himself in the middle of the sentence, lowered his eyes to avoid seeing her un-

В то самое время, как кончался срок отпуска Бориса, в Москве и, само собой разумеется, в гостиной Карагиных появился Анатоль Курагин, и Жюли, неожиданно оставив меланхолию, стала очень весела и внимательна к Курагину.

— Mon cher, — сказала Анна Михайловна сыну, — je sais de bonne source que le prince Basile envoie son fils à Moscou pour lui faire épouser Julie [7]. Я так люблю Жюли, что мне жалко бы было ее. Как ты думаешь, мой друг? — сказала Анна Михайловна.

Мысль остаться в дураках и даром потерять весь этот месяц тяжелой меланхолической службы при Жюли и видеть все расписанные уже и употребленные как следует в его воображении доходы с пензенских имений в руках другого — в особенности в руках глупого Анатоля — оскорбляла Бориса. Он поехал к Карагиным с твердым намерением сделать предложение. Жюли встретила его с веселым и беззаботным видом, небрежно рассказывала о том, как ей весело было на вчерашнем бале, и спрашивала, когда он едет. Несмотря на то, что Борис приехал с намерением говорить о своей любви и потому намеревался быть нежным, он раздражительно начал говорить о женском непостоянстве: о том, как женщины легко могут переходить от грусти к радости и что у них расположение духа зависит только от того, кто за ними ухаживает. Жюли оскорбилась и сказала, что это правда, что для женщины нужно разнообразие, что все одно и то же надоест каждому.

— Для этого я бы советовал вам... — начал было Борис, желая сказать ей колкость; но в ту же минуту ему пришла оскорбительная мысль, что он может уехать из Москвы, не достигнув своей цели и даром потеряв свои труды (чего с ним никогда ни в чем не бывало).

Он остановился в середине речи, опустил глаза, чтобы не видать ее неприятно-раздра-

---

[7] Мой милый, я знаю из верных источников, что князь Василий присылает сына затем, чтобы женить его на Жюли.

pleasantly irritated and irresolute face, and said:

"I did not come here at all to quarrel with you. On the contrary..."

He glanced at her to make sure that he might go on. Her irritability had suddenly quite vanished, and her anxious, imploring eyes were fixed on him with greedy expectation. "I can always arrange so as not to see her often," thought Borís. "The affair has been begun and must be finished!" He blushed hotly, raised his eyes to hers, and said:

"You know my feelings for you!"

There was no need to say more: Julie's face shone with triumph and self-satisfaction; but she forced Borís to say all that is said on such occasions—that he loved her and had never loved any other woman more than her. She knew that for the Pénza estates and Nizhegórod forests she could demand this, and she received what she demanded.

The affianced couple, no longer alluding to trees that shed gloom and melancholy upon them, planned the arrangements of a splendid house in Petersburg, paid calls, and prepared everything for a brilliant wedding.

женного и нерешительного лица, и сказал: —

Я совсем не с тем, чтобы ссориться с вами, приехал сюда. Напротив...

Он взглянул на нее, чтоб увериться, можно ли продолжать. Все раздражение ее вдруг исчезло, и беспокойные, просящие глаза были с жадным ожиданием устремлены на него. «Я всегда могу устроиться так, чтобы редко видеть ее, — подумал Борис. — А дело начато и должно быть сделано!» Он вспыхнул румянцем, поднял на нее глаза и сказал ей:

Вы знаете мои чувства к вам!

Говорить больше не нужно было: лицо Жюли сияло торжеством и самодовольством, но она заставила Бориса сказать ей все, что говорится в таких случаях, сказать, что он любит ее и никогда ни одну женщину не любил более ее. Она знала, что за пензенские имения и нижегородские леса она могла требовать этого, и она получила то, что требовала.

Жених с невестой, не поминая более о деревьях, обсыпающих их мраком и меланхолией, делали планы о будущем устройстве блестящего дома в Петербурге, делали визиты и приготавливали все для блестящей свадьбы.

VI

At the end of January old Count Rostóv went to Moscow with Natásha and Sónya. The countess was still unwell and unable to travel but it was impossible to wait for her recovery. Prince Andrew was expected in Moscow any day, the trousseau had to be ordered and the estate near Moscow had to be sold, besides which the opportunity of presenting his future daughter-in-law to old Prince Bolkónski while he was in Moscow could not be missed. The Rostóvs' Moscow house had not been heated that winter and, as they had come only for a short time and the countess was not with them, the count decided to stay with Márya Dmítrievna Akhrosímova, who had long been pressing her hospitality on them.

Late one evening the Rostóvs' four sleighs drove into Márya Dmítrievna's courtyard in the old Konyúsheny street. Márya Dmítrievna lived alone. She had already married off her daughter, and her sons were all in the service.

She held herself as erect, told everyone her opinion as candidly, loudly, and bluntly as ever, and her whole bearing seemed a reproach to others for any weakness, passion, or temptation—the possibility of which she did not admit. From early in the morning, wearing a dressing jacket, she attended to her household affairs, and then she drove out: on holy days to church and after the service to jails and prisons on affairs of which she never spoke to anyone. On ordinary days, after dressing, she received petitioners of various classes, of whom there were always some. Then she had dinner, a substantial and appetizing meal at which there were always three or four guests; after dinner she played a game of boston, and at night she had the newspapers or a new book read to her while she knitted. She rarely made an exception and went out to pay visits, and then only to the most important persons in the town.

She had not yet gone to bed when the Rostóvs arrived and the pulley of the hall door squeaked

VI

Граф Илья Андреич в конце января с Наташей и Соней приехал в Москву. Графиня все была нездорова и не могла ехать, — а нельзя было ждать ее выздоровления: князя Андрея ждали в Москве каждый день; кроме того, нужно было закупать приданое, нужно было продавать подмосковную и нужно было воспользоваться присутствием старого князя в Москве, чтобы представить ему его будущую невестку. Дом Ростовых в Москве был нетоплен; кроме того, они приехали на короткое время, графини не было с ними, а потому Илья Андреич решился остановиться в Москве у Марьи Дмитриевны Ахросимовой, давно предлагавшей графу свое гостеприимство.

Поздно вечером четыре возка Ростовых въехали во двор Марьи Дмитриевны в Старой Конюшенной. Марья Дмитриевна жила одна. Дочь свою она уже выдала замуж. Сыновья ее все были на службе.

Она держалась все так же прямо, говорила так же прямо, громко и решительно всем свое мнение и всем своим существом как будто упрекала других людей за всякие слабости, страсти и увлечения, которых возможности она не признавала. С раннего утра — в куцавейке, она занималась домашним хозяйством, потом ездила по праздникам к обедне и от обедни в остроги и тюрьмы, где у нее бывали дела, о которых она никому не говорила, а по будням, одевшись, дома принимала просителей разных сословий, которые каждый день приходили к ней, и потом обедала; за обедом, сытным и вкусным, всегда бывало человека три-четыре гостей; после обеда делала партию в бостон; на ночь заставляла себе читать газеты и новые книги, а сама вязала. Редко она делала исключения для выездов, и ежели выезжала, то ездила только к самым важным лицам в городе.

Она еще не ложилась, когда приехали Ростовы и в передней завизжала дверь на бло-

from the cold as it let in the Rostóvs and their servants. Márya Dmítrievna, with her spectacles hanging down on her nose and her head flung back, stood in the hall doorway looking with a stern, grim face at the new arrivals. One might have thought she was angry with the travelers and would immediately turn them out, had she not at the same time been giving careful instructions to the servants for the accommodation of the visitors and their belongings.

"The count's things? Bring them here," she said, pointing to the portmanteaus and not greeting anyone. "The young ladies'? There to the left. Now what are you dawdling for?" she cried to the maids. "Get the samovar ready!... You've grown plumper and prettier," she remarked, drawing Natásha (whose cheeks were glowing from the cold) to her by the hood. "Foo! You are cold! Now take off your things, quick!" she shouted to the count who was going to kiss her hand. "You're half frozen, I'm sure! Bring some rum for tea!... Bonjour, Sónya dear!" she added, turning to Sónya and indicating by this French greeting her slightly contemptuous though affectionate attitude toward her.

When they came in to tea, having taken off their outdoor things and tidied themselves up after their journey, Márya Dmítrievna kissed them all in due order.

"I'm heartily glad you have come and are staying with me. It was high time," she said, giving Natásha a significant look. "The old man is here and his son's expected any day. You'll have to make his acquaintance. But we'll speak of that later on," she added, glancing at Sónya with a look that showed she did not want to speak of it in her presence. "Now listen," she said to the count. "What do you want tomorrow? Whom will you send for? Shinshín?" she crooked one of her fingers. "The sniveling Anna Mikháylovna? That's two. She's here with her son. The son is getting married! Then Bezúkhov, eh? He is here too, with his wife. He ran away from her and she came galloping after him. He dined with me on Wednesday. As for them"—and she pointed to the girls—"tomorrow I'll take them first to the Iberian shrine of the Mother of God, and then we'll drive to the Super-Rogue's. I suppose you'll

ке, пропуская входивших с холода Ростовых и их прислугу. Марья Дмитриевна, с очками, спущенными на нос, закинув назад голову, стояла в дверях залы и с строгим, сердитым видом смотрела на входящих. Можно бы было подумать, что она озлоблена против приезжих и сейчас выгонит их, ежели бы она не отдавала в это время заботливых приказаний людям о том, как разместить гостей и их вещи.

— Графские? Сюда неси, — говорила она, указывая на чемоданы и ни с кем не здороваясь. — Барышни, сюда, налево. Ну, вы что лебезите! — крикнула она на девок. — Самовар чтобы согреть! Пополнела, похорошела, — проговорила она, притянув к себе за капор разрумянившуюся с мороза Наташу. — Фу, холодная! Да раздевайся же скорее, — крикнула она на графа, хотевшего подойти к ее руке. — Замерз небось. Рому к чаю подать! Сонюшка, bonjour, — сказала она Соне, этим французским приветствием оттеняя свое слегка презрительное и ласковое отношение к Соне.

Когда все, раздевшись и оправившись с дороги, пришли к чаю, Марья Дмитриевна по порядку перецеловала всех.

— Душой рада, что приехали и что у меня остановились, — говорила она. — Давно пора, — сказала она, значительно взглянув на Наташу... — Старик здесь, и сына ждут со дня на день. Надо, надо с ним познакомиться. Ну, да об этом после поговорим, — прибавила она, оглянув Соню взглядом, показывавшим, что она при ней не желает говорить об этом. — Теперь слушай, — обратилась она к графу, — завтра что же тебе надо? За кем пошлешь? Шиншина? — она загнула один палец, — плаксу Анну Михайловну — два. Она здесь с сыном. Женится сын-то! Потом Безухова, что ль? И он здесь с женой. Он от нее убежал, а она за ним прискакала. Он обедал у меня в середу. Ну, а их, — она указала на барышень, — завтра свожу к Иверской, а потом и к Обер-Шельме заедем. Ведь небось все новое делать будете? С меня не берите,

have everything new. Don't judge by me: sleeves nowadays are this size! The other day young Princess Irína Vasílevna came to see me; she was an awful sight—looked as if she had put two barrels on her arms. You know not a day passes now without some new fashion…. And what have you to do yourself?" she asked the count sternly.

"One thing has come on top of another: her rags to buy, and now a purchaser has turned up for the Moscow estate and for the house. If you will be so kind, I'll fix a time and go down to the estate just for a day, and leave my lassies with you."

"All right. All right. They'll be safe with me, as safe as in Chancery! I'll take them where they must go, scold them a bit, and pet them a bit," said Márya Dmítrievna, touching her goddaughter and favorite, Natásha, on the cheek with her large hand.

Next morning Márya Dmítrievna took the young ladies to the Iberian shrine of the Mother of God and to Madame Suppert-Roguet, who was so afraid of Márya Dmítrievna that she always let her have costumes at a loss merely to get rid of her. Márya Dmítrievna ordered almost the whole trousseau. When they got home she turned everybody out of the room except Natásha, and then called her pet to her armchair.

"Well, now we'll talk. I congratulate you on your betrothed. You've hooked a fine fellow! I am glad for your sake and I've known him since he was so high." She held her hand a couple of feet from the ground. Natásha blushed happily. "I like him and all his family. Now listen! You know that old Prince Nicholas much dislikes his son's marrying. The old fellow's crotchety! Of course Prince Andrew is not a child and can shift without him, but it's not nice to enter a family against a father's will. One wants to do it peacefully and lovingly. You're a clever girl and you'll know how to manage. Be kind, and use your wits. Then all will be well."

Natásha remained silent, from shyness Márya Dmítrievna supposed, but really because she disliked anyone interfering in what touched her love of Prince Andrew, which seemed to her so apart from all human affairs that no one could understand it. She loved and knew Prince An-

нынче рукава — вот что! Намедни княжна Ирина Васильевна молодая ко мне приехала: страх глядеть, точно два бочонка на руки надела. Ведь нынче что день — новая мода. Да у тебя-то у самого какие дела? — обратилась она строго к графу.

— Все вдруг подошло, — отвечал граф. — Тряпки покупать, а тут еще покупатель на подмосковную и на дом. Уж ежели милость ваша будет, я времечко выберу, съезжу в Марьинское на денек, вам девчат моих прикину.

— Хорошо, хорошо, у меня целы будут. У меня как в Опекунском совете. Я их и вывезу куда надо, и побраню, и поласкаю, — сказала Марья Дмитриевна, дотрогиваясь большой рукой до щеки любимицы и крестницы своей Наташи.

На другой день утром Марья Дмитриевна свозила барышень к Иверской и m-me Обер-Шальме, которая так боялась Марьи Дмитриевны, что всегда в убыток уступала ей наряды, только бы поскорее выжить ее от себя. Марья Дмитриевна заказала почти все приданое. Вернувшись, она выгнала всех, кроме Наташи, из комнаты и подозвала свою любимицу к своему креслу.

— Ну, теперь поговорим. Поздравляю тебя с женишком. Подцепила молодца! Я рада за тебя; и его с таких лет знаю (она указала на аршин от земли). — Наташа радостно краснела. — Я его люблю и всю семью его. Теперь слушай. Ты ведь знаешь, старик князь Николай очень не желал, чтобы сын женился. Нравный старик! Оно, разумеется, князь Андрей не дитя и без него обойдется, да против воли в семью входить нехорошо. Надо мирно, любовно. Ты умница, сумеешь обойтись, как надо. Ты добренько и уменько обойдись. Вот все и хорошо будет.

Наташа молчала, как думала Марья Дмитриевна, от застенчивости, но, в сущности, Наташе было неприятно, что вмешивались в ее дело любви князя Андрея, которое представлялось ей таким особенным от всех людских дел, что никто, по ее понятиям, не

drew, he loved her only, and was to come one of these days and take her. She wanted nothing more.

"You see I have known him a long time and am also fond of Mary, your future sister-in-law. 'Husbands' sisters bring up blisters,' but this one wouldn't hurt a fly. She has asked me to bring you two together. Tomorrow you'll go with your father to see her. Be very nice and affectionate to her: you're younger than she. When he comes, he'll find you already know his sister and father and are liked by them. Am I right or not? Won't that be best?"

"Yes, it will," Natásha answered reluctantly.

мог понимать его. Она любила и знала одного князя Андрея, он любил ее и должен был приехать на днях и взять ее. Больше ей ничего не нужно было.

— Ты видишь ли, я его давно знаю, и Машеньку, твою золовку, люблю. Золовки — колотовки, ну а уж эта мухи не обидит. Она меня просила ее с тобой свести. Ты завтра с отцом к ней поедешь, да приласкайся хорошенько: ты моложе ее. Как твой-то приедет, а уж ты и с сестрой и с отцом знакома и тебя полюбили. Так или нет? Ведь лучше будет?

— Лучше, — неохотно отвечала Наташа.

VII

Next day, by Márya Dmítrievna's advice, Count Rostóv took Natásha to call on Prince Nicholas Bolkónski. The count did not set out cheerfully on this visit, at heart he felt afraid. He well remembered the last interview he had had with the old prince at the time of the enrollment, when in reply to an invitation to dinner he had had to listen to an angry reprimand for not having provided his full quota of men. Natásha, on the other hand, having put on her best gown, was in the highest spirits. "They can't help liking me," she thought. "Everybody always has liked me, and I am so willing to do anything they wish, so ready to be fond of him—for being his father—and of her—for being his sister—that there is no reason for them not to like me...."

They drove up to the gloomy old house on the Vozdvízhenka and entered the vestibule.

"Well, the Lord have mercy on us!" said the count, half in jest, half in earnest; but Natásha noticed that her father was flurried on entering the anteroom and inquired timidly and softly whether the prince and princess were at home.

When they had been announced a perturbation was noticeable among the servants. The footman who had gone to announce them was stopped by another in the large hall and they whispered to one another. Then a maidservant ran into the hall and hurriedly said something, mentioning the princess. At last an old, cross looking footman came and announced to the Rostóvs that the prince was not receiving, but that the princess begged them to walk up. The first person who came to meet the visitors was Mademoiselle Bourienne. She greeted the father and daughter with special politeness and showed them to the princess' room. The princess, looking excited and nervous, her face flushed in patches, ran in to meet the visitors, treading heavily, and vainly trying to appear cordial and at ease. From the first glance Princess Mary did not like Natásha. She thought her too fashionably dressed, frivolously gay and vain. She did

VII

На другой день, по совету Марьи Дмитриевны, граф Илья Андреич поехал с Наташей к князю Николаю Андреичу. Граф с невеселым духом собирался на этот визит: в душе ему было страшно. Последнее свидание во время ополчения, когда граф в ответ на свое приглашение к обеду выслушал горячий выговор за недоставление людей, было памятно графу Илье Андреичу. Наташа, одевшись в свое лучшее платье, была, напротив, в самом веселом расположении духа. «Не может быть, чтоб они не полюбили меня, — думала она, — меня все всегда любили. И я так готова сделать для них все, что они пожелают, так готова полюбить его — за то, что он отец, а ее за то, что она сестра, что не за что им не полюбить меня!»

Они подъехали к старому, мрачному дому на Вздвиженке и вошли в сени.

— Ну, Господи благослови! — проговорил граф полушутя, полусерьезно; но Наташа заметила, что отец ее заторопился, входя в переднюю и робко, тихо спросил, дома ли князь и княжна.

После доклада о их приезде между прислугой князя произошло смятение. Лакей, побежавший докладывать о них, был остановлен другим лакеем в зале, и они шептали о чем-то. В залу выбежала горничная девушка и торопливо тоже говорила что-то, упоминая о княжне. Наконец один старый, с сердитым видом лакей вышел и доложил Ростовым, что князь принять не может, а княжна просит к себе. Первая навстречу гостям вышла m-lle Bourienne. Она особенно учтиво встретила отца с дочерью и проводила их к княжне. Княжна с взволнованным, испуганным и покрытым красными пятнами лицом выбежала, тяжело ступая, навстречу к гостям, и тщетно пыталась казаться свободной и радушной. Наташа с первого взгляда не понравилась княжне Марье. Она ей показалась слишком нарядной, легкомысленно-веселой и тщеславной. Княжна Марья не знала, что прежде чем

not at all realize that before having seen her future sister-in-law she was prejudiced against her by involuntary envy of her beauty, youth, and happiness, as well as by jealousy of her brother's love for her. Apart from this insuperable antipathy to her, Princess Mary was agitated just then because on the Rostóvs' being announced, the old prince had shouted that he did not wish to see them, that Princess Mary might do so if she chose, but they were not to be admitted to him. She had decided to receive them, but feared lest the prince might at any moment indulge in some freak, as he seemed much upset by the Rostóvs' visit.

"There, my dear princess, I've brought you my songstress," said the count, bowing and looking round uneasily as if afraid the old prince might appear. "I am so glad you should get to know one another... very sorry the prince is still ailing," and after a few more commonplace remarks he rose. "If you'll allow me to leave my Natásha in your hands for a quarter of an hour, Princess, I'll drive round to see Anna Semënovna, it's quite near in the Dogs' Square, and then I'll come back for her."

The count had devised this diplomatic ruse (as he afterwards told his daughter) to give the future sisters-in-law an opportunity to talk to one another freely, but another motive was to avoid the danger of encountering the old prince, of whom he was afraid. He did not mention this to his daughter, but Natásha noticed her father's nervousness and anxiety and felt mortified by it. She blushed for him, grew still angrier at having blushed, and looked at the princess with a bold and defiant expression which said that she was not afraid of anybody. The princess told the count that she would be delighted, and only begged him to stay longer at Anna Semënovna's, and he departed.

Despite the uneasy glances thrown at her by Princess Mary—who wished to have a tête-à-tête with Natásha—Mademoiselle Bourienne remained in the room and persistently talked about Moscow amusements and theaters. Natásha felt offended by the hesitation she had noticed in the anteroom, by her father's

она увидала свою будущую невестку, она уже была дурно расположена к ней по невольной зависти к ее красоте, молодости и счастию и по ревности к любви своего брата. Кроме этого непреодолимого чувства антипатии к ней, княжна Марья в эту минуту была взволнована еще тем, что при докладе о приезде Ростовых князь закричал, что ему их не нужно, что пусть княжна Марья принимает, если хочет, а чтобы к нему их не пускали. Княжна Марья решилась принять Ростовых, но всякую минуту боялась, как бы князь не сделал какую-нибудь выходку, так как он казался очень взволнованным приездом Ростовых.

— Ну вот, я вам, княжна милая, привез мою певунью, — сказал граф, расшаркиваясь и беспокойно оглядываясь, как будто он боялся, не взойдет ли старый князь. — Уж как я рад, что вы познакомитесь. Жаль, жаль, что князь все нездоров, — и, сказав еще несколько общих фраз, он встал. — Ежели позволите, княжна, на четверть часика вам прикинуть мою Наташу, я бы съездил, тут два шага, на Собачью Площадку, к Анне Семеновне, и заеду за ней.

Илья Андреич придумал эту дипломатическую хитрость для того, чтобы дать простор будущей золовке объясниться с своей невесткой (как он сказал это после дочери), и еще для того, чтоб избежать возможности встречи с князем, которого он боялся. Он не сказал этого дочери, но Наташа поняла этот страх и беспокойство своего отца и почувствовала себя оскорбленною. Она покраснела за своего отца, еще более рассердилась за то, что покраснела, и смелым, вызывающим взглядом, говорившим про то, что она никого не боится, взглянула на княжну. Княжна сказала графу, что очень рада и просит его только пробыть подольше у Анны Семеновны, и Илья Андреич уехал.

M-lle Bourienne, несмотря на беспокойные, бросаемые на нее взгляды княжны Марьи, желавшей с глазу на глаз поговорить с Наташей, не выходила из комнаты и держала твердо разговор о московских удовольствиях и театрах. Наташа была оскорблена замешательством, происшедшим в передней,

nervousness, and by the unnatural manner of the princess who—she thought—was making a favor of receiving her, and so everything displeased her. She did not like Princess Mary, whom she thought very plain, affected, and dry. Natásha suddenly shrank into herself and involuntarily assumed an offhand air which alienated Princess Mary still more. After five minutes of irksome, constrained conversation, they heard the sound of slippered feet rapidly approaching. Princess Mary looked frightened.

The door opened and the old prince, in a dressing gown and a white nightcap, came in.

"Ah, madam!" he began. "Madam, Countess... Countess Rostóva, if I am not mistaken... I beg you to excuse me, to excuse me... I did not know, madam. God is my witness, I did not know you had honored us with a visit, and I came in such a costume only to see my daughter. I beg you to excuse me... God is my witness, I didn't know—" he repeated, stressing the word "God" so unnaturally and so unpleasantly that Princess Mary stood with downcast eyes not daring to look either at her father or at Natásha. Nor did the latter, having risen and curtsied, know what to do. Mademoiselle Bourienne alone smiled agreeably.

"I beg you to excuse me, excuse me! God is my witness, I did not know," muttered the old man, and after looking Natásha over from head to foot he went out.

Mademoiselle Bourienne was the first to recover herself after this apparition and began speaking about the prince's indisposition. Natásha and Princess Mary looked at one another in silence, and the longer they did so without saying what they wanted to say, the greater grew their antipathy to one another.

When the count returned, Natásha was impolitely pleased and hastened to get away: at that moment she hated the stiff, elderly princess, who could place her in such an embarrassing position and had spent half an hour with her without once mentioning Prince Andrew. "I couldn't begin talking about him in the presence of that Frenchwoman," thought Natásha. The same thought was meanwhile tormenting

беспокойством своего отца и неестественным тоном княжны, которая — ей казалось — делала милость, принимая ее. И потому все ей было неприятно. Княжна Марья ей не нравилась. Она казалась ей очень дурной собой, притворной и сухою. Наташа вдруг нравственно съежилась и приняла невольно такой небрежный тон, который еще более отталкивал от нее княжну Марью. После пяти минут тяжелого, притворного разговора послышались приближающиеся быстрые шаги в туфлях.

Лицо княжны Марьи выразило испуг, дверь комнаты отворилась, и вошел князь в белом колпаке и халате.

— Ах, сударыня, — заговорил он, — сударыня, графиня... графиня Ростова, коли не ошибаюсь... прошу извинить, извинить... не знал, сударыня. Видит Бог, не знал, что вы удостоили нас своим посещением, к дочери зашел в таком костюме. Извинить прошу... видит Бог, не знал, — повторил он так ненатурально, ударяя на слово Бог, и так неприятно, что княжна Марья стояла, опустив глаза, не смея взглянуть ни на отца, ни на Наташу. Наташа, встав и присев, тоже не знала, что ей делать. Одна m-lle Bourienne приятно улыбалась.

— Прошу извинить! прошу извинить! Видит Бог, не знал, — пробурчал старик и, осмотрев с головы до ног Наташу, вышел.

M-lle Bourienne первая нашлась после этого появления и начала разговор про нездоровье князя. Наташа и княжна Марья молча смотрели друг на друга, и чем дольше они молча смотрели друг на друга, не высказывая того, что им нужно было высказать, тем недоброжелательнее они думали друг о друге.

Когда граф вернулся, Наташа неучтиво обрадовалась ему и заторопилась уезжать: она почти ненавидела в эту минуту эту старую сухую княжну, которая могла поставить ее в такое неловкое положение и провести с ней полчаса, ничего не сказав о князе Андрее. «Ведь я не могла же начать первая говорить о нем при этой француженке», — думала Наташа. Княжна Марья между тем

Princess Mary. She knew what she ought to have said to Natásha, but she had been unable to say it because Mademoiselle Bourienne was in the way, and because, without knowing why, she felt it very difficult to speak of the marriage. When the count was already leaving the room, Princess Mary went up hurriedly to Natásha, took her by the hand, and said with a deep sigh: "Wait, I must..."

Natásha glanced at her ironically without knowing why.

"Dear Natalie," said Princess Mary, "I want you to know that I am glad my brother has found happiness...." She paused, feeling that she was not telling the truth. Natásha noticed this and guessed its reason.

"I think, Princess, it is not convenient to speak of that now," she said with external dignity and coldness, though she felt the tears choking her.

"What have I said and what have I done?" thought she, as soon as she was out of the room.

They waited a long time for Natásha to come to dinner that day. She sat in her room crying like a child, blowing her nose and sobbing. Sónya stood beside her, kissing her hair.

"Natásha, what is it about?" she asked. "What do they matter to you? It will all pass, Natásha."

"But if you only knew how offensive it was... as if I..."

"Don't talk about it, Natásha. It wasn't your fault so why should you mind? Kiss me," said Sónya.

Natásha raised her head and, kissing her friend on the lips, pressed her wet face against her.

"I can't tell you, I don't know. No one's to blame," said Natásha—"It's my fault. But it all hurts terribly. Oh, why doesn't he come?..."

She came in to dinner with red eyes. Márya Dmítrievna, who knew how the prince had received the Rostóvs, pretended not to notice how upset Natásha was and jested resolutely and loudly at table with the count and the other guests.

мучилась тем же самым. Она знала, что ей надо было сказать Наташе, но она не могла этого сделать и потому, что m-lle Bourienne мешала ей, и потому, что она сама не знала, отчего ей так тяжело было начать говорить об этом браке. Когда уже граф выходил из комнаты, княжна Марья быстрыми шагами подошла к Наташе, взяла ее за руки и, тяжело вздохнув, сказала: «Постойте, мне надо...»

Наташа насмешливо, сама не зная над чем, смотрела на княжну Марью.

— Милая Натали, — сказала княжна Марья, — знайте, что я рада тому, что брат мой нашел счастье... — Она остановилась, чувствуя, что она говорит неправду. Наташа заметила эту остановку и угадала причину ее.

— Я думаю, княжна, что теперь неудобно говорить об этом, — сказала Наташа с внешним достоинством и холодностью и с слезами, которые она чувствовала в горле.

«Что я сказала, что я сделала!» — подумала она, как только вышла из комнаты.

Долго ждали в этот день Наташу к обеду. Она сидела в своей комнате и рыдала, как ребенок, сморкаясь и всхлипывая. Соня стояла над ней и целовала ее в волоса.

— Наташа, о чем ты? — говорила она. — Что тебе за дело до них? Все пройдет, Наташа.

— Нет, ежели бы ты знала, как это обидно... точно я...

— Не говори, Наташа, ведь ты не виновата, так что тебе за дело? Поцелуй меня, — сказала Соня.

Наташа подняла голову и, в губы поцеловав свою подругу, прижала к ней свое мокрое лицо.

— Я не могу сказать, я не знаю. Никто не виноват, — говорила Наташа, — я виновата. Но все это больно ужасно. Ах, что он не едет!..

Она с красными глазами вышла к обеду. Марья Дмитриевна, знавшая о том, как князь принял Ростовых, сделала вид, что она не замечает расстроенного лица Наташи, и твердо и громко шутила за столом с графом и другими гостями.

VIII

That evening the Rostóvs went to the Opera, for which Márya Dmítrievna had taken a box.

Natásha did not want to go, but could not refuse Márya Dmítrievna's kind offer which was intended expressly for her. When she came ready dressed into the ballroom to await her father, and looking in the large mirror there saw that she was pretty, very pretty, she felt even more sad, but it was a sweet, tender sadness.

"O God, if he were here now I would not behave as I did then, but differently. I would not be silly and afraid of things, I would simply embrace him, cling to him, and make him look at me with those searching inquiring eyes with which he has so often looked at me, and then I would make him laugh as he used to laugh. And his eyes—how I see those eyes!" thought Natásha. "And what do his father and sister matter to me? I love him alone, him, him, with that face and those eyes, with his smile, manly and yet childlike.... No, I had better not think of him; not think of him but forget him, quite forget him for the present. I can't bear this waiting and I shall cry in a minute!" and she turned away from the glass, making an effort not to cry. "And how can Sónya love Nicholas so calmly and quietly and wait so long and so patiently?" thought she, looking at Sónya, who also came in quite ready, with a fan in her hand. "No, she's altogether different. I can't!"

Natásha at that moment felt so softened and tender that it was not enough for her to love and know she was beloved, she wanted now, at once, to embrace the man she loved, to speak and hear from him words of love such as filled her heart. While she sat in the carriage beside her father, pensively watching the lights of the street lamps flickering on the frozen window, she felt still sadder and more in love, and forgot where she was going and with whom. Having fallen into the line of carriages, the Rostóvs' carriage drove

VIII

В этот вечер Ростовы поехали в оперу, на которую Марья Дмитриевна достала билет.

Наташе не хотелось ехать, но нельзя было отказаться от ласковости Марьи Дмитриевны, исключительно для нее предназначенной. Когда она, одетая, вышла в залу, дожидаясь отца, и, поглядевшись в большое зеркало, увидала, что она хороша, очень хороша, ей еще более стало грустно; но грустно сладостно и любовно.

«Боже мой! ежели бы он был тут, тогда бы я не так, как прежде, с какой-то глупой робостью перед чем-то, а по-новому, просто, обняла бы его, прижалась бы к нему, заставила бы его смотреть на меня теми искательными, любопытными глазами, которыми он так часто смотрел на меня, и потом заставила бы его смеяться, как он смеялся тогда, и глаза его — как я вижу эти глаза! — думала Наташа. — И что мне за дело до его отца и сестры: я люблю его одного, его, его, с этим лицом и глазами, с его улыбкой, мужской и вместе детской... Нет, лучше не думать о нем, не думать, забыть, совсем забыть на это время. Я не вынесу этого ожидания, я сейчас зарыдаю, — и она отошла от зеркала, делая над собой усилия, чтобы не заплакать. — И как может Соня так ровно, спокойно любить Николеньку и ждать так долго и терпеливо! — подумала она, глядя на входившую, тоже одетую, с веером в руках Соню. — Нет, она совсем другая. Я не могу!»

Наташа чувствовала себя в эту минуту такою размягченной и разнеженной, что ей мало было любить и знать, что она любима: ей нужно теперь, сейчас нужно было обнять любимого человека и говорить и слышать от него слова любви, которыми было полно ее сердце. Пока она ехала в карете, сидя рядом с отцом, и задумчиво глядела на мелькавшие в мерзлом окне огни фонарей, она чувствовала себя еще влюбленнее и грустнее и забыла, с кем и куда она едет. Попав в вереницу ка-

up to the theater, its wheels squeaking over the snow. Natása and Sónya, holding up their dresses, jumped out quickly. The count got out helped by the footmen, and, passing among men and women who were entering and the program sellers, they all three went along the corridor to the first row of boxes. Through the closed doors the music was already audible.

"Natása, your hair!..." whispered Sónya.

An attendant deferentially and quickly slipped before the ladies and opened the door of their box. The music sounded louder and through the door rows of brightly lit boxes in which ladies sat with bare arms and shoulders, and noisy stalls brilliant with uniforms, glittered before their eyes. A lady entering the next box shot a glance of feminine envy at Natása. The curtain had not yet risen and the overture was being played. Natása, smoothing her gown, went in with Sónya and sat down, scanning the brilliant tiers of boxes opposite. A sensation she had not experienced for a long time—that of hundreds of eyes looking at her bare arms and neck—suddenly affected her both agreeably and disagreeably and called up a whole crowd of memories, desires and emotions associated with that feeling.

The two remarkably pretty girls, Natása and Sónya, with Count Rostóv who had not been seen in Moscow for a long time, attracted general attention. Moreover, everybody knew vaguely of Natása's engagement to Prince Andrew, and knew that the Rostóvs had lived in the country ever since, and all looked with curiosity at a fiancée who was making one of the best matches in Russia.

Natása's looks, as everyone told her, had improved in the country, and that evening thanks to her agitation she was particularly pretty. She struck those who saw her by her fullness of life and beauty, combined with her indifference to everything about her. Her black eyes looked at the crowd without seeking anyone, and her delicate arm, bare to above the elbow, lay on the

рет, медленно визжа колесами по снегу, карета Ростовых подъехала к театру. Поспешно выскочили Наташа и Соня, подбирая платья; вышел граф, поддерживаемый лакеями, и между входившими дамами и мужчинами и продающими афиши все трое пошли в коридор бенуара. Из-за притворенных дверей уже слышались звуки музыки.

— Nathalie, vos cheveux [1], — прошептала Соня.

Капельдинер учтиво и поспешно боком проскользнул перед дамами и отворил дверь ложи. Музыка ярче стала слышна, в дверь блеснули освещенные ряды лож с обнаженными плечами и руками дам, и шумящий и блестящий мундирами партер. Дама, входившая в соседний бенуар, оглянула Наташу женским завистливым взглядом. Занавесь еще не поднималась, и играли увертюру. Наташа, оправляя платье, прошла вместе с Соней и села, оглядывая освещенные ряды противуположных лож. Давно не испытанное ею ощущение того, что сотни глаз смотрят на ее обнаженные руки и шею, вдруг и приятно и неприятно охватило ее, вызывая целый рой соответствующих этому ощущению воспоминаний, желаний и волнений.

Две замечательно хорошенькие девушки, Наташа и Соня, с графом Ильей Андреичем, которого давно не видно было в Москве, обратили на себя общее внимание. Кроме того, все знали смутно про сговор Наташи с князем Андреем, знали, что с тех пор Ростовы жили в деревне, и с любопытством смотрели на невесту одного из лучших женихов России.

Наташа похорошела в деревне, как все ей говорили, а в этот вечер, благодаря своему взволнованному состоянию, была особенно хороша. Она поражала полнотой жизни и красоты в соединении с равнодушием ко всему окружающему. Ее черные глаза смотрели на толпу, никого не отыскивая, а тонкая обнаженная выше локтя рука, облокоченная на

---

[1] Наташа, твои волосы.

velvet edge of the box, while, evidently unconsciously, she opened and closed her hand in time to the music, crumpling her program.

"Look, there's Alénina," said Sónya, "with her mother, isn't it?"

"Dear me, Michael Kirílovich has grown still stouter!" remarked the count.

"Look at our Anna Mikháylovna—what a headdress she has on!"

"The Karágins, Julie—and Borís with them. One can see at once that they're engaged...."

"Drubetskóy has proposed?"

"Oh yes, I heard it today," said Shinshín, coming into the Rostóvs' box.

Natásha looked in the direction in which her father's eyes were turned and saw Julie sitting beside her mother with a happy look on her face and a string of pearls round her thick red neck—which Natásha knew was covered with powder. Behind them, wearing a smile and leaning over with an ear to Julie's mouth, was Borís' handsome smoothly brushed head. He looked at the Rostóvs from under his brows and said something, smiling, to his betrothed.

"They are talking about us, about me and him!" thought Natásha. "And he no doubt is calming her jealousy of me. They needn't trouble themselves! If only they knew how little I am concerned about any of them."

Behind them sat Anna Mikháylovna wearing a green headdress and with a happy look of resignation to the will of God on her face. Their box was pervaded by that atmosphere of an affianced couple which Natásha knew so well and liked so much. She turned away and suddenly remembered all that had been so humiliating in her morning's visit.

"What right has he not to wish to receive me into his family? Oh, better not think of it—not till he comes back!" she told herself, and began looking at the faces, some strange and some familiar, in the stalls. In the front, in the very center, leaning back against the orchestra rail, stood Dólokhov in a Persian dress, his curly hair brushed up into a huge shock. He stood in full view of the audience, well aware that he was attracting everyone's attention, yet as much at ease as though he were in his own room. Around him

бархатную рампу, очевидно, бессознательно, в такт увертюры, сжималась и разжималась, комкая афишу.

— Посмотри, вот Аленина, — говорила Соня, — с матерью, кажется.

— Батюшки! Михаил Кирилыч-то еще потолстел! — говорил старый граф.

— Смотрите! Анна Михайловна наша в токе какой!

— Карагины, Жюли и Борис с ними. Сейчас видно жениха с невестой.

— Друбецкой сделал предложение!

— Как же, нынче узнал, — сказал Шиншин, входивший в ложу Ростовых.

Наташа посмотрела по тому направлению, по которому смотрел отец, и увидала Жюли, которая с жемчугами на толстой красной шее (Наташа знала, обсыпанной пудрой) сидела с счастливым видом рядом с матерью. Позади их, с улыбкой, наклоненная ухом ко рту Жюли, виднелась гладко причесанная, красивая голова Бориса. Он исподлобья смотрел на Ростовых и, улыбаясь, говорил что-то своей невесте.

«Они говорят про нас, про меня с ним! — подумала Наташа. — И он, верно, успокоивает ревность ко мне своей невесты. Напрасно беспокоятся! Ежели бы они знали, как мне ни до кого из них нет дела».

Сзади сидела в зеленой токе, с преданным воле Божией и счастливым, праздничным лицом, Анна Михайловна. В ложе их стояла та атмосфера — жениха с невестой, которую так знала и любила Наташа. Она отвернулась, и вдруг все, что было унизительно в ее утреннем посещении, вспомнилось ей.

«Какое право он имеет не хотеть принять меня в свое родство? Ах, лучше не думать об этом, не думать до его приезда!» — сказала она себе и стала оглядывать знакомые и незнакомые лица в партере. Впереди партера, в самой середине, облокотившись спиной к рампе, стоял Долохов с огромной, кверху зачесанной копной курчавых волос, в персидском костюме. Он стоял на самом виду театра, зная, что он обращает на себя внимание всей залы, так же свободно, как будто

thronged Moscow's most brilliant young men, whom he evidently dominated.

The count, laughing, nudged the blushing Sónya and pointed to her former adorer.

"Do you recognize him?" said he. "And where has he sprung from?" he asked, turning to Shinshín. "Didn't he vanish somewhere?"

"He did," replied Shinshín. "He was in the Caucasus and ran away from there. They say he has been acting as minister to some ruling prince in Persia, where he killed the Shah's brother. Now all the Moscow ladies are mad about him! It's 'Dólokhov the Persian' that does it! We never hear a word but Dólokhov is mentioned. They swear by him, they offer him to you as they would a dish of choice sterlet. Dólokhov and Anatole Kurágin have turned all our ladies' heads."

A tall, beautiful woman with a mass of plaited hair and much exposed plump white shoulders and neck, round which she wore a double string of large pearls, entered the adjoining box rustling her heavy silk dress and took a long time settling into her place.

Natásha involuntarily gazed at that neck, those shoulders, and pearls and coiffure, and admired the beauty of the shoulders and the pearls. While Natásha was fixing her gaze on her for the second time the lady looked round and, meeting the count's eyes, nodded to him and smiled. She was the Countess Bezúkhova, Pierre's wife, and the count, who knew everyone in society, leaned over and spoke to her.

"Have you been here long, Countess?" he inquired. "I'll call, I'll call to kiss your hand. I'm here on business and have brought my girls with me. They say Semënova acts marvelously. Count Pierre never used to forget us. Is he here?"

"Yes, he meant to look in," answered Hélène, and glanced attentively at Natásha.

он стоял в своей комнате. Около него, столпившись, стояла самая блестящая московская молодежь, и он, видимо, первенствовал между ними.

Граф Илья Андреич, смеясь, подтолкнул краснеющую Соню, указывая ей на прежнего обожателя.

— Узнала? — спросил он. — И откуда он взялся, — обратился граф к Шиншину, — ведь он пропадал куда-то?

— Пропадал, — отвечал Шиншин. — На Кавказе был, а там бежал и, говорят, у какого-то владетельного князя был министром в Персии, убил там брата шахова; ну, с ума все и сходят московские барыни! Dolochoff le Persan [2], да и кончено. У нас теперь нет слова без Долохова; им клянутся, на него зовут, как на стерлядь, — говорил Шиншин. — Долохов да Курагин Анатоль — всех у нас барынь с ума свели.

В соседний бенуар вошла высокая красивая дама, с огромной косой и очень оголенными белыми, полными плечами и шеей, на которой была двойная нитка больших жемчугов, и долго усаживалась, шумя своим толстым шелковым платьем.

Наташа невольно вглядывалась в эту шею, плечи, жемчуги, прическу и любовалась красотой плеч и жемчугов. В то время как Наташа второй раз вглядывалась в нее, дама оглянулась и, встретившись глазами с графом Ильей Андреичем, кивнула ему головой и улыбнулась. Это была графиня Безухова, жена Пьера. Илья Андреич, знавший всех на свете, перегнувшись к ней, заговорил.

— Давно пожаловали, графиня? — заговорил он. — Приду, приду, ручку поцелую. А я вот приехал по делам, да вот и девочек своих с собой привез. Бесподобно, говорят, Семенова играет, — говорил Илья Андреич. — Граф Петр Кириллович нас никогда не забывал. Он здесь?

— Да, он хотел зайти, — сказала Элен и внимательно посмотрела на Наташу.

---

[2] Персиянин Долохов.

Count Rostóv resumed his seat.

"Handsome, isn't she?" he whispered to Natásha.

"Wonderful!" answered Natásha. "She's a woman one could easily fall in love with."

Just then the last chords of the overture were heard and the conductor tapped with his stick. Some latecomers took their seats in the stalls, and the curtain rose.

As soon as it rose everyone in the boxes and stalls became silent, and all the men, old and young, in uniform and evening dress, and all the women with gems on their bare flesh, turned their whole attention with eager curiosity to the stage. Natásha too began to look at it.

— Граф Илья Андреич опять сел на свое место.

— Ведь хороша? — шепотом сказал он Наташе.

— Чудо! — сказала Наташа. — Вот влюбиться можно!

В это время зазвучали последние аккорды увертюры и застучала палочка капельмейстера. В партер прошли на места запоздавшие мужчины, и поднялась занавесь.

Как только поднялась занавесь, в ложах и партере все замолкло, и все мужчины, старые и молодые, в мундирах и фраках, все женщины, в драгоценных каменьях на голом теле, с жадным любопытством устремили все внимание на сцену. Наташа тоже стала смотреть.

IX

The floor of the stage consisted of smooth boards, at the sides was some painted cardboard representing trees, and at the back was a cloth stretched over boards. In the center of the stage sat some girls in red bodices and white skirts. One very fat girl in a white silk dress sat apart on a low bench, to the back of which a piece of green cardboard was glued. They all sang something. When they had finished their song the girl in white went up to the prompter's box and a man with tight silk trousers over his stout legs, and holding a plume and a dagger, went up to her and began singing, waving his arms about.

First the man in the tight trousers sang alone, then she sang, then they both paused while the orchestra played and the man fingered the hand of the girl in white, obviously awaiting the beat to start singing with her. They sang together and everyone in the theater began clapping and shouting, while the man and woman on the stage—who represented lovers—began smiling, spreading out their arms, and bowing.

After her life in the country, and in her present serious mood, all this seemed grotesque and amazing to Natásha. She could not follow the opera nor even listen to the music; she saw only the painted cardboard and the queerly dressed men and women who moved, spoke, and sang so strangely in that brilliant light. She knew what it was all meant to represent, but it was so pretentiously false and unnatural that she first felt ashamed for the actors and then amused at them. She looked at the faces of the audience, seeking in them the same sense of ridicule and perplexity she herself experienced, but they all seemed attentive to what was happening on the stage, and expressed delight which to Natásha seemed feigned. "I suppose it has to be like this!" she thought. She kept looking round in turn at the rows of pomaded heads in the stalls and then at the seminude women in the boxes, especially at Hélène in the next box, who—apparently

IX

На сцене были ровные доски посередине, с боков стояли крашеные картоны, изображавшие деревья, позади было протянуто полотно на досках. В середине сцены сидели девицы в красных корсажах и белых юбках. Одна, очень толстая, в шелковом белом платье, сидела особо, на низкой скамеечке, к которой был приклеен сзади зеленый картон. Все они пели что-то. Когда они кончили свою песню, девица в белом подошла к будочке суфлера и к ней подошел мужчина в шелковых в обтяжку панталонах на толстых ногах, с пером и кинжалом и стал петь и разводить руками.

Мужчина в обтянутых панталонах пропел один, потом пропела она. Потом оба замолкли, заиграла музыка, и мужчина стал перебирать пальцами руку девицы в белом платье, очевидно выжидая опять такта, чтобы начать свою партию вместе с нею. Они пропели вдвоем, и все в театре стали хлопать и кричать, а мужчина и женщина на сцене, которые изображали влюбленных, стали, улыбаясь и разводя руками, кланяться.

После деревни и в том серьезном настроении, в котором находилась Наташа, все это было дико и удивительно ей. Она не могла следить за ходом оперы, не могла даже слышать музыку: она видела только крашеные картоны и странно наряженных мужчин и женщин, при ярком свете странно двигавшихся, говоривших и певших; она знала, что все это должно было представлять, но все это было так вычурно-фальшиво и ненатурально, что ей становилось то совестно за актеров, то смешно на них. Она оглядывалась вокруг себя, на лица зрителей, отыскивая в них то же чувство насмешки и недоумения, которое было в ней; но все лица были внимательны к тому, что происходило на сцене, и выражали притворное, как казалось Наташе, восхищение. «Должно быть, это так надобно!» — думала Наташа. Она попеременно оглядывалась то на эти ряды припомаженных

quite unclothed—sat with a quiet tranquil smile, not taking her eyes off the stage. And feeling the bright light that flooded the whole place and the warm air heated by the crowd, Natásha little by little began to pass into a state of intoxication she had not experienced for a long while. She did not realize who and where she was, nor what was going on before her. As she looked and thought, the strangest fancies unexpectedly and disconnectedly passed through her mind: the idea occurred to her of jumping onto the edge of the box and singing the aria the actress was singing, then she wished to touch with her fan an old gentleman sitting not far from her, then to lean over to Hélène and tickle her.

At a moment when all was quiet before the commencement of a song, a door leading to the stalls on the side nearest the Rostóvs' box creaked, and the steps of a belated arrival were heard. "There's Kurágin!" whispered Shinshín. Countess Bezúkhova turned smiling to the newcomer, and Natásha, following the direction of that look, saw an exceptionally handsome adjutant approaching their box with a self-assured yet courteous bearing. This was Anatole Kurágin whom she had seen and noticed long ago at the ball in Petersburg. He was now in an adjutant's uniform with one epaulet and a shoulder knot. He moved with a restrained swagger which would have been ridiculous had he not been so good-looking and had his handsome face not worn such an expression of good-humored complacency and gaiety. Though the performance was proceeding, he walked deliberately down the carpeted gangway, his sword and spurs slightly jingling and his handsome perfumed head held high. Having looked at Natásha he approached his sister, laid his well gloved hand on the edge of her box, nodded to her, and leaning forward asked a question, with a motion toward Natásha.

"Mais charmante!" said he, evidently refer-

голов в партере, то на оголенных женщин в ложах, в особенности на свою соседку Элен, которая, совершенно раздетая, с тихой и спокойной улыбкой, не спуская глаз, смотрела на сцену, ощущая яркий свет, разлитый по всей зале, и теплый, толпою согретый воздух. Наташа мало-помалу начинала приходить в давно не испытанное ею состояние опьянения. Она не помнила, что она и где она и что перед ней делается. Она смотрела и думала, и самые странные мысли неожиданно, без связи, мелькали в ее голове. То ей приходила мысль вскочить на рампу и пропеть ту арию, которую пела актриса, то ей хотелось зацепить веером недалеко от нее сидевшего старичка, то перегнуться к Элен и защекотать ее.

В одну из минут, когда на сцене все затихло, ожидая начала арии, скрипнула входная дверь, и по ковру партера на той стороне, на которой была ложа Ростовых, зазвучали шаги запоздавшего мужчины. «Вот он, Курагин!» — прошептал Шиншин. Графиня Безухова обернулась, улыбаясь, к входящему. Наташа посмотрела по направлению глаз графини Безуховой и увидала необыкновенно красивого адъютанта, с самоуверенным и вместе учтивым видом подходящего к их ложе. Это был Анатоль Курагин, которого она давно видела и заметила на петербургском бале. Он был теперь в адъютантском мундире с одной эполетой и аксельбантом. Он шел сдержанной, молодецкой походкой, которая была бы смешна, ежели бы он не был так хорош собой и ежели бы на его прекрасном лице не было бы такого выражения добродушного довольства и веселья. Несмотря на то, что действие шло, он, не торопясь, слегка побрякивая шпорами и саблей, плавно и высоко неся свою надушенную красивую голову, шел по наклонному ковру коридора. Взглянув на Наташу, он подошел к сестре, положил руку в облитой перчатке на край ее ложи, тряхнул ей головой и, наклонясь, спросил что-то, указывая на Наташу.

— Mais charmante! [1] — сказал он, очевид-

---

[1] Очень, очень мила!

ring to Natásha, who did not exactly hear his words but understood them from the movement of his lips. Then he took his place in the first row of the stalls and sat down beside Dólokhov, nudging with his elbow in a friendly and off-hand way that Dólokhov whom others treated so fawningly. He winked at him gaily, smiled, and rested his foot against the orchestra screen.

"How like the brother is to the sister," remarked the count. "And how handsome they both are!"

Shinshín, lowering his voice, began to tell the count of some intrigue of Kurágin's in Moscow, and Natásha tried to overhear it just because he had said she was "charmante."

The first act was over. In the stalls everyone began moving about, going out and coming in.

Borís came to the Rostóvs' box, received their congratulations very simply, and raising his eyebrows with an absent-minded smile conveyed to Natásha and Sónya his fiancée's invitation to her wedding, and went away. Natásha with a gay, coquettish smile talked to him, and congratulated on his approaching wedding that same Borís with whom she had formerly been in love. In the state of intoxication she was in, everything seemed simple and natural.

The scantily clad Hélène smiled at everyone in the same way, and Natásha gave Borís a similar smile.

Hélène's box was filled and surrounded from the stalls by the most distinguished and intellectual men, who seemed to vie with one another in their wish to let everyone see that they knew her.

During the whole of that entr'acte Kurágin stood with Dólokhov in front of the orchestra partition, looking at the Rostóvs' box. Natásha knew he was talking about her and this afforded her pleasure. She even turned so that he should see her profile in what she thought was its most becoming aspect. Before the beginning of the second act Pierre appeared in the stalls. The Rostóvs had not seen him since their arrival. His face looked sad, and he had grown still stouter since Natásha last saw him. He passed up to the front rows, not noticing anyone. Anatole went

но про Наташу, как не столько слышала она, сколько поняла по движению его губ. Потом он прошел в первый ряд и сел подле Долохова, дружески и небрежно толкнув локтем того Долохова, с которым так заискивающе обращались другие. Он, весело подмигнув, улыбнулся ему и уперся ногой в рампу.

— Как похожи брат с сестрой! — сказал граф. — И как хороши оба.

Шиншин вполголоса начал рассказывать графу какую-то историю интриги Курагина в Москве, к которой Наташа прислушалась именно потому, что он сказал про нее charmante.

Первый акт кончился, в партере все встали, перепутались и стали ходить и выходить.

Борис пришел в ложу Ростовых, очень просто принял поздравления и, приподняв брови, с рассеянной улыбкой, передал Наташе и Соне просьбу его невесты, чтобы они были на ее свадьбе, и вышел. Наташа с веселой и кокетливой улыбкой разговаривала с ним и поздравляла с женитьбой того самого Бориса, в которого она была влюблена прежде. В том состоянии опьянения, в котором она находилась, все казалось просто и естественно.

Голая Элен сидела подле нее и одинаково всем улыбалась; и точно так же улыбнулась Наташа Борису.

Ложа Элен наполнилась и окружилась со стороны партера самыми знатными и умными мужчинами, которые, казалось, наперерыв желали показать всем, что они знакомы с ней.

Курагин весь этот антракт стоял с Долоховым впереди у рампы, глядя на ложу Ростовых. Наташа знала, что он говорил про нее, и это доставляло ей удовольствие. Она даже повернулась так, чтоб ему виден был ее профиль, по ее понятиям, в самом выгодном положении. Перед началом второго акта в партере показалась фигура Пьера, которого еще с приезда не видали Ростовы. Лицо его было грустно, и он еще потолстел, с тех пор как его последний раз видела Наташа. Он, никого не замечая, прошел в первые ряды.

up to him and began speaking to him, looking at and indicating the Rostóvs' box. On seeing Natásha Pierre grew animated and, hastily passing between the rows, came toward their box. When he got there he leaned on his elbows and, smiling, talked to her for a long time. While conversing with Pierre, Natásha heard a man's voice in Countess Bezúkhova's box and something told her it was Kurágin. She turned and their eyes met. Almost smiling, he gazed straight into her eyes with such an enraptured caressing look that it seemed strange to be so near him, to look at him like that, to be so sure he admired her, and not to be acquainted with him.

In the second act there was scenery representing tombstones, there was a round hole in the canvas to represent the moon, shades were raised over the footlights, and from horns and contrabass came deep notes while many people appeared from right and left wearing black cloaks and holding things like daggers in their hands. They began waving their arms. Then some other people ran in and began dragging away the maiden who had been in white and was now in light blue. They did not drag her away at once, but sang with her for a long time and then at last dragged her off, and behind the scenes something metallic was struck three times and everyone knelt down and sang a prayer. All these things were repeatedly interrupted by the enthusiastic shouts of the audience.

During this act every time Natásha looked toward the stalls she saw Anatole Kurágin with an arm thrown across the back of his chair, staring at her. She was pleased to see that he was captivated by her and it did not occur to her that there was anything wrong in it.

When the second act was over Countess Bezúkhova rose, turned to the Rostóvs' box—her whole bosom completely exposed—beckoned the old count with a gloved finger, and paying no attention to those who had entered her box began talking to him with an amiable smile.

"Do make me acquainted with your charming daughters," said she. "The whole town is sing-

Анатоль подошел к нему и стал что-то говорить ему, глядя и указывая на ложу Ростовых. Пьер, увидав Наташу, оживился и поспешно, по рядам, пошел к их ложе. Подойдя к ним, он облокотился и, улыбаясь, долго говорил с Наташей. Во время своего разговора с Пьером Наташа услыхала в ложе графини Безуховой мужской голос и почему-то узнала, что это был Курагин. Она оглянулась и встретилась с ним глазами. Он, почти улыбаясь, смотрел ей прямо в глаза таким восхищенным, ласковым взглядом, что казалось, странно быть от него так близко, так смотреть на него, быть так уверенной, что нравишься ему, и не быть с ним знакомой.

Во втором акте были картоны, изображающие монументы, и была дыра в полотне, изображающая луну, и абажуры на рампе подняли, и стали играть в басу трубы и контрабасы, и справа и слева вышло много людей в черных мантиях. Люди стали махать руками, а в руках у них было что-то вроде кинжалов; потом прибежали еще какие-то люди и стали тащить прочь ту девицу, которая была прежде в белом, а теперь в голубом платье. Они не утащили ее сразу, а долго с ней пели, а потом уже ее утащили, и за кулисами ударили три раза во что-то железное, и все стали на колена и запели молитву. Несколько раз все эти действия прерывались восторженными криками зрителей.

Во время этого акта Наташа всякий раз, как взглядывала в партер, видела Анатоля Курагина, перекинувшего руку через спинку кресла и смотревшего на нее. Ей приятно было видеть, что он так пленен ею, и не приходило в голову, чтобы в этом было что-нибудь дурное.

Когда второй акт кончился, графиня Безухова встала, повернулась к ложе Ростовых (грудь ее совершенно была обнажена), пальчиком в перчатке поманила к себе старого графа и, не обращая внимания на вошедших к ней в ложу, начала, любезно улыбаясь, говорить с ним.

— Да познакомьте же меня с вашими прелестными дочерьми, — сказала она. — Весь

ing their praises and I don't even know them!"

Natásha rose and curtsied to the splendid countess. She was so pleased by praise from this brilliant beauty that she blushed with pleasure.

"I want to become a Moscovite too, now," said Hélène. "How is it you're not ashamed to bury such pearls in the country?"

Countess Bezúkhova quite deserved her reputation of being a fascinating woman. She could say what she did not think—especially what was flattering—quite simply and naturally.

"Dear count, you must let me look after your daughters! Though I am not staying here long this time—nor are you—I will try to amuse them. I have already heard much of you in Petersburg and wanted to get to know you," said she to Natásha with her stereotyped and lovely smile. "I had heard about you from my page, Drubetskóy. Have you heard he is getting married? And also from my husband's friend Bolkónski, Prince Andrew Bolkónski," she went on with special emphasis, implying that she knew of his relation to Natásha. To get better acquainted she asked that one of the young ladies should come into her box for the rest of the performance, and Natásha moved over to it.

The scene of the third act represented a palace in which many candles were burning and pictures of knights with short beards hung on the walls. In the middle stood what were probably a king and a queen. The king waved his right arm and, evidently nervous, sang something badly and sat down on a crimson throne. The maiden who had been first in white and then in light blue, now wore only a smock, and stood beside the throne with her hair down. She sang something mournfully, addressing the queen, but the king waved his arm severely, and men and women with bare legs came in from both sides and began dancing all together. Then the violins played very shrilly and merrily and one of the women with thick bare legs and thin arms, separating from the others, went behind the wings, adjusted her bodice, returned to the middle of the stage, and began jumping and

город про них кричит, а я их не знаю.

Наташа встала и присела великолепной графине. Наташе так приятна была похвала этой блестящей красавицы, что она покраснела от удовольствия.

— Я теперь тоже хочу сделаться москвичкой, — говорила Элен. — И как вам не совестно зарыть такие перлы в деревне!

Графиня Безухова по справедливости имела репутацию обворожительной женщины. Она могла говорить то, чего не думала, и в особенности льстить, совершенно просто и натурально.

— Нет, милый граф, вы мне позвольте заняться вашими дочерьми. Я хоть теперь здесь ненадолго. И вы тоже. Я постараюсь повеселить ваших. Я еще в Петербурге много слышала о вас и хотела вас узнать, — сказала она Наташе с своей однообразно красивой улыбкой. — Я слышала о вас и от моего пажа — Друбецкого, — вы слышали, он женится, — и от друга моего мужа — Болконского, князя Андрея Болконского, — сказала она с особенным ударением, намекая этим на то, что она знала отношения его к Наташе. Она попросила, чтобы ей лучше познакомиться, позволить одной из барышень посидеть остальную часть спектакля в ее ложе, и Наташа перешла к ней.

В третьем акте был на сцене представлен дворец, в котором горело много свечей и повешены были картины, изображавшие рыцарей с бородками. Впереди стояли, вероятно, царь и царица. Царь замахал правою рукой и, видимо робея, дурно пропел что-то и сел на малиновый трон. Девица, бывшая сначала в белом, потом в голубом, теперь была одета в одной рубашке, с распущенными волосами, и стояла около трона. Она о чем-то горестно пела, обращаясь к царице; но царь строго махнул рукой, и с боков вышли мужчины с голыми ногами и женщины с голыми ногами и стали танцевать все вместе. Потом скрипки заиграли очень тонко и весело. Одна из девиц, с голыми толстыми ногами и худыми руками, отделившись от других, отошла за кулисы, поправила корсаж, вышла на середину и стала прыгать и скоро бить одной

striking one foot rapidly against the other. In the stalls everyone clapped and shouted "bravo!" Then one of the men went into a corner of the stage. The cymbals and horns in the orchestra struck up more loudly, and this man with bare legs jumped very high and waved his feet about very rapidly. (He was Duport, who received sixty thousand rubles a year for this art.) Everybody in the stalls, boxes, and galleries began clapping and shouting with all their might, and the man stopped and began smiling and bowing to all sides. Then other men and women danced with bare legs. Then the king again shouted to the sound of music, and they all began singing. But suddenly a storm came on, chromatic scales and diminished sevenths were heard in the orchestra, everyone ran off, again dragging one of their number away, and the curtain dropped. Once more there was a terrible noise and clatter among the audience, and with rapturous faces everyone began shouting:

"Duport! Duport! Duport!" Natásha no longer thought this strange. She looked about with pleasure, smiling joyfully.

"Isn't Duport delightful?" Hélène asked her.

"Oh, yes," replied Natásha.

ногой о другую. Все в партере захлопали руками и закричали браво. Потом один мужчина стал в угол. В оркестре заиграли громче в цимбалы и трубы, и один этот мужчина с голыми ногами стал прыгать очень высоко и семенить ногами. (Мужчина этот был Duport, получавший шестьдесят тысяч рублей серебром за это искусство.) Все в партере, в ложах и райке стали хлопать и кричать из всех сил, и мужчина остановился и стал улыбаться и кланяться на все стороны. Потом танцевали еще другие, с голыми ногами, мужчины и женщины, потом опять один из царей закричал что-то под музыку, и все стали петь. Но вдруг сделалась буря, в оркестре послышались хроматические гаммы и аккорды уменьшенной септимы, и все побежали и потащили опять одного из присутствующих за кулисы, и занавесь опустилась. Опять между зрителями поднялся страшный шум и треск, и все с восторженными лицами стали кричать:

— Дюпора! Дюпора! Дюпора!

Наташа уже не находила этого странным. Она с удовольствием, радостно улыбаясь, смотрела вокруг себя.

— N'est ce pas qu'il est admirable — Duport? [2] — сказала Элен, обращаясь к ней.

— Oh, oui [3], — отвечала Наташа.

[2] Не правда ли, что Дюпор восхитителен?

[3] О, да.

X

During the entr'acte a whiff of cold air came into Hélène's box, the door opened, and Anatole entered, stooping and trying not to brush against anyone.

"Let me introduce my brother to you," said Hélène, her eyes shifting uneasily from Natásha to Anatole.

Natásha turned her pretty little head toward the elegant young officer and smiled at him over her bare shoulder. Anatole, who was as handsome at close quarters as at a distance, sat down beside her and told her he had long wished to have this happiness—ever since the Narýshkins' ball in fact, at which he had had the well-remembered pleasure of seeing her. Kurágin was much more sensible and simple with women than among men. He talked boldly and naturally, and Natásha was strangely and agreeably struck by the fact that there was nothing formidable in this man about whom there was so much talk, but that on the contrary his smile was most naïve, cheerful, and good-natured.

Kurágin asked her opinion of the performance and told her how at a previous performance Semënova had fallen down on the stage.

"And do you know, Countess," he said, suddenly addressing her as an old, familiar acquaintance, "we are getting up a costume tournament; you ought to take part in it! It will be great fun. We shall all meet at the Karágins'! Please come! No! Really, eh?" said he.

While saying this he never removed his smiling eyes from her face, her neck, and her bare arms. Natásha knew for certain that he was enraptured by her. This pleased her, yet his presence made her feel constrained and oppressed. When she was not looking at him she felt that he was looking at her shoulders, and she involuntarily caught his eye so that he should look into hers rather than this. But looking into his eyes she was frightened, realizing that there was not that barrier of modesty she had always felt between

X

В антракте в ложе Элен пахнуло холодом, отворилась дверь, и, нагибаясь и стараясь не зацепить кого-нибудь, вошел Анатоль.

— Позвольте мне вам представить брата, — беспокойно перебегая глазами с Наташи на Анатоля, сказала Элен.

Наташа через голое плечо оборотила к красавцу свою хорошенькую головку и улыбнулась. Анатоль, который вблизи был так же хорош, как и издали, подсел к ней и сказал, что давно желал иметь это удовольствие, еще с нарышкинского бала, на котором имел удовольствие, которое он не забыл, видеть ее. Курагин с женщинами был гораздо умнее и проще, чем в мужском обществе. Он говорил смело и просто, и Наташу странно и приятно поразило то, что не только ничего не было такого страшного в этом человеке, про которого так много рассказывали, но что, напротив, у него была самая наивно-веселая и добродушная улыбка.

Анатоль Курагин спросил про впечатление спектакля и рассказал ей про то, как в прошлый спектакль Семенова, играя, упала.

— А знаете, графиня, — сказал он, вдруг обращаясь к ней, как к старой, давнишней знакомой, — у нас устраивается карусель в костюмах; вам бы надо участвовать в нем: будет очень весело. Все собираются у Архаровых. Пожалуйста, приезжайте, право, а? — проговорил он.

Говоря это, он не спускал улыбающихся глаз с лица, с шеи, с оголенных рук Наташи. Наташа несомненно знала, что он восхищается ею. Ей было это приятно, но почему-то ей тесно, жарко и тяжело становилось от его присутствия. Когда она смотрела на него, она чувствовала, что он смотрел на ее плечи, и она невольно перехватывала его взгляд, чтоб он уж лучше смотрел на ее глаза. Но, глядя ему в глаза, она со страхом чувствовала, что между им и ею совсем нет той преграды сты-

herself and other men. She did not know how it was that within five minutes she had come to feel herself terribly near to this man. When she turned away she feared he might seize her from behind by her bare arm and kiss her on the neck. They spoke of most ordinary things, yet she felt that they were closer to one another than she had ever been to any man. Natásha kept turning to Hélène and to her father, as if asking what it all meant, but Hélène was engaged in conversation with a general and did not answer her look, and her father's eyes said nothing but what they always said: "Having a good time? Well, I'm glad of it!"

During one of these moments of awkward silence when Anatole's prominent eyes were gazing calmly and fixedly at her, Natásha, to break the silence, asked him how he liked Moscow. She asked the question and blushed. She felt all the time that by talking to him she was doing something improper. Anatole smiled as though to encourage her.

"At first I did not like it much, because what makes a town pleasant ce sont les jolies femmes (are the pretty women), isn't that so? But now I like it very much indeed," he said, looking at her significantly. "You'll come to the costume tournament, Countess? Do come!" and putting out his hand to her bouquet and dropping his voice, he added, "You will be the prettiest there. Do come, dear countess, and give me this flower as a pledge!"

Natásha did not understand what he was saying any more than he did himself, but she felt that his incomprehensible words had an improper intention. She did not know what to say and turned away as if she had not heard his remark. But as soon as she had turned away she felt that he was there, behind, so close behind her.

"How is he now? Confused? Angry? Ought I to put it right?" she asked herself, and she could not refrain from turning round. She looked

дл ивости, которую всегда она чувствовала между собой и другими мужчинами. Она, сама не зная как, через пять минут чувствовала себя страшно близкой к этому человеку. Когда она отворачивалась, она боялась, как бы он сзади не взял ее за голую руку, не поцеловал бы ее в шею. Они говорили о самых простых вещах, а она чувствовала, что они близки, как она никогда не была с мужчиной. Наташа оглядывалась на Элен и на отца, как будто спрашивая их, что такое это значило; но Элен была занята разговором с каким-то генералом и не ответила на ее взгляд, а взгляд отца ничего не сказал ей, как только то, что он всегда говорил: «Весело, ну я и рад».

В одну из минут неловкого молчания, во время которых Анатоль своими выпуклыми глазами спокойно и упорно смотрел на нее, Наташа, чтобы прервать это молчание, спросила его, как ему нравится Москва. Наташа спросила и покраснела. Ей постоянно казалось, что что-то неприличное она делает, говоря с ним. Анатоль улыбнулся, как бы ободряя ее.

— Сначала мне мало нравилась, потому что что делает город приятным? Ce sont les jolies femmes [1], не правда ли? Ну, а теперь очень нравится, — сказал он, значительно глядя на нее. — Поедете на карусель, графиня? Пожалуйста, поезжайте, — сказал он и, протянув руку к ее букету и понижая голос, сказал: — Vous serez la plus jolie. Venez, chère comtesse, et comme gage donnez moi cette fleur [2].

Наташа не поняла того, что он сказал, так же как он сам, но она чувствовала, что в непонятных словах его был неприличный умысел. Она не знала, что сказать, и отвернулась, как будто не слыхала того, что он сказал. Но только что она отвернулась, она подумала, что он тут сзади, так близко от нее.

«Что он теперь? Он сконфужен? Рассержен? Надо поправить это?» — спрашивала она сама себя. Она не могла удержаться, что-

---

[1] Это хорошенькие женщины.

[2] Вы будете самая хорошенькая. Поезжайте, милая графиня, и в залог дайте мне этот цветок.

straight into his eyes, and his nearness, self-assurance, and the good-natured tenderness of his smile vanquished her. She smiled just as he was doing, gazing straight into his eyes. And again she felt with horror that no barrier lay between him and her.

The curtain rose again. Anatole left the box, serene and gay. Natásha went back to her father in the other box, now quite submissive to the world she found herself in. All that was going on before her now seemed quite natural, but on the other hand all her previous thoughts of her betrothed, of Princess Mary, or of life in the country did not once recur to her mind and were as if belonging to a remote past.

In the fourth act there was some sort of devil who sang waving his arm about, till the boards were withdrawn from under him and he disappeared down below. That was the only part of the fourth act that Natásha saw. She felt agitated and tormented, and the cause of this was Kurágin whom she could not help watching. As they were leaving the theater Anatole came up to them, called their carriage, and helped them in. As he was putting Natásha in he pressed her arm above the elbow. Agitated and flushed she turned round. He was looking at her with glittering eyes, smiling tenderly.

Only after she had reached home was Natásha able clearly to think over what had happened to her, and suddenly remembering Prince Andrew she was horrified, and at tea to which all had sat down after the opera, she gave a loud exclamation, flushed, and ran out of the room.

"O God! I am lost!" she said to herself. "How could I let him?" She sat for a long time hiding her flushed face in her hands trying to realize what had happened to her, but was unable either to understand what had happened or what she felt. Everything seemed dark, obscure, and terrible. There in that enormous, illuminated theater where the bare-legged Duport, in a tinsel-decorated jacket, jumped about to the music on wet boards, and young girls and old men, and the nearly naked Hélène with her proud, calm smile, rapturously cried "bravo!"—there in the pres-

бы не оглянуться. Она прямо в глаза взглянула ему, и его близость, и уверенность, и добродушная ласковость улыбки победили ее. Она улыбнулась тоже, так же как и он, глядя прямо в глаза ему. И опять она с ужасом чувствовала, что между ним и ею нет никакой преграды.

Опять поднялась занавесь. Анатоль вышел из ложи, спокойный и веселый. Наташа вернулась к отцу в ложу, совершенно уже подчиненная тому миру, в котором она находилась. Все, что происходило перед нею, уже казалось ей вполне естественным; но зато все прежние мысли ее о женихе, о княжне Марье, о деревенской жизни ни разу не пришли ей в голову, как будто все то было давно, давно прошедшее.

В четвертом акте был какой-то черт, который пел, махая рукою до тех пор, пока не выдвинули под ним доски и он не опустился туда. Наташа только это и видела из четвертого акта: что-то волновало и мучило ее, и причиной этого волнения был Курагин, за которым она невольно следила глазами. Когда они выходили из театра, Анатоль подошел к ним, вызвал их карету и подсаживал их. Подсаживая Наташу, он пожал ей руку выше кисти. Наташа, взволнованная, красная и счастливая, оглянулась на него. Он, блестя своими глазами и нежно улыбаясь, смотрел на нее.

Только приехав домой, Наташа могла ясно обдумать все то, что с ней было, и, вдруг вспомнив о князе Андрее, она ужаснулась и при всех, за чаем, за который все сели после театра, громко ахнула и, раскрасневшись, выбежала из комнаты.

«Боже мой! Я погибла! — сказала она себе. — Как я могла допустить до этого?» — думала она. Долго она сидела, закрыв раскрасневшееся лицо руками, стараясь дать себе ясный отчет в том, что было с нею, и не могла ни понять того, что с ней было, ни того, что она чувствовала. Все казалось ей темно, неясно и страшно. Там, в этой огромной освещенной зале, где по мокрым доскам прыгал под музыку с голыми ногами Duport в курточке с блестками, и девицы, и старики, и голая, с спокойной и гордой улыбкой Элен

ence of that Hélène it had all seemed clear and simple; but now, alone by herself, it was incomprehensible. "What is it? What was that terror I felt of him? What is this gnawing of conscience I am feeling now?" she thought.

Only to the old countess at night in bed could Natásha have told all she was feeling. She knew that Sónya with her severe and simple views would either not understand it at all or would be horrified at such a confession. So Natásha tried to solve what was torturing her by herself.

"Am I spoiled for Andrew's love or not?" she asked herself, and with soothing irony replied: "What a fool I am to ask that! What did happen to me? Nothing! I have done nothing, I didn't lead him on at all. Nobody will know and I shall never see him again," she told herself. "So it is plain that nothing has happened and there is nothing to repent of, and Andrew can love me still. But why 'still?' O God, why isn't he here?" Natásha quieted herself for a moment, but again some instinct told her that though all this was true, and though nothing had happened, yet the former purity of her love for Prince Andrew had perished. And again in imagination she went over her whole conversation with Kurágin, and again saw the face, gestures, and tender smile of that bold handsome man when he pressed her arm.

в восторге кричали браво, — там, под тенью этой Элен, там это было все ясно и просто; но теперь одной, самой с собой, это было непонятно. «Что это такое? Что такое этот страх, который я испытывала к нему? Что такое эти угрызения совести, которые я испытываю теперь?» — думала она.

Одной старой графине Наташа в состоянии была бы ночью в постели рассказать все, что она думала. Соня, она знала, с своим строгим и цельным взглядом, или ничего бы не поняла, или ужаснулась бы ее признанию. Наташа одна сама с собой старалась разрешить то, что ее мучило.

«Погибла ли я для любви князя Андрея, или нет?» — спрашивала она себя и с успокоительной усмешкой отвечала себе: «Что я за дура, что я спрашиваю это? Что ж со мной было? Ничего. Я ничего не сделала, ничем не вызвала этого. Никто не узнает, и я его больше не увижу никогда, — говорила она себе. — Стало быть, ясно, что ничего не случилось, что не в чем раскаиваться, что князь Андрей может любить меня и *такою. Но какою такою?* Ах Боже, Боже мой! Зачем его нет тут!» Наташа успокоивалась на мгновенье, но потом опять какой-то инстинкт говорил ей, что хотя все это и правда и хотя ничего не было, — инстинкт говорил ей, что вся прежняя чистота любви ее к князю Андрею погибла. И она опять в своем воображении повторяла весь свой разговор с Курагиным и представляла себе лицо, жест и нежную улыбку этого красивого и смелого человека, в то время как он пожал ее руку.

XI

Anatole Kurágin was staying in Moscow because his father had sent him away from Petersburg, where he had been spending twenty thousand rubles a year in cash, besides running up debts for as much more, which his creditors demanded from his father.

His father announced to him that he would now pay half his debts for the last time, but only on condition that he went to Moscow as adjutant to the commander in chief—a post his father had procured for him—and would at last try to make a good match there. He indicated to him Princess Mary and Julie Karágina.

Anatole consented and went to Moscow, where he put up at Pierre's house. Pierre received him unwillingly at first, but got used to him after a while, sometimes even accompanied him on his carousals, and gave him money under the guise of loans.

As Shinshín had remarked, from the time of his arrival Anatole had turned the heads of the Moscow ladies, especially by the fact that he slighted them and plainly preferred the gypsy girls and French actresses—with the chief of whom, Mademoiselle George, he was said to be on intimate relations. He had never missed a carousal at Danílov's or other Moscow revelers', drank whole nights through, outvying everyone else, and was at all the balls and parties of the best society. There was talk of his intrigues with some of the ladies, and he flirted with a few of them at the balls. But he did not run after the unmarried girls, especially the rich heiresses who were most of them plain. There was a special reason for this, as he had got married two years before—a fact known only to his most intimate friends. At that time while with his regiment in Poland, a Polish landowner of small means had forced him to marry his daughter.

Anatole had very soon abandoned his wife and, for a payment which he agreed to send to

XI

Анатоль Курагин жил в Москве, потому что отец отослал его из Петербурга, где он проживал более двадцати тысяч в год деньгами и столько же долгами, которых кредиторы требовали у отца.

Отец объявил сыну, что он в последний раз платит половину его долгов; но только с тем, чтоб он ехал в Москву в должность адъютанта главнокомандующего, которую он ему выхлопотал, и постарался бы там наконец сделать хорошую партию. Он указал ему на княжну Марью и Жюли Карагину.

Анатоль согласился и поехал в Москву, где остановился у Пьера. Пьер принял Анатоля сначала неохотно, но потом привык к нему, иногда ездил с ним на его кутежи и, под предлогом займа, давал ему деньги.

Анатоль, как справедливо говорил про него Шиншин, с тех пор как приехал в Москву, сводил с ума всех московских барынь в особенности тем, что он пренебрегал ими и, очевидно, предпочитал им цыганок и французских актрис, с главою которых с mademoiselle Georges, как говорили, он был в близких сношениях. Он не пропускал ни одного кутежа у Долохова и других весельчаков Москвы, напролет пил целые ночи, перепивая всех, и бывал на всех вечерах и балах высшего света. Рассказывали про несколько интриг его с московскими дамами, и на балах он ухаживал за некоторыми. Но с девицами, в особенности с богатыми невестами, которые были большей частью дурны, он не сближался, тем более что Анатоль, чего никто не знал, кроме самых близких друзей его, был два года тому назад женат. Два года тому назад, во время стоянки его полка в Польше, один польский небогатый помещик заставил Анатоля жениться на своей дочери.

Анатоль весьма скоро бросил свою жену и за деньги, которые он условился высылать

his father-in-law, had arranged to be free to pass himself off as a bachelor.

Anatole was always content with his position, with himself, and with others. He was instinctively and thoroughly convinced that it was impossible for him to live otherwise than as he did and that he had never in his life done anything base. He was incapable of considering how his actions might affect others or what the consequences of this or that action of his might be. He was convinced that, as a duck is so made that it must live in water, so God had made him such that he must spend thirty thousand rubles a year and always occupy a prominent position in society. He believed this so firmly that others, looking at him, were persuaded of it too and did not refuse him either a leading place in society or money, which he borrowed from anyone and everyone and evidently would not repay.

He was not a gambler, at any rate he did not care about winning. He was not vain. He did not mind what people thought of him. Still less could he be accused of ambition. More than once he had vexed his father by spoiling his own career, and he laughed at distinctions of all kinds. He was not mean, and did not refuse anyone who asked of him. All he cared about was gaiety and women, and as according to his ideas there was nothing dishonorable in these tastes, and he was incapable of considering what the gratification of his tastes entailed for others, he honestly considered himself irreproachable, sincerely despised rogues and bad people, and with a tranquil conscience carried his head high.

Rakes, those male Magdalenes, have a secret feeling of innocence similar to that which female Magdalenes have, based on the same hope of forgiveness. "All will be forgiven her, for she loved much; and all will be forgiven him, for he enjoyed much."

Dólokhov, who had reappeared that year in Moscow after his exile and his Persian adventures, and was leading a life of luxury, gambling, and dissipation, associated with his old Peters-

тестю, выговорил себе право слыть за холостого человека.

Анатоль был всегда доволен своим положением, собою и другими. Он был инстинктивно, всем существом своим убежден в том, что ему нельзя было жить иначе, чем так, как он жил, и что он никогда в жизни не сделал ничего дурного. Он не был в состоянии обдумать ни того, как его поступки могут отзываться на других, ни того, что может выйти из такого или такого его поступка. Он был убежден, что как утка сотворена так, что она всегда должна жить в воде, так и он сотворен Богом так, что должен жить в тридцать тысяч дохода и занимать всегда высшее положение в обществе. Он так твердо верил в это, что, глядя на него, и другие были убеждены в этом и не отказывали ему ни в высшем положении в свете, ни в деньгах, которые он, очевидно без отдачи, занимал у встречного и поперечного.

Он не был игрок, по крайней мере никогда не желал выигрыша, даже не жалел проигрыша. Он не был тщеславен. Ему было совершенно все равно, что бы о нем ни думали. Еще менее он мог быть повинен в честолюбии. Он несколько раз дразнил отца, портя свою карьеру, и смеялся над всеми почестями. Он был не скуп и не отказывал никому, кто просил у него. Одно, что он любил, — это было веселье и женщины; и так как, по его понятиям, в этих вкусах не было ничего неблагородного, а обдумать то, что выходило для других людей из удовлетворения его вкусов, он не мог, то в душе своей он считал себя безукоризненным человеком, искренно презирал подлецов и дурных людей и с спокойной совестью высоко носил голову.

У кутил, у этих мужских магдалин, есть тайное чувство сознания невинности, такое же, как и у магдалин-женщин, основанное на той же надежде прощения. «Ей все простится, потому что она много любила; и ему все простится, потому что он много веселился».

Долохов, в этом году появившийся опять в Москве после своего изгнания и персидских похождений и ведший роскошную игорную и кутежную жизнь, сблизился с ста-

burg comrade Kurágin and made use of him for his own ends.

Anatole was sincerely fond of Dólokhov for his cleverness and audacity. Dólokhov, who needed Anatole Kurágin's name, position, and connections as a bait to draw rich young men into his gambling set, made use of him and amused himself at his expense without letting the other feel it. Apart from the advantage he derived from Anatole, the very process of dominating another's will was in itself a pleasure, a habit, and a necessity to Dólokhov.

Natásha had made a strong impression on Kurágin. At supper after the opera he described to Dólokhov with the air of a connoisseur the attractions of her arms, shoulders, feet, and hair and expressed his intention of making love to her. Anatole had no notion and was incapable of considering what might come of such love-making, as he never had any notion of the outcome of any of his actions.

"She's first-rate, my dear fellow, but not for us," replied Dólokhov.

"I will tell my sister to ask her to dinner," said Anatole. "Eh?"

"You'd better wait till she's married...."

"You know, I adore little girls, they lose their heads at once," pursued Anatole.

"You have been caught once already by a 'little girl,'" said Dólokhov who knew of Kurágin's marriage. "Take care!"

"Well, that can't happen twice! Eh?" said Anatole, with a good-humored laugh.

рым петербургским товарищем Курагиным и пользовался им для своих целей.

Анатоль искренно любил Долохова за его ум и удальство; Долохов, которому были нужны имя, знатность, связи Анатоля Курагина для приманки в свое игорное общество богатых молодых людей, не давая ему этого чувствовать, пользовался и забавлялся Курагиным. Кроме расчета, по которому ему был нужен Анатоль, самый процесс управления чужою волей был наслаждением, привычкой и потребностью для Долохова.

Наташа произвела сильное впечатление на Курагина. Он за ужином после театра с приемами знатока разобрал перед Долоховым достоинство ее рук, плеч, ног и волос и объявил свое решение приволокнуться за нею. Что могло выйти из этого ухаживания — Анатоль не мог обдумать и знать, как он никогда не знал того, что выйдет из каждого его поступка.

— Хороша, брат, да не про нас, — сказал ему Долохов.

— Я скажу сестре, чтоб она позвала ее обедать, — сказал Анатоль. — А?

— Ты подожди лучше, как замуж выйдет...

— Ты знаешь, — сказал Анатоль, — j'adore les petites filles [1]: сейчас потеряется.

— Ты уж попался раз на petite fille, — сказал Долохов, знавший про женитьбу Анатоля. — Смотри.

— Ну, уж два раза нельзя! А? — сказал Анатоль, добродушно смеясь.

---

[1] я обожаю девочек.

XII

The day after the opera the Rostóvs went nowhere and nobody came to see them. Márya Dmítrievna talked to the count about something which they concealed from Natásha. Natásha guessed they were talking about the old prince and planning something, and this disquieted and offended her. She was expecting Prince Andrew any moment and twice that day sent a manservant to the Vozdvízhenka to ascertain whether he had come. He had not arrived. She suffered more now than during her first days in Moscow. To her impatience and pining for him were now added the unpleasant recollection of her interview with Princess Mary and the old prince, and a fear and anxiety of which she did not understand the cause. She continually fancied that either he would never come or that something would happen to her before he came. She could no longer think of him by herself calmly and continuously as she had done before. As soon as she began to think of him, the recollection of the old prince, of Princess Mary, of the theater, and of Kurágin mingled with her thoughts. The question again presented itself whether she was not guilty, whether she had not already broken faith with Prince Andrew, and again she found herself recalling to the minutest detail every word, every gesture, and every shade in the play of expression on the face of the man who had been able to arouse in her such an incomprehensible and terrifying feeling. To the family Natásha seemed livelier than usual, but she was far less tranquil and happy than before.

On Sunday morning Márya Dmítrievna invited her visitors to Mass at her parish church—the Church of the Assumption built over the graves of victims of the plague.

"I don't like those fashionable churches," she said, evidently priding herself on her independence of thought. "God is the same everywhere. We have an excellent priest, he conducts the service decently and with dignity, and the deacon is

XII

Следующий после театра день Ростовы никуда не ездили, и никто не приезжал к ним. Марья Дмитриевна о чем-то скрывая от Наташи, переговаривалась с ее отцом. Наташа догадывалась, что они говорили о старом князе и что-то придумывали, и ее беспокоило и оскорбляло это. Она всякую минуту ждала князя Андрея и два раза в этот день посылала дворника на Вздвиженку узнавать, не приехал ли он. Он не приезжал. Ей было теперь тяжелее, чем первые дни своего приезда. К нетерпению и грусти ее о нем присоединились неприятное воспоминание о свидании с княжной Марьей и с старым князем и страх и беспокойство, которым она не знала причины. Ей все казалось, что или он никогда не приедет, или что, прежде чем он приедет, с ней случится что-нибудь. Она не могла, как прежде, спокойно и продолжительно, одна сама с собой, думать о нем. Как только она начинала думать о нем, к воспоминанию о нем присоединялось воспоминание о старом князе, о княжне Марье, и о последнем спектакле, и о Курагине. Ей опять представлялся вопрос, не виновата ли она, не нарушена ли уже ее верность князю Андрею, и опять она заставала себя до малейших подробностей воспоминающею каждое слово, каждый жест, каждый оттенок игры выражения на лице этого человека, умевшего возбудить в ней непонятное для нее и страшное чувство. На взгляд домашних, Наташа казалась оживленнее обыкновенного, но она далеко была не так спокойна и счастлива, как была прежде.

В воскресенье утром Марья Дмитриевна пригласила своих гостей к обедне в свой приход Успения на Могильцах.

— Я этих модных церквей не люблю, — говорила она, видимо гордясь своим свободомыслием. — Везде Бог один. Поп у нас прекрасный, служит прилично, так это благородно, и дьякон тоже. Разве от этого свя-

the same. What holiness is there in giving concerts in the choir? I don't like it, it's just self-indulgence!"

Márya Dmítrievna liked Sundays and knew how to keep them. Her whole house was scrubbed and cleaned on Saturdays; neither she nor the servants worked, and they all wore holiday dress and went to church. At her table there were extra dishes at dinner, and the servants had vodka and roast goose or suckling pig. But in nothing in the house was the holiday so noticeable as in Márya Dmítrievna's broad, stern face, which on that day wore an invariable look of solemn festivity.

After Mass, when they had finished their coffee in the dining room where the loose covers had been removed from the furniture, a servant announced that the carriage was ready, and Márya Dmítrievna rose with a stern air. She wore her holiday shawl, in which she paid calls, and announced that she was going to see Prince Nicholas Bolkónski to have an explanation with him about Natásha.

After she had gone, a dressmaker from Madame Suppert-Roguet waited on the Rostóvs, and Natásha, very glad of this diversion, having shut herself into a room adjoining the drawing room, occupied herself trying on the new dresses. Just as she had put on a bodice without sleeves and only tacked together, and was turning her head to see in the glass how the back fitted, she heard in the drawing room the animated sounds of her father's voice and another's—a woman's—that made her flush. It was Hélène. Natásha had not time to take off the bodice before the door opened and Countess Bezúkhova, dressed in a purple velvet gown with a high collar, came into the room beaming with good-humored amiable smiles.

"Oh, my enchantress!" she cried to the blushing Natásha. "Charming! No, this is really beyond anything, my dear count," said she to Count Rostóv who had followed her in. "How

тость какая, что концерты на клиросе поют? Не люблю, одно баловство!

Марья Дмитриевна любила воскресные дни и умела праздновать их. Дом ее бывал весь вымыт и вычищен в субботу; люди и она не работали, все были празднично разряжены, и все бывали у обедни. К господскому обеду прибавлялись кушанья, и людям давалась водка и жареный гусь или поросенок. Но ни на чем во всем доме так не бывал заметен праздник, как на широком, строгом лице Марьи Дмитриевны, в этот день принимавшем неизменяемое выражение торжественности.

Когда напились кофе после обедни, в гостиной с снятыми чехлами, Марье Дмитриевне доложили, что карета готова, и она с строгим видом, одетая в парадную шаль, в которой она делала визиты, поднялась и объявила, что едет к князю Николаю Андреевичу Болконскому, чтоб объясниться с ним насчет Наташи.

После отъезда Марьи Дмитриевны к Ростовым приехала модистка от мадам Шальме, и Наташа, затворив дверь в соседней с гостиной комнате, очень довольная развлечением, занялась примериваньем новых платьев. В то время как она, надев сметанный на живую нитку еще без рукавов лиф и загибая голову, гляделась в зеркало, как сидит спинка, она услыхала в гостиной оживленные звуки голоса отца и другого, женского голоса, который заставил ее покраснеть. Это был голос Элен. Не успела Наташа снять примериваемый лиф, как дверь отворилась и в комнату вошла графиня Безухова, сияющая добродушной и ласковой улыбкой, в темно-лиловом, с высоким воротом, бархатном платье.

— Ah, ma délicieuse![1] — сказала она красневшей Наташе. — Charmante![2] Нет, это ни на что не похоже, мой милый граф, — сказала она вошедшему за ней Илье Андреичу.

---

[1] О, моя восхитительная!

[2] Прелесть!

can you live in Moscow and go nowhere? No, I won't let you off! Mademoiselle George will recite at my house tonight and there'll be some people, and if you don't bring your lovely girls—who are prettier than Mademoiselle George—I won't know you! My husband is away in Tver or I would send him to fetch you. You must come. You positively must! Between eight and nine."

She nodded to the dressmaker, whom she knew and who had curtsied respectfully to her, and seated herself in an armchair beside the looking glass, draping the folds of her velvet dress picturesquely. She did not cease chattering good-naturedly and gaily, continually praising Natásha's beauty. She looked at Natásha's dresses and praised them, as well as a new dress of her own made of "metallic gauze," which she had received from Paris, and advised Natásha to have one like it.

"But anything suits you, my charmer!" she remarked.

A smile of pleasure never left Natásha's face. She felt happy and as if she were blossoming under the praise of this dear Countess Bezúkhova who had formerly seemed to her so unapproachable and important and was now so kind to her. Natásha brightened up and felt almost in love with this woman, who was so beautiful and so kind. Hélène for her part was sincerely delighted with Natásha and wished to give her a good time. Anatole had asked her to bring him and Natásha together, and she was calling on the Rostóvs for that purpose. The idea of throwing her brother and Natásha together amused her.

Though at one time, in Petersburg, she had been annoyed with Natásha for drawing Borís away, she did not think of that now, and in her own way heartily wished Natásha well. As she was leaving the Rostóvs she called her protégée aside.

"My brother dined with me yesterday—we nearly died of laughter—he ate nothing and kept sighing for you, my charmer! He is madly, quite madly, in love with you, my dear."

— Как жить в Москве и никуда не ездить! Нет, я от вас не отстану! Нынче вечером у меня m-lle Georges декламирует и соберутся кое-кто; и ежели вы не привезете своих красавиц, которые лучше m-lle Georges, то я вас знать не хочу. Мужа нет, он уехал в Тверь, а то бы я его за вами прислала. Непременно приезжайте, непременно, в девятом часу.

— Она кивнула головой знакомой модистке, почтительно присевшей ей, и села на кресло подле зеркала, живописно раскинув складки своего бархатного платья. Она не переставала добродушно и весело болтать, беспрестанно восхищаясь красотой Наташи. Она рассмотрела ее платья и похвалила их, похвалилась и своим новым платьем en gaz métallique[3], которое она получила из Парижа, и советовала Наташе сделать такое же.

— Впрочем, вам все идет, моя прелестная, — говорила она.

С лица Наташи не сходила улыбка удовольствия. Она чувствовала себя счастливой и расцветающей под похвалами этой милой графини Безуховой, казавшейся ей прежде такой неприступной и важной дамой и бывшей теперь такою доброй с ней. Наташе стало весело, и она чувствовала себя почти влюбленной в эту такую красивую и такую добродушную женщину. Элен с своей стороны искренно восхищалась Наташей и желала повеселить ее. Анатоль просил ее свести его с Наташей, и для этого она приехала к Ростовым. Мысль свести брата с Наташей забавляла ее.

Несмотря на то, что прежде у нее была досада на Наташу за то, что она в Петербурге отбила у нее Бориса, она теперь и не думала об этом и всей душой, по-своему, желала добра Наташе. Уезжая от Ростовых, она отозвала в сторону свою protégée.

— Вчера брат обедал у меня — мы помирали со смеха — ничего не ест и вздыхает по вас, моя прелесть. Il est fou, mais fou amoureux de vous, ma chère[4].

---

[3] из металлического газа.

[4] Он без ума, ну истинно без ума влюблен в вас.

Natásha blushed scarlet when she heard this.

"How she blushes, how she blushes, my pretty!" said Hélène. "You must certainly come. If you love somebody, my charmer, that is not a reason to shut yourself up. Even if you are engaged, I am sure your fiancé would wish you to go into society rather than be bored to death."

"So she knows I am engaged, and she and her husband Pierre—that good Pierre—have talked and laughed about this. So it's all right." And again, under Hélène's influence, what had seemed terrible now seemed simple and natural. "And she is such a grande dame, so kind, and evidently likes me so much. And why not enjoy myself?" thought Natásha, gazing at Hélène with wide-open, wondering eyes.

Márya Dmítrievna came back to dinner taciturn and serious, having evidently suffered a defeat at the old prince's. She was still too agitated by the encounter to be able to talk of the affair calmly. In answer to the count's inquiries she replied that things were all right and that she would tell about it next day. On hearing of Countess Bezúkhova's visit and the invitation for that evening, Márya Dmítrievna remarked:

"I don't care to have anything to do with Bezúkhova and don't advise you to; however, if you've promised—go. It will divert your thoughts," she added, addressing Natásha.

Наташа багрово покраснела, услыхав эти слова.

— Как краснеет, как краснеет, ma délicieuse! [5] — проговорила Элен. — Непременно приезжайте. Si vous aimez quelqu'un, ma délicieuse, ce n'est pas une raison pour se cloîtrer. Si même vous êtes promise, je suis sûre que votre promis aurait désiré que vous alliez dans le monde en son absence plutôt que de dépérir d'ennui [6].

«Стало быть, она знает, что я невеста, стало быть, и они с мужем, с Пьером, с этим справедливым Пьером, — думала Наташа, — говорили и смеялись про это. Стало быть, это ничего». И опять, под влиянием Элен, то, что прежде представлялось страшным, показалось простым и естественным. «И она такая grande dame [7], такая милая и так, видно, всей душой любит меня, — думала Наташа. — И отчего не веселиться?» — думала Наташа, удивленными, широко раскрытыми глазами глядя на Элен.

К обеду вернулась Марья Дмитриевна, молчаливая, серьезная, очевидно, понесшая поражение у старого князя. Она была еще слишком взволнована от происшедшего столкновения, чтобы быть в силах спокойно рассказать дело. На вопрос графа она отвечала, что все хорошо и что она завтра расскажет. Узнав о посещении графини Безуховой и приглашении на вечер, Марья Дмитриевна сказала:

— С Безуховой водиться я не люблю и не посоветую; ну, да уж если обещала, поезжай, рассеешься, — прибавила она, обращаясь к Наташе.

---

[5] моя прелесть!

[6] Если вы кого-нибудь любите, моя прелестная, это еще не причина, чтобы запереть себя. Даже если вы невеста, я уверена, что ваш жених желал бы скорее, чтобы вы ездили в свет, чем пропадали со скуки.

[7] важная барыня.

XIII

XIII

Count Rostóv took the girls to Countess Bezúkhova's. There were a good many people there, but nearly all strangers to Natásha. Count Rostóv was displeased to see that the company consisted almost entirely of men and women known for the freedom of their conduct. Mademoiselle George was standing in a corner of the drawing room surrounded by young men. There were several Frenchmen present, among them Métivier who from the time Hélène reached Moscow had been an intimate in her house. The count decided not to sit down to cards or let his girls out of his sight and to get away as soon as Mademoiselle George's performance was over.

Anatole was at the door, evidently on the lookout for the Rostóvs. Immediately after greeting the count he went up to Natásha and followed her. As soon as she saw him she was seized by the same feeling she had had at the opera—gratified vanity at his admiration of her and fear at the absence of a moral barrier between them.

Hélène welcomed Natásha delightedly and was loud in admiration of her beauty and her dress. Soon after their arrival Mademoiselle George went out of the room to change her costume. In the drawing room people began arranging the chairs and taking their seats. Anatole moved a chair for Natásha and was about to sit down beside her, but the count, who never lost sight of her, took the seat himself. Anatole sat down behind her.

Mademoiselle George, with her bare, fat, dimpled arms, and a red shawl draped over one shoulder, came into the space left vacant for her, and assumed an unnatural pose. Enthusiastic whispering was audible.

Mademoiselle George looked sternly and gloomily at the audience and began reciting some French verses describing her guilty love for her son. In some places she raised her voice, in others she whispered, lifting her head tri-

Граф Илья Андреич повез своих девиц к графине Безуховой. На вечере было довольно много народу. Но все общество было почти незнакомо Наташе. Граф Илья Андреич с неудовольствием заметил, что все это общество состояло преимущественно из мужчин и дам, известных вольностью обращения. M-lle Georges, окруженная молодежью, стояла в углу гостиной. Было несколько французов и между ними Метивье, бывший, со времени приезда Элен, домашним человеком у нее. Граф Илья Андреич решился не садиться за карты, не отходить от дочерей и уехать, как только кончится представление Georges.

Анатоль, очевидно, у двери ожидал входа Ростовых. Он тотчас же, поздоровавшись с графом, подошел к Наташе и пошел за ней. Как только Наташа его увидала, то же, как и в театре, чувство тщеславного удовольствия, что она нравится ему, и страха от отсутствия нравственных преград между ею и им охватило ее.

Элен радостно приняла Наташу и громко восхищалась ее красотой и туалетом. Вскоре после их приезда m-lle Georges вышла из комнаты, чтобы одеться. В гостиной стали расставливать стулья и усаживаться. Анатоль подвинул Наташе стул и хотел сесть подле, но граф, не спускавший глаз с Наташи, сел подле нее. Анатоль сел сзади.

M-lle Georges, с оголенными, с ямочками, толстыми руками, в красной шали, надетой на одно плечо, вышла в оставленное для нее пустое пространство между кресел и остановилась в ненатуральной позе. Послышался восторженный шепот.

M-lle Georges строго и мрачно оглядела публику и начала говорить по-французски какие-то стихи, где речь шла о ее преступной любви к своему сыну. Она местами возвышала голос, местами шептала, торжественно

umphantly; sometimes she paused and uttered hoarse sounds, rolling her eyes.

"Adorable! divine! delicious!" was heard from every side.

Natásha looked at the fat actress, but neither saw nor heard nor understood anything of what went on before her. She only felt herself again completely borne away into this strange senseless world—so remote from her old world—a world in which it was impossible to know what was good or bad, reasonable or senseless. Behind her sat Anatole, and conscious of his proximity she experienced a frightened sense of expectancy.

After the first monologue the whole company rose and surrounded Mademoiselle George, expressing their enthusiasm.

"How beautiful she is!" Natásha remarked to her father who had also risen and was moving through the crowd toward the actress.

"I don't think so when I look at you!" said Anatole, following Natásha. He said this at a moment when she alone could hear him. "You are enchanting... from the moment I saw you I have never ceased..."

"Come, come, Natásha!" said the count, as he turned back for his daughter. "How beautiful she is!"

Natásha without saying anything stepped up to her father and looked at him with surprised inquiring eyes.

After giving several recitations, Mademoiselle George left, and Countess Bezúkhova asked her visitors into the ballroom.

The count wished to go home, but Hélène entreated him not to spoil her improvised ball, and the Rostóvs stayed on. Anatole asked Natásha for a valse and as they danced he pressed her waist and hand and told her she was bewitching and that he loved her. During the écossaise, which she also danced with him, Anatole said nothing when they happened to be by themselves, but merely gazed at her. Natásha lifted her frightened eyes to him, but there was such

поднимая голову, местами останавливалась и хрипела, выкатывая глаза:

— Adorable, divin, délicieux! [1] — слышалось со всех сторон.

Наташа смотрела на толстую Georges, но ничего не слышала, не видела и не понимала ничего из того, что делалось перед ней; она только чувствовала себя опять вполне безвозвратно в том странном, безумном мире, столь далеком от прежнего, в том мире, в котором нельзя было знать, что хорошо, что дурно, что разумно и что безумно. Позади ее сидел Анатоль, и она, чувствуя его близость, испуганно ждала чего-то.

После первого монолога все общество встало и окружило m-lle Georges, выражая ей свой восторг.

— Как она хороша! — сказала Наташа отцу, который вместе с другими встал и сквозь толпу подвигался к актрисе.

— Я не нахожу, глядя на вас, — сказал Анатоль, следуя за Наташей. Он сказал это в такое время, когда она одна могла его слышать. — Вы прелестны... с той минуты, как я увидал вас, я не переставал...

— Пойдем, пойдем, Наташа, — сказал граф, возвращаясь за дочерью. — Как хороша!

Наташа, ничего не говоря, подошла к отцу и вопросительно-удивленными глазами смотрела на него.

После нескольких приемов декламации m-lle Georges уехала, и графиня Безухова попросила общество в залу.

Граф хотел уехать, но Элен умоляла не испортить ее импровизированного бала. Ростовы остались. Анатоль пригласил Наташу на вальс, и во время вальса он, пожимая ее стан и руку, сказал ей, что она ravissante [2] и что он любит ее. Во время экосеза, который она опять танцевала с Курагиным, когда они остались одни, Анатоль ничего не говорил ей и только смотрел на нее. Наташа была в сомнении, не во сне ли она видела то, что

---

[1] Восхитительно, божественно, чудесно!

[2] обворожительна.

confident tenderness in his affectionate look and smile that she could not, whilst looking at him, say what she had to say. She lowered her eyes.

"Don't say such things to me. I am betrothed and love another," she said rapidly.... She glanced at him.

Anatole was not upset or pained by what she had said.

"Don't speak to me of that! What can I do?" said he. "I tell you I am madly, madly, in love with you! Is it my fault that you are enchanting?... It's our turn to begin."

Natásha, animated and excited, looked about her with wide-open frightened eyes and seemed merrier than usual. She understood hardly anything that went on that evening. They danced the écossaise and the Grossvater. Her father asked her to come home, but she begged to remain. Wherever she went and whomever she was speaking to, she felt his eyes upon her. Later on she recalled how she had asked her father to let her go to the dressing room to rearrange her dress, that Hélène had followed her and spoken laughingly of her brother's love, and that she again met Anatole in the little sitting room. Hélène had disappeared leaving them alone, and Anatole had taken her hand and said in a tender voice:

"I cannot come to visit you but is it possible that I shall never see you? I love you madly. Can I never...?" and, blocking her path, he brought his face close to hers.

His large, glittering, masculine eyes were so close to hers that she saw nothing but them.

"Natalie?" he whispered inquiringly while she felt her hands being painfully pressed. "Natalie?"

"I don't understand. I have nothing to say," her eyes replied.

Burning lips were pressed to hers, and at the same instant she felt herself released, and Hélène's footsteps and the rustle of her dress were heard in the room. Natásha looked round

он сказал ей во время вальса. В конце первой фигуры он опять пожал ей руку. Наташа подняла на него испуганные глаза, но такое самоуверенно-нежное выражение было в его ласковом взгляде и улыбке, что она не могла, глядя на него, сказать того, что она имела сказать ему. Она опустила глаза.

— Не говорите мне таких вещей, я обручена и люблю другого, — проговорила она быстро... Она взглянула на него.

Анатоль не смутился и не огорчился тем, что она сказала.

— Не говорите мне про это. Что мне за дело? — сказал он. — Я говорю, что безумно, безумно влюблен в вас. Разве я виноват, что вы восхитительны?.. Нам начинать.

Наташа, оживленная и тревожная, широко раскрытыми, испуганными глазами смотрела вокруг себя и казалась веселее, чем обыкновенно. Она почти ничего не помнила из того, что было в этот вечер. Танцевала экосез и гросфатер, отец приглашал ее уехать, она просила остаться. Где бы она ни была, с кем бы ни говорила, она чувствовала на себе его взгляд. Потом она помнила, что попросила у отца позволения выйти в уборную оправить платье, что Элен вышла за ней, говорила ей, смеясь, о любви ее брата и что в маленькой диванной ей опять встретился Анатоль, что Элен куда-то исчезла, они остались вдвоем, и Анатоль, взяв ее за руку, нежным голосом сказал:

— Я не могу к вам ездить, но неужели я никогда не увижу вас? Я безумно люблю вас. Неужели никогда?.. — И он, заслоняя ей дорогу, приближал свое лицо к ее лицу.

Блестящие большие мужские глаза его так близки были от ее глаз, что она не видела ничего, кроме этих глаз.

— Натали?! — прошептал вопросительно его голос, и кто-то больно сжимал ее руки.

— Натали?!

«Я ничего не понимаю, мне нечего говорить», — сказал ее взгляд.

Горячие губы прижались к ее губам, и в ту же минуту она почувствовала себя опять свободною, и в комнате послышался шум шагов и платья Элен. Наташа оглянулась на

at her, and then, red and trembling, threw a frightened look of inquiry at Anatole and moved toward the door.

"One word, just one, for God's sake!" cried Anatole.

She paused. She so wanted a word from him that would explain to her what had happened and to which she could find no answer.

"Natalie, just a word, only one!" he kept repeating, evidently not knowing what to say and he repeated it till Hélène came up to them.

Hélène returned with Natásha to the drawing room. The Rostóvs went away without staying for supper.

After reaching home Natásha did not sleep all night. She was tormented by the insoluble question whether she loved Anatole or Prince Andrew. She loved Prince Andrew—she remembered distinctly how deeply she loved him. But she also loved Anatole, of that there was no doubt. "Else how could all this have happened?" thought she. "If, after that, I could return his smile when saying good-by, if I was able to let it come to that, it means that I loved him from the first. It means that he is kind, noble, and splendid, and I could not help loving him. What am I to do if I love him and the other one too?" she asked herself, unable to find an answer to these terrible questions.

Элен, потом, красная и дрожащая, взглянула на него испуганно-вопросительно и пошла к двери.

— Un mot, un seul, au nom de Dieu [3], — говорил Анатоль.

Она остановилась. Ей так нужно было, чтобы он сказал это слово, которое бы объяснило ей то, что случилось, и на которое она бы ему ответила.

— Nathalie, un mot, un seul [4], — все повторял он, видимо не зная, что сказать, и повторял его до тех пор, пока к ним подошла Элен.

Элен вместе с Наташей опять вышла в гостиную. Не оставшись ужинать, Ростовы уехали.

Вернувшись домой, Наташа не спала всю ночь; ее мучил неразрешимый вопрос, кого она любила: Анатоля или князя Андрея? Князя Андрея она любила — она помнила ясно, как сильно она любила его. Но Анатоля она любила тоже, это было несомненно. «Иначе разве все это могло бы быть? — думала она. — Ежели я могла после этого, прощаясь с ним, могла улыбкой ответить на его улыбку, ежели я могла допустить до этого, то значит, что я с первой минуты полюбила его. Значит, он добр, благороден и прекрасен, и нельзя было не полюбить его. Что же мне делать, когда я люблю его и люблю другого?» — говорила она себе, не находя ответов на эти страшные вопросы.

---

[3] Одно слово, только одно, ради Бога.

[4] Натали, одно слово, одно.

XIV

Morning came with its cares and bustle. Everyone got up and began to move about and talk, dressmakers came again. Márya Dmítrievna appeared, and they were called to breakfast. Natásha kept looking uneasily at everybody with wide-open eyes, as if wishing to intercept every glance directed toward her, and tried to appear the same as usual.

After breakfast, which was her best time, Márya Dmítrievna sat down in her armchair and called Natásha and the count to her.

"Well, friends, I have now thought the whole matter over and this is my advice," she began. "Yesterday, as you know, I went to see Prince Bolkónski. Well, I had a talk with him…. He took it into his head to begin shouting, but I am not one to be shouted down. I said what I had to say!"

"Well, and he?" asked the count.

"He? He's crazy… he did not want to listen. But what's the use of talking? As it is we have worn the poor girl out," said Márya Dmítrievna. "My advice to you is finish your business and go back home to Otrádnoe… and wait there."

"Oh, no!" exclaimed Natásha.

"Yes, go back," said Márya Dmítrievna, "and wait there. If your betrothed comes here now—there will be no avoiding a quarrel; but alone with the old man he will talk things over and then come on to you."

Count Rostóv approved of this suggestion, appreciating its reasonableness. If the old man came round it would be all the better to visit him in Moscow or at Bald Hills later on; and if not, the wedding, against his wishes, could only be arranged at Otrádnoe.

"That is perfectly true. And I am sorry I went to see him and took her," said the old count.

"No, why be sorry? Being here, you had to pay your respects. But if he won't—that's his affair," said Márya Dmítrievna, looking for some-

XIV

Пришло утро с его заботами и суетой. Все встали, задвигались, заговорили, опять пришли модистки, опять вышла Марья Дмитриевна и позвали к чаю. Наташа широко раскрытыми глазами, как будто она хотела перехватить всякий устремленный на нее взгляд, беспокойно оглядывалась на всех и старалась казаться такою же, какою она была всегда.

После завтрака Марья Дмитриевна (это было лучшее время ее), сев на свое кресло, подозвала к себе Наташу и старого графа.

— Ну-с, друзья мои, теперь я все дело обдумала, и вот вам мой совет, — начала она. — Вчера, как вы знаете, была я у князя Николая; ну-с и поговорила с ним… Он кричать вздумал. Да меня не перекричишь! Я все ему выпела!

— Да что же он? — спросил граф.

— Он-то что? сумасброд… слышать не хочет; ну, да что говорить, и так мы бедную девочку измучили, — сказала Марья Дмитриевна. — А совет мой вам, чтобы дела покончить и ехать домой, в Отрадное… и там ждать…

— Ах, нет! — вскрикнула Наташа.

— Нет, ехать, — сказала Марья Дмитриевна. — И там ждать. Если жених теперь сюда приедет — без ссоры не обойдется, а он тут один на один с стариком все переговорит и потом к вам приедет.

Илья Андреич одобрил это предложение, тотчас поняв всю разумность его. Ежели старик смягчится, то тем лучше будет приехать к нему в Москву или Лысые Горы уже после; если нет, то венчаться против его воли можно будет только в Отрадном.

— И истинная правда, — сказал он. — Я и жалею, что к нему ездил и ее возил, — сказал старый граф.

— Нет, чего ж жалеть? Бывши здесь, нельзя было не сделать почтения. Ну, а не хочет, его дело, — сказала Марья Дмитриевна, что-

thing in her reticule. "Besides, the trousseau is ready, so there is nothing to wait for; and what is not ready I'll send after you. Though I don't like letting you go, it is the best way. So go, with God's blessing!"

Having found what she was looking for in the reticule she handed it to Natásha. It was a letter from Princess Mary.

"She has written to you. How she torments herself, poor thing! She's afraid you might think that she does not like you."

"But she doesn't like me," said Natásha.

"Don't talk nonsense!" cried Márya Dmítrievna.

"I shan't believe anyone, I know she doesn't like me," replied Natásha boldly as she took the letter, and her face expressed a cold and angry resolution that caused Márya Dmítrievna to look at her more intently and to frown.

"Don't answer like that, my good girl!" she said. "What I say is true! Write an answer!"

Natásha did not reply and went to her own room to read Princess Mary's letter.

Princess Mary wrote that she was in despair at the misunderstanding that had occurred between them. Whatever her father's feelings might be, she begged Natásha to believe that she could not help loving her as the one chosen by her brother, for whose happiness she was ready to sacrifice everything.

"Do not think, however," she wrote, "that my father is ill-disposed toward you. He is an invalid and an old man who must be forgiven; but he is good and magnanimous and will love her who makes his son happy." Princess Mary went on to ask Natásha to fix a time when she could see her again.

After reading the letter Natásha sat down at the writing table to answer it. "Dear Princess," she wrote in French quickly and mechanically, and then paused. What more could she write

то отыскивая в ридикюле. — Да и приданое готово, чего вам еще ждать, а что не готово, я вам перешлю. Хоть и жалко мне вас, а лучше с Богом поезжайте.

Найдя в ридикюле то, что она искала, она передала Наташе. Это было письмо от княжны Марьи.

— Тебе пишет. Как мучается, бедняжка! Она боится, чтоб ты не подумала, что она тебя не любит.

— Да она и не любит меня, — сказала Наташа.

— Вздор не говори, — крикнула Марья Дмитриевна.

— Никому не поверю: я знаю, что не любит, — смело сказала Наташа, взяв письмо, и в лице ее выразилась сухая и злобная решительность, заставившая Марью Дмитриевну пристальнее посмотреть на нее и нахмуриться.

— Ты, матушка, так не отвечай, — сказала она. — Что я говорю, то правда. Напиши ответ.

Наташа не отвечала и пошла в свою комнату читать письмо княжны Марьи.

Княжна Марья писала, что она была в отчаянии от происшедшего между ними недоразумения. Какие бы ни были чувства отца, писала княжна Марья, она просила Наташу верить, что она не могла не любить ее как ту, которую выбрал ее брат, для счастия которого она всем готова была пожертвовать.

«Впрочем, — писала она, — не думайте, чтобы отец мой был дурно расположен к вам. Он больной и старый человек, которого надо извинять; но он добр, великодушен и будет любить ту, которая сделает счастье его сына». Княжна Марья просила далее, чтобы Наташа назначила время, когда она может опять увидаться с ней.

Прочтя письмо, Наташа села к письменному столу, чтобы написать ответ: «Chère princesse!» [3] — быстро механически написала она и остановилась. Что ж дальше могла на-

---

[3] Милая княжна

after all that had happened the evening before? "Yes, yes! All that has happened, and now all is changed," she thought as she sat with the letter she had begun before her. "Must I break off with him? Must I really? That's awful..." and to escape from these dreadful thoughts she went to Sónya and began sorting patterns with her.

After dinner Natásha went to her room and again took up Princess Mary's letter. "Can it be that it is all over?" she thought. "Can it be that all this has happened so quickly and has destroyed all that went before?" She recalled her love for Prince Andrew in all its former strength, and at the same time felt that she loved Kurágin. She vividly pictured herself as Prince Andrew's wife, and the scenes of happiness with him she had so often repeated in her imagination, and at the same time, aglow with excitement, recalled every detail of yesterday's interview with Anatole.

"Why could that not be as well?" she sometimes asked herself in complete bewilderment. "Only so could I be completely happy; but now I have to choose, and I can't be happy without either of them. Only," she thought, "to tell Prince Andrew what has happened or to hide it from him are both equally impossible. But with that one nothing is spoiled. But am I really to abandon forever the joy of Prince Andrew's love, in which I have lived so long?"

"Please, Miss!" whispered a maid entering the room with a mysterious air. "A man told me to give you this—" and she handed Natásha a letter.

"Only, for Christ's sake..." the girl went on, as Natásha, without thinking, mechanically broke the seal and read a love letter from Anatole, of which, without taking in a word, she understood only that it was a letter from him—from the man she loved. Yes, she loved him, or else how could that have happened which had happened? And how could she have a love letter from him in her hand?

With trembling hands Natásha held that passionate love letter which Dólokhov had com-

писать она после всего того, что было вчера? «Да, да, все это было, и теперь уже все другое, — думала она, сидя над начатым письмом. — Надо отказать ему? Неужели надо? Это ужасно!..» И, чтобы не думать этих страшных мыслей, она пошла к Соне и с ней вместе стала разбирать узоры.

После обеда Наташа ушла в свою комнату и опять взяла письмо княжны Марьи. «Неужели все уже кончено? — думала она. — Неужели так скоро все это случилось и уничтожило все прежнее?» Она во всей прежней силе вспоминала свою любовь к князю Андрею и вместе с тем чувствовала, что любила Курагина. Она живо представляла себя женою князя Андрея, представляла себе столько раз повторенную ее воображением картину счастия с ним и вместе с тем, разгораясь от волнения, представляла себе все подробности своего вчерашнего свидания с Анатолем.

«Отчего же бы это не могло быть вместе? — иногда, в совершенном затмении, думала она. — Тогда только я бы была совсем счастлива, а теперь я должна выбрать, и ни без одного из обоих я не могу быть счастлива. Одно, — думала она, — сказать то, что было, князю Андрею или скрыть — одинаково невозможно. А с *этим* ничего не испорчено. Но неужели расстаться навсегда с этим счастием любви к князю Андрею, которым я жила так долго?»

— Барышня, — шепотом, с таинственным видом сказала девушка, входя в комнату. — Мне один человек велел передать. — Девушка подала письмо.

— Только ради Христа, барышня... — говорила еще девушка, когда Наташа, не думая, механическим движением сломала печать и читала любовное письмо Анатоля, из которого она, не понимая ни слова, понимала только одно, что это письмо было от него, от того человека, которого она любит. «Да, она любит, иначе разве могло бы случиться то, что случилось? Разве могло бы быть в ее руке любовное письмо от него?»

Трясущимися руками Наташа держала это страстное, любовное письмо, сочинен-

posed for Anatole, and as she read it she found in it an echo of all that she herself imagined she was feeling.

"Since yesterday evening my fate has been sealed; to be loved by you or to die. There is no other way for me," the letter began. Then he went on to say that he knew her parents would not give her to him—for this there were secret reasons he could reveal only to her—but that if she loved him she need only say the word yes, and no human power could hinder their bliss. Love would conquer all. He would steal her away and carry her off to the ends of the earth.

"Yes, yes! I love him!" thought Natásha, reading the letter for the twentieth time and finding some peculiarly deep meaning in each word of it.

That evening Márya Dmítrievna was going to the Akhárovs' and proposed to take the girls with her. Natásha, pleading a headache, remained at home.

ное для Анатоля Долоховым, и, читая его, находила в нем отголоски всего того, что, ей казалось, она сама чувствовала.

«Со вчерашнего вечера участь моя решена: быть любимым вами или умереть. Мне нет другого выхода», — начиналось письмо. Потом он писал, что знает про то, что родные ее не отдадут ему, что на это есть тайные причины, которые он ей одной может открыть, но что ежели она его любит, то ей стоит сказать это слово *да*, и никакие силы людские не помешают их блаженству. Любовь победит все. Он похитит и увезет ее на край света.

«Да, да, я люблю его!» — думала Наташа, перечитывая двадцатый раз письмо и отыскивая какой-то особенный глубокий смысл в каждом его слове.

В этот вечер Марья Дмитриевна ехала к Архаровым и предложила барышням ехать с нею. Наташа под предлогом головной боли осталась дома.

XV

On returning late in the evening Sónya went to Natásha's room, and to her surprise found her still dressed and asleep on the sofa. Open on the table, beside her lay Anatole's letter. Sónya picked it up and read it.

As she read she glanced at the sleeping Natásha, trying to find in her face an explanation of what she was reading, but did not find it. Her face was calm, gentle, and happy. Clutching her breast to keep herself from choking, Sónya, pale and trembling with fear and agitation, sat down in an armchair and burst into tears.

"How was it I noticed nothing? How could it go so far? Can she have left off loving Prince Andrew? And how could she let Kurágin go to such lengths? He is a deceiver and a villain, that's plain! What will Nicholas, dear noble Nicholas, do when he hears of it? So this is the meaning of her excited, resolute, unnatural look the day before yesterday, yesterday, and today," thought Sónya. "But it can't be that she loves him! She probably opened the letter without knowing who it was from. Probably she is offended by it. She could not do such a thing!"

Sónya wiped away her tears and went up to Natásha, again scanning her face.

"Natásha!" she said, just audibly.

Natásha awoke and saw Sónya.

"Ah, you're back?"

And with the decision and tenderness that often come at the moment of awakening, she embraced her friend, but noticing Sónya's look of embarrassment, her own face expressed confusion and suspicion.

"Sónya, you've read that letter?" she demanded.

"Yes," answered Sónya softly.

Natásha smiled rapturously.

"No, Sónya, I can't any longer!" she said. "I can't hide it from you any longer. You know, we love one another! Sónya, darling, he writes... Sónya..."

XV

Вернувшись поздно вечером, Соня вошла в комнату Наташи и, к удивлению своему, нашла ее не раздетою, спящею на диване. На столе подле нее лежало открытое письмо Анатоля. Соня взяла письмо и стала читать его.

Она читала и взглядывала на спящую Наташу, на лице ее отыскивая объяснения того, что она читала, и не находила его. Лицо было тихое, кроткое и счастливое. Схватившись за грудь, чтобы не задохнуться, Соня, бледная и дрожащая от страха и волнения, села на кресло и залилась слезами.

«Как я не видала ничего? Как могло это зайти так далеко? Неужели она разлюбила князя Андрея? И как могла она допустить до этого Курагина? Он обманщик и злодей, это ясно. Что будет с Nicolas, с милым, благородным Nicolas, когда он узнает про это? Так вот что значило ее взволнованное, решительное и неестественное лицо третьего дня, и вчера, и нынче, — думала Соня. — Но не может быть, чтоб она любила его! Вероятно, не зная от кого, она распечатала это письмо. Вероятно, она оскорблена. Она не может этого сделать!»

Соня утерла слезы и подошла к Наташе, опять вглядываясь в ее лицо.

— Наташа! — сказала она чуть слышно.

Наташа проснулась и увидала Соню.

— А, вернулась?

И с решительностью и нежностью, которая бывает в минуты пробуждения, она обняла подругу. Но, заметив смущение на лице Сони, лицо Наташи выразило смущение и подозрительность.

— Соня, ты прочла письмо? — сказала она.

— Да, — тихо сказала Соня.

Наташа восторженно улыбнулась.

— Нет, Соня, я не могу больше! — сказала Наташа. — Я не могу скрывать больше от тебя. Ты знаешь, мы любим друг друга!.. Соня, голубушка, он пишет... Соня...

Sónya stared open-eyed at Natásha, unable to believe her ears.

"And Bolkónski?" she asked.

"Ah, Sónya, if you only knew how happy I am!" cried Natásha. "You don't know what love is...."

"But, Natásha, can that be all over?"

Natásha looked at Sónya with wide-open eyes as if she could not grasp the question.

"Well, then, are you refusing Prince Andrew?" said Sónya.

"Oh, you don't understand anything! Don't talk nonsense, just listen!" said Natásha, with momentary vexation.

"But I can't believe it," insisted Sónya. "I don't understand. How is it you have loved a man for a whole year and suddenly... Why, you have only seen him three times! Natásha, I don't believe you, you're joking! In three days to forget everything and so..."

"Three days?" said Natásha. "It seems to me I've loved him a hundred years. It seems to me that I have never loved anyone before. You can't understand it.... Sónya, wait a bit, sit here," and Natásha embraced and kissed her.

"I had heard that it happens like this, and you must have heard it too, but it's only now that I feel such love. It's not the same as before. As soon as I saw him I felt he was my master and I his slave, and that I could not help loving him. Yes, his slave! Whatever he orders I shall do. You don't understand that. What can I do? What can I do, Sónya?" cried Natásha with a happy yet frightened expression.

"But think what you are doing," cried Sónya. "I can't leave it like this. This secret correspondence... How could you let him go so far?" she went on, with a horror and disgust she could hardly conceal.

"I told you that I have no will," Natásha replied. "Why can't you understand? I love him!"

"Then I won't let it come to that... I shall tell!" cried Sónya, bursting into tears.

Соня, как бы не веря своим ушам, смотрела во все глаза на Наташу.

— А Болконский? — сказала она.

— Ах, Соня, ах, коли бы ты могла знать, как я счастлива! — сказала Наташа. — Ты не знаешь, что такое любовь...

— Но, Наташа, неужели то все кончено?

Наташа большими, открытыми глазами смотрела на Соню, как будто не понимая ее вопроса.

— Что ж, ты отказываешь князю Андрею? — сказала Соня.

— Ах, ты ничего не понимаешь, ты не говори глупости, ты слушай, — с мгновенной досадой сказала Наташа.

— Нет, я не могу этому верить, — повторила Соня. — Я не понимаю. Как же ты год целый любила одного человека и вдруг... Ведь ты только три раза видела его. Наташа, я тебе не верю, ты шутишь. В три дня забыть все и так...

— Три дня, — сказала Наташа. — Мне, кажется, я сто лет люблю его. Мне кажется, что я никого никогда не любила прежде его. Да и не любила никого так, как его. Ты этого не можешь понять, Соня, постой, садись тут.

— Наташа обняла и поцеловала ее.

— Мне говорили, что это бывает, и ты, верно, слышала, но я теперь только испытала эту любовь. Это не то, что прежде. Как только я увидала его, я почувствовала, что он мой властелин, а я раба его и что я не могу не любить его. Да, раба! Что он мне велит, то я и сделаю. Ты не понимаешь этого. Что ж мне делать? Что ж мне делать, Соня? — говорила Наташа с счастливым и испуганным лицом.

— Но ты подумай, что ты делаешь, — говорила Соня, — я не могу этого так оставить. Эти тайные письма... Как ты могла его допустить до этого? — говорила она с ужасом и с отвращением, которое она с трудом скрывала.

— Я тебе говорила, — отвечала Наташа, что у меня нет воли, как ты не понимаешь этого: я его люблю!

— Так я не допущу до этого, я расскажу, — с прорвавшимися слезами вскрикнула Соня.

"What do you mean? For God's sake... If you tell, you are my enemy!" declared Natásha. "You want me to be miserable, you want us to be separated...."

When she saw Natásha's fright, Sónya shed tears of shame and pity for her friend.

"But what has happened between you?" she asked. "What has he said to you? Why doesn't he come to the house?"

Natásha did not answer her questions.

"For God's sake, Sónya, don't tell anyone, don't torture me," Natásha entreated. "Remember no one ought to interfere in such matters! I have confided in you...."

"But why this secrecy? Why doesn't he come to the house?" asked Sónya. "Why doesn't he openly ask for your hand? You know Prince Andrew gave you complete freedom—if it is really so; but I don't believe it! Natásha, have you considered what these secret reasons can be?"

Natásha looked at Sónya with astonishment. Evidently this question presented itself to her mind for the first time and she did not know how to answer it.

"I don't know what the reasons are. But there must be reasons!"

Sónya sighed and shook her head incredulously.

"If there were reasons..." she began.

But Natásha, guessing her doubts, interrupted her in alarm.

"Sónya, one can't doubt him! One can't, one can't! Don't you understand?" she cried.

"Does he love you?"

"Does he love me?" Natásha repeated with a smile of pity at her friend's lack of comprehension. "Why, you have read his letter and you have seen him."

"But if he is dishonorable?"

"He! dishonorable? If you only knew!" exclaimed Natásha.

"If he is an honorable man he should either declare his intentions or cease seeing you; and if you won't do this, I will. I will write to him, and I will tell Papa!" said Sónya resolutely.

— Что ты, ради Бога... Ежели ты расскажешь, ты мой враг, — заговорила Наташа. — Ты хочешь моего несчастия, ты хочешь, чтобы нас разлучили...

Увидав этот страх Наташи, Соня заплакала слезами стыда и жалости за свою подругу.

— Но что было между вами? — спросила она. — Что он говорил тебе? Зачем он не ездит в дом?

Наташа не отвечала на ее вопрос.

— Ради Бога, Соня, никому не говори, не мучай меня, — упрашивала Наташа. — Ты помни, что нельзя вмешиваться в такие дела. Я тебе открыла...

— Но зачем эти тайны? Отчего же он не ездит в дом? — спрашивала Соня. — Отчего он прямо не ищет твоей руки? Ведь князь Андрей дал тебе полную свободу, ежели уж так; но я не верю этому. Наташа, ты подумала, какие могут быть *тайные причины*?

Наташа удивленными глазами смотрела на Соню. Видно, ей самой в первый раз представлялся этот вопрос, и она не знала, что отвечать на него.

— Какие причины, не знаю. Но, стало быть, есть причины!

Соня вздохнула и недоверчиво покачала головой.

— Ежели бы были причины... — начала она.

Но Наташа, угадывая ее сомнения, испуганно перебила ее.

— Соня, нельзя сомневаться в нем, нельзя, нельзя, ты понимаешь ли? — прокричала она.

— Любит ли он тебя?

— Любит ли? — повторила Наташа с улыбкой сожаления о непонятливости своей подруги. — Ведь ты прочла письмо, ты видела его?

— Но если он неблагородный человек?

— Он — неблагородный человек? Коли бы ты знала! — говорила Наташа.

— Если он благородный человек, то он или должен объявить свое намерение, или перестать видеться с тобой; и ежели ты не хочешь этого сделать, то я сделаю это; я

"But I can't live without him!" cried Natásha.

"Natásha, I don't understand you. And what are you saying! Think of your father and of Nicholas."

"I don't want anyone, I don't love anyone but him. How dare you say he is dishonorable? Don't you know that I love him?" screamed Natásha. "Go away, Sónya! I don't want to quarrel with you, but go, for God's sake go! You see how I am suffering!" Natásha cried angrily, in a voice of despair and repressed irritation.

Sónya burst into sobs and ran from the room. Natásha went to the table and without a moment's reflection wrote that answer to Princess Mary which she had been unable to write all the morning. In this letter she said briefly that all their misunderstandings were at an end; that availing herself of the magnanimity of Prince Andrew who when he went abroad had given her her freedom, she begged Princess Mary to forget everything and forgive her if she had been to blame toward her, but that she could not be his wife. At that moment this all seemed quite easy, simple, and clear to Natásha.

On Friday the Rostóvs were to return to the country, but on Wednesday the count went with the prospective purchaser to his estate near Moscow. On the day the count left, Sónya and Natásha were invited to a big dinner party at the Karágins', and Márya Dmítrievna took them there. At that party Natásha again met Anatole, and Sónya noticed that she spoke to him, trying not to be overheard, and that all through dinner she was more agitated than ever. When they got home Natásha was the first to begin the explanation Sónya expected.

"There, Sónya, you were talking all sorts of nonsense about him," Natásha began in a mild voice such as children use when they wish to be praised. "We have had an explanation today."

"Well, what happened? What did he say? Natásha, how glad I am you're not angry with me! Tell me everything—the whole truth. What did he say?"

напишу ему и скажу папá, — решительно сказала Соня.

— Да я жить не могу без него! — закричала Наташа.

— Наташа, я не понимаю тебя. И что ты говоришь! Вспомни об отце, о Nicolas.

— Мне никого не нужно, я никого не люблю, кроме его. Как ты смеешь говорить, что он неблагороден? Ты разве не знаешь, что я его люблю? — кричала Наташа. — Соня, уйди, я не хочу с тобой ссориться, уйди, ради Бога, уйди: ты видишь, как я мучаюсь, — злобно кричала Наташа сдержанно-раздраженным и отчаянным голосом.

Соня разрыдалась и выбежала из комнаты. Наташа подошла к столу и, не думав ни минуты, написала тот ответ княжне Марье, который она не могла написать целое утро. В письме этом она коротко писала княжне Марье, что все недоразумения их кончены, что, пользуясь великодушием князя Андрея, который, уезжая, дал ей свободу, она просит ее забыть все и простить ее, ежели она перед нею виновата, но что она не может быть его женой. Все это ей казалось так легко, просто и ясно в эту минуту.

В пятницу Ростовы должны были ехать в деревню, а граф в среду поехал с покупщиком в свою подмосковную. В день отъезда графа Соня с Наташей были званы на большой обед к Курагиным, и Марья Дмитриевна повезла их. На обеде этом Наташа опять встретилась с Анатолем, и Соня заметила, что Наташа говорила с ним что-то, желая не быть услышанной, и все время обеда была еще более взволнована, чем прежде. Когда они вернулись домой, Наташа начала первая с Соней то объяснение, которого ждала ее подруга.

— Вот ты, Соня, говорила разные глупости про него, — начала Наташа кротким голосом, тем голосом, которым говорят дети, когда хотят, чтоб их похвалили. — Мы объяснились с ним нынче.

— Ну, что же, что? Ну что ж он сказал? Наташа, как я рада, что ты не сердишься на меня. Говори мне все, всю правду. Что же он сказал?

Natásha became thoughtful.

"Oh, Sónya, if you knew him as I do! He said... He asked me what I had promised Bolkónski. He was glad I was free to refuse him."

Sónya sighed sorrowfully.

"But you haven't refused Bolkónski?" said she.

"Perhaps I have. Perhaps all is over between me and Bolkónski. Why do you think so badly of me?"

"I don't think anything, only I don't understand this..."

"Wait a bit, Sónya, you'll understand everything. You'll see what a man he is! Now don't think badly of me or of him. I don't think badly of anyone: I love and pity everybody. But what am I to do?"

Sónya did not succumb to the tender tone Natásha used toward her. The more emotional and ingratiating the expression of Natásha's face became, the more serious and stern grew Sónya's.

"Natásha," said she, "you asked me not to speak to you, and I haven't spoken, but now you yourself have begun. I don't trust him, Natásha. Why this secrecy?"

"Again, again!" interrupted Natásha.

"Natásha, I am afraid for you!"

"Afraid of what?"

"I am afraid you're going to your ruin," said Sónya resolutely, and was herself horrified at what she had said.

Anger again showed in Natásha's face.

"And I'll go to my ruin, I will, as soon as possible! It's not your business! It won't be you, but I, who'll suffer. Leave me alone, leave me alone! I hate you!"

"Natásha!" moaned Sónya, aghast.

"I hate you, I hate you! You're my enemy forever!" And Natásha ran out of the room.

Natásha did not speak to Sónya again and avoided her. With the same expression of agitated surprise and guilt she went about the house, taking up now one occupation, now another, and at once abandoning them.

Hard as it was for Sónya, she watched her

Наташа задумалась.

— Ах, Соня, если бы ты знала его так, как я! Он сказал... Он спрашивал меня о том, как я обещала Болконскому. Он обрадовался, что от меня зависит отказать ему.

Соня грустно вздохнула.

— Но ведь ты не отказала Болконскому? — сказала она.

— А может быть, я и отказала! Может быть, с Болконским все кончено. Почему ты думаешь про меня так дурно?

— Я ничего не думаю, я только не понимаю этого...

— Подожди, Соня, ты все поймешь. Увидишь, какой он человек. Ты не думай дурное ни про меня, ни про него.

— Я ни про кого не думаю дурное: я всех люблю и всех жалею. Но что ж мне делать?

Соня не сдавалась на нежный тон, с которым к ней обращалась Наташа. Чем размягченнее и искательнее было выражение лица Наташи, тем серьезнее и строже было лицо Сони.

— Наташа, — сказала она, — ты просила меня не говорить с тобой, я и не говорила, теперь ты сама начала. Наташа, я не верю ему. Зачем эта тайна?

— Опять, опять! — перебила Наташа.

— Наташа, я боюсь за тебя.

— Чего бояться?

— Я боюсь, что ты погубишь себя, — решительно сказала Соня, сама испугавшись того, что она сказала.

Лицо Наташи опять выразило злобу.

— И погублю, погублю, как можно скорее погублю себя. Не ваше дело. Не вам, а мне дурно будет. Оставь, оставь меня. Я ненавижу тебя.

— Наташа! — испуганно взывала Соня.

— Ненавижу, ненавижу! И ты мой враг навсегда!

Наташа выбежала из комнаты.Наташа не говорила больше с Соней и избегала ее. С тем же выражением взволнованного удивления и преступности она ходила по комнатам, принимаясь то за то, то за другое занятие и тотчас же бросая их.

Как это ни тяжело было для Сони, но она,

friend and did not let her out of her sight.

The day before the count was to return, Sónya noticed that Natásha sat by the drawing room window all the morning as if expecting something and that she made a sign to an officer who drove past, whom Sónya took to be Anatole.

Sónya began watching her friend still more attentively and noticed that at dinner and all that evening Natásha was in a strange and unnatural state. She answered questions at random, began sentences she did not finish, and laughed at everything.

After tea Sónya noticed a housemaid at Natásha's door timidly waiting to let her pass. She let the girl go in, and then listening at the door learned that another letter had been delivered.

Then suddenly it became clear to Sónya that Natásha had some dreadful plan for that evening. Sónya knocked at her door. Natásha did not let her in.

"She will run away with him!" thought Sónya. "She is capable of anything. There was something particularly pathetic and resolute in her face today. She cried as she said good-by to Uncle," Sónya remembered. "Yes, that's it, she means to elope with him, but what am I to do?" thought she, recalling all the signs that clearly indicated that Natásha had some terrible intention. "The count is away. What am I to do? Write to Kurágin demanding an explanation? But what is there to oblige him to reply? Write to Pierre, as Prince Andrew asked me to in case of some misfortune?... But perhaps she really has already refused Bolkónski—she sent a letter to Princess Mary yesterday. And Uncle is away...."

To tell Márya Dmítrievna who had such faith in Natásha seemed to Sónya terrible.

"Well, anyway," thought Sónya as she stood in the dark passage, "now or never I must prove that I remember the family's goodness to me and that I love Nicholas. Yes! If I don't sleep for three nights I'll not leave this passage and will hold her back by force and will and not let the family be disgraced," thought she.

не спуская глаз, следила за своей подругой.

Накануне того дня, в который должен был вернуться граф, Соня заметила, что Наташа сидела все утро у окна гостиной, как будто ожидая чего-то, и что она сделала какой-то знак проехавшему военному, которого Соня приняла за Анатоля.

Соня стала еще внимательнее наблюдать свою подругу и заметила, что Наташа была все время обеда и вечера в странном и неестественном состоянии (отвечала невпопад на делаемые ей вопросы, начинала и не доканчивала фразы, всему смеялась).

После чая Соня увидала робеющую горничную девушку, выжидавшую ее у двери Наташи. Она пропустила ее и, подслушав у двери, узнала, что опять было передано письмо.

И вдруг Соне стало ясно, что у Наташи был какой-нибудь страшный план на нынешний вечер. Соня постучалась к ней. Наташа не пустила ее.

«Она убежит с ним! — думала Соня. — Она на все способна. Нынче в лице ее было что-то особенно жалкое и решительное. Она заплакала, прощаясь с дяденькой, — вспоминала Соня. — Да, это верно, она бежит с ним, — но что мне делать? — думала Соня, припоминая теперь те признаки, которые ясно доказывали ей, что у Наташи было какое-то страшное намерение. — Графа нет. Что мне делать? Написать к Курагину, требуя от него объяснения? Но кто велит ему ответить мне? Писать Пьеру, как просил князь Андрей в случае несчастия?.. Но, может быть, в самом деле она уже отказала Болконскому (она вчера отослала письмо княжне Марье). Дяденьки нет!»

Сказать Марье Дмитриевне, которая так верила в Наташу, Соне казалось ужасно.

«Но так или иначе, — думала Соня, стоя в темном коридоре, — теперь или никогда пришло время доказать, что я помню благодеяния их семейства и люблю Nicolas. Нет, я хоть три ночи не буду спать, а не выйду из этого коридора, и силой не пущу ее, и не дам позору обрушиться на их семейство», — думала она.

XVI

Anatole had lately moved to Dólokhov's. The plan for Natalie Rostóva's abduction had been arranged and the preparations made by Dólokhov a few days before, and on the day that Sónya, after listening at Natásha's door, resolved to safeguard her, it was to have been put into execution. Natásha had promised to come out to Kurágin at the back porch at ten that evening. Kurágin was to put her into a troyka he would have ready and to drive her forty miles to the village of Kámenka, where an unfrocked priest was in readiness to perform a marriage ceremony over them. At Kámenka a relay of horses was to wait which would take them to the Warsaw highroad, and from there they would hasten abroad with post horses.

Anatole had a passport, an order for post horses, ten thousand rubles he had taken from his sister and another ten thousand borrowed with Dólokhov's help.

Two witnesses for the mock marriage—Khvóstikov, a retired petty official whom Dólokhov made use of in his gambling transactions, and Makárin, a retired hussar, a kindly, weak fellow who had an unbounded affection for Kurágin— were sitting at tea in Dólokhov's front room.

In his large study, the walls of which were hung to the ceiling with Persian rugs, bearskins, and weapons, sat Dólokhov in a traveling cloak and high boots, at an open desk on which lay an abacus and some bundles of paper money. Anatole, with uniform unbuttoned, walked to and fro from the room where the witnesses were sitting, through the study to the room behind, where his French valet and others were packing the last of his things. Dólokhov was counting the money and noting something down.

"Well," he said, "Khvóstikov must have two thousand."

"Give it to him, then," said Anatole.

"Makárka" (their name for Makárin) "will go through fire and water for you for nothing. So here are our accounts all settled," said Dólokhov,

XVI

Анатоль последнее время переселился к Долохову. План похищения Ростовой уже несколько дней был обдуман и приготовлен Долоховым, и в тот день, когда Соня, подслушав у двери Наташи, решилась оберегать ее, план этот должен был быть приведен в исполнение. Наташа в десять часов вечера обещала выйти к Курагину на заднее крыльцо. Курагин должен был посадить ее в приготовленную тройку и везти за шестьдесят верст от Москвы, в село Каменку, где был приготовлен расстриженный поп, который должен был обвенчать их. В Каменке была готова подстава, которая должна была вывезти их на Варшавскую дорогу, и там на почтовых они должны были скакать за границу.

У Анатоля были и паспорт, и подорожная, и десять тысяч денег, взятых у сестры, и десять тысяч, занятых через посредство Долохова.

Два свидетеля — Хвостиков, бывший приказный, которого употреблял для игры Долохов, и Макарин, отставной гусар, добродушный и слабый человек, питавший беспредельную любовь к Курагину, — сидели в первой комнате за чаем.

В большом кабинете Долохова, убранном от стен до потолка персидскими коврами, медвежьими шкурами и оружием, сидел Долохов, в дорожном бешмете и сапогах, перед раскрытым бюро, на котором лежали счеты и пачки денег. Анатоль в расстегнутом мундире ходил из той комнаты, где сидели свидетели, через кабинет в заднюю комнату, где его лакей-француз с другими укладывал последние вещи. Долохов считал деньги и записывал.

— Ну, — сказал он, — Хвостикову надо дать две тысячи.

— Ну и дай, — сказал Анатоль.

— Макарка (они так звали Макарина), этот бескорыстно за тебя в огонь и в воду. Ну вот, и кончены счеты, — сказал Долохов, по-

showing him the memorandum. "Is that right?"

"Yes, of course," returned Anatole, evidently not listening to Dólokhov and looking straight before him with a smile that did not leave his face.

Dólokhov banged down the lid of his desk and turned to Anatole with an ironic smile:

"Do you know? You'd really better drop it all. There's still time!"

"Fool," retorted Anatole. "Don't talk nonsense! If you only knew... it's the devil knows what!"

"No, really, give it up!" said Dólokhov. "I am speaking seriously. It's no joke, this plot you've hatched."

"What, teasing again? Go to the devil! Eh?" said Anatole, making a grimace. "Really it's no time for your stupid jokes," and he left the room.

Dólokhov smiled contemptuously and condescendingly when Anatole had gone out.

"You wait a bit," he called after him. "I'm not joking, I'm talking sense. Come here, come here!"

Anatole returned and looked at Dólokhov, trying to give him his attention and evidently submitting to him involuntarily.

"Now listen to me. I'm telling you this for the last time. Why should I joke about it? Did I hinder you? Who arranged everything for you? Who found the priest and got the passport? Who raised the money? I did it all."

"Well, thank you for it. Do you think I am not grateful?" And Anatole sighed and embraced Dólokhov.

"I helped you, but all the same I must tell you the truth; it is a dangerous business, and if you think about it—a stupid business. Well, you'll carry her off—all right! Will they let it stop at that? It will come out that you're already married. Why, they'll have you in the criminal court...."

"Oh, nonsense, nonsense!" Anatole ejaculated and again made a grimace. "Didn't I explain to you? What?" And Anatole, with the partiality dull-witted people have for any conclusion they have reached by their own reasoning, repeated the argument he had already put to Dólokhov a hundred times. "Didn't I explain to you that I

— казывая ему записку. — Так?

— Да, разумеется, так, — сказал Анатоль, видимо не слушавший Долохова и с улыбкой, не сходившей у него с лица, смотревший вперед себя.

Долохов захлопнул бюро и обратился к Анатолю с насмешливой улыбкой.

— А знаешь что — брось все это: еще время есть! — сказал он.

— Дурак! — сказал Анатоль. — Перестань говорить глупости. Ежели бы ты знал... Это черт знает что такое!

— Право, брось, — сказал Долохов. — Я тебе дело говорю. Разве это шутка, что ты затеял?

— Ну, опять, опять дразнить? Пошел к черту! А?.. — сморщившись, сказал Анатоль. — Право, не до твоих дурацких шуток. — И он ушел из комнаты.

Долохов презрительно и снисходительно улыбался, когда Анатоль вышел.

— Ты постой, — сказал он вслед Анатолю, — я не шучу, а дело говорю, поди, поди сюда.

Анатоль опять вошел в комнату и, стараясь сосредоточить внимание, смотрел на Долохова, очевидно невольно покоряясь ему.

— Ты меня слушай, я тебе последний раз говорю. Что мне с тобой шутить? Разве я тебе перечил? Кто тебе все устроил, кто попа нашел, кто паспорт взял, кто денег достал? Все я.

— Ну и спасибо тебе. Ты думаешь, я тебе не благодарен? — Анатоль вздохнул и обнял Долохова.

— Я тебе помогал, но все же я тебе должен правду сказать: дело опасное и, если разобрать, глупое. Ну, ты ее увезешь, хорошо. Ведь разве это так оставят? Узнается дело, что ты женат. Ведь тебя под уголовный суд подведут...

— Ах! глупости, глупости! — опять сморщившись, заговорил Анатоль. Ведь я тебе толковал. А? — И Анатоль с тем особенным пристрастием, которое бывает у людей тупых к умозаключению, до которого они дойдут своим умом, повторил то рассуждение, которое он раз сто повторял Долохову.

have come to this conclusion: if this marriage is invalid," he went on, crooking one finger, "then I have nothing to answer for; but if it is valid, no matter! Abroad no one will know anything about it. Isn't that so? And don't talk to me, don't, don't."

"Seriously, you'd better drop it! You'll only get yourself into a mess!"

"Go to the devil!" cried Anatole and, clutching his hair, left the room, but returned at once and dropped into an armchair in front of Dólokhov with his feet turned under him. "It's the very devil! What? Feel how it beats!" He took Dólokhov's hand and put it on his heart. "What a foot, my dear fellow! What a glance! A goddess!" he added in French. "What?"

Dólokhov with a cold smile and a gleam in his handsome insolent eyes looked at him—evidently wishing to get some more amusement out of him.

"Well and when the money's gone, what then?"

"What then? Eh?" repeated Anatole, sincerely perplexed by a thought of the future. "What then?... Then, I don't know.... But why talk nonsense!" He glanced at his watch. "It's time!"

Anatole went into the back room.

"Now then! Nearly ready? You're dawdling!" he shouted to the servants.

Dólokhov put away the money, called a footman whom he ordered to bring something for them to eat and drink before the journey, and went into the room where Khvóstikov and Makárin were sitting.

Anatole lay on the sofa in the study leaning on his elbow and smiling pensively, while his handsome lips muttered tenderly to himself.

"Come and eat something. Have a drink!" Dólokhov shouted to him from the other room.

"I don't want to," answered Anatole continuing to smile.

"Come! Balagá is here."

Anatole rose and went into the dining room. Balagá was a famous troyka driver who

— Ведь я тебе толковал, я решил: ежели этот брак будет недействителен, — сказал он, загибая палец, — значит, я не отвечаю; ну, а ежели действителен, все равно: за границей никто этого не будет знать, ну, ведь так? И не говори, не говори, не говори!

— Право, брось! Ты только себя свяжешь...

— Убирайся к черту, — сказал Анатоль и, взявшись за волосы, вышел в другую комнату и тотчас же вернулся и с ногами сел на кресло близко перед Долоховым. — Это черт знает что такое! А? Ты посмотри, как бьется! — Он взял руку Долохова и приложил к своему сердцу. — Ah! quel pied, mon cher, quel regard! Une déesse!! [1] А?

Долохов, холодно улыбаясь и блестя своими красивыми, наглыми глазами, смотрел на него, видимо желая еще повеселиться над ним.

— Ну, деньги выйдут, тогда что?

— Тогда что? А? — повторил Анатоль с искренним недоуменьем перед мыслью о будущем. — Тогда что? Там я не знаю что... Ну что глупости говорить! — Он посмотрел на часы. — Пора!

Анатоль пошел в заднюю комнату.

— Ну, скоро ли вы? Копаетесь тут! — крикнул он на слуг.

Долохов убрал деньги и, крикнув человека, чтобы велеть подать поесть и выпить на дорогу, вышел в ту комнату, где сидели Макарин и Хвостиков.

Анатоль в кабинете лежал, облокотившись на руку, на диване, задумчиво улыбался и что-то нежно про себя шептал.

— Иди съешь что-нибудь. Ну выпей! — кричал ему из другой комнаты Долохов.

— Не хочу! — ответил Анатоль, все продолжая улыбаться.

— Иди, Балага приехал.

Анатоль встал и вышел в столовую. Балага был известный троечный ямщик, уже

---

[1] Какая ножка, любезный друг, какой взгляд! Богиня!!

had known Dólokhov and Anatole some six years and had given them good service with his troykas. More than once when Anatole's regiment was stationed at Tver he had taken him from Tver in the evening, brought him to Moscow by daybreak, and driven him back again the next night. More than once he had enabled Dólokhov to escape when pursued. More than once he had driven them through the town with gypsies and "ladykins" as he called the cocottes. More than once in their service he had run over pedestrians and upset vehicles in the streets of Moscow and had always been protected from the consequences by "my gentlemen" as he called them. He had ruined more than one horse in their service. More than once they had beaten him, and more than once they had made him drunk on champagne and Madeira, which he loved; and he knew more than one thing about each of them which would long ago have sent an ordinary man to Siberia. They often called Balagá into their orgies and made him drink and dance at the gypsies', and more than one thousand rubles of their money had passed through his hands. In their service he risked his skin and his life twenty times a year, and in their service had lost more horses than the money he had from them would buy. But he liked them; liked that mad driving at twelve miles an hour, liked upsetting a driver or running down a pedestrian, and flying at full gallop through the Moscow streets. He liked to hear those wild, tipsy shouts behind him: "Get on! Get on!" when it was impossible to go any faster. He liked giving a painful lash on the neck to some peasant who, more dead than alive, was already hurrying out of his way. "Real gentlemen!" he considered them.

Anatole and Dólokhov liked Balagá too for his masterly driving and because he liked the things they liked. With others Balagá bargained, charging twenty-five rubles for a two hours' drive, and rarely drove himself, generally letting his young men do so. But with "his gentlemen" he always drove himself and never demanded anything for his work. Only a couple of times a year—when he knew from their valets that they had money in hand—he would turn up of a morning quite sober and with a deep bow would

лет шесть знавший Долохова и Анатоля и служивший им своими тройками. Не раз он, когда полк Анатоля стоял в Твери, с вечера увозил его из Твери, к рассвету доставлял в Москву и увозил на другой день ночью. Не раз он увозил Долохова от погони, не раз он по городу катал их с цыганами и дамочками, как называл Балага. Не раз он с их работой давил по Москве народ и извозчиков, и всегда его выручали его господа, как он называл их. Не одну лошадь он загнал под ними. Не раз был бит ими, не раз напаиван ими шампанским и мадерой, которую он любил, и не одну шутку он знал за каждым из них, которая обыкновенному человеку давно бы заслужила Сибирь. В кутежах своих они часто зазывали Балагу, заставляли его пить и плясать у цыган, и не одна тысяча их денег перешла через его руки. Служа им, он двадцать раз в году рисковал и своей жизнью, и своей шкурой, и на их работе переморил больше лошадей, чем они ему переплатили денег. Но он любил их, любил эту безумную езду, по восемнадцать верст в час, любил перекувырнуть извозчика, и раздавить пешехода по Москве, и во весь скок пролететь по московским улицам. Он любил слышать за собой этот дикий крик пьяных голосов: «Пошел! пошел!», тогда как уж и так нельзя было ехать шибче; любил вытянуть больно по шее мужика, который и так, ни жив ни мертв, сторонился от него. «Настоящие господа!» — думал он.

Анатоль и Долохов тоже любили Балагу за его мастерство езды и за то, что он любил то же, что и они. С другими Балага рядился, брал по двадцати пяти рублей за двухчасовое катанье, и с другими только изредка ездил сам, а больше посылал своих молодцов. Но с своими господами, как он называл их, он всегда ехал сам и никогда ничего не требовал за свою работу. Только узнав через камердинеров время, когда были деньги, он раз в несколько месяцев приходил поутру, трезвый,

ask them to help him. The gentlemen always made him sit down.

"Do help me out, Theodore Iványch, sir," or "your excellency," he would say. "I am quite out of horses. Let me have what you can to go to the fair."

And Anatole and Dólokhov, when they had money, would give him a thousand or a couple of thousand rubles.

Balagá was a fair-haired, short, and snub-nosed peasant of about twenty-seven; red-faced, with a particularly red thick neck, glittering little eyes, and a small beard. He wore a fine, dark-blue, silk-lined cloth coat over a sheepskin. On entering the room now he crossed himself, turning toward the front corner of the room, and went up to Dólokhov, holding out a small, black hand.

"Theodore Iványch!" he said, bowing.

"How d'you do, friend? Well, here he is!"

"Good day, your excellency!" he said, again holding out his hand to Anatole who had just come in.

"I say, Balagá," said Anatole, putting his hands on the man's shoulders, "do you care for me or not? Eh? Now, do me a service.... What horses have you come with? Eh?"

"As your messenger ordered, your special beasts," replied Balagá.

"Well, listen, Balagá! Drive all three to death but get me there in three hours. Eh?"

"When they are dead, what shall I drive?" said Balagá with a wink.

"Mind, I'll smash your face in! Don't make jokes!" cried Anatole, suddenly rolling his eyes.

"Why joke?" said the driver, laughing. "As if I'd grudge my gentlemen anything! As fast as ever the horses can gallop, so fast we'll go!"

"Ah!" said Anatole. "Well, sit down."

"Yes, sit down!" said Dólokhov.

"I'll stand, Theodore Iványch."

"Sit down; nonsense! Have a drink!" said Anatole, and filled a large glass of Madeira for him.

The driver's eyes sparkled at the sight of the wine. After refusing it for manners' sake, he

и, низко кланяясь, просил выручить его. Его всегда сажали господа.

— Уж вы меня вызвольте, батюшка Федор Иваныч, или ваше сиятельство, — говорил он. — Обезлошаднячал вовсе, на ярмонку ехать, уж ссудите, что можете.

И Анатоль и Долохов, когда бывали в деньгах, давали ему по тысяче и по две рублей.

Балага был русый, с красным лицом и в особенности красной толстой шеей, приземистый курносый мужик, лет двадцати семи, с блестящими маленькими глазами и маленькой бородкой. Он был одет в тонком синем кафтане на шелковой подкладке, надетом на полушубке. Он перекрестился на передний угол и подошел к Долохову, протягивая черную небольшую руку.

— Федору Ивановичу! — сказал он, кланяясь.

— Здорово, брат. Ну вот и он.

— Здравствуй, ваше сиятельство, — сказал он входившему Анатолю и тоже протянул руку.

— Я тебе говорю, Балага, — сказал Анатоль, кладя ему руки на плечи, — любишь ты меня или нет? А? Теперь службу сослужи... На каких приехал? А?

— Как посол приказал, на ваших на зверьях, — сказал Балага.

— Ну, слышишь, Балага! Зарежь всю тройку, а чтобы в три часа приехать. А?

— Как зарежешь, на чем поедем? — сказал Балага, подмигивая.

— Ну, я тебе морду разобью, ты не шути! — вдруг, выкатив глаза, крикнул Анатоль.

— Что ж шутить, — посмеиваясь, сказал ямщик. — Разве я для своих господ пожалею? Что мочи скакать будет лошадям, то и ехать будем.

— А! — сказал Анатоль. — Ну садись.

— Что ж, садись! — сказал Долохов.

— Постою, Федор Иванович.

— Садись, врешь, пей, — сказал Анатоль и налил ему большой стакан мадеры.

Глаза ямщика засветились на вино. От-казываясь для приличия, он выпил и отерся

drank it and wiped his mouth with a red silk handkerchief he took out of his cap.

"And when are we to start, your excellency?"

"Well..." Anatole looked at his watch. "We'll start at once. Mind, Balagá! You'll get there in time? Eh?"

"That depends on our luck in starting, else why shouldn't we be there in time?" replied Balagá. "Didn't we get you to Tver in seven hours? I think you remember that, your excellency?"

"Do you know, one Christmas I drove from Tver," said Anatole, smilingly at the recollection and turning to Makárin who gazed rapturously at him with wide-open eyes. "Will you believe it, Makárka, it took one's breath away, the rate we flew. We came across a train of loaded sleighs and drove right over two of them. Eh?"

"Those were horses!" Balagá continued the tale. "That time I'd harnessed two young side horses with the bay in the shafts," he went on, turning to Dólokhov. "Will you believe it, Theodore Iványch, those animals flew forty miles? I couldn't hold them in, my hands grew numb in the sharp frost so that I threw down the reins—'Catch hold yourself, your excellency!' says I, and I just tumbled on the bottom of the sleigh and sprawled there. It wasn't a case of urging them on, there was no holding them in till we reached the place. The devils took us there in three hours! Only the near one died of it."

шелковым красным платком, который лежал у него в шапке.

— Что ж, когда ехать-то, ваше сиятельство?

— Да вот... (Анатоль посмотрел на часы) сейчас и ехать. Смотри же, Балага. А? Поспеешь?

— Да как выезд — счастлив ли будет, а то отчего же не поспеть? — сказал Балага. — Доставляли же в Тверь, в семь часов поспевали. Помнишь небось, ваше сиятельство.

— Ты знаешь ли, на Рождество из Твери я раз ехал, — сказал Анатоль с улыбкой воспоминания, обращаясь к Макарину, который во все глаза умиленно смотрел на Курагина. — Ты веришь ли, Макарка, что дух захватывало, как мы летели. Въехали в обоз, через два воза перескочили. А?

— Уж лошади ж были! — продолжал рассказ Балага. — Я тогда молодых пристяжных к каурому запрег, — обратился он к Долохову, — так веришь ли, Федор Иваныч, шестьдесят верст звери летели; держать нельзя, руки закоченели, мороз был. Бросил вожжи — держи, мол, ваше сиятельство, сам, так в сани и повалился. Так ведь не то что погонять, до места держать нельзя. В три часа донесли черти. Издохла левая только.

XVII

Anatole went out of the room and re- turned a few minutes later wearing a fur coat girt with a silver belt, and a sable cap jauntily set on one side and very becoming to his handsome face. Having looked in a mirror, and standing before Dólok- hov in the same pose he had assumed before it, he lifted a glass of wine.

"Well, good-by, Theodore. Thank you for everything and farewell!" said Anatole. "Well, comrades and friends..." he considered for a mo- ment "... of my youth, farewell!" he said, turning to Makárin and the others.

Though they were all going with him, Anatole evidently wished to make something touching and solemn out of this address to his comrades. He spoke slowly in a loud voice and throwing out his chest slightly swayed one leg.

"All take glasses; you too, Balagá. Well, com- rades and friends of my youth, we've had our fling and lived and reveled. Eh? And now, when shall we meet again? I am going abroad. We have had a good time—now farewell, lads! To our health! Hurrah!..." he cried, and emptying his glass flung it on the floor.

"To your health!" said Balagá who also emp- tied his glass, and wiped his mouth with his handkerchief.

Makárin embraced Anatole with tears in his eyes.

"Ah, Prince, how sorry I am to part from you!"

"Let's go. Let's go!" cried Anatole.

Balagá was about to leave the room.

"No, stop!" said Anatole. "Shut the door; we have first to sit down. That's the way."

They shut the door and all sat down.

"Now, quick march, lads!" said Anatole, ris- ing.

Joseph, his valet, handed him his sabretache and saber, and they all went out into the vesti- bule.

XVII

Анатоль вышел из комнаты и через несколько минут вернулся в подпоясанной серебряным ремнем шубке и собольей шапке, молодцевато надетой набекрень и очень шедшей к его красивому лицу. Поглядевшись в зеркало и в той самой позе, которую он взял перед зеркалом, став перед Долоховым, он взял стакан вина.

— Ну, Федя, прощай, спасибо за все, про- щай, — сказал Анатоль. — Ну, товарищи, друзья... — Он задумался... — молодости... моей, прощайте, — обратился он к Макари- ну и другим.

Несмотря на то, что все они ехали с ним, Анатоль, видимо, хотел сделать что-то тро- гательное и торжественное из этого обраще- ния к товарищам. Он говорил медленным, громким голосом и, выставив грудь, покачи- вал одной ногой.

— Все возьмите стаканы; и ты, Балага. Ну, товарищи, друзья молодости моей, покути- ли мы, пожили, покутили. А? Теперь, когда свидимся? за границу уеду. Пожили, прощай, ребята. За здоровье! Ура!.. — сказал он, вы- пил свой стакан и хлопнул его об землю.

— Будь здоров, — сказал Балага, тоже вы- пив свой стакан и обтираясь платком.

Макарин со слезами на глазах обнимал Анатоля.

— Эх, князь, уж как грустно мне с тобой расстаться, — проговорил он.

— Ехать, ехать! — закричал Анатоль.

Балага было пошел из комнаты.

— Нет, стой, — сказал Анатоль. — Затво- ри двери, сесть надо. Вот так.

Затворили двери, и все сели.

— Ну, теперь марш, ребята! — сказал Анатоль, вставая.

Лакей Joseph подал Анатолю сумку и са- блю, и все вышли в переднюю.

"And where's the fur cloak?" asked Dólokhov. "Hey, Ignátka! Go to Matréna Matrévna and ask her for the sable cloak. I have heard what elopements are like," continued Dólokhov with a wink. "Why, she'll rush out more dead than alive just in the things she is wearing; if you delay at all there'll be tears and 'Papa' and 'Mamma,' and she's frozen in a minute and must go back—but you wrap the fur cloak round her first thing and carry her to the sleigh."

The valet brought a woman's fox-lined cloak.

"Fool, I told you the sable one! Hey, Matréna, the sable!" he shouted so that his voice rang far through the rooms.

A handsome, slim, and pale-faced gypsy girl with glittering black eyes and curly blue-black hair, wearing a red shawl, ran out with a sable mantle on her arm.

"Here, I don't grudge it—take it!" she said, evidently afraid of her master and yet regretful of her cloak.

Dólokhov, without answering, took the cloak, threw it over Matréna, and wrapped her up in it.

"That's the way," said Dólokhov, "and then so!" and he turned the collar up round her head, leaving only a little of the face uncovered. "And then so, do you see?" and he pushed Anatole's head forward to meet the gap left by the collar, through which Matréna's brilliant smile was seen.

"Well, good-by, Matréna," said Anatole, kissing her. "Ah, my revels here are over. Remember me to Stëshka. There, good-by! Good-by, Matréna, wish me luck!"

"Well, Prince, may God give you great luck!" said Matréna in her gypsy accent.

Two troykas were standing before the porch and two young drivers were holding the horses. Balagá took his seat in the front one and holding his elbows high arranged the reins deliberately. Anatole and Dólokhov got in with him. Makárin, Khvóstikov, and a valet seated themselves in the other sleigh.

"Well, are you ready?" asked Balagá.

— А шуба где? — сказал Долохов. — Эй, Игнашка! Поди к Матрене Матвеевне, спроси шубу, салоп соболий. Я слыхал, как увозят, — сказал Долохов, подмигнув. — Ведь она выскочит ни жива ни мертва, в чем дома сидела; чуть замешкался — тут и слезы, и папаша, и мамаша, и сейчас озябла, и назад, — а ты в шубу принимай сразу и неси в сани.

Лакей принес женский лисий салоп.

— Дурак, я тебе сказал соболий. Эй, Матрешка, соболий! — крикнул он так, что далеко по комнатам раздался его голос.

Красивая, худая и бледная цыганка, с блестящими, черными глазами и с черными курчавыми, сизого отлива, волосами, в красной шали, выбежала с собольим салопом на руке.

— Что ж, мне не жаль, ты возьми, — сказала она, видимо робея перед своим господином и жалея салопа.

Долохов, не отвечая ей, взял шубу, накинул ее на Матрешу и закутал ее.

— Вот так, — сказал Долохов. — И потом вот так, — сказал он и поднял ей около головы воротник, оставляя его только перед лицом немного открытым. — Потом вот так, видишь? — и он придвинул голову Анатоля к отверстию, оставленному воротником, из которого виднелась блестящая улыбка Матреши.

— Ну, прощай, Матреша, — сказал Анатоль, целуя ее. — Эх, кончена моя гульба здесь! Стешке кланяйся. Ну, прощай! Прощай, Матреша; ты мне пожелай счастья.

— Ну, дай-то вам Бог, князь, счастья большого, — сказала Матреша Анатолю с своим цыганским акцентом.

У крыльца стояли две тройки, двое молодцов-ямщиков держали их. Балага сел на переднюю тройку и, высоко поднимая локти, неторопливо разобрал вожжи. Анатоль и Долохов сели к нему. Макарин, Хвостиков и лакей сели в другую тройку.

— Готовы, что ль? — спросил Балага.

"Go!" he cried, twisting the reins round his hands, and the troyka tore down the Nikítski Boulevard.

"Tproo! Get out of the way! Hi!... Tproo!..." The shouting of Balagá and of the sturdy young fellow seated on the box was all that could be heard. On the Arbát Square the troyka caught against a carriage; something cracked, shouts were heard, and the troyka flew along the Arbát Street.

After taking a turn along the Podnovínski Boulevard, Balagá began to rein in, and turning back drew up at the crossing of the old Konyúsheny Street.

The young fellow on the box jumped down to hold the horses and Anatole and Dólokhov went along the pavement. When they reached the gate Dólokhov whistled. The whistle was answered, and a maidservant ran out.

"Come into the courtyard or you'll be seen; she'll come out directly," said she.

Dólokhov stayed by the gate. Anatole followed the maid into the courtyard, turned the corner, and ran up into the porch.

He was met by Gabriel, Márya Dmítrievna's gigantic footman.

"Come to the mistress, please," said the footman in his deep bass, intercepting any retreat.

"To what Mistress? Who are you?" asked Anatole in a breathless whisper.

"Kindly step in, my orders are to bring you in."

"Kurágin! Come back!" shouted Dólokhov. "Betrayed! Back!"

Dólokhov, after Anatole entered, had remained at the wicket gate and was struggling with the yard porter who was trying to lock it. With a last desperate effort Dólokhov pushed the porter aside, and when Anatole ran back seized him by the arm, pulled him through the wicket, and ran back with him to the troyka.

— Пущай! — крикнул он, заматывая вокруг рук вожжи, и тройка понесла бить вниз по Никитскому бульвару.

— Тпрру! Поди, эй!.. Тпрру! — только слышался крик Балаги и молодца, сидевшего на козлах. На Арбатской площади тройка зацепила карету, что-то затрещало, послышался крик, и тройка полетела по Арбату.

Дав два конца по Подновинскому, Балага стал сдерживать и, вернувшись назад, остановил лошадей у перекрестка Старой Конюшенной.

Молодец соскочил держать под уздцы лошадей, Анатоль с Долоховым пошли по тротуару. Подходя к воротам, Долохов свистнул. Свисток отозвался ему, и вслед за тем выбежала горничная.

— На двор войдите, а то видно, сейчас выйдет, — сказала она.

Долохов остался у ворот. Анатоль вошел за горничной на двор, поворотил за угол и вбежал на крыльцо.

Гаврило, огромный выездной лакей Марьи Дмитриевны, встретил Анатоля.

— К барыне пожалуйте, — басом сказал лакей, загораживая дорогу от двери.

— К какой барыне? Да ты кто? — запыхавшимся шепотом спрашивал Анатоль.

— Пожалуйте, приказано привесть.

— Курагин! назад! — кричал Долохов. — Измена! Назад!

Долохов у калитки, у которой он остановился, боролся с дворником, пытавшимся запереть за вошедшим Анатолем калитку. Долохов последним усилием оттолкнул дворника и, схватив за руку выбежавшего Анатоля, выдернул его за калитку и побежал с ним назад к тройке.

XVIII

Márya Dmítrievna, having found Sónya weeping in the corridor, made her confess everything, and intercepting the note to Natásha she read it and went into Natásha's room with it in her hand.

"You shameless good-for-nothing!" said she. "I won't hear a word."

Pushing back Natásha who looked at her with astonished but tearless eyes, she locked her in; and having given orders to the yard porter to admit the persons who would be coming that evening, but not to let them out again, and having told the footman to bring them up to her, she seated herself in the drawing room to await the abductors.

When Gabriel came to inform her that the men who had come had run away again, she rose frowning, and clasping her hands behind her paced through the rooms a long time considering what she should do. Toward midnight she went to Natásha's room fingering the key in her pocket. Sónya was sitting sobbing in the corridor.

"Márya Dmítrievna, for God's sake let me in to her!" she pleaded, but Márya Dmítrievna unlocked the door and went in without giving her an answer.... "Disgusting, abominable... In my house... horrid girl, hussy! I'm only sorry for her father!" thought she, trying to restrain her wrath. "Hard as it may be, I'll tell them all to hold their tongues and will hide it from the count." She entered the room with resolute steps. Natásha lying on the sofa, her head hidden in her hands, and she did not stir. She was in just the same position in which Márya Dmítrievna had left her.

"A nice girl! Very nice!" said Márya Dmítrievna. "Arranging meetings with lovers in my house! It's no use pretending: you listen when I speak to you!" And Márya Dmítrievna touched her arm. "Listen when I speak! You've disgraced yourself like the lowest of hussies. I'd treat you differently, but I'm sorry for your fa-

XVIII

Марья Дмитриевна, застав заплаканную Соню в коридоре, заставила ее во всем признаться. Перехватив записку Наташи и прочтя ее, Марья Дмитриевна с запиской в руке вошла к Наташе.

— Мерзавка, бесстыдница, — сказала она ей. — Слышать ничего не хочу!

Оттолкнув удивленными, но сухими глазами глядящую на нее Наташу, она заперла ее на ключ и, приказав дворнику пропустить в ворота тех людей, которые придут нынче вечером, но не выпускать их, а лакею приказав привести этих людей к себе, села в гостиной, ожидая похитителей.

Когда Гаврило пришел доложить Марье Дмитриевне, что приходившие люди убежали, она, нахмурившись, встала и, заложив назад руки, долго ходила по комнатам, обдумывая то, что ей делать. В двенадцатом часу ночи она, ощупав ключ в кармане, пошла к комнате Наташи. Соня, рыдая, сидела в коридоре.

— Марья Дмитриевна, пустите меня к ней, ради Бога! — сказала она. Марья Дмитриевна, не отвечая ей, отперла дверь и вошла. «Гадко, скверно... в моем доме, мерзавка, девчонка... только отца жалко! — думала Марья Дмитриевна, стараясь утолить свой гнев. — Как ни трудно, уж велю всем молчать и скрою от графа». Марья Дмитриевна решительными шагами вошла в комнату. Наташа лежала на диване, закрыв голову руками, и не шевелилась. Она лежала в том самом положении, в котором оставила ее Марья Дмитриевна.

— Хороша, очень хороша! — сказала Марья Дмитриевна. — В моем доме любовникам свиданья назначать! Притворяться-то нечего. Ты слушай, когда я с тобой говорю.

— Марья Дмитриевна тронула ее за руку.

— Ты слушай, когда я говорю. Ты себя осрамила, как девка самая последняя. Я бы с то-

ther, so I will conceal it."

Natásha did not change her position, but her whole body heaved with noiseless, convulsive sobs which choked her. Márya Dmítrievna glanced round at Sónya and seated herself on the sofa beside Natásha.

"It's lucky for him that he escaped me; but I'll find him!" she said in her rough voice. "Do you hear what I am saying or not?" she added.

She put her large hand under Natásha's face and turned it toward her. Both Márya Dmítrievna and Sónya were amazed when they saw how Natásha looked. Her eyes were dry and glistening, her lips compressed, her cheeks sunken.

"Let me be!... What is it to me?... I shall die!" she muttered, wrenching herself from Márya Dmítrievna's hands with a vicious effort and sinking down again into her former position.

"Natalie!" said Márya Dmítrievna. "I wish for your good. Lie still, stay like that then, I won't touch you. But listen. I won't tell you how guilty you are. You know that yourself. But when your father comes back tomorrow what am I to tell him? Eh?"

Again Natásha's body shook with sobs.

"Suppose he finds out, and your brother, and your betrothed?"

"I have no betrothed: I have refused him!" cried Natásha.

"That's all the same," continued Márya Dmítrievna. "If they hear of this, will they let it pass? He, your father, I know him... if he challenges him to a duel will that be all right? Eh?"

"Oh, let me be! Why have you interfered at all? Why? Why? Who asked you to?" shouted Natásha, raising herself on the sofa and looking malignantly at Márya Dmítrievna.

"But what did you want?" cried Márya Dmítrievna, growing angry again. "Were you kept under lock and key? Who hindered his coming to the house? Why carry you off as if you were some gypsy singing girl?... Well, if he had carried you off... do you think they wouldn't have found him? Your father, or brother, or your betrothed? And he's a scoundrel, a wretch— that's a fact!"

"He is better than any of you!" exclaimed

бой то́ сделала, да мне твоего отца жалко. Я скрою. — Наташа не переменила положения, но только все тело ее стало вскидываться от беззвучных, судорожных рыданий, которые душили ее. Марья Дмитриевна оглянулась на Соню и присела на диване подле Наташи.

— Счастье его, что он от меня ушел; да я найду его, — сказала она своим грубым голосом. — Слышишь ты, что ли, что я говорю?

Она поддела своею большой рукой под лицо Наташи и повернула ее к себе. И Марья Дмитриевна и Соня удивились, увидав лицо Наташи. Глаза ее были блестящие и сухие, губы поджаты, щеки опустились.

— Оставь...те что мне... я... умру... — проговорила она, злым усилием вырвалась от Марьи Дмитриевны и легла в свое прежнее положение.

— Наталья!.. — сказала Марья Дмитриевна. — Я тебе добра желаю. Ты лежи, ну лежи так, я тебя не трону, и слушай... Уж я не стану говорить, как ты виновата. Ты сама знаешь. Ну да теперь отец твой завтра приедет, что я скажу ему? А?

Опять тело Наташи заколебалось от рыданий.

— Ну, узнает он, ну брат твой, жених!

— У меня нет жениха, я отказала, — прокричала Наташа.

— Все равно, — продолжала Марья Дмитриевна. — Ну, они узнают, что ж, они так оставят? Ведь он, отец твой, я его знаю, ведь он его на дуэль вызовет, хорошо это будет? А?

— Ах, оставьте меня, зачем вы всему помешали! Зачем? зачем? кто вас просил? — кричала Наташа, приподнявшись на диване и злобно глядя на Марью Дмитриевну.

— Да чего ж ты хотела? — вскрикнула, опять горячась, Марья Дмитриевна. — Что ж, тебя запирали, что ль? Ну кто ж ему мешал в дом ездить? Зачем же тебя, как цыганку какую, увозить?.. Ну, увез бы он тебя, что ж ты думаешь, его бы не нашли? Твой отец, или брат, или жених? А он мерзавец, негодяй, вот что!

— Он лучше всех вас, — вскрикнула На-

Natásha getting up. "If you hadn't interfered... Oh, my God! What is it all? What is it? Sónya, why?... Go away!"

And she burst into sobs with the despairing vehemence with which people bewail disasters they feel they have themselves occasioned. Márya Dmítrievna was to speak again but Natásha cried out:

"Go away! Go away! You all hate and despise me!" and she threw herself back on the sofa.

Márya Dmítrievna went on admonishing her for some time, enjoining on her that it must all be kept from her father and assuring her that nobody would know anything about it if only Natásha herself would undertake to forget it all and not let anyone see that something had happened. Natásha did not reply, nor did she sob any longer, but she grew cold and had a shivering fit. Márya Dmítrievna put a pillow under her head, covered her with two quilts, and herself brought her some lime-flower water, but Natásha did not respond to her.

"Well, let her sleep," said Márya Dmítrievna as she went out of the room supposing Natásha to be asleep.

But Natásha was not asleep; with pale face and fixed wide-open eyes she looked straight before her. All that night she did not sleep or weep and did not speak to Sónya who got up and went to her several times.

Next day Count Rostóv returned from his estate near Moscow in time for lunch as he had promised. He was in very good spirits; the affair with the purchaser was going on satisfactorily, and there was nothing to keep him any longer in Moscow, away from the countess whom he missed. Márya Dmítrievna met him and told him that Natásha had been very unwell the day before and that they had sent for the doctor, but that she was better now. Natásha had not left her room that morning. With compressed and parched lips and dry fixed eyes, she sat at the window, uneasily watching the people who drove past and hurriedly glancing round at anyone who entered the room. She was evidently expecting news of him and that he would come or would write to her.

таша, приподнимаясь. — Если бы вы не мешали... Ах, Боже мой, что это, что это! Соня, за что? Уйдите!..

И она зарыдала с таким отчаянием, с каким оплакивают люди только такое горе, которого они чувствуют сами себя причиной. Марья Дмитриевна начала было опять говорить; но Наташа закричала:

«Уйдите, уйдите, вы все меня ненавидите, презираете!» — И опять бросилась на диван.

Марья Дмитриевна продолжала еще несколько времени усовещивать Наташу и внушать ей, что все это надо скрыть от графа, что никто не узнает ничего, ежели только Наташа возьмет на себя все забыть и не показывать ни перед кем вида, что что-нибудь случилось. Наташа не отвечала. Она и не рыдала больше, но с ней сделались озноб и дрожь. Марья Дмитриевна подложила ей подушку, накрыла ее двумя одеялами и сама принесла ей липового цвета, но Наташа не откликнулась ей.

— Ну, пускай спит, — сказала Марья Дмитриевна, уходя из комнаты, думая, что она спит.

Но Наташа не спала и остановившимися раскрытыми глазами из бледного лица прямо смотрела перед собою. Всю эту ночь Наташа не спала, и не плакала, и не говорила с Соней, несколько раз встававшей и подходившей к ней.

На другой день к завтраку, как и обещал граф Илья Андреич, он приехал из подмосковной. Он был очень весел: дело с покупщиком ладилось и ничто уже не задерживало его теперь в Москве и в разлуке с графиней, по которой он соскучился. Марья Дмитриевна встретила его и объявила ему, что Наташа сделалась очень нездорова вчера, что посылали за доктором, но что теперь ей лучше. Наташа в это утро не выходила из своей комнаты. С поджатыми растрескавшимися губами, сухими остановившимися глазами, она сидела у окна и беспокойно вглядывалась в проезжающих по улице и торопливо оглядывалась на входивших в комнату. Она, очевидно, ждала известий о нем, ждала, что он сам приедет или напишет ей.

When the count came to see her she turned anxiously round at the sound of a man's footstep, and then her face resumed its cold and malevolent expression. She did not even get up to greet him.

"What is the matter with you, my angel? Are you ill?" asked the count.

After a moment's silence Natásha answered: "Yes, ill."

In reply to the count's anxious inquiries as to why she was so dejected and whether anything had happened to her betrothed, she assured him that nothing had happened and asked him not to worry. Márya Dmítrievna confirmed Natásha's assurances that nothing had happened. From the pretense of illness, from his daughter's distress, and by the embarrassed faces of Sónya and Márya Dmítrievna, the count saw clearly that something had gone wrong during his absence, but it was so terrible for him to think that anything disgraceful had happened to his beloved daughter, and he so prized his own cheerful tranquillity, that he avoided inquiries and tried to assure himself that nothing particularly had happened; and he was only dissatisfied that her indisposition delayed their return to the country.

Когда граф взошел к ней, она беспокойно оборотилась на звук его мужских шагов, и лицо ее приняло прежнее холодное и даже злое выражение. Она даже не поднялась навстречу ему.

— Что с тобой, мой ангел, больна? — спросил граф. Наташа помолчала.

— Да, больна, — отвечала она.

На беспокойные расспросы графа о том, почему она такая убитая и не случилось ли чего-нибудь с женихом, она уверяла его, что ничего, и просила его не беспокоиться. Марья Дмитриевна подтвердила графу уверения Наташи, что ничего не случилось. Граф, судя по мнимой болезни, по расстройству дочери, по сконфуженным лицам Сони и Марьи Дмитриевны, ясно видел, что в его отсутствие должно было что-нибудь случиться; но ему так страшно было думать, что что-нибудь постыдное случилось с его любимой дочерью, он так любил свое веселое спокойствие, что он избегал расспросов и все старался уверить себя, что ничего особенного не было, и только тужил о том, что по случаю ее нездоровья откладывался их отъезд в деревню.

XIX

From the day his wife arrived in Moscow Pierre had been intending to go away somewhere, so as not to be near her. Soon after the Rostóvs came to Moscow the effect Natásha had on him made him hasten to carry out his intention. He went to Tver to see Joseph Alexéevich's widow, who had long since promised to hand over to him some papers of her deceased husband's.

When he returned to Moscow Pierre was handed a letter from Márya Dmítrievna asking him to come and see her on a matter of great importance relating to Andrew Bolkónski and his betrothed. Pierre had been avoiding Natásha because it seemed to him that his feeling for her was stronger than a married man's should be for his friend's fiancée. Yet some fate constantly threw them together.

"What can have happened? And what can they want with me?" thought he as he dressed to go to Márya Dmítrievna's. "If only Prince Andrew would hurry up and come and marry her!" thought he on his way to the house.

On the Tverskóy Boulevard a familiar voice called to him.

"Pierre! Been back long?" someone shouted. Pierre raised his head. In a sleigh drawn by two gray trotting-horses that were bespattering the dashboard with snow, Anatole and his constant companion Makárin dashed past. Anatole was sitting upright in the classic pose of military dandies, the lower part of his face hidden by his beaver collar and his head slightly bent. His face was fresh and rosy, his white-plumed hat, tilted to one side, disclosed his curled and pomaded hair besprinkled with powdery snow.

"Yes, indeed, that's a true sage," thought Pierre. "He sees nothing beyond the pleasure of the moment, nothing troubles him and so he is always cheerful, satisfied, and serene. What wouldn't I give to be like him!" he thought enviously.

In Márya Dmítrievna's anteroom the footman

XIX

С дня приезда своей жены в Москву, Пьер сбирался уехать куда-нибудь, только чтобы не быть с ней. Вскоре после приезда Ростовых в Москву впечатление, которое производила на него Наташа, заставило его поторопиться исполнить свое намерение. Он поехал в Тверь ко вдове Иосифа Алексеевича, которая обещала давно передать ему бумаги покойного.

Когда Пьер вернулся в Москву, ему подали письмо от Марьи Дмитриевны, которая звала его к себе по весьма важному делу, касающемуся Андрея Болконского и его невесты. Пьер избегал Наташи. Ему казалось, что он имел к ней чувство более сильное, чем то, которое должен был иметь женатый человек к невесте своего друга. И какая-то судьба постоянно сводила его с нею.

«Что такое случилось? И какое им до меня дело? — думал он, одеваясь, чтобы ехать к Марье Дмитриевне. — Поскорее бы приехал князь Андрей и женился бы на ней!» — думал Пьер дорогой к Ахросимовой.

На Тверском бульваре кто-то окликнул его.

— Пьер! Давно приехал? — прокричал ему знакомый голос. Пьер поднял голову. В парных санях, на двух серых рысаках, закидывающих снегом головашки саней, промелькнул Анатоль с своим всегдашним товарищем Макариным. Анатоль сидел прямо, в классической позе военных щеголей, закутав низ лица бобровым воротником и немного пригнув голову. Лицо его было румяно и свежо, шляпа с белым плюмажем была надета набок, открывая завитые, напомаженные и осыпанные мелким снегом волосы.

«И право, вот настоящий мудрец! — подумал Пьер, — ничего не видит дальше настоящей минуты удовольствия, ничего не тревожит его, — и оттого всегда весел, доволен и спокоен. Что бы я дал, чтобы быть таким, как он!» — с завистью подумал Пьер.

В передней Ахросимовой лакей, снимая с

who helped him off with his fur coat said that the mistress asked him to come to her bedroom.

When he opened the ballroom door Pierre saw Natásha sitting at the window, with a thin, pale, and spiteful face. She glanced round at him, frowned, and left the room with an expression of cold dignity.

"What has happened?" asked Pierre, entering Márya Dmítrievna's room.

"Fine doings!" answered Dmítrievna. "For fifty-eight years have I lived in this world and never known anything so disgraceful!"

And having put him on his honor not to repeat anything she told him, Márya Dmítrievna informed him that Natásha had refused Prince Andrew without her parents' knowledge and that the cause of this was Anatole Kurágin into whose society Pierre's wife had thrown her and with whom Natásha had tried to elope during her father's absence, in order to be married secretly.

Pierre raised his shoulders and listened open-mouthed to what was told him, scarcely able to believe his own ears. That Prince Andrew's deeply loved affianced wife—the same Natásha Rostóva who used to be so charming—should give up Bolkónski for that fool Anatole who was already secretly married (as Pierre knew), and should be so in love with him as to agree to run away with him, was something Pierre could not conceive and could not imagine.

He could not reconcile the charming impression he had of Natásha, whom he had known from a child, with this new conception of her baseness, folly, and cruelty. He thought of his wife. "They are all alike!" he said to himself, reflecting that he was not the only man unfortunate enough to be tied to a bad woman. But still he pitied Prince Andrew to the point of tears and sympathized with his wounded pride, and the more he pitied his friend the more did he think with contempt and even with disgust of that Natásha who had just passed him in the ballroom with such a look of cold dignity. He did not know that Natásha's soul was overflowing with despair, shame, and humiliation, and that it was not her fault that her face happened to assume an expression of calm dignity and severity.

Пьера его шубу, сказал, что Марья Дмитриевна просят к себе в спальню.

Отворив дверь в залу, Пьер увидал Наташу, сидевшую у окна, с худым, бледным и злым лицом. Она оглянулась на него, нахмурилась и с выражением холодного достоинства вышла из комнаты.

— Что случилось? — спросил Пьер, входя к Марье Дмитриевне.

— Хорошие дела, — отвечала Марья Дмитриевна. — Пятьдесят восемь лет прожила на свете, такого сраму не видала.

И, взяв с Пьера честное слово молчать обо всем, что он узнает, Марья Дмитриевна сообщила ему, что Наташа отказала своему жениху без ведома родителей, что причиной этого отказа был Анатоль Курагин, с которым сводила ее жена Пьера и с которым Наташа хотела бежать в отсутствие своего отца, с тем чтобы тайно обвенчаться.

Пьер, приподняв плечи и разинув рот, слушал то, что говорила ему Марья Дмитриевна, не веря своим ушам. Невесте князя Андрея, так сильно любимой, этой прежде милой Наташе Ростовой, променять Болконского на дурака Анатоля, уже женатого (Пьер знал тайну его женитьбы), и так влюбиться в него, чтобы согласиться бежать с ним! — этого Пьер не мог понять и не мог себе представить.

Милое впечатление Наташи, которую он знал с детства, не могло соединиться в его душе с новым представлением о ее низости, глупости и жестокости. Он вспомнил о своей жене. «Все они одни и те же», — сказал он сам себе, думая, что не ему одному достался печальный удел быть связанным с гадкой женщиной. Но ему все-таки до слез жалко было князя Андрея, жалко было его гордости. И чем больше он жалел своего друга, тем с большим презрением и даже отвращением думал об этой Наташе, с таким выражением холодного достоинства сейчас прошедшей мимо него по зале. Он не знал, что душа Наташи была преисполнена отчаяния, стыда, унижения и что она не виновата была в том, что лицо ее нечаянно выражало спокойное достоинство и строгость.

"But how get married?" said Pierre, in answer to Márya Dmítrievna. "He could not marry—he is married!"

"Things get worse from hour to hour!" ejaculated Márya Dmítrievna. "A nice youth! What a scoundrel! And she's expecting him—expecting him since yesterday. She must be told! Then at least she won't go on expecting him."

After hearing the details of Anatole's marriage from Pierre, and giving vent to her anger against Anatole in words of abuse, Márya Dmítrievna told Pierre why she had sent for him. She was afraid that the count or Bolkónski, who might arrive at any moment, if they knew of this affair (which she hoped to hide from them) might challenge Anatole to a duel, and she therefore asked Pierre to tell his brother-in-law in her name to leave Moscow and not dare to let her set eyes on him again. Pierre—only now realizing the danger to the old count, Nicholas, and Prince Andrew—promised to do as she wished. Having briefly and exactly explained her wishes to him, she let him go to the drawing room.

"Mind, the count knows nothing. Behave as if you know nothing either," she said. "And I will go and tell her it is no use expecting him! And stay to dinner if you care to!" she called after Pierre.

Pierre met the old count, who seemed nervous and upset. That morning Natásha had told him that she had rejected Bolkónski.

"Troubles, troubles, my dear fellow!" he said to Pierre. "What troubles one has with these girls without their mother! I do so regret having come here.... I will be frank with you. Have you heard she has broken off her engagement without consulting anybody? It's true this engagement never was much to my liking. Of course he is an excellent man, but still, with his father's disapproval they wouldn't have been happy, and Natásha won't lack suitors. Still, it has been going on so long, and to take such a step without father's or mother's consent! And now she's ill, and God knows what! It's hard, Count, hard to

— Да как обвенчаться! — проговорил Пьер на слова Марьи Дмитриевны. — Он не мог обвенчаться: он женат.

— Час от часу не легче, — проговорила Марья Дмитриевна. — Хорош мальчик! То-то мерзавец! А она ждет, второй день ждет. По крайней мере ждать перестанет, надо сказать ей.

Узнав от Пьера подробности женитьбы Анатоля, излив свой гнев на него ругательными словами, Марья Дмитриевна сообщила ему то, для чего она вызвала его. Марья Дмитриевна боялась, чтобы граф или Болконский, который мог всякую минуту приехать, узнав дело, которое она намерена была скрыть от них, не вызвали на дуэль Курагина, и потому просила его приказать от ее имени его шурину уехать из Москвы и не сметь показываться ей на глаза. Пьер обещал ей исполнить ее желание, только теперь поняв опасность, которая угрожала и старому графу, и Николаю, и князю Андрею. Кратко и точно изложив ему свои требования, она выпустила его в гостиную.

— Смотри же, граф ничего не знает. Ты делай, как будто ничего не знаешь, — сказала она ему. — А я пойду сказать ей, что ждать нечего! Да оставайся обедать, коли хочешь, — крикнула Марья Дмитриевна Пьеру.

Пьер встретил старого графа. Он был смущен и расстроен. В это утро Наташа сказала ему, что она отказала Болконскому.

— Беда, беда, mon cher [1], — говорил он Пьеру, — беда с этими девками без матери; уж я так тужу, что приехал. Я с вами откровенен буду. Слышали, отказала жениху, ни у кого не спросивши ничего. Оно, положим, я никогда этому браку очень не радовался. Положим, он хороший человек, но что ж, против воли отца счастья бы не было, и Наташа без женихов не останется. Да все-таки долго уже так продолжалось, да и как же это без отца, без матери, такой шаг! А теперь больна и Бог знает что! Плохо, граф, плохо с дочерьми без матери...

---

[1] дружок.

manage daughters in their mother's absence...."

Pierre saw that the count was much upset and tried to change the subject, but the count returned to his troubles.

Sónya entered the room with an agitated face.

"Natásha is not quite well; she's in her room and would like to see you. Márya Dmítrievna is with her and she too asks you to come."

"Yes, you are a great friend of Bolkónski's, no doubt she wants to send him a message," said the count. "Oh dear! Oh dear! How happy it all was!"

And clutching the spare gray locks on his temples the count left the room.

When Márya Dmítrievna told Natásha that Anatole was married, Natásha did not wish to believe it and insisted on having it confirmed by Pierre himself. Sónya told Pierre this as she led him along the corridor to Natásha's room.

Natásha, pale and stern, was sitting beside Márya Dmítrievna, and her eyes, glittering feverishly, met Pierre with a questioning look the moment he entered. She did not smile or nod, but only gazed fixedly at him, and her look asked only one thing: was he a friend, or like the others an enemy in regard to Anatole? As for Pierre, he evidently did not exist for her.

"He knows all about it," said Márya Dmítrievna pointing to Pierre and addressing Natásha. "Let him tell you whether I have told the truth."

Natásha looked from one to the other as a hunted and wounded animal looks at the approaching dogs and sportsmen.

"Natálya Ilyníchna," Pierre began, dropping his eyes with a feeling of pity for her and loathing for the thing he had to do, "whether it is true or not should make no difference to you, because..."

"Then it is not true that he's married!"

"Yes, it is true."

"Has he been married long?" she asked. "On your honor?..."

Пьер видел, что граф был очень расстроен, старался перевести разговор на другой предмет, но граф опять возвращался к своему горю.

Соня с встревоженным лицом вошла в гостиную.

— Наташа не совсем здорова; она в своей комнате и желала бы вас видеть. Марья Дмитриевна у нее и просит вас тоже.

— Да, ведь вы очень дружны с Болконским, верно что-нибудь передать хочет, — сказал граф. — Ах, Боже мой, Боже мой! Как все хорошо было!

И, взявшись за редкие виски седых волос, граф вышел из комнаты.

Марья Дмитриевна объявила Наташе о том, что Анатоль был женат. Наташа не хотела верить ей и требовала подтверждения этого от самого Пьера. Соня сообщила это Пьеру в то время, как она через коридор провожала его в комнату Наташи.

Наташа, бледная, строгая, сидела подле Марьи Дмитриевны и от самой двери встретила Пьера лихорадочно-блестящим, вопросительным взглядом. Она не улыбнулась, не кивнула ему головой, она только упорно смотрела на него, и взгляд ее спрашивал его только про то: друг ли он или такой же враг, как и все другие, по отношению к Анатолю? Сам по себе Пьер, очевидно, не существовал для нее.

— Он все знает, — сказала Марья Дмитриевна, указывая на Пьера и обращаясь к Наташе. — Он пускай тебе скажет, правду ли я говорила.

Наташа, как подстреленный, загнанный зверь смотрит на приближающихся собак и охотников, смотрела то на ту, то на другую.

— Наталья Ильинична, — начал Пьер, опустив глаза и испытывая чувство жалости к ней и отвращения к той операции, которую он должен был делать, — правда это или не правда, это для вас должно быть все равно, потому что...

— Так это не правда, что он женат?

— Нет, это правда.

— Он женат был, и давно? — спросила она. — Честное слово?

Pierre gave his word of honor.

"Is he still here?" she asked, quickly.

"Yes, I have just seen him."

She was evidently unable to speak and made a sign with her hands that they should leave her alone.

Пьер дал ей честное слово.

— Он здесь еще? — спросила она быстро.

— Да, я его сейчас видел.

Она, очевидно, была не в силах говорить и делала руками знаки, чтоб оставили ее.

XX

Pierre did not stay for dinner, but left the room and went away at once. He drove through the town seeking Anatole Kurágin, at the thought of whom now the blood rushed to his heart and he felt a difficulty in breathing. He was not at the ice hills, nor at the gypsies', nor at Komoneno's. Pierre drove to the Club. In the Club all was going on as usual. The members who were assembling for dinner were sitting about in groups; they greeted Pierre and spoke of the town news. The footman having greeted him, knowing his habits and his acquaintances, told him there was a place left for him in the small dining room and that Prince Michael Zakhárych was in the library, but Paul Timoféevich had not yet arrived. One of Pierre's acquaintances, while they were talking about the weather, asked if he had heard of Kurágin's abduction of Rostóva which was talked of in the town, and was it true? Pierre laughed and said it was nonsense for he had just come from the Rostóvs'. He asked everyone about Anatole. One man told him he had not come yet, and another that he was coming to dinner. Pierre felt it strange to see this calm, indifferent crowd of people unaware of what was going on in his soul. He paced through the ballroom, waited till everyone had come, and as Anatole had not turned up did not stay for dinner but drove home.

Anatole, for whom Pierre was looking, dined that day with Dólokhov, consulting him as to how to remedy this unfortunate affair. It seemed to him essential to see Natásha. In the evening he drove to his sister's to discuss with her how to arrange a meeting. When Pierre returned home after vainly hunting all over Moscow, his valet informed him that Prince Anatole was with the countess. The countess' drawing room was full of guests.

Pierre without greeting his wife whom he had not seen since his return—at that moment she was more repulsive to him than ever—en-

XX

Пьер не остался обедать, а тотчас же вышел из комнаты и уехал. Он поехал отыскивать по городу Анатоля Курагина, при мысли о котором теперь вся кровь у него приливала к сердцу и он испытывал затруднение переводить дыхание. На горах, у цыган, у Comoneno — его не было. Пьер поехал в клуб. В клубе всё шло своим обыкновенным порядком; гости, съехавшиеся обедать, сидели группами и здоровались с Пьером и говорили о городских новостях. Лакей, поздоровавшись с ним, доложил ему, зная его знакомство и привычки, что место ему оставлено в маленькой столовой, что князь Михаил Захарыч в библиотеке, а Павел Тимофеич не приезжали еще. Один из знакомых Пьера между разговором о погоде спросил у него, слышал ли он о похищении Курагиным Ростовой, про которое говорят в городе, правда ли это? Пьер, засмеявшись, сказал, что это вздор, потому что он сейчас только от Ростовых. Он спрашивал у всех про Анатоля; ему сказал один, что не приезжал еще, другой — что он будет обедать нынче. Пьеру странно было смотреть на эту спокойную, равнодушную толпу людей, не знавшую того, что делалось у него в душе. Он прошелся по залам, дождался, пока все съехались, и, не дождавшись Анатоля, не стал обедать и поехал домой.

Анатоль, которого он искал, в этот день обедал у Долохова и совещался с ним о том, как поправить испорченное дело. Ему казалось необходимым увидаться с Ростовой. Вечером он поехал к сестре, чтобы переговорить с ней о средствах устроить это свидание. Когда Пьер, тщетно объездив всю Москву, вернулся домой, камердинер доложил ему, что князь Анатоль Васильевич у графини. Гостиная графини была полна гостей.

Пьер, не здороваясь к женою, которой он не видал после приезда (она больше чем когда-нибудь ненавистна была ему в эту ми-

tered the drawing room and seeing Anatole went up to him.

"Ah, Pierre," said the countess going up to her husband. "You don't know what a plight our Anatole..."

She stopped, seeing in the forward thrust of her husband's head, in his glowing eyes and his resolute gait, the terrible indications of that rage and strength which she knew and had herself experienced after his duel with Dólokhov.

"Where you are, there is vice and evil!" said Pierre to his wife. "Anatole, come with me! I must speak to you," he added in French.

Anatole glanced round at his sister and rose submissively, ready to follow Pierre. Pierre, taking him by the arm, pulled him toward himself and was leading him from the room.

"If you allow yourself in my drawing room..." whispered Hélène, but Pierre did not reply and went out of the room.

Anatole followed him with his usual jaunty step but his face betrayed anxiety.

Having entered his study Pierre closed the door and addressed Anatole without looking at him.

"You promised Countess Rostóva to marry her and were about to elope with her, is that so?"

"Mon cher," answered Anatole (their whole conversation was in French), "I don't consider myself bound to answer questions put to me in that tone."

Pierre's face, already pale, became distorted by fury. He seized Anatole by the collar of his uniform with his big hand and shook him from side to side till Anatole's face showed a sufficient degree of terror.

"When I tell you that I must talk to you!..." repeated Pierre.

"Come now, this is stupid. What?" said Anatole, fingering a button of his collar that had been wrenched loose with a bit of the cloth.

нуту), вошел в гостиную и, увидав Анатоля, подошел к нему.

— Ah, Pierre, — сказала графиня, подходя к мужу. — Ты не знаешь, в каком положении наш Анатоль...

Она остановилась, увидав в опущенной голове, в лице мужа, в его блестящих глазах, в его решительной походке то страшное выражение бешенства и силы, которое она знала и испытала на себе после дуэли с Долоховым.

— Где вы — там разврат, зло, — сказал Пьер жене. — Анатоль, пойдемте, мне надо поговорить с вами, — сказал он по-французски.

Анатоль оглянулся на сестру и покорно встал, готовый следовать за Пьером.

Пьер, взяв его за руку, дернул к себе и пошел из комнаты.

— Si vous vous permettez dans mon salon...[1] — шепотом проговорила Элен; но Пьер, не отвечая ей, вышел из комнаты.

Анатоль шел за ним обычной, молодцеватой походкой. Но на лице его было заметно беспокойство.

Войдя в свой кабинет, Пьер затворил дверь и обратился к Анатолю, не глядя на него.

— Вы обещали графине Ростовой жениться на ней? хотели увезти ее?

— Мой милый, — отвечал Анатоль по-французски (как и шел весь разговор), — я не считаю себя обязанным отвечать на допросы, делаемые в таком тоне.

Лицо Пьера, и прежде бледное, исказилось бешенством. Он схватил своей большой рукой Анатоля за воротник мундира и стал трясти из стороны в сторону до тех пор, пока лицо Анатоля не приняло достаточное выражение испуга.

— Когда я говорю, что *мне надо* говорить с вами... — повторял Пьер.

— Ну что, это глупо. А? — сказал Анатоль, ощупывая оторванную с сукном пуговицу воротника.

---

[1] Ежели вы позволите себе в моей гостиной...

"You're a scoundrel and a blackguard, and I don't know what deprives me from the pleasure of smashing your head with this!" said Pierre, expressing himself so artificially because he was talking French.

He took a heavy paperweight and lifted it threateningly, but at once put it back in its place.

"Did you promise to marry her?"

"I... I didn't think of it. I never promised, because..."

Pierre interrupted him.

"Have you any letters of hers? Any letters?" he said, moving toward Anatole.

Anatole glanced at him and immediately thrust his hand into his pocket and drew out his pocketbook.

Pierre took the letter Anatole handed him and, pushing aside a table that stood in his way, threw himself on the sofa.

"I shan't be violent, don't be afraid!" said Pierre in answer to a frightened gesture of Anatole's. "First, the letters," said he, as if repeating a lesson to himself. "Secondly," he continued after a short pause, again rising and again pacing the room, "tomorrow you must get out of Moscow."

"But how can I?..."

"Thirdly," Pierre continued without listening to him, "you must never breathe a word of what has passed between you and Countess Rostóva. I know I can't prevent your doing so, but if you have a spark of conscience..." Pierre paced the room several times in silence.

Anatole sat at a table frowning and biting his lips.

"After all, you must understand that besides your pleasure there is such a thing as other people's happiness and peace, and that you are ruining a whole life for the sake of amusing yourself! Amuse yourself with women like my wife—with them you are within your rights, for they know what you want of them. They are armed against you by the same experience of debauchery; but to promise a maid to marry her... to deceive,

— Вы негодяй и мерзавец, и не знаю, что меня воздерживает от удовольствия размозжить вам голову вот этим, — говорил Пьер, выражаясь так искусственно потому, что он говорил по-французски.

Он взял в руку тяжелое пресс-папье и угрожающе поднял и тотчас же торопливо положил его на место.

— Обещали вы ей жениться?

— Я, я, я не думал; впрочем, я никогда не обещался, потому что...

Пьер перебил его.

— Есть у вас письма ее? Есть у вас письма? — повторил Пьер, подвигаясь к Анатолю.

Анатоль взглянул на него и тотчас же, засунув руку в карман, достал бумажник.

Пьер взял подаваемое ему письмо и, оттолкнув стоявший на дороге стол, повалился на диван.

— Je ne serai pas violent, ne craignez rien [2], — сказал Пьер, отвечая на испуганный жест Анатоля. — Письма — раз, — сказал Пьер, как будто повторяя урок для самого себя. — Второе, — после минутного молчания продолжал он, опять вставая и начиная ходить, — вы завтра должны уехать из Москвы.

— Но как же я могу...

— Третье, — не слушая его, продолжал Пьер, — вы никогда ни слова не должны говорить о том, что было между вами и графиней. Этого, я знаю, я не могу запретить вам, но ежели в вас есть искра совести... — Пьер несколько раз молча прошел по комнате.

Анатоль сидел у стола и, нахмурившись, кусал себе губы.

— Вы не можете не понять наконец, что, кроме вашего удовольствия, есть счастье, спокойствие других людей, что вы губите целую жизнь из того, что вам хочется веселиться. Забавляйтесь с женщинами, подобными моей супруге, — с этими вы в своем праве, они знают, чего вы хотите от них. Они вооружены против вас тем же опытом разврата; но обещать девушке жениться на ней... об-

---

[2] Я ничего не сделаю, не бойтесь.

to kidnap.... Don't you understand that it is as mean as beating an old man or a child?..."

Pierre paused and looked at Anatole no longer with an angry but with a questioning look.

"I don't know about that, eh?" said Anatole, growing more confident as Pierre mastered his wrath. "I don't know that and don't want to," he said, not looking at Pierre and with a slight tremor of his lower jaw, "but you have used such words to me—'mean' and so on—which as a man of honor I can't allow anyone to use."

Pierre glanced at him with amazement, unable to understand what he wanted.

"Though it was tête-à-tête," Anatole continued, "still I can't..."

"Is it satisfaction you want?" said Pierre ironically.

"You could at least take back your words. What? If you want me to do as you wish, eh?"

"I take them back, I take them back!" said Pierre, "and I ask you to forgive me." Pierre involuntarily glanced at the loose button. "And if you require money for your journey..."

Anatole smiled. The expression of that base and cringing smile, which Pierre knew so well in his wife, revolted him.

"Oh, vile and heartless brood!" he exclaimed, and left the room.

Next day Anatole left for Petersburg.

мануть, украсть... Как вы не понимаете, что это так же подло, как прибить старика или ребенка!..

Пьер замолчал и взглянул на Анатоля уже не гневным, но вопросительным взглядом.

— Этого я не знаю. А? — сказал Анатоль, ободряясь по мере того, как Пьер преодолевал свой гнев. — Этого я не знаю и знать не хочу, — сказал он, не глядя на Пьера и с легким дрожанием нижней челюсти, — но вы сказали мне такие слова: подло и тому подобное, которые я, comme un homme d'honneur [3], никому не позволю.

Пьер с удивлением посмотрел на него, не в силах понять, чего ему было нужно.

— Хотя это и было с глазу на глаз, — продолжал Анатоль, — но я не могу...

— Что ж, вам нужно удовлетворение? — насмешливо сказал Пьер.

— По крайней мере, вы можете взять назад свои слова. А? Ежели вы хотите, чтоб я исполнил ваши желанья. А?

— Беру, беру назад, — проговорил Пьер, — и прошу вас извинить меня. — Пьер взглянул невольно на оторванную пуговицу. — И денег, ежели вам нужно на дорогу.

Анатоль улыбнулся. Это выражение робкой и подлой улыбки, знакомой ему по жене, взорвало Пьера.

— О, подлая, бессердечная порода! — проговорил он и вышел из комнаты.

На другой день Анатоль уехал в Петербург.

---

[3] как честный человек.

XXI

Pierre drove to Márya Dmítrievna's to tell her of the fulfillment of her wish that Kurágin should be banished from Moscow. The whole house was in a state of alarm and commotion. Natásha was very ill, having, as Márya Dmítrievna told him in secret, poisoned herself the night after she had been told that Anatole was married, with some arsenic she had stealthily procured. After swallowing a little she had been so frightened that she woke Sónya and told her what she had done. The necessary antidotes had been administered in time and she was now out of danger, though still so weak that it was out of the question to move her to the country, and so the countess had been sent for. Pierre saw the distracted count, and Sónya, who had a tear-stained face, but he could not see Natásha.

Pierre dined at the club that day and heard on all sides gossip about the attempted abduction of Rostóva. He resolutely denied these rumors, assuring everyone that nothing had happened except that his brother-in-law had proposed to her and been refused. It seemed to Pierre that it was his duty to conceal the whole affair and re-establish Natásha's reputation.

He was awaiting Prince Andrew's return with dread and went every day to the old prince's for news of him.

Old Prince Bolkónski heard all the rumors current in the town from Mademoiselle Bourienne and had read the note to Princess Mary in which Natásha had broken off her engagement. He seemed in better spirits than usual and awaited his son with great impatience.

Some days after Anatole's departure Pierre received a note from Prince Andrew, informing him of his arrival and asking him to come to see him.

As soon as he reached Moscow, Prince Andrew had received from his father Natásha's note to Princess Mary breaking off her engagement (Mademoiselle Bourienne had purloined it from

XXI

Пьер поехал к Марье Дмитриевне, чтобы сообщить об исполнении ее желанья — об изгнании Курагина из Москвы. Весь дом был в страхе и волнении. Наташа была очень больна, и, как Марья Дмитриевна под секретом сказала ему, она в ту же ночь, как ей было объявлено, что Анатоль женат, отравилась мышьяком, который она тихонько достала. Проглотив его немного, она так испугалась, что разбудила Соню и объявила ей то, что она сделала. Вовремя были приняты нужные меры против яда, и теперь она была вне опасности; но все-таки слаба так, что нельзя было думать везти ее в деревню, и послано было за графиней. Пьер видел растерянного графа и заплаканную Соню, но не мог видеть Наташи.

Пьер в этот день обедал в клубе и со всех сторон слышал разговоры о попытке похищения Ростовой и с упорством опровергал эти разговоры, уверяя всех, что больше ничего не было, как только то, что его шурин сделал предложение Ростовой и получил отказ. Пьеру казалось, что на его обязанности лежит скрыть все дело и восстановить репутацию Ростовой.

Он со страхом ожидал возвращения князя Андрея и каждый день заезжал наведываться о нем к старому князю.

Князь Николай Андреич знал через m-lle Bourienne все слухи, ходившие по городу, и прочел ту записку к княжне Марье, в которой Наташа отказывала своему жениху. Он казался веселее обыкновенного и с большим нетерпением ожидал сына.

Чрез несколько дней после отъезда Анатоля Пьер получил записку от князя Андрея, извещавшего его о своем приезде и просившего Пьера заехать к нему.

Князь Андрей, приехав в Москву, в первую же минуту своего приезда получил от отца записку Наташи к княжне Марье, в которой она отказывала жениху (записку эту

Princess Mary and given it to the old prince), and he heard from him the story of Natásha's elopement, with additions.

Prince Andrew had arrived in the evening and Pierre came to see him next morning. Pierre expected to find Prince Andrew in almost the same state as Natásha and was therefore surprised on entering the drawing room to hear him in the study talking in a loud animated voice about some intrigue going on in Petersburg. The old prince's voice and another now and then interrupted him. Princess Mary came out to meet Pierre. She sighed, looking toward the door of the room where Prince Andrew was, evidently intending to express her sympathy with his sorrow, but Pierre saw by her face that she was glad both at what had happened and at the way her brother had taken the news of Natásha's faithlessness.

"He says he expected it," she remarked. "I know his pride will not let him express his feelings, but still he has taken it better, far better, than I expected. Evidently it had to be...."

"But is it possible that all is really ended?" asked Pierre.

Princess Mary looked at him with astonishment. She did not understand how he could ask such a question. Pierre went into the study. Prince Andrew, greatly changed and plainly in better health, but with a fresh horizontal wrinkle between his brows, stood in civilian dress facing his father and Prince Meshchérski, warmly disputing and vigorously gesticulating.

The conversation was about Speránski—the news of whose sudden exile and alleged treachery had just reached Moscow.

"Now he is censured and accused by all who were enthusiastic about him a month ago," Prince Andrew was saying, "and by those who were unable to understand his aims. To judge a man who is in disfavor and to throw on him all the blame of other men's mistakes is very easy, but I maintain that if anything good has been accomplished in this reign it was done by him, by him alone."

He paused at the sight of Pierre. His face

похитила у княжны Марьи и передала князю m-lle Bourienne), и услышал от отца с прибавлениями рассказы о похищении Наташи.

Князь Андрей приехал вечером накануне. Пьер приехал к нему на другое утро. Пьер ожидал найти князя Андрея почти в том же положении, в котором была и Наташа, и потому он был удивлен, когда, войдя в гостиную, услыхал из кабинета громкий голос князя Андрея, оживленно говорившего что-то о какой-то петербургской интриге. Старый князь и другой чей-то голос изредка перебивали его. Княжна Марья вышла навстречу к Пьеру. Она вздохнула, указывая глазами на дверь, где был князь Андрей, видимо желая выразить свое сочувствие к его горю; но Пьер видел по лицу княжны Марьи, что она была рада и тому, что случилось, и тому, как ее брат принял известие об измене невесты.

— Он сказал, что ожидал этого, — сказала она, — я знаю, что гордость его не позволит ему выразить своего чувства, но все-таки лучше, гораздо лучше он перенес это, чем я ожидала. Видно, так должно было быть...

— Но неужели совершенно все кончено? — сказал Пьер.

Княжна Марья с удивлением посмотрела на него. Она не понимала даже, как можно было об этом спрашивать. Пьер вошел в кабинет. Князь Андрей, весьма изменившийся, очевидно поздоровевший, но с новой, поперечной морщиной между бровей, в штатском платье, стоял против отца и князя Мещерского и горячо спорил, делая энергические жесты.

Речь шла о Сперанском, известие о внезапной ссылке и мнимой измене которого только что дошло до Москвы.

— Теперь судят и обвиняют его (Сперанского) все те, которые месяц тому назад восхищались им, — говорил князь Андрей, — и те, которые не в состоянии были понимать его целей. Судить человека в немилости очень легко и взваливать на него все ошибки других; а я скажу, что ежели что-нибудь сделано хорошего в нынешнее царствованье, то все хорошее сделано им — им одним...

Он остановился, увидав Пьера. Лицо его

quivered and immediately assumed a vindictive expression.

"Posterity will do him justice," he concluded, and at once turned to Pierre.

"Well, how are you? Still getting stouter?" he said with animation, but the new wrinkle on his forehead deepened. "Yes, I am well," he said in answer to Pierre's question, and smiled.

To Pierre that smile said plainly: "I am well, but my health is now of no use to anyone."

After a few words to Pierre about the awful roads from the Polish frontier, about people he had met in Switzerland who knew Pierre, and about M. Dessalles, whom he had brought from abroad to be his son's tutor, Prince Andrew again joined warmly in the conversation about Speránski which was still going on between the two old men.

"If there were treason, or proofs of secret relations with Napoleon, they would have been made public," he said with warmth and haste. "I do not, and never did, like Speránski personally, but I like justice!"

Pierre now recognized in his friend a need with which he was only too familiar, to get excited and to have arguments about extraneous matters in order to stifle thoughts that were too oppressive and too intimate.

When Prince Meshchérski had left, Prince Andrew took Pierre's arm and asked him into the room that had been assigned him. A bed had been made up there, and some open portmanteaus and trunks stood about. Prince Andrew went to one and took out a small casket, from which he drew a packet wrapped in paper. He did it all silently and very quickly. He stood up and coughed. His face was gloomy and his lips compressed.

"Forgive me for troubling you...."

Pierre saw that Prince Andrew was going to speak of Natásha, and his broad face expressed pity and sympathy. This expression irritated Prince Andrew, and in a determined, ringing, and unpleasant tone he continued:

дрогнуло и тотчас же приняло злое выражение.

— И потомство отдаст ему справедливость, — договорил он и тотчас же обратился к Пьеру.

— Ну, ты как? Все толстеешь, — говорил он оживленно, но вновь появившаяся морщина еще глубже вырезалась на его лбу. — Да, я здоров, — отвечал он на вопрос Пьера и усмехнулся.

Пьеру ясно было, что усмешка его говорила: «Здоров, но здоровье мое никому не нужно».

Сказав несколько слов с Пьером об ужасной дороге от границ Польши, о том, как он встретил в Швейцарии людей, знавших Пьера, и о господине Десале, которого он воспитателем для сына привез из-за границы, князь Андрей опять с горячностью вмешался в разговор о Сперанском, продолжавшийся между двумя стариками.

— Ежели бы была измена и были бы доказательства его тайных сношений с Наполеоном, то их всенародно объявили бы, — с горячностью и поспешностью говорил он. — Я лично не люблю и не любил Сперанского, но я люблю справедливость.

Пьер узнавал теперь в своем друге слишком знакомую ему потребность волноваться и спорить о деле для себя чуждом только для того, чтобы заглушить слишком тяжелые задушевные мысли.

Когда князь Мещерский уехал, князь Андрей взял под руку Пьера и пригласил его в комнату, которая была отведена для него. В комнате видна была разбитая кровать и раскрытые чемоданы и сундуки. Князь Андрей подошел к одному из них и достал шкатулку. Из шкатулки он достал связку в бумаге. Он все делал молча и очень быстро. Он приподнялся и прокашлялся. Лицо его было нахмурено и губы поджаты.

— Прости меня, ежели я тебя утруждаю...

— Пьер понял, что князь Андрей хотел говорить о Наташе, и широкое лицо его выразило сожаление и сочувствие. Это выражение лица Пьера рассердило князя Андрея; он решительно, звонко и неприятно продолжал:

"I have received a refusal from Countess Rostóva and have heard reports of your brother-in-law having sought her hand, or something of that kind. Is that true?"

"Both true and untrue," Pierre began; but Prince Andrew interrupted him.

"Here are her letters and her portrait," said he.

He took the packet from the table and handed it to Pierre.

"Give this to the countess... if you see her."

"She is very ill," said Pierre.

"Then she is here still?" said Prince Andrew. "And Prince Kurágin?" he added quickly.

"He left long ago. She has been at death's door."

"I much regret her illness," said Prince Andrew; and he smiled like his father, coldly, maliciously, and unpleasantly.

"So Monsieur Kurágin has not honored Countess Rostóva with his hand?" said Prince Andrew, and he snorted several times.

"He could not marry, for he was married already," said Pierre.

Prince Andrew laughed disagreeably, again reminding one of his father.

"And where is your brother-in-law now, if I may ask?" he said.

"He has gone to Peters... But I don't know," said Pierre.

"Well, it doesn't matter," said Prince Andrew. "Tell Countess Rostóva that she was and is perfectly free and that I wish her all that is good."

Pierre took the packet. Prince Andrew, as if trying to remember whether he had something more to say, or waiting to see if Pierre would say anything, looked fixedly at him.

"I say, do you remember our discussion in Petersburg?" asked Pierre, "about..."

"Yes," returned Prince Andrew hastily. "I said that a fallen woman should be forgiven, but I didn't say I could forgive her. I can't."

"But can this be compared...?" said Pierre.

— Я получил отказ от графини Ростовой, и до меня дошли слухи об искании ее руки твоим шурином или тому подобное. Правда ли это?

— И правда и неправда, — начал Пьер; но князь Андрей перебил его.

— Вот ее письма, — сказал он, — и портрет.

Он взял связку со стола и передал Пьеру.

— Отдай графине... ежели ты увидишь ее.

— Она очень больна, — сказал Пьер.

— Так она здесь еще? — сказал князь Андрей. — А князь Курагин? — спросил он быстро.

— Он давно уехал. Она была при смерти...

— Очень сожалею об ее болезни, — сказал князь Андрей. Он холодно, зло, неприятно, как его отец, усмехнулся.

— Но господин Курагин, стало быть, не удостоил своей руки графиню Ростову? — сказал Андрей. — Он фыркнул носом несколько раз.

— Он не мог жениться, потому что он был женат, — сказал Пьер.

Князь Андрей неприятно засмеялся, опять напоминая своего отца.

— А где же он теперь находится, ваш шурин, могу ли я узнать? — сказал он.

— Он уехал в Петер... впрочем, я не знаю, — сказал Пьер.

— Ну, да это все равно, — сказал князь Андрей. — Передай графине Ростовой, что она была и есть совершенно свободна и что я желаю ей всего лучшего.

Пьер взял в руки связку бумаг. Князь Андрей, как будто вспоминая, не нужно ли ему сказать еще что-нибудь, или ожидая, не скажет ли чего-нибудь Пьер, остановившимся взглядом смотрел на него.

— Послушайте, помните вы наш спор в Петербурге, — сказал Пьер, — помните о...

— Помню, — поспешно отвечал князь Андрей, — я говорил, что падшую женщину надо простить, но я не говорил, что я могу простить. Я не могу.

— Разве можно это сравнивать?.. — ска-

Prince Andrew interrupted him and cried sharply:

"Yes, ask her hand again, be magnanimous, and so on?... Yes, that would be very noble, but I am unable to follow in that gentleman's footsteps. If you wish to be my friend never speak to me of that... of all that! Well, good-by. So you'll give her the packet?"

Pierre left the room and went to the old prince and Princess Mary.

The old man seemed livelier than usual. Princess Mary was the same as always, but beneath her sympathy for her brother, Pierre noticed her satisfaction that the engagement had been broken off. Looking at them Pierre realized what contempt and animosity they all felt for the Rostóvs, and that it was impossible in their presence even to mention the name of her who could give up Prince Andrew for anyone else.

At dinner the talk turned on the war, the approach of which was becoming evident. Prince Andrew talked incessantly, arguing now with his father, now with the Swiss tutor Dessalles, and showing an unnatural animation, the cause of which Pierre so well understood.

зал Пьер. Князь Андрей перебил его. Он резко закричал:

— Да, опять просить ее руки, быть великодушным и тому подобное?.. Да, это очень благородно, но я не способен идти sur les brisées de monsieur [1]. Ежели ты хочешь быть моим другом, не говори со мной никогда про эту... про все это. Ну, прощай. Так ты передашь?..

Пьер вышел и пошел к старому князю и княжне Марье.

Старик казался оживленнее обыкновенного. Княжна Марья была такая же, как и всегда, но из-за сочувствия к брату Пьер видел в ней радость к тому, что свадьба ее брата расстроилась. Глядя на них, Пьер понял, какое презрение и злобу они имели все против Ростовых, и понял, что нельзя было при них даже и упоминать имя той, которая могла на кого бы то ни было променять князя Андрея.

За обедом речь зашла о войне, приближение которой уже становилось очевидно. Князь Андрей не умолкая говорил и спорил то с отцом, то с Десалем, швейцарцем-воспитателем, и казался оживленнее обыкновенного — тем оживлением, которого нравственную причину так хорошо знал Пьер.

[1] по следам этого господина.

XXII

That same evening Pierre went to the Rostóvs' to fulfill the commission entrusted to him. Natásha was in bed, the count at the club, and Pierre, after giving the letters to Sónya, went to Márya Dmítrievna who was interested to know how Prince Andrew had taken the news. Ten minutes later Sónya came to Márya Dmítrievna.

"Natásha insists on seeing Count Peter Kirílovich," said she.

"But how? Are we to take him up to her? The room there has not been tidied up."

"No, she has dressed and gone into the drawing room," said Sónya.

Márya Dmítrievna only shrugged her shoulders.

"When will her mother come? She has worried me to death! Now mind, don't tell her everything!" said she to Pierre. "One hasn't the heart to scold her, she is so much to be pitied, so much to be pitied."

Natásha was standing in the middle of the drawing room, emaciated, with a pale set face, but not at all shamefaced as Pierre expected to find her. When he appeared at the door she grew flurried, evidently undecided whether to go to meet him or to wait till he came up.

Pierre hastened to her. He thought she would give him her hand as usual; but she, stepping up to him, stopped, breathing heavily, her arms hanging lifelessly just in the pose she used to stand in when she went to the middle of the ballroom to sing, but with quite a different expression of face.

"Peter Kirílovich," she began rapidly, "Prince Bolkónski was your friend—is your friend," she corrected herself. (It seemed to her that everything that had once been must now be different.) "He told me once to apply to you..."

Pierre sniffed as he looked at her, but did not speak. Till then he had reproached her in his heart and tried to despise her, but he now felt so

XXII

В этот вечер Пьер поехал к Ростовым, чтобы исполнить свое поручение. Наташа была в постели, граф был в клубе, и Пьер, передав письма Соне, пошел к Марье Дмитриевне, интересовавшейся узнать о том, как князь Андрей принял известие. Через десять минут Соня вошла к Марье Дмитриевне.

— Наташа непременно хочет видеть графа Петра Кирилловича, — сказала она.

— Да как же, к ней, что ли, его свести? Там у вас не прибрано, — сказала Марья Дмитриевна.

— Нет, она оделась и вышла в гостиную, — сказала Соня.

Марья Дмитриевна только пожала плечами.

— Когда это графиня приедет, измучила меня совсем. Ты, смотри ж, не говори ей всего, — обратилась она к Пьеру. — И бранить-то ее духу не хватает, так жалка, так жалка!

Наташа, исхудавшая, с бледным и строгим лицом (совсем не пристыженная, какою ее ожидал Пьер), стояла посередине гостиной. Когда Пьер показался в двери, она заторопилась, очевидно в нерешительности, подойти ли к нему, или подождать его.

Пьер поспешно подошел к ней. Он думал, что она ему, как всегда, подаст руку; но она, близко подойдя к нему, остановилась, тяжело дыша и безжизненно опустив руки, совершенно в той же позе, в которой она выходила на середину залы, чтобы петь, но совсем с другим выражением.

— Петр Кирилыч, — начала она быстро говорить, — князь Болконский был вам друг, он и есть вам друг, — поправилась она (ей казалось, что все только было и что теперь все другое). — Он говорил мне тогда, чтоб обратиться к вам...

Пьер молча сопел носом, глядя на нее. Он до сих пор в душе своей упрекал и старался презирать ее; но теперь ему сделалось

sorry for her that there was no room in his soul for reproach.

"He is here now: tell him... to for... forgive me!" She stopped and breathed still more quickly, but did not shed tears.

"Yes... I will tell him," answered Pierre; "but..."

He did not know what to say.

Natásha was evidently dismayed at the thought of what he might think she had meant.

"No, I know all is over," she said hurriedly. "No, that can never be. I'm only tormented by the wrong I have done him. Tell him only that I beg him to forgive, forgive, forgive me for everything...."

She trembled all over and sat down on a chair.

A sense of pity he had never before known overflowed Pierre's heart.

"I will tell him, I will tell him everything once more," said Pierre. "But... I should like to know one thing...."

"Know what?" Natásha's eyes asked.

"I should like to know, did you love..." Pierre did not know how to refer to Anatole and flushed at the thought of him—"did you love that bad man?"

"Don't call him bad!" said Natásha. "But I don't know, don't know at all...."

She began to cry and a still greater sense of pity, tenderness, and love welled up in Pierre. He felt the tears trickle under his spectacles and hoped they would not be noticed.

"We won't speak of it any more, my dear," said Pierre, and his gentle, cordial tone suddenly seemed very strange to Natásha.

"We won't speak of it, my dear—I'll tell him everything; but one thing I beg of you, consider me your friend and if you want help, advice, or simply to open your heart to someone—not now, but when your mind is clearer—think of me!" He took her hand and kissed it. "I shall be happy if it's in my power..."

Pierre grew confused.

так жалко ее, что в душе его не было места упреку.

— Он теперь здесь, скажите ему... чтоб он прост... простил меня. — Она остановилась и еще чаще стала дышать, но не плакала.

— Да... я скажу ему, — говорил Пьер, — но...

Он не знал, что сказать.

Наташа, видимо, испугалась той мысли, которая могла прийти Пьеру.

— Нет, я знаю, что все кончено, — сказала она поспешно. — Нет, это не может быть никогда. Меня мучает только зло, которое я ему сделала. Скажите только ему, что я прошу его простить, простить, простить меня за все...

Она затряслась всем телом и села на стул.

Еще никогда не испытанное чувство жалости переполнило душу Пьера.

— Я скажу ему, я все еще раз скажу ему, — сказал Пьер, — но... я бы желал знать одно...

«Что знать?» — спросил взгляд Наташи.

— Я бы желал знать, любили ли вы... — Пьер не знал, как назвать Анатоля, и покраснел при мысли о нем, — любили ли вы этого дурного человека?

— Не называйте его дурным, — сказала Наташа. — Но я ничего, ничего не знаю... — Она опять заплакала.

И еще больше чувство жалости, нежности и любви охватило Пьера. Он слышал, как под очками его текли слезы, и надеялся, что их не заметят.

— Не будем больше говорить, мой друг, — сказал Пьер. Так странно вдруг для Наташи показался этот его кроткий, нежный, задушевный голос.

— Не будем говорить, мой друг, я все скажу ему; но об одном прошу вас — считайте меня своим другом, и ежели вам нужна помощь, совет, просто нужно будет излить свою душу кому-нибудь — не теперь, а когда у вас ясно будет в душе, — вспомните обо мне. — Он взял и поцеловал ее руку. — Я счастлив буду, ежели в состоянии буду...

Пьер смутился.

"Don't speak to me like that. I am not worth it!" exclaimed Natásha and turned to leave the room, but Pierre held her hand. He knew he had something more to say to her. But when he said it he was amazed at his own words.

"Stop, stop! You have your whole life before you," said he to her.

"Before me? No! All is over for me," she replied with shame and self-abasement.

"All over?" he repeated. "If I were not myself, but the handsomest, cleverest, and best man in the world, and were free, I would this moment ask on my knees for your hand and your love!"

For the first time for many days Natásha wept tears of gratitude and tenderness, and glancing at Pierre she went out of the room.

Pierre too when she had gone almost ran into the anteroom, restraining tears of tenderness and joy that choked him, and without finding the sleeves of his fur cloak threw it on and got into his sleigh.

"Where to now, your excellency?" asked the coachman.

"Where to?" Pierre asked himself. "Where can I go now? Surely not to the Club or to pay calls?" All men seemed so pitiful, so poor, in comparison with this feeling of tenderness and love he experienced: in comparison with that softened, grateful, last look she had given him through her tears.

"Home!" said Pierre, and despite twenty-two degrees of frost Fahrenheit he threw open the bearskin cloak from his broad chest and inhaled the air with joy.

It was clear and frosty. Above the dirty, ill-lit streets, above the black roofs, stretched the dark starry sky. Only looking up at the sky did Pierre cease to feel how sordid and humiliating were all mundane things compared with the heights to which his soul had just been raised. At the entrance to the Arbát Square an immense expanse of dark starry sky presented itself to his eyes. Almost in the center of it, above the Prechístenka Boulevard, surrounded and sprinkled on all sides by stars but distinguished from them all

— Не говорите со мной так: я не стою этого! — вскрикнула Наташа и хотела уйти из комнаты, но Пьер удержал ее за руку. Он знал, что ему нужно что-то еще сказать ей. Но когда он сказал это, он удивился сам своим словам.

— Перестаньте, перестаньте, вся жизнь впереди для вас, — сказал он ей.

— Для меня? Нет! Для меня все пропало, — сказала она со стыдом и самоунижением.

— Все пропало? — повторил он. — Ежели бы я был не я, а красивейший, умнейший и лучший человек в мире и был бы свободен, я бы сию минуту на коленях просил руки и любви вашей.

Наташа в первый раз после многих дней заплакала слезами благодарности и умиления и, взглянув на Пьера, вышла из комнаты.

Пьер тоже вслед за нею почти выбежал в переднюю, удерживая слезы умиления и счастья, давившие его горло, не попадая в рукава, надел шубу и сел в сани.

— Теперь куда прикажете? — спросил кучер.

«Куда? — спросил себя Пьер. — Куда же можно ехать теперь? Неужели в клуб или в гости?» Все люди казались так жалки, так бедны в сравнении с тем чувством умиления и любви, которое он испытывал; в сравнении с тем размягченным, благодарным взглядом, которым она последний раз из-за слез взглянула на него.

— Домой, — сказал Пьер, несмотря на десять градусов мороза распахивая медвежью шубу на своей широкой, радостно дышавшей груди.

Было морозно и ясно. Над грязными, полутемными улицами, над черными крышами стояло темное звездное небо. Пьер, только глядя на небо, не чувствовал оскорбительной низости всего земного в сравнении с высотою, на которой находилась его душа. При въезде на Арбатскую площадь огромное пространство звездного темного неба открылось глазам Пьера. Почти в середине этого неба над Пречистенским бульваром, окруженная, обсыпанная со всех сторон

by its nearness to the earth, its white light, and its long uplifted tail, shone the enormous and brilliant comet of 1812—the comet which was said to portend all kinds of woes and the end of the world. In Pierre, however, that comet with its long luminous tail aroused no feeling of fear. On the contrary he gazed joyfully, his eyes moist with tears, at this bright comet which, having traveled in its orbit with inconceivable velocity through immeasurable space, seemed suddenly—like an arrow piercing the earth—to remain fixed in a chosen spot, vigorously holding its tail erect, shining and displaying its white light amid countless other scintillating stars. It seemed to Pierre that this comet fully responded to what was passing in his own softened and uplifted soul, now blossoming into a new life.

звездами, но отличаясь от всех близостью к земле, белым светом и длинным, поднятым кверху хвостом, стояла огромная яркая комета 1812-го года, та самая комета, которая предвещала, как говорили, всякие ужасы и конец света. Но в Пьере светлая звезда эта с длинным лучистым хвостом не возбуждала никакого страшного чувства. Напротив, Пьер радостно, мокрыми от слез глазами смотрел на эту светлую звезду, которая как будто, с невыразимой быстротой пролетев неизмеримые пространства по параболической линии, вдруг, как вонзившаяся стрела в землю, влепилась тут в одно избранное ею место на черном небе и остановилась, энергично подняв кверху хвост, светясь и играя своим белым светом между бесчисленными другими мерцающими звездами. Пьеру казалось, что эта звезда вполне отвечала тому, что было в его расцветшей к новой жизни, размягченной и ободренной душе.

Printed in Great Britain
by Amazon

30565464R00262